I0818509

Carsten Höller
Book of Games

Carsten Höller
Spielebuch

Games for Playing Alone, Playing Alone with Others, Two to Play Together, Two to Play with Others, Multiple Players to Play Together, Multiple Players to Play with Others

Spiele, die alleine gespielt werden, alleine mit anderen, zu zweit, zu zweit mit anderen, zu mehreren untereinander oder zu mehreren mit anderen

None of the games requires any kind of equipment

Alle Spiele werden ohne jedwedes Material gespielt

Second edition, revised and expanded

Zweite erweiterte Auflage

Edited by Stefanie Hessler and Hans Ulrich Obrist

Herausgegeben von Stefanie Hessler und Hans Ulrich Obrist

TASCHEN

Games for Playing Alone

Spiele, die alleine gespielt werden

1.1 Right-Eyed or Left-Eyed?

Extend your arm straight out and look at your upright thumb. Align your thumb with an orientation point in the distance and focus on your thumb. Now close one eye and then the other: One eye makes the thumb leap away. That means the other eye is dominant, in the same way that people are right-handed or left-handed.

Photography: Anna Kleberg Tham, 2020

Äugigkeit bestimmen

Den Blick auf einen emporgehaltenen Daumen bei waagerecht ausgestrecktem Arm richten. Mit Orientierungspunkt dahinter in eine optische Linie bringen, Daumen fokussieren. Dann Augen abwechselnd schließen. Bei einem Auge springt der Daumen weg. Das andere Auge ist das äugige, in Homologie zur Händigkeit.

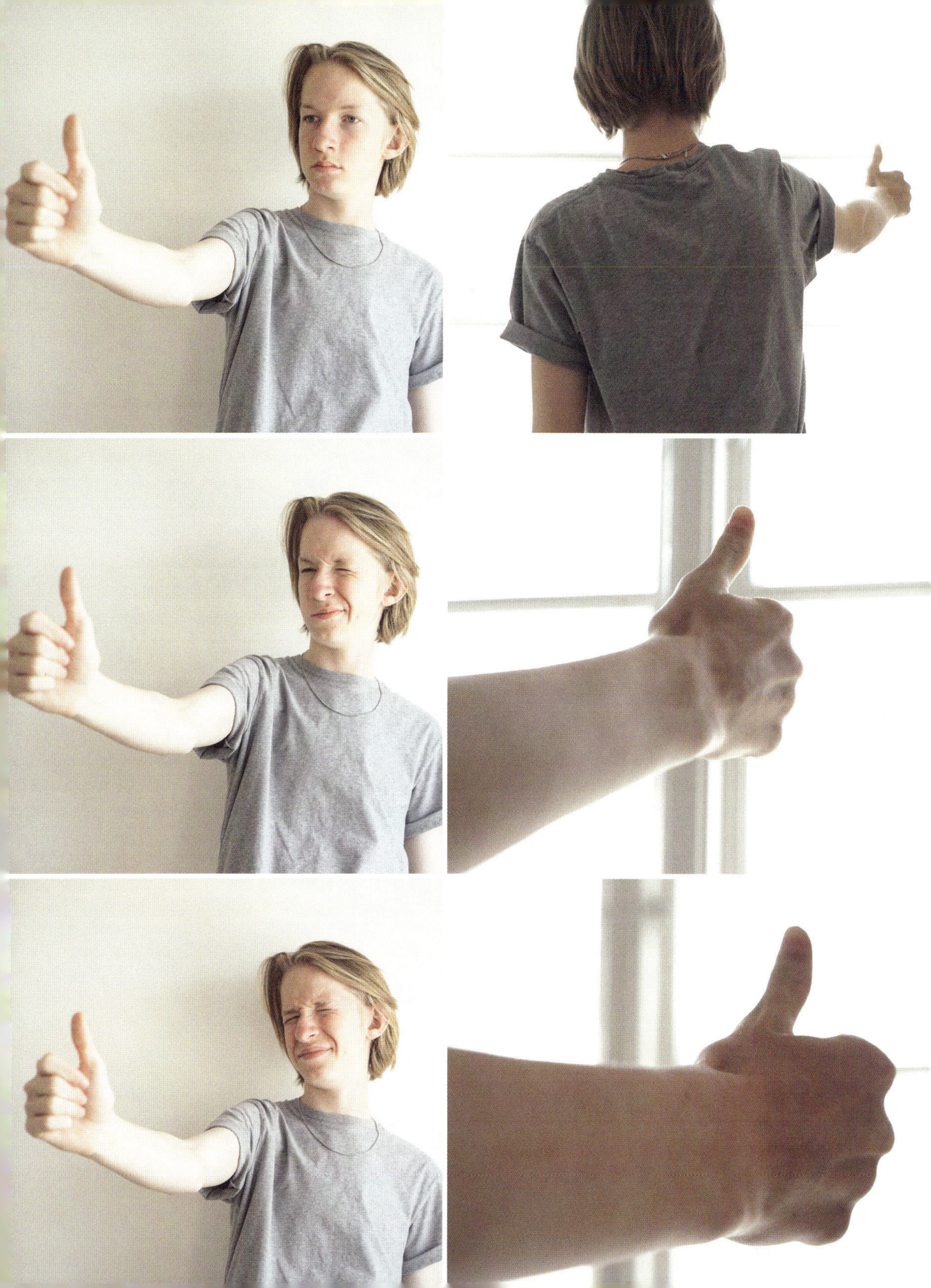

1.2 Roadster and Silhouette Roadster

Look out the window of a moving train or car. Imagine you're in a fast vehicle, hurtling through the passing landscape at a fixed distance from your actual location, or flying across it close to the ground. Avoid obstacles by dodging or leaping over them with your eyes, as if you were in a video game. Keep your head still. Only avoid obstacles at the last moment and stay as close to the ground as possible.

Silhouette Roadster can also be played from a fixed location, i.e., when you're not in a vehicle. Increase your speed purely by running your eyes along the silhouette of the horizon and other outlines. Same game, but now you move your head.

Unknown photographer, ca. 1995

Roadster und Silhouetten-Roadster

Im fahrenden Zug oder Auto aus dem Fenster schauen. Sich vorstellen, man säße in einem schnellen Gefährt und sauste in einer bestimmten Distanz vom Standort durch die vorbeiziehende Landschaft, oder man flöge mit geringer Bodenhöhe über sie hinweg. Dabei, ähnlich wie bei Computerspielen, Hindernissen durch Umfahren oder Springen mit den Augen ausweichen. Kopf still halten. Hindernisse erst im letzten Moment umgehen und möglichst nahe am Boden bleiben.

Silhouetten-Roadster lässt sich auch außerhalb von Fahrzeugen von einem gegebenen Ort aus spielen. Dabei wird die Geschwindigkeit alleine durch das Abfahren mit den Augen der Silhouette des Horizonts oder anderer Konturen in Sichtweite erzeugt. Gleicher Spielvorgang, aber Kopf bewegen.

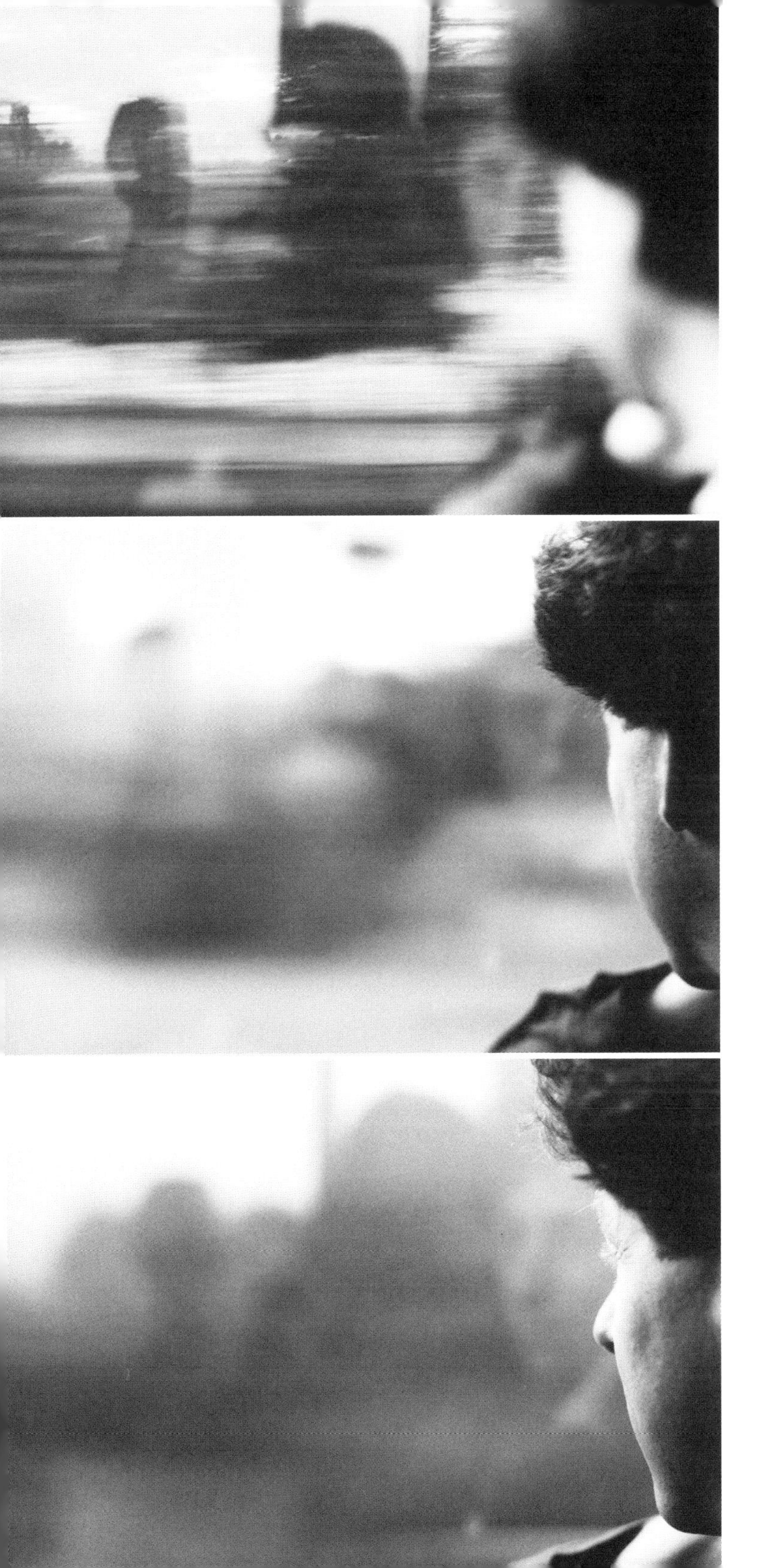

1.3 Order a Dream

When you are tired, lie down in a posture that is associated with a certain activity. Fall asleep like that to summon associated dreams. All sorts of activities and their characteristic postures would work—for example, swimming, drinking, smoking, scratching oneself, sitting on the toilet (not recommended), sex in a particular position, being born, or boxing.

Photography: Carsten Höller,
Dreaming Rosemarie, 1997

Traum bestellen

Bei Müdigkeit im Liegen eine bestimmte Körperhaltung einnehmen, die mit einer Tätigkeit verbunden ist. In dieser Position einschlafen, um entsprechende Träume zu evozieren. Viele Tätigkeiten und die entsprechenden Körperhaltungen kommen in Betracht, wie etwa schwimmen, trinken, rauchen, sich kratzen, auf dem Klo sein, Sex in einer bestimmten Stellung, geboren werden oder boxen.

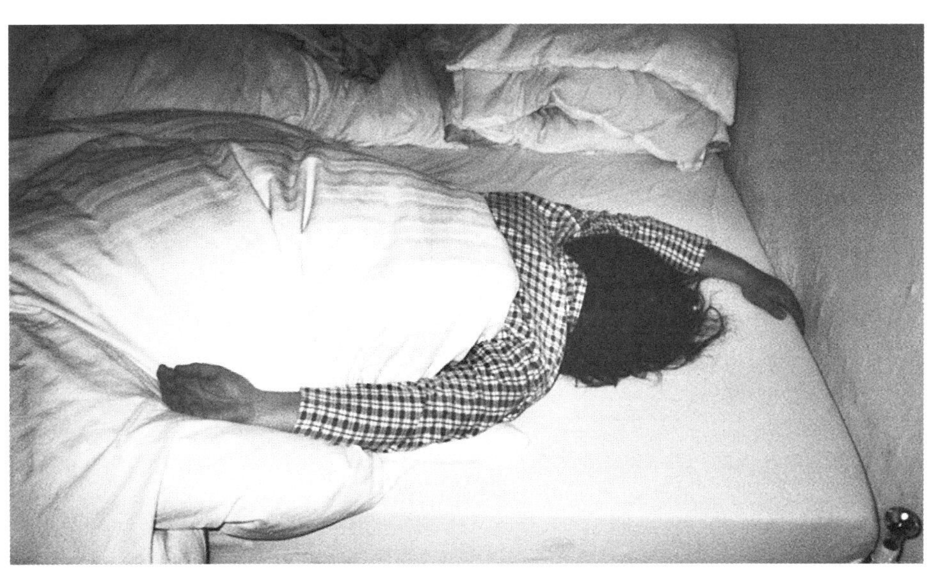

1.4 Finger Flight

Put the fingers of one hand into different positions in a fixed order; at least one finger must always be extended outward from the hand. In each position briefly strike any surface with the extended finger(s) once. Then keep drumming on the surface faster and faster, virtuosically.

Photography: Barney Schaub, 1998

Fingerflink

Finger einer Hand bei festgelegter Reihenfolge in verschiedene Positionen bringen, wobei immer mindestens ein Finger von der Hand abstehen muss. In jeder Position jeweils einmal kurz mit dem oder den ausgestreckten Finger(n) auf beliebige Unterlage schlagen. Dabei immer schneller werden, virtuos trommeln.

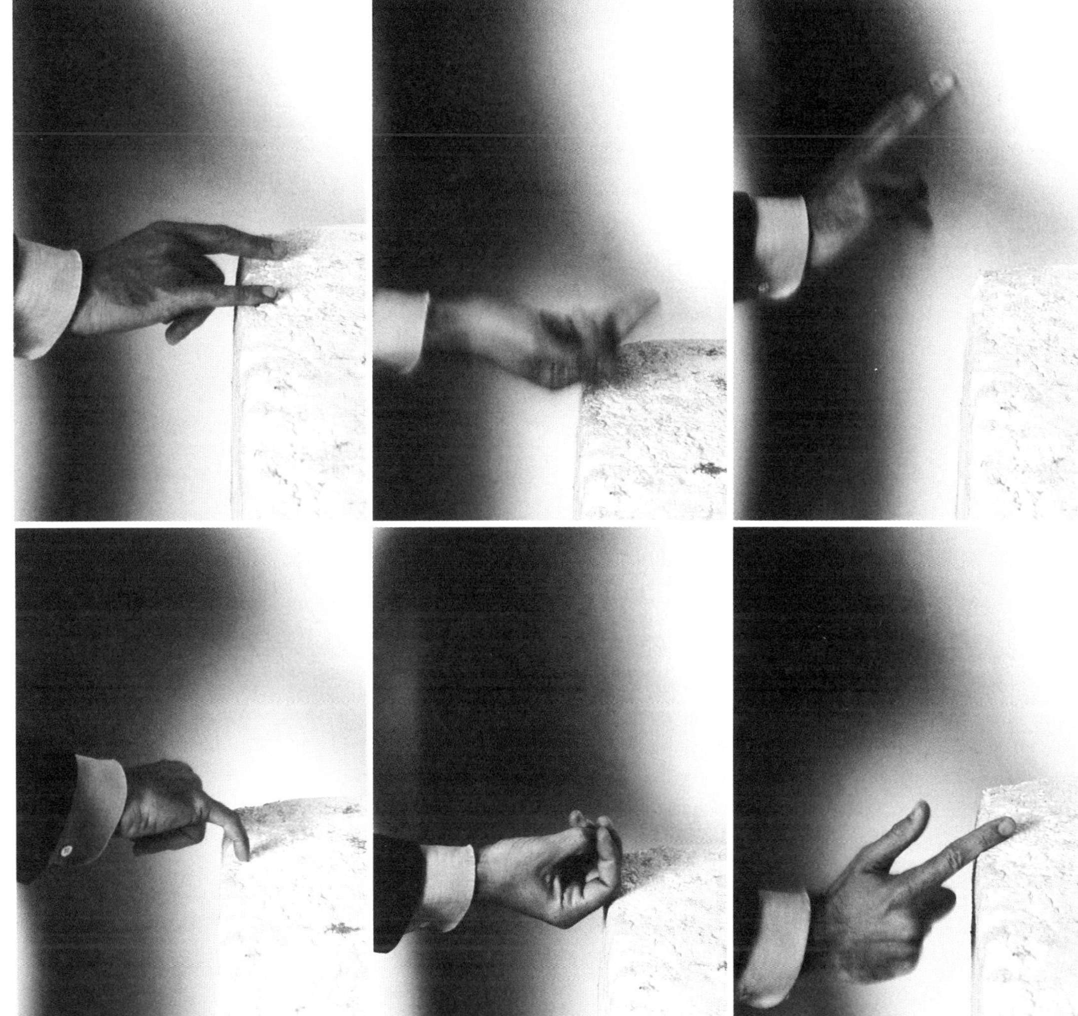

1.5 Ticks (One of the Pinnacles of Modern Antihumanism)

Perceive without taking action and without thinking of taking action. Ponder the opposite of action, which precedes all perception. Imagine a world bereft of action or perception, like Jakob von Uexküll's famous tick, which has been shown to be able to survive in that state for up to 18 years, perhaps even longer. This is one of the pinnacles of modern antihumanism, according to Giorgio Agamben.

Photography: Carsten Höller,
Udo Kier at His Ranch, 2019

Zeckenzen (Einer der Gipfel des modernen Antihumanismus)

Wahrnehmen, ohne zu handeln und ohne an eine Handlung zu denken. Über den Gegensatz des Handelns nachdenken, der aller Wahrnehmung vorausgeht. Sich eine handlungs- und wahrnehmungslose Welt vorstellen, so wie die berühmte Uexküll'sche Zecke, die nachgewiesenermaßen bis zu 18 Jahre, vielleicht auch länger, in diesem Zustand verweilen kann. Einer der Gipfel des modernen Antihumanismus.

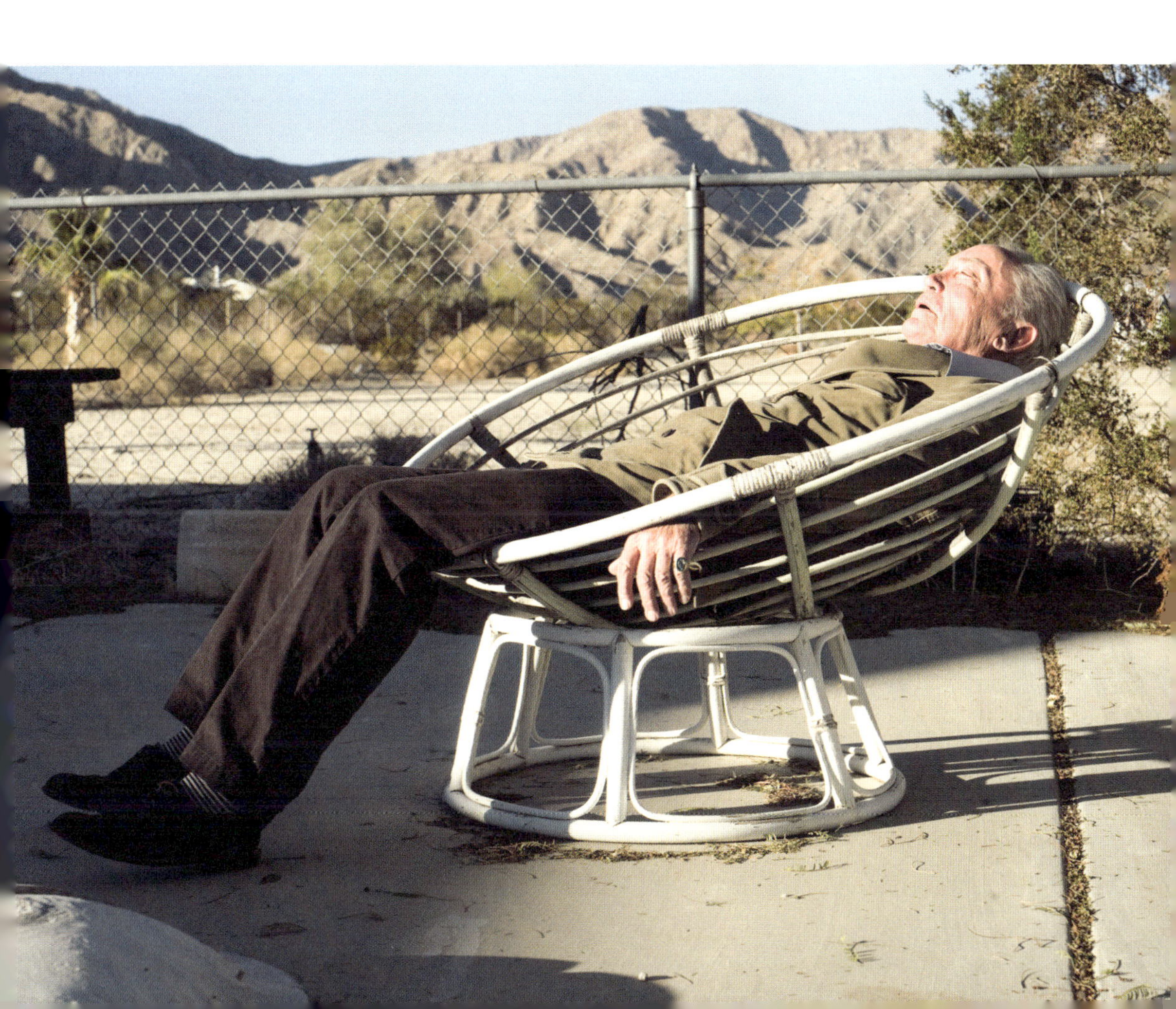

1.6 See Everything

When we blink to lubricate our eyes, we see nothing for about 50 milliseconds. Since we blink once a second on average, this means that we spend 5 percent of our waking hours not seeing anything. To see everything, blink alternately with one eye and then the other.

Photography: Pierre Björk, 2012

Alles sehen

Während wir die Lider niederschlagen, um unsere Augen zu befeuchten, sehen wir für etwa 50 Millisekunden nichts. Da wir im Durchschnitt jede Sekunde einmal mit den Augen blinzeln, folgt daraus, dass wir 5 Prozent der im Wachzustand verbrachten Zeit nichts sehen. Um alles sehen zu können, daher die Augenlider abwechselnd niederschlagen.

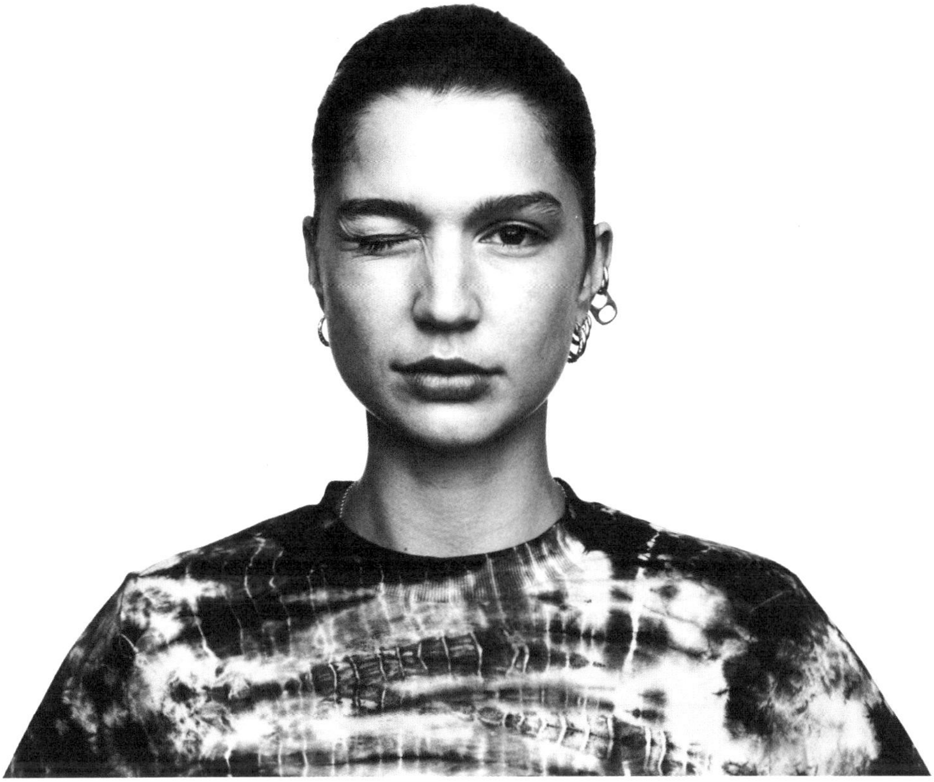

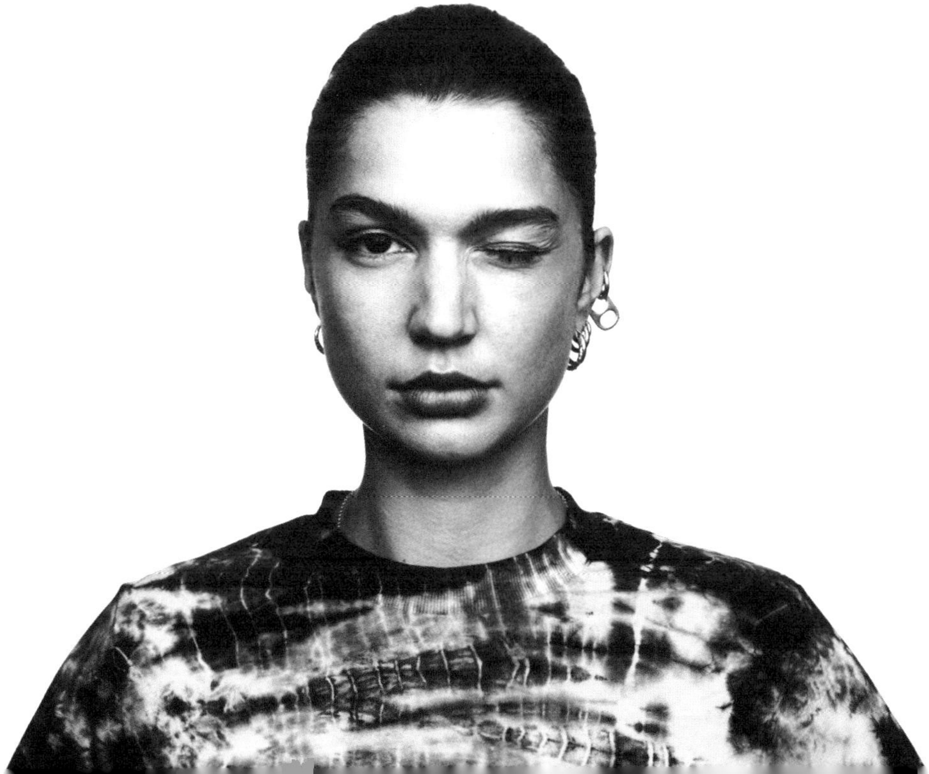

1.7 The Genetics of Tongue Skills

Which little tricks can you perform with your tongue? Can you curl the sides upward to form a tube? Rotate your tongue once on its own axis? Roll it inward like the lid of a sardine can? Touch the tip of your nose or your chin? Check with other members of your family to see whether they have inherited any tongue skills.

Photography: Carsten Höller,
The Sprüth-Lecceses, 1997

Die Genetik der Zungenfertigkeiten

Welche kleinen Kunststücke kann die eigene Zunge vollführen? Seiten nach oben schlagen, sodass ein Röhrchen entsteht? Einmal um die eigene Achse drehen? Wie den Deckel einer Sardinenbüchse nach innen aufrollen? Die Nasenspitze oder das Kinn berühren? In der eigenen Familie nachforschen, ob sich bestimmte Zungenfertigkeiten oder ihr Fehlen vererbt haben.

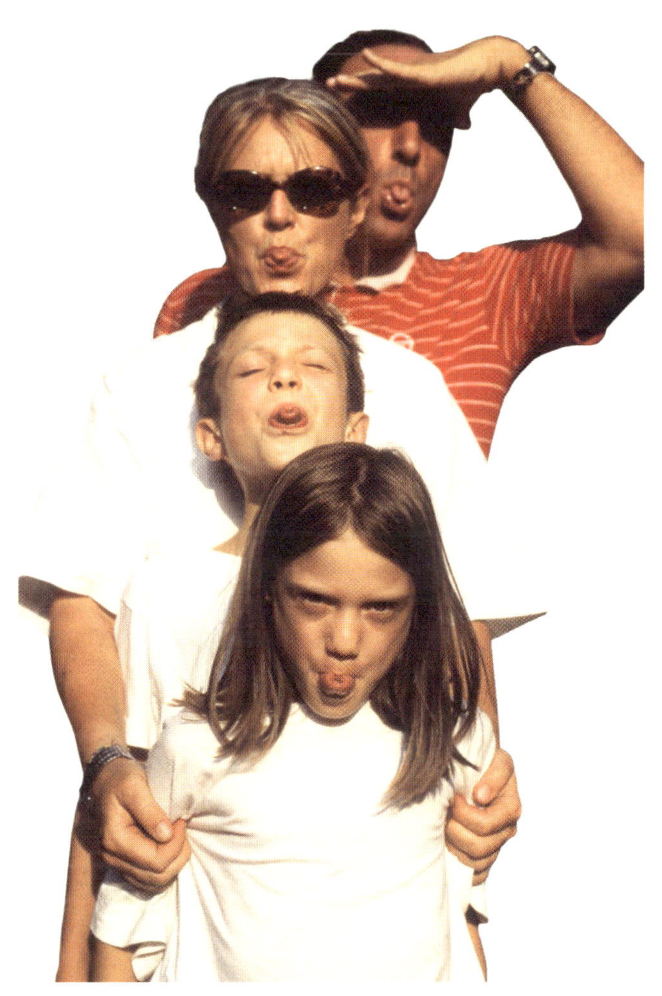

1.8 Shrinking Arms

Stand straight, facing a wall. Stretch your arms out in front of you, rigidly, perpendicular to your body. Stand far enough away from the wall that your fingertips are just touching it. Then bend your arms (maintaining your body's position) and sharply strike each elbow from underneath with the opposite hand. When you return your arms to their outstretched position, your fingertips will no longer touch the wall because your arms will have shrunk.

Photography: Carsten Höller, 1997

Armeschrumpfen

Sich kerzengerade vor eine Wand stellen, Arme im rechten Winkel zum Körper stocksteif ausgestreckt. Distanz zur Wand so ausrichten, dass die Fingerspitzen gerade eben die Wand berühren. Daraufhin Arme anwinkeln (Körperposition beibehalten) und Ellbogen mit der jeweils anderen Hand von unten kräftig beschlagen. Werden nun die Arme in die ausgestreckte Position zurückgebracht, so berühren die Fingerspitzen die Wand nicht mehr, denn die Arme sind geschrumpft.

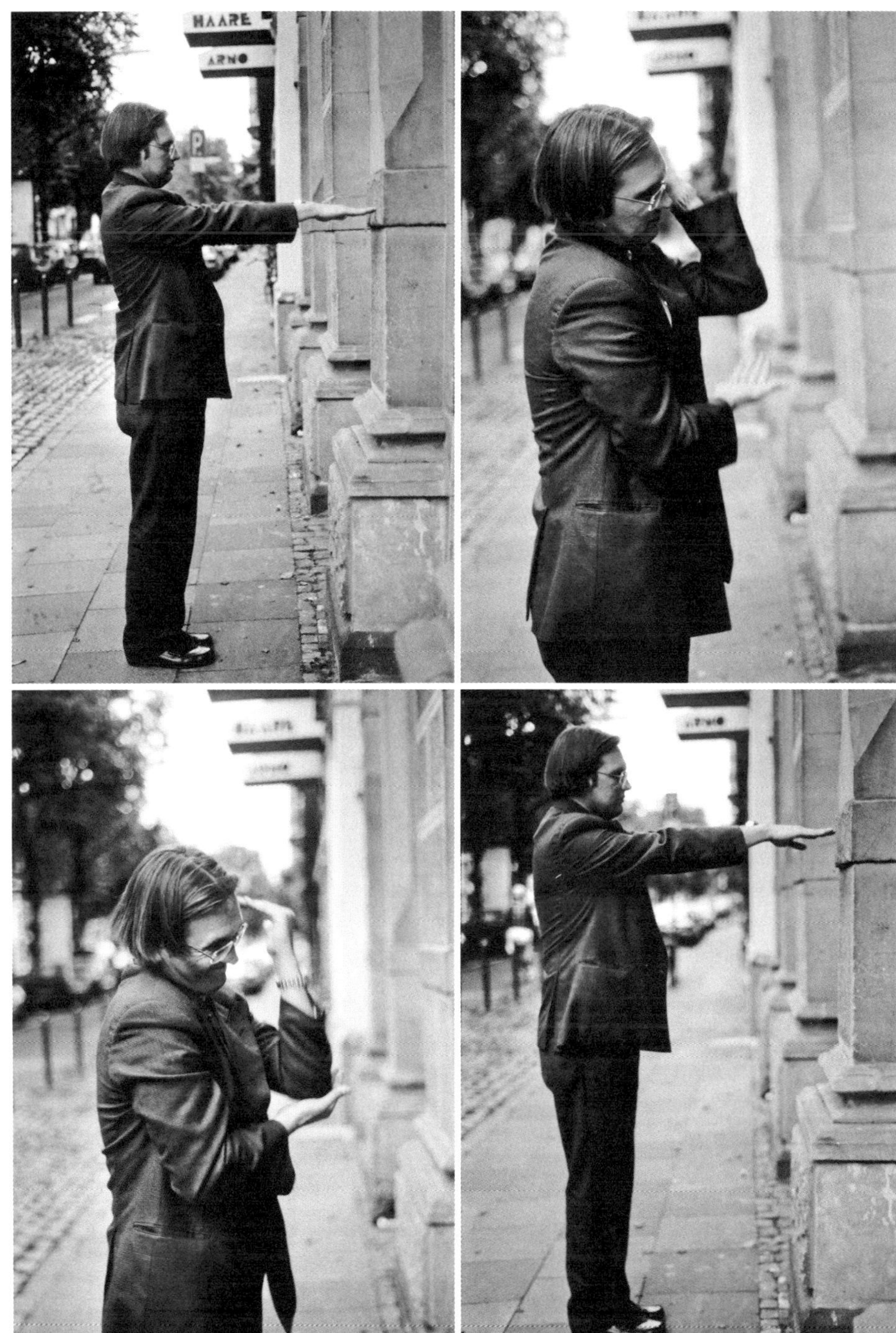
HAARE
ARNO

1.9 The Iron Bar Dilemma

Stretch out one arm and bend your forearm upward. Return your arm to its original position, but now imagine you are holding a heavy iron bar in your hand. Bend your arm upward again and see if it's more difficult now. If you don't feel you're having greater difficulty raising your hand, then you didn't imagine the iron bar intensely enough. But if the movement does feel more difficult, your rational mind will dismiss that as a fallacy. The dilemma arises from the equal viability of both possibilities. Try this with both arms, with each arm representing one of these two possibilities. Dilemma resolved.

Photography: Brittany Nelson and Stefanie Hessler, 2022

Das Eisenstangendilemma

Einen Arm ausgestreckt halten, dann Unterarm nach oben anwinkeln. Arm in ursprüngliche Position zurückbringen und sich vorstellen, eine schwere Eisenstange in der Hand zu halten. Arm erneut anwinkeln und prüfen, ob es nun schwerer ist. Stellt sich der Eindruck zunehmender Schwere der Durchführung der Handbewegung nicht ein, so war die Vorstellung nicht stark genug. Im umgekehrten Falle deutet der Verstand das Erscheinen der zunehmenden Schwere der Bewegung als Einbildung. Das Dilemma besteht in der vollkommen ebenbürtigen Gleichzeitigkeit der beiden Möglichkeiten. Mit beiden Armen spielen, wobei jeweils ein Arm für eine der beiden Möglichkeiten steht. Dilemma gelöst.

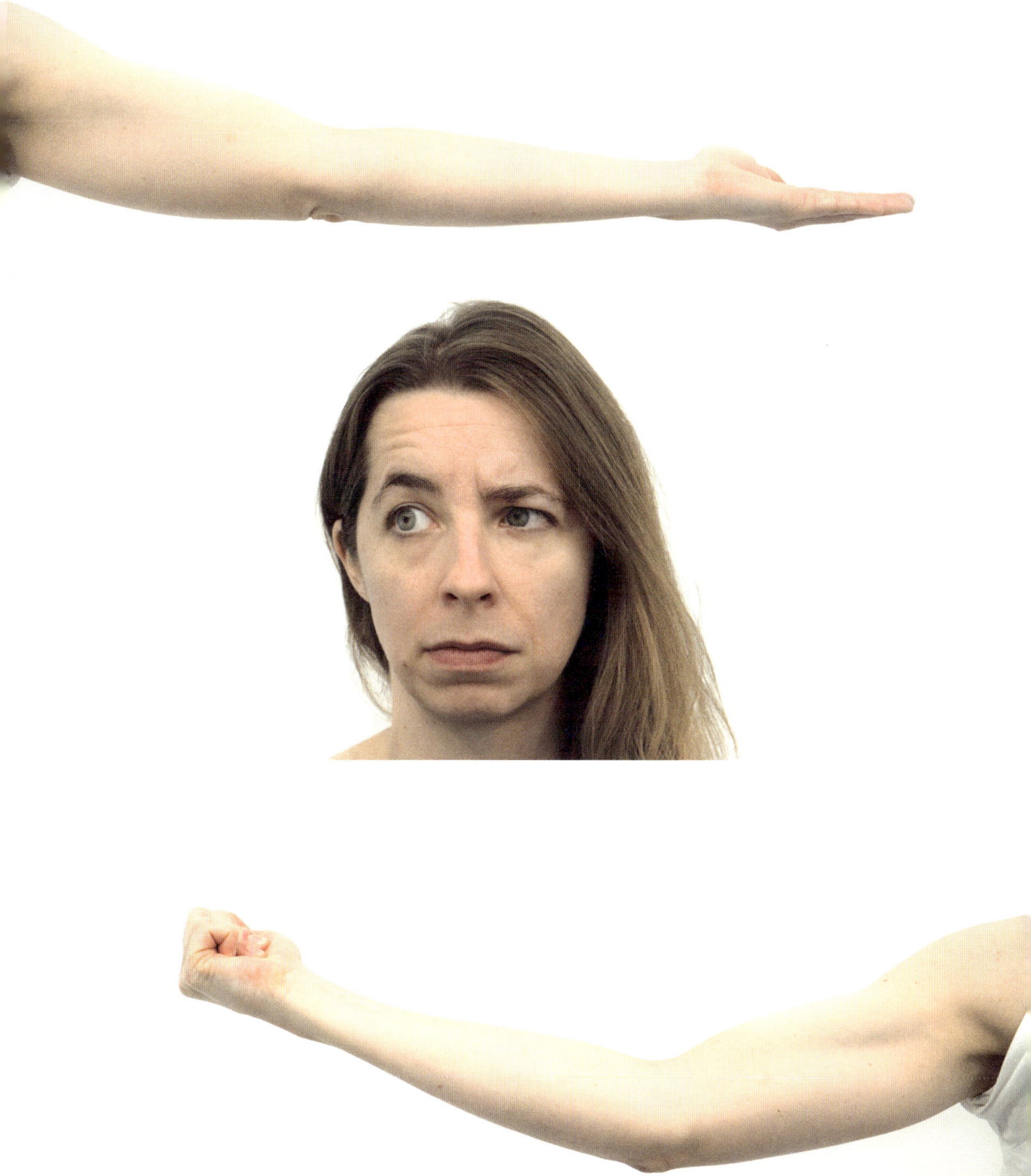

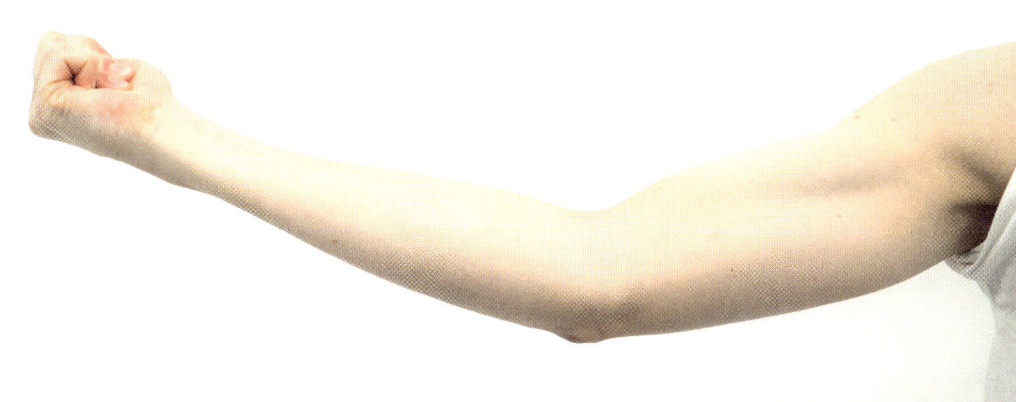

1.10 Friends with a Fly

Make friends with a fly, a mosquito, or some other small creature that happens to be nearby. Communicate using your mental powers.

Photography: Carsten Höller, *Ascan with His Fly*, 1995

Fliegenfreundschaft

Mit einer Fliege, Mücke oder einem anderen gerade anwesenden Kleintier Freundschaft schließen. Sich mittels mentaler Kommunikation verständigen.

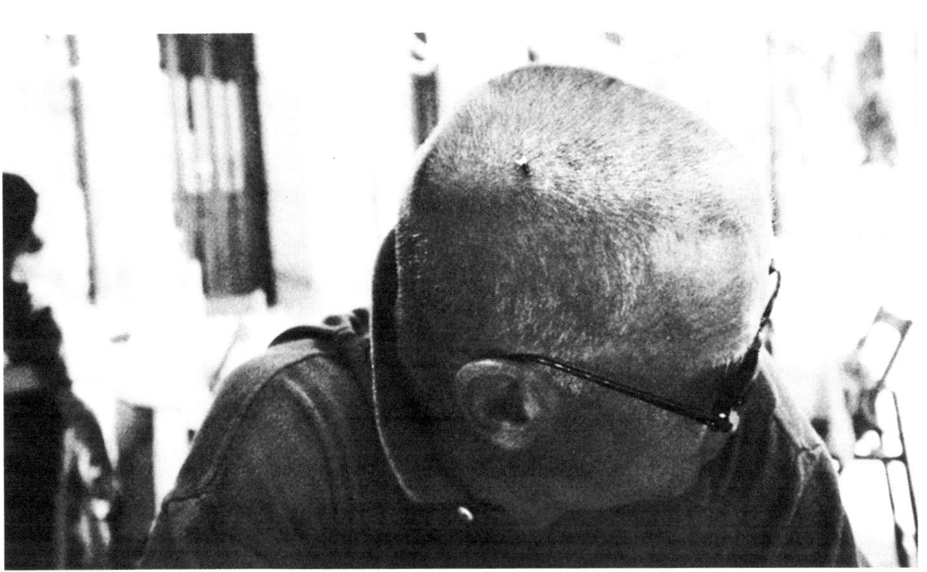

1.11 Boredom

Do digit sums. Think up palindromes. Hyperventilate. Sing badly. Cruelly mortify yourself. Pull or twist your own ears. Kiss yourself everywhere that you can reach with your mouth. Imitate a snake. Jump rope (without a rope). Think clouds away, or into the sky (depending). Twist your head like a wryneck. Roll your eyes in opposite directions. Hold a finger-pulling contest. Knit the air with your fingers. Speed-twiddle your thumbs. Snore yourself awake. Use your own feces as war paint. Pray. Beg yourself for something and brusquely turn yourself down. Wave to yourself. Block your dopamine receptors. Do tongue twisters. Suppress farts to protect the climate. Spew fire. Make jerky movements. Block your Eustachian tubes and talk like a robot. Babble. Completely let yourself go.

Photography: Jana Schmitz, 2022

Langeweile

Quersummen bilden. Palindrome suchen. Hyperventilieren. Falsch singen. Sich selbst übelst kasteien. Sich an den Ohren ziehen oder die Ohren verdrehen. Sich überall küssen, wo man mit dem Mund hinkommt. Schlange nachmachen. Seilspringen (ohne Seil). Wolken weg- oder dazudenken (je nachdem). Kopf wie ein Wendehals verdrehen. Augen rollen in entgegengesetzte Richtungen. Fingerhakeln. Luftstricken. Geschwindigkeitsdaumendrehen. Wachschnarchen. Sich kriegsbemalen mit den eigenen Fäzes. Beten. Sich selbst um etwas anbetteln und dann schroff abweisen. Sich selbst zuwinken. Dopaminrezeptoren blockieren. Zungenbrecher. Klimaschutzpupsverdrängen. Feuer speien. Sich ruckhaft bewegen. Eustachische Röhre blockieren, um roboterhaft zu sprechen. Lallen. Sich total hängen lassen.

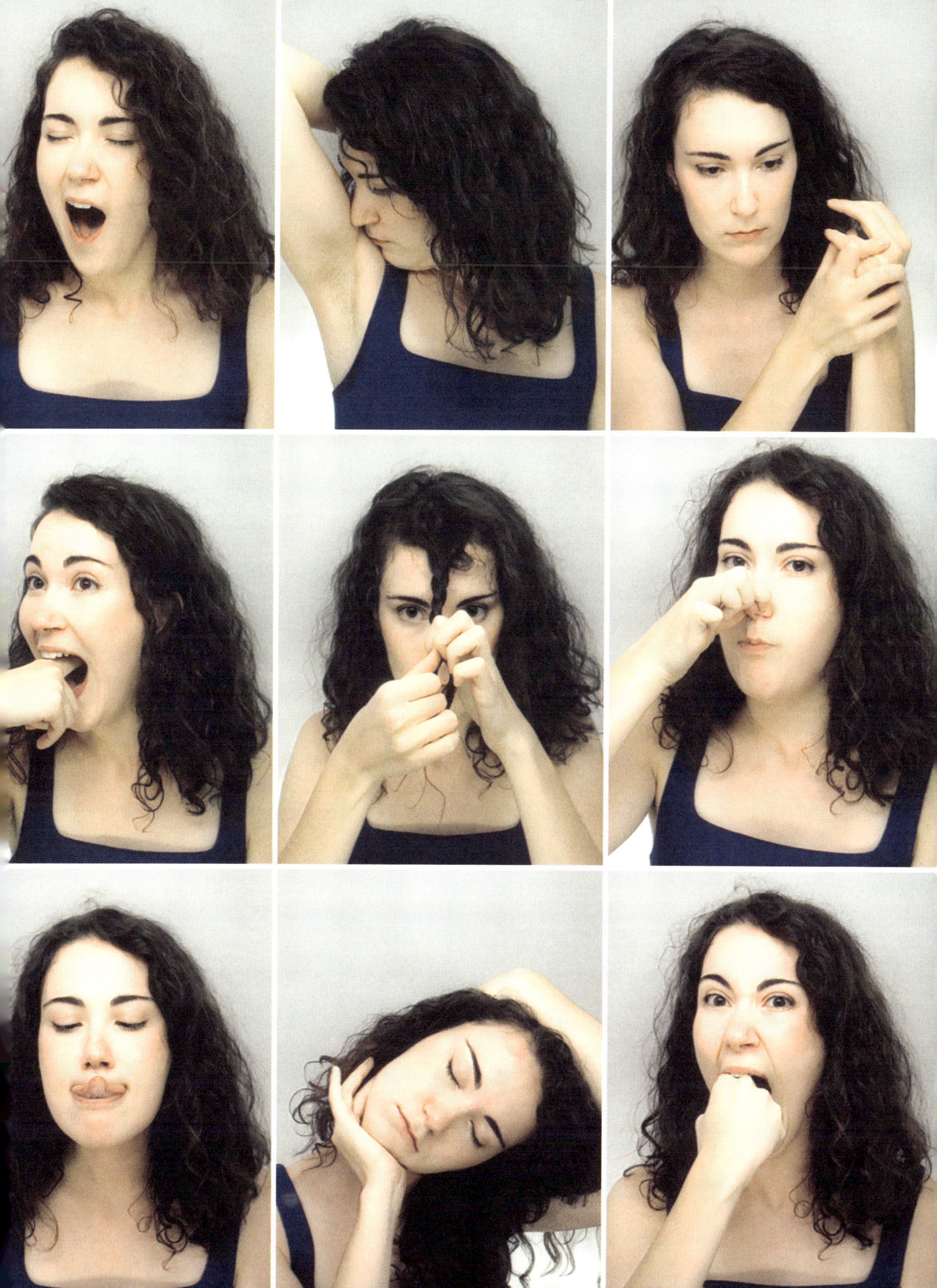

1.12 Therapy

Yell loudly at inappropriate moments.

Photography: Carsten Höller, *Bequia*, 1998

Therapie

Bei unpassenden Gelegenheiten laut schreien.

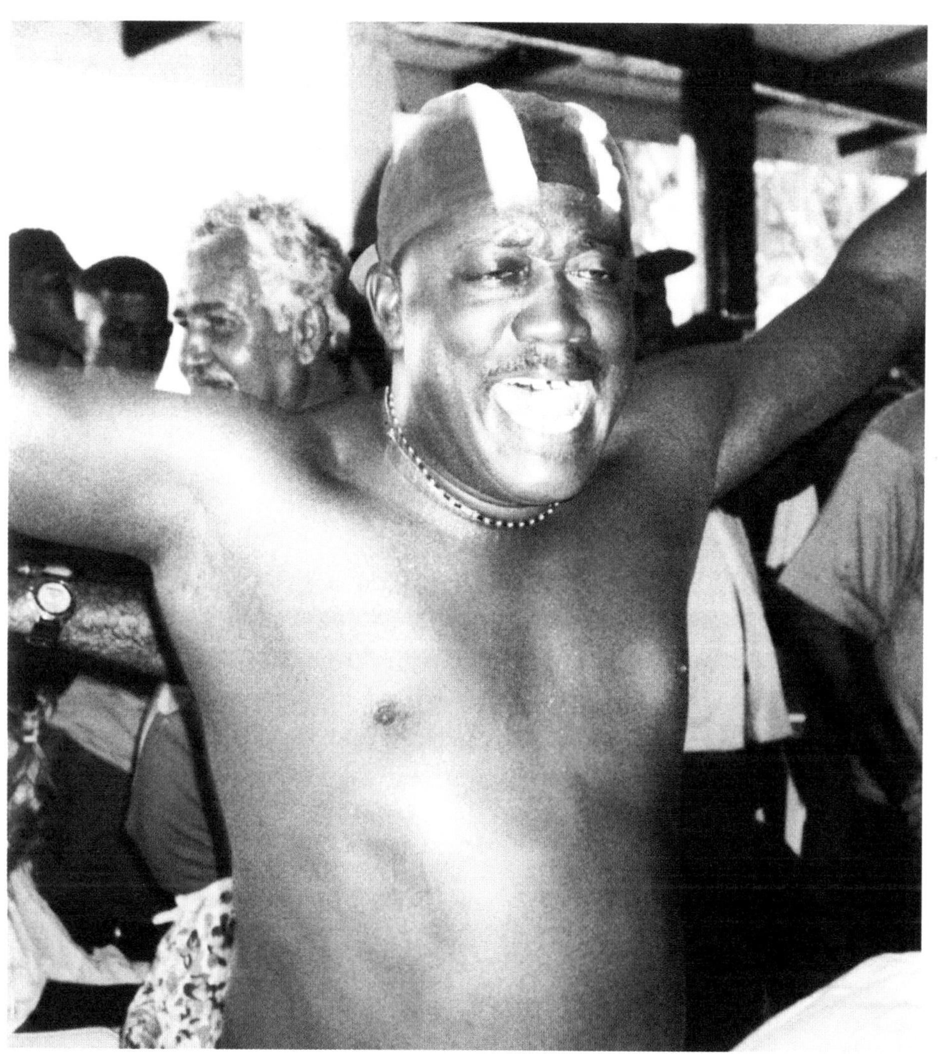

1.14 Old Oak

In a seated position, raise one leg and wedge your heel behind your head. Also practice sitting in the lotus position.

Photography: Carsten Höller, *Ilaria*, 1998

Alte Eiche

Im Sitzen ein Bein auf Höhe der Fersen hinter den Kopf klemmen. Auch den Lotussitz üben.

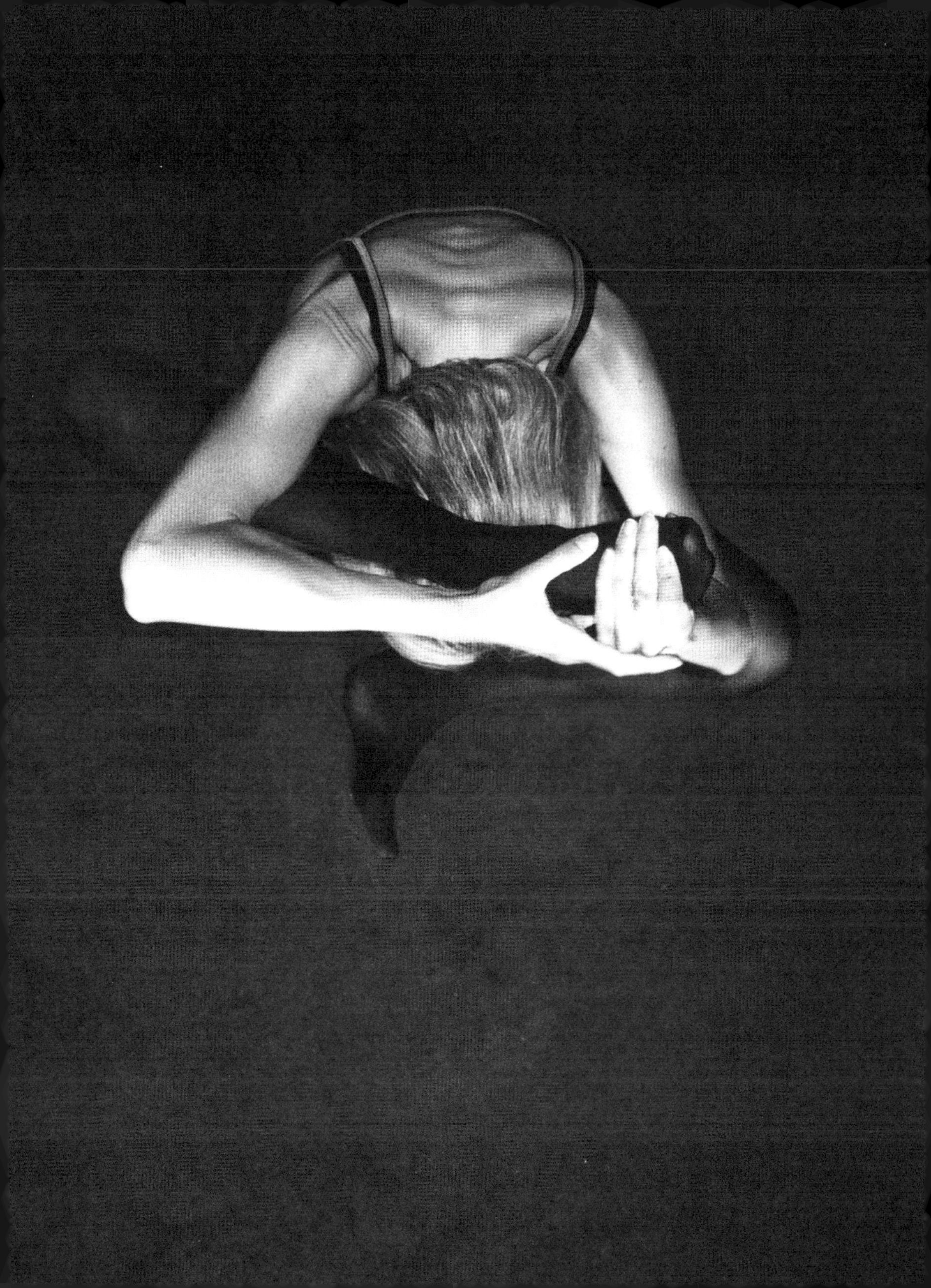

1.15 Simultanamamera

Do contrasting things with each hand and, if you can, with your feet too. For example: Circle one hand horizontally in front of you and draw an imaginary star above your head with the other at the same time, while tapping four beats to a bar with one foot.

And another example: Rotate your open eyes clockwise and then raise your right leg and swing it around counterclockwise.

Photography: Carsten Höller, *The Editor*, 1998

Simultanamamera

Mit beiden Händen, und je nach Fähigkeiten auch mit den Füßen, verschiedene Dinge tun. Beispiel: eine Hand waagerecht kreisförmig vor sich bewegen, mit der anderen einen imaginären Stern über der Kopfplatte zeichnen und dabei mit einem Fuß im 4/4-Takt schlagen.

Anderes Beispiel: die geöffneten Augen im Uhrzeigersinn rotieren und dann das rechte Bein anheben und gegen den Uhrzeigersinn im Kreis schwingen.

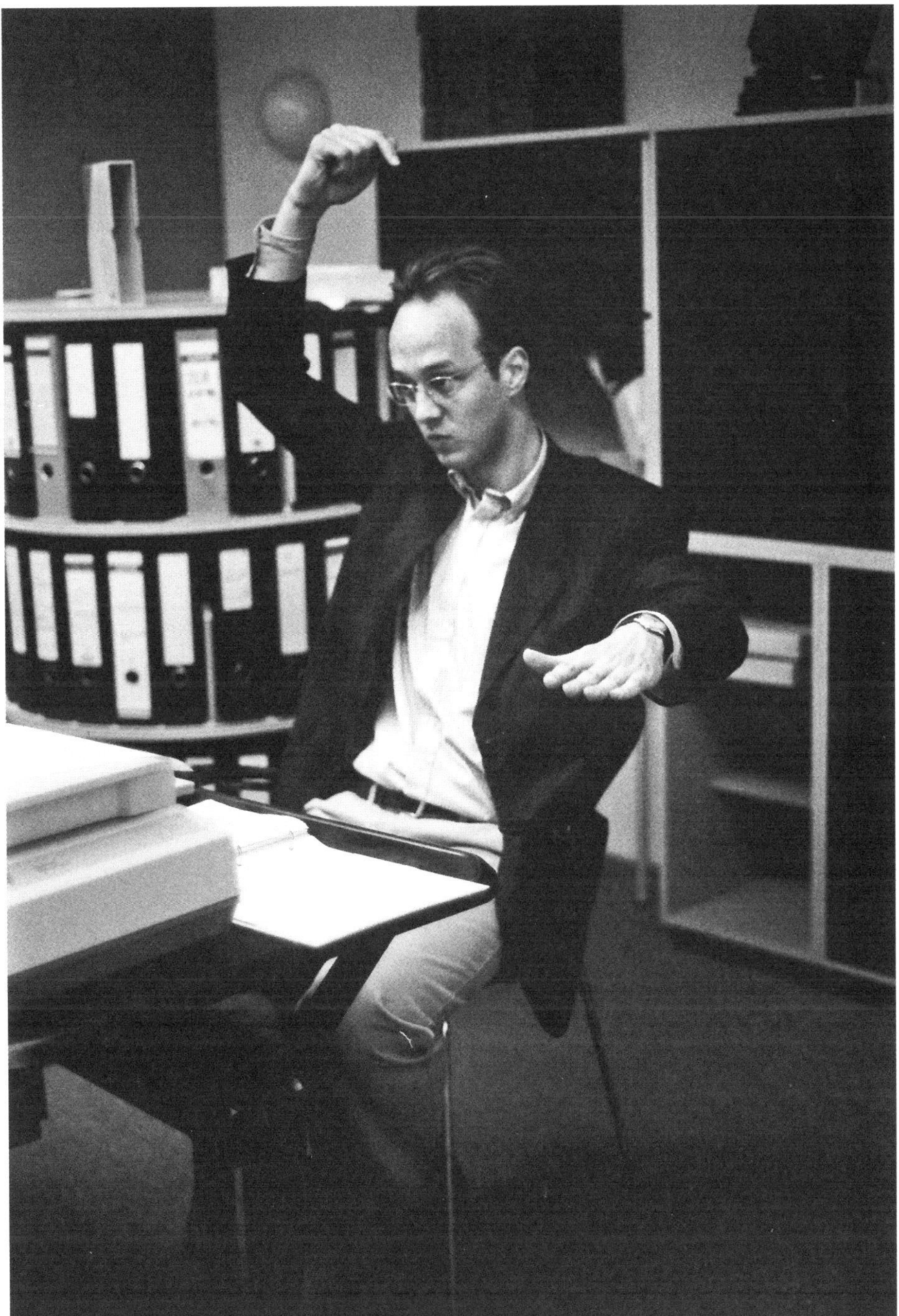

1.16 Look Inside Your Head

Turn your eyes inward and look inside your head.

Photography: Inez and Vinoodh, *Kirsten*, 1996

In den Kopf schauen

Die Augen nach innen drehen und in das Innere des Kopfes schauen.

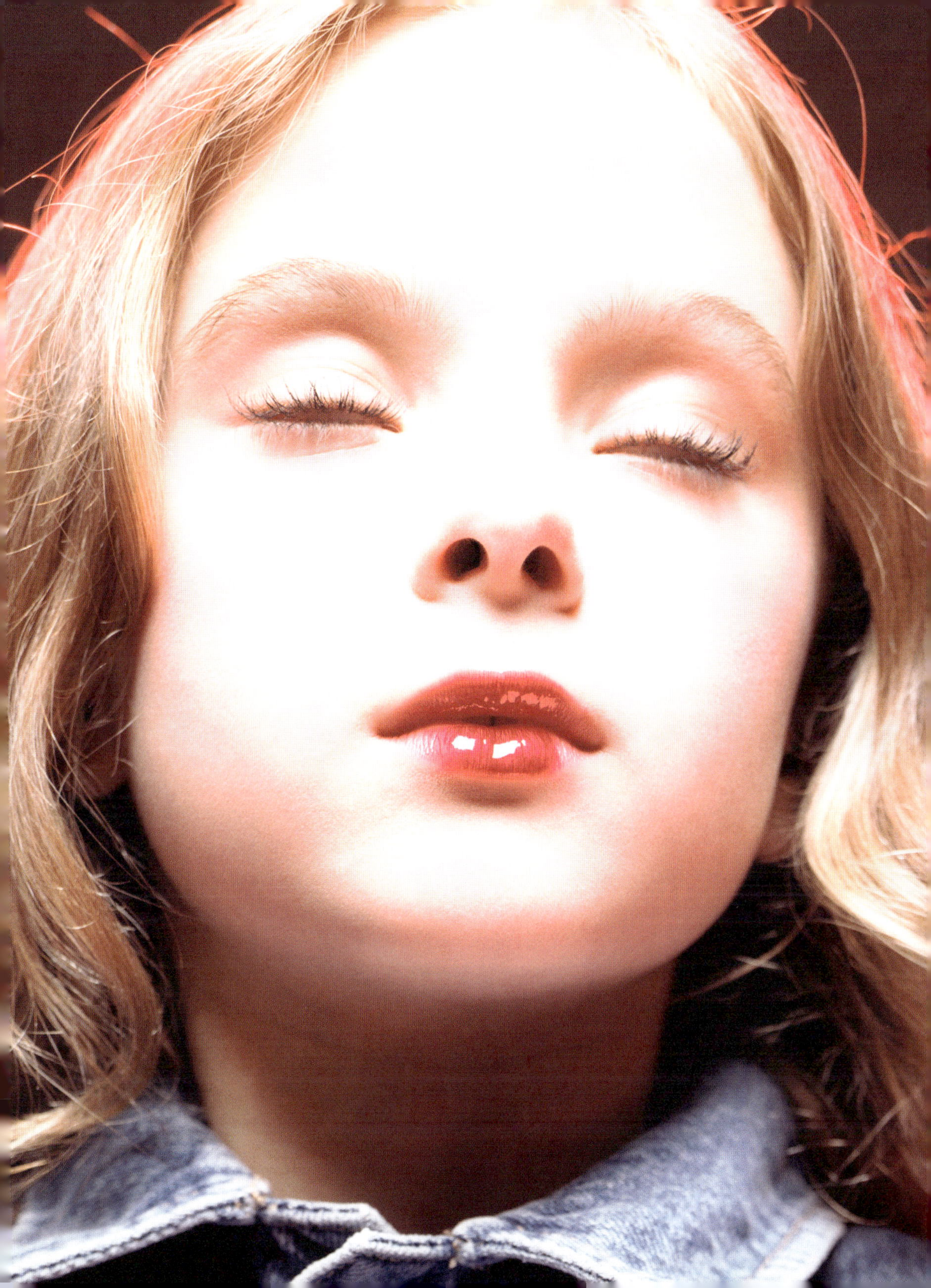

1.17 Lying Up to Sleep

Fall asleep with one or more limbs up in the air. Balance your arms and/or legs in such a way that, as long as you don't move, they remain in position of their own accord.

Photography: Carsten Höller, *Marc*, 1997

Aufschlafen

Einschlafen, während eine oder mehrere Gliedmaßen in die Luft gestreckt werden. Die entsprechenden Arme oder Beine so ausbalancieren, dass sie von selbst in Position bleiben, solange keine Bewegung erfolgt.

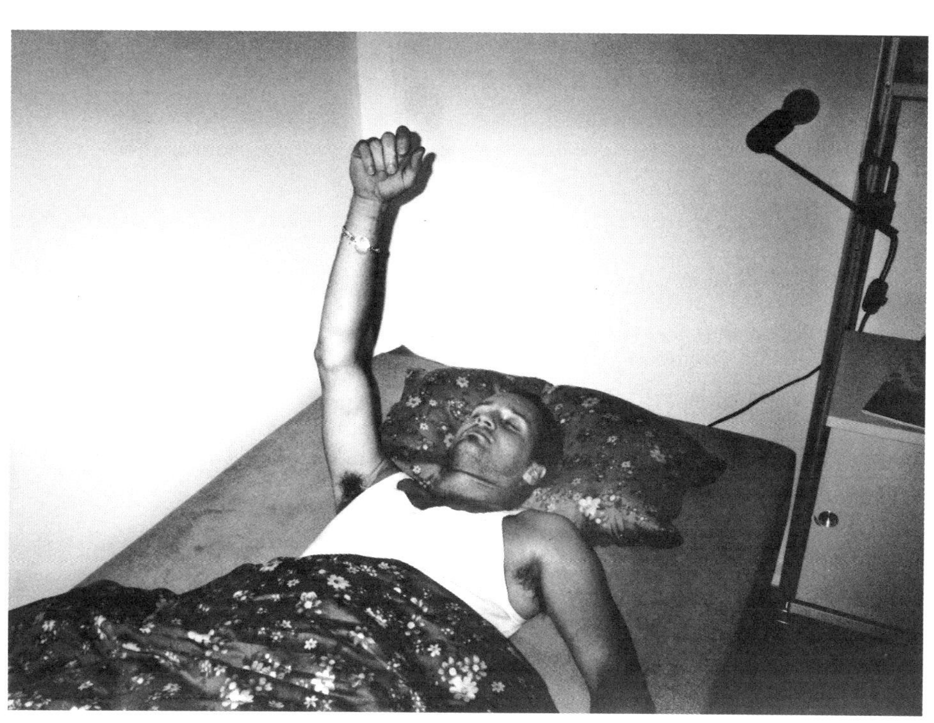

1.18 The Omen

Predict the outcome of upcoming events by consulting an omen. First, make a prediction about a verifiable occurrence. You might predict, for example, that one of the next 10 cars to be parked on the left side of the street will be yellow. If that turns out to be true, then the events will turn out well; if not, they won't.

Omens can also be grouped together and read as metaomens. Let us assume that the first two of three omens do not come true. If the third does, however, come true, then the metaomen augurs well.

Chantal Akerman, *D'Est*, film still, 1993

Das Omen

Den Ausgang anstehender Ereignisse prognostizieren, indem ein Omen konsultiert wird. Zunächst ist eine Voraussage über ein zu verifizierendes Vorkommen zu treffen (das Vorkommen kann auch ein Vorfall sein). So kann vorausgesagt werden, dass sich unter den nächsten zehn geparkten Autos auf der linken Straßenseite ein gelbes befindet: Trifft das zu, so nehmen die Ereignisse einen glücklichen Verlauf, sonst nicht.

Omen können auch gruppiert als Metaomen gelesen werden. So kann angenommen werden, dass von drei Omen die ersten beiden nicht eintreffen. Trifft die dritte Prophezeiung ein, so weissagt das Metaomen Gutes.

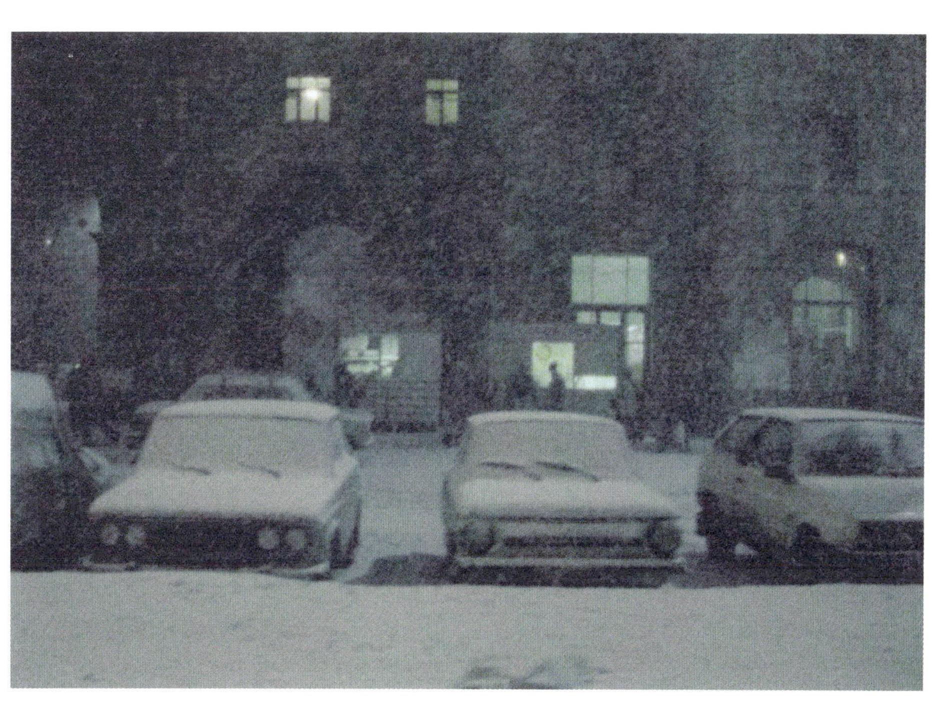

1.19 Military Service

Starting from a seated position—either on the floor or on a chair—use your hands to push yourself up while simultaneously stretching your legs out horizontally. Starting from a standing position, take hold of a tree, a lamppost, or a flagpole and raise your body and legs until they are horizontal.

Photography: Carsten Höller, *Marc and Millie*, 1997 (opposite); *Patrick Hunting*, 1997 (below)

Wehrdienst

Im Sitzen, am Boden oder auf einem Stuhl, sich mit den Händen vom Sitzgrund abstützen und dabei die Beine in eine waagerecht ausgestreckte Stellung bringen. Einen Baum, Laternenpfahl oder Fahnenmast aus dem Stand heraus mit den Händen umgreifen und den Körper waagerecht ausrichten.

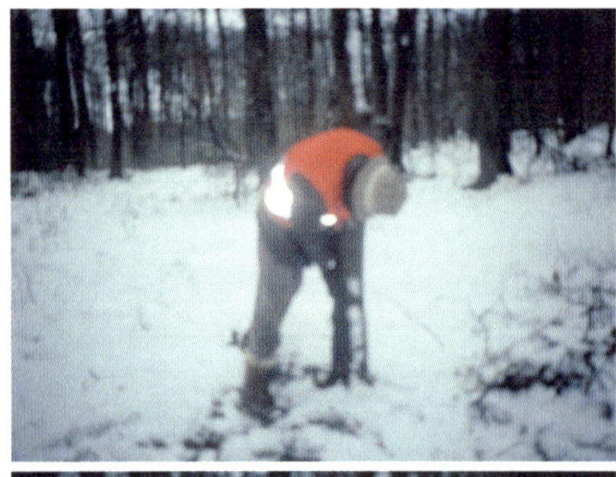

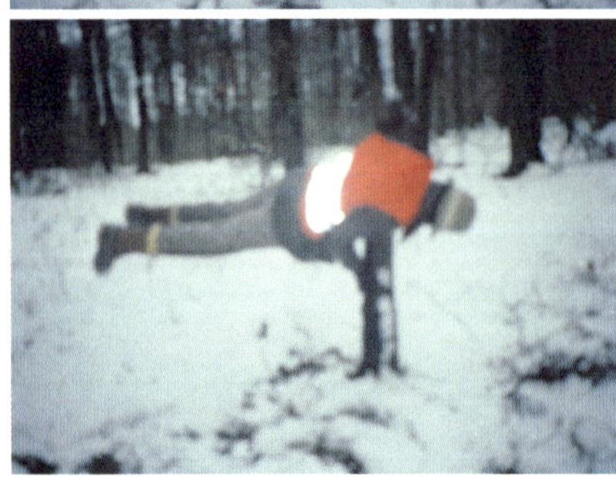

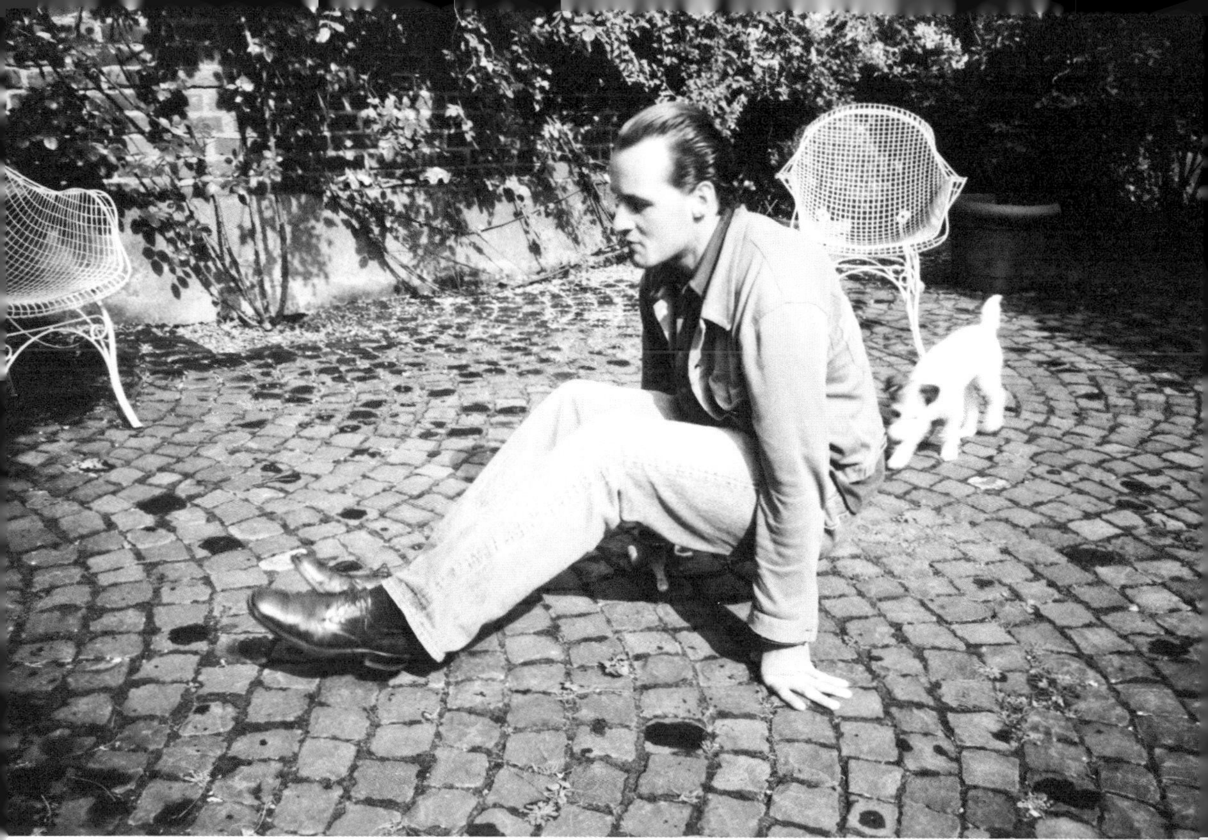

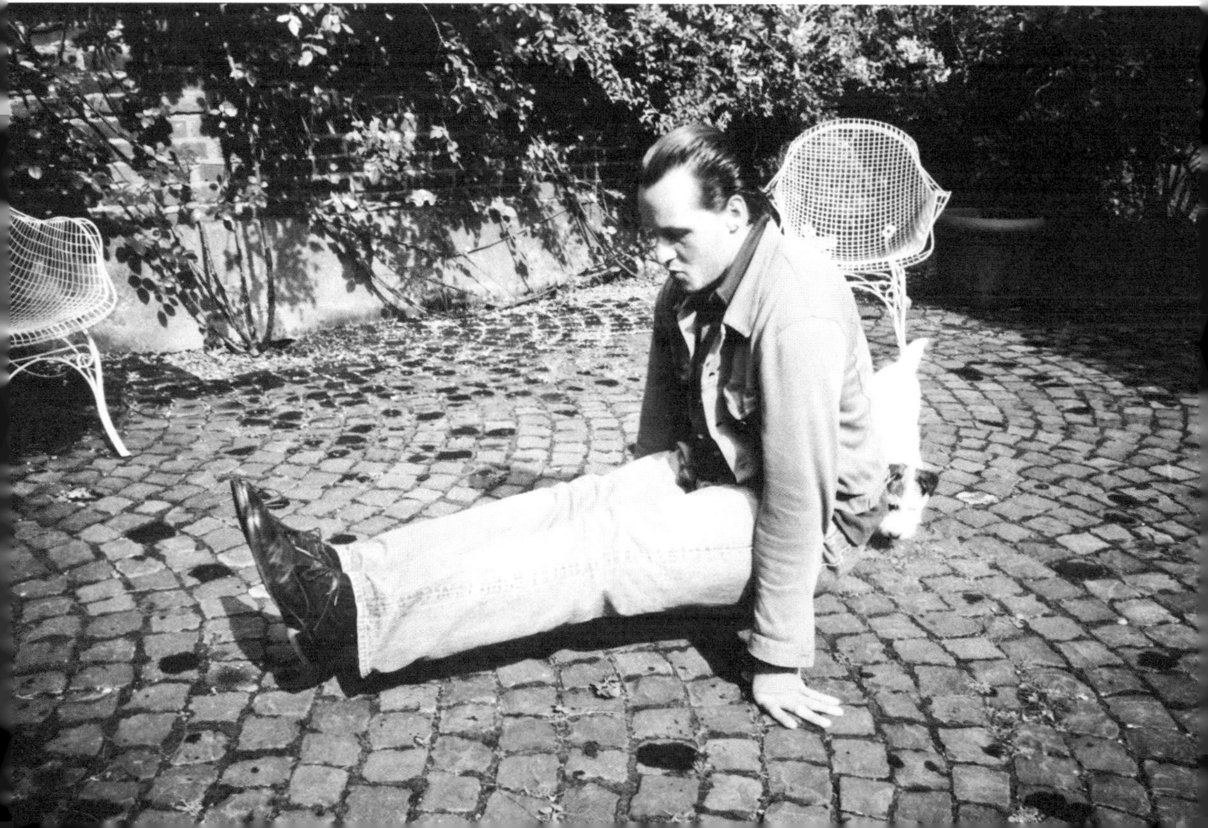

1.20 High-Low

Produce the highest and lowest sounds you can using your voice. They do not have to be vocalized sounds or shouts. You can also whistle or induce vomiting noises by putting two fingers into your mouth.

Photography: Jantsankhorol Erdenebayar, *High and Low 1, 2, 3*, 2022

Hochtief

Die höchst- und die tiefstmöglichen Töne mit der eigenen Stimme erzeugen. Es müssen nicht sprachliche Geräusche oder Schreie sein, es kann auch gepfiffen werden oder durch das Stecken eines Fingers in den Mund Brechgeräusche ausgelöst werden.

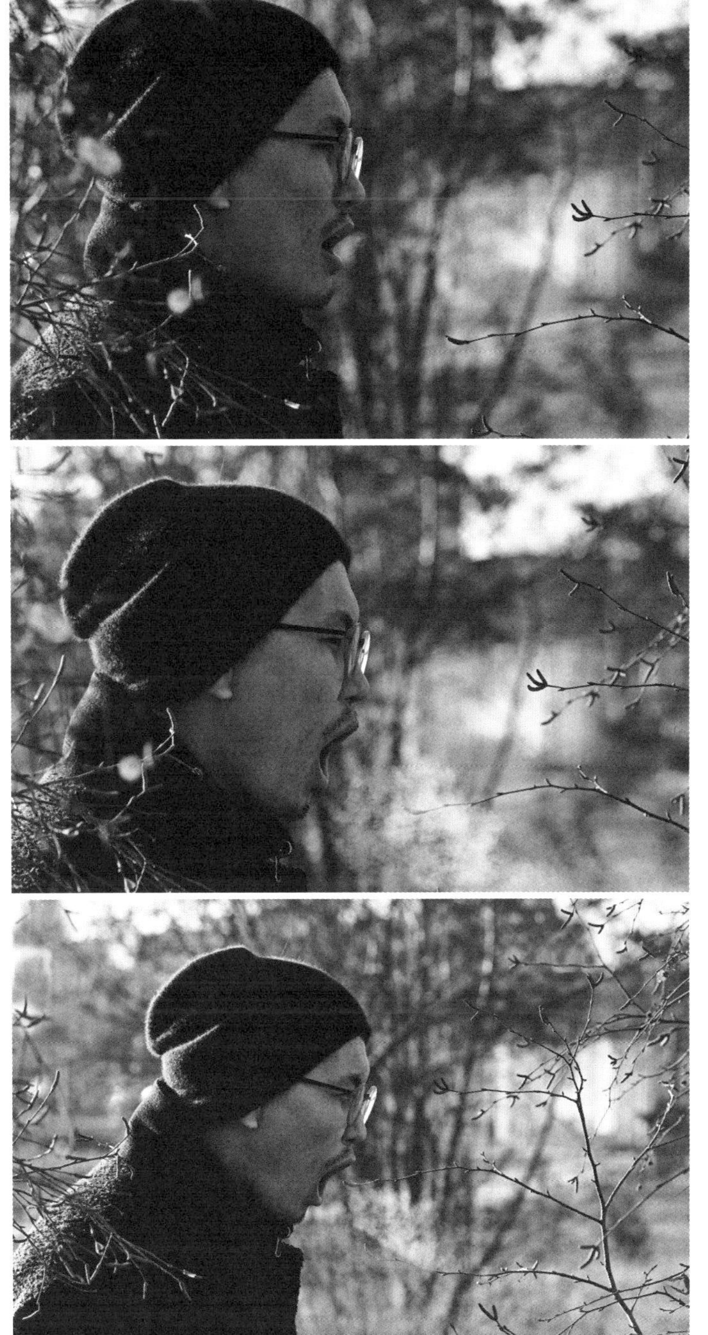

1.21 The Uncrooked Smile

Smile symmetrically for no reason. The corners of your mouth should be raised to the same degree. The fact is that most people can control the right side of their mouth better than the left, probably because the right side is governed by the "rational" left side of the brain. A crooked smile led by the right side of the mouth is therefore easy to do but looks "fake," whereas a symmetrical smile that involves the difficult-to-control left side of the mouth can only arise from genuine emotion.

Photography: Carsten Höller, found images, 1992–97

Das unschiefe Lächeln

Ohne Anlass symmetrisch lächeln. Beide Mundwinkel sollen gleichmäßig hochgezogen werden. Die meisten Menschen können allerdings den rechten Mundwinkel besser steuern als den linken, wohl weil Ersterer von der linken, sogenannten rationalen Gehirnhälfte kontrolliert wird. Ein mit dem rechten Mundwinkel erzeugtes schiefes Lächeln ist daher einfach herbeizuführen, sieht aber gefälscht aus, wohingegen der schlecht steuerbare linke Mundwinkel – und somit die Symmetrie des Lächelns – für wahre Gefühle steht.

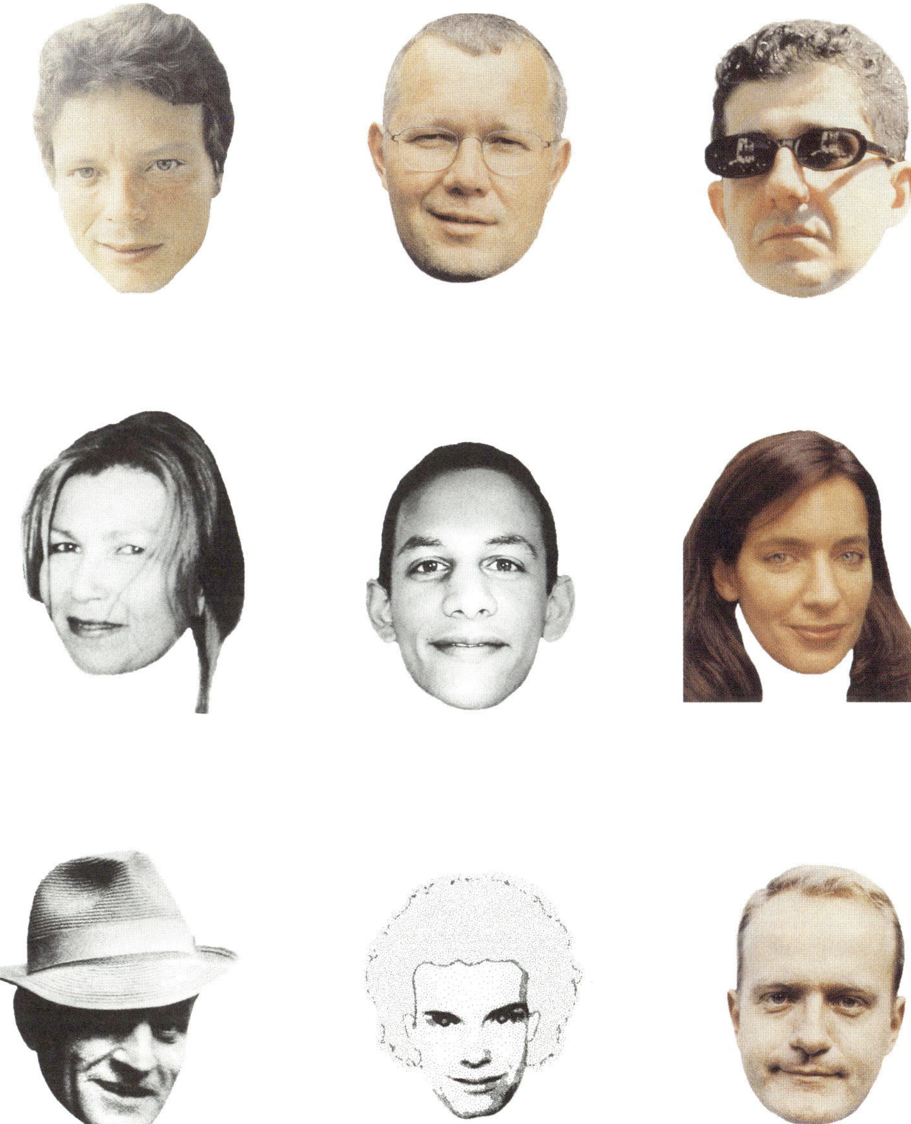

1.22 Change Everything

Do everything differently: Change your dominant hand, your eating and drinking habits, smoking status, your beard or lack of beard, circadian rhythms, handwriting, rhetoric, where you wear your watch, your pastimes and hobbies. Change your predilections, whatever they are, all at once or bit by bit.

Photography: Laura Ortman, 2022

Alles ändern

Alles anders machen: Händigkeit, Ess- und Trinkgewohnheiten, Raucherstatus, Bart oder kein Bart, Tagesrhythmus, Handschrift, Rhetorik, Platzierung der Uhr am Arm, Zeitvertreib und Hobby. Neigungen jedweder Art ändern, auf einmal oder nach und nach.

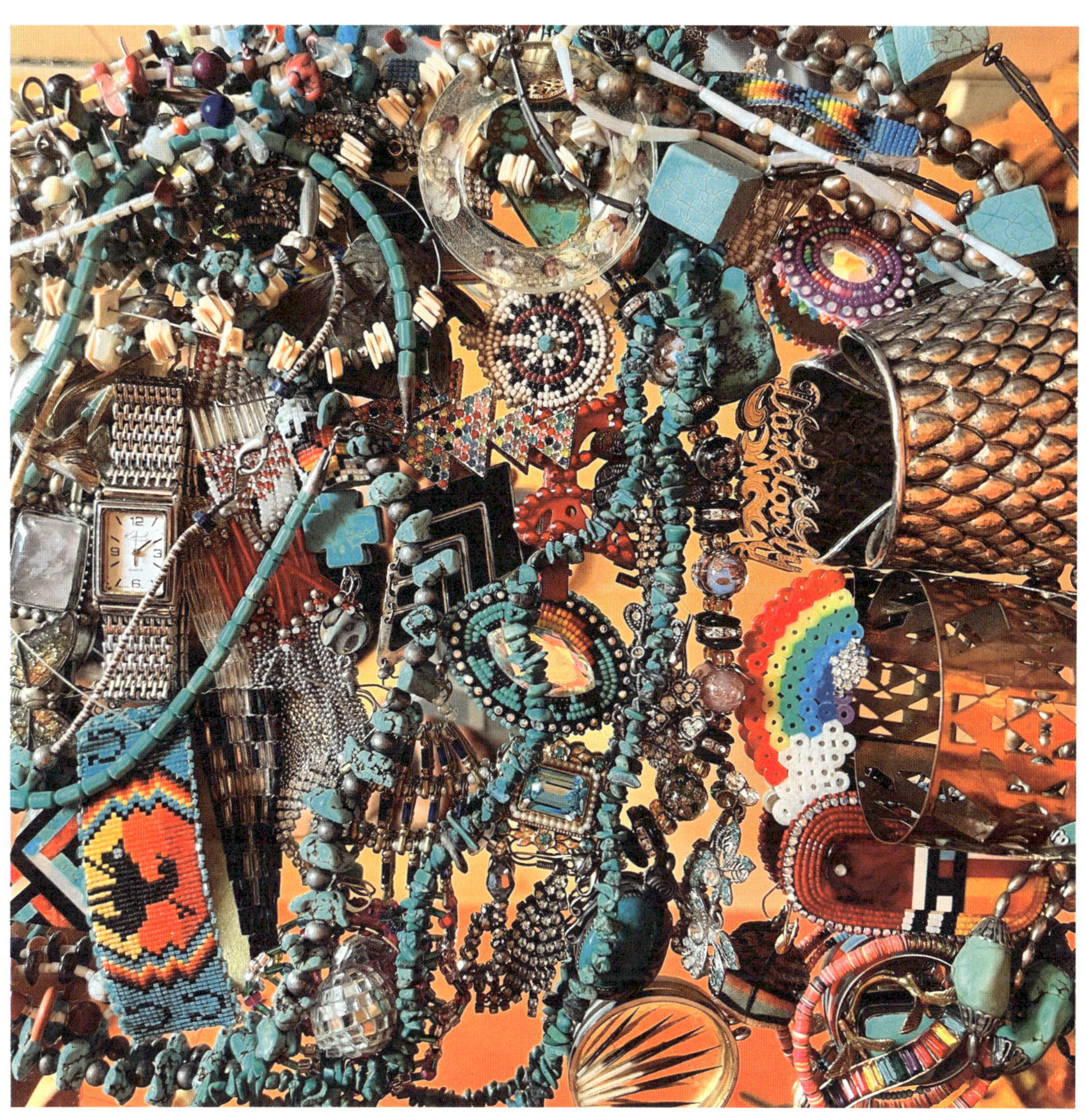

1.23 Eye Squishing

With your eyes open, exert slight lateral pressure on your eyeballs so that your surroundings start to blur. Press on your closed eyes, making colored spots appear.

Photography: Moira Ricci, *Fosfeni*, 2020

Augenquetschen

Bei geöffnetem Auge leichten Druck auf den Augapfel von der Seite ausüben, sodass die Umgebung ins Schwimmen kommt. Auf geschlossene Augen drücken, um Farbflecken zu evozieren.

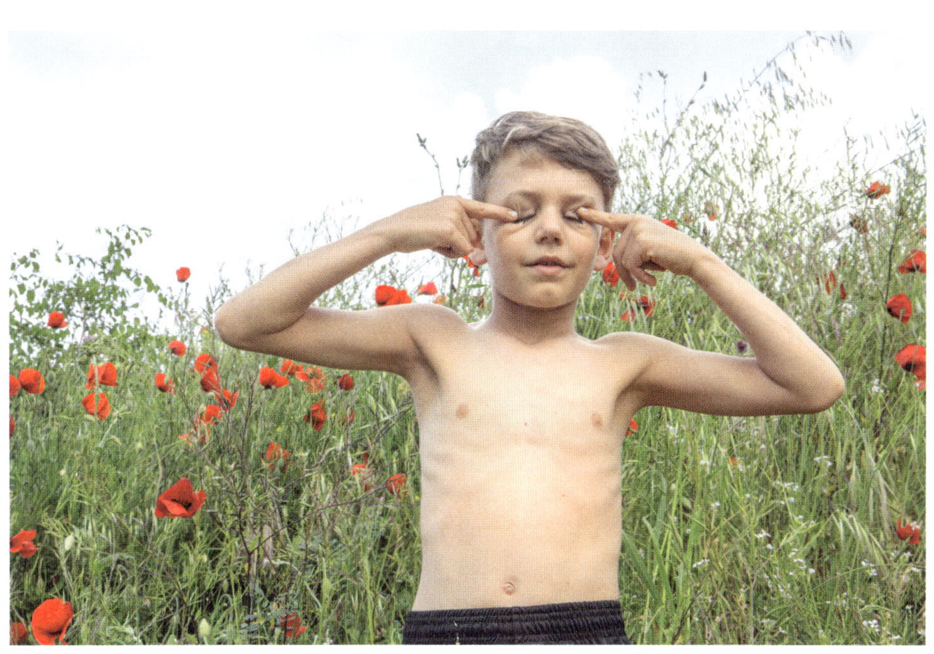

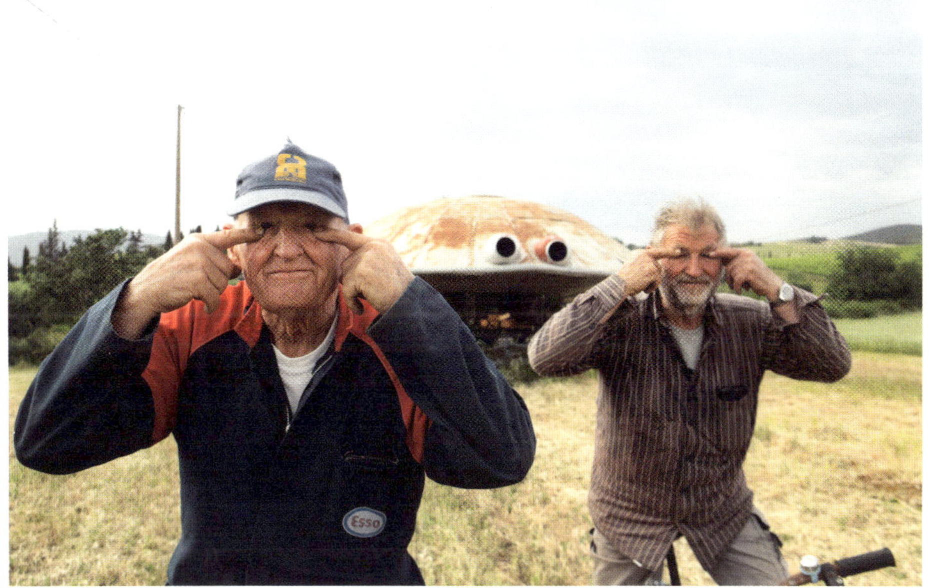
Esso

1.24 Connect the Dots

In your mind's eye, connect the corners, centers, or other distinctive points on objects around you to see if any shapes emerge that provide insights into the spiritual nature of that location or into some secret constellation involving these objects.

Photography: Daniel Boyd, 2020

Punkte verbinden

Eck-, Mittel- oder andere markante Punkte von Gegenständen aus der näheren Umgebung gedanklich miteinander verbinden, um herauszufinden, ob sich Formen abzeichnen, die Aufschluss über die spirituelle Natur des Ortes oder eine geheime Konstellation der Gegenstände geben können.

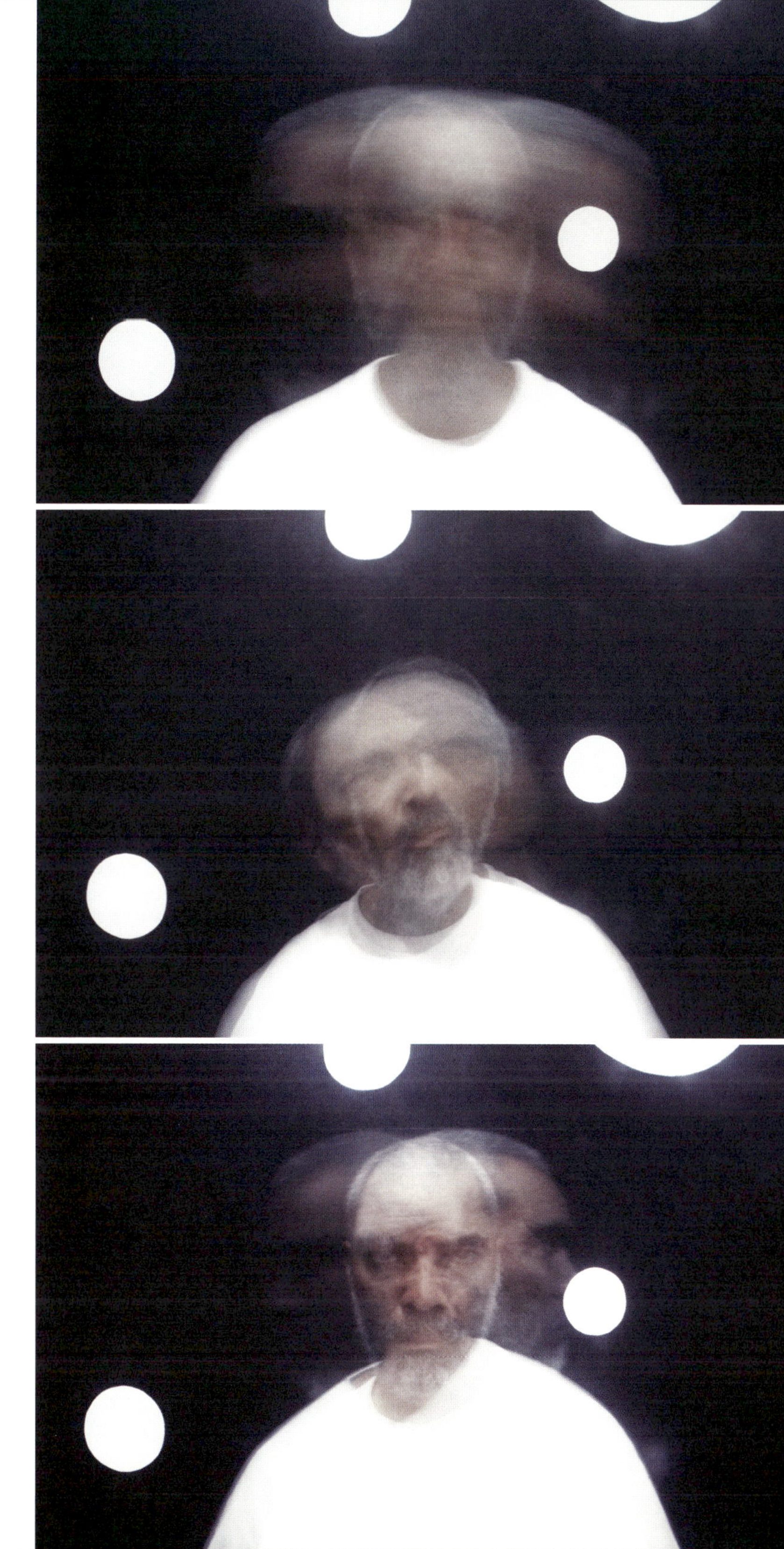

1.25 Dead Beetle

Play dead. Don't move, don't breathe, don't blink.

Photography: Carsten Höller, *Klaus*, 1997

Toter Käfer

Sich tot stellen. Keine Bewegung, kein Luftholen, Lider nicht niederschlagen.

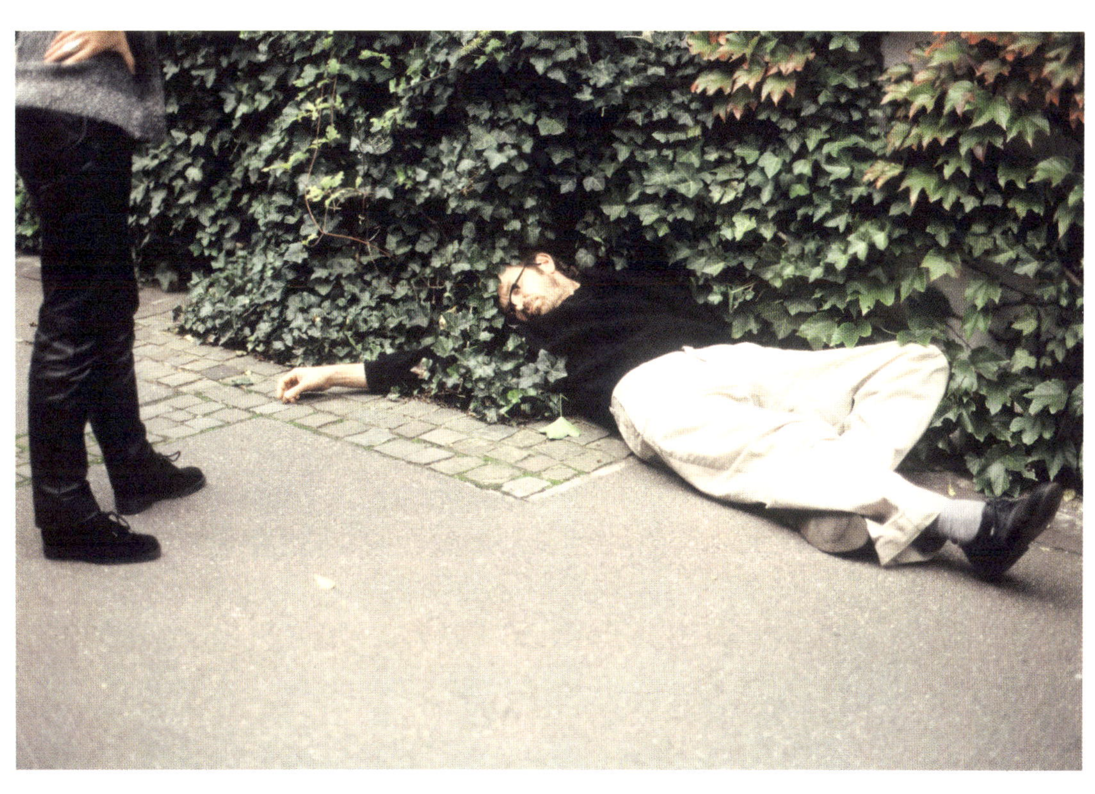

1.26 Puttemans

Run until you collapse from exhaustion. Do we really start to feel euphoric if we run long enough, as people often claim?

Emiel Puttemans, unknown photographer, 1971

Puttemans

So lange laufen, bis man vor Erschöpfung zusammenbricht. Werden, wie oft behauptet, tatsächlich Glückszustände empfunden, wenn man lange genug gelaufen ist?

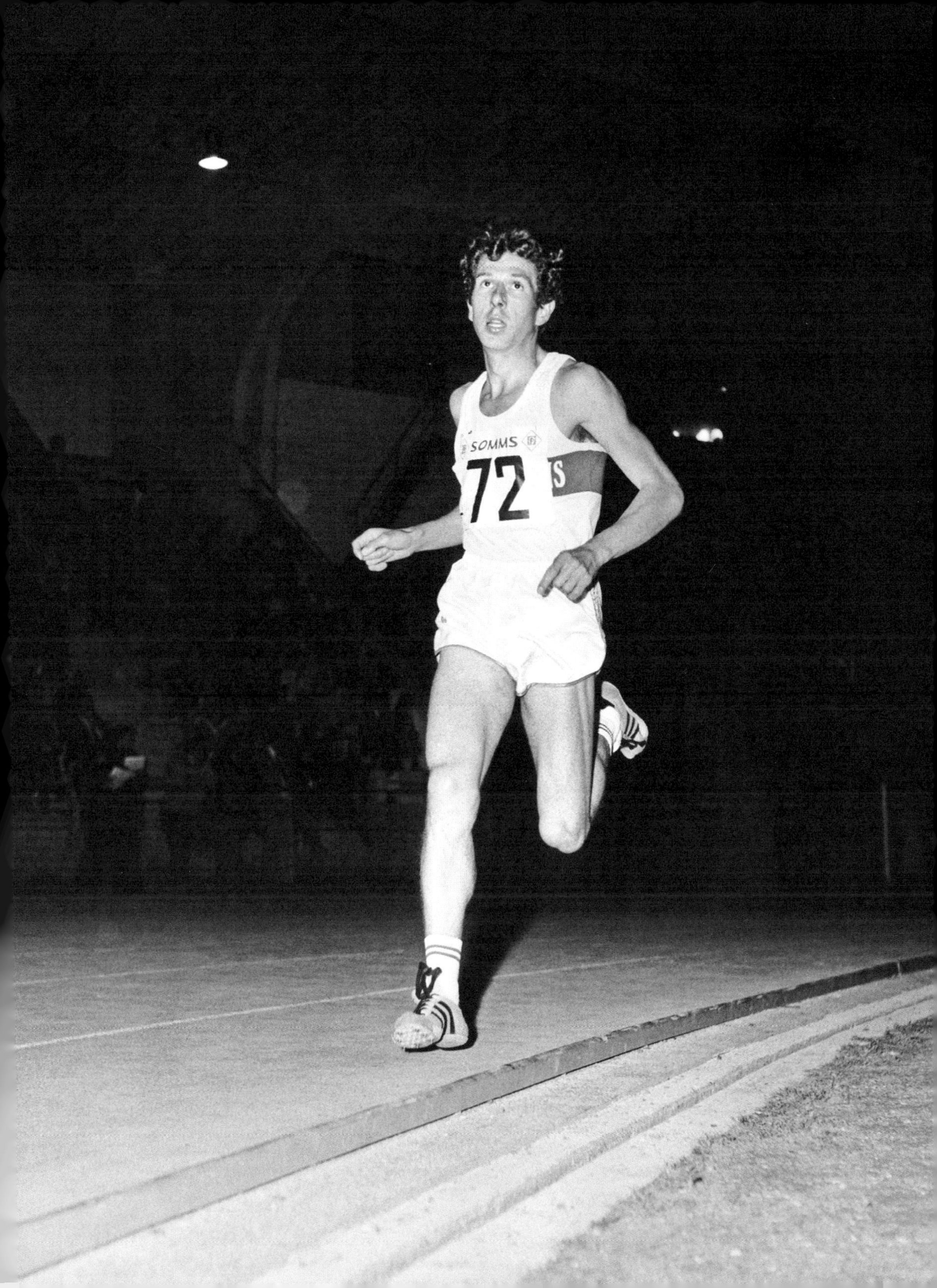
SOMMS
72

1.27 Two Noses (The Aristotle Illusion)

One of the oldest known tactile illusions, possibly the oldest. Cross the index and middle finger of one hand and run them up and down the top edge of your nose. It will feel as if you have two noses—probably because the relevant information-processing organ cannot cope with the fact that the outsides of these two fingers are touching the same thing (which usually only happens to the insides of those fingers). The feeling is heightened if you keep your eyes closed.

It also works the other way around. Run your crossed fingers up and down in the corner of a room or in some other corner. Now the information-processing organ registers the new sensations felt by the sides of the fingers that are usually adjacent to each other; these sensations are heightened by looking at the corner—that is, by the contrast between what you see and what you feel. This soon induces a state of paranoia, as if the corner were lunging forward and curling itself around your fingers.

Photography: Carsten Höller, *Karlheinz*, 1997

Zwei Nasen (Die Aristoteles-Illusion)

Eine der ältesten bekannten taktilen Illusionen, vielleicht die älteste. Zeige- und Mittelfinger einer Hand überkreuzen und auf Nasenrücken auf- und abfahren. Es fühlt sich so an, als hätte man zwei Nasen – wohl weil das entsprechende informationsverarbeitende Organ nicht damit zurechtkommt, dass die Außenseiten dieser beiden Finger nun dasselbe befühlen (was gewöhnlich nur mit den Innenseiten passiert). Der Eindruck wird durch verschlossene Augen verstärkt.

Es geht auch andersherum: Die überkreuzten Finger werden in eine Zimmerecke oder in eine andere Ecke gehalten. Jetzt erfährt das Organ, welche Unterschiede die Seiten der Finger erfühlen, die sich gewöhnlicherweise innen gegenüberliegen – und die Unterschiede werden durch das Sehen der Ecke und somit durch den Kontrast zum Gefühlten verstärkt. Es ergibt sich ein paranoider Zustand, so als ob die Ecke herauskäme und sich um die Finger herumwölbte.

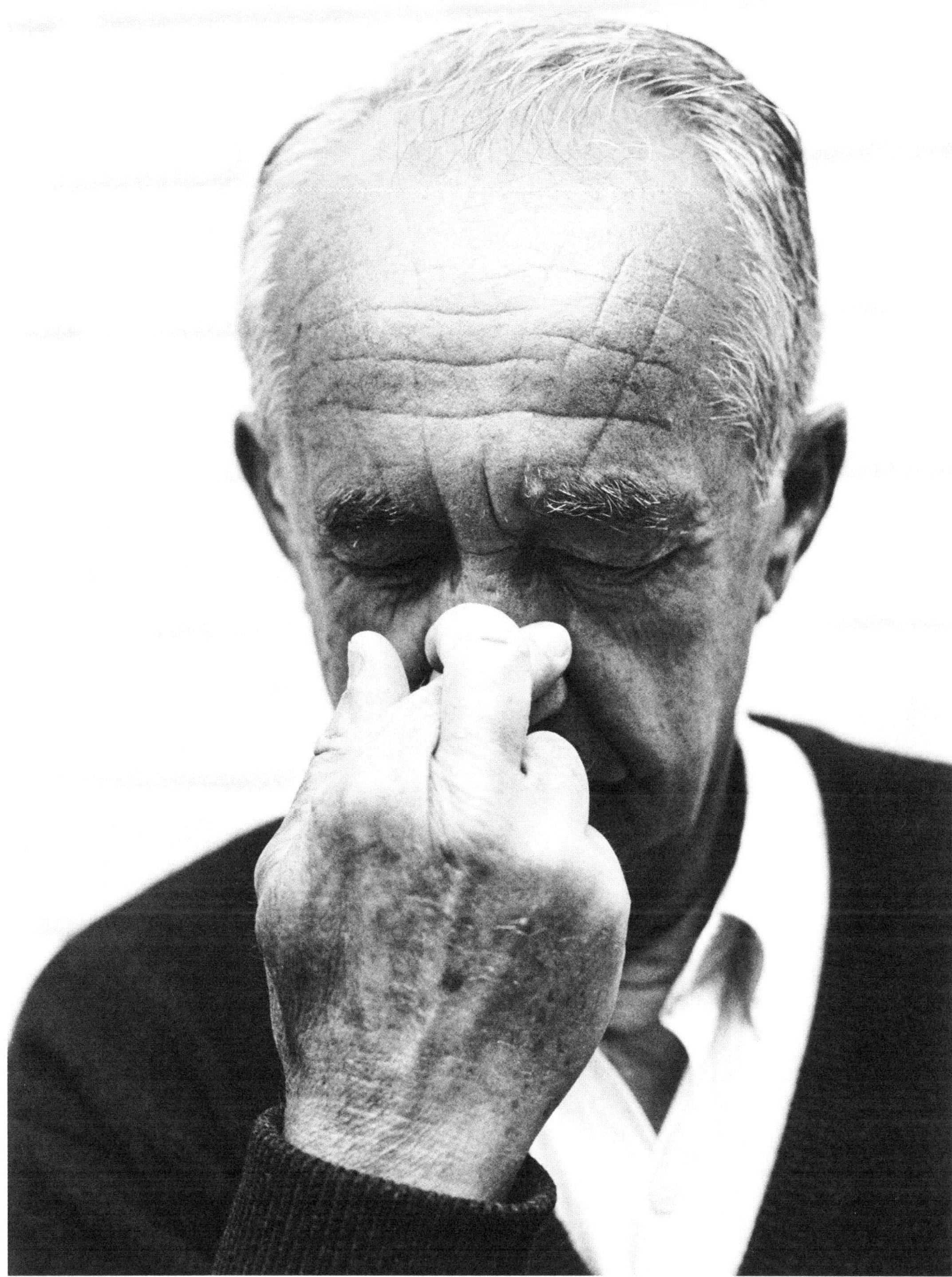

1.28 Floating Sausage

Bring your two outstretched index fingers together in front of your eyes until the fingertips touch. Focus on the background. You will see a sausage between your fingertips. Make the sausage float by moving your fingers apart.

Photography: Carsten Höller, *Edel*, 1997 (above); *Miles*, 1997 (below)

Schwebende Würstchen

Vor den Augen die beiden ausgestreckten Zeigefinger so zusammenführen, dass sie sich an der Spitze berühren. Hintergrund fokussieren. Zwischen den Fingerspitzen wird ein Würstchen gesehen. Finger voneinander entfernen, Würstchen schweben lassen.

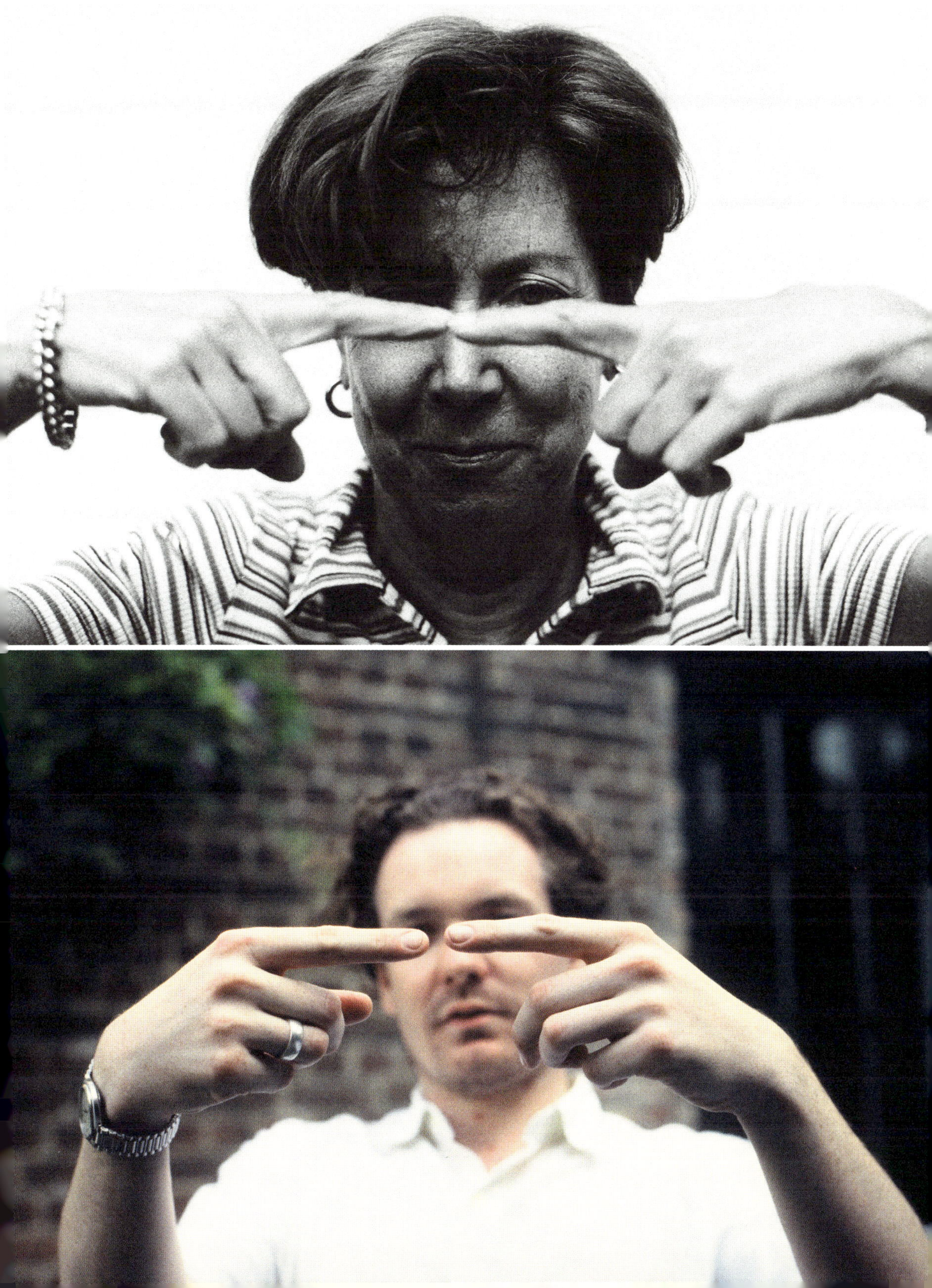

1.29 The Energy Rainbow

Create an energy rainbow by dynamically alternating the position of your arms. Start with one stretched out to the side and the other held up with your hand floating above your head. Then stretch out the other arm and float the other hand; the switch is swift but not hasty.

Photography: Barney Schaub, 1998

Energieregenbogen

Ein Energieregenbogen wird gebildet, indem die Position der beiden Arme in einer dynamischen Bewegung von der einen zur anderen Seite gewechselt wird. Der eine Arm ist zunächst ausgestreckt, der andere wird so gehalten, dass die Hand über dem Kopf schwebt. Das Umschwenken geschieht zügig, aber nicht hastig.

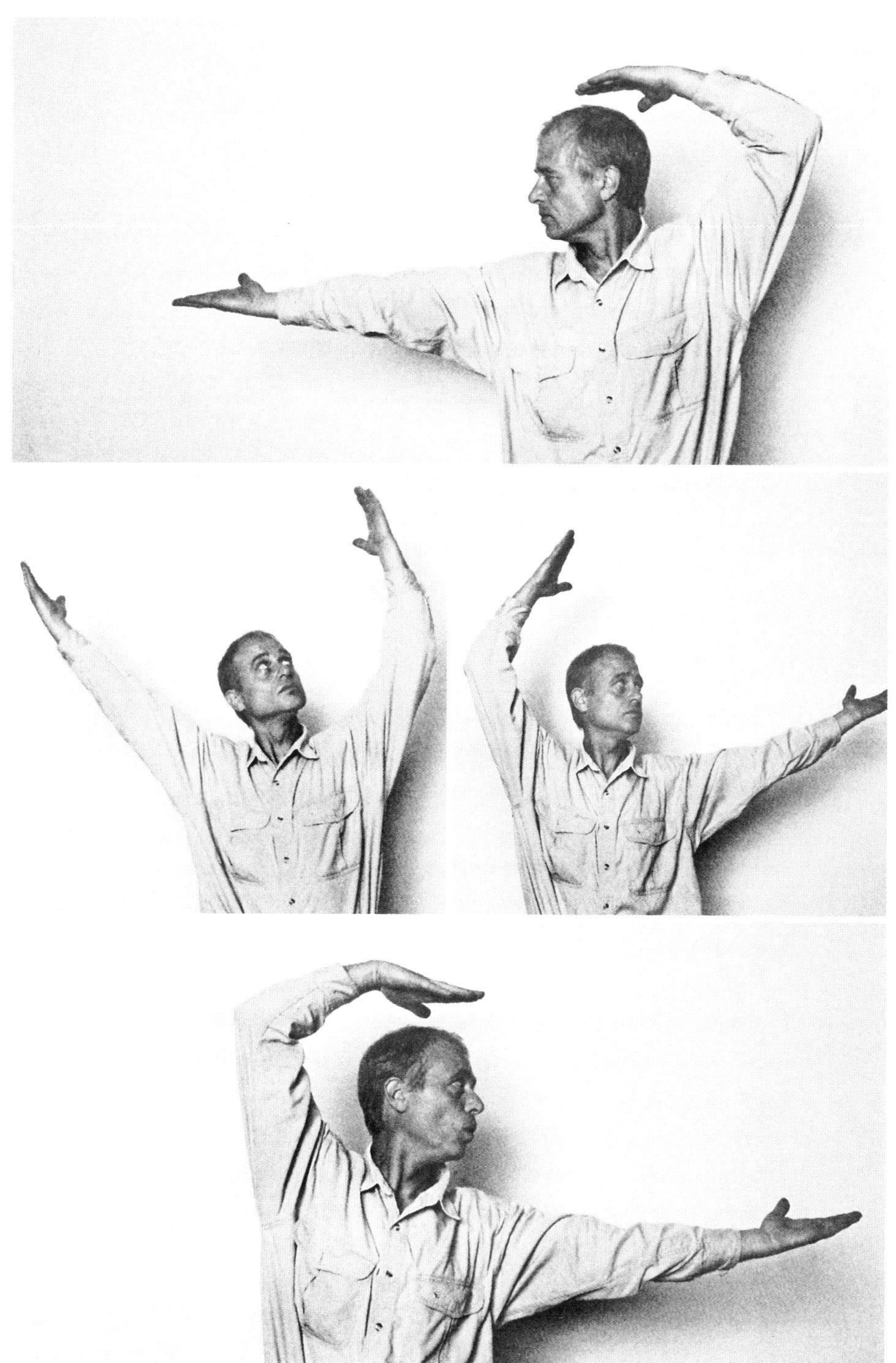

1.30 Shadow Jumping

Jump over your own shadow
(outstrip your shadow).

Photography: Yang Fudong, 2022

Schattenspringen

Über den eigenen Schatten springen
(schneller als der eigene Schatten sein).

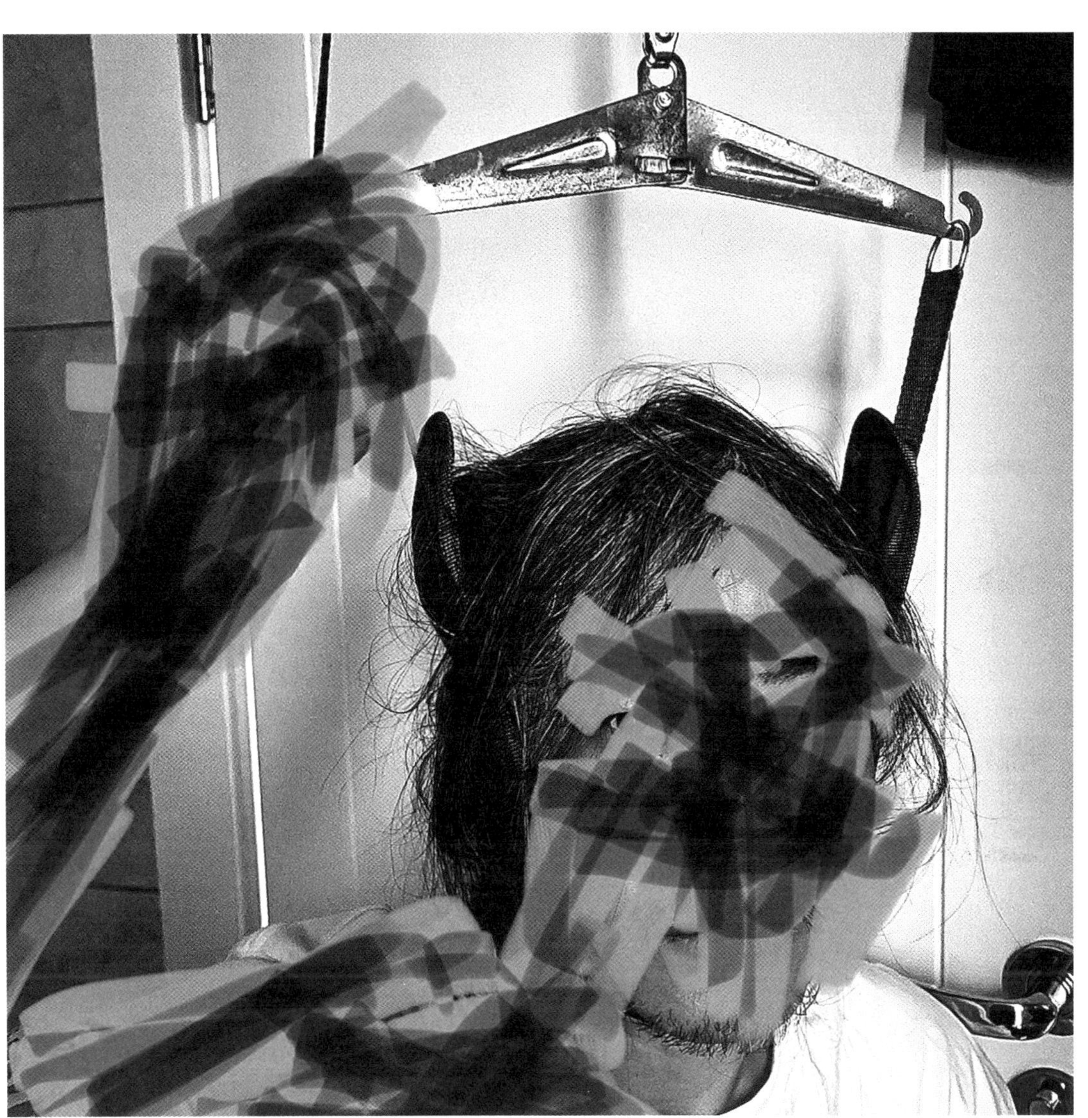

1.31 Internal Yoga

Exercise for the urethral sphincter or the muscles controlling genital contractions. Stop urination midstream using the relevant muscles. Roll the stomach from inside. Enlarge or reduce the genitals by the power of thought alone. Contract your internal muscles. Waggle your ears.

Photography: Melanie Bonajo, 2022

Inneres Yoga

Training des Schließmuskels oder der für genitale Kontraktion zuständigen Muskeln. Urinfluss unterbrechen kraft der entsprechenden Muskeln. Bauch von innen rollen. Genitalien durch Gedankenkraft vergrößern und verkleinern. Innere Muskeln spannen. Mit den Ohren wackeln.

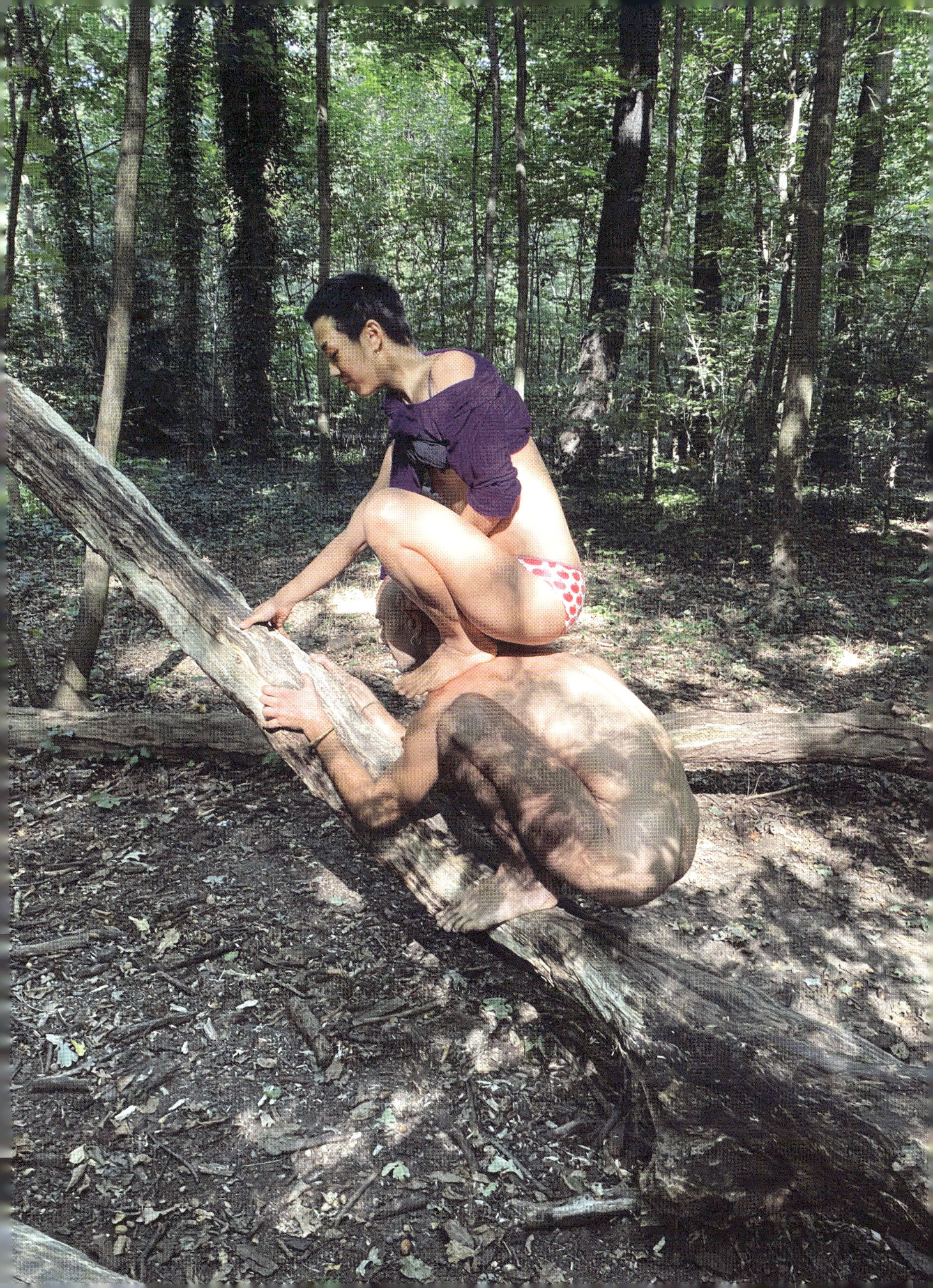

1.32 Pure Thinking

This game is about a way of progressing toward pure thinking. The cacophony in your mind dies down, and maximum purity is achieved. This requires a step-by-step procedure.

Bear in mind that this is a text describing a method that will help you arrive at pure thinking and that this pure thinking is something completely different from its description. Once you have internalized the nature of this method, you can forget it (forget it to the extent that all you now know is that you previously thought about it). Now think about how you perceive the outside world, without thinking about anything specific in your surroundings. Everything in your surroundings (including you) appears to you in a particular way. Everything is situated within a certain framework. Think about this framework. It is a framework with soft edges that dissolve toward the outside. Once you have found the soft framework, you can forget it too. Now you are exiting the framework. Next think about the surroundings of the framework and then about everything else outside the framework (you can start by imagining another, somewhat larger framework that contains your own). Now try to think simultaneously about the essence of the surroundings of the framework and the essence of the forgotten framework. At this point your thoughts should only be specific with

Photography: Rudolf Sagmeister, *Ed Ruscha*, 2012

Das reine Denken

Bei diesem Spiel handelt es sich um eine Methode zur sukzessiven Entwicklung des reinen Denkens. Das Rauschen der Gedanken wird verringert, größtmögliche Reinheit erreicht. Dazu ist ein Vorgehen in Etappen erforderlich.

„Denke daran, dass das hier ein Text ist, der eine Methode beschreibt, die dir hilft, zu einem reinen Denken zu kommen, und dass dieses reine Denken etwas ganz anderes als seine Beschreibung ist. Wenn du dir die Natur dieser Methode vergegenwärtigt hast, kannst du sie jetzt vergessen (so vergessen, dass du nur noch weißt, dass du bereits darüber nachgedacht hast). Denke anschließend daran, wie du die äußere Welt wahrnimmst, ohne an etwas Bestimmtes, dich Umgebendes zu denken. Alles, was dich umgibt (und auch du selbst), erscheint dir auf eine bestimmte Weise. Alles kommt in einem bestimmten Erscheinungsrahmen vor. Denke an diesen Rahmen. Es ist ein Rahmen mit weichen Kanten, die sich nach außen hin auflösen. Wenn du den weichen Rahmen gefunden hast, kannst du auch ihn vergessen. Jetzt gelangst du aus dem Rahmen heraus. Denke zunächst an die nähere Umgebung des Rahmens und dann an alles andere außerhalb des Rahmens (du kannst dir zunächst auch einen anderen Rahmen vorstellen, der etwas größer ist und den deinen einschließt). Als Nächstes versuche, an das Wesen der Umgebung des Rahmens und des vergessenen Rahmens selbst gleichzeitig zu denken.

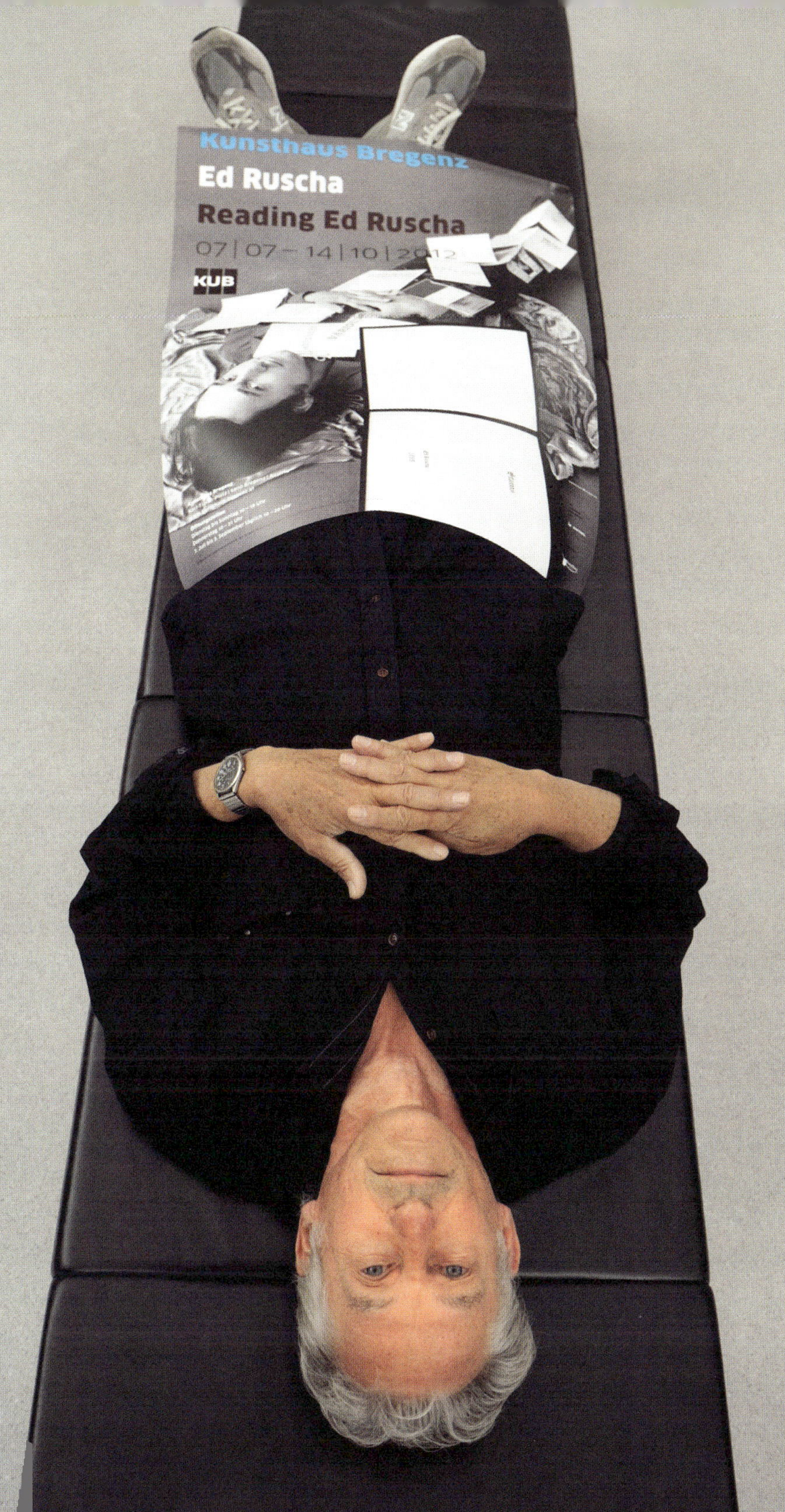
Kunsthaus Bregenz
Ed Ruscha
Reading Ed Ruscha
07|07 – 14|10|2012
KUB

regard to your surroundings and that which has been forgotten. Since the nonessential remainder continues to be nonspecific, you are in fact able to take everything into account.

And now you come to the crucial step. You are still thinking specifically of the essence of the forgotten framework and its surroundings. Try to block out that specificity, as if you were adjusting a dial. Turn the volume almost all the way down so that you hear as little as possible (the dial only clicks off in infinity). You are now capable of pure thinking.

Marcel Odenbach, *Tageslicht*, collage on paper, 2006

Du darfst dabei nur in Bezug auf das Wesen der Umgebung und des Vergessenen spezifisch vorgehen. Dadurch, dass der unwesentliche Rest unspezifisch bleibt, gelingt es dir, alles mit einzubeziehen.

Und jetzt kommt der entscheidende Schritt. Du denkst ja noch spezifisch in Bezug auf das Wesen des vergessenen Rahmens und seiner Umgebung. Versuche, das Spezifische auszublenden, etwa so, wie man einen Regler verstellt. Drehe die Lautstärke so sehr herunter, dass du bis in die Nähe des Anschlags kommst und du so wenig wie möglich hörst (der Punkt des Anschlags befindet sich in der Unendlichkeit). Das ermöglicht dir das reine Denken.“

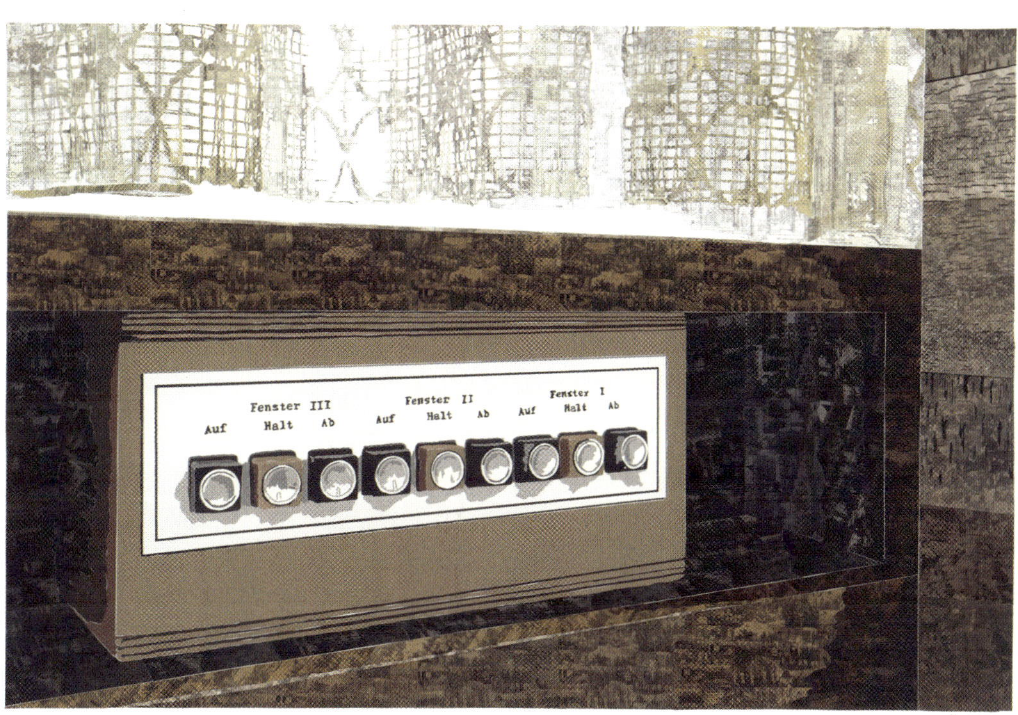
Fenster III
Auf
Halt
Ab
Fenster II
Auf
Halt
Ab
Fenster I
Auf
Halt
Ab

1.33 Soliloquy, Intoned

Talk to yourself in the most diverse languages, dialects, and accents that you can imitate. Mimic your own accent in a foreign language. Imitate noises and bird calls.

A variation of this is a very useful way of learning a new language. Speak in your mother tongue but with the accent of the language you are learning, slowly interweaving more and more words from the new language as you acquire them. Continue until you are speaking the new language.

Photography: Pierre Björk, *Olivia Svenson*, 2006

Selbstgespräch, intoniert

Mit sich selbst in den verschiedensten Sprachen, Mundarten und Akzenten sprechen, die man nachzuahmen versteht. In einer Fremdsprache den eigenen Akzent nachmachen. Vogelstimmen und Geräusche imitieren.

Eine Variation ist als Methode zum Erlernen einer neuen Sprache sehr nützlich. Dabei in der eigenen Muttersprache mit dem Akzent der zu lernenden Fremdsprache sprechen und nach und nach immer mehr bereits bekannte Wörter der neuen Sprache einflechten. So lange fortführen, bis die neue Sprache gesprochen wird.

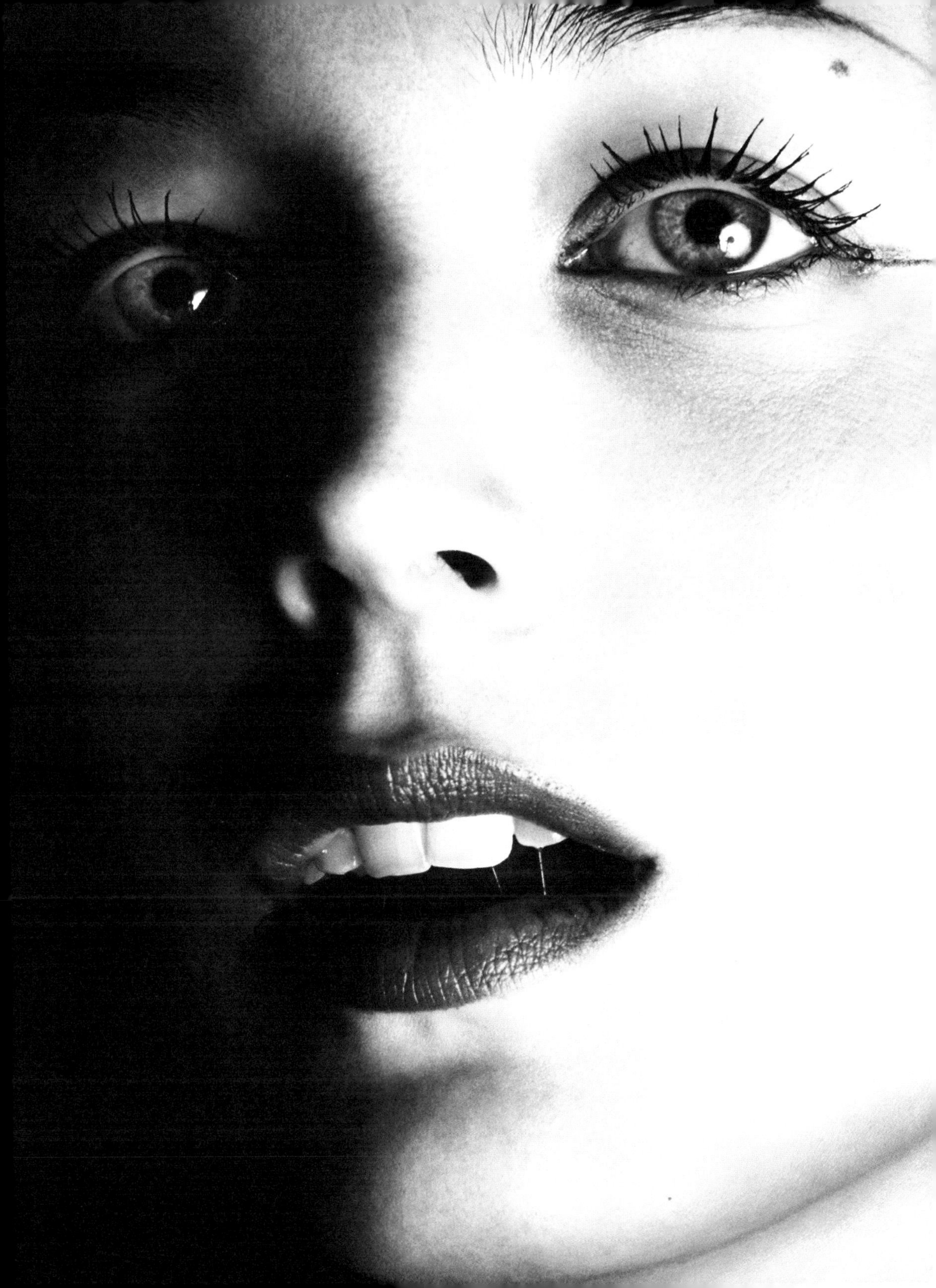

1.34 Sad Actor

Weep on command like an actor and let tears roll down your cheeks. Fix your gaze on a point and don't bat an eyelid. Inside your head, increase the pressure on your eyes. At the same time, make dull noises at the back of your palate.

In the melodramatic version, after the flood of tears, bang your head forward on any kind of surface (horizontal or vertical, it doesn't matter), then hammer wildly on that surface with your fists. Suddenly raise your head again and desperately sway back and forth. Throw yourself to the ground, wailing, and writhe in the dust.

Trauriger Schauspieler

Wie ein Schauspieler auf Befehl weinen und die Tränen fließen lassen. Dazu einen Punkt fixieren und nicht blinzeln. Vom Kopfinneren den Druck auf die Augen erhöhen, dazu im hinteren Gaumenbereich dumpfe Geräusche machen.

In der melodramatischen Version nach dem Tränenfluss Kopf mit dem Gesicht voran auf eine beliebige Fläche hauen (horizontal oder vertikal, egal), danach mit den Fäusten wild auf die Fläche trommeln. Kopf wieder hochreißen und verzweifelt hin und her schwanken. Sich heulend zu Boden werfen und im Staub wälzen.

Photography: Torbjørn Rødland, *Five Tears*, 2014

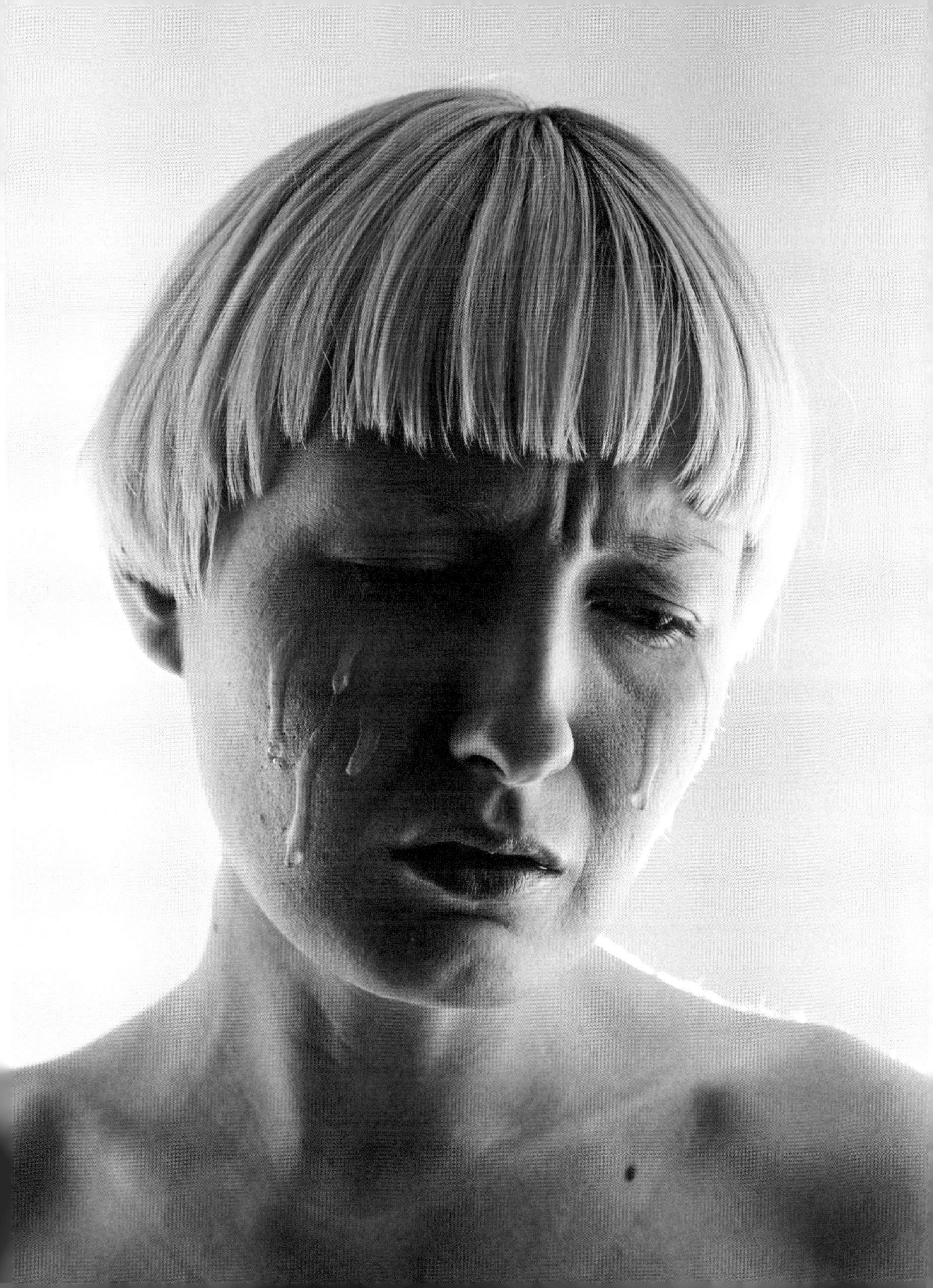

1.35 The Correct World

Bend over and look between your legs. Walk around like that; eat and drink and talk and read like that. See the world correctly like that—before it is upturned by the lens in your eye and mirrored in your retina.

Photography: Annika Elisabeth von Hausswolff, *That Discomfort You're Feeling Is Grief*, 2022

Die richtige Welt

Mit dem Kopf nach unten zwischen den Beinen hindurchschauen und sich so fortbewegen, so essen und trinken und sprechen und lesen. So die richtige Welt sehen, bevor sie, durch die Linse des Auges auf den Kopf gestellt, auf der Netzhaut gespiegelt erscheint.

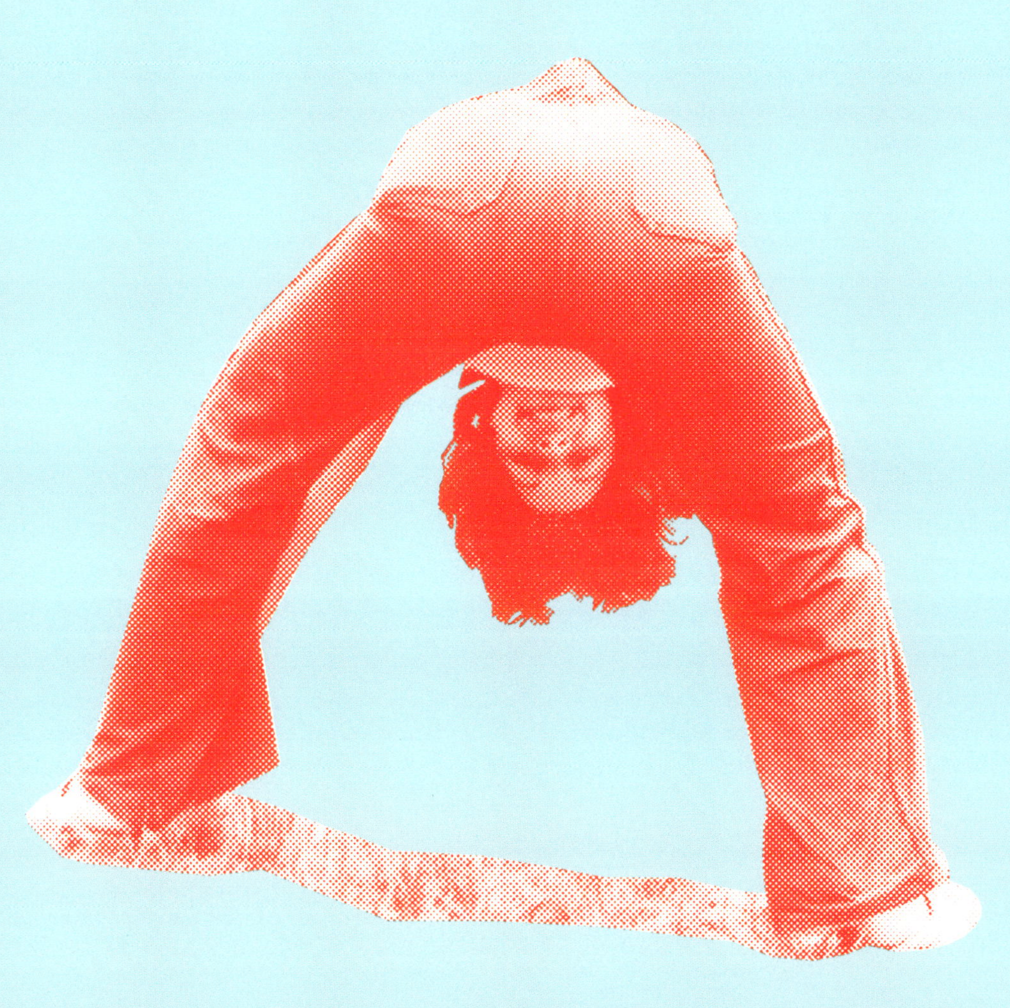

1.36 Be Your Own Pavlov

Condition yourself in the same way that Pavlov conditioned his dogs. No need for a metronome: Pavlov observed that the sound of the lab assistant's footsteps approaching the dog to give it food was in itself enough to verify the connection between salivation and acoustic stimuli.

Pavlov and dog, photographer and year unknown

Der eigene Pawlow

Sich selbst so konditionieren wie Pawlow seine Hunde. Ein Metronom wird nicht gebraucht, denn die ersten Pawlow'schen Beobachtungen der Kopplung zwischen Speichelfluss und akustischen Stimuli erfolgten mittels Schrittgeräuschen (des Pflegers auf dem Weg, dem Hund Futter zu geben).

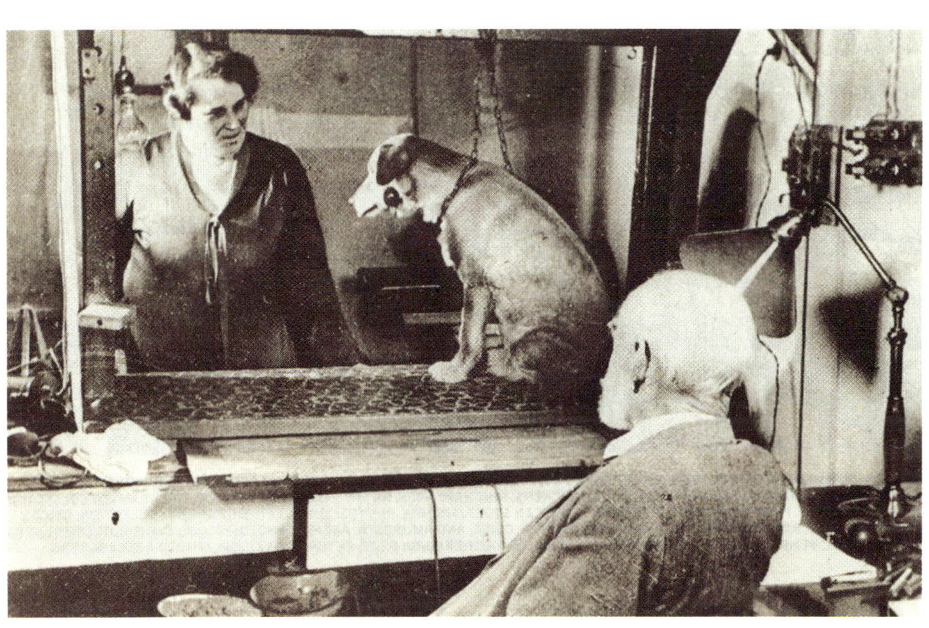

1.37 Ping Pong for Lazybones

Focus on any static or almost static object. Alternately close one eye and then the other to make the object jump back and forth.

Photography: Fredrik Skogkvist, 2022

Pingpong für Faule

Ein beliebiges, sich nicht oder kaum bewegendes Objekt betrachten. Dann abwechselnd immer ein Auge schließen und das Objekt somit hin- und herspringen lassen.

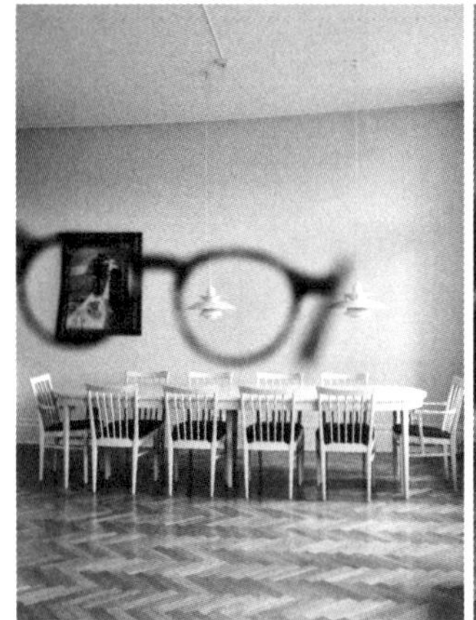

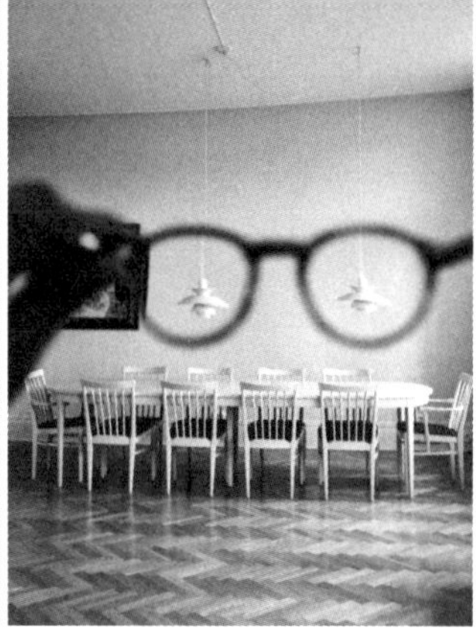

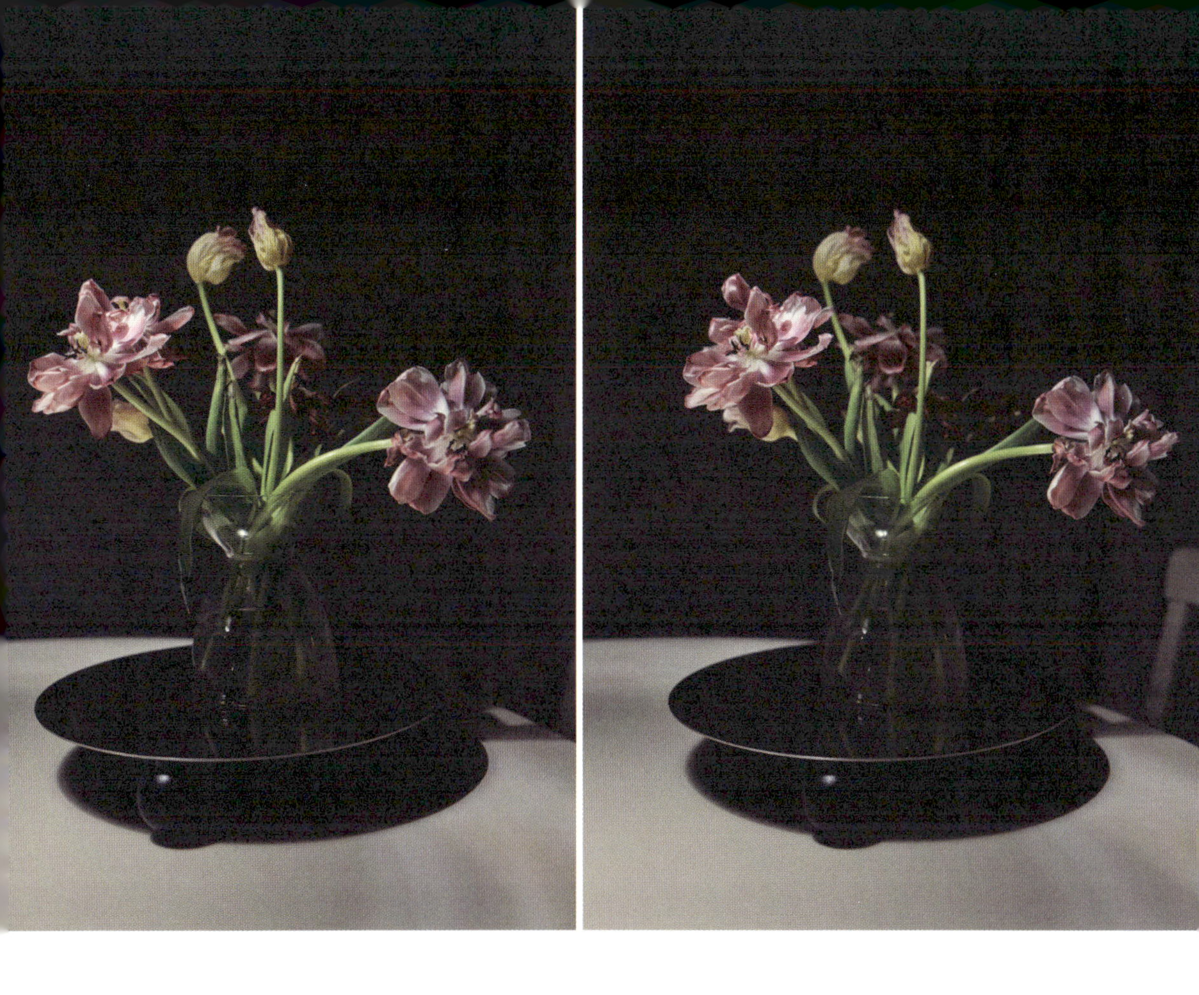

1.38 Time Gymnastics

Imagine you are not in the present moment but in a past or future era. Analyze your own clothes, work, habits, actions, and thought processes accordingly. What would people have thought of all that in the past, and how will people judge it in the future? A good way of simplifying decision-making in uncertain situations. Also good for evaluating what other people do: What would I have thought of that 20 years ago, and what will I think of that in 20 years' time?

Photography: Jürgen Jürges, Manuel Alberto Claro, and Lol Crawley, *DAU*, 2019

Zeitgymnastik

In Gedanken sich nicht im gegenwärtigen Moment befinden, sondern in einer vergangenen oder zukünftigen Zeit. Die eigene Kleidung, Arbeit, Gewohnheiten, Handlungsabläufe und Gedankengänge dementsprechend analysieren. Was hätte man früher darüber gedacht, und wie werden die zukünftigen Menschen darüber urteilen? Eine gute Methode zur Vereinfachung der Entscheidungsfindung in unklaren Situationen.
Auch hinsichtlich der Beurteilung der Leistungen anderer: Was hätte ich vor 20 Jahren gedacht, und was würde ich in 20 Jahren darüber denken?

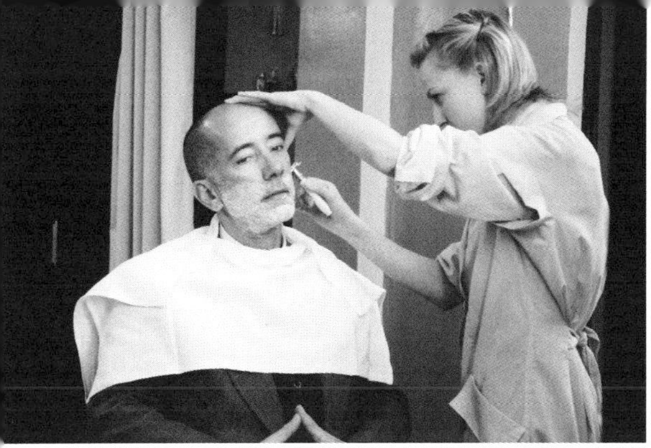

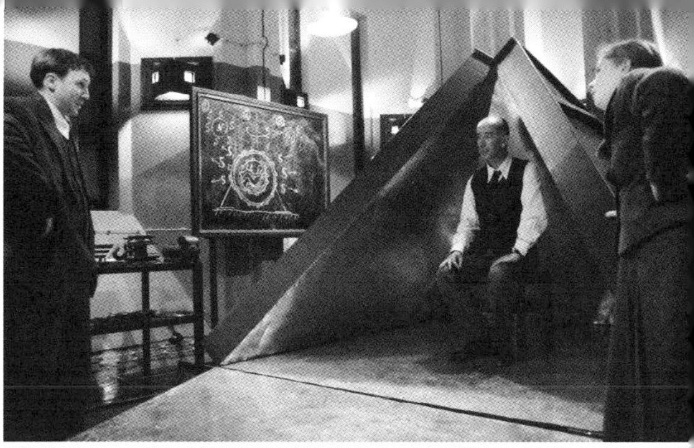

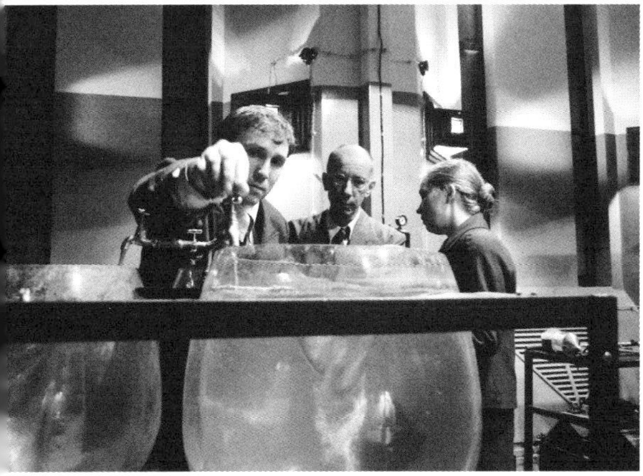

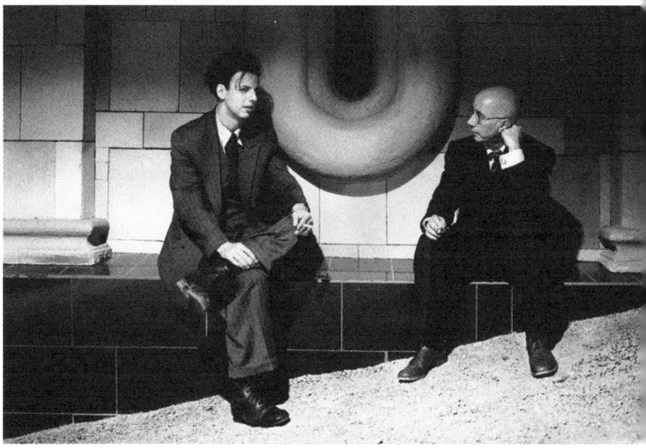

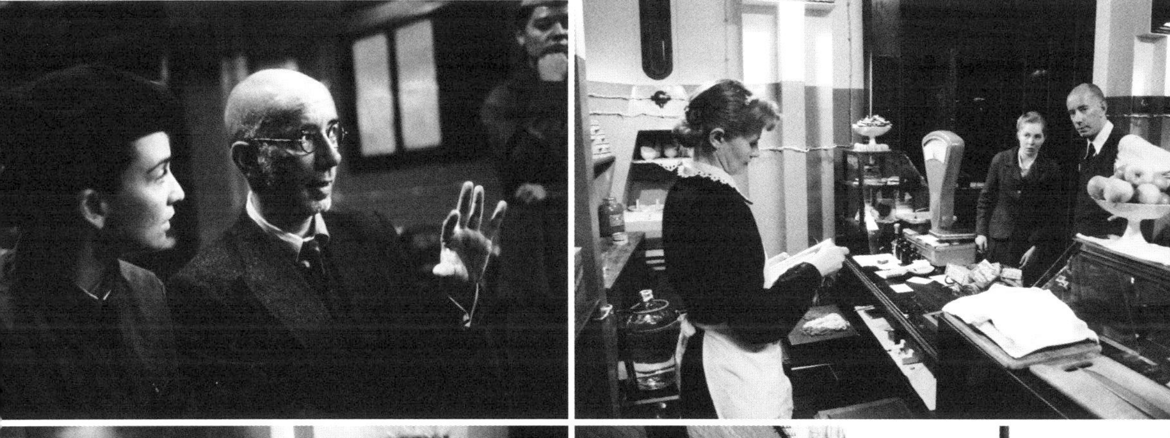

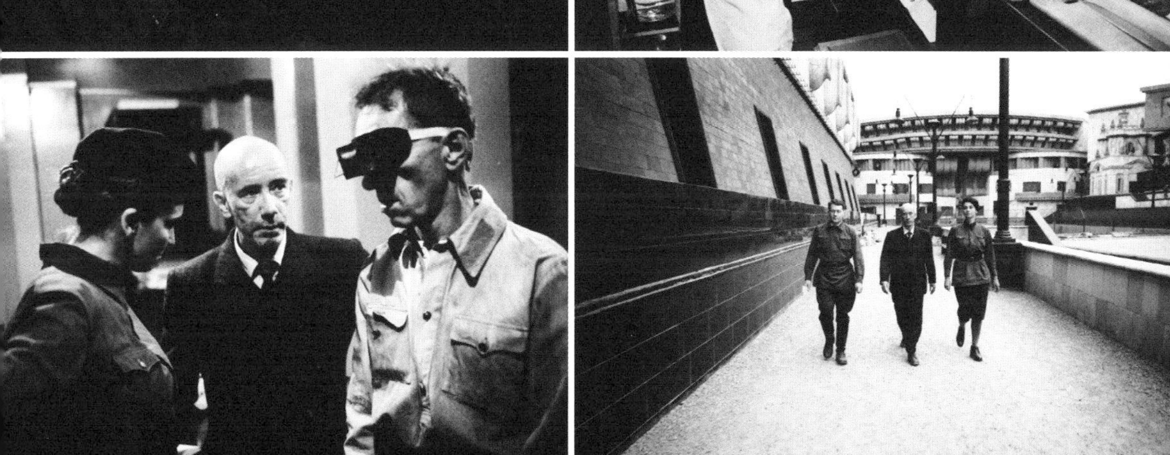

1.39 Body Pressure

Press as much of the front surface of your body (palms in or out, left or right cheek) against the wall as possible. Press very hard and concentrate. Form an image of yourself (suppose you had just stepped forward) on the opposite side of the wall, pressing back against the wall very hard. Press very hard and concentrate on the image pressing very hard (the image of pressing very hard). Press your front surface and back surface toward each other and begin to ignore or block the thickness of the wall (remove the wall). Think about how various parts of your body press against the wall, which parts touch and which do not. Consider the parts of your back that press against the wall; press hard and feel how the front and the back of your body press together. Concentrate on the tension in your muscles, pain where bones meet, fleshy deformations that occur under pressure; consider body hair, perspiration, odors.

Bruce Nauman, *Body Pressure*, installation with text on paper, 1974
Friedrich Christian Flick Collection

Körperdruck

Presse so viel der vorderen Oberfläche deines Körpers (Handflächen nach innen oder außen, rechte oder linke Wange) wie möglich so fest wie möglich gegen die Wand. Drücke sehr fest und konzentriere dich. Bilde eine Vorstellung von dir selbst (nimm an, du seist gerade vorwärtsgetreten), wie du auf der anderen Seite der Wand sehr fest gegen die Wand zurückdrückst. Presse sehr fest und konzentriere dich auf das vorgestellte Bild, das sehr fest drückt (auf die Vorstellung des festen Drückens). Drücke deine vordere Oberfläche und deine rückwärtige Oberfläche gegeneinander, und beginne die Dicke der Wand zu ignorieren oder geistig auszulöschen (entferne die Wand). Bedenke, wie verschiedene Teile deines Körpers gegen die Wand drücken; welche Teile sie berühren und welche nicht. Betrachte die Teile deines Körpers, die gegen die Wand drücken; drücke fest und fühle, wie sich die Vorderseite und die Rückseite deines Körpers aneinanderpressen. Konzentriere dich auf die Spannung in den Muskeln, den Schmerz, wo Knochen sich treffen, die Verformung des Fleisches, das unter Druck gerät; bedenke das Körperhaar, die Transpiration, den Geruch (Duft).

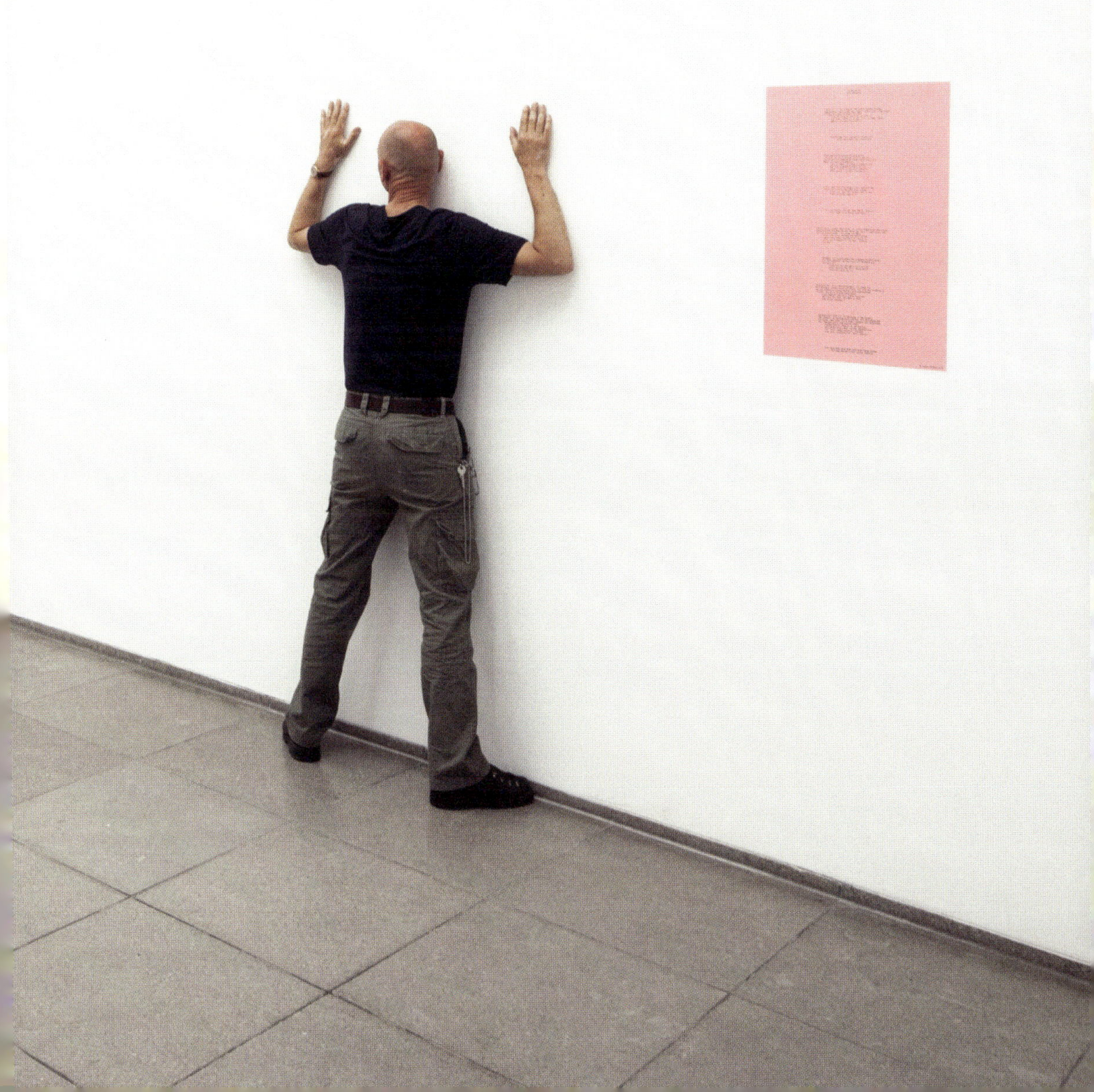

1.40 “Schmidtchen Schleicher”

Adopt a springy gait like Nico Haak’s bouncy dance moves for his song “Schmidtchen Schleicher” (1975). Bend your knees and slide your feet.

Nico Haak, “*Schmidtchen Schleicher*” *in Disco mit Ilja Richter*, unknown photographer, 1976

Schmidtchen Schleicher

Federnd gehen, so wie Nico Haak in seinem gleichnamigen Lied (1975) federnd tanzte. Kniekehlen gebeugt und mit den Füßen schlurfen.

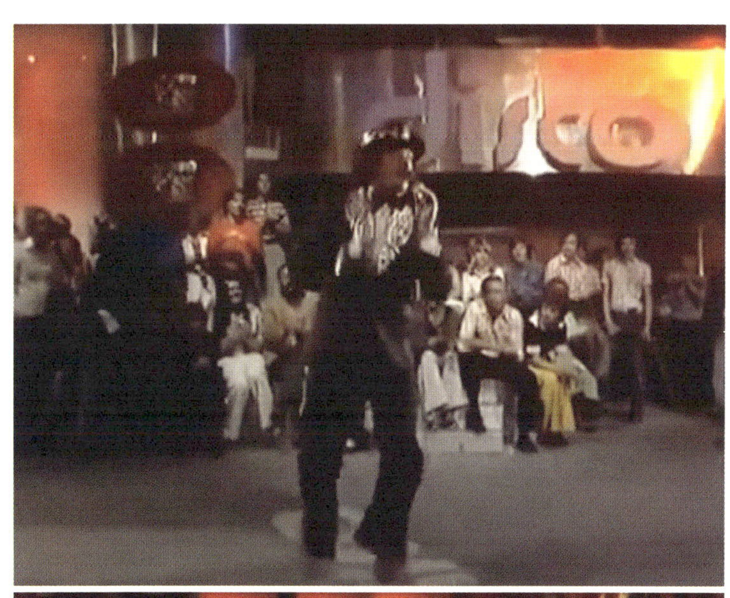
disco

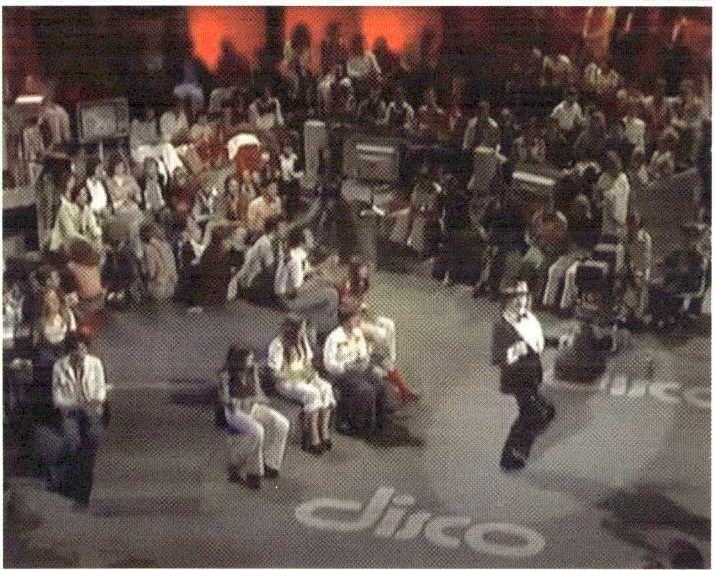
disco

1.41 Crab Walk

Crabs walk sideways, as we all know—suddenly interrupt your forward walk with a crab walk, veering to the right or the left. Angle your arms in a goalkeeper's pose and "pull" your head in with little jerks. Deleuze has described the consumption of psychoactive drugs as a crab walk, as a deviation from linear thought processes into lateral realms.

Photography: Viviane Sassen, 2022

Krebsgang

Der Gang des Krebses ist bekanntlich seitlich – den geraden Fortwärtsgang durch Krebsgang plötzlich unterbrechen und somit nach rechts oder links ausscheren. Arme in Torwarthaltung anwinkeln und Kopf leicht ruckend „nachziehen". Deleuze hat den Konsum von Psychoaktiva als Krebsgang bezeichnet, als Abweichung von der geradlinigen Denkweise in die lateralen Gefilde.

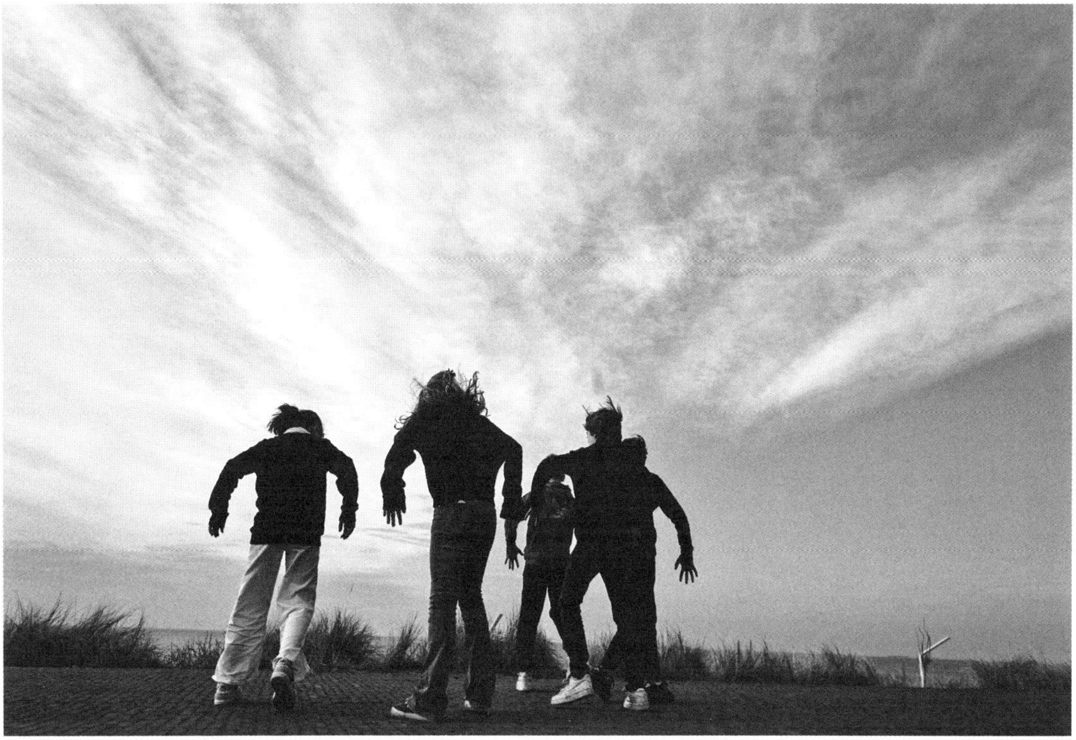

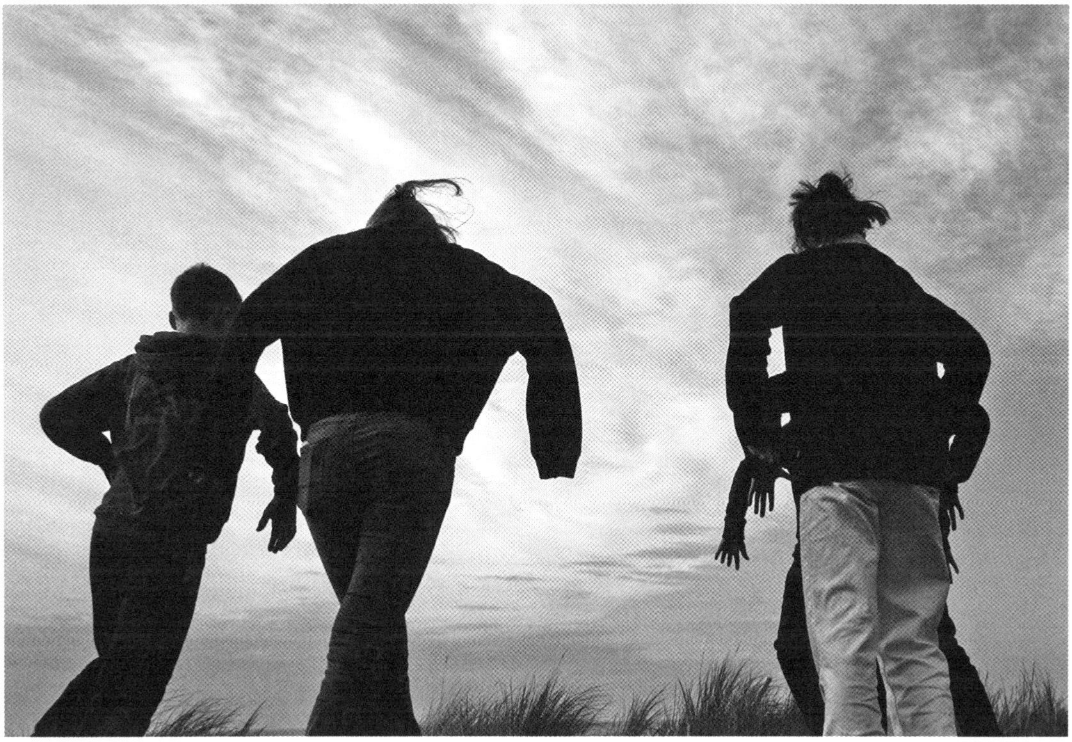

1.42 Salto Condizionale

Execute a *salto* (somersault), ideally from high up. Take a run at it. Don't practice it in advance.

Photography: Carsten Höller, 2019

Salto Condizionale

Irgendwo einen Salto machen, am besten von einer Erhöhung aus. Vorher Anlauf nehmen. Nicht vorher üben.

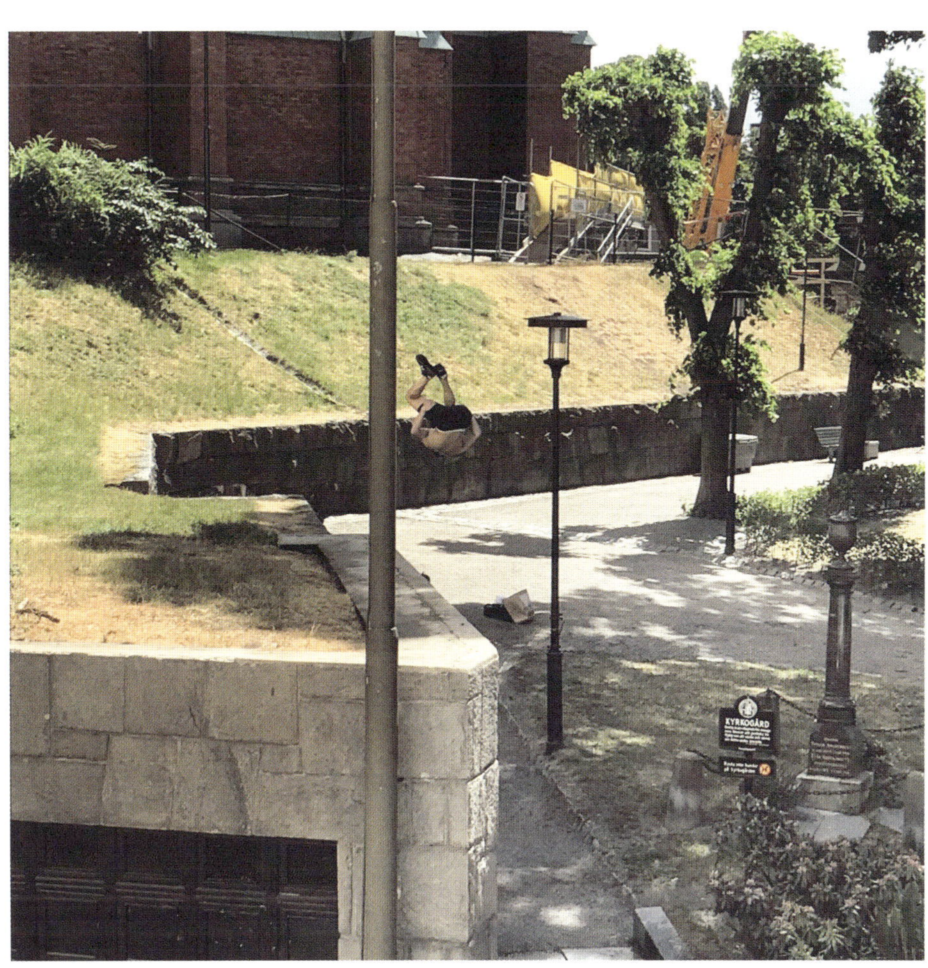
KYRKOGÅRD

1.43 Self-Gratification

From early childhood onward, increase the flexibility of your body, especially your back, so that you can ultimately reach your own genitals with your mouth and satisfy yourself.

Markus Schinwald, *Contortionists (Vicky)*, photography, 2003

Selbstbefriedigung

Von frühester Kindheit an wie ein Schlangenmensch die Dehnbarkeit des Körpers und vor allem des Rückens trainieren mit dem Ziel, das eigene Geschlechtsteil mit dem Mund zu erreichen, um sich so selbst zu befriedigen.

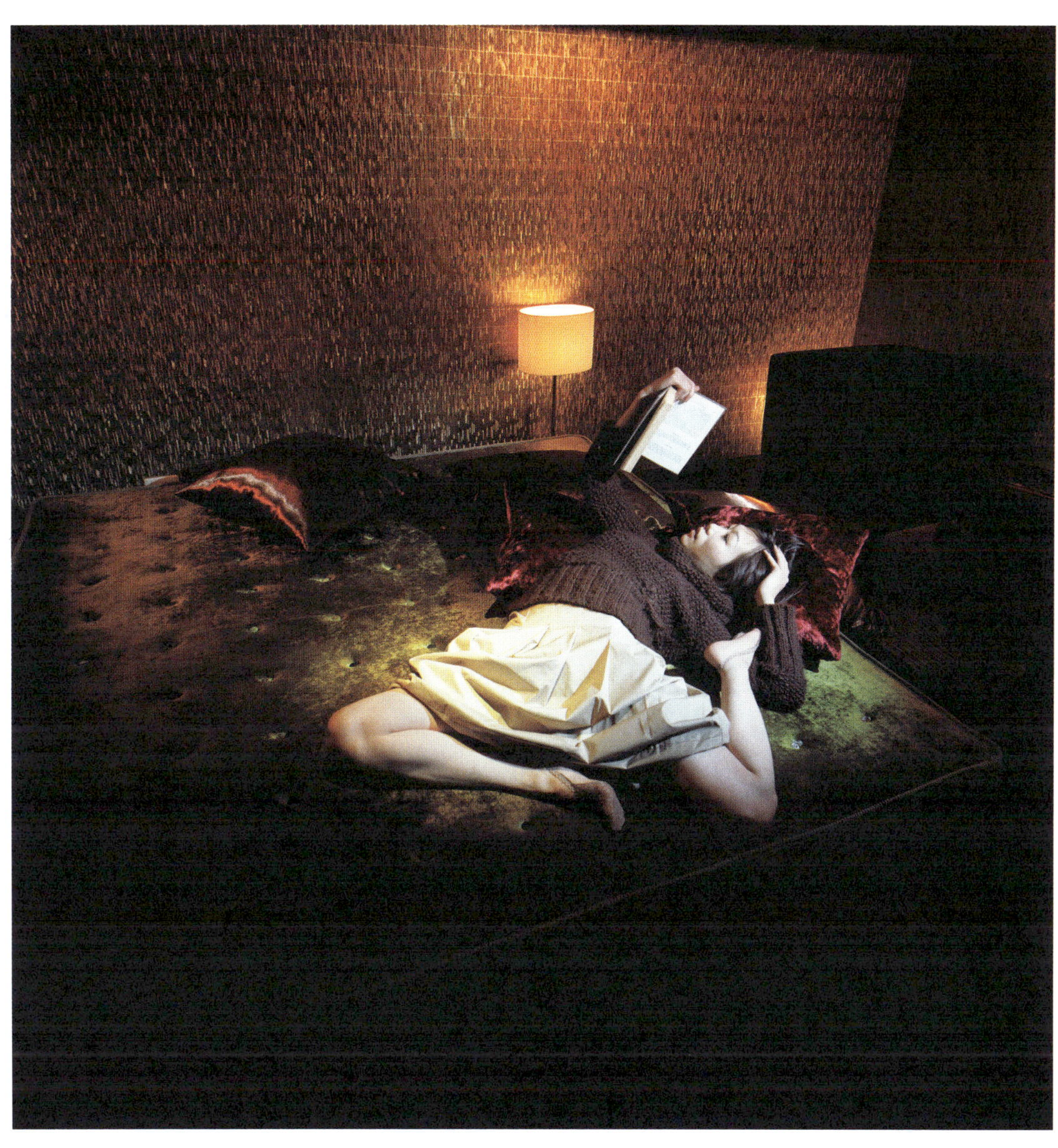

1.44 Rain

Use both arms to simulate windshield wipers on your field of vision. A tropical downpour or Scottish mist, whatever.

Photography: Dulcie Abrahams Altass
for Marie Helene Pereira, *Rain*, 2022

Regen

Mit beiden Armen Scheibenwischer vor dem Gesichtsfeld imitieren. Tropischer Tonnenregen oder irischer Feinsprüh, was auch immer.

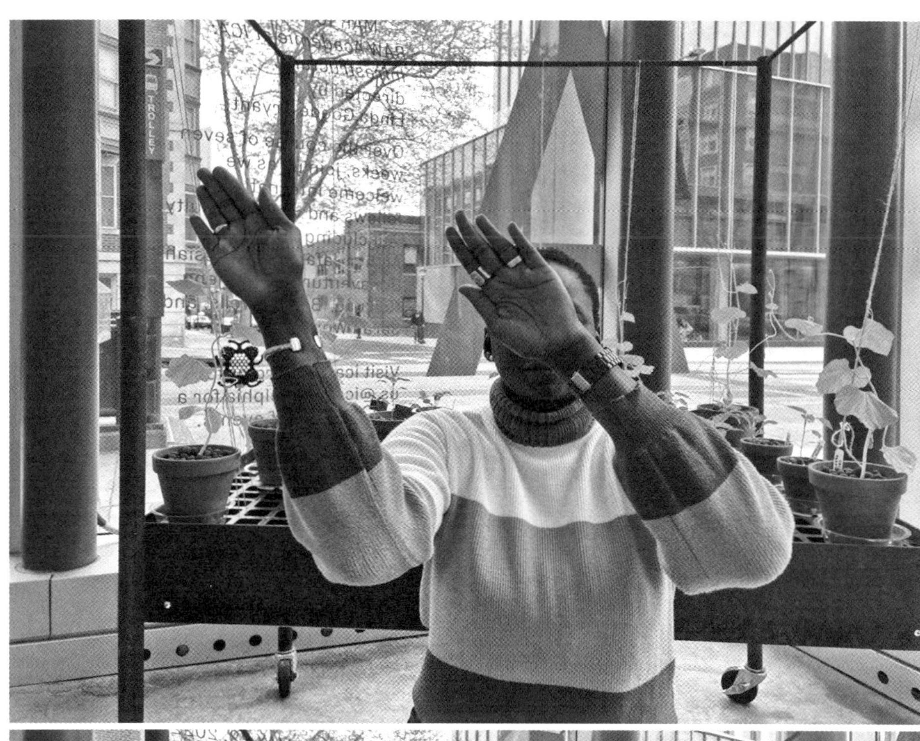
TROLLEY

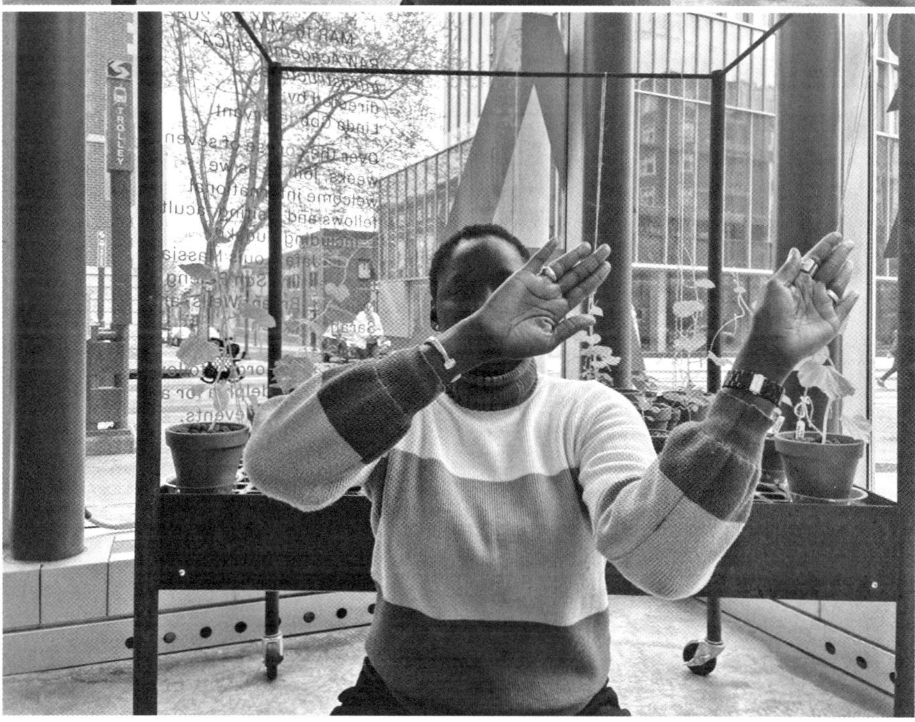
TROLLEY

1.45 Sheer Despair

Feel immense meaninglessness in its entirety. Face up to the ensuing sheer despair.

Photography: Daniel Arnold, year unknown

Die schiere Verzweiflung

Die große Bedeutungslosigkeit in ihrer Gesamtheit spüren. Sich der daraus resultierenden schieren Verzweiflung stellen.

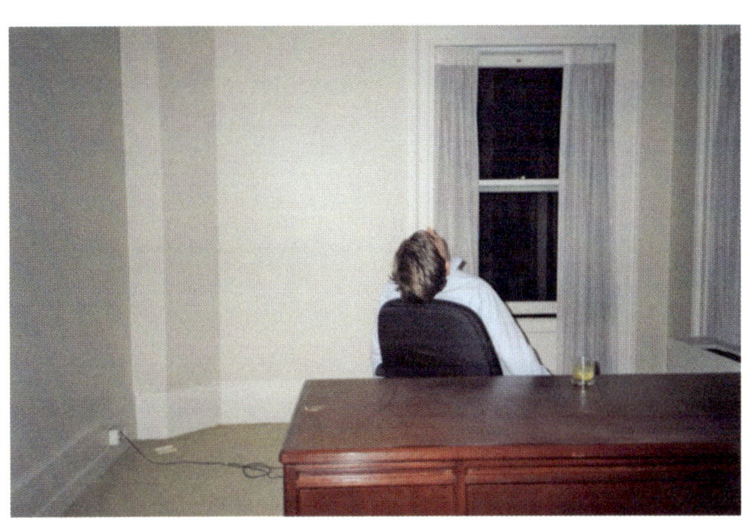

1.46 Reality Check

With your middle finger, press the palm of the same hand to check that you are not dreaming.

Photography: Sabine Feichtner, 2023

Realitätscheck

Mit dem Mittelfinger in die Handinnenseite derselben Hand drücken, um sicherzustellen, dass man nicht träumt.

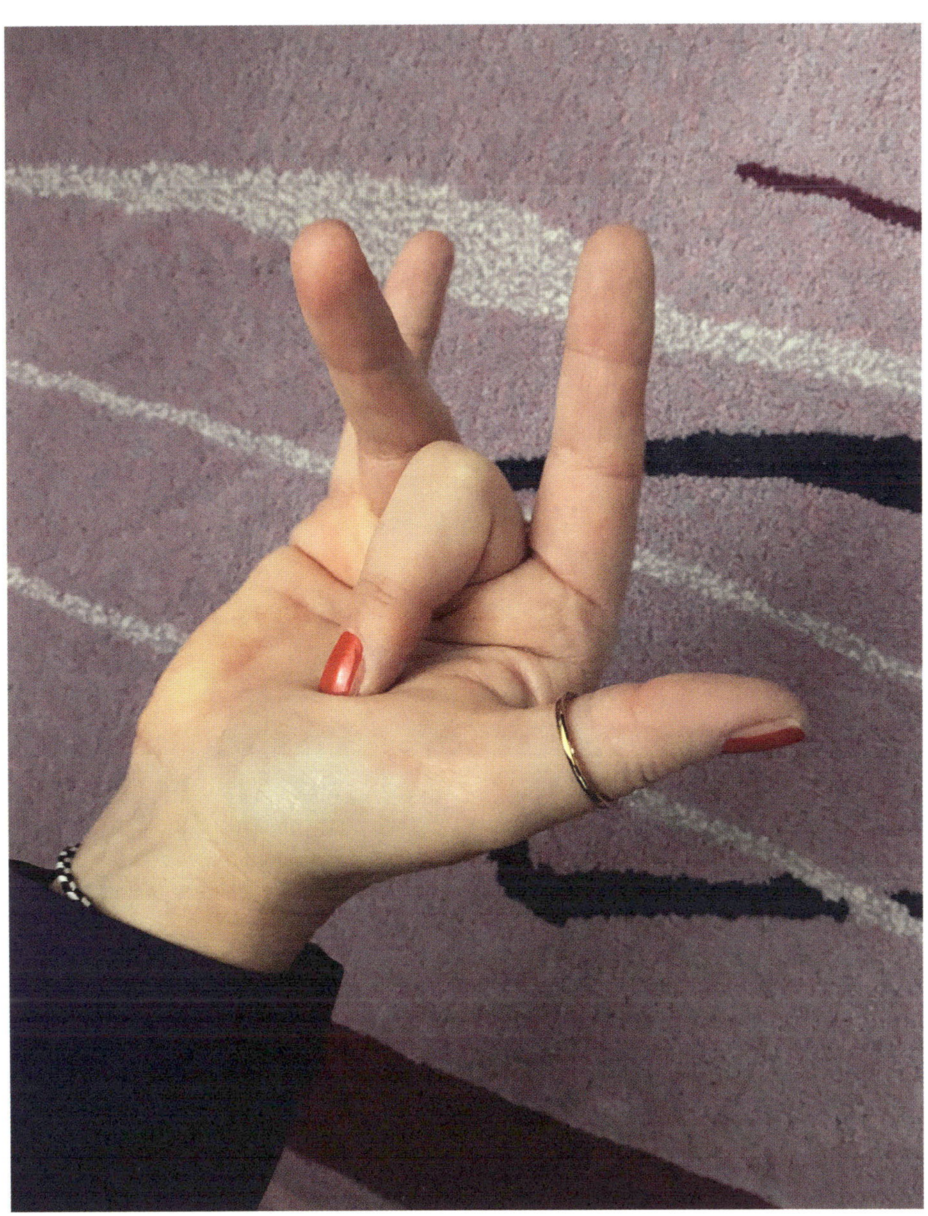

1.47 Toes in Luck

Use your toes where you would normally use your fingers: opening a door, writing, painting, combing, drinking coffee, calling, buttering bread.

Zehen im Glück

Die Zehen anwenden, wo sonst die Finger benutzt werden: Tür öffnen, schreiben, malen, kämmen, Kaffee trinken, telefonieren, Brot schmieren.

Photography: Carsten Höller, 2022

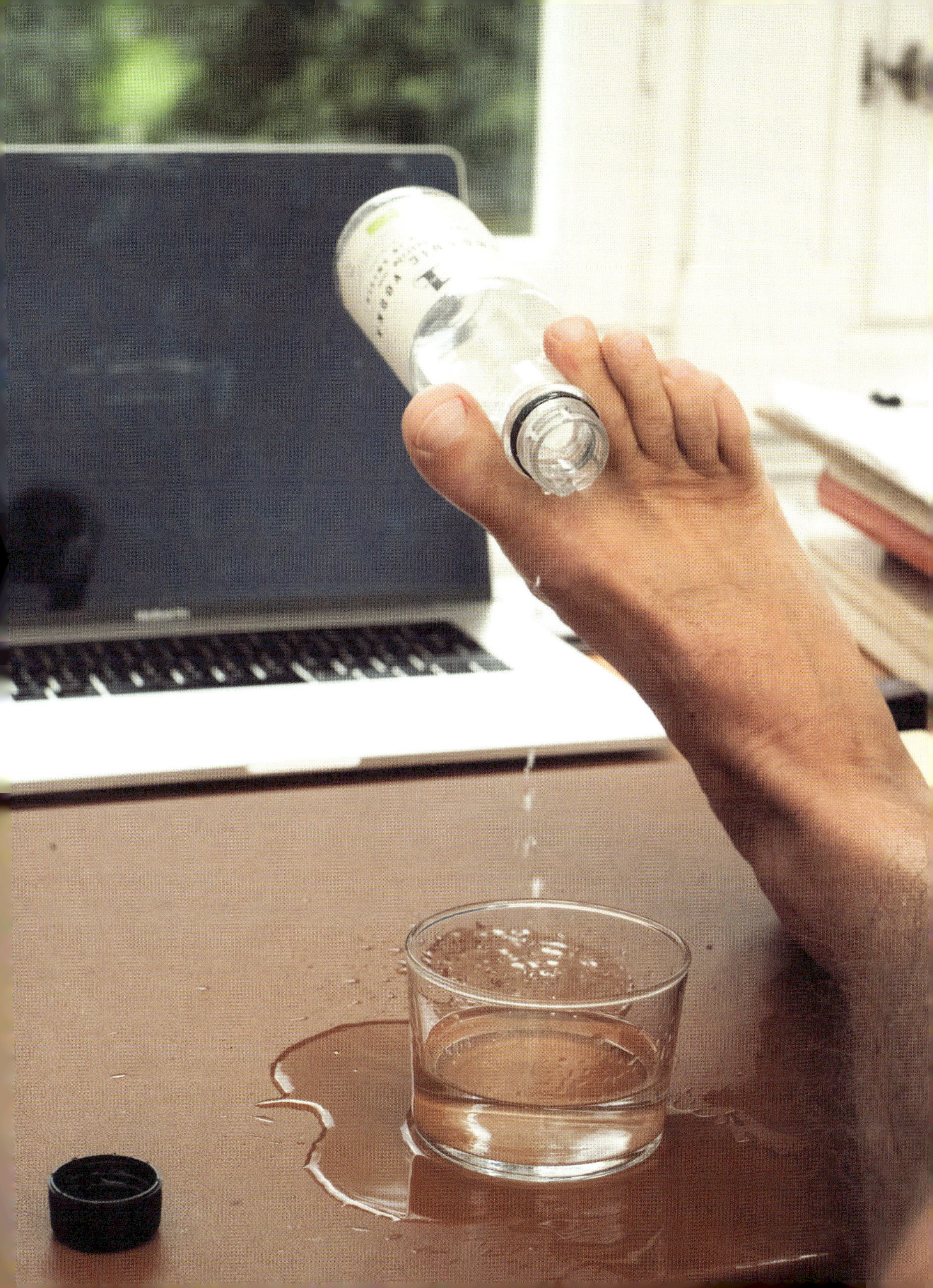

1.48 Gone with the Wind

Aimlessly let the wind at your back waft you along.

Photography: Kai Althoff, 1993

Vom Winde verweht

Ziellos sich vom Wind im Rücken treiben lassen.

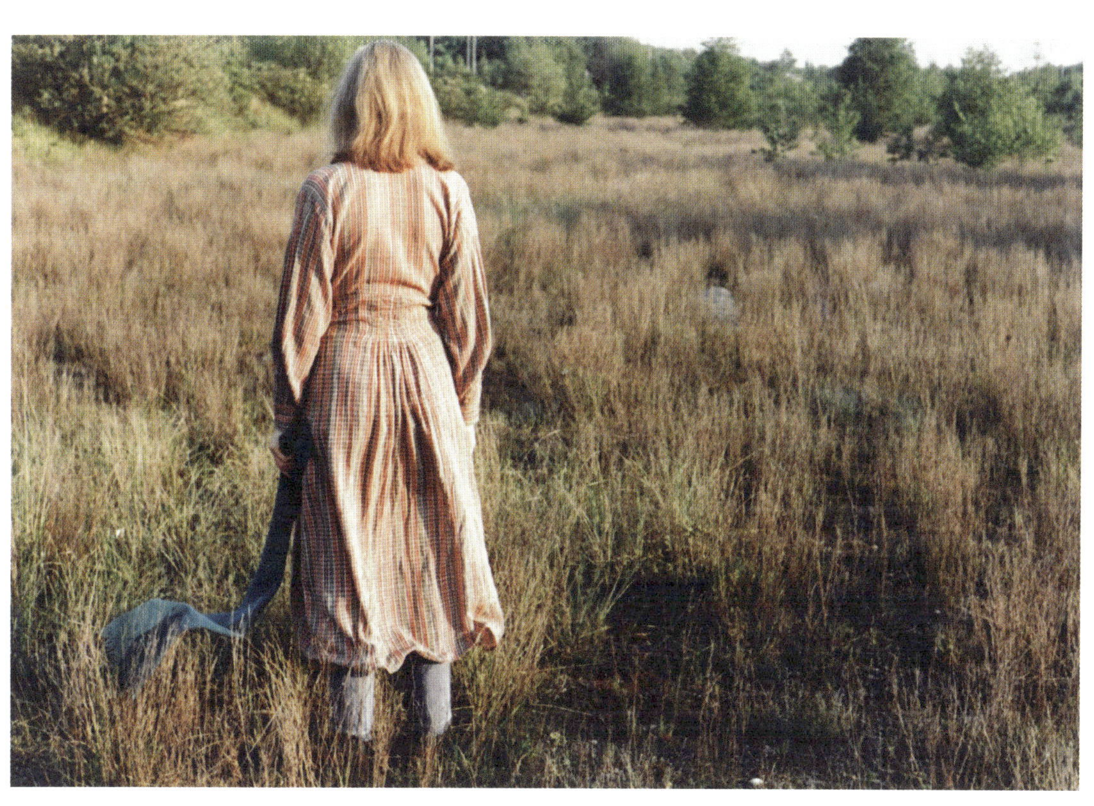

1.49 I Will Do What I Dislike

Defy your own taste by engaging with things you would normally avoid. Start listening to music that you don't like, read books you disdain, watch tiresome, tedious performances. In restaurants order dishes and drinks that you are averse to. If you are accosted by foul odors, breathe in especially deeply. Surround yourself with the people you like the least.

Dislodging ingrained tastes not only frees people from their own conventions—it can even induce a state that is better than satisfaction. In adolescence, and especially during puberty, we start to define ourselves by our tastes, seeking out a particular niche. Later on we learn to come up with the right words in specific situations and to identify things we don't like. We construct a personalized eco-taste-system from our own homespun specialties.

If you manage not only to do things you don't like but also to dislodge your own value system, then the existence of all things will henceforth appear every bit as justified as the existence of all living creatures. There is no longer a higher and a lower; nothing is preferred or repudiated—there is just an endless interconnected network of reciprocities, an all-embracing matrix of relative interdependencies.

When you subsequently return to your own preferences, these

Tomislav Gotovac, *Haircutting and Shaving in Public Space*, performance, 1981

Ich werde machen, was mir nicht gefällt

Dem eigenen Geschmack widersagen, indem die Spielerin sich auf Dinge einlässt, denen sie unter gewöhnlichen Umständen entsagen würde. So beginnt sie Musik zu hören, die sie nicht mag, Bücher zu lesen, die sie gering schätzt, sowie sich langweilige und langwierige Performances anzuschauen. Dann wird sie auch im Restaurant die Gerichte und Getränke bestellen, die ihr nicht schmecken. Wird die Spielerin von üblen Gerüchen erfasst, so atmet sie nun besonders tief ein. Sie kauft hässliche Kleider, die ihr nicht stehen. Und sie umgibt sich mit den Leuten, die sie am wenigsten mag.

Durch die Aushebelung des eigenen Geschmacks wird nicht nur eine Loslösung von den eigenen Konventionen erreicht – es kann sogar ein Zustand eintreten, der besser als Genugtuung ist. Während der Adoleszenz und vor allem in der Pubertät beginnen wir uns geschmacklich zu definieren, wir spezialisieren uns auf eine bestimmte Nische. Später lernen wir, bei bestimmten Gelegenheiten das Richtige zu sagen und das auszumachen, was wir nicht mögen. Wir bauen ein personifiziertes Ökosystem des Geschmacks aus unseren hausgemachten Spezialitäten.

Gelingt der Spielerin, nicht nur das zu machen, was ihr nicht gefällt, sondern auch ihr eigenes Wertesystem umzustoßen, so erscheint hinfort die Existenz aller Dinge genauso gerechtfertigt wie

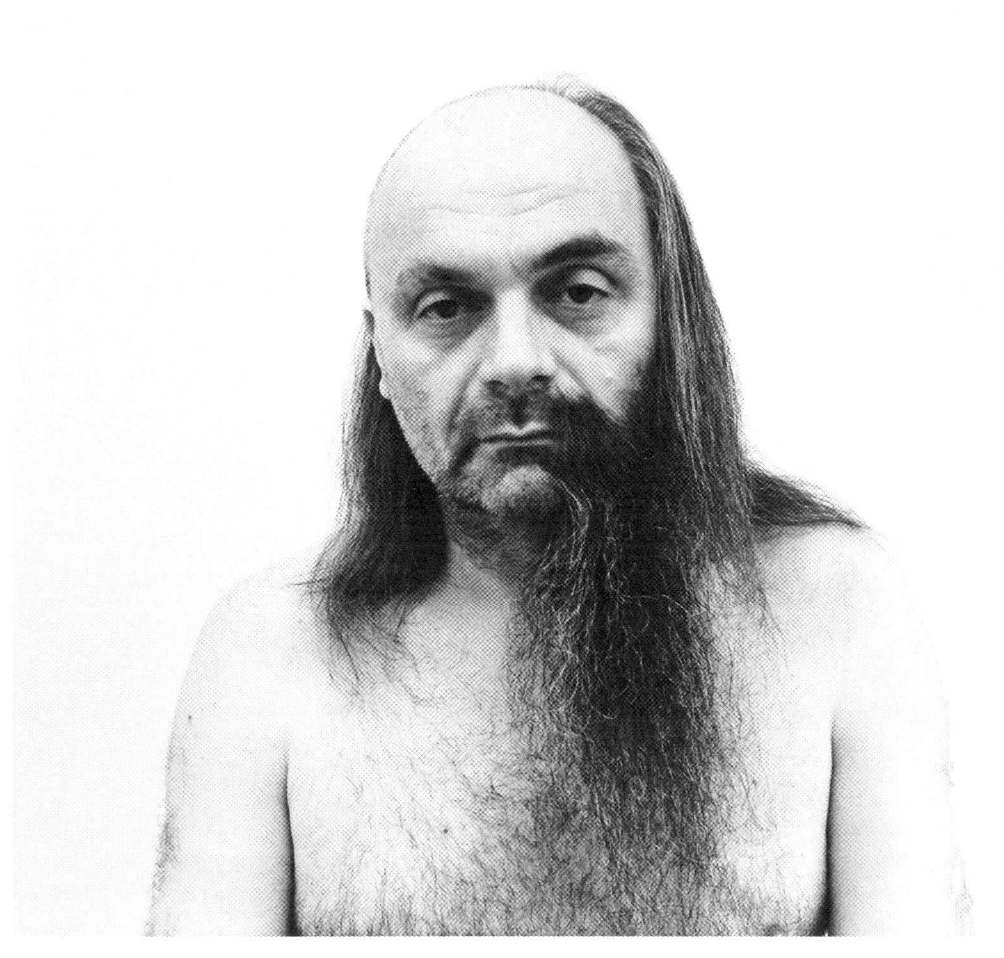

will not have been eliminated and will not have disappeared, but after I Will Do What I Dislike, they will be embedded in the great relational context. What would a world without good and bad be like?

die Existenz alles Lebenden. Es gibt kein Oben und Unten mehr, kein Bevorzugt oder Abgelehnt. Nur noch ein unendliches Beziehungsgeflecht der Wechselseitigkeit, die allumfassende Matrix der relativen Abhängigkeit.

Bei der anschließenden Rückkehr zu den eigenen Präferenzen sind diese nicht aufgehoben oder verschwunden, aber nach Ich werde machen, was mir nicht gefällt eingebettet in den großen, relationalen Kontext. Wie wäre eine Welt ohne Gut und Schlecht?

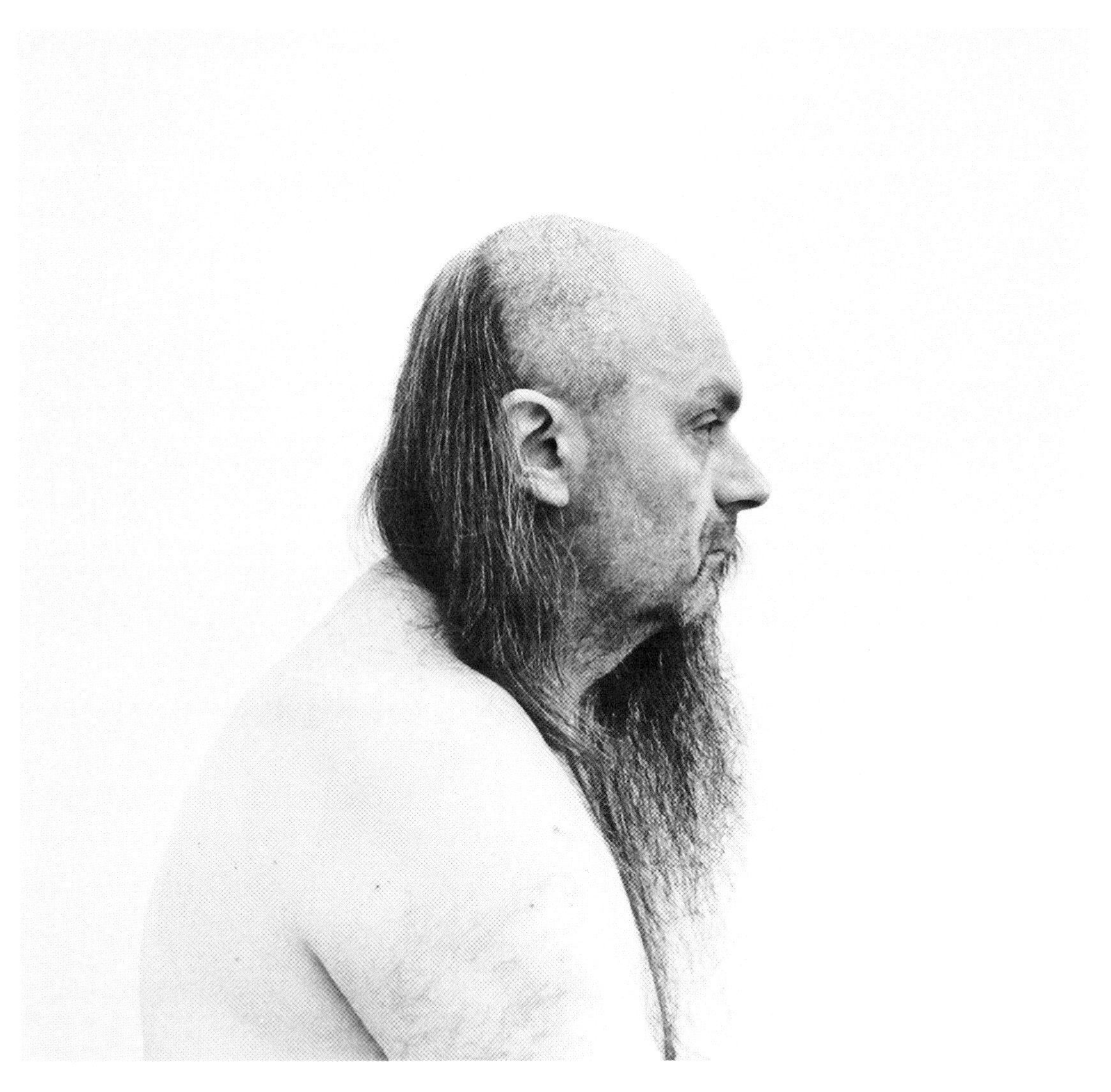

1.50 The Stranger

Sit with one foot under the other buttock until that foot "falls asleep." Takes about 20 minutes. Then stand up and step on your other foot with the foot that has fallen asleep. It feels as if a stranger were treading on your foot. Apologize to yourself.

Photography: Risa Puno, 2022

Der Fremde

So lange mit dem einen Fuß unter der anderen Pobacke sitzen, bis der Fuß „einschläft". Dauert ungefähr 20 Minuten. Dann aufstehen und mit dem eingeschlafenen Fuß auf den anderen Fuß treten. Fühlt sich an, als würde man von einem Fremden auf den Fuß getreten. Sich bei sich selbst entschuldigen.

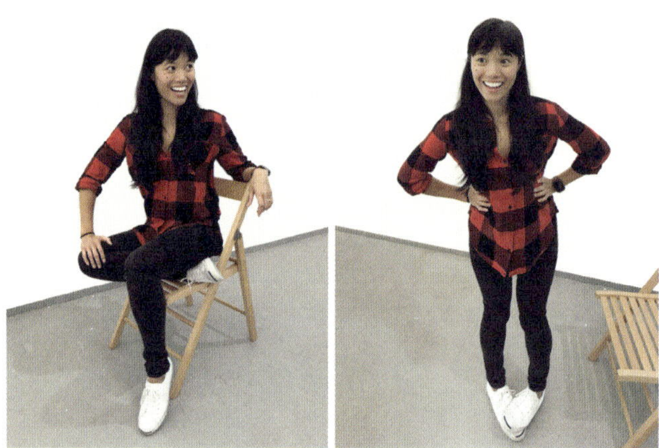

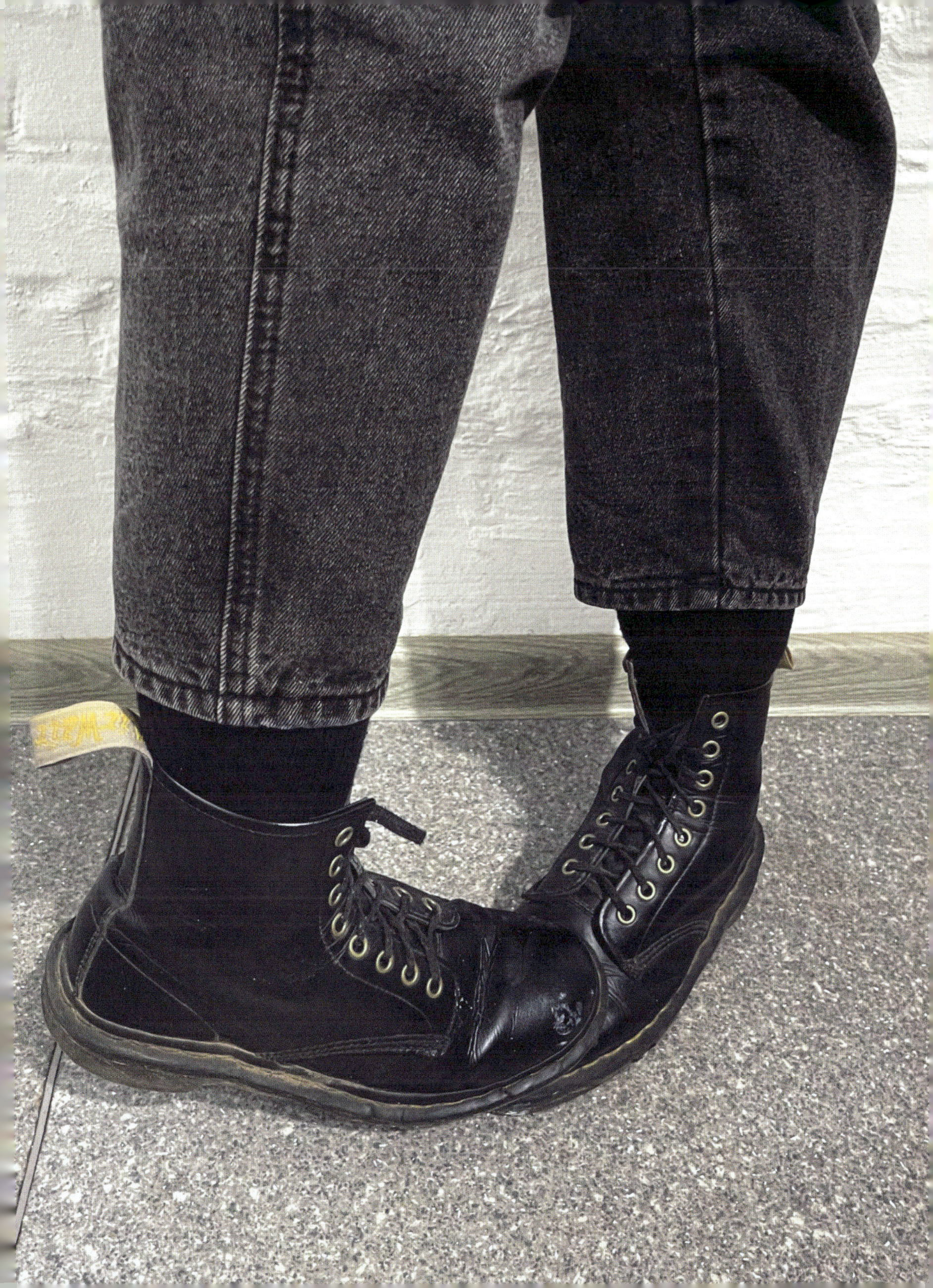

1.51 Carbon Dioxide Poisoning

A suicide method. Inhale slowly until your lungs are full. Exhale slowly until your lungs are completely empty. Continue for a long time until lethal carbon dioxide poisoning is induced by hypoxia.

Photography: Nan Goldin, *Self-Portrait in Bed*, 1981

Kohlendioxidvergiftung

Eine Suizidmethode. Langsam einatmen, bis die Lungen gefüllt sind. Langsam ausatmen, bis die Lungen vollkommen leer sind. Über einen langen Zeitraum fortführen, bis als Folge der Hypoxie eine letale Kohlendioxidvergiftung eintritt.

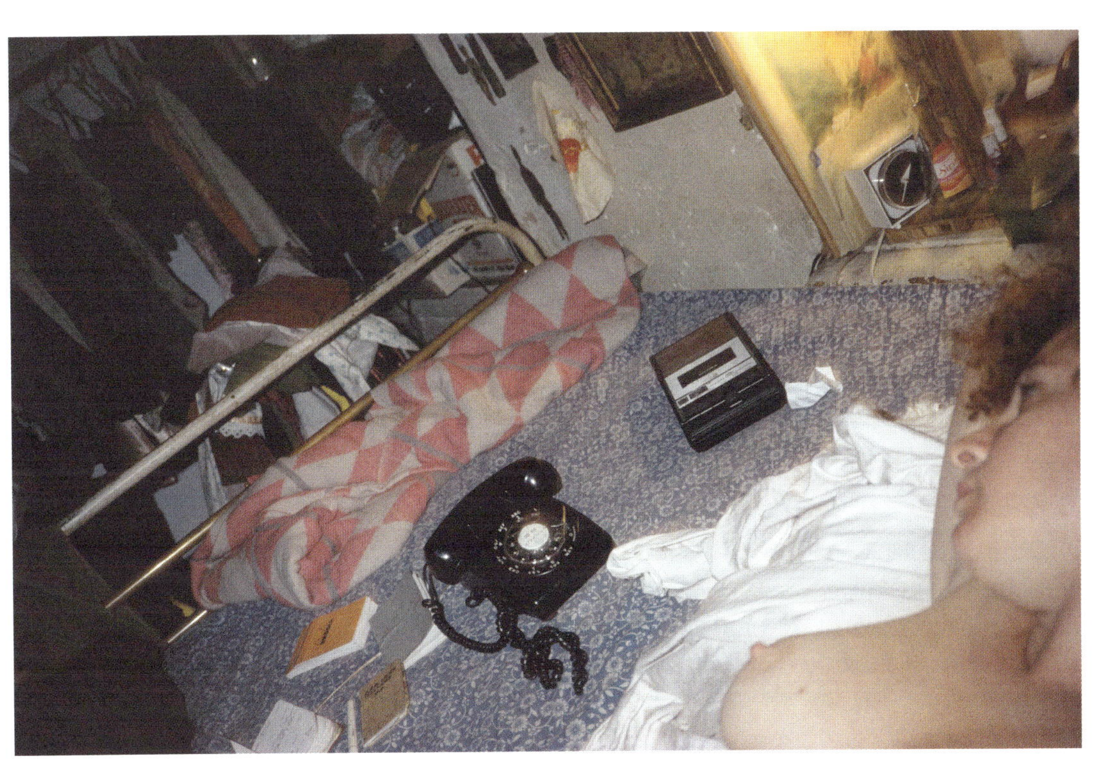

1.52 In an Alphabet-Free Zone

Arrange things so that you can spend a long time in a place that specifically has no letters of the alphabet in view. No printed matter, no keyboards or screens, no advertisements or signs, and with windows that only look out on alphabet-free landscapes. Conceal product names. Transfer foodstuffs and washing agents into neutral containers. Remove labels on clothing. Listening to music and talking are permitted.

Nothing is known of the effect of alphabet deprivation on the minds of modern-era humans. The player in this experiment is entering uncharted territory. An equivalent may be seen in the secluded lives and the vows of silence taken by Catholic monks and nuns, whose access to the Word of God is reputedly enhanced by confinement and a ban on conversation.

Carsten Höller, *Distorted Swinging Room*, installation, 2004
Photography: Attilio Maranzano (opposite);
Carsten Höller, *Swinging Curve*, installation, 2009
Photography: Per Kristiansen for *Fare Mondi: Making Worlds*, Venice Biennale, 2009

In der buchstabenfreien Zone

Es sich so einrichten, dass man langfristig an einem Ort sein kann, der sich durch die vollkommene Absenz aller Buchstaben auszeichnet. Nichts Bedrucktes, keine Tastaturen oder Bildschirme, keine Werbung oder Schilder und beim Blick aus dem Fenster nur buchstabenfreie Landschaften sehen. Produktnamen unsichtbar machen. Lebens- und Waschmittel in neutrale Behälter umfüllen. Kleideretiketten entfernen. Musikhören und Sprechen sind erlaubt.

Über die Auswirkung der Elimination aller Buchstaben auf die Befindlichkeit des neuzeitlichen Menschen ist nichts bekannt. Mit diesem Versuch begibt sich der Spieler daher auf Neuland. Als Pendant seien hier das Schweigegelübde und die Klausur der katholischen Mönche und Nonnen genannt, wo mittels Abgeschlossenheit und Sprachverbot ein weitreichenderer Zugang zum Wort Gottes erreicht werden soll.

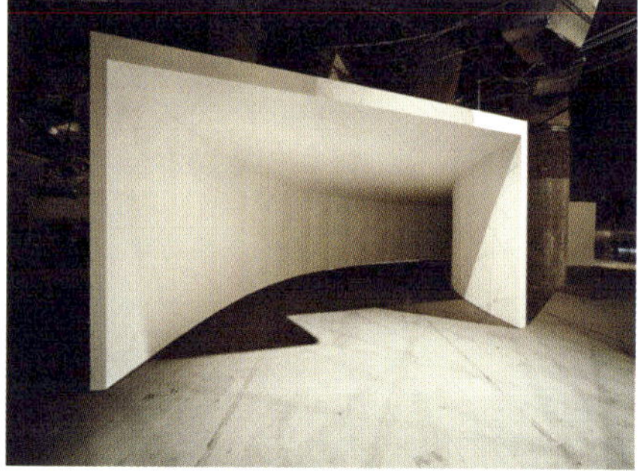

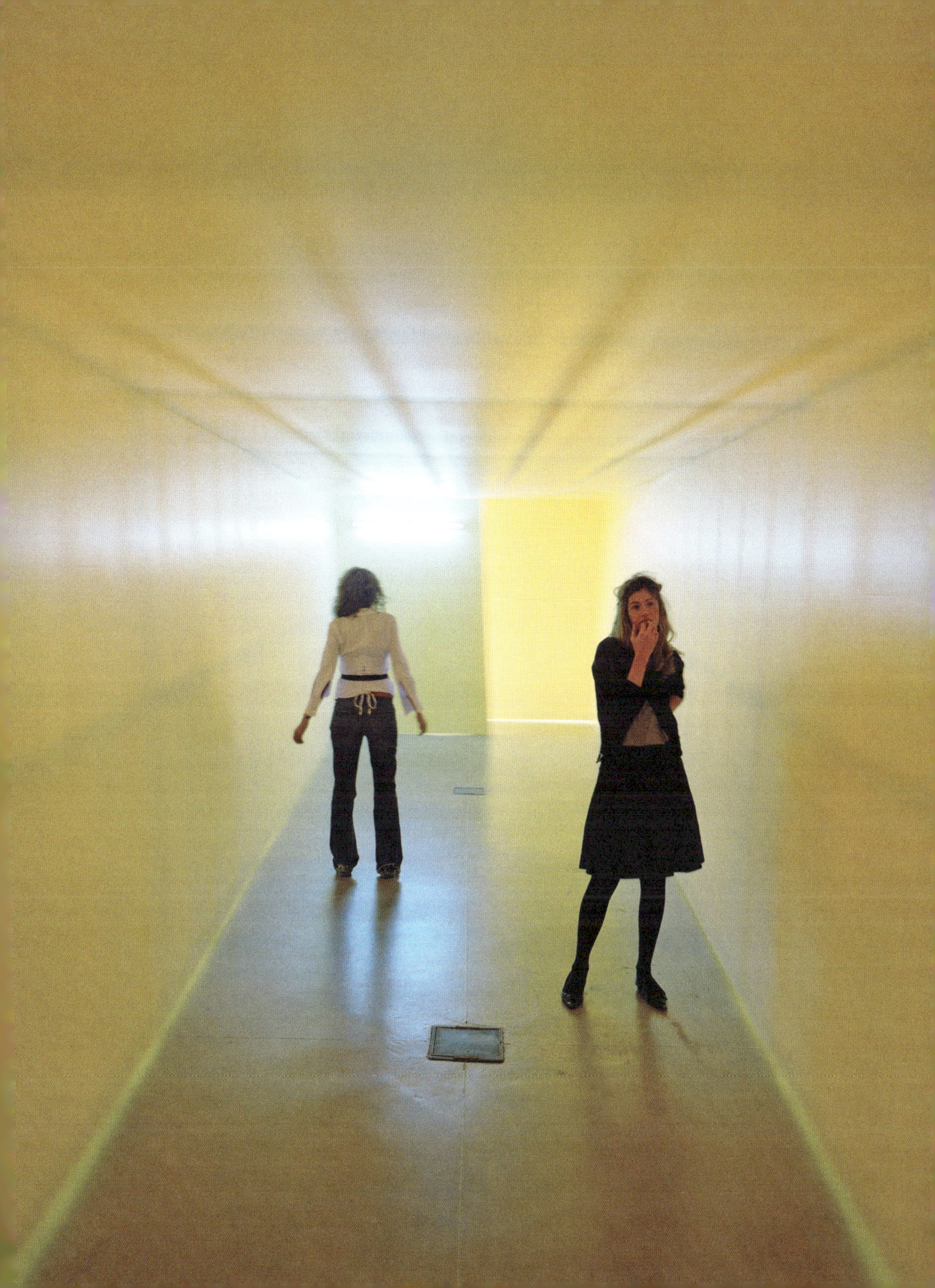

1.53 In a Timepiece-Free Zone

Arrange things so that you can spend a long time in a place that specifically has no clocks or time-of-day indicators (such as daylight or temperature). The place must also be windowless; all timepieces must be removed. A cave or a closed, possibly subterranean, structure would work well. No radio, television, internet; no computers, no telephone, no other people who are not subjected to the same conditions.

On average each cycle of the circadian rhythm of waking and sleeping in human beings lasts longer than 24 hours if it is not corrected by external influences. In the first two weeks, it lasts around 26 hours. After that, our internal time regulators appear to decouple: Sleep-wake cycles of over 33 hours have been recorded, with much longer periods spent awake and correspondingly longer periods spent asleep, up to 15 hours. An extreme cycle was observed in the case of a French player of this game, who completely avoided the influence of time-of-day indicators and spent around 72 hours awake and the following 48 hours asleep.

Photography: Michel Siffre, *Experiment in Midnight Cave*, 1972

In der zeitmesserfreien Zone

Es sich so einrichten, dass man langfristig an einem Ort sein kann, der sich durch die vollkommene Absenz aller Uhren und tagesrhythmischen Anzeiger (wie Tageslicht oder Temperatur) auszeichnet. Der Ort muss fensterlos sein, alle Zeitmesser sind zu entfernen. Eine Höhle oder ein geschlossenes, womöglich unterirdisches Bauwerk wäre gut. Kein Radio, Fernsehen, Internet, kein Computer, kein Telefon, keine anderen Menschen, die nicht den gleichen Bedingungen ausgesetzt sind.

Die zirkadiane Periodik des Schlaf-wach-Rhythmus beim Menschen liegt im Durchschnitt bei über 24 Stunden, wenn sie nicht durch äußere Einflüsse korrigiert wird. In den ersten zwei Wochen bei etwa 26 Stunden, nach dieser Zeit scheinen sich die inneren Zeitgeber zu entkoppeln: Es wurden Schlaf-wach-Rhythmen von über 33 Stunden gemessen, also mit deutlich längeren Wachzuständen und mit ebenfalls deutlich längeren, bis zu 15 Stunden andauernden Schlafperioden. Bei einem französischen Spieler, der sich über Monate dem Einfluss von tagesperiodischen Indikatoren entzog, wurde sogar eine extreme Periodik von ungefähr 72 Stunden Wachsein mit nachfolgenden 48 Stunden Schlaf beobachtet.

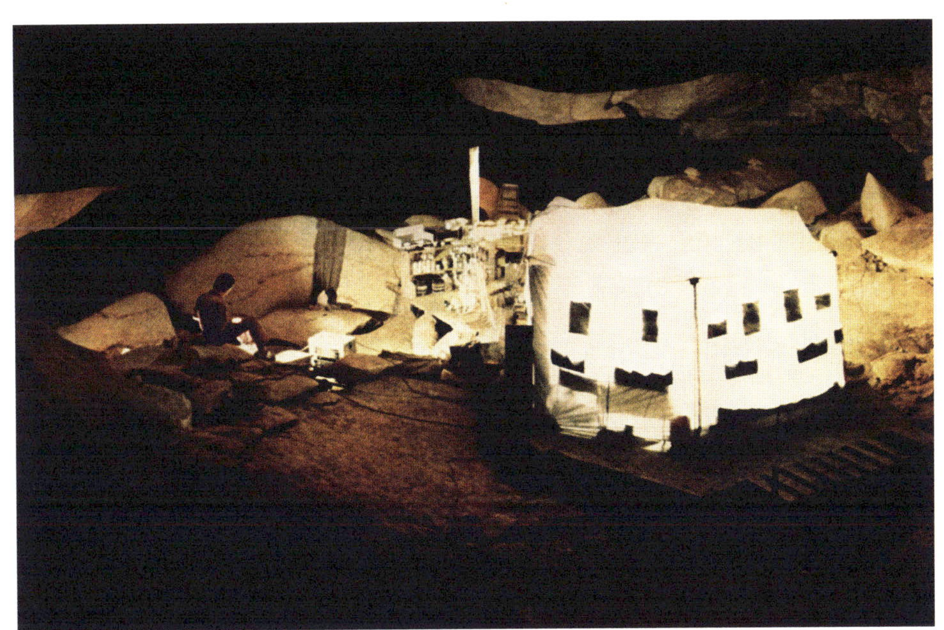

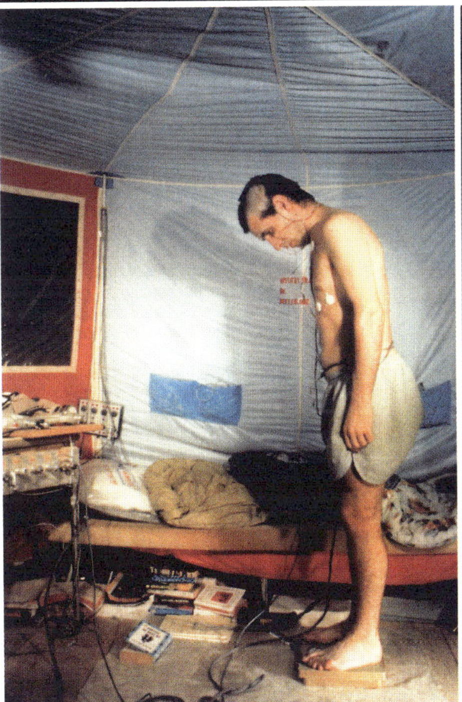

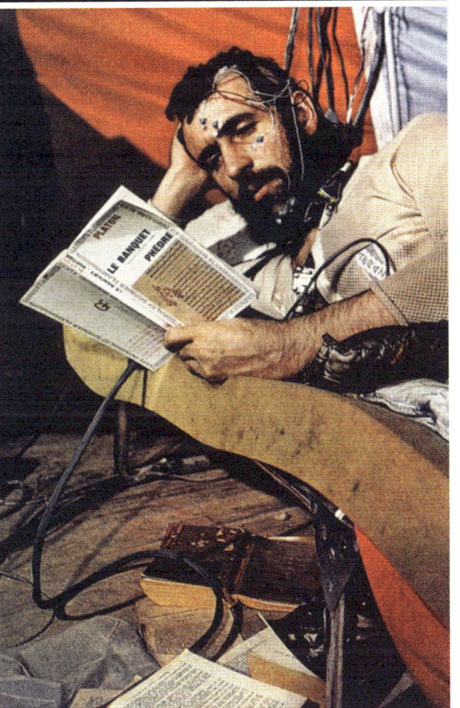
PLATON
LE BANQUET
PHEDRE

1.54 Be a Baby Again

Divide your age by five and multiply the time needed for any particular action by the quotient. Now everything takes forever again, like it does for a baby who has not yet had cognitive exposure to the influence of measured time.

Photography: Eadweard Muybridge and University of Pennsylvania, *Woman Sitting Down on a Chair and Drinking out of a Cup*, 1887

Wieder Baby sein

Das eigene Alter durch fünf teilen und den daraus resultierenden Quotienten anwenden, um die Zeit, die für einen bestimmten Vorgang benötigt wird, mit diesem Faktor zu multiplizieren. Jetzt dauert wieder alles ewig, wie bei einem Baby, welches dem Einfluss der gemessenen Zeit noch nicht kognitiv ausgesetzt ist.

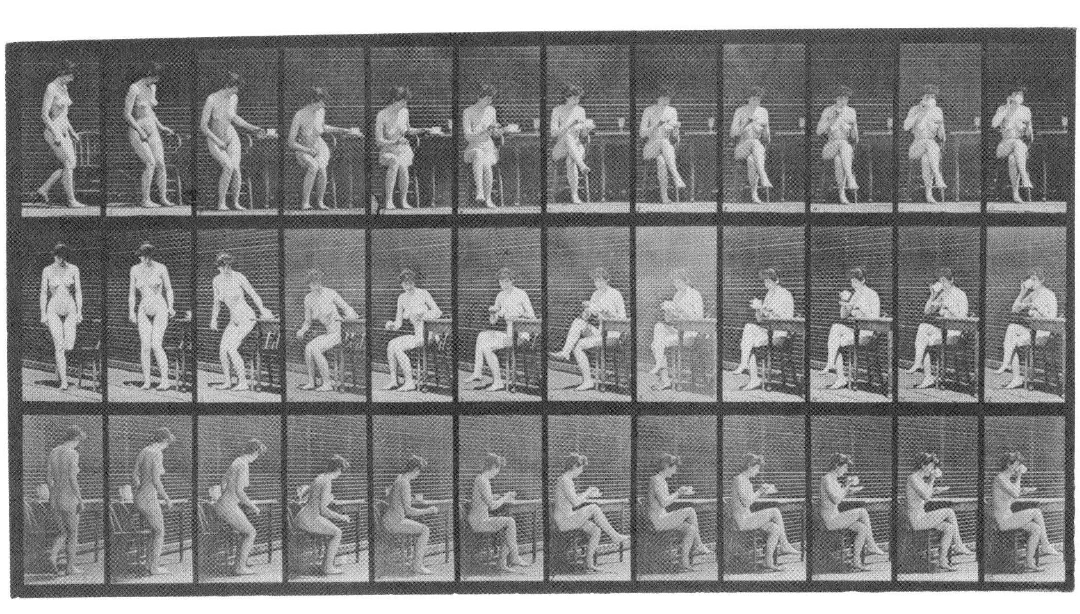

1.55 Metadream

Dream that you're dreaming (that you're dreaming).

Andy Warhol, *Sleep*, film still, 1963

Metatraum

Träumen, dass man träumt (dass man träumt).

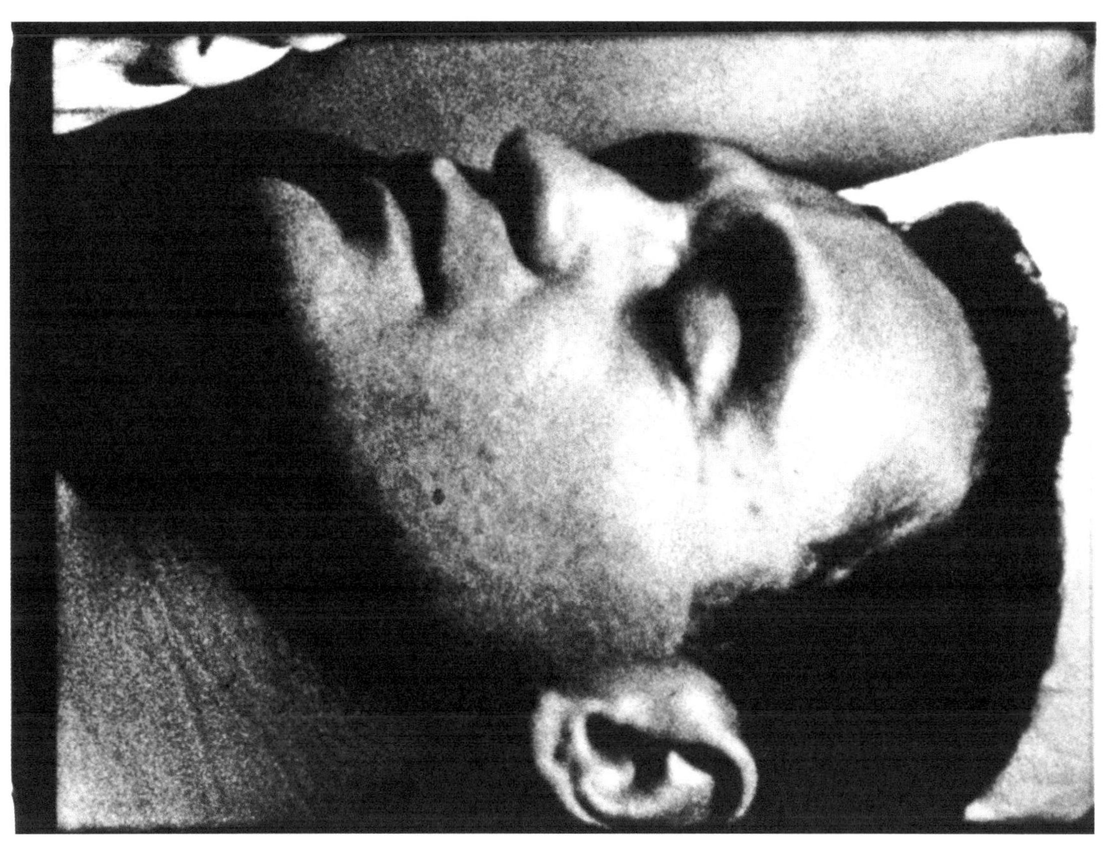

1.56 Self-Experiment: Visual and Acoustic Training for One's Cerebral Hemispheres

Many animals have their eyes on the sides of their heads, so their eyes see different things—additionally, each eye is connected to just one half of the brain. Scientists can easily determine which half of these animals' brains experiences and processes which visual impressions by covering one of the animal's eyes. The question remains: If only one half of the brain registers certain impressions, are these then communicated to the other half? In the case of pigeons, for instance, it has been shown that any visual information is not processed in the whole brain but only in the hemisphere connected to (and opposite to) the eye that took it in. Information taken in by the pigeon using one eye could not be retrieved when it was using the other eye. Interestingly enough it has also been observed that some animals prefer to use their left eyes to identify members of the same species and that individuals mostly position themselves accordingly. This has been recorded not only in the case of certain fish species but even in tadpoles. And thrushes hunting for worms can readily be observed tilting their heads and staring at the ground with their left eye, suddenly taking a hard peck and pulling a worm out of what looks to the human eye like a featureless surface. However, in

Photography: Jörgen Wiklund, *Woodcock*, year unknown

Visuelles und akustisches Training der Gehirnhälften im Selbstversuch

Bei vielen Tieren sitzen die Augen an den Seiten des Kopfes. Die Augen sehen daher verschieden, und jedes Auge ist nur mit einer Hirnhälfte verbunden. Wissenschaftler können bei solchen Tieren leicht prüfen, welche Hirnhälfte welche visuellen Eindrücke erfährt und prozessiert, indem sie ein Auge maskieren. Die Frage ist nun: Wenn nur eine Hirnhälfte gewisse Eindrücke erfährt, werden diese dann an die andere Hälfte weitergeleitet? Bei Tauben zum Beispiel wurde nachgewiesen, dass die entsprechenden Informationen nicht im gesamten Hirn verarbeitet werden, sondern nur in der mit dem empfangenden Auge gekoppelten, gegenüberliegenden Hälfte. Was das eine Auge lernte, konnte die Taube bei Benutzung des anderen Auges nicht wiederholen. In diesem Zusammenhang ist auch die Beobachtung von Interesse, dass zumindest bei einigen Tierarten die visuelle Wahrnehmung eines Artgenossen bevorzugt mit dem linken Auge vollzogen wird und sich die Individuen meist entsprechend positionieren. Das wurde nicht nur bei einigen Fischarten nachgewiesen, sondern selbst bei Kaulquappen. Auch Würmer suchende Drosseln können leicht dabei beobachtet werden, wie sie den Kopf schief halten und mit dem linken Auge auf den Boden spähen, um dann im nächsten Moment zuzuschlagen und einen Wurm aus dem für den menschlichen Beobachter neutral

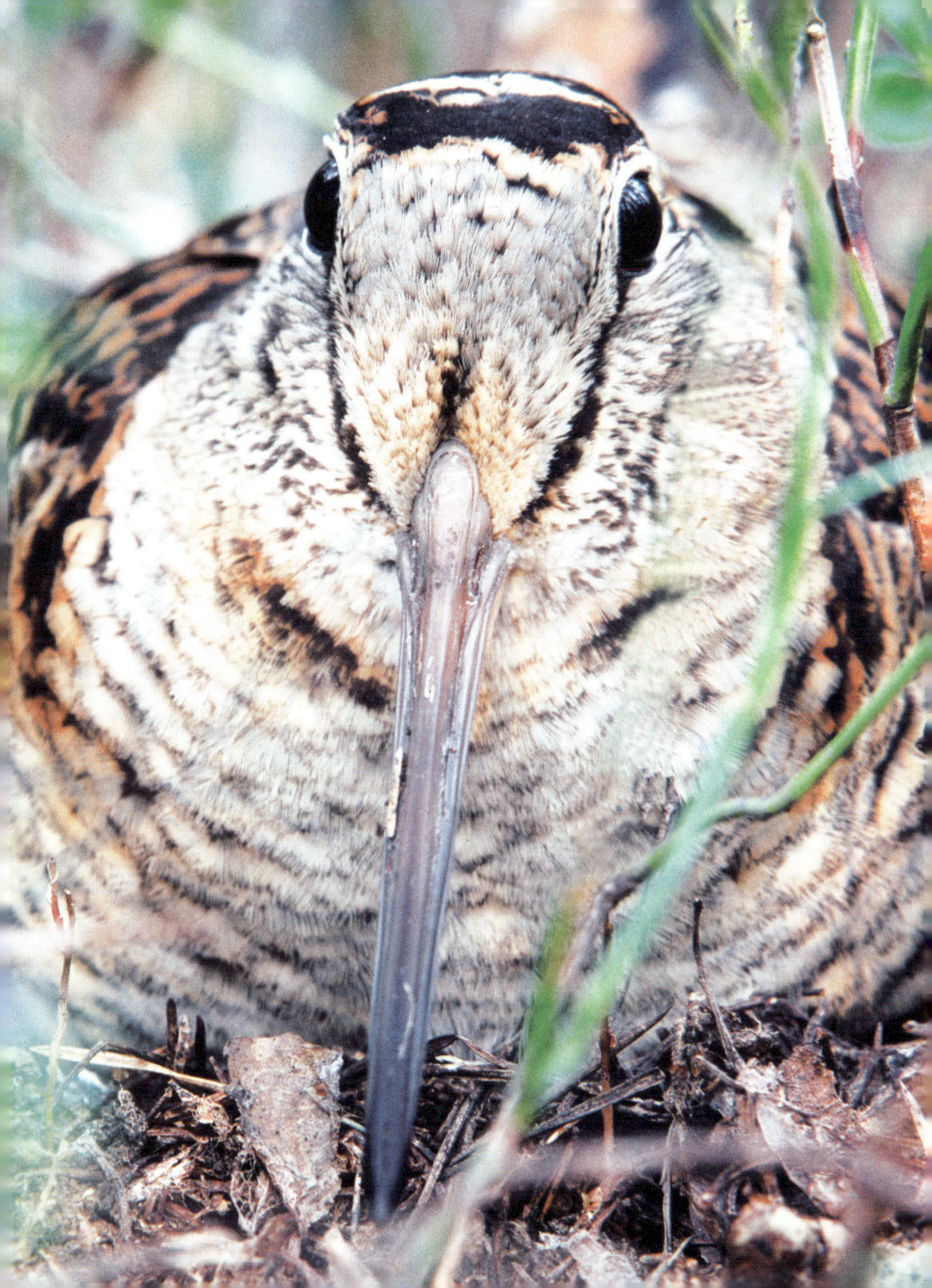

the case of thrushes, it has not yet been established whether it is the left eye or the left ear or some other left-located sense that allows them to seek out their prey.

With these results in mind, decide to spend a certain amount of time using only one eye to see and/or using only one ear to hear and, under those conditions, to learn some new things—for instance, dance steps or simple tunes, like children's songs from other countries. You must keep the other eye and/or ear closed throughout this time. As far as the eye goes, because there is only minimal separation between the human being's left and right fields of vision, one hand should be used to help, with the fingers laid against one side of the nose like a blinker, cutting off that field of vision. The thumb is used to keep the eye closed. The limitations on inter- and intraocular transfer, if these are present in the individual, are tested by repeating the newly acquired skills using the other eye, to the furthest extent possible. If it should turn out that it is not possible to repeat the new skill using the other eye, this would prove that similar limitations also exist in humans. I have long been interested in monocular vision and visual stereo effects, which was what led me in 2002 to develop *The Forest*, a pair of VR glasses with a tiny screen in front of each eye, with each screen playing a separate film. Initially the wearer sees a 3D shot moving slowly through a snowy forest, because the images from two cameras, just slightly apart from each other, are

erscheinenden Boden herauszuziehen. Ob bei Drosseln das linke Auge oder das linke Ohr oder ein anderer linksseitig angeordneter Sinn das Erspähen der Beute möglich macht, ist allerdings nicht geklärt.

In Kenntnis dieser Forschungsergebnisse beschließen, für eine selbst bestimmte Zeit nur mit dem einen Auge zu sehen und/oder nur mit dem einen Ohr zu hören und dabei bestimmte Dinge zu lernen, zum Beispiel einige bis dahin unbekannte Tanzschritte oder einfache Melodien wie fremdsprachige Kinderlieder. Dazu ein Auge und/oder ein Ohr für diese Zeit verschlossen halten. Beim Auge sollte aufgrund der geringen visuellen Trennung der Sichtfelder des Menschen eine Hand zu Hilfe genommen werden, wobei die Finger scheuklappenähnlich entlang der Nase gehalten werden und somit das Sichtfeld beschränken. Mit dem Daumen wird das Auge zugehalten. Die Begrenzungen des inter- und intraokularen Transfers, falls beim Subjekt vorhanden, werden geprüft, indem die gelernten Fähigkeiten dann mit dem anderen Auge wiederholt werden, falls möglich. Sollte sich herausstellen, dass ein Wiederholen der gelernten Fähigkeit nach einem Augenwechsel nicht mehr möglich ist, wäre der Beweis erbracht, dass entsprechende Begrenzungen auch beim Menschen bestehen. Monokulares Sehen und visuelle Stereoeffekte interessieren mich schon längere Zeit, weshalb ich 2002 *The Forest* entwickelt habe: eine Virtuelle-Realitäts-Brille, die vor jedem Auge jeweils einen kleinen Bildschirm

synchronized. Then, as the cameras approach a particular tree, one goes around it to the right, and the other goes around it to the left. It is remarkable how long the viewer clings to the notion of synchronized seeing, only for the image to suddenly disintegrate and start leaping back and forth between what is seen with one eye and with the other.

The ear presents a different case because, despite the actual distance between these two sensory receptors, it is not possible to completely separate them. Human beings hear not only through their ears but also through their noses and mouths, because of their Eustachian tubes. Nevertheless, experimental, partial acoustic training of the hemispheres of one's own brain could yield meaningful results, because a directional preference could possibly lead to different learning outcomes. In most cases the ear is best closed using the thumb, which should be introduced as far as possible into the acoustic meatus.

enthält, welche mit verschiedenen Filmen gespeist werden. Anfangs sieht man eine langsame Kamerafahrt in 3-D durch einen verschneiten Wald, weil die beiden Kameras leicht räumlich versetzt noch synchrone Bilder liefern. Dann nähern sich die Kameras einem bestimmten Baum, den die eine rechtsherum und die andere linksherum umfährt. Es ist bemerkenswert, wie lange der Betrachter an der Vorstellung des synchronen Sehens festhält, bevor das Bild schockartig zerreißt, um dann zwischen dem mit jeweils einem Auge Gesehenen hin- und herzuspringen.

Beim Ohr ist die Sachlage anders, weil hier trotz der räumlich getrennten Anordnung der beiden Sinnesempfänger eine ausschließliche Trennung nicht möglich ist. Der Mensch hört nicht nur durch das Ohr, sondern aufgrund der Eustachi-Röhre auch durch Nase und Mund. Dennoch könnte ein Selbstversuch des partiellen akustischen Trainings der Hirnhälften aufschlussreiche Ergebnisse liefern, weil auch eine Richtungspräferenz möglicherweise zu distinkten Lerneffekten führen kann. Zum Verschließen des Ohrs eignet sich bei den meisten Subjekten am ehesten der Daumen, der weitmöglichst in den akustischen Meatus eingeführt werden soll.

1.57 The Dalmatian Effect

Stare at any random, intricate pattern until you can discern a shape in it. Rocks, heaps of earth, excrement of all kinds, weathered ceilings in old palaces, crocodiles, and old people's skin are especially well suited to this. The shape you see can be anything—an animal, (part of) a human body, a geometric figure, frothing foam, whatever. Go away and come back after a while; now try to see the pattern only as a pattern again. It's not likely to work, because once a person has identified a shape, it is no longer possible to reinstate their initial, naive gaze. This all has to do with an irreversible figure-ground illusion, as in the famous Dalmatian picture: Once the viewer has seen the dog in the profusion of blotches, it is never possible to go back to just seeing blotches.

Carsten Höller, *Butterfly*, ink on paper, 2002

Der Dalmatiner-Effekt

Ein beliebiges, recht kleinteiliges Muster so lange anstarren, bis man darin eine Form deutlich erkennt. Besonders eignen sich dazu Steinoberflächen, Erdhaufen, Exkremente aller Art, verwitterte Decken in alten Palästen, Krokodile und die Haut alter Menschen. Die gefundene Kontur kann alles Mögliche sein, ein Tier, ein (Teil eines) Menschenkörper(s), eine geometrische Figur, überlaufender Schaum – was auch immer. Weggehen und erst nach einiger Zeit wiederkommen, um zu versuchen, das Muster erneut nur als Muster zu sehen. Das wird kaum gelingen, denn hat man einmal eine Form ausgemacht, gelingt es nicht mehr, sich in den ursprünglichen, naiven Betrachtungszustand zurückzuversetzen. Es handelt sich um eine irreversible Figur-Grund-Illusion, so wie bei dem berühmten Dalmatiner-Bild: Ist der Hund im Fleckenwirrwarr erst einmal ausgemacht, gelingt es nie wieder, nur Flecken zu sehen.

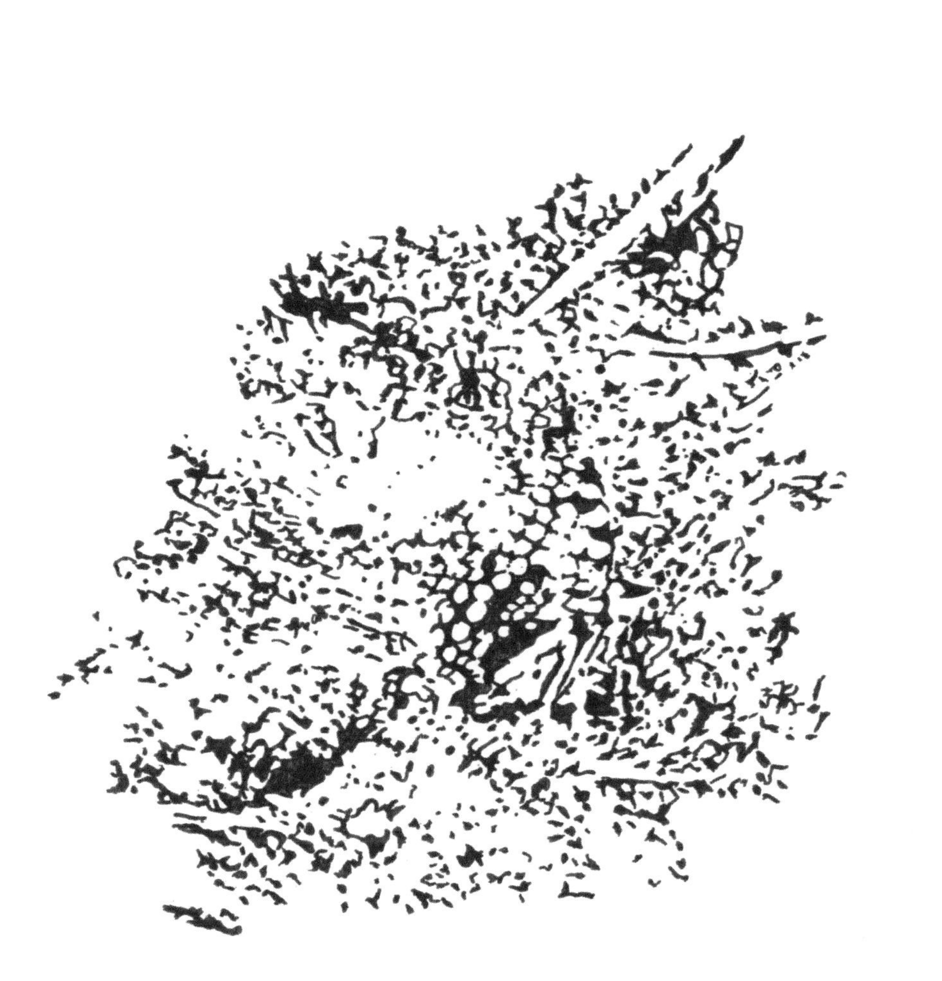

1.58 Preconsciousness

Lay this book aside for a moment and observe the position of your own arms and legs. You may feel pressure somewhere or mild pain. At this point the perception of what was preconscious a moment ago has become conscious. Dormant until a moment ago, the consciousness has been awakened, although this is not to say that there is no mental processing in a preconscious state. After all, you constantly change the positions of your limbs, just not with any great degree of consciousness.

Photography: Christoph Steinegger, 2023

Präbewusstsein

Jetzt mal dieses Buch für einen Moment weglegen und die Position der eigenen Arme und Beine betrachten. Vielleicht fühlt die Spielerin irgendwo einen Druck oder leichte Schmerzen. Jetzt ist die Wahrnehmung des eben noch Präbewussten bewusst geworden. Bis eben noch schlafend, wurde das Bewusstsein geweckt, was nicht heißt, dass im präbewussten Zustand keine mentale Verarbeitung erfolgt. Die Spielerin ändert ja dauernd die Positionierung der eigenen Gliedmaßen, nur eben nicht bewusst.

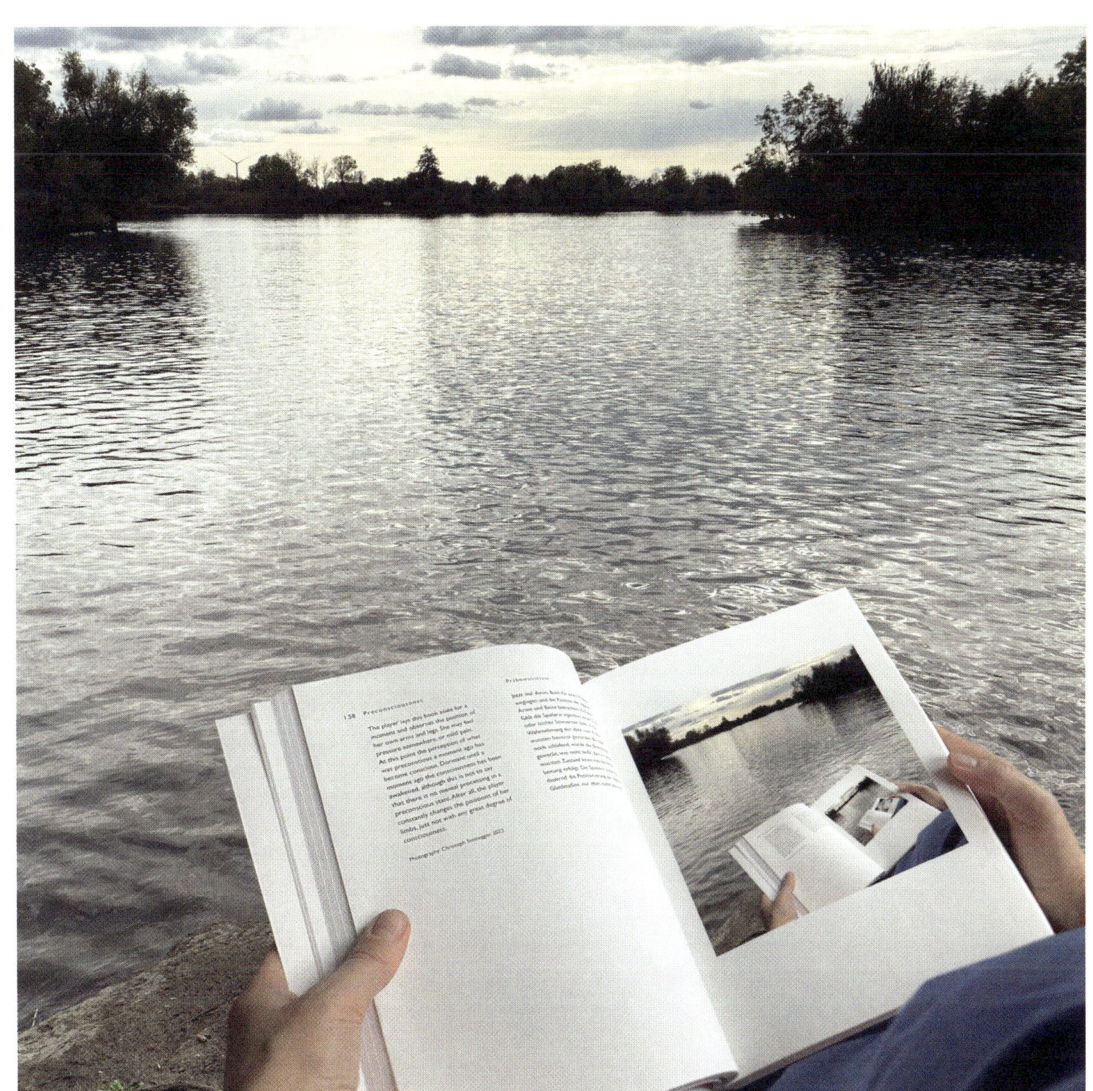
158 Preconsciousness
The player lays this book aside for a
moment and observes the position of
her own arms and legs. She may feel
pressure somewhere, or mild pain.
At this point the perception of what
was preconscious a moment ago has
become conscious. Dormant until a
moment ago the consciousness has been
awakened, although this is not to say
that there is no mental processing in a
preconscious state. After all, the player
constantly changes the position of her
limbs, just not with any great degree of
consciousness.

1.59 Like a Bird

Whistle like a bird and attract feathered friends. The most suitable bird for Central European beginners to copy is the bullfinch. Often found in cemeteries and gardens, the bullfinch—particularly in winter—reacts inquisitively to whistled imitations of its own melancholy "phew." Advanced players should be alerted to the Birdsong Imitators' World Championships, which take place annually in Italy, France, Spain, or Portugal. A sport that apparently only men engage in.

William Forsythe, *Birds, Bonn 1964*, performance for German Pavilion, Venice Biennale, unknown photographer, 2014

Wie ein Vogel

Wie ein Vogel pfeifen und dadurch die Gefiederten anlocken. Für Anfänger eignet sich in mitteleuropäischen Gebieten am besten der Friedhöfe und Gärten bewohnende Dompfaff, der neugierig auf das Nachpfeifen seines melancholischen „djüh" reagiert. Für Fortgeschrittene sei hier auf die Weltmeisterschaft im Vogelnachpfeifen verwiesen, die jährlich in Italien, Frankreich, Spanien oder Portugal abgehalten wird. Eine Sportart, die nach meiner Kenntnis ausschließlich von Männern betrieben wird.

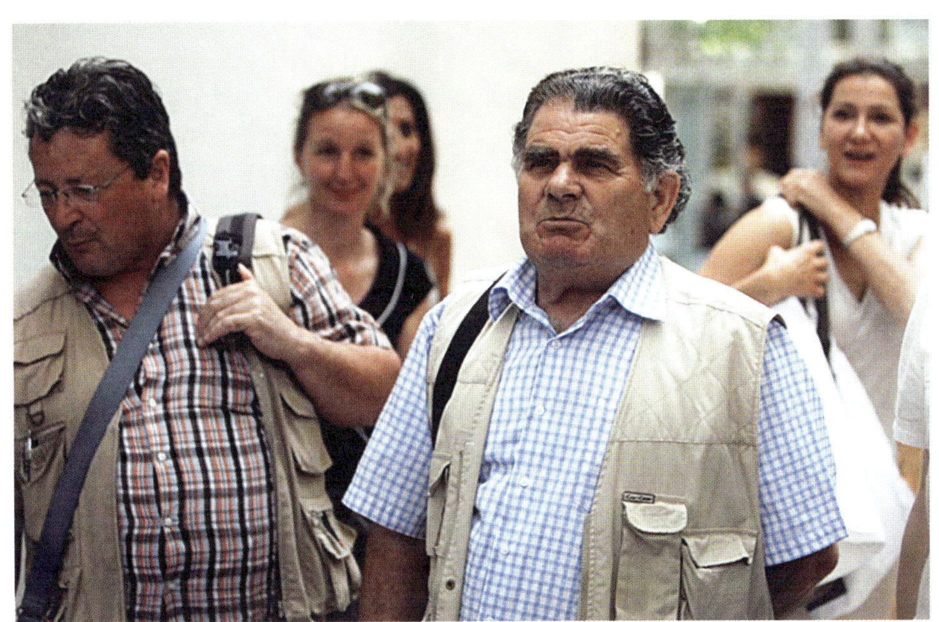

1.60 Don't Weep

Don't weep at funerals, exequies, memorials, and public addresses in memory of the deceased. As best as you can, direct scornful glances at others who are weeping. And as you do so, constantly din into yourself the following dictum: No one weeps for anyone else. You think you're weeping because that person has died and it's tragic, but you're only ever weeping for yourself. You weep because you know that you could be the one who died. You weep because life is not that special, and everyone has to die. One day the complexity of your Self will vanish into nothingness. There's no justice. No one weeps for anyone else.

Photography: Anders Edström, *33.13.15A*, 2013

Nicht weinen

Bei Beerdigungen, Trauerfeiern, Memorials und öffentlichen Reden zum Gedenken an einen Verstorbenen nicht weinen. Anderen Weinenden, so gut es geht, richtig verächtliche Blicke zuwerfen. Dabei die folgende Doktrin pausenlos gedanklich durchhämmern: Niemand weint für jemand anderen. Du glaubst, du weintest, weil diese Person gestorben ist und das tragisch ist, aber du weinst immer nur für dich selbst. Du weinst, weil du weißt, dass du derjenige gewesen sein könntest, der gestorben ist. Du weinst, weil das Leben nichts Besonderes ist und alle sterben müssen. Die Komplexität deines Selbst verschwindet eines Tages im Nichts, und es gibt keine Gerechtigkeit. Niemand weint für jemand anderen.

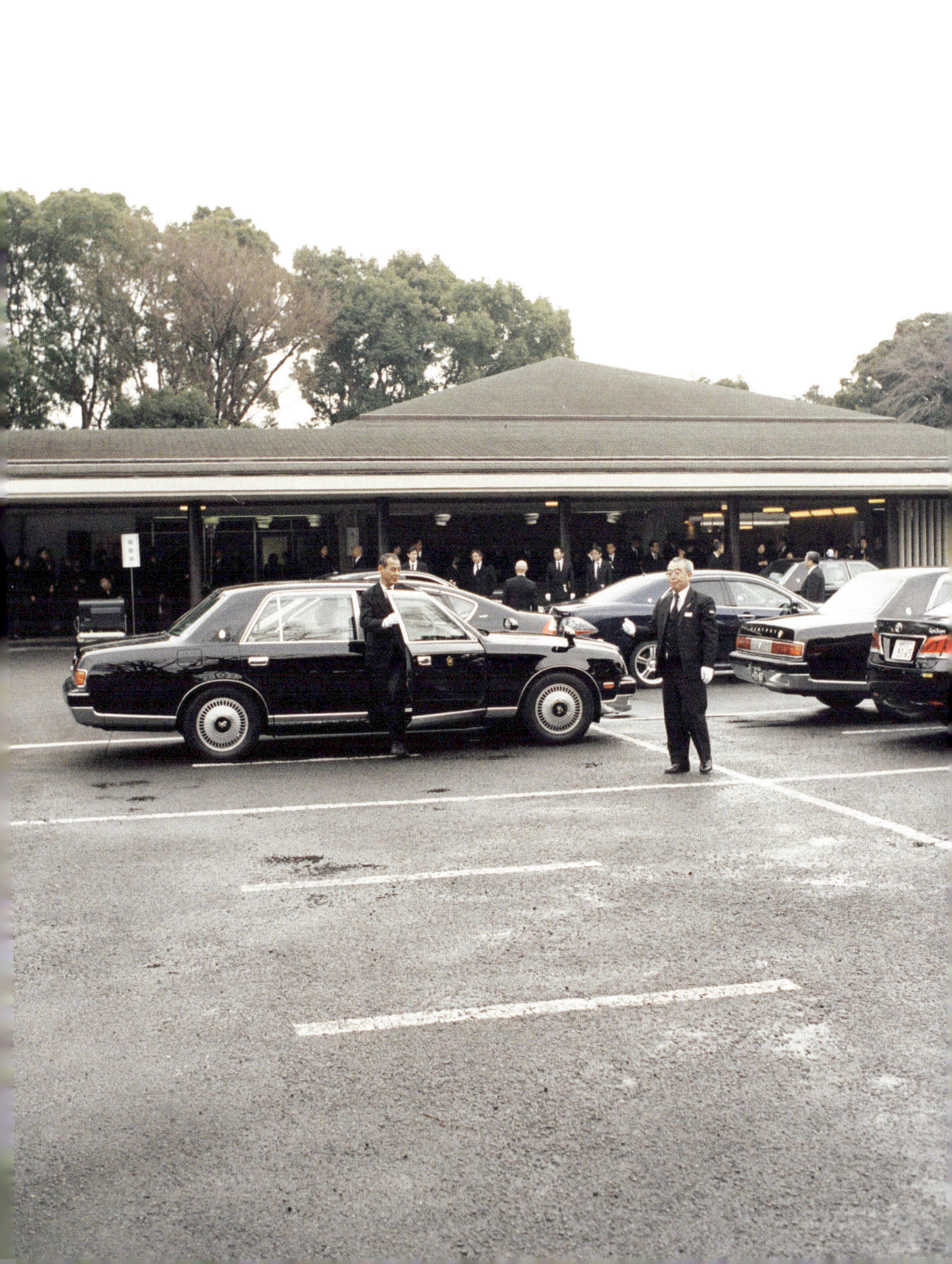

1.61 Oh, Hannah!

Disrobe little by little in front of a more or less famous work of art or outdoor monument, or any other example of human creativity. Perform expressive dance moves until you are completely naked. In 1977, in the Philadelphia Museum of Art, Hannah Wilke executed just such a striptease behind *The Bride Stripped Bare by her Bachelors, Even (The Large Glass)* and was filmed as she did so. Sadly, you will probably not manage this as beautifully as Wilke, a performance artist, because everything was right about what she did: the title of the iconic work of art, the status of the male artist, and also her own presence, which she used to demean, expand, and enhance the work. As she herself said, "To honor Duchamp is to oppose him."

Hannah Wilke, *Hannah Wilke through the Large Glass*, film still, 1976

Oh, Hannah!

Sich vor einem mehr oder weniger berühmten Kunstwerk oder Denkmal im Außenraum oder vor einem anderen Beispiel menschlicher Ausdruckskraft mit ausdruckstänzerischen Bewegungen nach und nach ausziehen bis zur vollkommenen Nacktheit. Hannah Wilke hat diesen Striptease 1977 hinter dem *Großen Glas* (eigentlicher Titel: *The Bride Stripped Bare by her Bachelors, Even*) von Marcel Duchamp im Philadelphia Museum of Art vollzogen und sich dabei filmen lassen. So schön wie die Performance-künstlerin wird es der Spieler wohl leider nicht hinbekommen, denn bei Wilke stimmte alles, der Titel des ikonischen Kunstwerks, der Status des männlichen Künstlers und auch ihre eigene Präsenz, wodurch sie das Werk gleichzeitig erniedrigte, erweiterte und erhöhte. Wie sie selbst sagte: „Duchamp zu ehren bedeutet, gegen ihn zu sein."

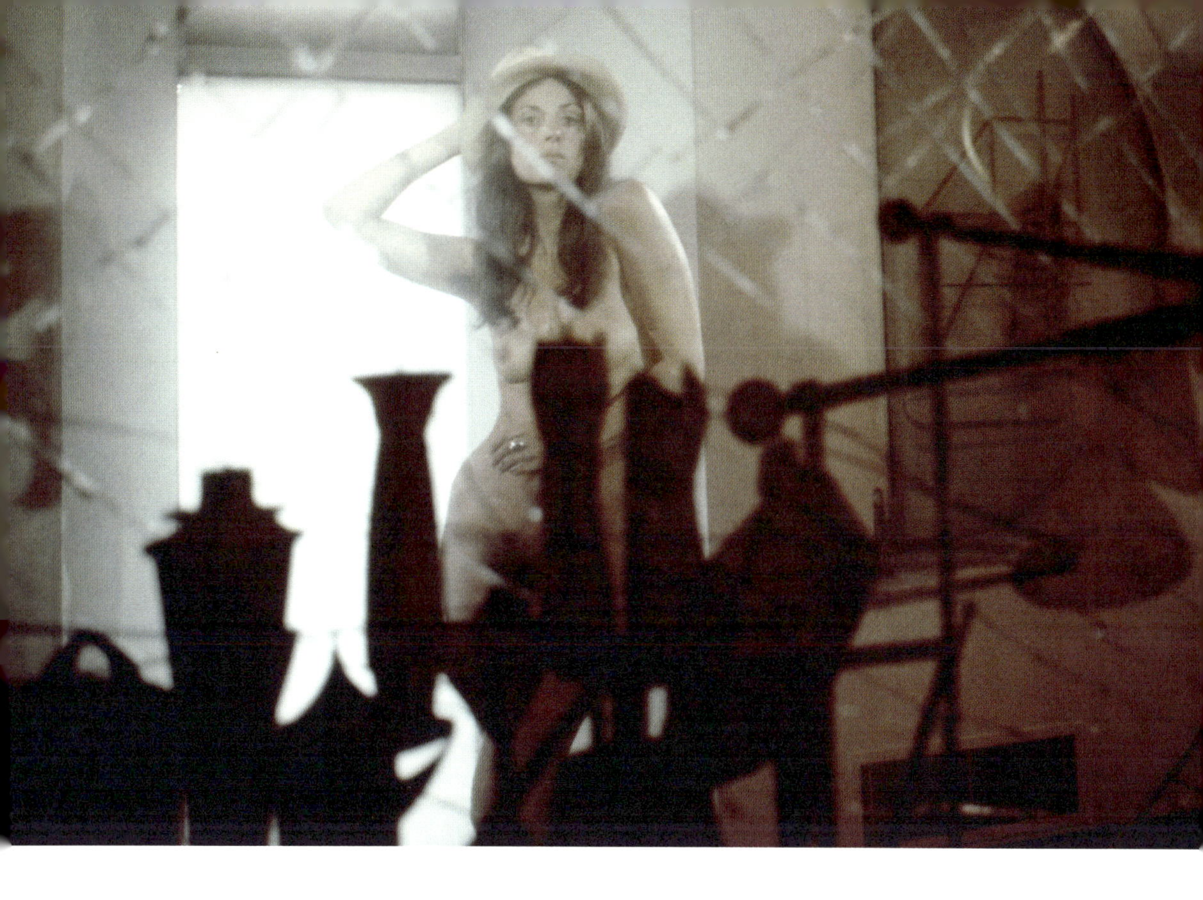

1.62 Not Dying, Thanks to the Milton H. Erickson Method

Erickson, a pioneer of hypnotherapy and an incorrigible joker, addressed a student attending one of his intensive seminars at his home not long before he died and asked him why he had come. He answered honestly, saying that his teacher had advised him to come before Erickson got too old and died. Erickson replied with a smile that dying was the last thing he'd do. All the students laughed. And did he want to know how he avoided dying? By waking up every morning. And how did he make sure to wake up every morning? "Every evening, before you go to bed, drink a lot of liquids."

Milton H. Erickson, unknown photographer, 1949

Nicht sterben mithilfe der Milton-H.-Erickson-Methode

Erickson, der Begründer der Induktion klinischer Hypnose und ein unverbesserlicher Possenreißer, fragte einen Studenten, der kurz vor seinem Tod eines seiner Intensivseminare besuchte, die er zu Hause abhielt, warum er gekommen sei. Dieser antwortete ehrlich, dass sein Lehrer ihm geraten habe zu kommen, bevor er, Erickson, zu alt sei und sterben würde. Erickson erwiderte lächelnd, dass Sterben das Letzte sei, was er tun würde. Alle Studenten lachten. Und ob er wissen wolle, wie er das Sterben vermeiden würde? Indem er jeden Morgen aufwachen würde. Und wie würde er sicherstellen, jeden Morgen aufzuwachen? „Trinken Sie jeden Abend viel Flüssigkeit, bevor Sie zu Bett gehen."

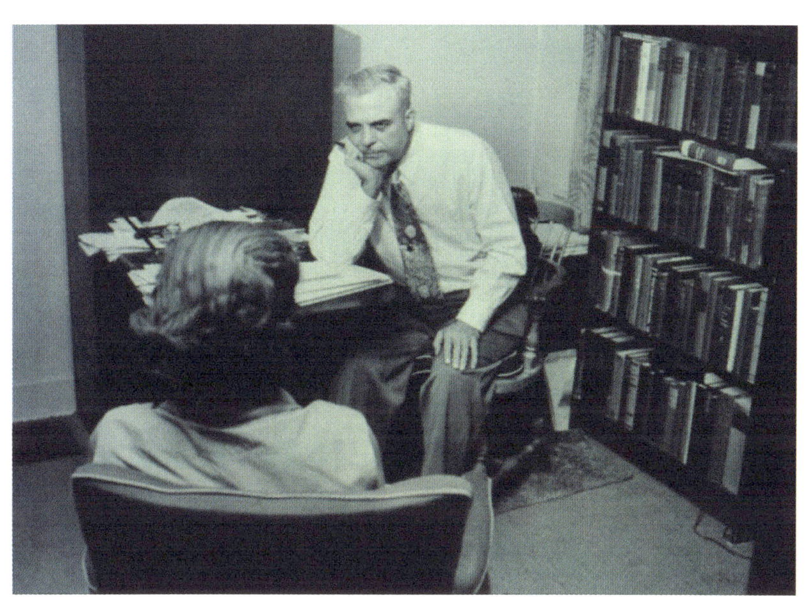

1.63 The Ballerina

A ballerina has to be able keep their upper body upright as they stand and dance. This upright posture is aided by the ballerina constantly turning their palms outward. If this simple technique is practiced often enough, sooner or later every player will become a ballerina.

Photography: Jean Pigozzi, 2021

Die Ballerina

Eine Ballerina muss mit aufrechtem Oberkörper stehen und tanzen können. Die aufrechte Körperhaltung wird durch das konstante Wenden der Handinnenflächen nach außen unterstützt. Mittels dieser einfachen Technik, wenn nur oft genug angewandt, wird aus jedem Spieler über kurz oder lang eine Ballerina.

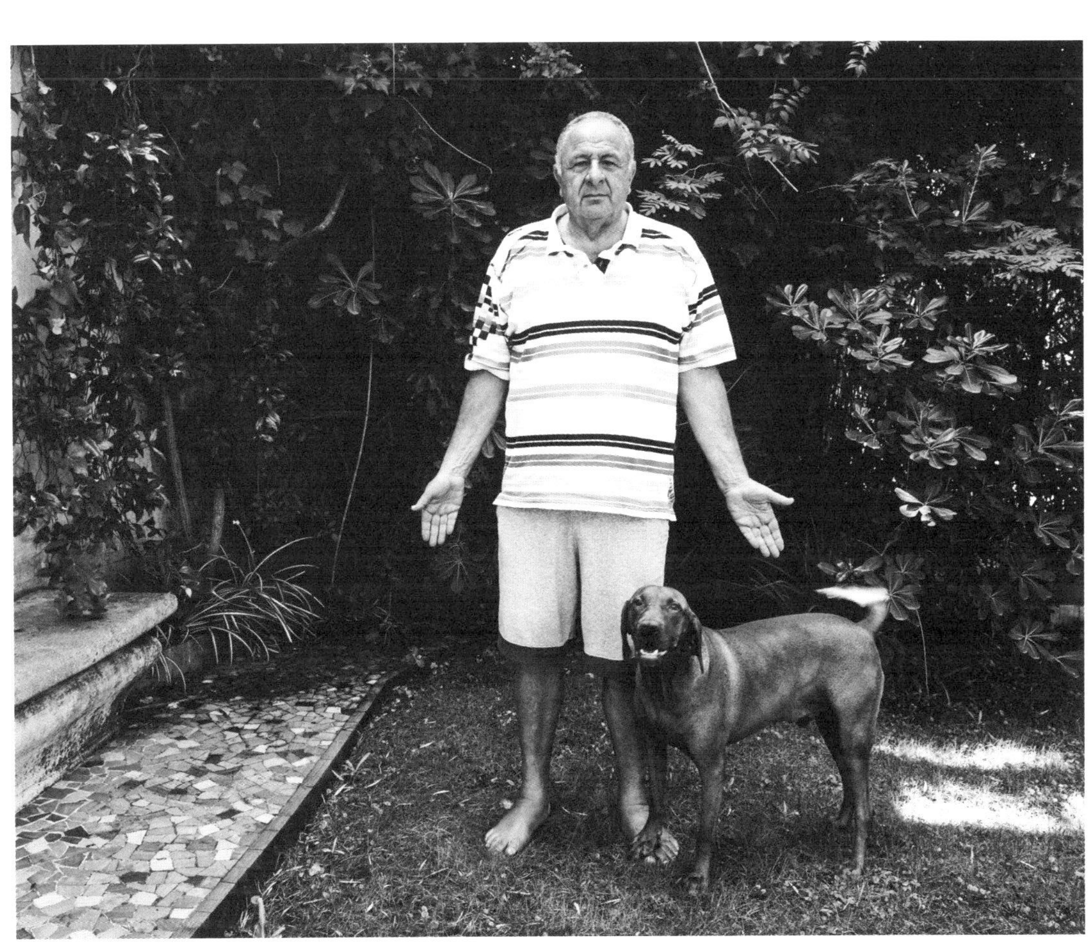

1.64 The Plant-Hater

Plants react to human beings' feelings, it seems. In the 1970s, people often stroked houseplants and spoke to them or played classical music for them. It was already shown back then that human attention can affect the conductivity of electric signals within the plant. Plants evidently grow better and toward the direction of the sound source when they hear Beethoven, Brahms, Haydn, and Schubert, but they don't like rock music. Led Zeppelin and Jimi Hendrix quickly made the plants in the experiment turn away from the loudspeaker, their leaves shrinking.

In 2018, in *The Florence Experiment*, I worked with Stefano Mancuso and a team from the International Laboratory for Plant Neurobiology at the University of Florence to demonstrate that bean sprouts react to the presence of a human being in a state of excitement (following a gravity-led descent inside a steel slide) by reducing their photosynthetic activity and increasing their output of methyl acetate and other molecules. In all likelihood the volatile compounds they emit facilitate intraspecies communication between plants. Neither the age, gender, nor smoking habits of the humans involved in the experiment affected the results, yet there was a statistically

Carsten Höller and Stefano Mancuso, *The Florence Experiment*, installation with bean plants and slides, 2018
Photography: Pierre Björk

Der Pflanzenhasser

Pflanzen reagieren auf Gefühle des Menschen, so scheint es. In der 1970er-Jahren wurden Zimmerpflanzen oft gestreichelt, und es wurde mit ihnen gesprochen oder klassische Musik für sie gespielt. Schon damals konnte nachgewiesen werden, dass die Leitfähigkeit elektrischer Signale in der Pflanze durch die Zuwendung des Menschen beeinflusst werden kann. Pflanzen wachsen offensichtlich besser und in Richtung der Schallquelle, wenn sie Beethoven, Brahms, Haydn oder Schubert hören, aber sie mögen keinen Rock. Led Zeppelin und Jimi Hendrix ließen die Versuchspflanzen schnell und kleinblättrig vom Lautsprecher wegwachsen.

Im *Experiment von Florenz* konnte ich 2018 mit Stefano Mancuso und Mitarbeitern des Labors für Pflanzliche Neurobiologie der Universität Florenz nachweisen, dass Bohnenschösslinge auf die Präsenz eines Menschen in erregtem Gemütszustand (hervorgerufen durch gravitationsbedingtes Rutschen in einer Stahlrutschbahn) mit verminderter Fotosyntheseaktivität und vermehrtem Ausstoß von Methylacetat und anderen Molekülen reagieren. Die volatilen emittierten Verbindungen dienen wahrscheinlich der innerartlichen Kommunikation zwischen den Pflanzen. Alter, Geschlecht und Rauchverhalten der über 1.000 Versuchspersonen beeinflussten das Ergebnis nicht, aber zwischen Schösslingen, die an der Brust auf Höhe des Herzens der rutschenden Subjekte in einem

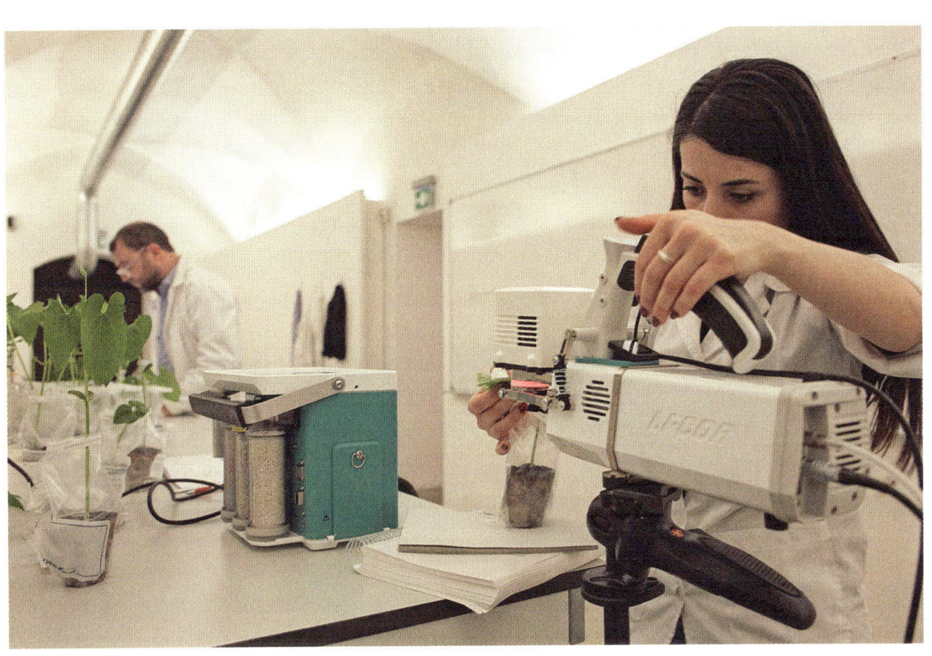

significant difference between bean sprouts in a special belt positioned over the heart of the slider and bean sprouts that were fixed onto sandbags that slid down at the same speed as a human being.

When wisterias were exposed to the odors from two movie theaters, showing either comedies or horror films, 62 percent grew toward the outlet from the comedy audience.

The Plant-Hater, aware of these results and harboring very evil thoughts, pays attention to a particular plant several times a day or as often as possible. The plant can either be in a pot or growing in the ground. Filled with hatred and disgust, mentally demean the plant, wishing it the very worst. In your mind pierce it with glowing needles, twist its stem as if it were the neck of an animal you're strangling. Rip out parts of the plant (only in your imagination!), stamp the whole plant into the ground with your feet, let it suffocate miserably in a plastic bag, tear it into pieces. Measure the power of your plant-hating thoughts by comparing this particular plant with others in the same species that you have not specifically thought about.

Spezialgurt angebracht waren, und solchen, die an Sandsäcken befestigt wurden, die ebenso schnell wie ein Mensch nach unten rutschten, gab es einen deutlichen, statistisch signifikanten Unterschied.

Wurden Blauregen-Kletterpflanzen dem Geruch aus zwei Kinos ausgesetzt, in denen entweder Komödien oder Horrorfilme gezeigt wurden, so wuchsen 62 Prozent in Richtung der Auslassöffnung, die den Duft der Komödienzuschauer verströmte.

Der Pflanzenhasser wendet sich unter Kenntnis dieser Versuchsergebnisse mit sehr bösen Gedanken mehrfach täglich oder so oft wie möglich an eine bestimmte Pflanze, entweder im Topf lebend oder im Boden verwurzelt. Mit Hass und Ekel diese Pflanze mental entwürdigen, ihr so richtig Schlechtes wünschen. Sie innerlich mit glühenden Nadeln durchbohren, ihr den Schaft umdrehen, so als wäre es der Hals eines Tieres, welches es zu erwürgen gilt. Teile der Pflanze ausreißen (nur denken!), das ganze Gewächs mit den Füßen in den Boden stampfen, in einer Plastiktüte jämmerlich ersticken lassen, in Stücke zerreißen. Die Kraft der Gedanken am Vergleich mit anderen Pflanzen messen, die gedanklich nicht weiter beachtet werden.

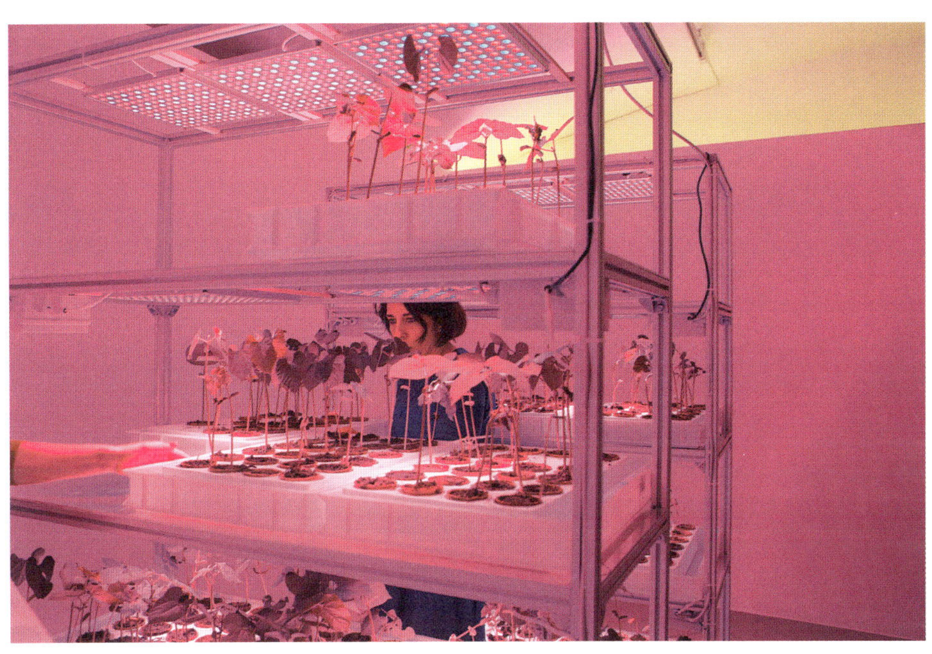

1.65 Experiment on Oneself

Each morning use your hand to rub your own saliva into your right earlobe and compare both earlobes after a year to see if anything has changed; once a day put your left leg behind your head, never your right leg, and observe the effect this has on your gait; and so on.

Photography: Christer Strömholm, *Max Ernst,* 1963

Selbstversuch

Jeden Morgen mit der Hand den eigenen Speichel ins rechte Ohrläppchen reiben und nach einem Jahr beide Ohrläppchen vergleichen, um zu sehen, ob sich etwas getan hat; das linke Bein jeden Tag einmal hinter den Kopf klemmen, aber nie das rechte und den Einfluss auf die Gangart beobachten; und so weiter.

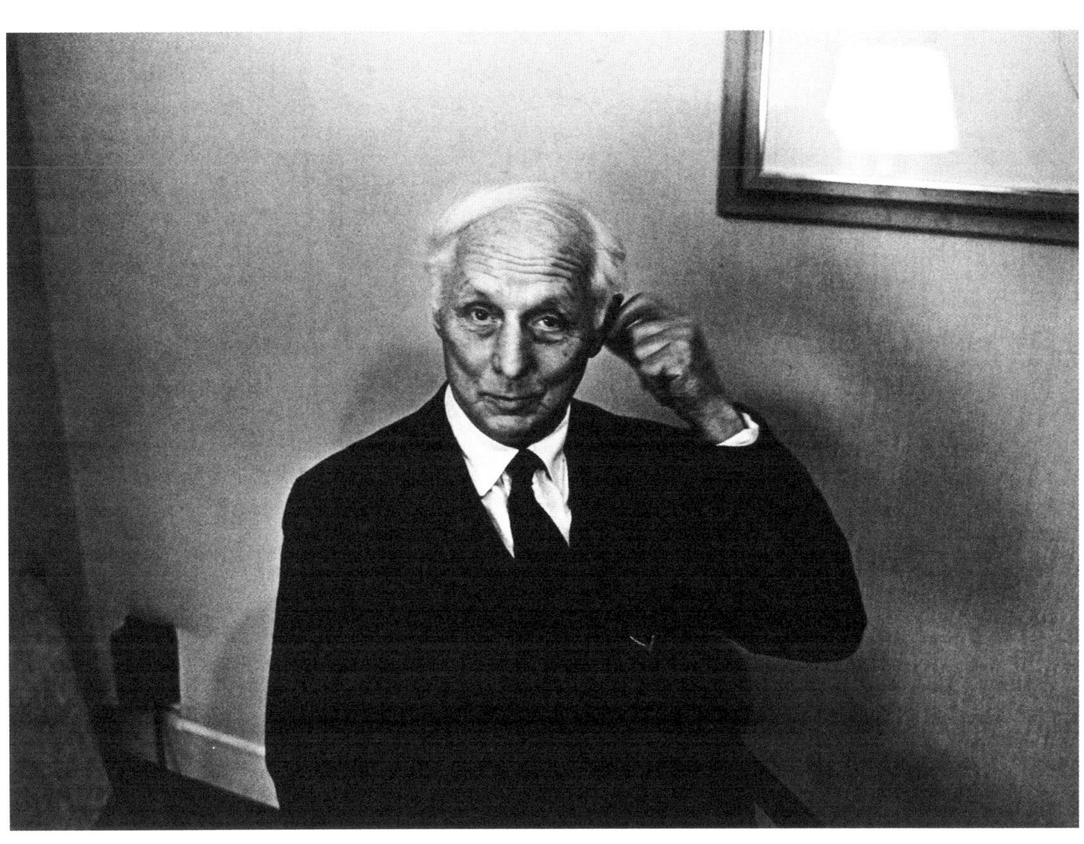

1.66 Buy Trousers or a Skirt at a Flea Market

In the absence of a changing room, determine whether an item of clothing fits your upper body by draping it around your neck—if the two ends of the waistband meet, it fits.

Photography: Benita Marcussen and Anne Dorthe Vester, 2022

Auf dem Flohmarkt eine Hose oder einen Rock kaufen

In Ermangelung einer Umkleidekabine probiert die potenzielle Käuferin, ob ihr die Hose oder der Rock oben passt, indem sie das Kleidungsstück um den eigenen Hals legt – treffen sich die Enden des Bundes gerade, so passt es.

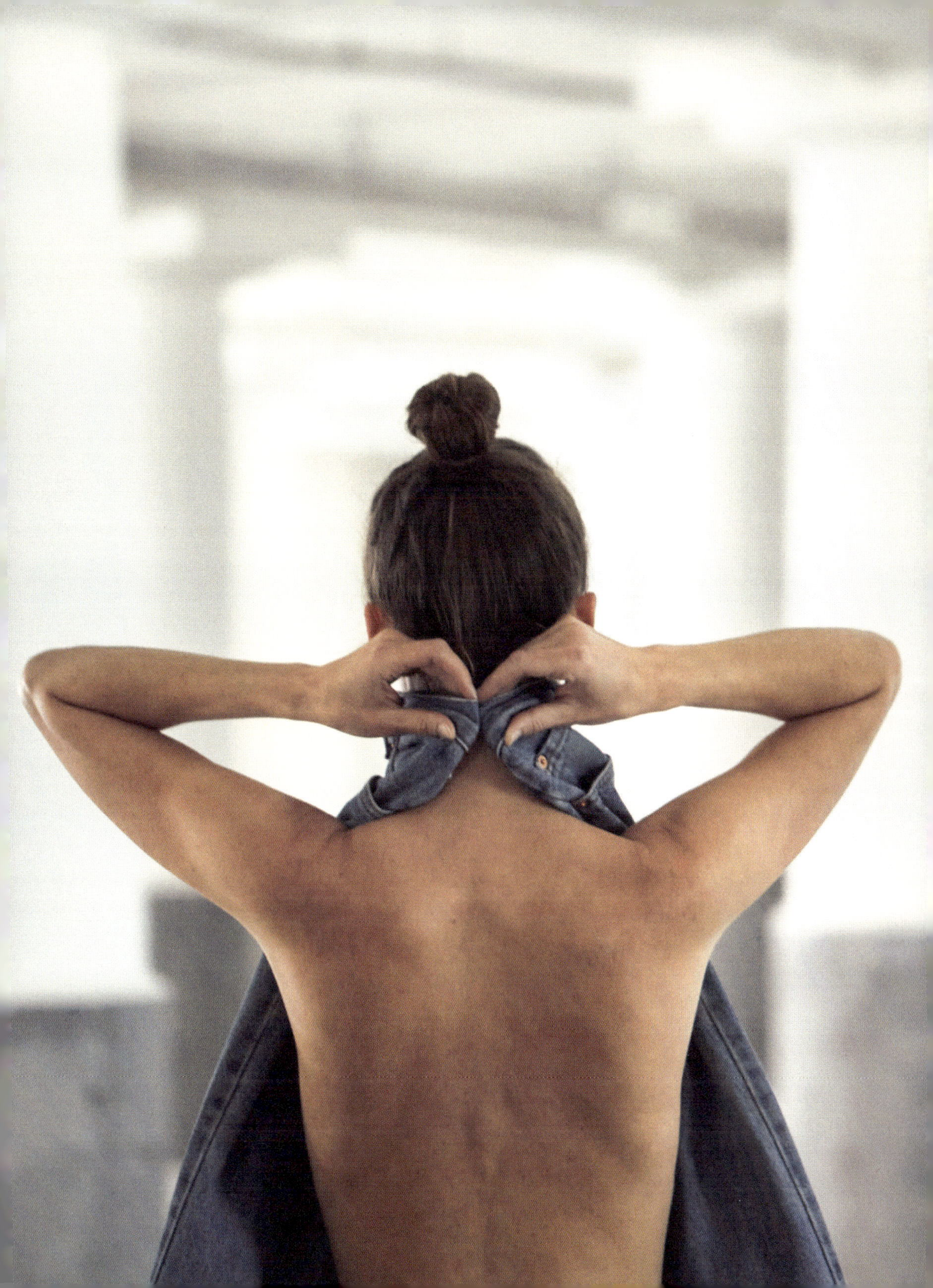

1.67 Hanging Around

Hang from something for as long as possible, then tumble to the ground.

Bas Jan Ader, *Broken Fall (Organic)*, film stills, 1971
Photography: Mary Sue Ader-Andersen

Abhängen

So lange wie möglich an einem Gegenstand hängen, dann abfallen.

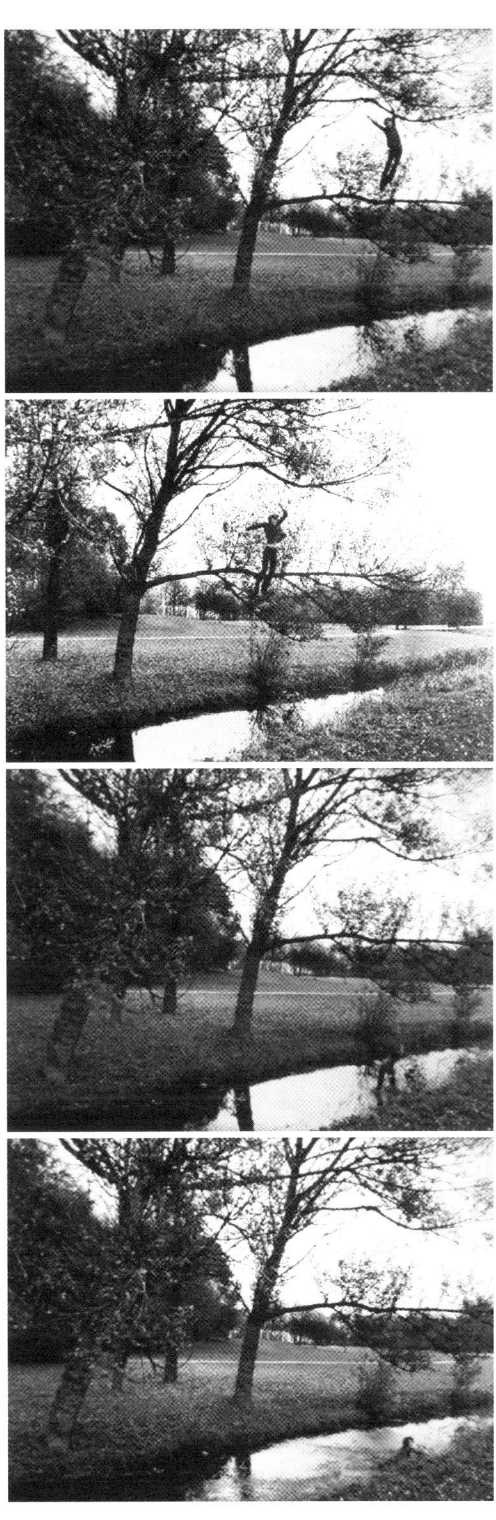

1.68 Midnight Jump

Get into position before midnight.
At midnight jump upward quickly, once,
then resume what you were doing.

Hreinn Friðfinnsson, *Mid-Night Jump*, color photographs, 1975–76
Photography: Pieter Laurens Mol

Mitternachtssprung

Sich vor Mitternacht aufstellen, dann um Mitternacht einmal kurz hochspringen, dann so weitermachen wie vorher.

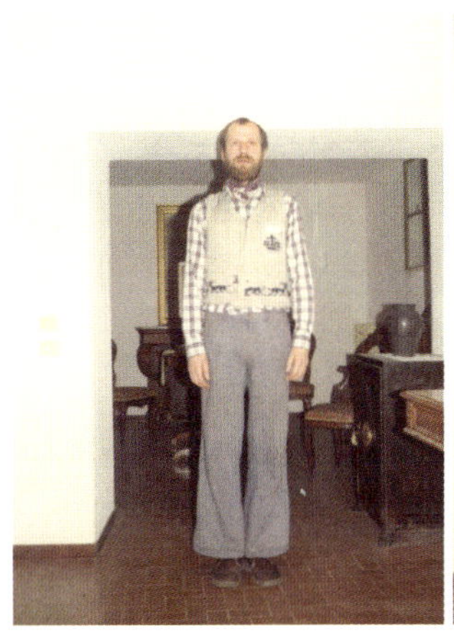
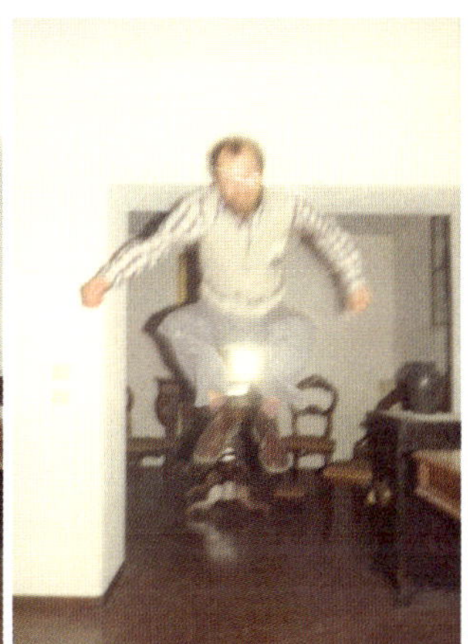
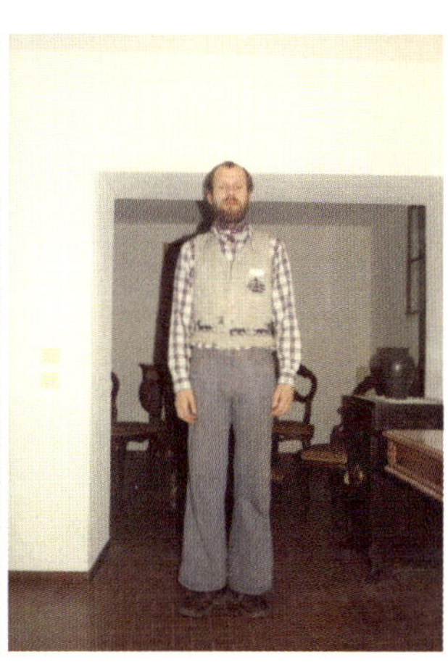

1.69 Hypnagogia

To induce the mentally productive state that prevails shortly before and after falling asleep, hold in one hand an object of your choice that will drop onto the floor as you doze off, waking you up again. Thomas Edison held a steel ball in his hand; Salvador Dalí used a key and a plate. Dalí claimed that the micronap was enough for him to return to his artistic work fully refreshed.

Dalí: "The moment the key drops from your fingers, you may be sure that the noise of its fall on the upside-down plate will awaken you, and you may be equally sure that this fugitive moment when you had barely lost consciousness and during which you cannot be assured of having really slept is totally sufficient, inasmuch as not a second more is needed for your physical and psychic being to be revivified by just the necessary amount of repose."

Salvador Dalí, *Surrealist Artist Salvador Dalí Poses for a Portrait in February 1962 at the St. Regis Hotel in New York City*, unknown photographer

Hypnagogie

Um sich in den geistig produktiven Zustand kurz vor und nach dem Einschlafen zu versetzen, einen beliebigen Gegenstand in der Hand halten, der dann beim Wegnicken auf den Boden fällt, sodass der Schläfer wieder aufwacht. Thomas Edison hielt eine Stahlkugel in der Hand, Salvador Dalí benutzte seinen Schlüsselbund und einen Teller. Dalí behauptete, dass dieser Minimoment ihm an Schlaf genüge, um sich erfrischt wieder seinem künstlerischen Schaffen zuzuwenden.

Dalí: „In dem Moment, wo einem die Schlüssel aus der Hand und geräuschvoll auf den umgedrehten Teller fallen, kann man sich sicher sein, dass man erwacht, und man kann sich genauso sicher sein, dass dieser flüchtige Moment, in dem man gerade das Bewusstsein verloren hat und wo man sich nicht sicher ist, ob man wirklich eingeschlafen war, vollständigt genügt, weil keine Sekunde länger notwendig ist, um das eigene physische und psychische Sein durch diese genau richtige Menge an Ruhe wiederzubeleben."

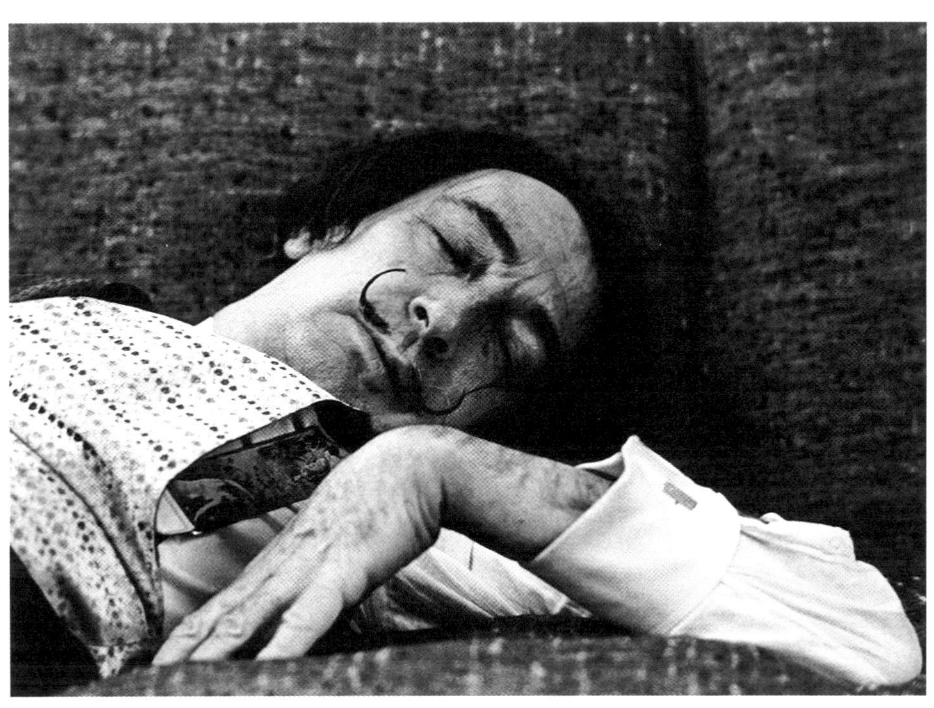

1.70 Chair Game

Take any two easy chairs and try to sit as normally as possible. In one version of this game, you imagine that you have just fallen from heaven (or the sky). Use the chairs or other objects, if desired, to assume a suitable pose.

Photography: Thomas Ruff, *L'Empereur*, 1982

Sessel Spiel

Zwei beliebige Sessel nehmen und versuchen, möglichst normal zu sitzen. Eine Version dieses Spiels besteht darin, sich vorzustellen, man wäre aus dem Himmel heraus abgestürzt. Sich mithilfe von Sesseln oder anderen Objekten in eine entsprechende Position begeben.

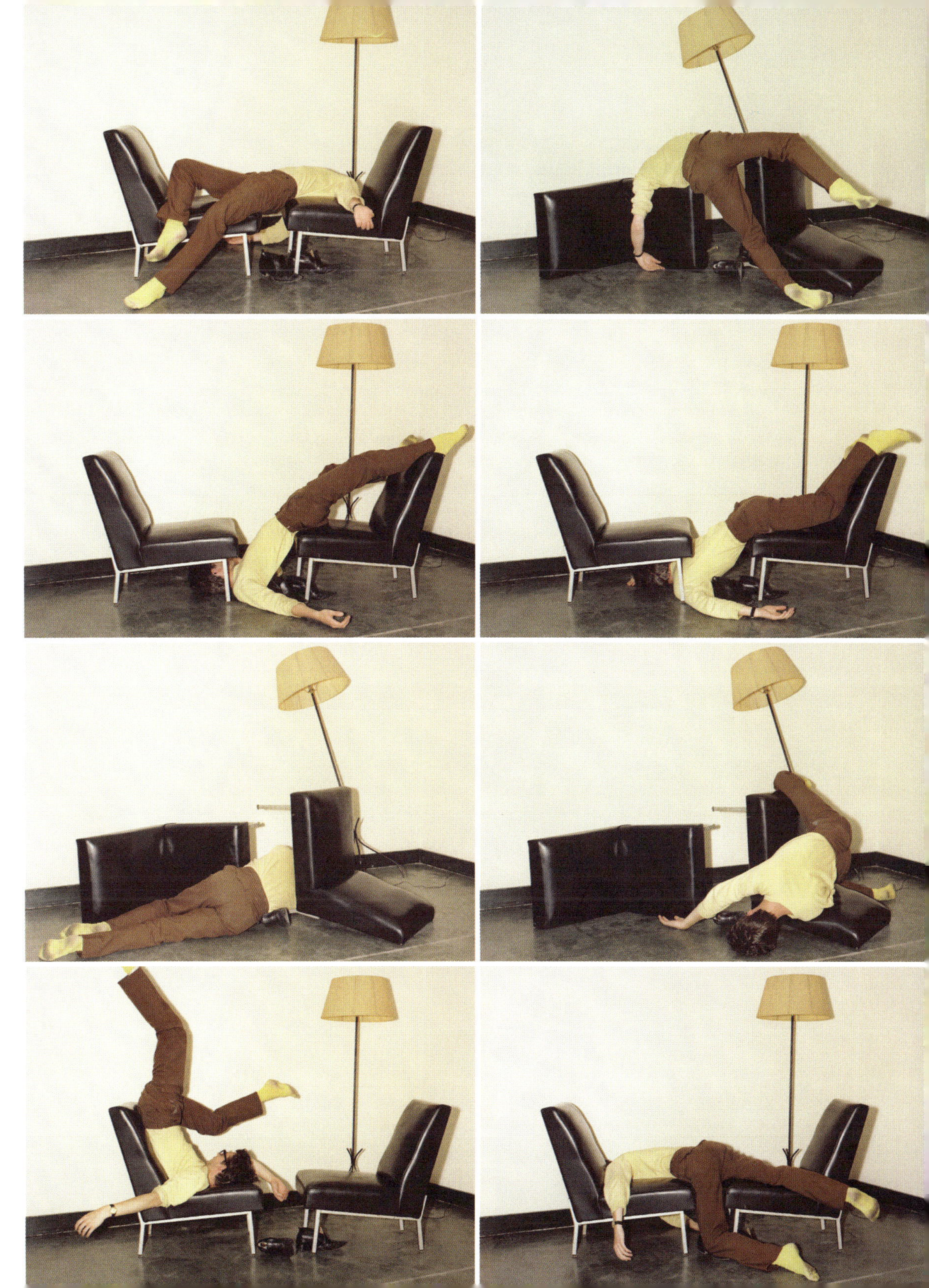

1.71 The Rimbaud Method

The derangement of all the senses, as Arthur Rimbaud puts it in a letter to Georges Izambard, is necessary for him to become a poet. He would reach the unknown by doing so, writes Rimbaud. The suffering this entails is tremendous, but one has to be strong, one has to be born a poet, and he, Rimbaud, has recognized that he is indeed a poet.

How do you derange all your senses to become a poet, given that you have the necessary gifts? This game consists of finding an answer to that question through reflection and in practice.

Arthur Rimbaud, *Autoportrait de Arthur Rimbaud à Charleville*, unknown photographer, 1883

Die Methode Rimbaud

Die Verstörung aller Sinne, so schreibt Arthur Rimbaud in einem Brief an Georges Izambard, sei notwendig, um aus ihm einen Dichter zu machen. Er würde so im Unbekannten ankommen, schreibt Rimbaud. Das damit verbundene Leiden sei enorm, aber stark müsse man sein, als Dichter geboren sein, und er, Rimbaud, habe sich als Dichter erkannt.

Wie verstört nun der Spieler alle Sinne, um ein Dichter zu werden, wenn ihm das Zeug dazu gegeben ist? Das Spiel besteht darin, durch Reflexion und Praxis eine Antwort auf diese Frage zu finden.

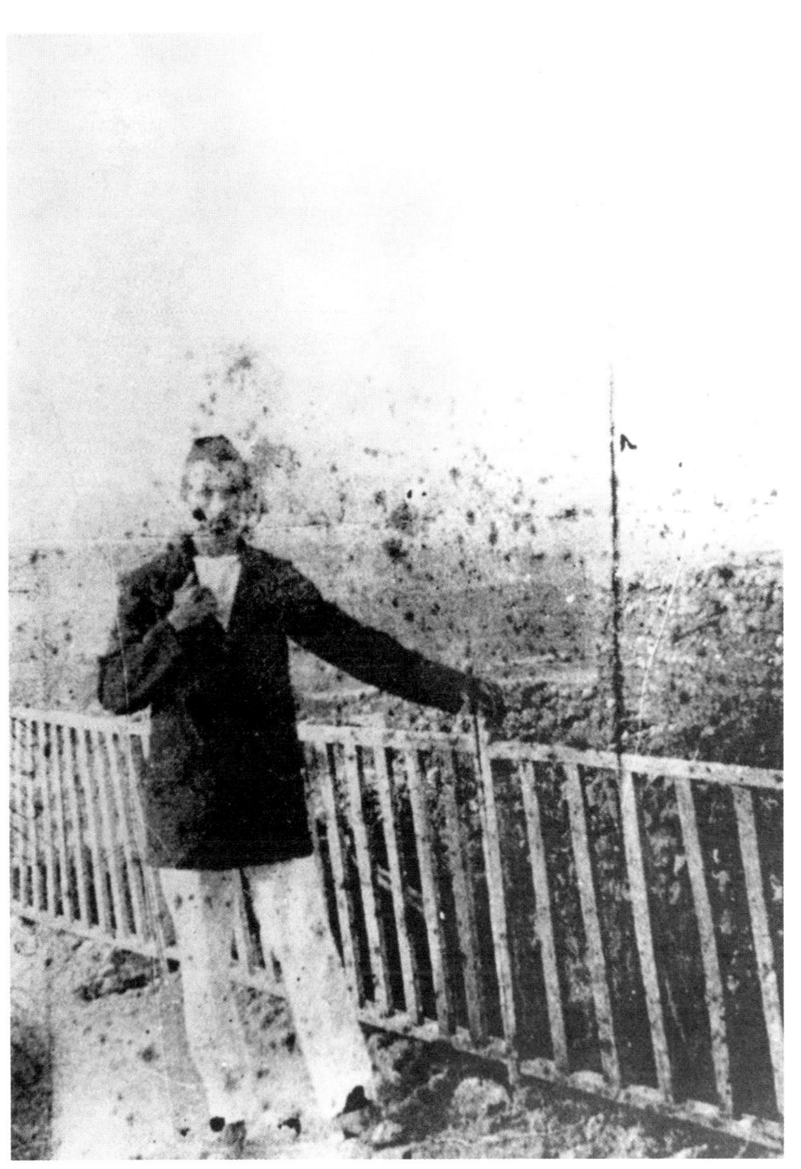

Games for Playing Alone with Others

Spiele, die alleine mit anderen gespielt werden

2.1 Tilling the Field

Invent gossip and pass it on to other people to test their rumor-spreading abilities. Good rumors should find their way back to where they started.

Photography: Basim Magdy, 2021

Das Feld bestellen

Gerüchte erfinden und Multiplikatoren informieren, um ihre Fähigkeit im Weitertragen der Gerüchte zu prüfen. Gute Gerüchte sollten ihren Weg zurück zum Initiator finden.

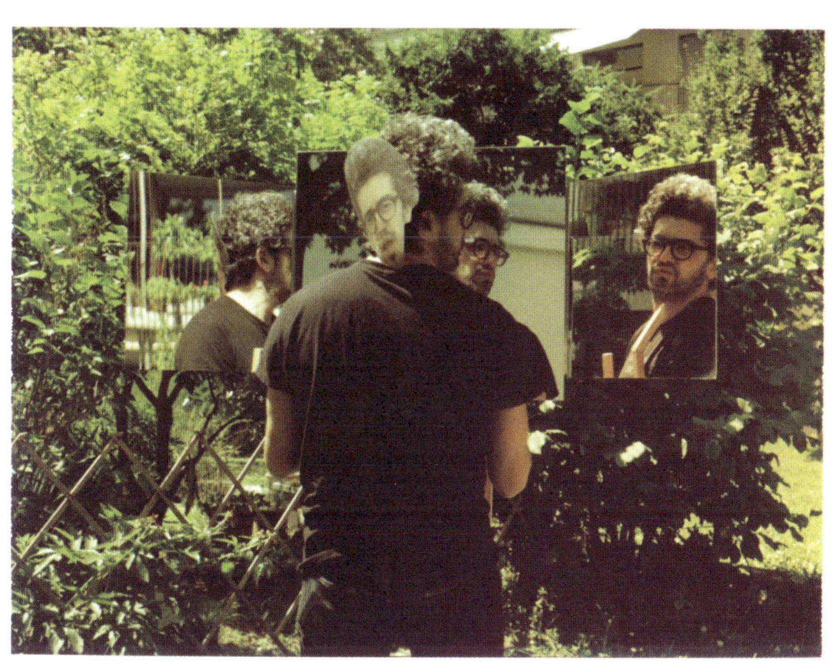

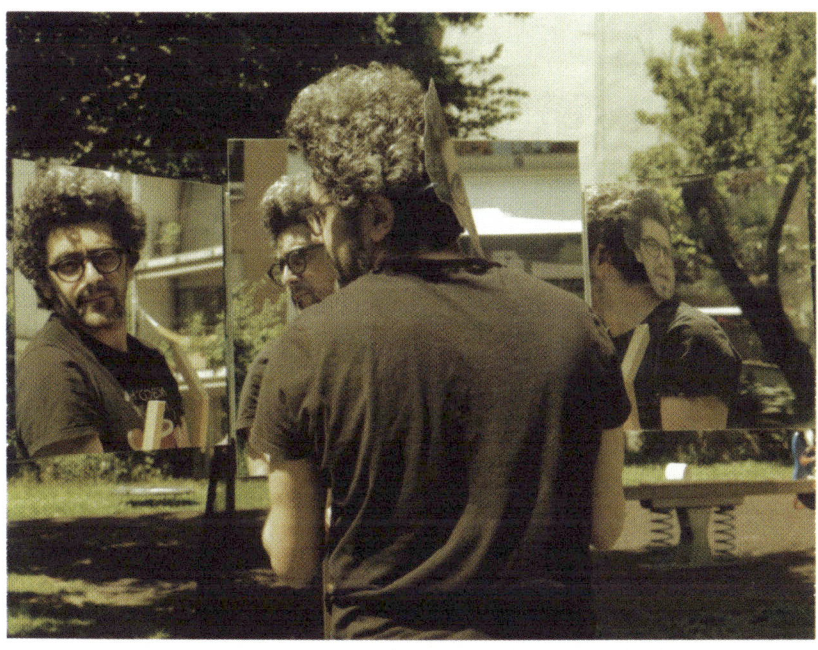

2.2 Universal Acid

Discuss the consequences of creating a chemical that could eat through any material in this world. Of course no vessel could hold that liquid for any length of time. What would you do with it? And aren't there actually certain ideas and theories that work like universal acids—Darwin's theory of evolution, feminism, dataism?

Buster Keaton, *Steamboat Bill, Jr.*, film stills, 1928
Photography: Charles Reisner

Universalsäure

Diskutieren, welche Konsequenzen es hätte, wenn in einem Labor eine Chemikalie hergestellt würde, die sich durch jedes Material der Welt ätzte. Es gäbe demnach kein Gefäß, welches die Flüssigkeit längere Zeit halten könnte. Was macht man damit? Und gibt es auch Gedanken oder Theorien, die wie Universalsäuren wirken, wie die Darwin'sche Evolutionstheorie, Feminismus oder Dataismus?

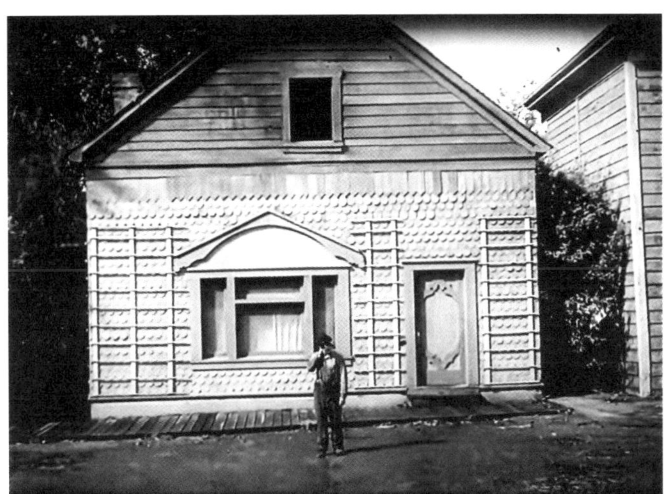
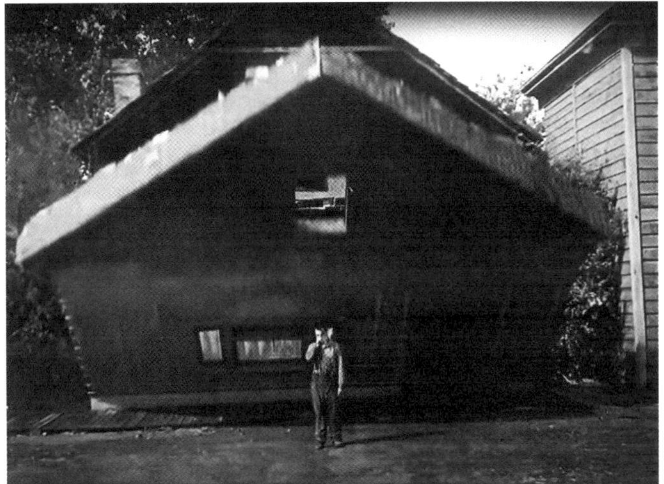
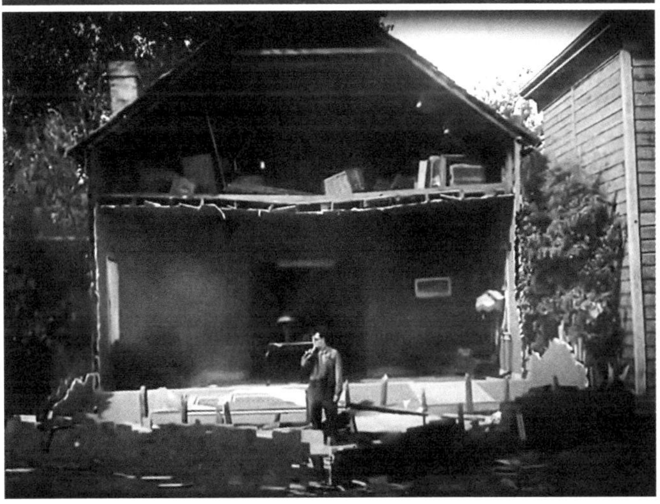

Language is constantly evolving. Innovative forms often arise when new social groups emerge and establish their own norms. In Goethe's day it was chic to pepper your German with French words. Nowadays, it's English words that are increasingly infiltrating German—particularly in connection with electronic data processing. At the same time, other nations are also increasingly using German terms—*Weltanschauung* and *Schadenfreude*, for example.

There is plenty of scope for game-playing here. English speakers especially appreciate new German words that cannot easily be translated. Words of that sort can be introduced into English through frequent use. It can be helpful to make any explanations of those words unnecessarily complicated and mystify anyone asking about them. You can also try to introduce made-up words that sound German but aren't.

There's room for maneuvering in German, too, which has a chronic lack of alternatives for "good" and "bad." Words that more or less convey these meanings are usually only used for a short time before they are replaced with something else. One suggestion for a new word for "good" might be "stereo"—it could be introduced into the language through active use. "Mono" would then stand for the opposite. Introducing words of

Photography: Owen Humphreys, *Lighthouse in Seaham, County Durham*, 2020

Sprache entwickelt sich. Neue Formen entstehen oft dann, wenn sich neue Gruppen abgrenzen und untereinander vereinheitlichen. Zu Zeiten Goethes war es chic, französische Wörter in die deutsche Sprache einfließen zu lassen. Heute finden viele Anglizismen Einzug ins Deutsche. Das gilt besonders für den Bereich der elektronischen Datenverarbeitung. Auf der anderen Seite benutzen Anderssprachige immer mehr deutsche Wörter wie „Weltanschauung" oder „Schadenfreude".

Hier ergibt sich ein weites Spielfeld. Englisch Sprechende sind dankbar für neue deutsche Wörter, die nicht ohne Weiteres übersetzt werden können. Entsprechende Begriffe können durch Benutzung im Englischen eingeführt werden. Es kann hilfreich sein, den Begriff bei Nachfrage umständlicher als nötig zu erklären, um ihn zu mystifizieren. Neben tatsächlich existierenden Begriffen kann auch versucht werden, Kunstwörter zu implementieren, die sich deutsch anhören, es aber nicht sind.

Auch in der deutschen Sprache lässt sich einiges machen. So besteht ein chronischer Mangel an Adjektiven, die für „gut" oder „schlecht" stehen. Entsprechende Wörter, die nahezu das Gleiche bezeichnen, finden meist nur für einige Zeit oder eine Generation Verwendung, bis sie durch ein anderes Adjektiv ersetzt werden. Ein Vorschlag für ein neues „Gut"-Wort wäre „stereo", welches durch Benutzung eingeführt werden kann.

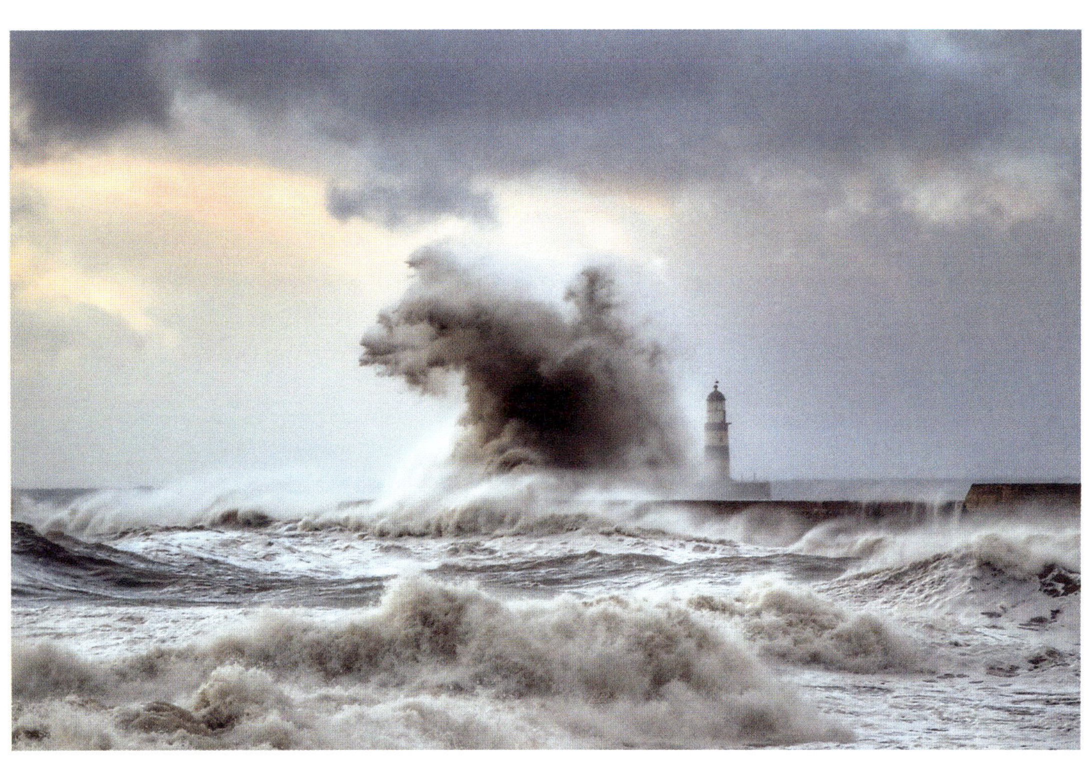

that kind probably works best if they are used in conjunction with other markers that are similarly different from existing forms.

Inventing and using synthetic foreign words is yet another way of exploiting the widespread sense of insecurity people suffer from due to potential gaps in their education. The new word must be used as if it were already well established so that few will dare ask what it means. This can also be played with made-up names, mentioning them as though everyone must already know them.

A friend once heard on the radio that the Association for the German Language was holding a competition to find a word for "not thirsty." We spent days trying to come up with something. Our best ideas were "quick" and "lek." But we never submitted them. Incidentally the competition's jury never managed to agree on a winning entry, so the quest goes on—and not only in German.

There are many other ways of playing with language. For example, taking your cue from the French youth slang *verlan* (or German *Rotwelsch*, Swedish *rövarspråket*, or English "back slang"), you can invent a baffling secret language by saying full sentences, single words, or syllables backward or by lengthening vowels with added inserts. Although it's easier to just repeat the last words you've said, you've said. In *The Visit* (the play by Friedrich Dürrenmatt), the two eunuchs are forever repeating themselves (see 4.10).

„Mono" stünde für das Gegenteil. Die Einführung gelingt wohl am besten, wenn sie in Zusammenhang mit anderen Merkmalen stattfindet, die sich von bereits bestehenden Formen zu unterscheiden suchen.

Das Erfinden und Benutzen von synthetischen Fremdwörtern ist auch eine Variante, um die verbreitete Unsicherheit hinsichtlich möglicher Bildungslücken auszunutzen. Das neue Wort ist so vorzubringen, als wäre es bereits weitgehend etabliert, sodass sich die Frage nach der Bedeutung nahezu verbietet. Kann auch mit erfundenen Namen gespielt werden, die so vorgebracht werden, als ob man sie kennen müsste.

Ein Freund hatte im Radio gehört, dass die Gesellschaft für die deutsche Sprache einen Wettbewerb ausgelobt hatte, um ein Wort für das Gegenteil von „durstig" zu finden. Wir haben über Tage versucht, etwas zu formulieren. Unsere besten Produkte waren „quick" und „lek". Wir haben sie niemals eingereicht. Die Wettbewerbskommission hat sich übrigens auf keinen Vorschlag einigen können, sodass diese Frage weiterhin aussteht, und zwar nicht nur im Deutschen.

Es gibt noch viele weitere Möglichkeiten, mit der Sprache zu spielen. So kann in Anlehnung an die französische Jugendsprache Verlan (oder an das deutsche Rotwelsch, die deutsche Löffelsprache, die schwedische Sprache Rövarspråket) auch eine schwer verständliche Geheimsprache geübt werden, indem

There are myriad question-and-answer games in which certain words are prohibited. And there are games where the person who answers has to keep doing something specific or say a certain word and use it in his replies. For example, the questioner asks a series of questions that must all be answered with the word "white." Then he says, "What does a cow drink?" Most people will automatically say "milk," because the questioner has given the impression of setting a trap—only the real trap was the impression that was given.

ganze Sätze, einzelne Wörter, Silben oder Vokale falsch herum gesprochen beziehungsweise durch Einsätze verlängert werden. Einfacher ist die Verdoppelung der zuletzt gesagten Wörter, gesagten Wörter: In dem Stück *Der Besuch der Alten Dame* (von Friedrich Dürrenmatt) wiederholen die beiden Eunuchen ihre Äußerungen kontinuierlich (siehe 4.10).

Mannigfaltig sind die Frage-und-Antwort-Spiele, bei denen bestimmte Wörter nicht benutzt werden dürfen. Bei anderen Sprachspielen muss die Antwortende kontinuierlich etwas Bestimmtes tun oder ein bestimmtes Wort sagen und in die Antworten einschieben. Es werden beispielsweise Fragen gestellt, die alle mit „weiß" zu beantworten sind. Dann fragt man: „Was trinkt die Kuh?", worauf fast immer „Milch" geantwortet wird, weil der Fragende den Eindruck vermittelt hat, eine Falle gestellt zu haben. Die eigentliche Falle ist allerdings die, dass ebendieser Eindruck vermittelt wurde.

2.4 But That's Dangerous!

Midconversation, interject "But that's dangerous!" or other stock phrases as frequently as possible. Steer the conversation so that you can repeat these same words time and again without seeming too odd, childish, or paranoid.

Another example: Exclaiming "I thought you'd say that!" completely puts other people off their game.

Photography: Nan Goldin, *Joey as Marilyn, St. Moritz Hotel, NYC,* 2006

Das ist aber gefährlich

Im Gespräch so oft wie möglich „das ist aber gefährlich" oder andere Stereotypien äußern. Gespräch so führen, dass der Satz häufig gesagt werden kann, ohne allzu seltsam, kindisch oder überängstlich zu wirken.

Ein weiteres Beispiel: Das Ausrufen von „Ich dachte mir, du würdest das sagen!" bringt die Leute völlig aus dem Konzept.

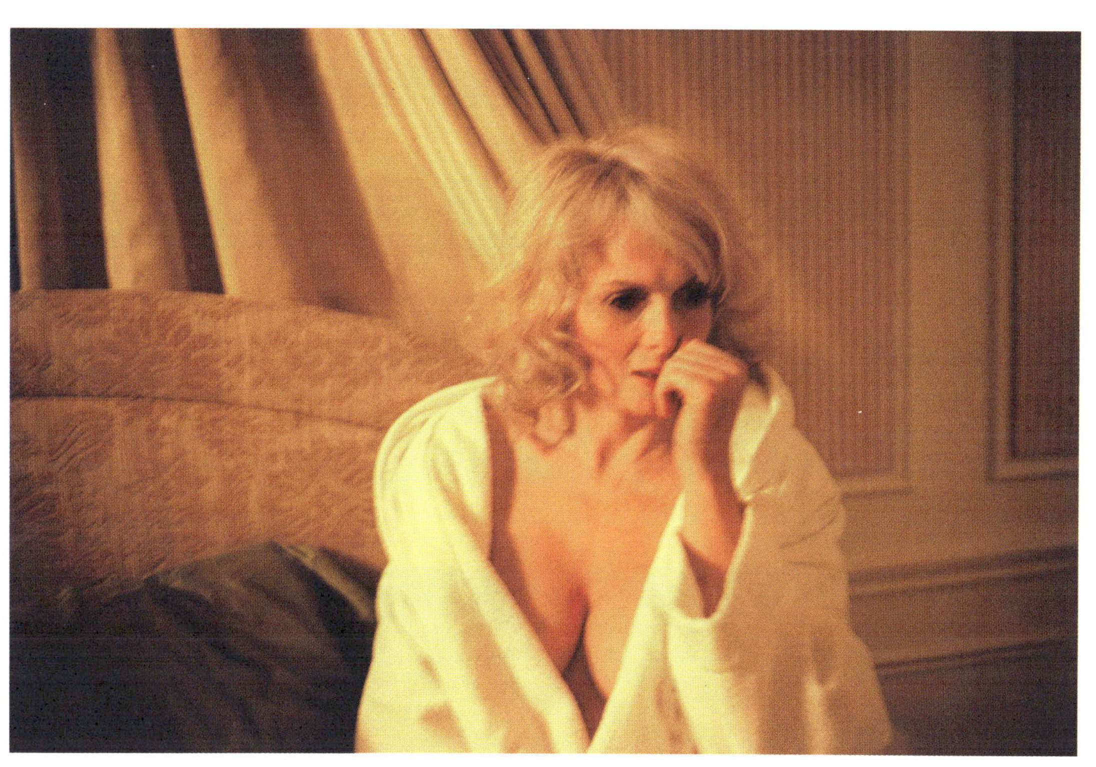

2.5 You're Odd

On meeting an acquaintance, say, after a few niceties, "You're odd today."

> Acquaintance: "In what way am I odd?"

> You: "I don't know; there's just something odd about you today."

Some people will then begin to behave oddly. Or they will think you are odd.

Alternatively you can play You Smell Odd.

Photography: Anders Edström, *69.94.11*, 1994

Du bist komisch

Wenn man eine Bekannte trifft, nach ein paar Sätzen sagen: „Du bist komisch heute."

> Bekannte: „Wieso bin ich denn komisch?"

> Spieler: „Ich weiß auch nicht, irgendwie bist du heute komisch."

Einige Personen werden dann komisch. Oder der Spieler selbst wird für komisch gehalten.

Eine Variante ist Du riechst komisch, was gleichermaßen gespielt wird.

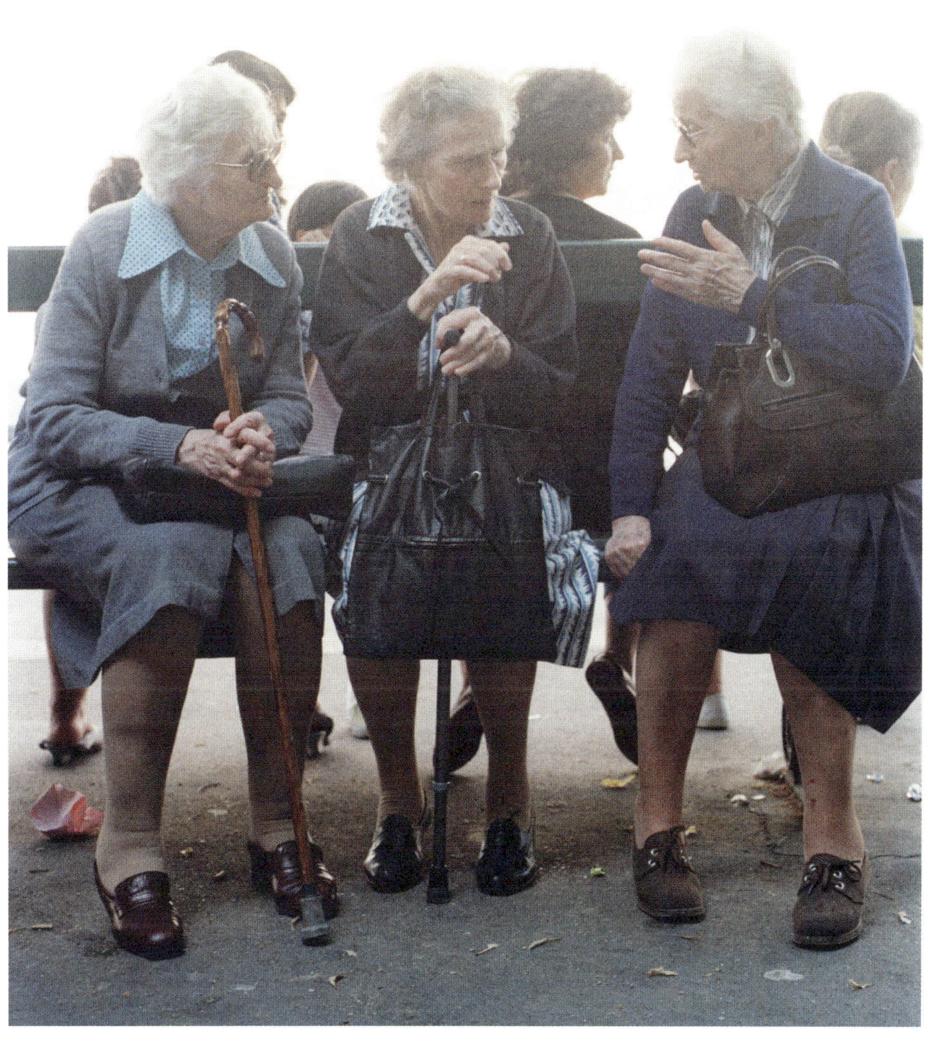

2.6 The Golden Gaze

Strike up an intense conversation with someone, only—either from the start or after some time—don't look directly into her eyes. Instead look at an imaginary mark near her eyes (for example, on her left temple). It's important to make your interlocutor unsure whether you are looking into her eyes or not. This takes some concentration because she will continue to look into your eyes and move her head.

Der goldene Blick

Gesprächspartner in intensive Diskussion verwickeln, dabei von vornherein oder erst nach einiger Zeit nicht in die Augen des Gegenübers schauen, sondern auf einen imaginären Fleck ganz in der Nähe, wie etwa im Bereich der linken Schläfe. Es ist wichtig, sein Gegenüber im Unklaren zu lassen, ob man ihm in die Augen schaut oder nicht. Bedarf einiger Konzentration, weil einem der andere weiterhin in die Augen schaut und den Kopf bewegt.

Photography: John Scarisbrick, 2022 (opposite)
Photography: Carsten Höller, 1995–2018 (row 1, 2, and 3 left and center); Julia Margaret Cameron, 1887 (row 3 right); photographer and year unknown (row 2 right)

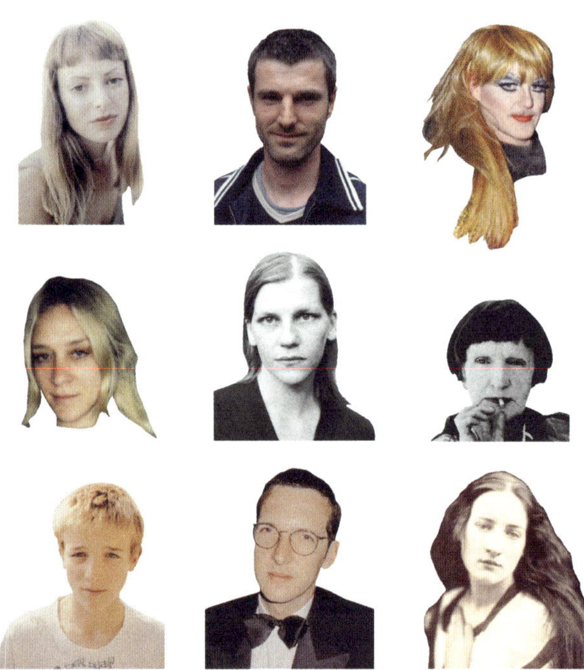

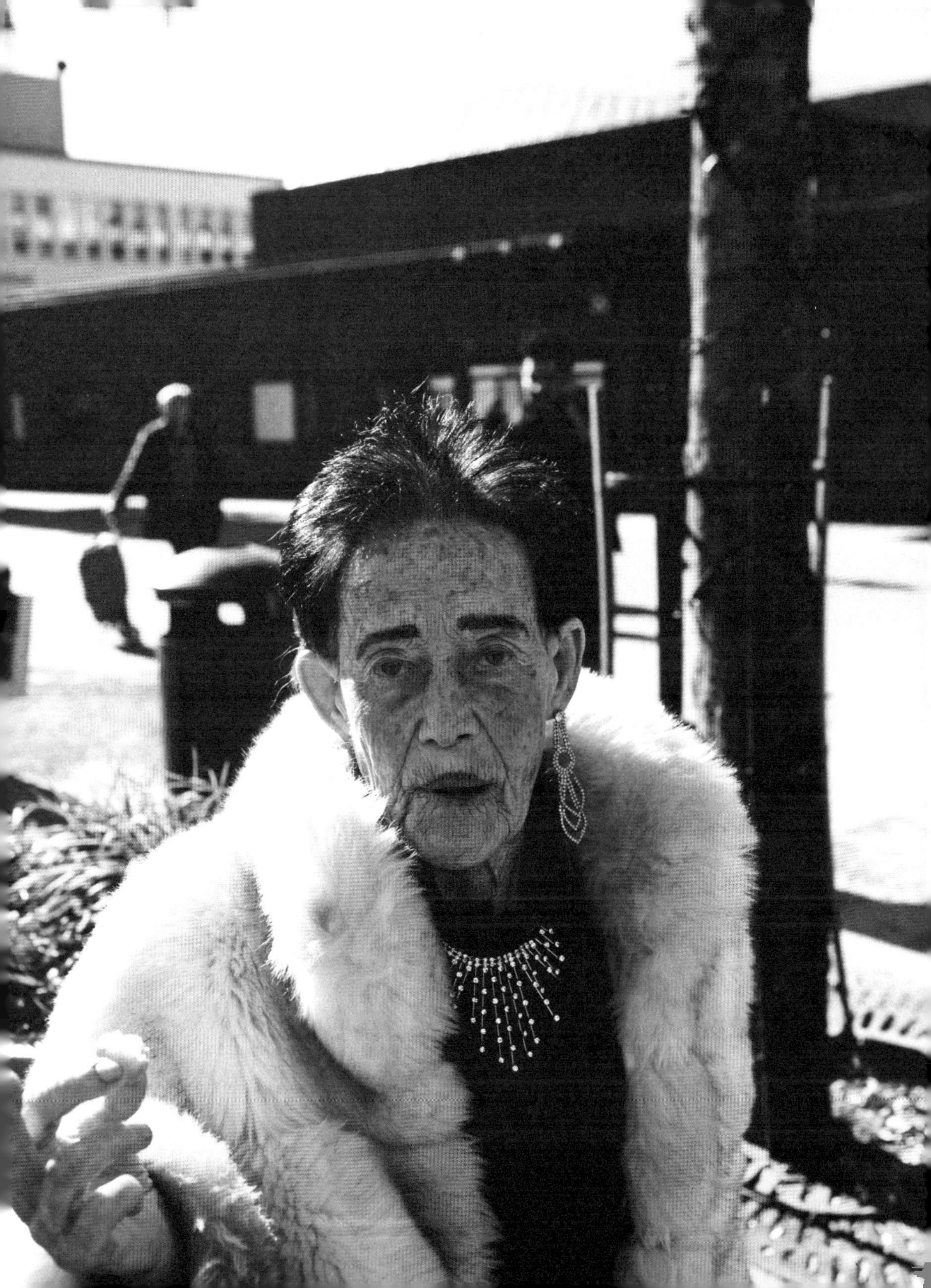

2.7 The Electric Gaze

As you engage in conversation with someone, rapidly look first into one of their eyes and then the other—ideally, faster and faster or altering the speed according to the intensity of the dialogue. Only move your eyes, not your head.

Photography: Nina Beier, 2022

Der elektrische Blick

In schnellem Rhythmus zwischen beiden Augen des Gesprächspartners hin- und herblicken, am besten immer schneller werdend oder als Modulation in Abhängigkeit der Intensität des Dialogs. Nur die Augen bewegen, nicht den Kopf.

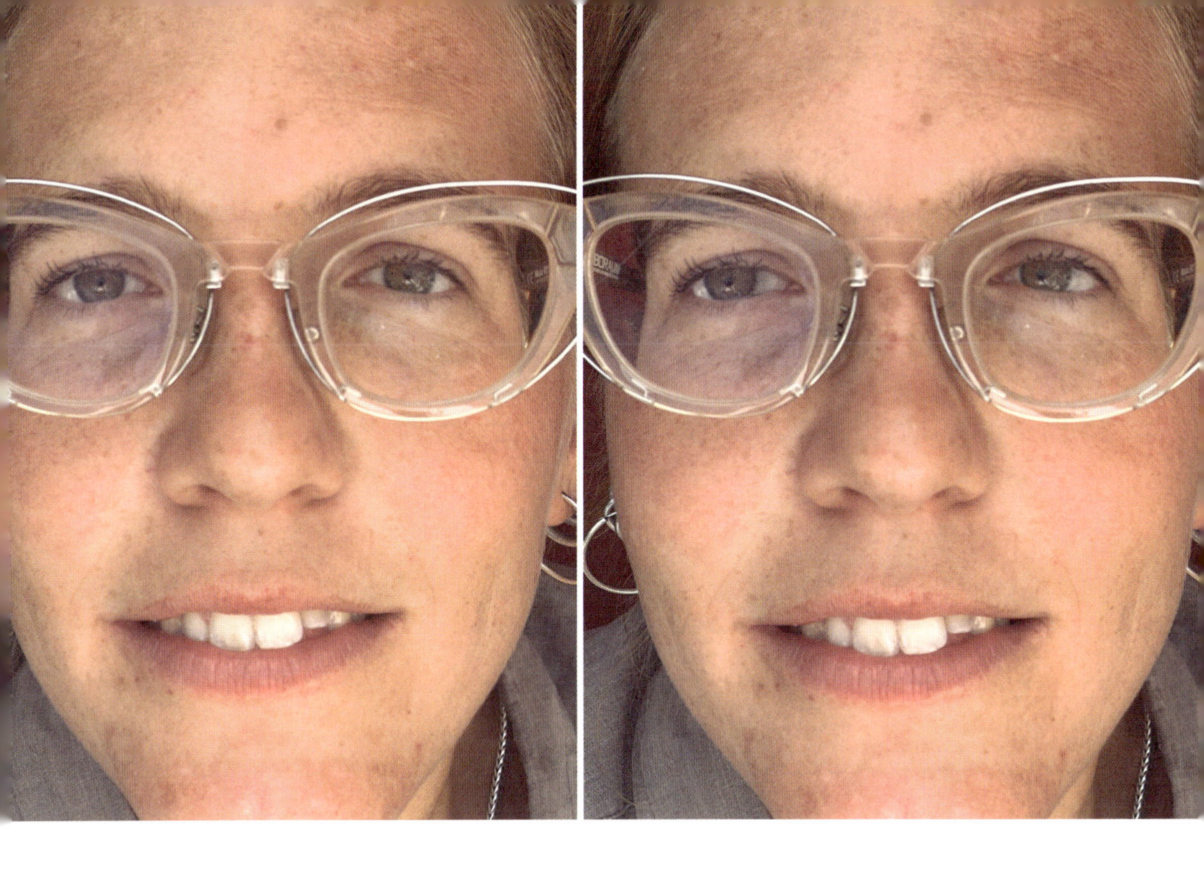

2.8 The Platinum Gaze

In conversation look at the other person's mouth, breasts, stomach, or pubic area; completely avoid their eyes. This can be done in a triangular or polygonal pattern, shifting between different parts of the body (only move your eyes).

Photography: Jean Pigozzi, *Mick Jagger and Jerry Hall Backstage at Saturday Night Live,* 1978

Der Platinblick

Auf Mund, Busen, Bauch oder Geschlecht der Gesprächspartners blicken, Augen des anderen vollständig vermeiden. Kann als Dreiecks- oder Mehreckskonstellation angelegt werden zwischen verschiedenen Körperteilen (nur die Augen bewegen).

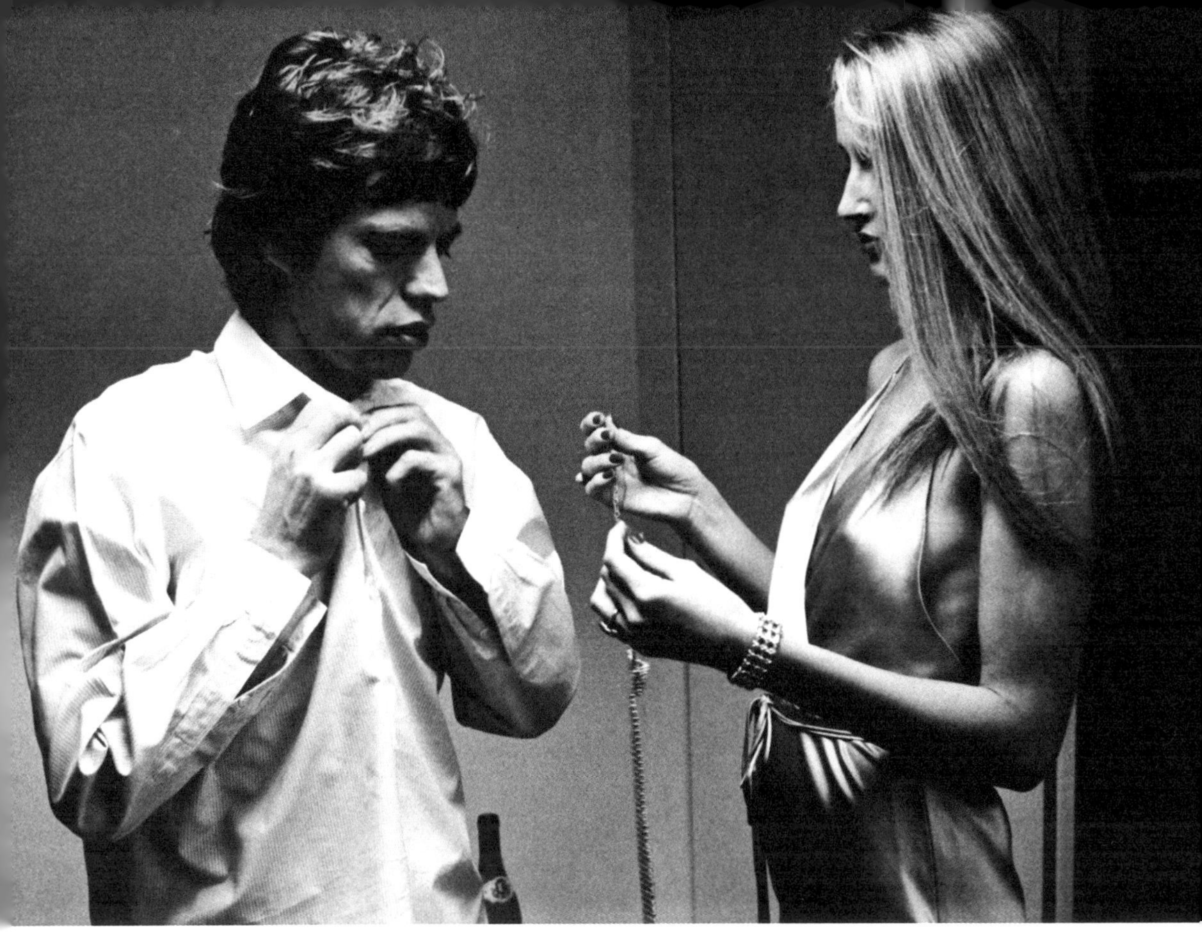

2.9 Mirroring

When a complete stranger asks you for the time or, as it sometimes happens, tries to strike up a friendly conversation, begin to exactly copy their words, tone of voice, and movements. The stranger should feel as if she has a split personality, as if she is looking into a mirror at a reflection of someone else.

"Pacing" is a technique used in neurolinguistic programming (NLP) to exert influence over other people: The interlocutor's posture, their speech (pitch, speed, volume, pauses), their topics of conversation, their facial expression, and, above all, the depth and speed of their breathing are all mirrored. The aim is to increase your own influence to the point that any change in your behavior is automatically imitated by the other person, who is now in thrall to you.

Photography: Rineke Dijkstra, 2020

Spiegeln

Eine wildfremde Person, die einen nach der Uhrzeit oder dem Weg fragt oder, wie es manchmal der Fall ist, freundlich ein Gespräch anzufangen versucht, in Wortlaut, Tonfall und Bewegung genau imitieren. Die Person soll sich wie in ihrer Persönlichkeit gespalten fühlen. So als stünde sie vor einem Spiegel, der einen anderen abbildet.

Eine Methode der neurolinguistischen Programmierung, auf Menschenlenkung zwecks Einflussnahme ausgerichtet, ist das sogenannte Pacing. Dabei wird das Gegenüber im Gespräch subtil in Körperhaltung, Sprache (Tonlage, Geschwindigkeit, Lautstärke, Pausen), sprachlichem Inhalt, Gesichtsausdruck, Gesten und vor allem Atemtiefe und -geschwindigkeit gespiegelt. Ziel dieser Methode ist es, die Einflussnahme so intensiv zu gestalten, dass bei dann folgender Veränderung des eigenen Verhaltens das Gegenüber dieser Veränderung folgt und somit beeinflussbar wird.

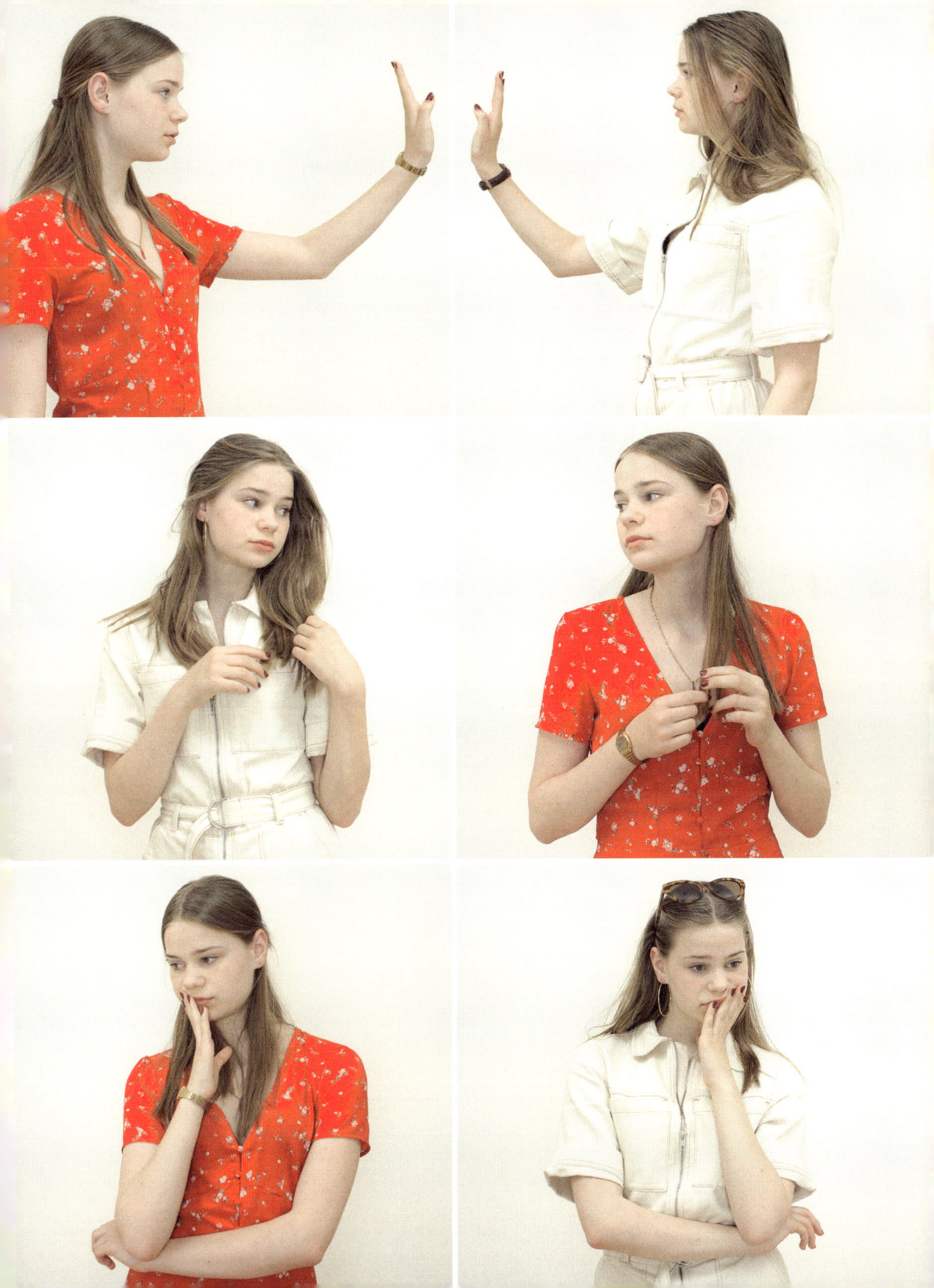

2.10 Anchoring

Another NLP technique: At a precisely determined—preferably intense and emotional—moment in a conversation, physically touch the "paced" interlocutor in a certain way. Later on the same kind of touch is enough to trigger that earlier emotional state. "Anchoring is based on the fundamental assumption that all experiences are stored as bodies of sensory information, and every time one aspect of that information recurs, all the other aspects of that experience are aroused. Therefore, any one component of a sensory experience can be used as an anchor to trigger other components." (from *Human Management, die Kunst das Richtige zu wählen*, NLP Seminar, Bonn, 1996)

Photography: Baldo Hauser, 2023

Ankern

Eine weitere Methode der neurolinguistischen Programmierung: Der gespiegelte Gesprächspartner wird in einem von vornherein intendierten, möglichst intensiven emotionalen Moment der Unterhaltung auf eine bestimmte Art berührt; zu einem späteren Zeitpunkt kann dann eine solche Berührung allein den entsprechenden emotionalen Zustand auslösen. „Ankern beruht auf der Grundannahme, dass alle Erfahrungen als sensorische Informationsgestalten gespeichert sind, und jedes Mal, wenn ein Teil dieser Gestalt wieder auftritt, werden andere Teile dieser sensorischen Gestalt wachgerufen. Also kann jeder Bestandteil einer sensorischen Erfahrung als Anker benutzt werden, um andere Teile auszulösen." (Aus *Human Management, die Kunst das Richtige zu wählen*, NLP-Seminar, Bonn, 1996)

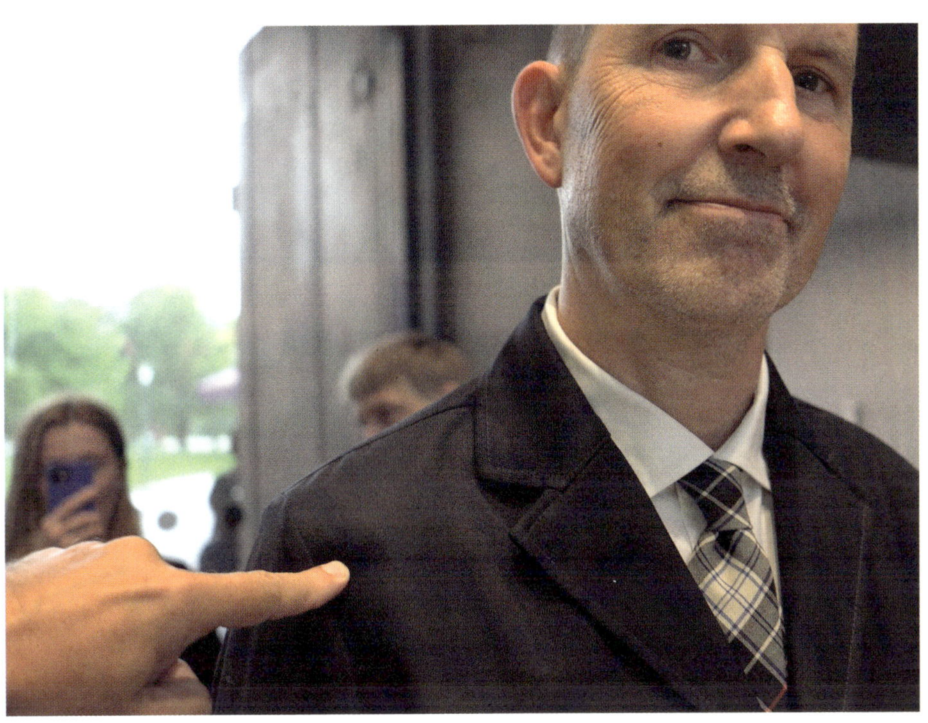

2.11 The Most Childish Game Ever

When you're a passenger in a car, shout "Bang!" whenever the driver reverses or pulls into a parking space. Invariably startling, time after time—even if it's the same driver.

Das kindischste Spiel aller Zeiten

Laut „Peng" rufen, wenn man bei jemandem im Auto sitzt und der Fahrer rückwärtsfährt oder einparkt. Erschrickt immer, auch derselbe Fahrer mehrmals hintereinander.

Photography: Elisabeth Toll, 2022

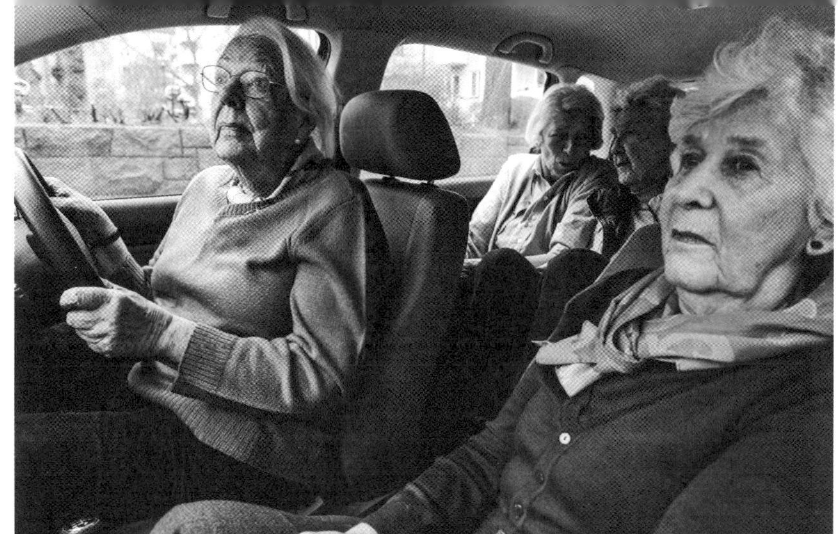

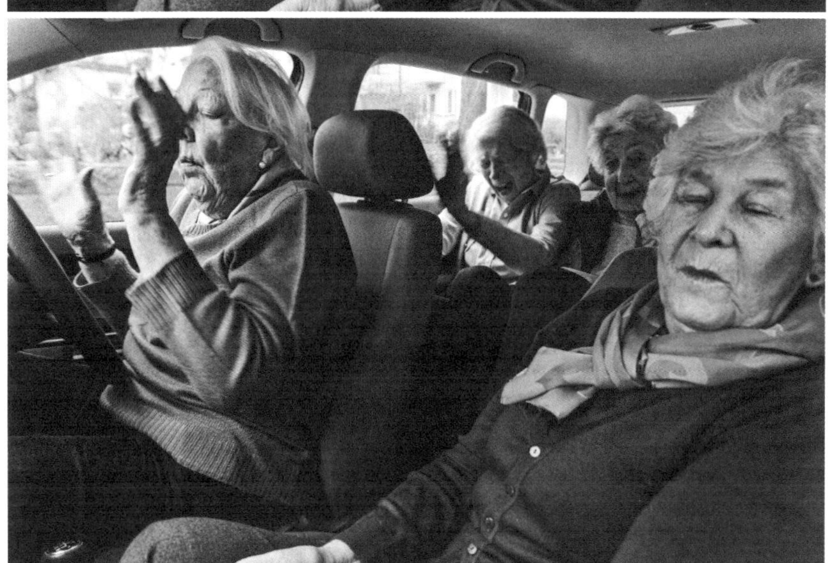

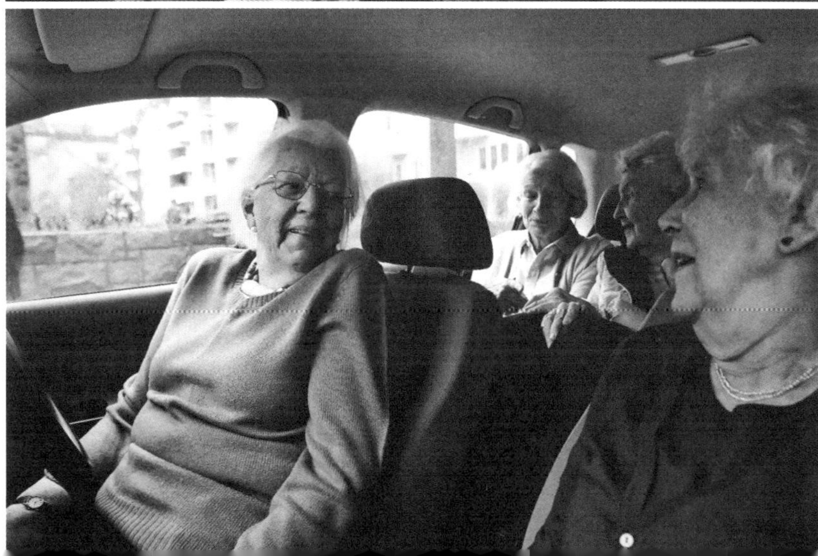

2.12 Infection

Yawn so ostentatiously at others that they have to yawn too.

Photography: Carsten Höller, *Yawning Frank*, 1995

Infektion

Andere derart ostentativ angähnen, dass diese ebenfalls gähnen müssen.

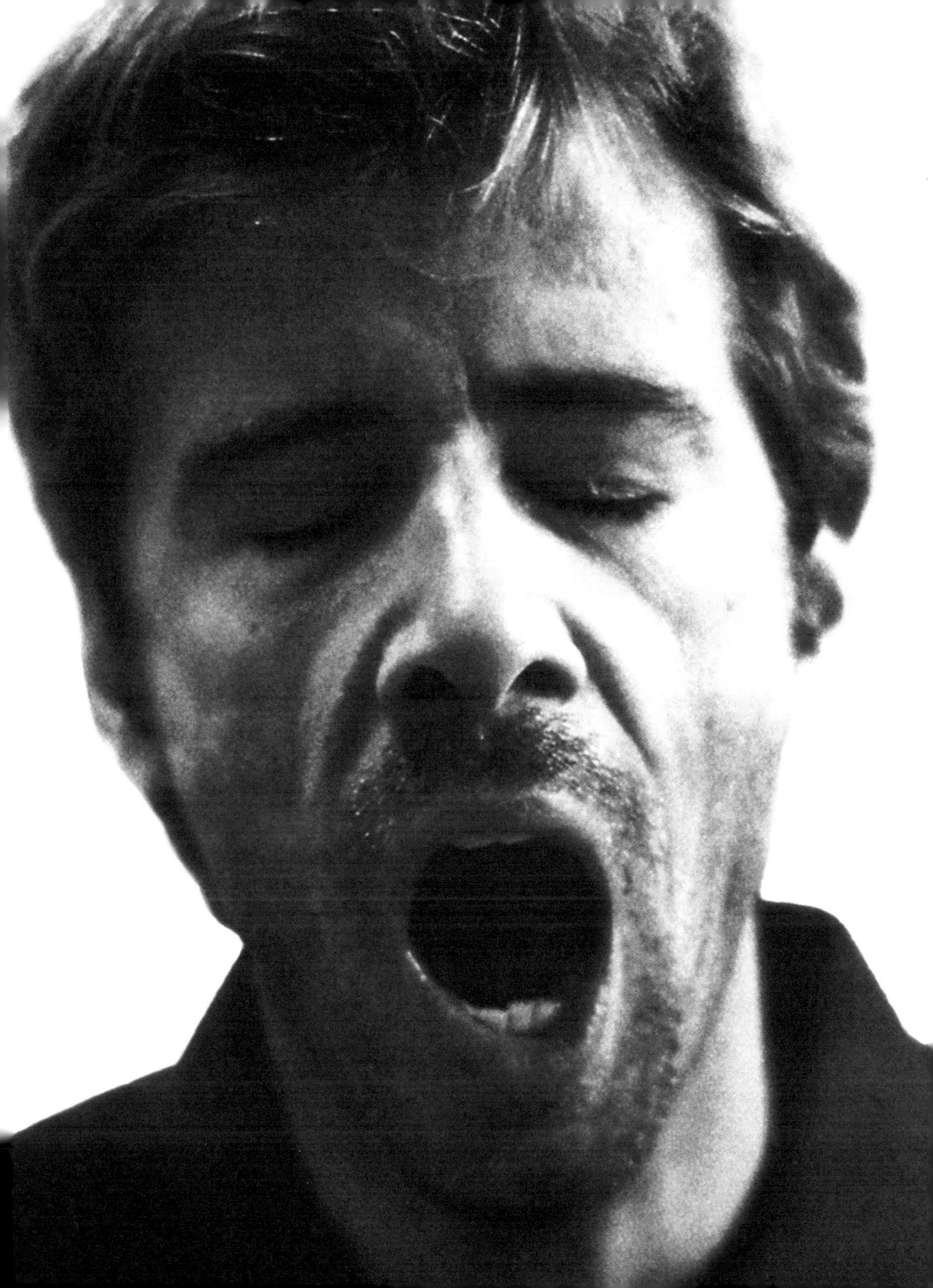

2.13 Monsieur

When everyone is laughing, abruptly stop laughing and assume a blank expression. Turn your head away and avert your gaze.

Photography: Julia Peirone, *Laugh to Stop 1–3*, 2022

Monsieur

Mitten im gemeinsamen Gelächter das eigene Lachen abrupt unterbinden und eine ausdruckslose Miene aufsetzen. Den Kopf wenden und wegschauen.

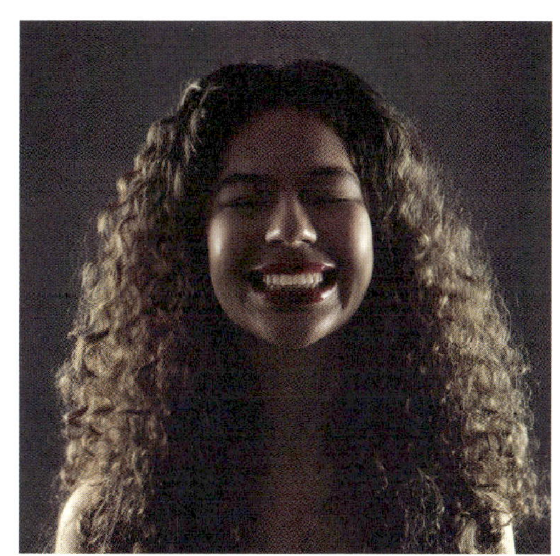
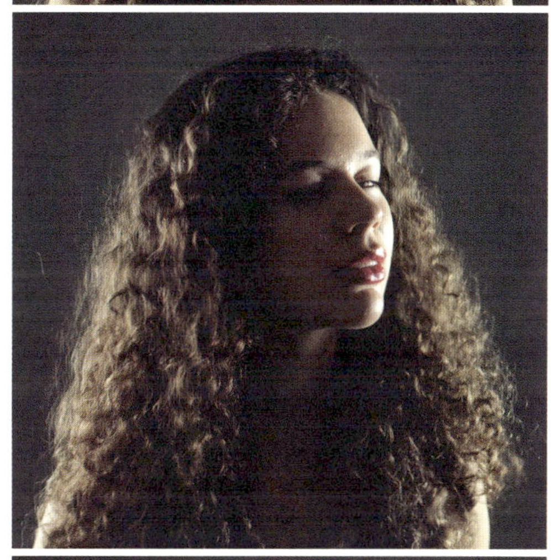
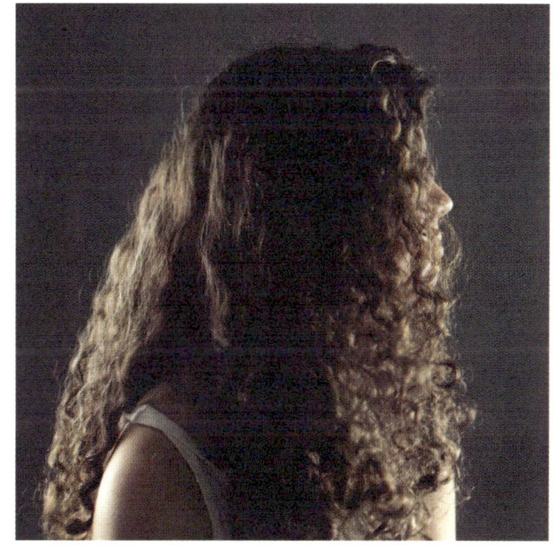

2.14 Madame

When a stranger looks you in the eye, wink at her. Wink so often that it might be either an intentional act or a nervous tic. Inconspicuously watch the stranger until she looks your way once more. Wink again.

Photography: Rosemarie Trockel, *Peregrina*, 2022

Madame

Fremder Person, die einem gerade in die Augen schaut, zuzwinkern. Zwinkern so ausführen, dass es sich dabei sowohl um eine intendierte Handlung als auch um einen nervösen Reflex handeln kann. Person unauffällig im Auge behalten und warten, bis sie wieder herschaut. Nochmals zuzwinkern.

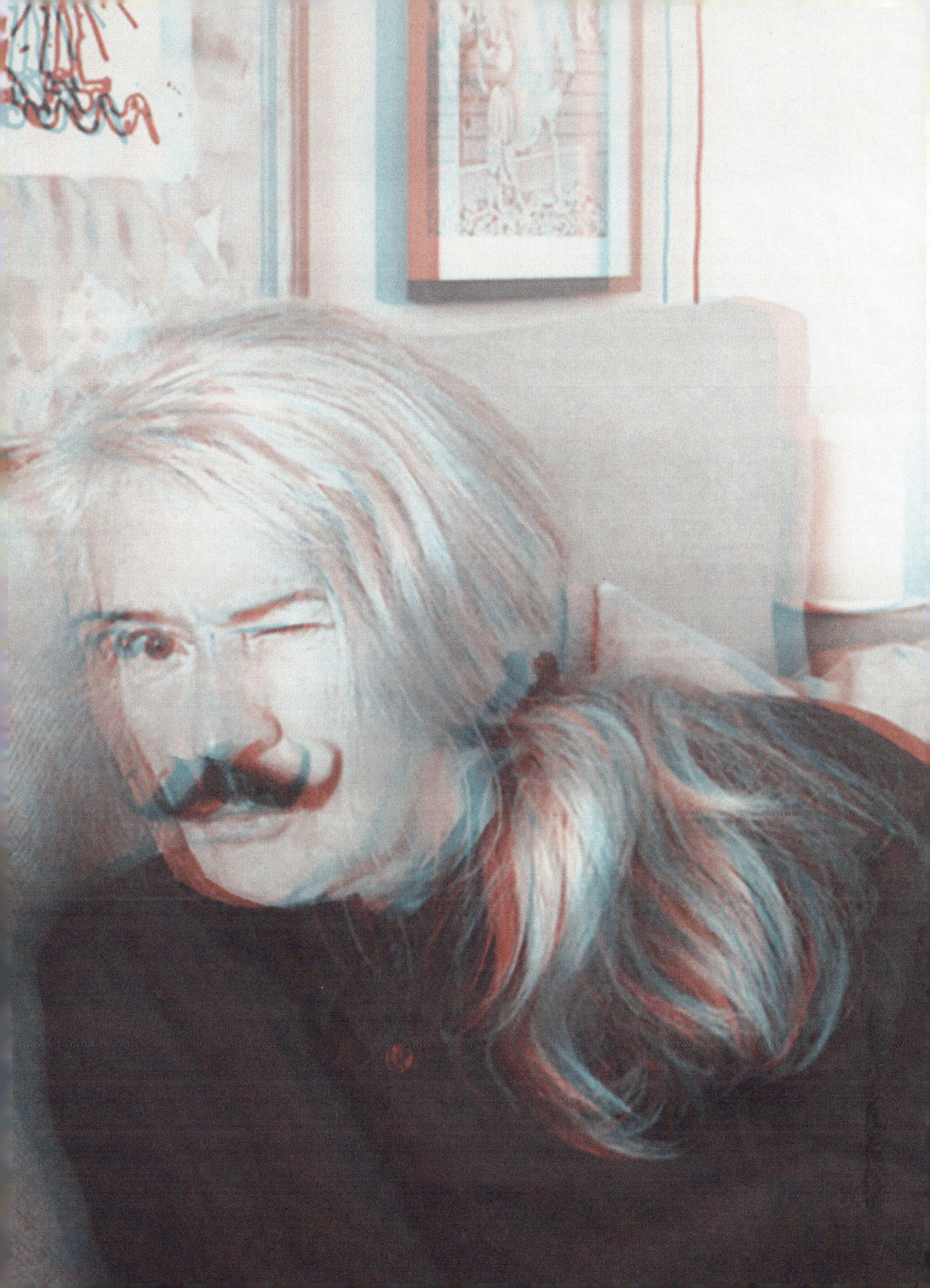

2.15 Hypnosis

"Take any bright object (I generally use my lancet case) between the thumb and fore and middle fingers of the left hand; hold it from about eight to fifteen inches from the eyes, at such a position above the forehead as may be necessary to produce the greatest possible strain upon the eyes and eyelids, and enable the patient to maintain a steady fixed stare at the object. The patient must be made to understand that he is to keep the eyes steadily fixed on the object, and the mind riveted on the idea of that one object. It will be observed, that owing to the consensual adjustment of the eyes, the pupils will be at first contracted: they will shortly begin to dilate, and after they have done so to a considerable extent, and have assumed a wavy motion, if the fore and middle fingers of the right hand, extended and a little separated, are carried from the object toward the eyes, most probably the eyelids will close involuntarily, with a vibratory motion." (Description of hypnosis by its inventor, English surgeon James Braid, *Neurypnology; or The Rationale of Nervous Sleep, Considered in Relation with Animal Magnetism*, 1843)

Braid continues: "in this condition ('nervous sleep') we have the power of directing or concentrating nervous energy, raising or depressing it in a remarkable degree, at will, locally or generally … we have the power of exciting or depressing the force and

Photography: Carsten Höller, 1996

Hypnose

„Nehmen Sie ein glänzendes Objekt (ich benutze im Allgemeinen das Etui, in dem ich meine chirurgischen Pinzetten aufbewahre) zwischen Daumen, Zeige- und Mittelfinger der linken Hand, und halten Sie es in die Nähe der Stirn des Patienten, in einer Distanz von 25 bis 45 cm zu den Augen, um eine maximale Ermüdung der Augenmuskeln und der Lider bei der Fixierung zu erreichen. Der Patient muss seinen Blick immer auf das Objekt fixiert halten und auch seine Gedanken ausschließlich auf den Akt der Fixierung konzentrieren. Die erste Beobachtung, die man macht, ist ein Zusammenziehen der Pupillen als Reaktion auf die Anstrengung, die Augen zu kontrollieren; kurz darauf beginnen sich die Pupillen zu weiten; wenn sie stark geweitet sind und sich oszillatorisch bewegen und man daraufhin die ausgestreckten und leicht voneinander abgespreizten Zeige- und Mittelfinger der rechten Hand vom Objekt in Richtung der Augen des Patienten bewegt, geschieht es häufig, dass sich die Augenlider von selbst in einer zitternden Bewegung schließen." (Beschreibung der Hypnoseinduktion von ihrem Erfinder, dem englischen Chirurgen James Braid, aus dem Jahr 1843)

Braid schreibt weiter: „In diesem Zustand (den er ‚nervösen Schlaf' nannte) haben wir die Möglichkeit, nervöse Energien zu dirigieren und zu kontrollieren und sie willentlich in einem erheblichen Maße zu steigern oder

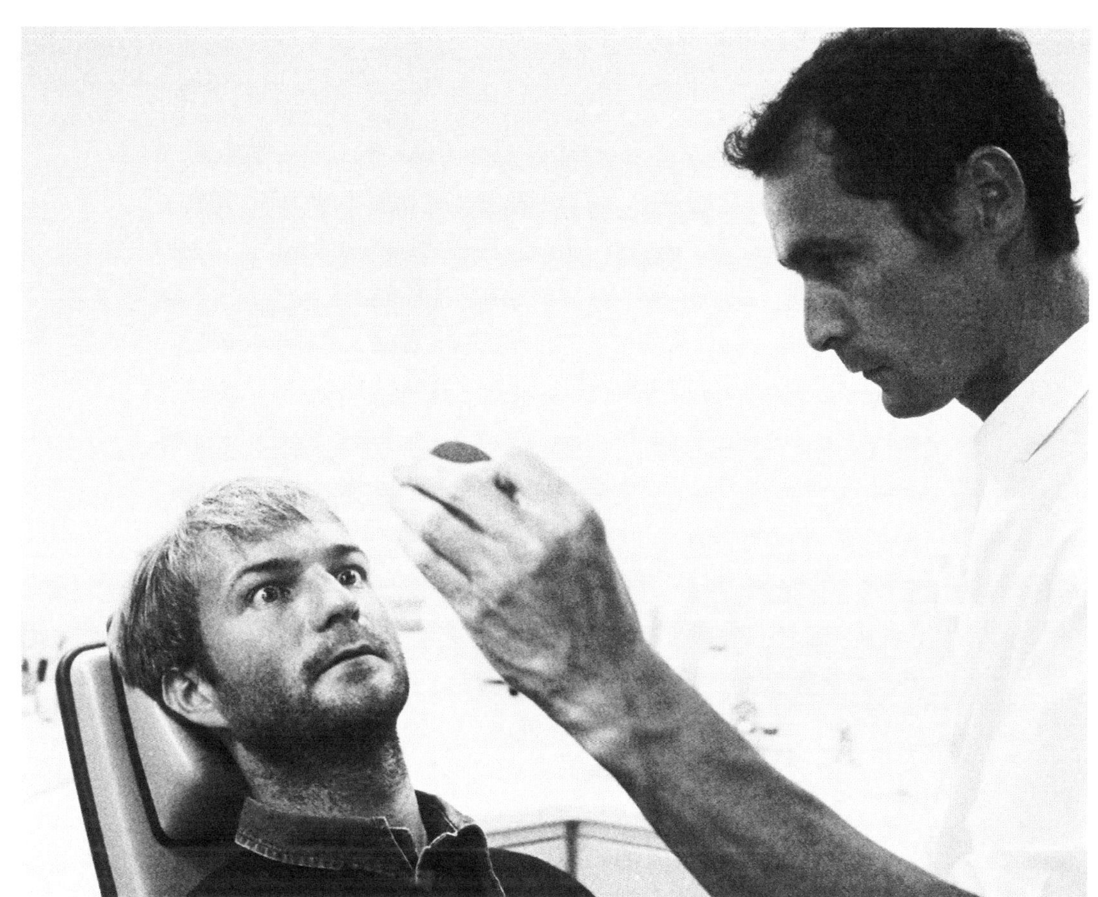

frequency of the heart's action, and the state of the circulation, locally or generally, in a surprising degree … this power can be beneficially directed to the cure of a variety of diseases which were most intractable, or altogether incurable, by ordinary treatment … this agency may be rendered available in moderating, or entirely preventing, the pain incident to patients whilst undergoing surgical operations … during hypnotism, by manipulating the cranium and face, we can excite certain mental and bodily manifestations, according to the parts touched."

Jah Wobble, self-portrait, year unknown

abzuschwächen, lokal oder auf diffuse Art und Weise; wir können die Stärke und Frequenz des Herzschlags sowie die gesamte oder lokale Durchblutung in erstaunlichem Umfang beschleunigen oder abbremsen. … Diese Möglichkeiten können zur Behandlung einer Reihe von Krankheiten eingesetzt werden, die sich den gewöhnlichen Therapien entziehen, auch um den Schmerz während chirurgischer Eingriffe abzumildern oder gar ganz abzustellen. Während der Hypnose können wir mentale und physische Modifikationen herbeiführen, indem auf den Schädel oder das Gesicht leichter Druck ausgeübt wird."

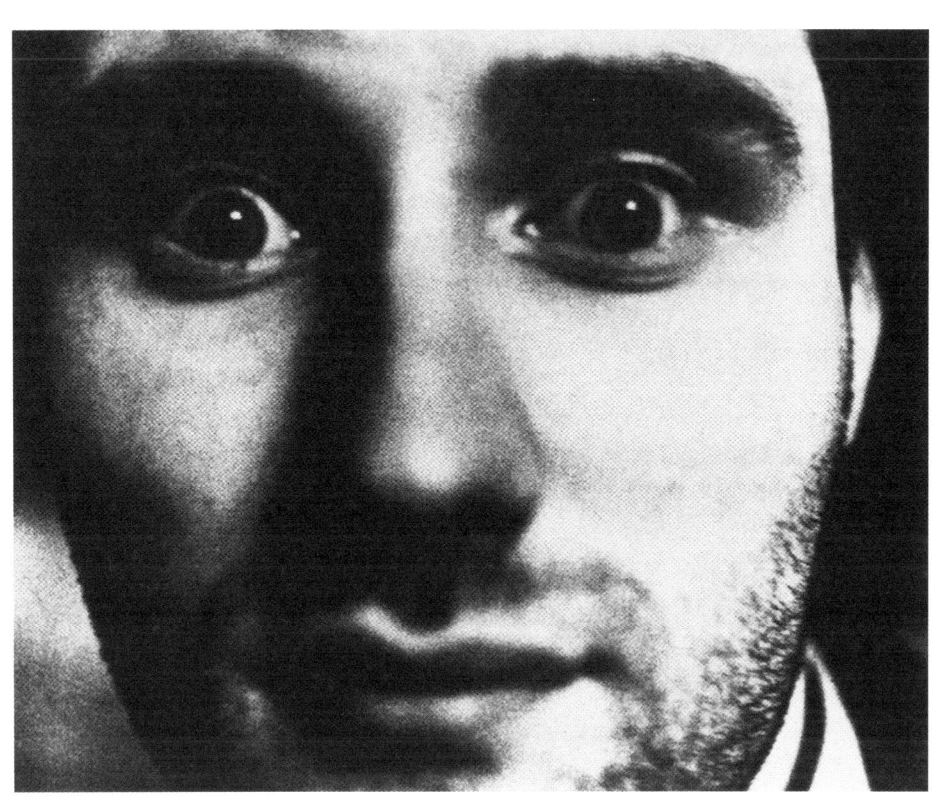

2.16 On a Level

Talk like a meditation teacher, in a sonorous, monotone voice, with lengthy pauses, giving obscure instructions for actions—best of all, at entirely inappropriate moments: for instance, when someone inquires after your health during a chance encounter on the street. The aim is to give the impression of having undergone a kind of purification, but also that the nature and source of that purification will never be revealed.

Alina Claßen, photographer and year unknown

Eingepegelt

Wie ein Meditationslehrer sprechen, in monotoner, sonorer Stimmlage, mit langen Pausen, dabei obskure Handlungs-anweisungen geben. Am besten bei völlig unpassenden Gelegenheiten, wie wenn man auf der Straße von einer zufälligen Begegnung nach dem eigenen Befinden gefragt wird. Ziel ist, den Eindruck zu hinterlassen, man hätte eine Läuterung erfahren, über deren Beschaffenheit und Ursache aber keine Auskünfte gegeben werden.

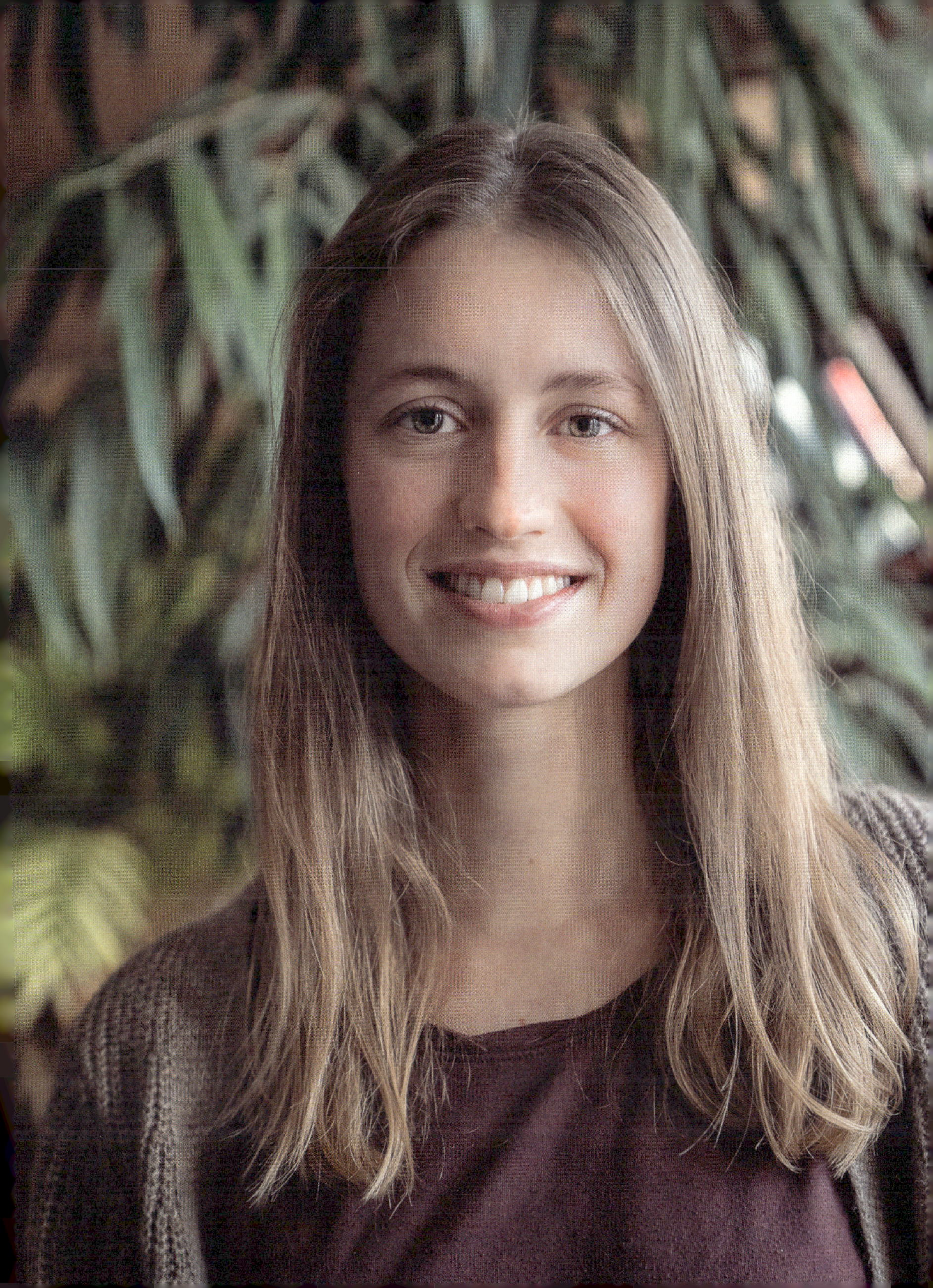

2.17 Nuisance

As you are talking to someone, edge so uncomfortably close to him that, without realizing it, he steps away from you. Follow him, and keep it up.

Photography: Julian P. Graham/Loon Hill Studios, *Salvador Dalí and Gloria Vanderbilt*, 1941

Lästling

Im Gespräch nach und nach so unangenehm nah an den anderen herankommen, dass er, ohne darüber nachzudenken, körperlichen Abstand nimmt. Nachrücken, dranbleiben.

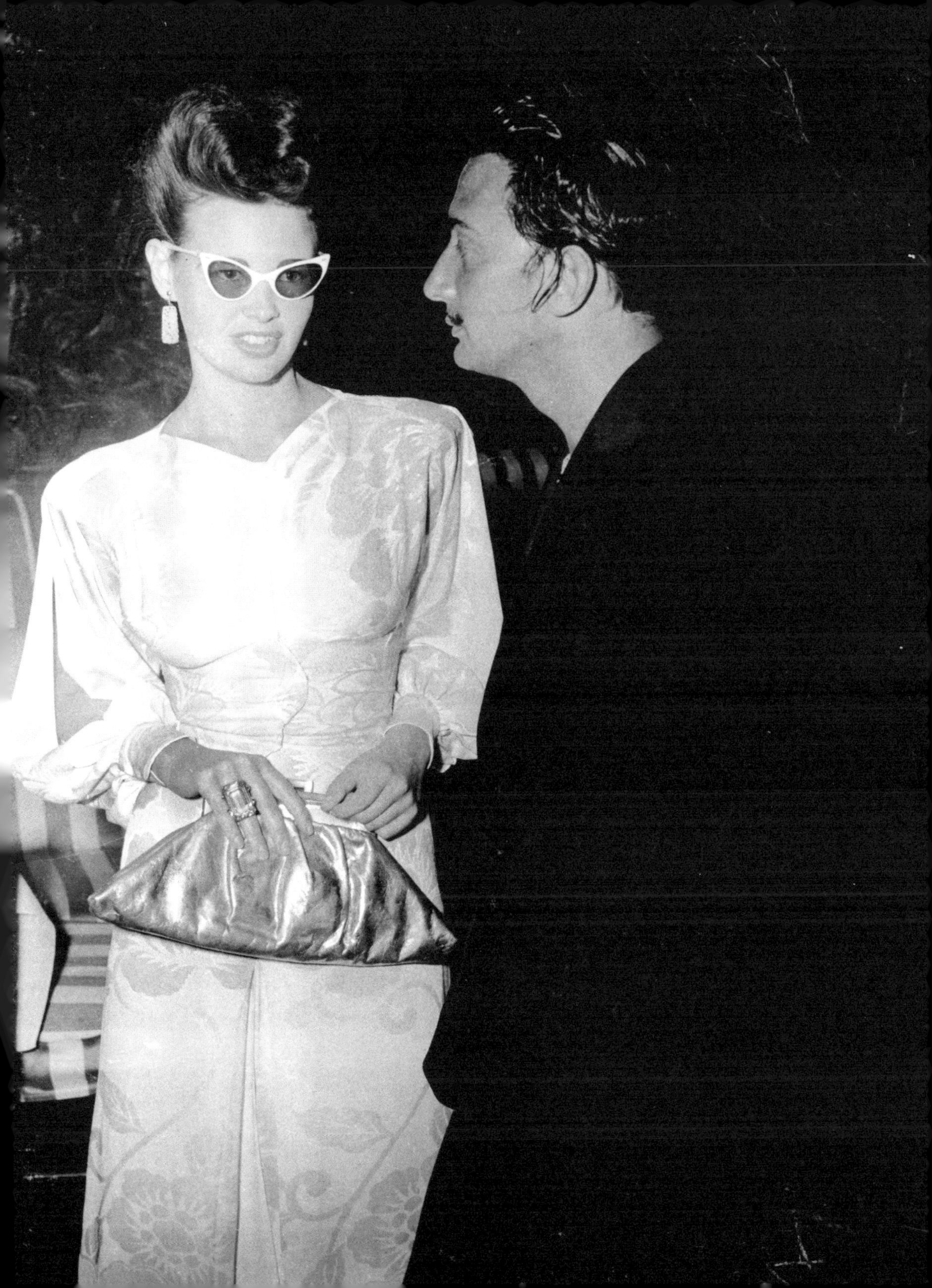

2.18 Ebb and Flow

In a conversation understate or exaggerate what you are saying by about 80 percent.

Photography: Pontus Frankenstein, 2022

Ebbe und Flut

Im Gespräch den Gegenstand der Betrachtung abwechselnd zu ungefähr 80 Prozent über- oder untertrieben wiedergeben.

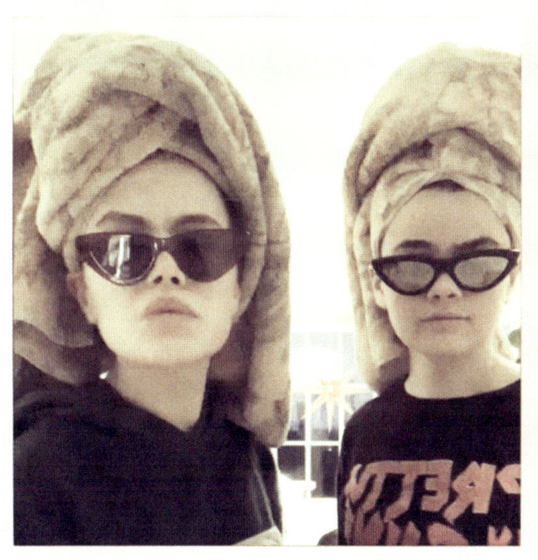

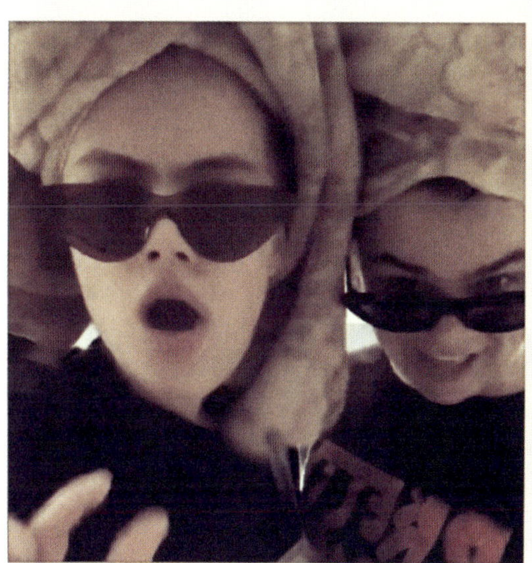

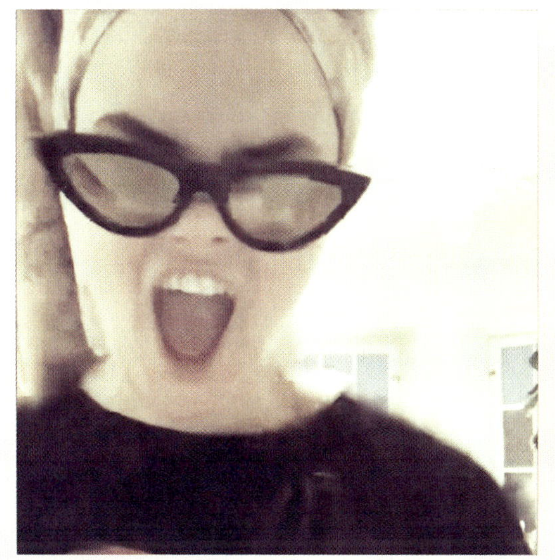

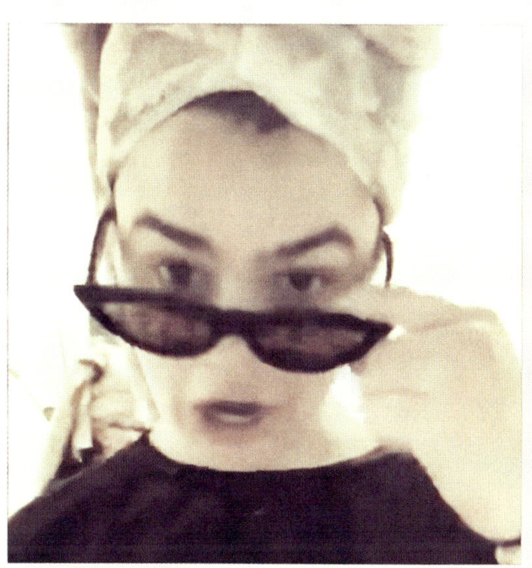

2.19 Sheldrake's Law

Stare at a person's back until they turn around. According to the scientist Rupert Sheldrake, this works more frequently than a random statistical distribution would suggest. Concentrating on a specific body part, such as the foot of someone sitting some distance away, can also elicit visible responses in that body part. To rule out other factors that might be at play, Sheldrake conducted experiments using video surveillance cameras—with astounding results. For example, he observed that museumgoers look up at surveillance cameras more often when they are being watched on a remote monitor than when no one is watching the tape as it is being recorded.

The person under surveillance may also react in a manner that has a history in gestures used to ward off the evil eye. In Italy people make a sign with the fingers of one hand—*la fica* (the fig) or *fare le corna* (make horns)—and gesture thus toward the person gazing malevolently at them.

Photography: Sophie Calle, *Suite Vénitienne*, 1980

Sheldrakes Vermächtnis

Eine Person so lange von hinten anstarren, bis sie sich umdreht. Nach Aussage von Rupert Sheldrake gelingt das öfter, als eine zufällige Verteilung es vermuten ließe. Auch lassen sich bei Konzentration auf bestimmte Körperteile, zum Beispiel den Fuß einer weiter entfernt sitzenden Person, spezifische Reaktionen der entsprechenden Partien beobachten. Um andere Faktoren auszuschließen, hat der Wissenschaftler auch entsprechende Versuche über Videobeobachtungsanlagen durchgeführt, mit erstaunlichen Ergebnissen. Zum Beispiel hat er beobachtet, dass Museumsbesucher öfter zu den Kameras der Überwachungsanlage hochschauen, wenn die gesendeten Bilder in diesem Moment auf dem Monitor in einem anderen Raum beobachtet werden, als wenn das Band nur aufgezeichnet wird, ohne in diesem Moment betrachtet zu werden.

Auch aus der Sicht des Betrachteten ist eine Reaktion möglich und historisch in Abwehrgesten gegen den bösen Blick Evil Eye begründet. Um den bösen Blick abzuwenden, werden in Italien bei ausgestrecktem Arm die Finger in der Position *La fica* oder *Fare le corna* gegen den Blickenden gehalten.

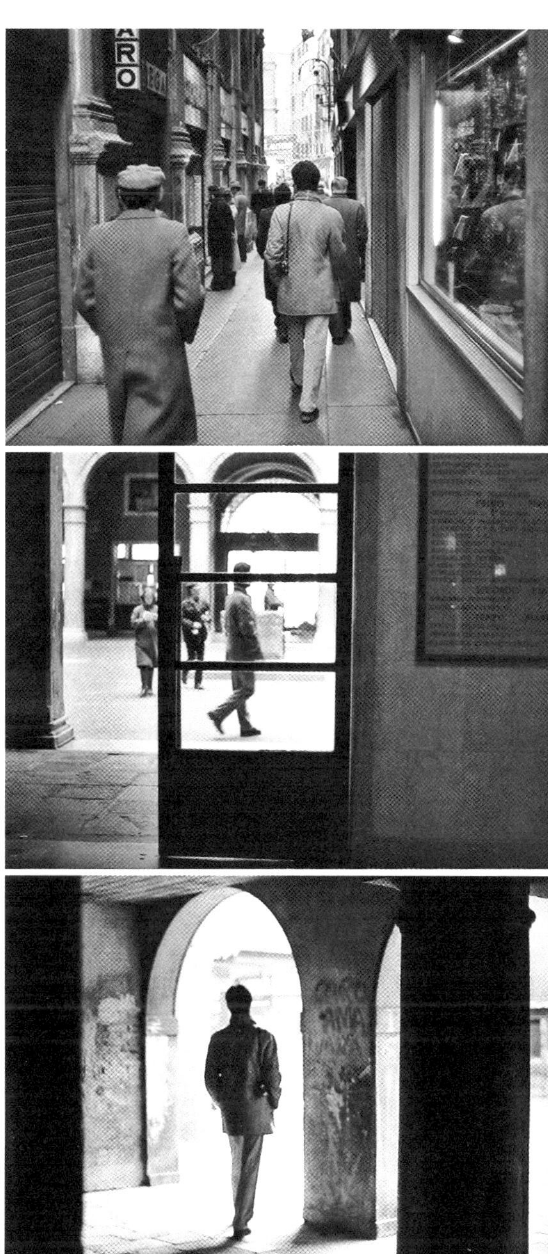

2.20 The Little Utilitarian

Shout out to someone, panic-stricken, "Look out—brick!" That person will duck even if the likelihood of a brick falling to the ground is minimal, because the cost of reacting to false information is low, whereas the benefit of reacting to the opposite is very considerable.

Photography: Mike Goldwater, 2021

Der kleine Utilitarist

Jemandem laut, panikhaft „Achtung, Ziegelstein!" zurufen. Die Deckungshaltung wird auch dann ausgelöst, wenn die Wahrscheinlichkeit eines herabfallenden Ziegelsteins minimal klein ist, weil die Kosten bei einer Falschinformation gering sind, der Nutzen beim Gegenteil aber sehr hoch.

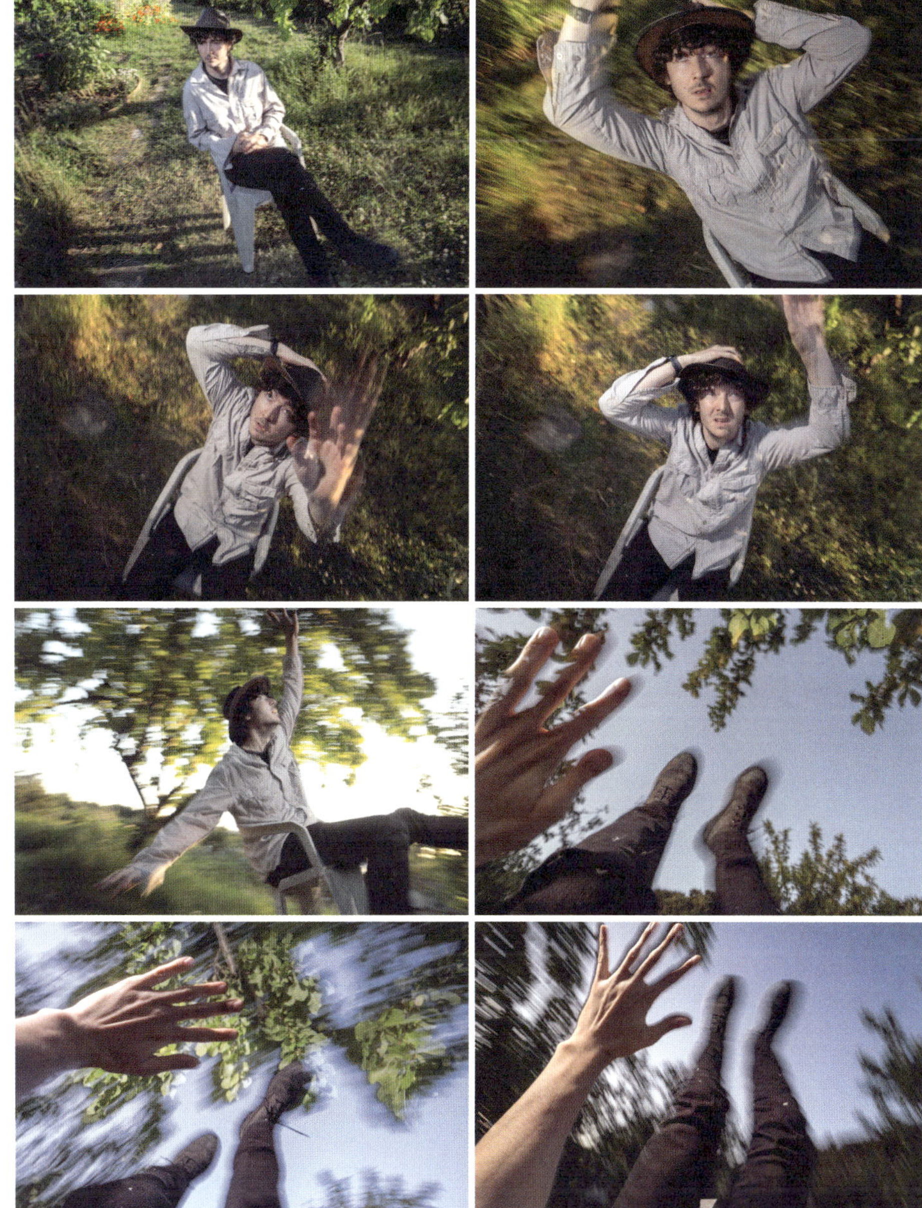

2.21 Social Prestige

Keep calling someone "doctor" or "professor" (and introduce them to your friends like that) until other people are doing the same. Have your target paged at the airport or at a train station with that title. Use it when you address letters to them. In the end your victim will start to use that title herself because she simply has no other option.

Prof. Hubert Pschorn-Walcher and Reinhart Schuster, photographer and year unknown

Sozialprestige

Eine Person so lange „Doktor" oder „Professor" nennen (und allen Bekannten so vorstellen), bis andere es übernehmen. Zielsubjekt auf Flughäfen und Bahnhöfen mit Titel ausrufen lassen. In allem Schriftverkehr Anschriften entsprechend formulieren. Wird vom Opfer der Kampagne übernommen, weil es gar nicht mehr anders kann.

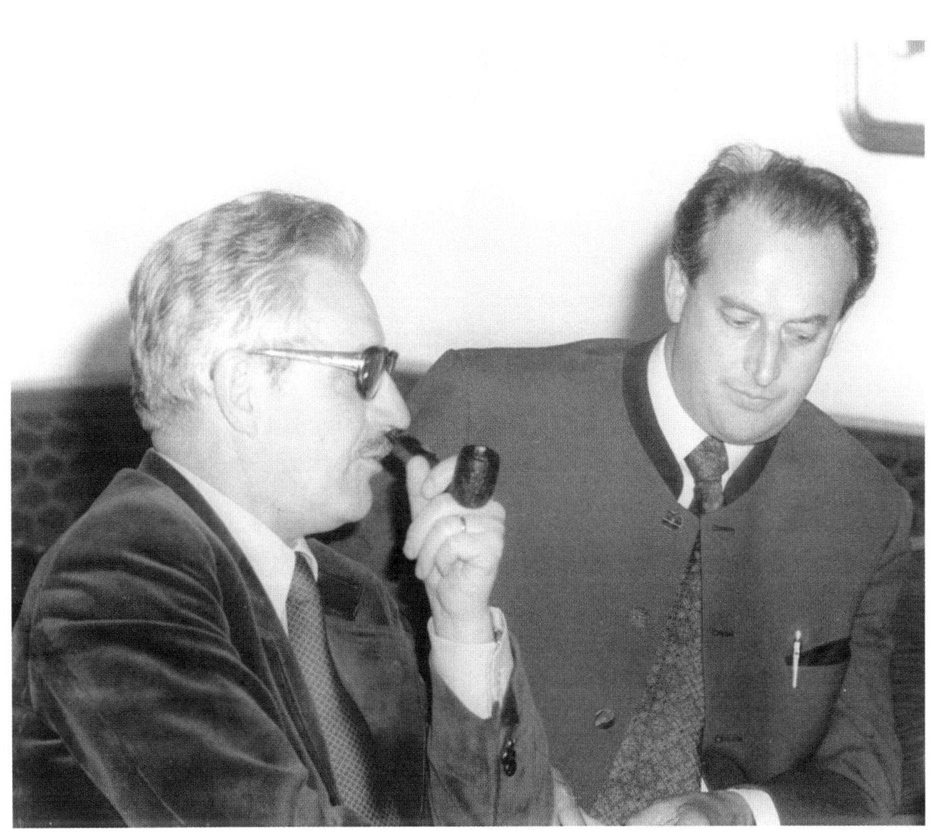

2.22 Hallo, Gisela!

When you’re abroad, look out for German tourists. Check by shouting “Hallo!”—loudly, with the proper German intonation. Ideally from behind. Germans always turn round.

Photography: Attila Saygel, 2022

Hallo, Gisela!

Im Ausland deutsche Touristen ausmachen. Überprüfung durch lautes „Hallo!“ rufen, entsprechend deutsch intoniert. Am besten von hinten. Deutsche drehen sich immer um.

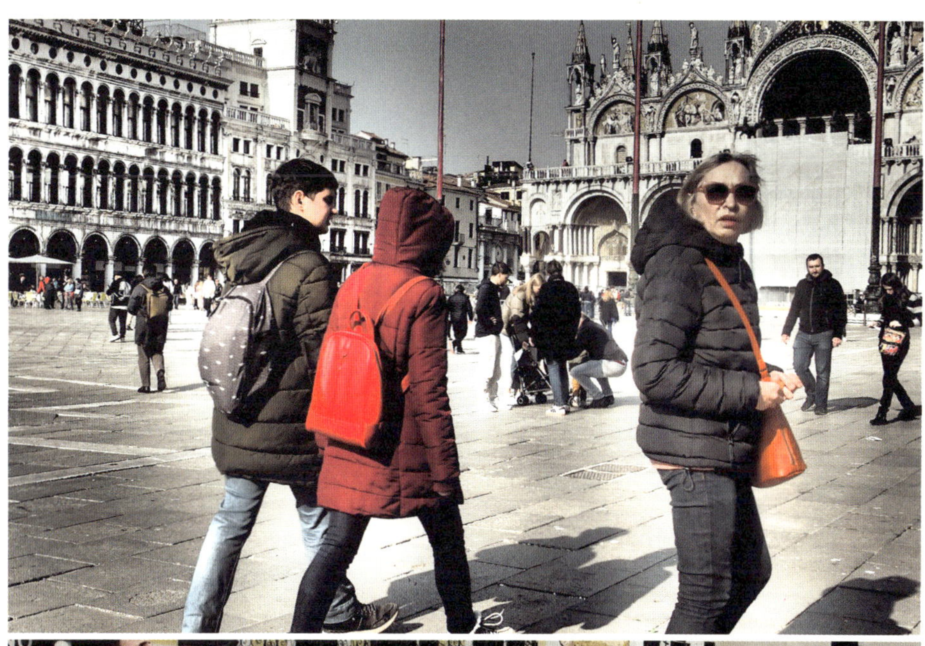

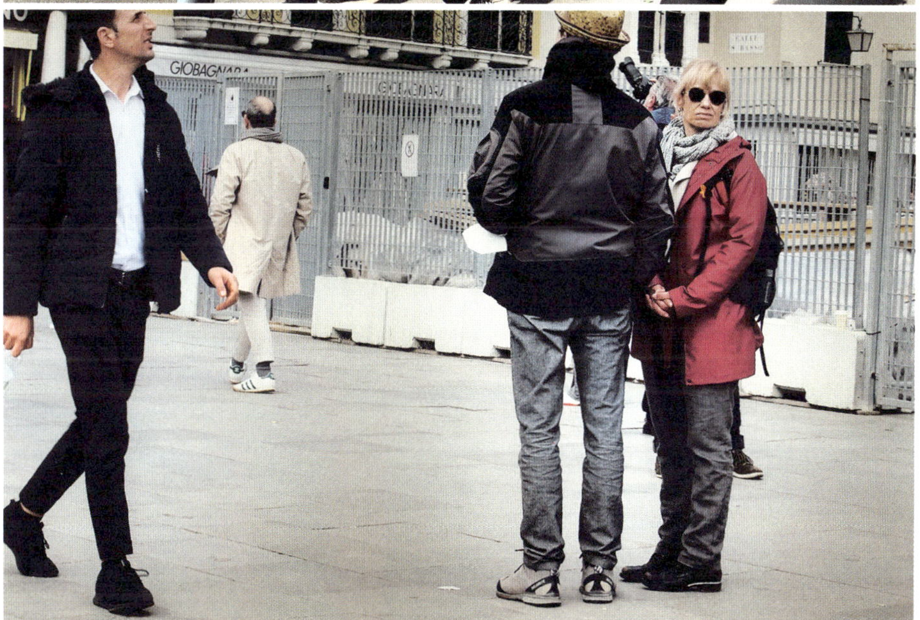

2.23 Mouthwash Won't Even Work

If you run out of arguments during a discussion, you can disconcert your opponent by suddenly remarking on their bad breath—especially if you haven't been at all close to him, as if his exhalations were noticeably unpleasant even over a yard away.

In a variation on this, the player leans back or shifts away, or retreats from that person while the latter is talking. Bad breath (and other bodily odors) are thus implied by nonverbal behaviors.

Photography: Jana Schmitz, 2022

Da nützt auch Odol nichts mehr

Gehen einem in einer Diskussion die Argumente aus, so bringt man den Kontrahenten durch plötzlichen Verweis auf Mundgeruch aus dem Konzept, vor allem wenn man ihm gar nicht richtig nahe gekommen ist. So als ob seine Ausdünstungen über einen Meter Distanz noch unangenehm auffielen.

Eine Variante ist das Abrücken, wobei die Spielerin sich nach hinten lehnt oder vom Spieler abrückt beziehungsweise wegtritt, während dieser spricht. Mundgeruch (oder andere Körperausdünstungen) wird also nur durch nonverbales Verhalten insinuiert.

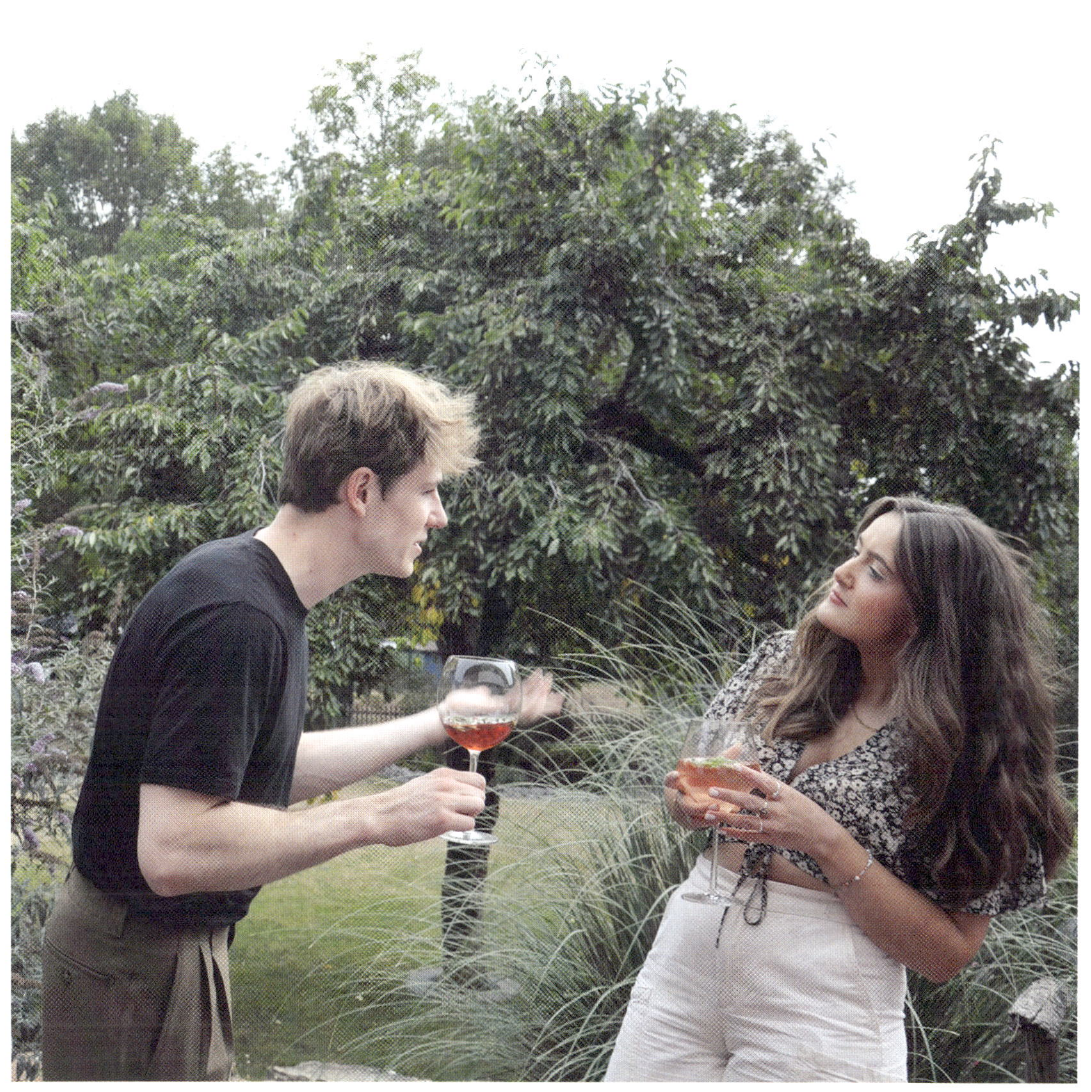

2.24 Englishman

Set yourself up somewhere like an Englishman at Speakers' Corner and loudly hold forth, or sit like a high priest diagnosing major changes, or deliver lectures lying in bed fully clothed, like a hypochondriac. Win over your audience.

Photography: Balthasar Burkhard, *Harald Szeemann feiert den letzten Tag der Documenta 5 in Kassel*, 1972

Engländer

Sich wie ein Engländer im Speaker's Corner irgendwo hinstellen und laut dozieren oder wie ein Hohepriester im Sitzen die großen Veränderungen diagnostizieren oder wie ein „malade imaginaire" vollständig angezogen im Bett liegend Vorlesungen abhalten. Zuhörer gewinnen.

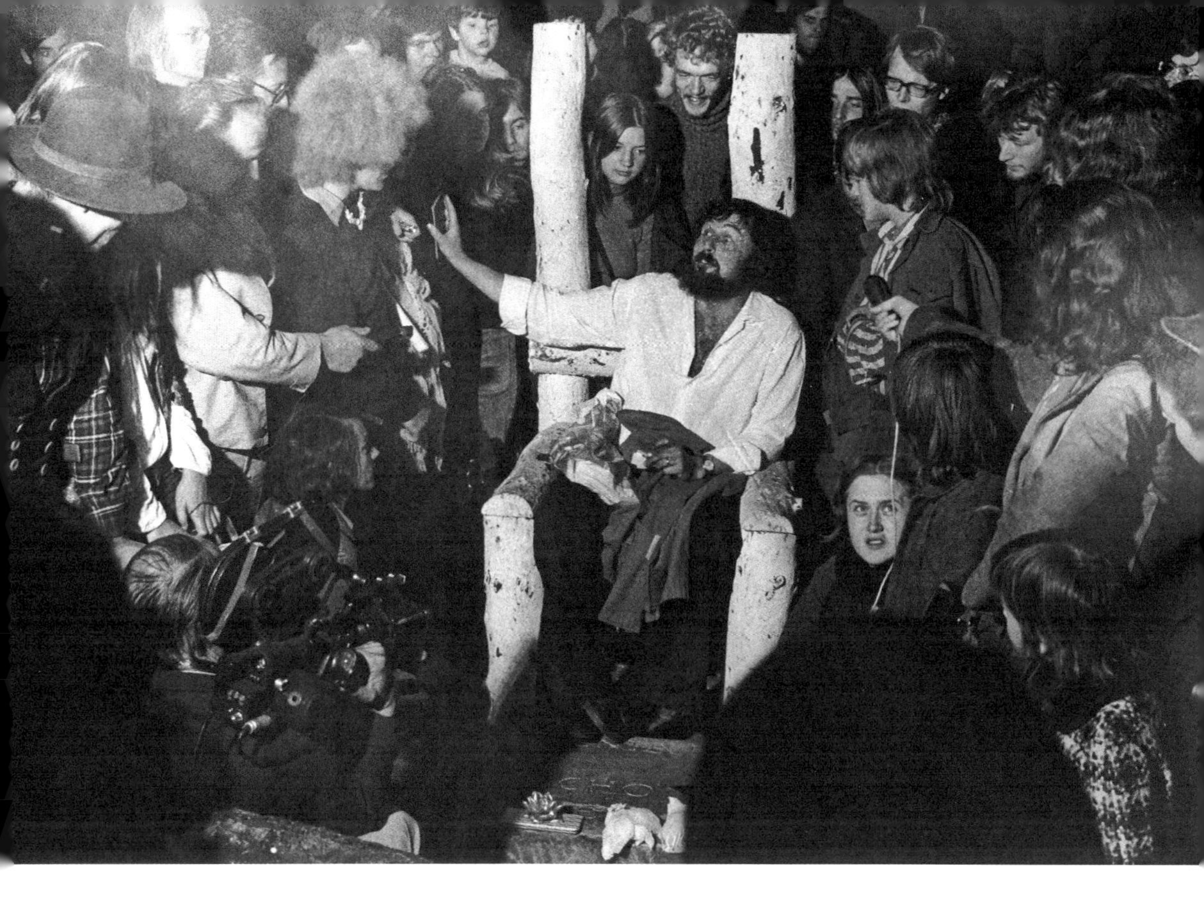

2.25 The Fighting Machine Is Coming

Wildly thrash your arms, kick out your legs harder than any horse, leap into the air, and spin around to approach your chosen opponent like a fighting machine.

Photography: Barney Schaub, 1997

Die Kampfmaschine kommt

Arme rasend-wild umherschlagen, mit den Beinen stärker ausschlagen als ein Pferd, springen und rotieren und sich so kampfmaschinenmäßig einem ausgemachten Gegner nähern.

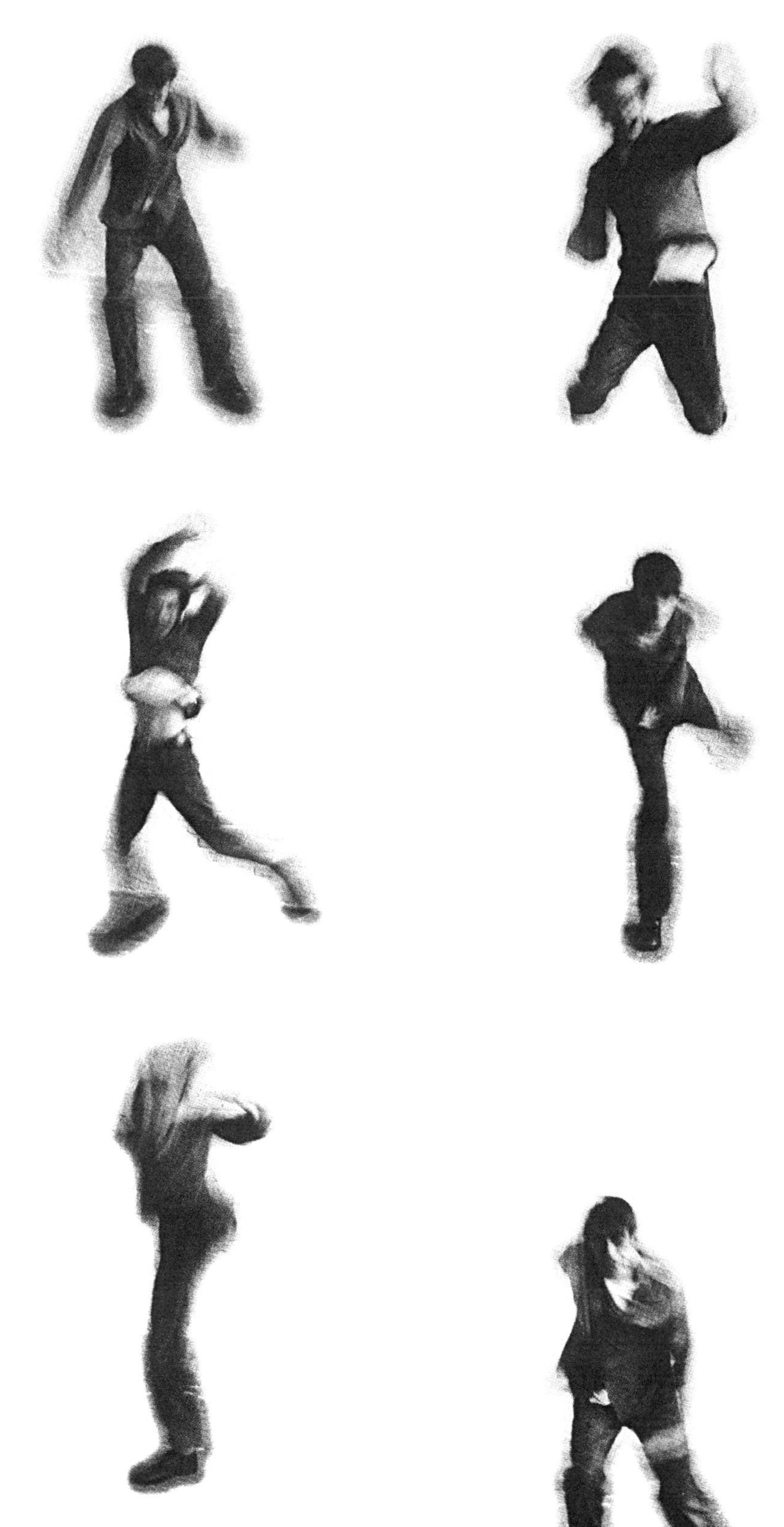

2.26 Snot King

Pick your nose with both index fingers at once.

Photography: Paul Kuimet, 2022

Popelkaiser

Mit beiden Zeigefingern gleichzeitig in den Nasenlöchern bohren.

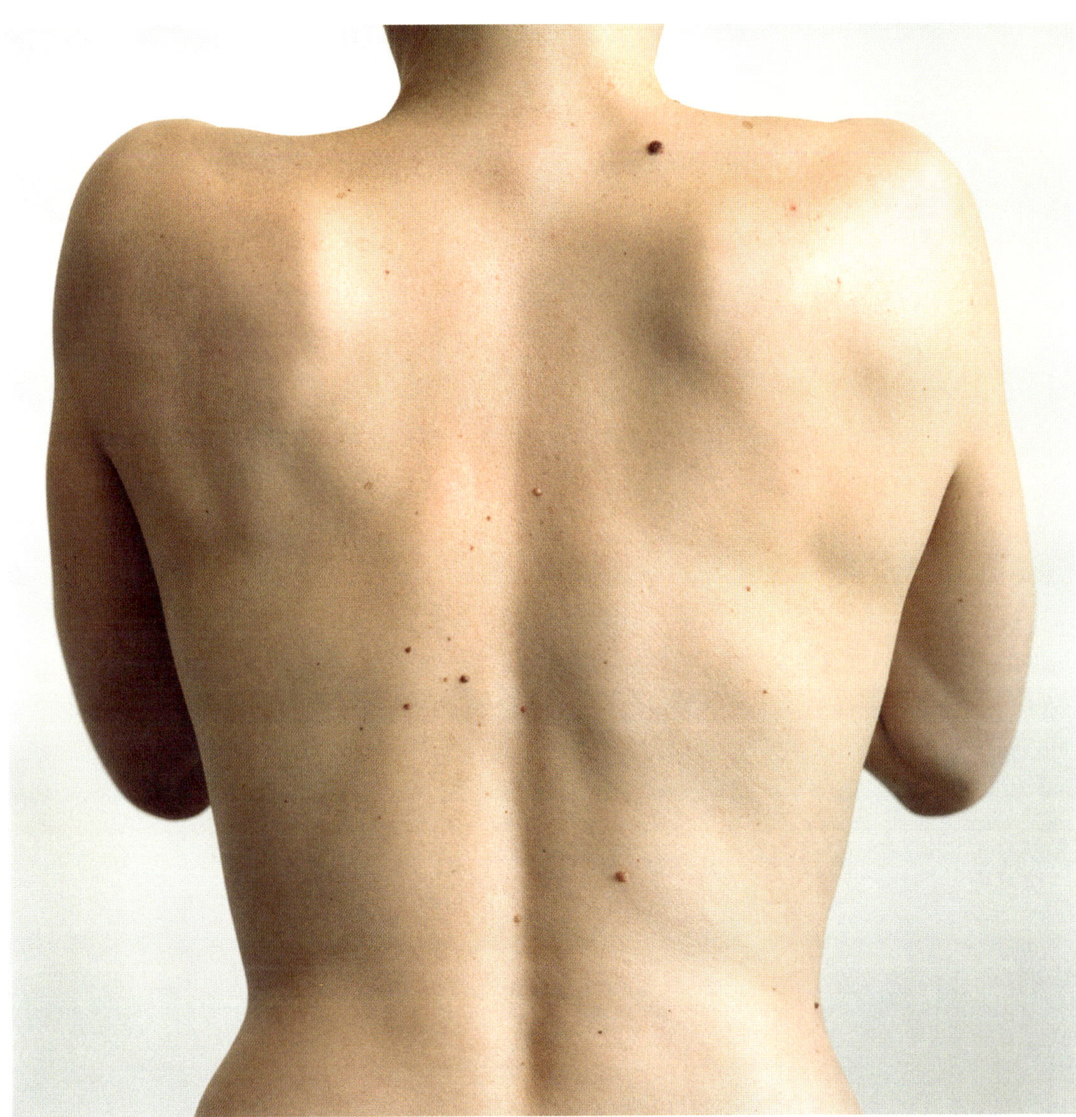

2.27 Protest Exhibitionism

Protest by mooning—on your own or with others.

Photography: Mario García Torres, 2022

Protestexhibitionismus

Hintern zeigen, alleine oder zu mehreren, zu Protestzwecken.

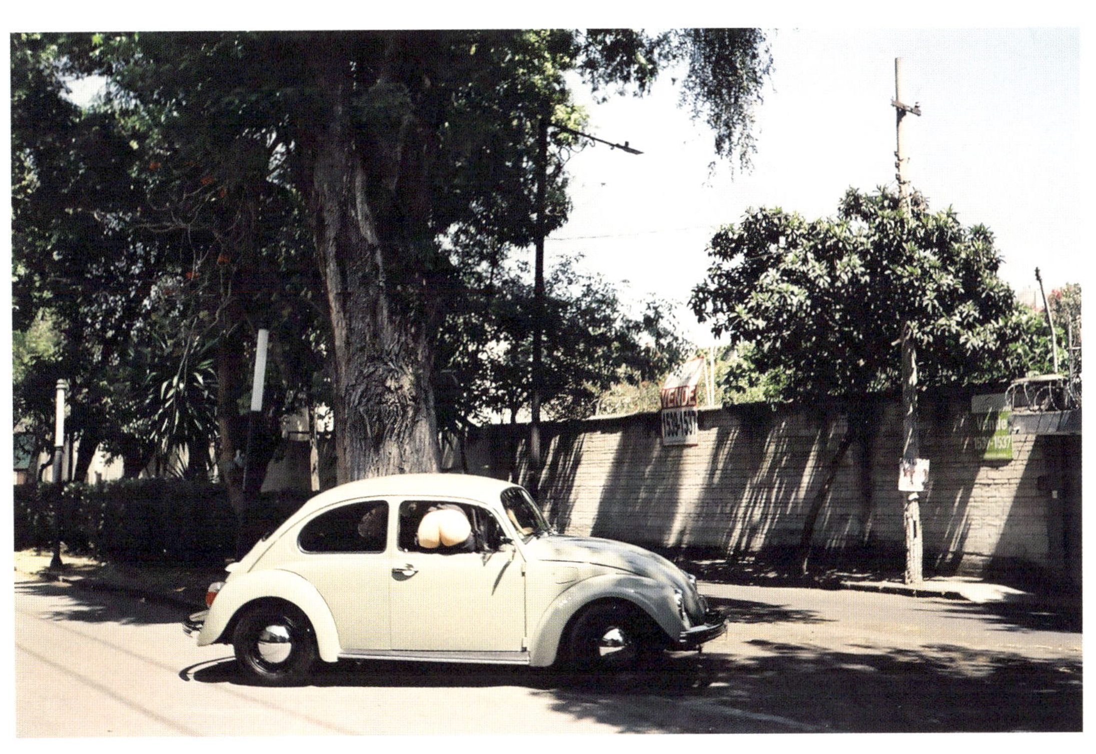
VENDE

2.28 The UFO Game

Holler "UFO! UFO!" and point excitedly up at the sky.

Photography: Carsten Höller, *Christian*, 1996

Das Ufo-Spiel

Laut „Ufo! Ufo!“ rufen und dabei aufgeregt in den Himmel zeigen.

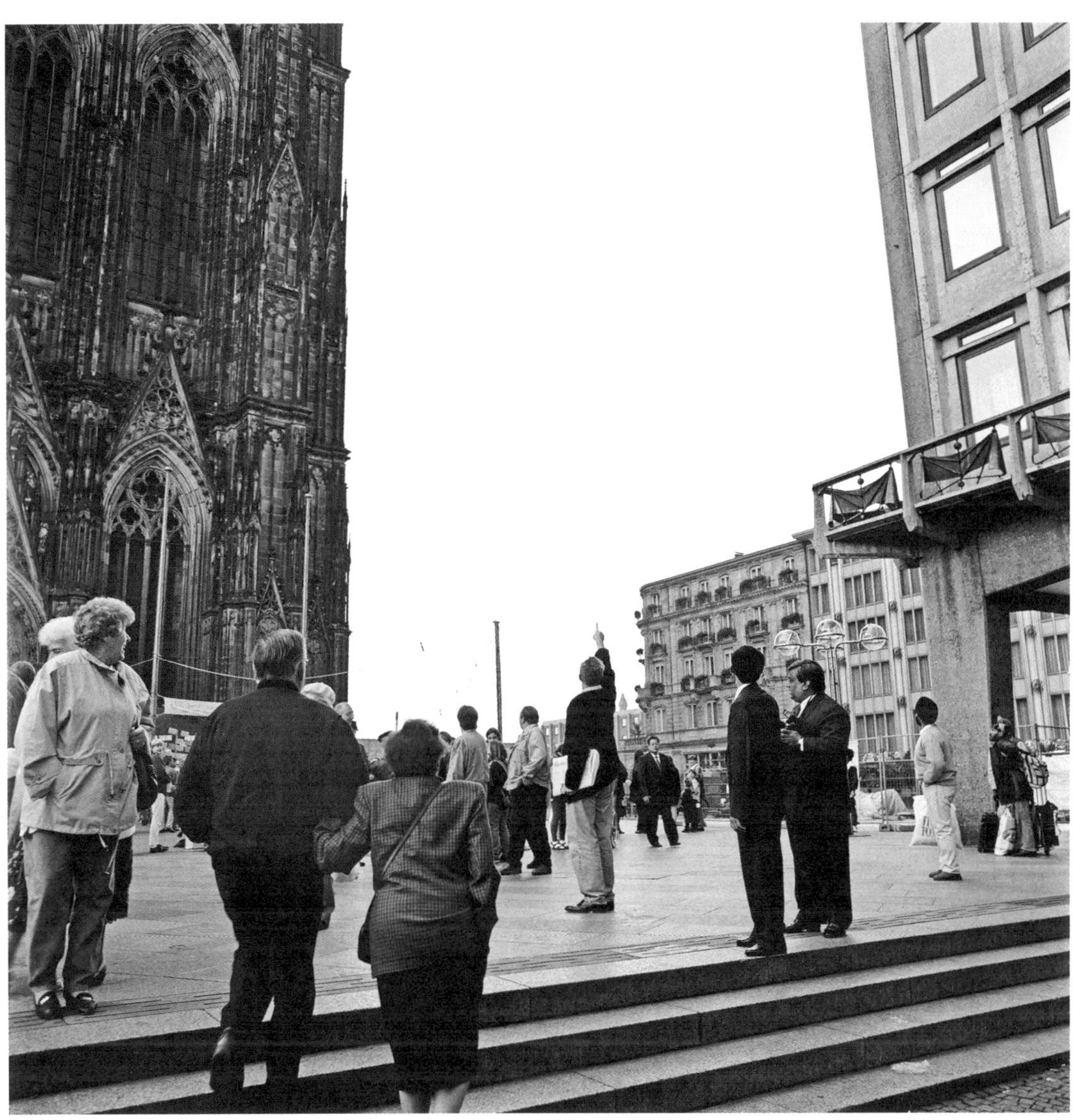

2.29 Raise Your Hand

Raise your hand to attract attention like a child at school, with your index finger pointing upward. Look invitingly at the other person, inviting them to invite you to talk.

Photography: Jamie James Medina, 2021

Melden

Sich mit erhobenem Zeigefinger melden, wie in der Schule, um sich bemerkbar zu machen. Die andere Person auffordernd anblicken, um aufgefordert zu werden.

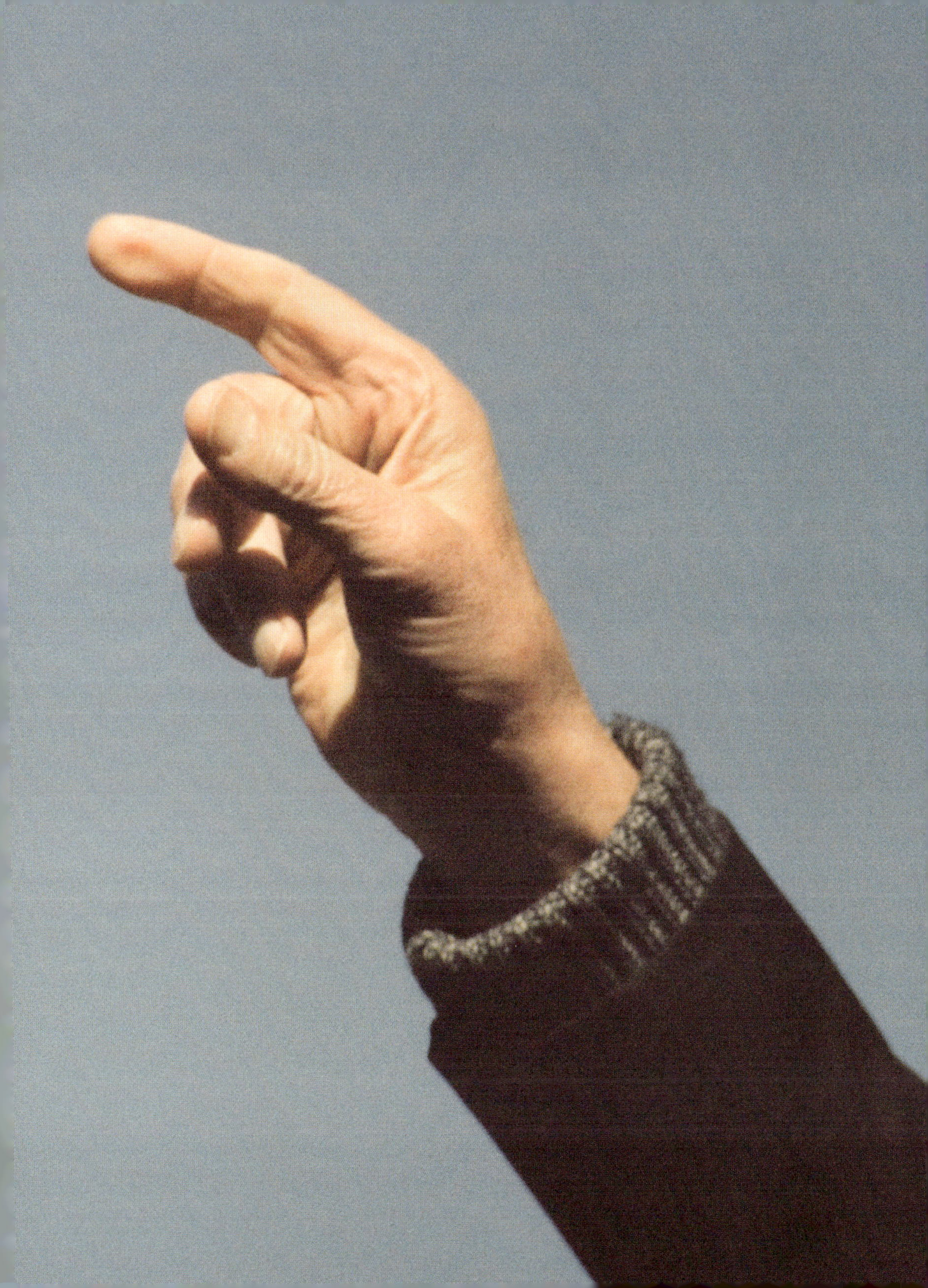

2.30 Things Nobody Should Talk About

The following topics of conversation are ideal when you want to appear more boring than you are (which cannot be recommended highly enough): bodily issues, diets, illnesses in general (as long as they are not somehow extraordinary or directly life-threatening), how much or how little you slept last night, dreams (excluding certain wet dreams), route descriptions, or money matters. And, of course, the weather.

Photography: Maryna Paias, 2022

Worüber man nicht sprechen darf

Diese Gesprächsthemen sind zu bevorzugen, wenn man sich langweiliger ausgeben will, als man ist (was nicht oft genug empfohlen werden kann): Kopfweh und andere körperlich bedingte Zustände, Diäten, Krankheiten im Allgemeinen, wenn nicht von außerordentlicher Natur oder unmittelbar lebensbedrohend, wie viel oder wie wenig man geschlafen hat letzte Nacht, Träume außer bestimmten feuchten Träumen, Wegbeschreibungen und Geldangelegenheiten. Wetter natürlich.

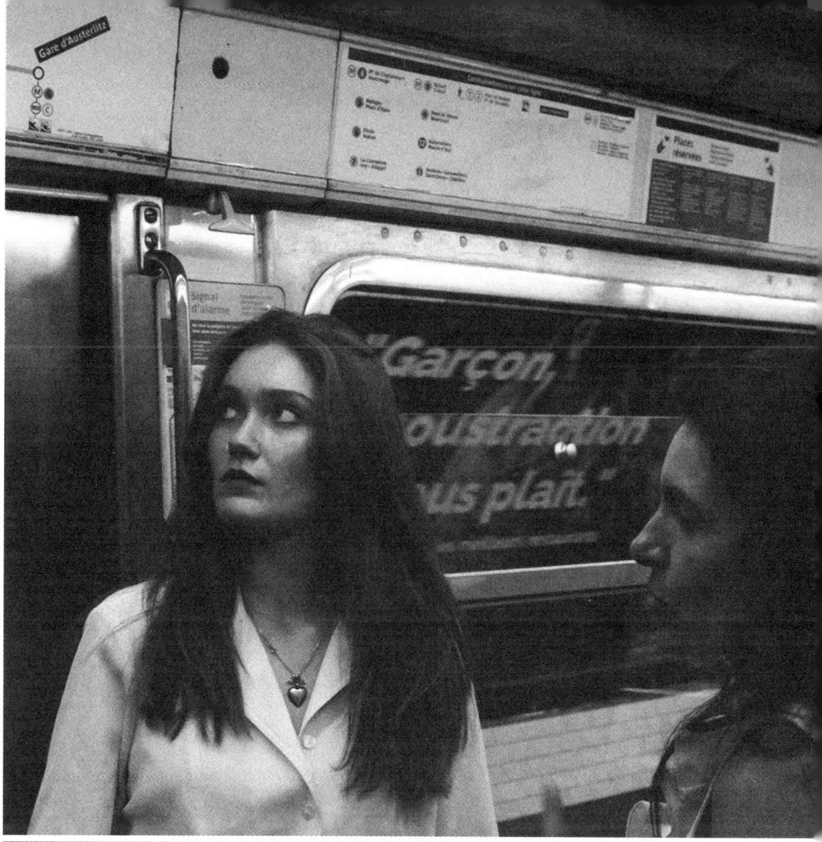

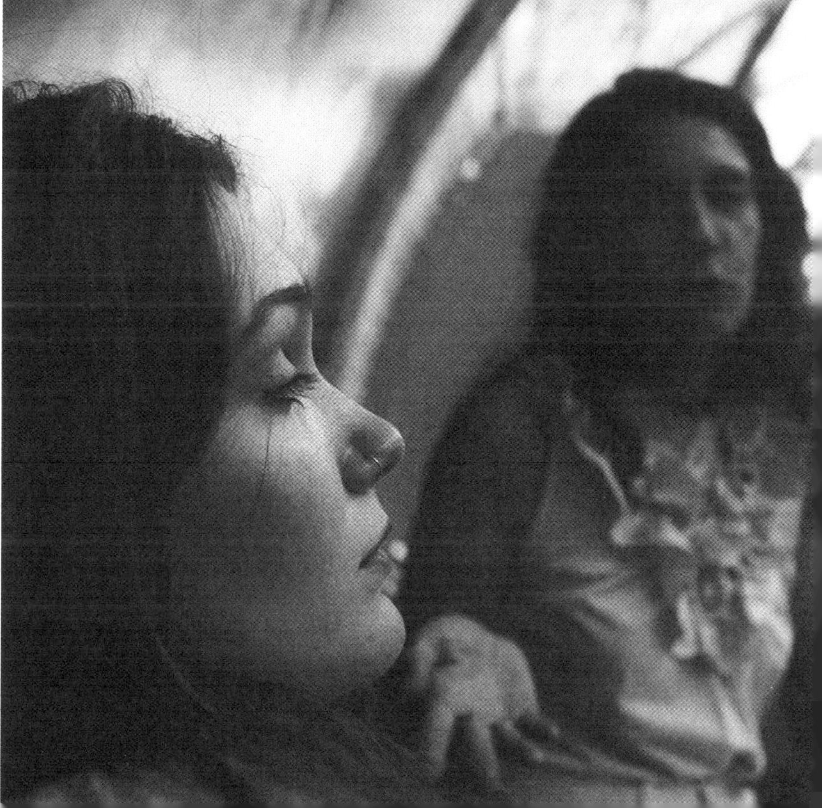

2.31 The Solution to the Problem of Significant Birthdays

Announce a birthday party, invite friends and acquaintances—indicate that it's a milestone, a significant birthday, and organize a suitably lavish celebration. The day and the month should be correct, but the year should be random, preferably two years before or after an important birthday. Then the birthday boy or girl can blithely celebrate without having to bear the symbolic burden of a significant birthday. Better presents too.

Photography: Carsten Höller, 2022

Die Lösung für das Problem mit den bedeutenden Geburtstagen

Geburtstagsfest ankündigen, Freunde und Bekannte einladen – andeuten, dass es sich um einen runden oder bedeutenden Geburtstag handelt, Fest entsprechend groß ausrichten. Der Tag soll stimmen, aber das Jahr ein unbedeutendes sein, am besten zwei Jahre vor oder nach einem wichtigen Geburtstag. So kann das Geburtstagskind unbeschwert feiern, ohne die symbolische Last eines bedeutenden Geburtstags auf sich nehmen zu müssen. Außerdem bessere Geschenke.

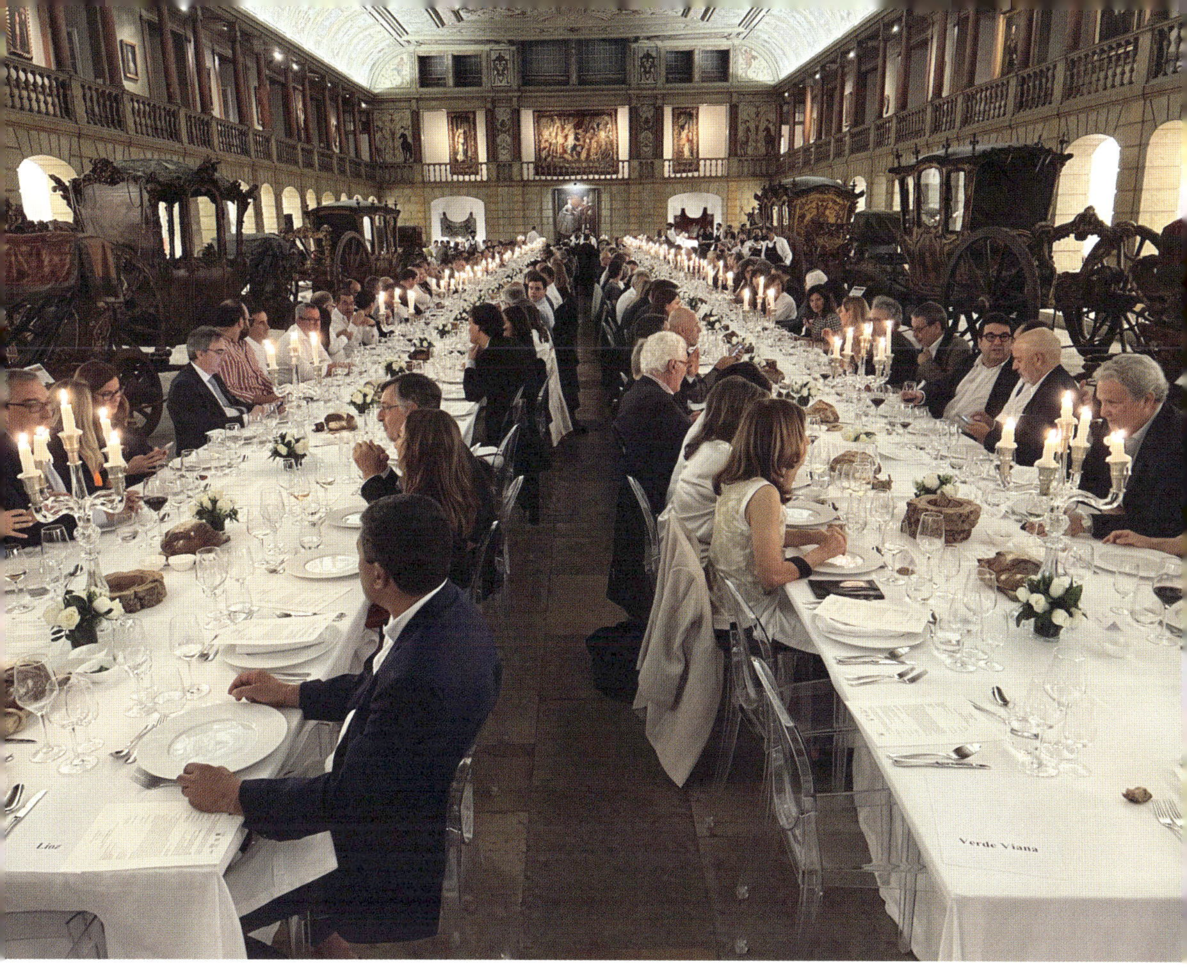
Lioz
Verde Viana

2.32 Mnemotechnical Bridges

Impress other people with astounding feats of memory by using mnemonic techniques like the memory palace, attributed to the ancient Greek poet Simonides of Ceos. First picture an edifice with separate rooms or a road with shops and other premises, then—in your mind's eye—fill these spaces with memories, one after the other. When you subsequently imagine yourself walking through these places, you will see all the items in your memory.

Joshua Foer at the USA National Memory Championship, unknown photographer, 2011

Mnemotechnische Brücken

Andere durch ungeheure Gedächtnisleistungen beeindrucken, dabei mnemotechnische Methoden verwenden, so wie den Gedächtnispalast, der dem altgriechischen Poeten Simonides von Ceo zugeschrieben wird. Man stellt sich ein Gebäude mit verschiedenen voneinander abgegrenzten Räumen oder eine Straße mit Geschäften und anderen separaten Einheiten vor, die man raumweise mit Erinnerungen bildlich füllt. Beim imaginären Durchwandern dieser Orte erscheinen dem Spieler dann die Güter seiner Erinnerung.

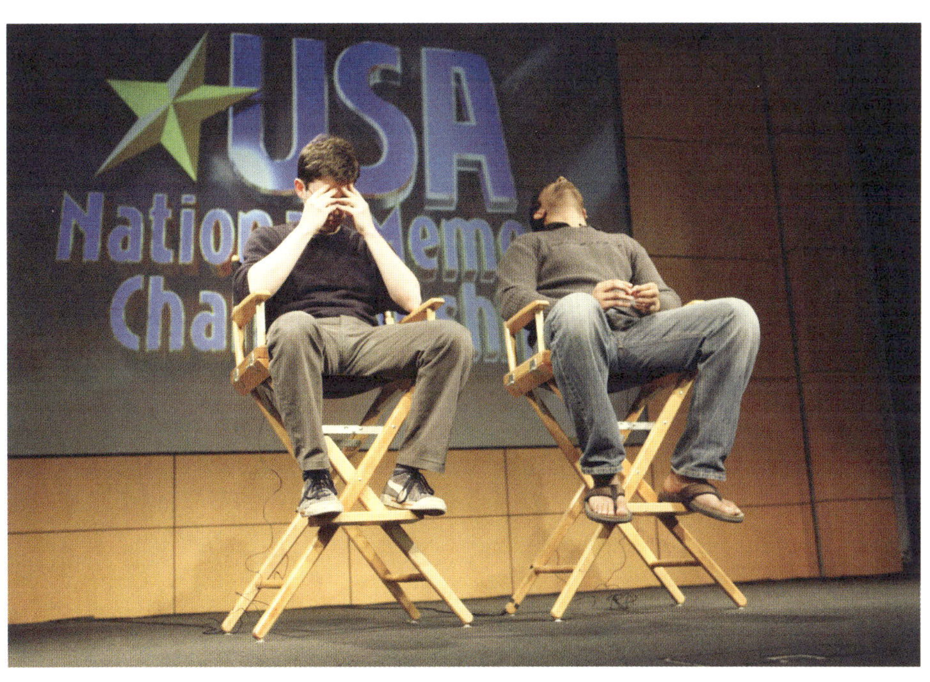
USA

2.33 Josefine Beuys

Like Joseph Beuys, say or mumble "ja ja ja ja ja nee nee nee nee nee" whenever someone speaks to you.

Joseph Beuys, *Ja Ja Ja Ja Ja Nee Nee Nee Nee Nee*, felt and audiotape, 1969
Photography: Frank Kleinbach

Josefine Beuys

So wie Joseph Beuys „ja ja ja ja ja nee nee nee nee nee" sagen oder nuscheln, wenn ein anderer zu einem spricht.

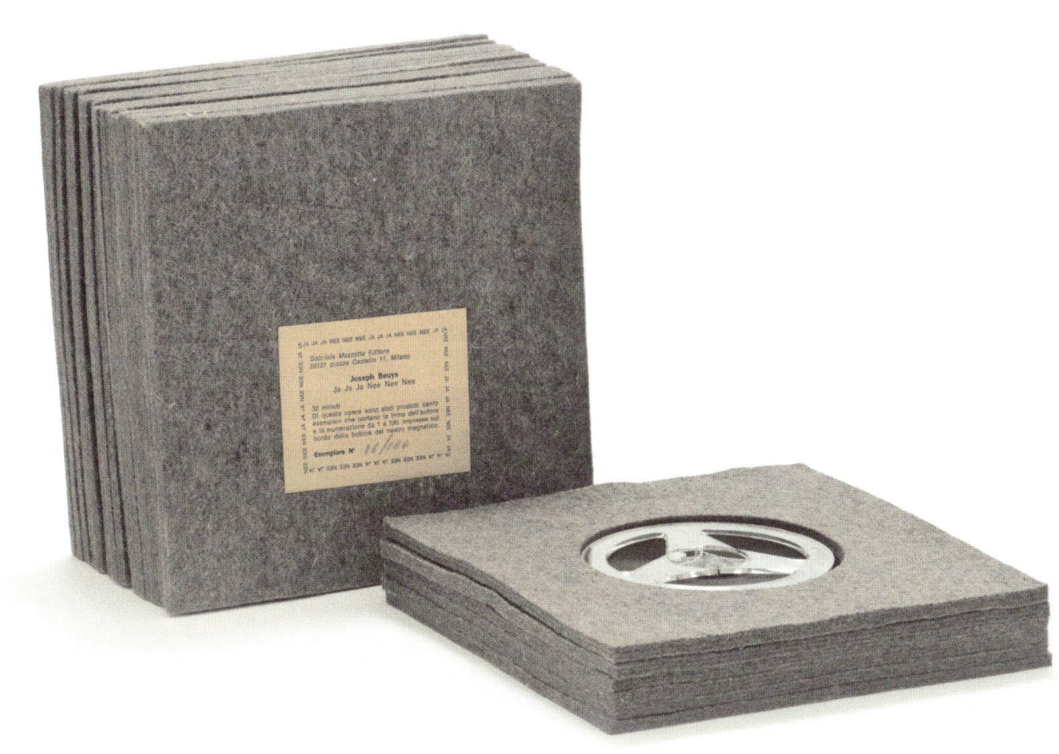
JA JA JA NEE NEE NEE
Gabriele Mazzotta Editore
20121 piazza Castello 11, Milano
Joseph Beuys
Ja Ja Ja Nee Nee Nee
Esemplare N°

2.34 Seven Detectives

Individually instruct seven detectives to each follow one of the others so that a closed circuit of detectives ensues.

Photography: Carsten Höller, *Vertical Human Carousel*, 2007

Sieben Detektive

Sieben Detektive einzeln beauftragen, jeweils einem der anderen Detektive zu folgen, sodass sich ein geschlossener Kreislauf ergibt.

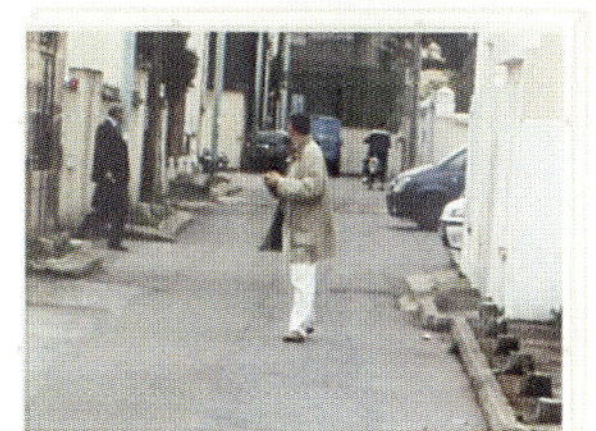
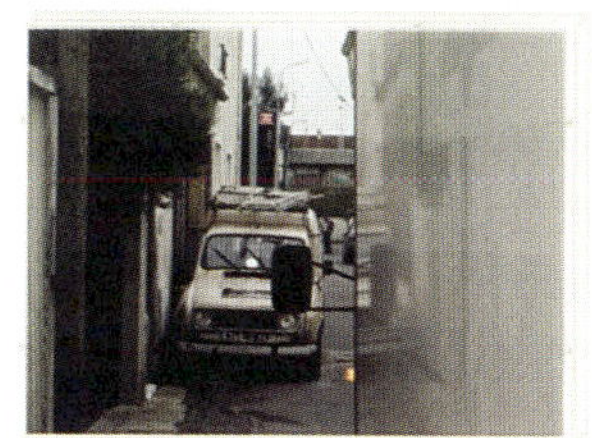
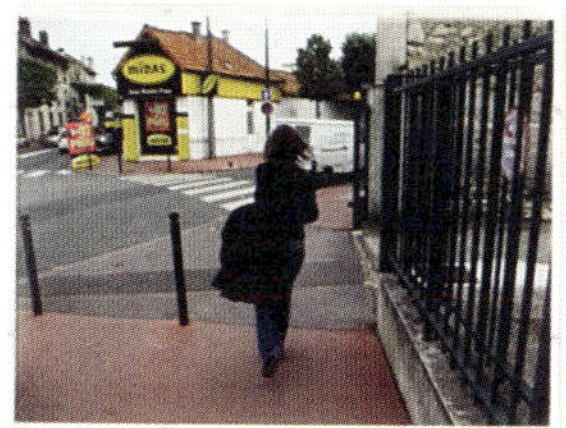
MIDAS
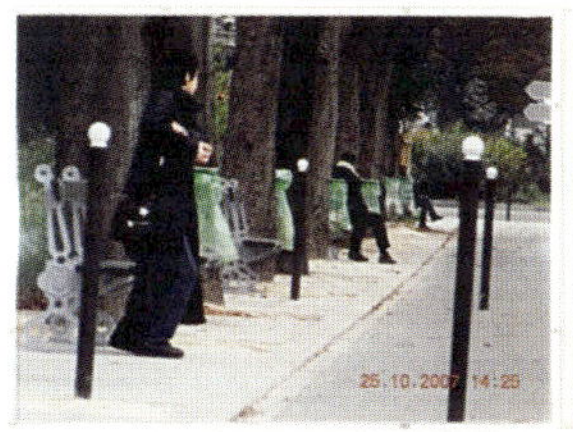
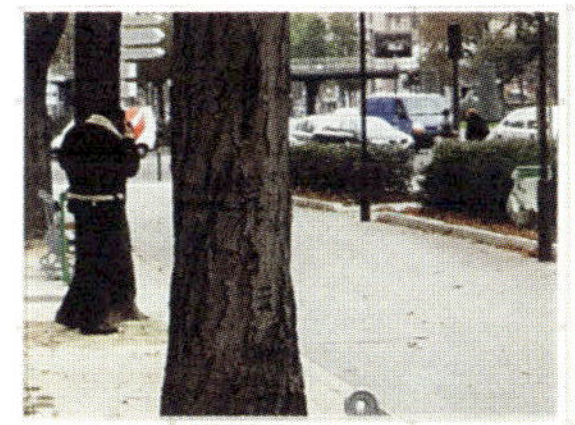
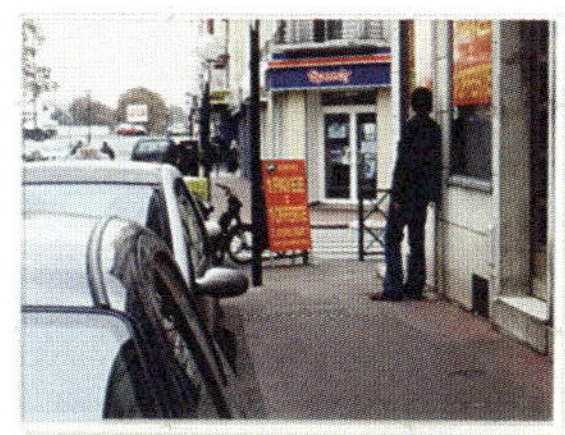
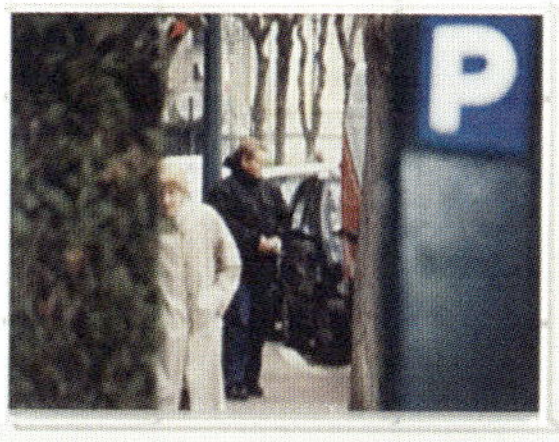
P

2.35 The Paranoiac Critical Method

According to Salvador Dalí, simulating paranoia can systematically undermine rational seeing and thus generate wide-ranging associations. For instance, as we all know, a cloud can look like a horse's head. The Paranoiac Critical Method can basically make anything look like something else—anything can be imagined or seen in anything. This game is about convincing yourself and others that basically every object can be something else, anything other than what it is—completely loosening our grasp on reality.

Salvador Dalí, *The Temptation of St. Anthony*, oil on canvas, 1946

Die Paranoia-Kritik-Methode

Laut Salvador Dalí können durch Simulation von Paranoia die rationelle Sicht der Dinge systematisch unterminiert und somit weitreichende Assoziationen ermöglicht werden. Eine Wolke beispielsweise kann wie ein Pferdekopf aussehen, wie wir alle wissen. Mittels der Paranoia-Kritik-Methode kann grundsätzlich alles wie etwas anderes erscheinen, ja alles kann sogar in allem gesehen und gedacht werden. Das Spiel besteht darin, sich und andere davon zu überzeugen, dass jedes Objekt grundsätzlich etwas anderes oder sogar alles andere als es selbst sein kann, um somit den Realitätsbegriff gründlich auszuhebeln.

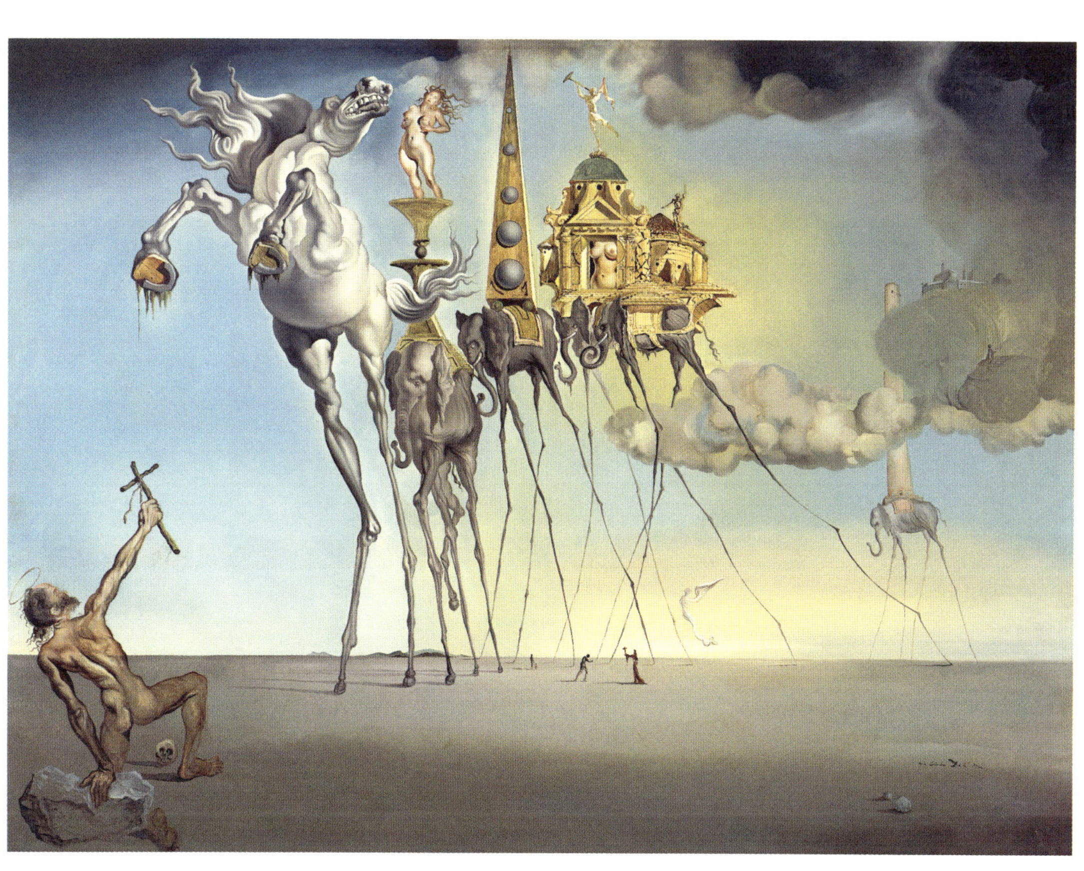

2.36 A Riddle

Arthur is shorter than Bertram but taller than Carl. Frederick is shorter than Bertram but taller than Arthur. Arrange these four individuals in order of height.

Photography: Anri Sala, *In the Order of Appearance (Son Pons)*, 2022

Rätseln

Arthur ist kleiner als Bertram, aber größer als Karl. Frederik ist kleiner als Bertram, aber größer als Arthur. Die vier Individuen der Größe nach sortieren.

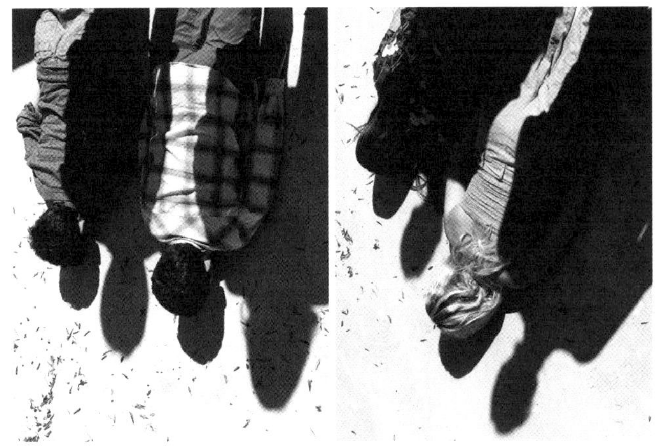

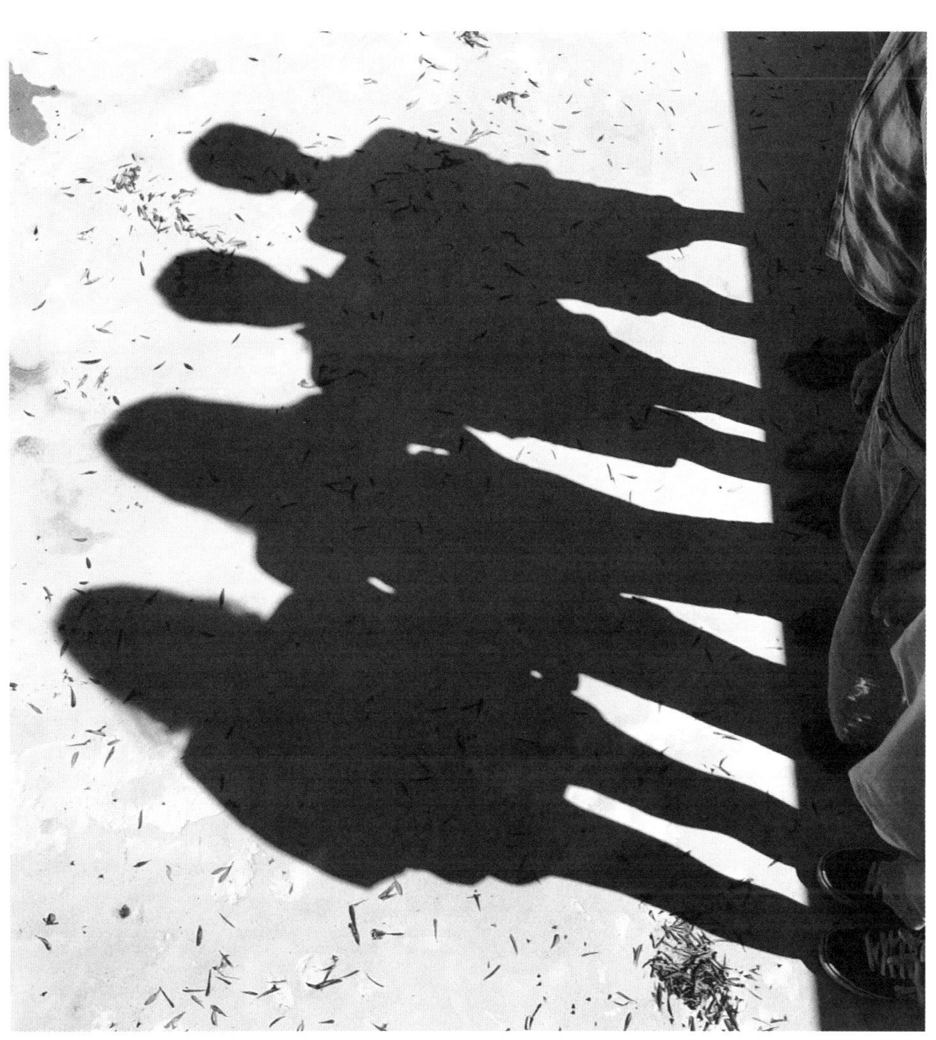

2.37 Superstitions, Sayings

Superstitions and sayings are self-reproducing memes that can vary widely across different cultures. As a "man of the world," you can attribute geographical roots to an invented superstition: "In Togo it's good luck to walk past open cupboard doors." Sayings can be even more far-fetched if the meaning is kept vague: "Cherries fall where texts fail." The aim is that these memes, unleashed by the player, will reproduce in wider society.

Benjamin Péret, Tristan Tzara, Paul Eluard, and André Breton, unknown photographer, 1932

Aberglauben, Sprichwörter

Aberglauben und Sprichwörter sind sich selbst reproduzierende Meme, die zwischen verschiedenen kulturellen Einheiten deutlich variieren können. Als Mann von Welt kann man erfundenem Aberglauben eine geografische Existenz andichten: „In Togo bringt das Vorbeigehen an offenen Schranktüren Glück." Mit Sprichwörtern kann noch weiter ausgeholt werden, wenn sich nur ein vager Sinnzusammenhang erschließt: „Kirschen fallen, wo Texte versagen." Ziel ist die vom Spieler losgelöste Reproduktion dieser Meme im gesamtgesellschaftlichen Zusammenhang.

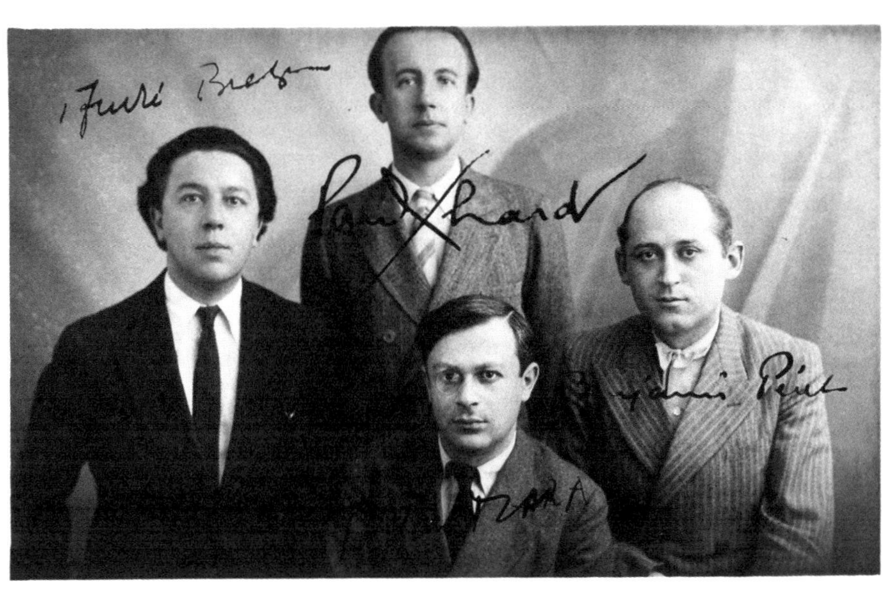

2.38 Erotic Hand Signals

Start using the Surrealists' erotic hand signals with a salacious glint in your eye.

Alastair Brotchie and Mel Gooding, *A Book of Surrealist Games*, Shambhala Redstone Editions, 1991

Erotische Handzeichen

Die erotischen Handzeichen der Surrealisten einführen, dabei schlüpfrig dreinschauen.

EROTICISM

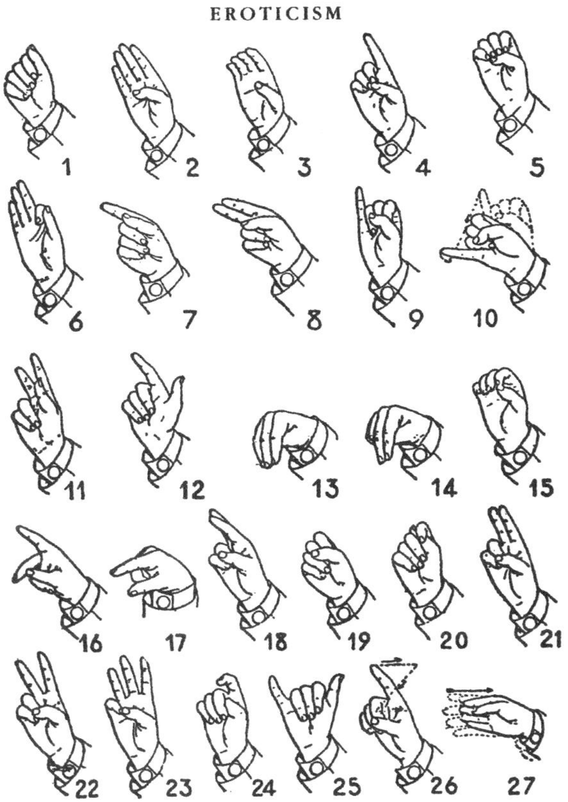

1. Accost. 2. Burgle. 3. Cunnilinguate. 4. Deflower. 5. Ensnare. 6. Fuck. 7. Gallivant. 8. Harass. 9. Irrumate. 10. Jismify. 11. Kink. 12. Lesbianise. 13. Masturbate. 14. Nidify. 15. Occult. 16. Pedicate. 17. Quench. 18. Ream. 19. Syphilize. 20. Tup. 21. Urticate. 22. Violate. 23. Waggle. 24. Xiphoidify. 25. Yonirise. 26. Zoogonise. 27. Recommence.

2.39 The Future You

Practice imitating your own mother or father, or another person, for as long as possible, to perfectly master the role—like an actor—and achieve as close a match as possible, even in your bodily proportions and your clothing.

Roberto Cuoghi, *Roberto Cuoghi as His Father*, photography, 2000
Photography: James Gooding

Das zukünftige Ich

Die eigene Mutter oder den eigenen Vater oder eine andere Person zu imitieren lernen, möglichst langfristig angelegt, um wie ein Schauspieler die Rolle perfekt zu beherrschen und sich auch in Leibesumfang und Kleidung der Zielperson möglichst deckungsgleich zu nähern.

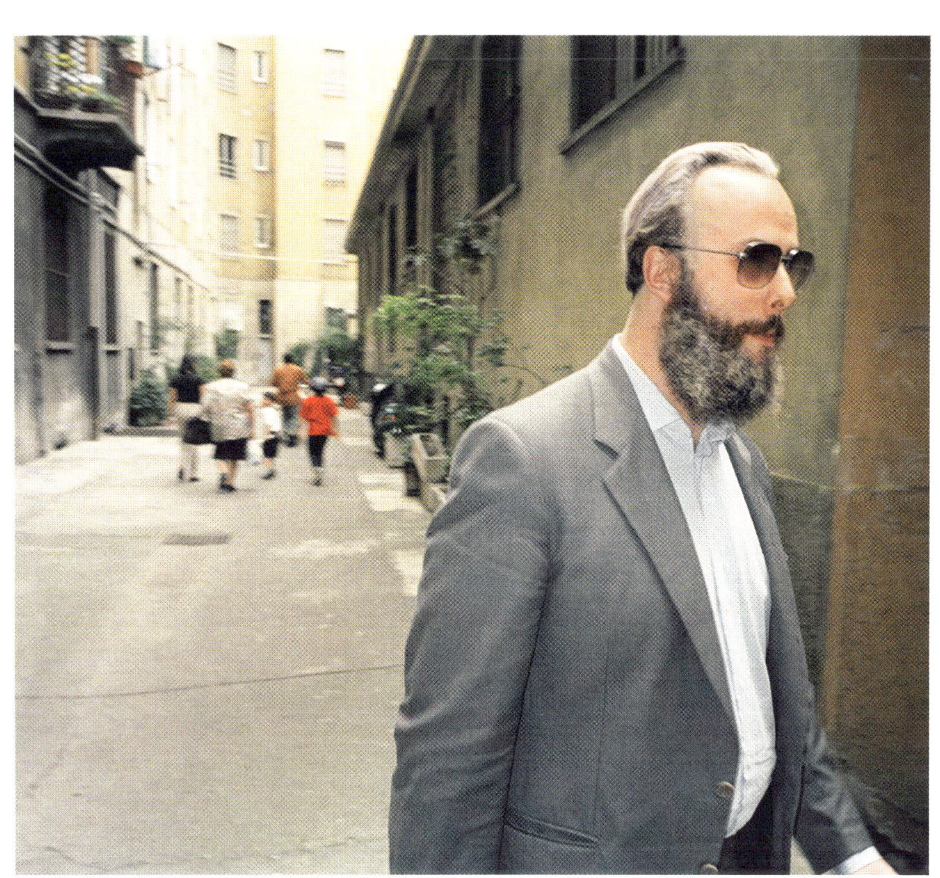

2.40 What's Up?

In midconversation abruptly affect a dialect or an accent, which can veer off in another geographical direction after a given time, seamlessly or suddenly. Also, gradually vary the pitch of your voice.

Photography: Attilio Maranzano, 2022

Was ist los

Mitten im Gespräch plötzlich einen Dialekt oder Akzent einführen, der nach gegebener Zeit in eine andere geografische Richtung geleitet werden kann, fließend oder abrupt. Auch Stimmhöhe graduell variieren.

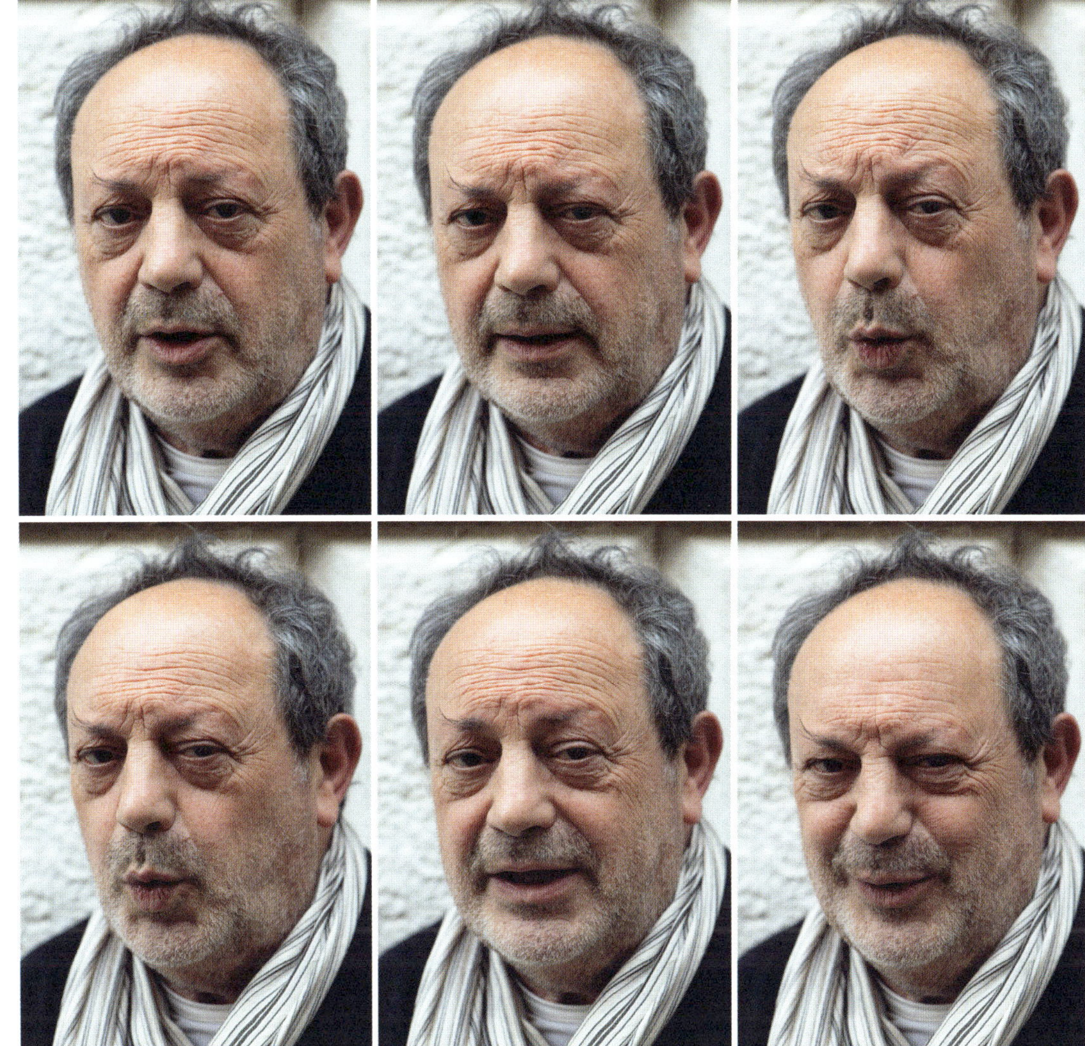

2.41 Ya Think?

Only ever respond with "Ya think?" to comments or during conversations. It can be enunciated in various ways (quickly, as if one were very interested; slowly, casting doubt; very softly, lost in thought) or always the same, in a monotone, repetitive, detached fashion.

Photography: Anders Edström, *58.94.9*, 1994

Findest du?

Immer nur „Findest du?" antworten auf eine Äußerung oder in einem Gespräch. Kann verschiedenartig ausgesprochen werden (schnell, als wäre man sehr interessiert; gedehnt, Zweifel anberaumend; sehr leise, gedankenversunken) oder auch immer gleich, monoton, repetitiv, abwesend.

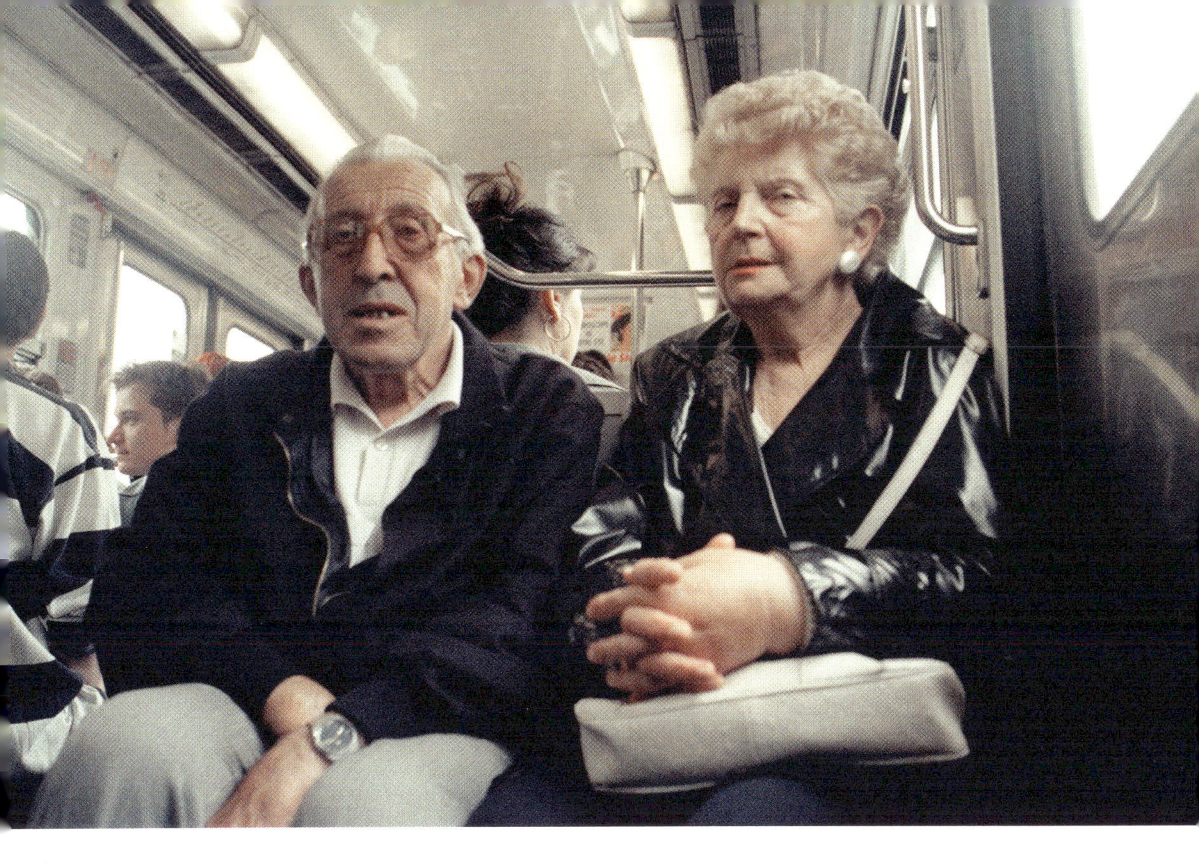

2.42 Frozen Politician

Speak like a politician, with rhetorical pauses, but then needlessly extend the pauses and make your interlocutor impatient. This can also lead to a conversation completely coming to an end, when a pause continues indefinitely.

Francesco Vezzoli, *Democrazy*, video installation, 2007

Gefrorener Politiker

Wie Politiker mit rhetorischen Pausen sprechen, dann aber den Zeitraum der Pausen unnötig überziehen und beim Gesprächspartner Ungeduld hervorrufen. Kann auch zum Abbruch eines Gesprächs führen, indem eine Pause auf unbestimmte Zeit fortgesetzt wird.

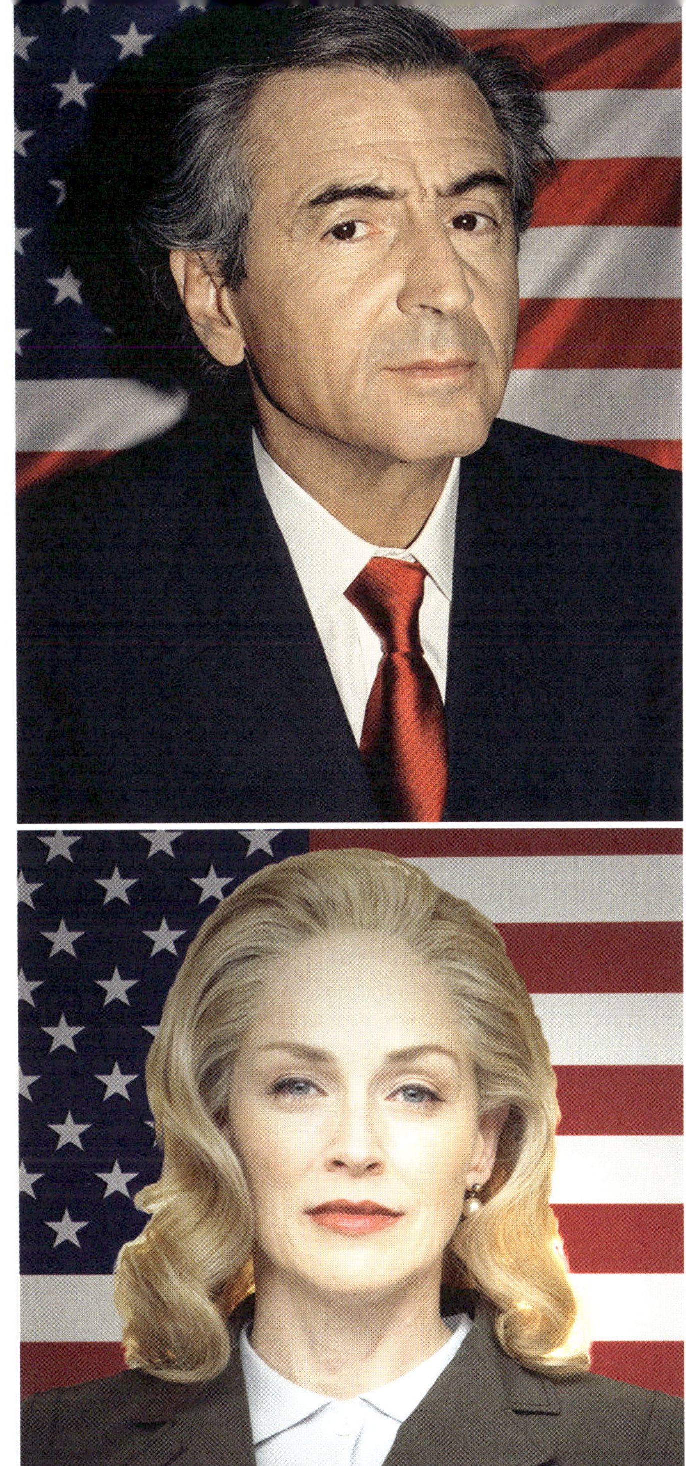

2.43 Wasn't Meant Like That

After making some inconsequential or at least not particularly significant remark, say "Wasn't meant like that" in an apologetic way, as if you had been somehow insulting or hurtful. If the other person asks what wasn't meant like that, say something truly insulting or hurtful—without softening the blow.

Photography: Casper Sejersen, *Breaking the Habit, Grace Hartzel for Dazed* magazine, 2015

War nicht so gemeint

Nach belanglosen oder zumindest nicht besonders signifikanten eigenen Äußerungen in entschuldigender Weise „war nicht so gemeint" sagen, so als hätte man etwas Beleidigendes oder Verletzendes gesagt. Falls die Gesprächspartnerin daraufhin mit der Frage aufwartet, was denn nicht so gemeint gewesen sei, nun etwas richtig Beleidigendes oder Verletzendes sagen, allerdings ohne eine Abschwächung danach.

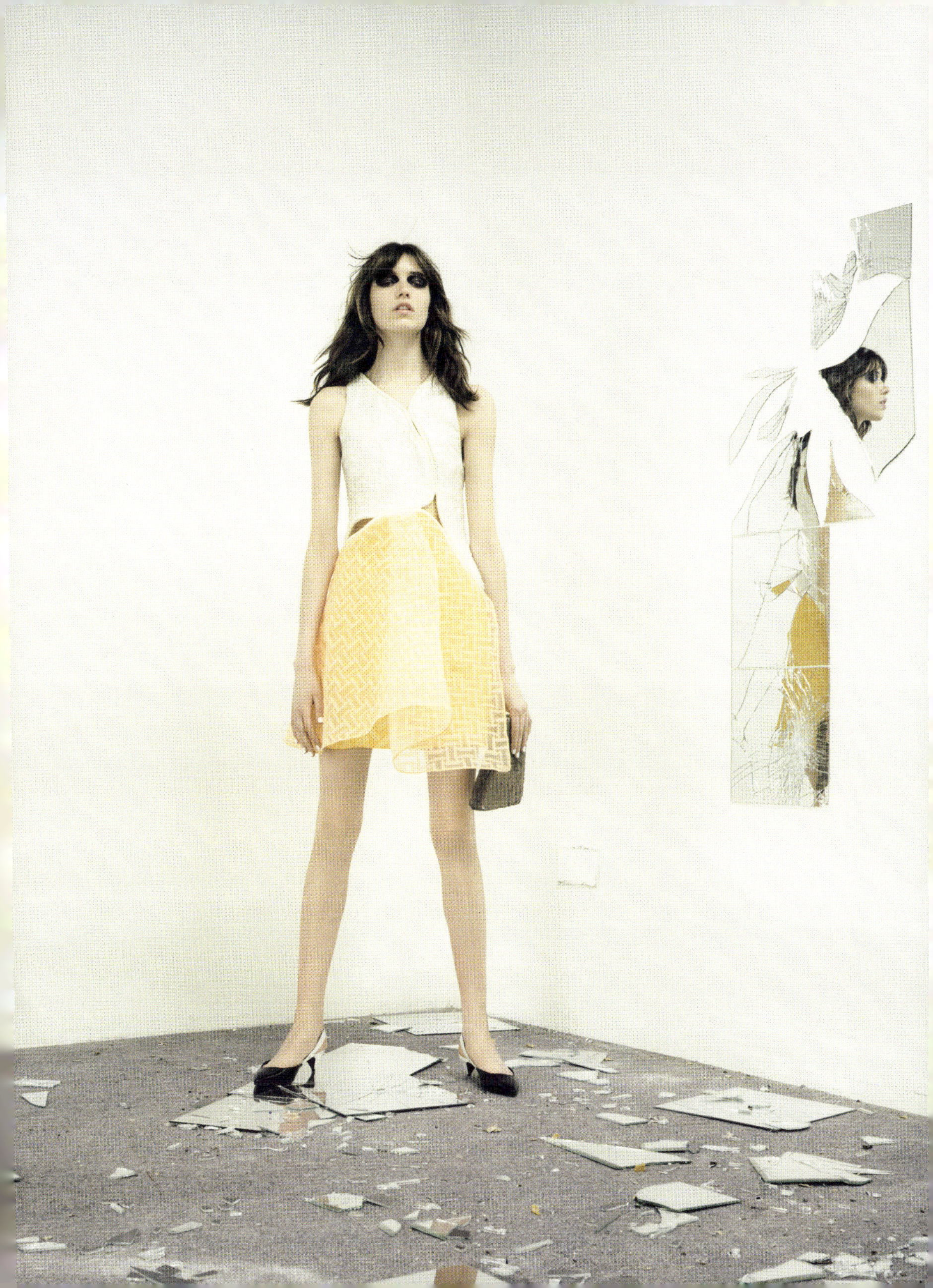

2.44 Carrot Game I

Give someone a very simple arithmetic problem to solve (what is two plus two?), then immediately make them name any vegetable of their choice. Most people will say "Carrot!"

Photography: Rirkrit Tiravanija, 2022

Karottenspiel I

Den Gesprächspartner sehr einfache mathematische Aufgaben lösen lassen (was macht zwei plus zwei?), worauf im Anschluss sofort ein Gemüse zu benennen ist. Die meisten sagen dann „Karotte".

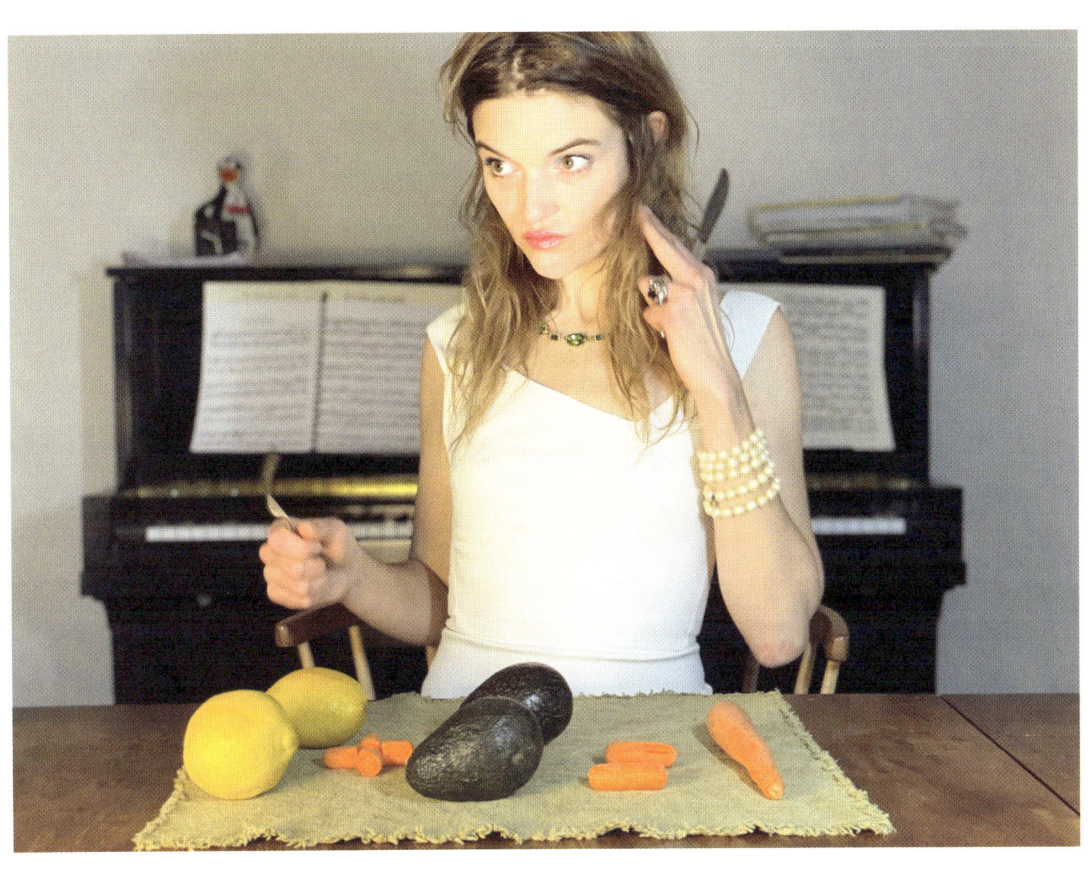

2.45 Happy Birthday

Whenever the opportunity arises, say "Happy Birthday"—when you're introduced to someone, clinking glasses, addressing somebody. The other person will reply with "Happy Birthday," even if it's no one's birthday. Also very good as a greeting.

Photography: Baldo Hauser, 2022

Happy Birthday

Wann immer sich die Gelegenheit bietet, „Happy Birthday" sagen – wenn man jemandem vorgestellt wird, beim Prosten, als Anrede. Das löst ein „Happy Birthday" auch bei den anderen aus, obwohl niemand Geburtstag hat. Eignet sich auch sehr gut als Begrüßung.

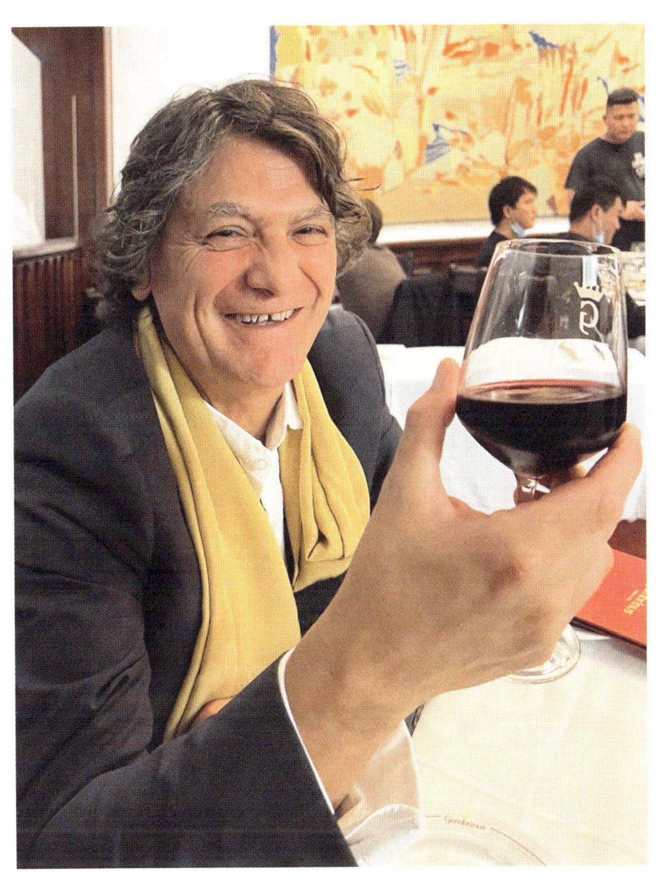

2.46 Ow! Ow!

Every time that someone else's gaze meets yours, shout "Ow!," as if they had stepped on your toes. Whenever there's eye contact, "instinctively" jerk your head back, in the same way that we whip our hands away when we touch a hot stove.

Photography: Elisabeth Toll, 2022

Aua, aua

Jedes Mal, wenn einen der Blick eines anderen trifft, „Aua" rufen, etwa so als wäre einem auf den Fuß getreten worden. Bei Blickkontakt Kopf „instinktiv" und ruckartig zurückziehen, so wie man die Hand vom heißen Herd blitzschnell zurückzieht.

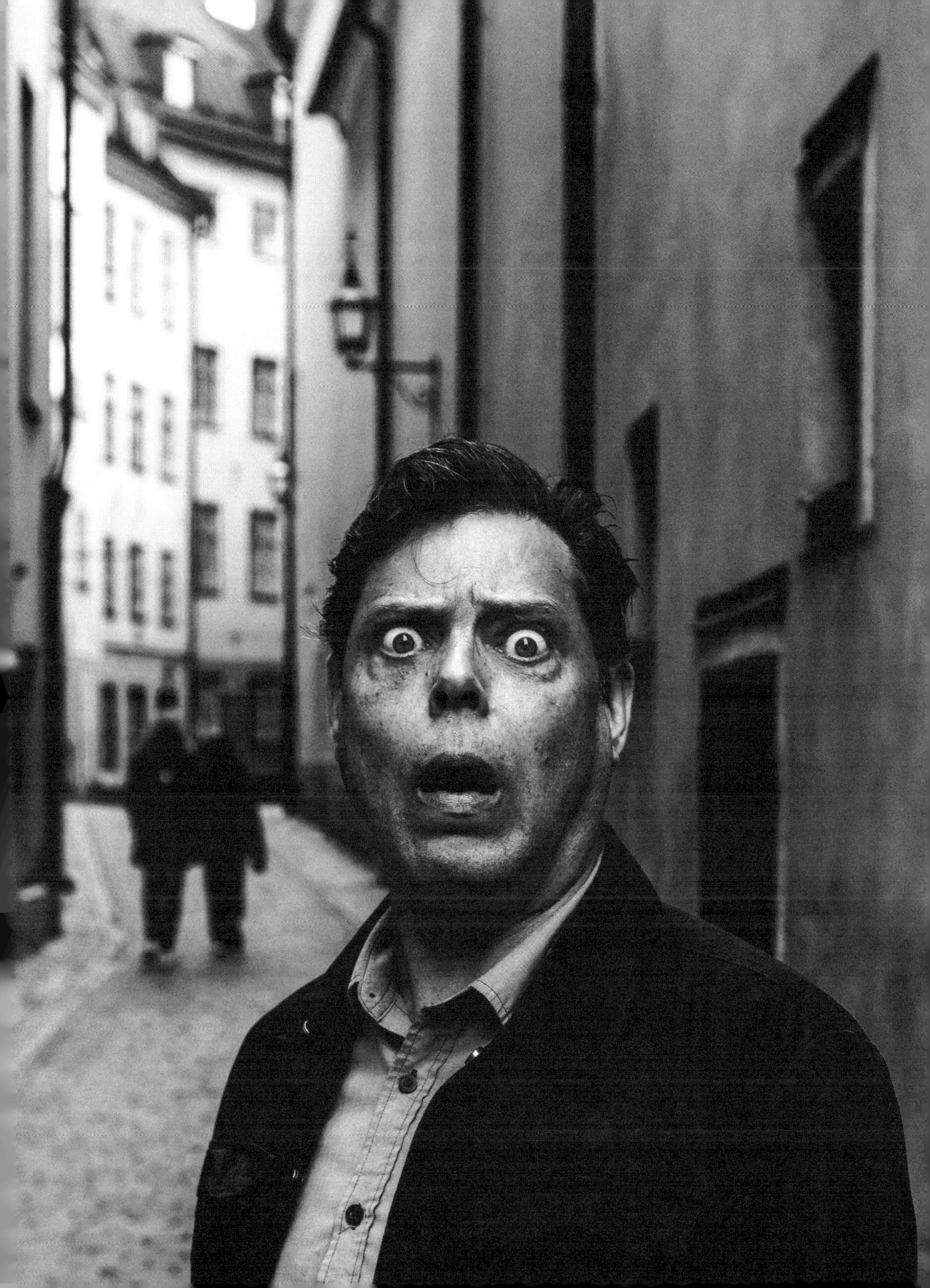

2.47 Yellow Teeth

Speak without opening your mouth.

Photography: Carsten Höller, *Paul*, 1985

Gelbe Zähne

Sprechen, ohne den Mund aufzumachen.

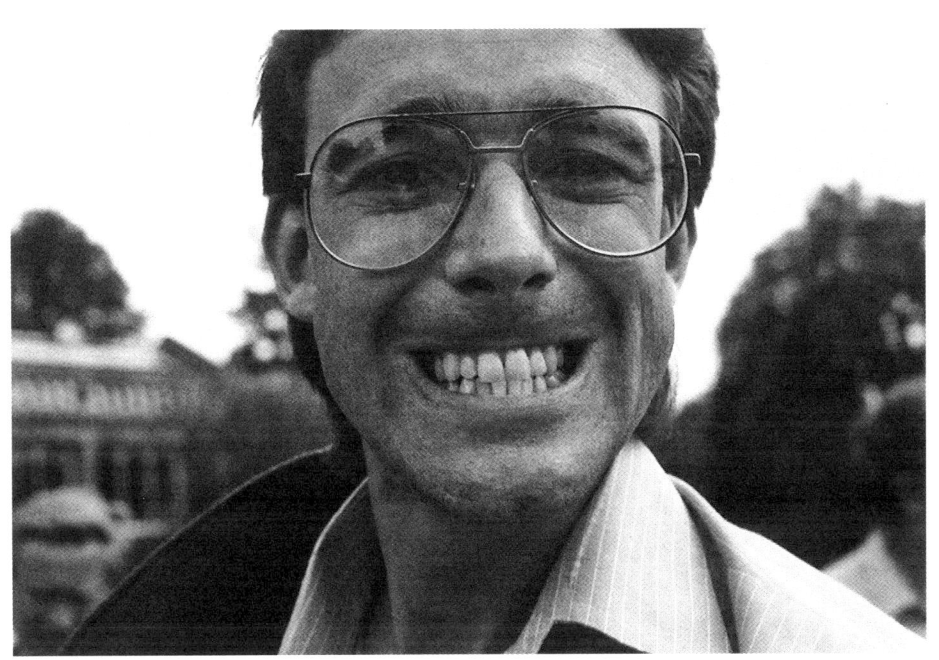

2.48 Stockholm Syndrome

Yield to another person's will (or several others' will) and thus completely suppress your own persona. The most famous example is probably Patricia "Patty" Hearst, an art history student who was taken hostage by far-left militants in 1974 only to develop sympathies with their aims and assist in their bank-robbing schemes.

Photography: James Bettmann, newspaper heiress Patty Hearst is led to her trial, 1976

Das Stockholm-Syndrom

Sich in die Gewalt eines anderen begeben (können auch mehrere andere sein) und so die eigene Persönlichkeitsstruktur gründlich überwinden. Das berühmteste Beispiel ist wahrscheinlich Patricia „Patty“ Hearst, eine Studentin der Kunstgeschichte, die 1974 von ultralinken Revoluzzern als Geisel genommen wurde und danach mit der Gruppe sympathisierte und zur Bankräuberin wurde.

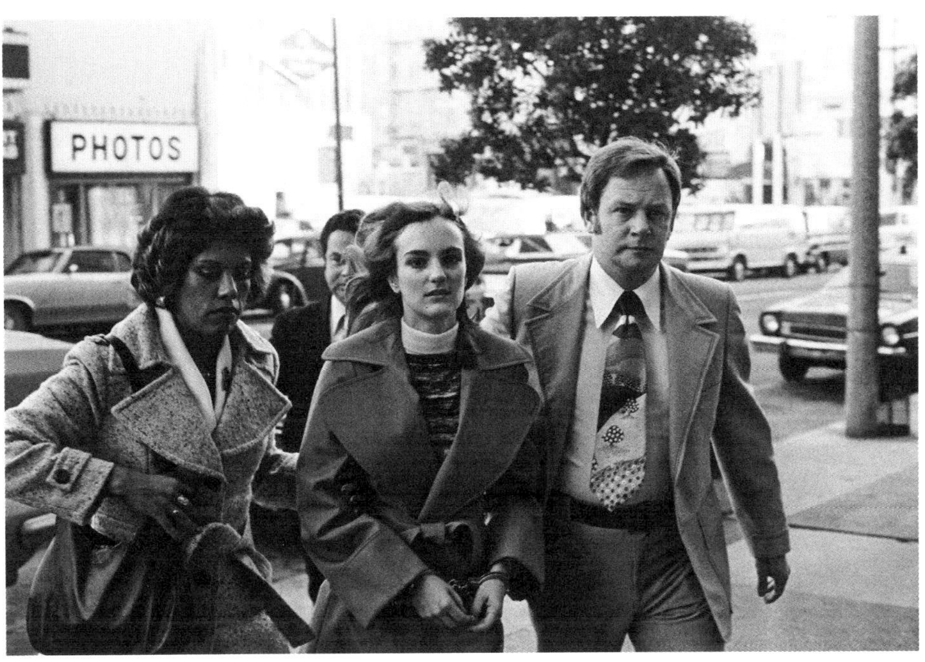
PHOTOS

2.49 Can I Pet It?

Innocuously approach a dog owner and ask whether you can pet it. However, on receiving permission, stroke the owner, not the dog.

Photography: Jana Schmitz, 2022

Darf ich mal streicheln?

Sich ganz harmlos der Hundehalterin nähern und fragen: „Darf ich mal streicheln?" Bei Bejahung aber die Halterin streicheln und nicht den Hund.

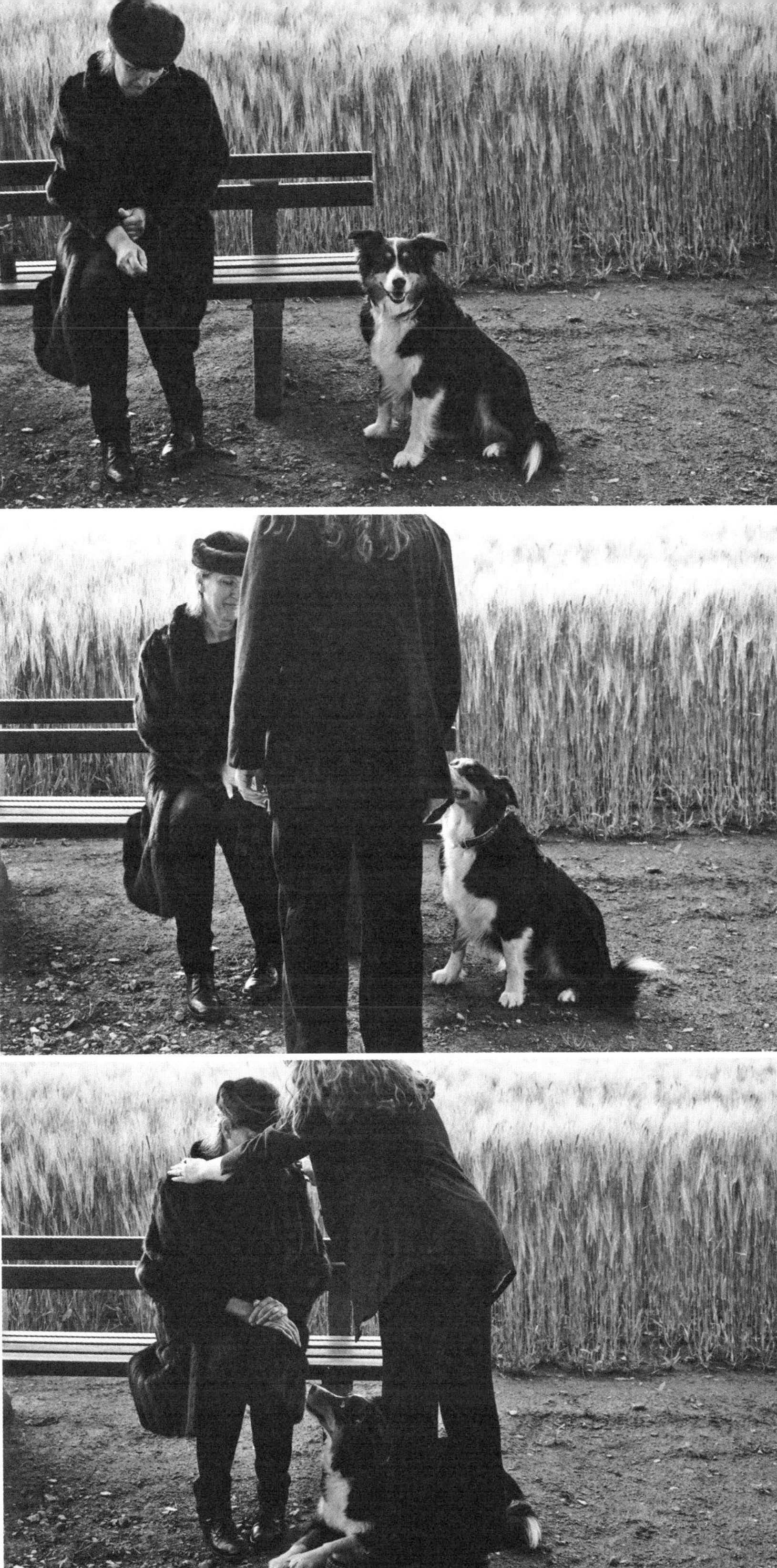

2.50 A Cool Lisp

Develop a cool lisp (like the singer Fally Ipupa) whenever you meet someone new.

Photography: Pierre Björk, *Fally Ipupa at Faden House*, 2014

Cool lispeln

Auf coole Art lispeln (so wie der Sänger Fally Ipupa), wenn man jemanden Neuen kennenlernt.

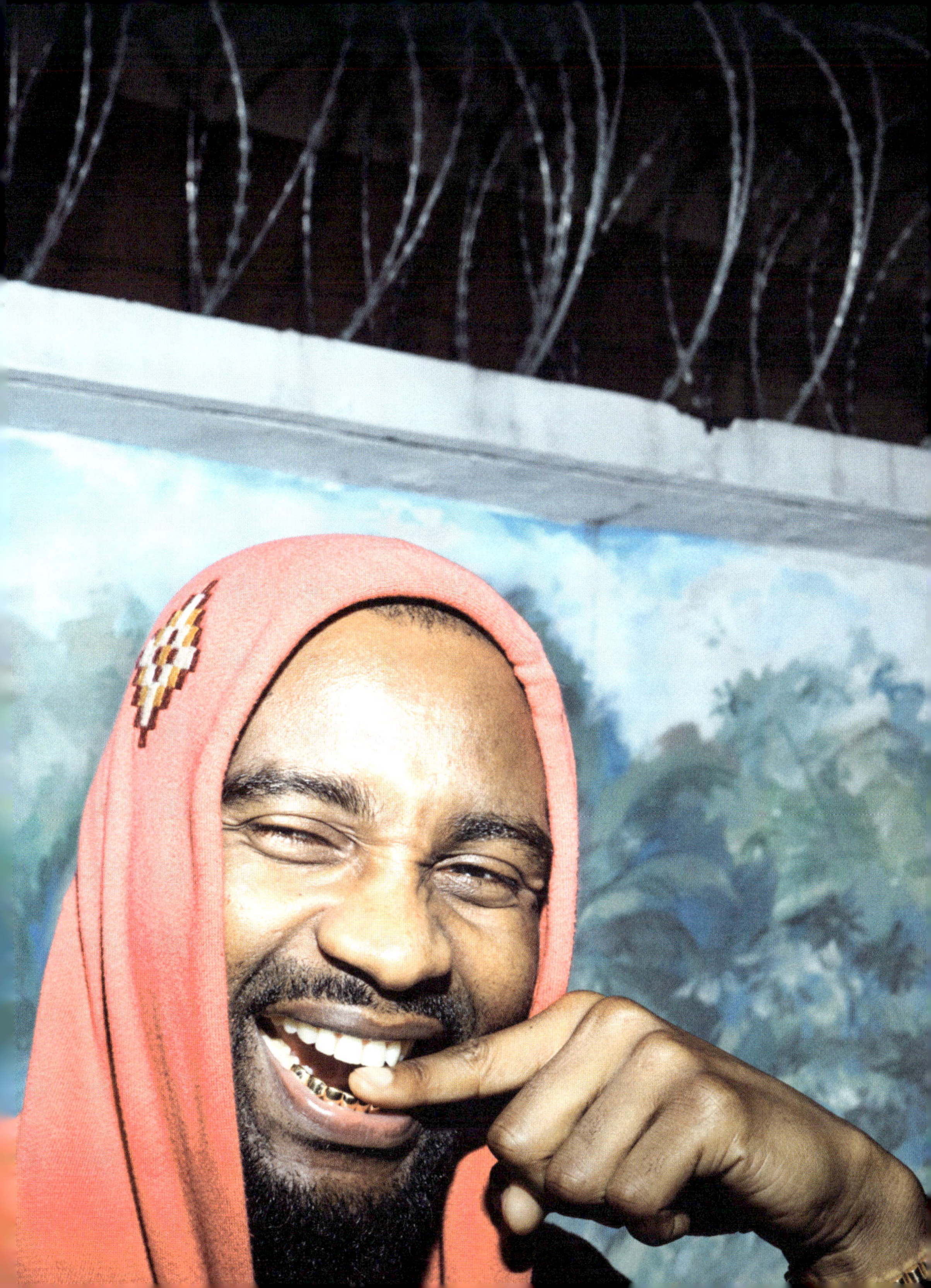

2.51 As If It Were Part of Me

Imitate the gait and movements of a random passerby; walk behind them—always keeping a distance from them. See also 2.9: Mirroring.

Marcel Broodthaers, *A Railway Robbery*, lithograph on paper, 1972

Als wär's ein Stück von mir

Eine andere, zufällig vorbeikommende Person in Gangart und Bewegungsabläufen imitieren, dabei hinter der Person hergehen und immer die gleiche Distanz wahren. Siehe auch 2.9: Spiegeln.

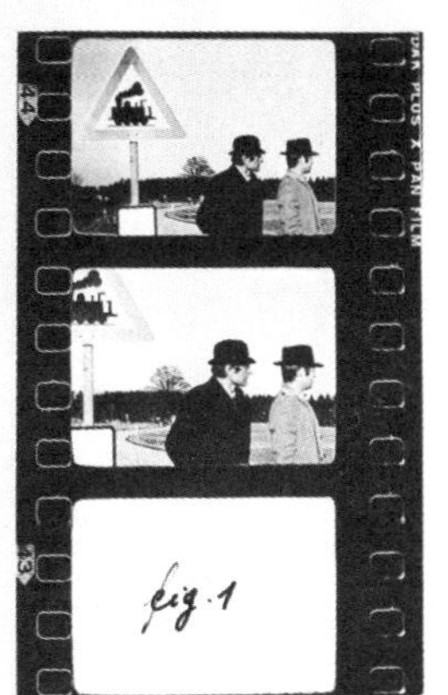
fig. 1

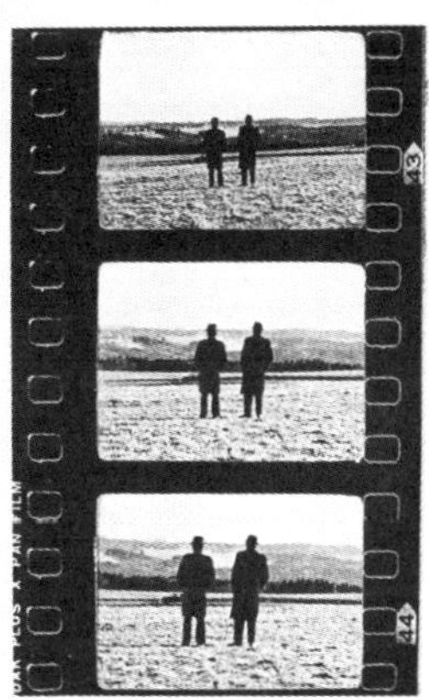

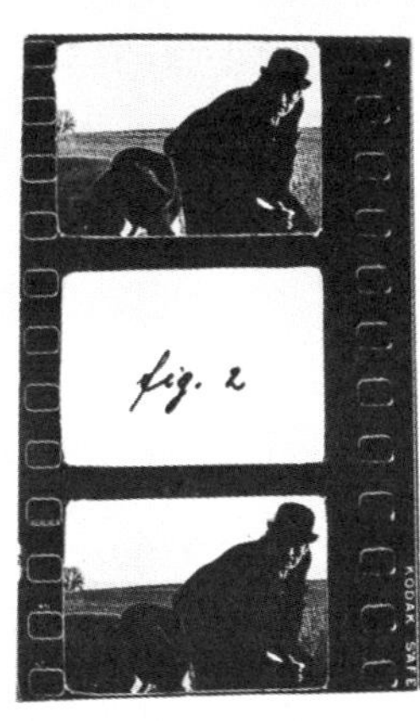
fig. 2

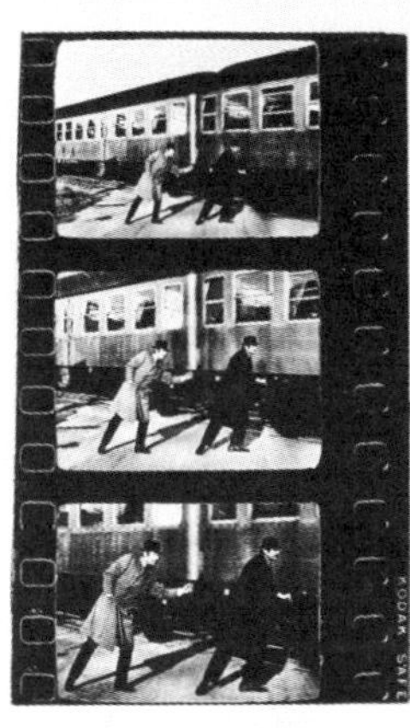

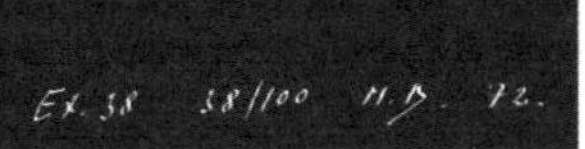
Ex. 38 38/100 H.D. 72.

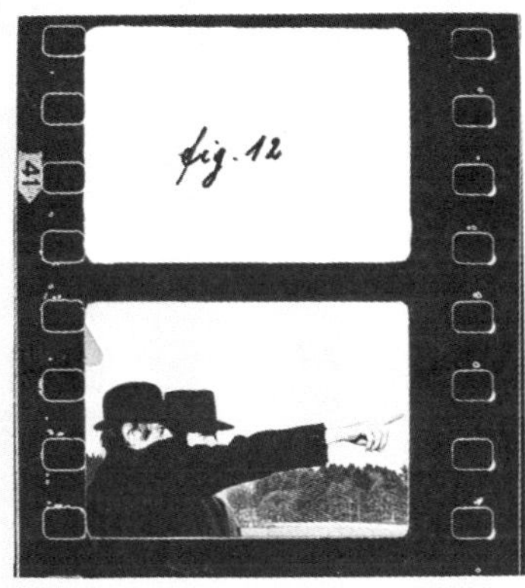
fig. 12

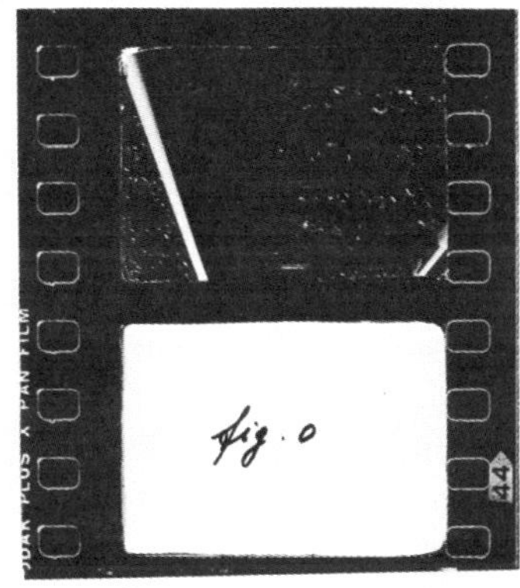
fig. 0

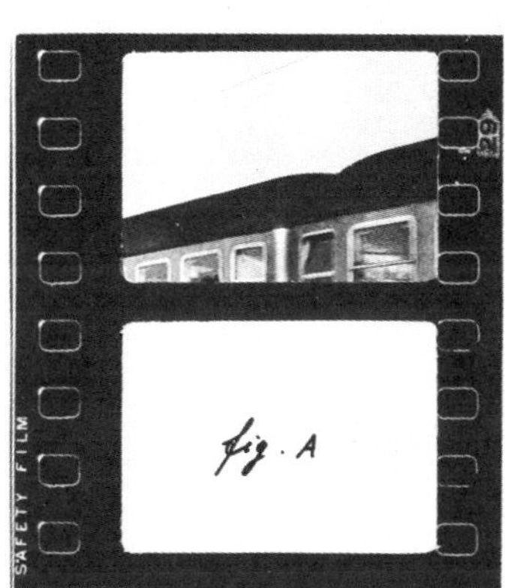
SAFETY FILM
fig. A

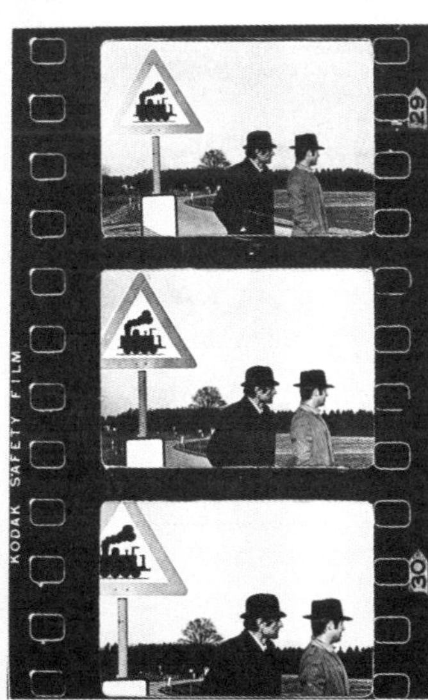
KODAK SAFETY FILM

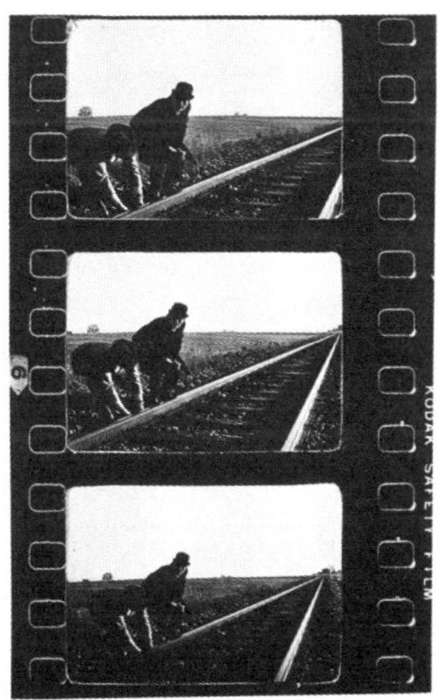
KODAK SAFETY FILM

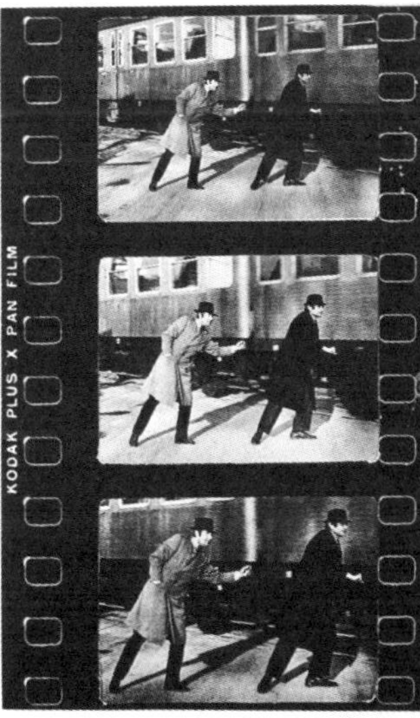
KODAK PLUS X PAN FILM

2.52 It's Me!

Why don't we see ourselves as others see us? It seems as if almost all of us are permanently unable to see the impact we make in public, even if—or because—it's something we do every day. Even blatant defects like a squeaky voice, gauche behavior, or a raucous, grating laugh don't register with the perpetrator—despite these attributes very quickly becoming blindingly and deafeningly obvious to complete strangers. It's impossible for us to have a full picture of our public persona because we can only define ourselves from the reactions of friends, acquaintances, partners, or relatives. That's probably all to the good, because anyone truly able to see himself, and the impact his actions have on others, would soon feel unmoored. Because our public actions seem inept, they are taken to be "honest signals," a manifestation of the truth (unmanipulable) in the dense web of lies and deceptions that generally prevails. So, a certain lack of awareness regarding one's own communication skills in fact paves the way for social interaction.

Yet it must be possible to do something about this, above all for people with more experience (older, quicker, cleverer). Many of the games in this book can serve as tools to improve self-awareness, even if it is only by default. That is to say, if the Self is mainly defined by interpreting other people's reactions, then an individual's participation in various games should allow him to

Ich bin's!

Warum sieht man sich selbst nicht so, wie andere einen sehen? Die Sicht auf die eigene Art, in der Öffentlichkeit aufzutreten, scheint so gut wie allen Menschen für immer verschlossen zu sein, obwohl oder weil man sie doch täglich praktiziert. Selbst offensichtliche Missstände wie eine kieksige Stimme, dummdreistes Verhalten oder zu lautes, unangenehmes Lachen werden vom Verursacher nicht erkannt, obwohl sie einer völlig fremden Person innerhalb von kurzer Zeit augen- und ohrenfällig werden. Sich selbst als öffentliche Gesamterscheinung zu sehen ist uns unmöglich, wir können uns nur aus den Reaktionen der Bekannten, Freunde, Partner und Familienmitglieder definieren. Das hat aller Wahrscheinlichkeit nach sein Gutes, denn der sich selbst Erkennende käme bestimmt schwer ins Rudern, wenn er sich über die Wirkungen seiner Handlungen auf andere im Klaren wäre. Weil das öffentliche Verhalten ungeschickt erscheint, handelt es sich um sogenannte ehrliche Signale, eine Darbietung des Wahren (weil nicht Manipulierbaren) im dichten Geflecht der allgemeinen Lügen und Täuschungen. Eine gewisse Unkenntnis über die kommunikative Beschaffenheit der eigenen Persona ebnet daher den sozialen Handlungsspielraum.

Dennoch, da muss doch etwas machbar sein, vor allem für Menschen mit Lebenserfahrung (älter, schneller, gescheiter). Viele Spiele in diesem Buch können als Mittel der Selbsterkennung nützlich sein, und sei es im Umkehrschluss.

draw certain conclusions regarding his otherwise inaccessible public persona—because it's all about interactions: Others are as much in the dark about the impact they make as I am, so It's Me! is a metagame.

Another point that seems worth considering here is why no one can remember their own birth. The moment when we are born is our first public appearance. And it's not as if little children don't have memories—on the contrary. Forgetting the experience of one's own birth, the pain and the trauma, must be an active process that is of benefit to the newborn's mental health. In that situation forgetting obviously makes sense, because it couldn't be good for anyone to forever remember being extruded from their mother and hauled into the world by strangers.

The inability to see oneself as a public persona is an analogue, active process—an active inability that serves a particular end. That end is in fact our own capacity for action, the ability to act in the public arena in keeping with regional norms—without an excess of self-awareness constantly reminding us of our ridiculousness and without our falling prey to the paralysis that would ensue from any such self-awareness. The conscious Self takes cover behind the obligation to communicate with others. It hides, like an animal. Not-knowing and not-thinking-about-it frees up space for us to act as human beings—this is what makes social interaction possible in the first place.

Denn wenn die Definition des Eigenen hauptsächlich über die Deutung der Reaktion der anderen geschieht, muss doch das Auftreten in verschiedenen Spielen entsprechende Rückschlüsse auf die ansonsten unzugängliche Persona publica zulassen, allerdings nur unter Berücksichtigung der jeweiligen Eigenheiten der Personae der Reagierenden – denn das Ganze beruht ja auf Wechselwirkungen, die anderen sind sich ebenso wenig im Klaren über ihre öffentliche Erscheinung, wie ich es mir bin. Ich bin's! ist daher ein Metaspiel.

Ein weiterer Punkt, der in diesem Zusammenhang betrachtenswert erscheint, ist die Erörterung der Frage, warum sich niemand an die eigene Geburt erinnern kann. Die Geburt ist das erste Mal, dass man sich der Öffentlichkeit zeigt. Es ist ja nicht so, dass Kleinkinder kein Gedächtnis hätten, im Gegenteil. Das Vergessen der Erfahrung der eigenen Geburt und der damit verbundenen Schmerzen und Traumata ist sicherlich ein aktiver Prozess und der geistigen Gesundheit des Geborenen nützlich. Hier erscheint der Sinn des Vergessens klar, denn es ist ja keinem damit gedient, sich ein Leben lang daran erinnern zu müssen, wie man aus dem Bauch der Mutter gequetscht und von Unbekannten herausgezogen wurde.

Die Unfähigkeit, sich selbst als öffentliche Person zu sehen, ist ein analoger, aktiver Vorgang, eine aktive Unfähigkeit, der Sache dienlich. Mit Sache ist hier die eigene Handlungsfähigkeit gemeint, das Vermögen, regionalen

If other games in this book are played in light of the metacharacter of It's Me!, the player may acquire possibly dangerous self-knowledge through the process of being seen by others if—intentionally, by dissimulation—he presents a public persona in the game that is different to his nonplaying persona. Since other people's reactions are visible and quantifiable, a qualitative gain in self-knowledge arises in the difference from when no game is underway.

Normen entsprechend im öffentlichen Raum zu agieren, ohne durch ein Übermaß an Selbstbetrachtungsfähigkeit pausenlos an die eigene Lächerlichkeit erinnert zu werden und der damit verbundenen Lähmung ausgesetzt zu sein. Das bewusste Sein tritt einen Schritt hinter die Verpflichtungen mitmenschlicher Kommunikation zurück, es verbirgt sich, Tierhaft. Das Nicht-Wissen und Nicht-daran-Denken gibt Handlungsraum frei oder macht soziales Handeln überhaupt erst möglich.

Werden andere Spiele aus diesem Buch vor dem Hintergrund des Metacharakters von Ich bin's! gespielt, kann ein unter Umständen gefährlicher Erkenntnisgewinn über das Von-den-anderen-gesehen-Werden erlangt werden, indem durch Intention oder Verstellung eine andere öffentliche Person erzeugt wird als die nicht spielende. Da die Reaktion der anderen sichtbar und messbar ist, ergibt sich aus der Differenz zum Nicht-spiel ein qualitativer Erkenntnisgewinn.

2.53 Shower or Grower

Embroil other men in a discussion about penises and the advantages or otherwise of showers and growers, then ask what type theirs is. The grower adds to its length (grows considerably as it swells) during an erection, whereas a shower mainly hardens and stands up rather than increasing in length.

If you are uncertain how to introduce the topic, you can resort to the question "Body part with five letters?" and easily transition from there into the actual game.

Photography: Oliviero Toscani, *Calendar for Consorzio Vera Pelle Italia*, 2011

Fleisch- oder Knochenpenis

Andere Männer in Diskussion über die Vorzüge und Nachteile von Fleisch- oder Knochenpenis verwickeln, um sie dann nach ihrem Typus zu fragen. Der Fleischpenis ist in der Größe variabel (nimmt also bei Schwellung vergleichsweise stark zu), wohingegen ein Knochenpenis sich bei der Erektion eher verhärtet und aufstellt, als zu wachsen.

Wenn man sich unsicher ist, wie das Thema herbeizuführen ist, bietet sich die als Witz gestellte Frage: Organ im Kopf mit fünf Buchstaben? an, von wo dann leicht zum eigentlichen Spiel übergegangen werden kann.

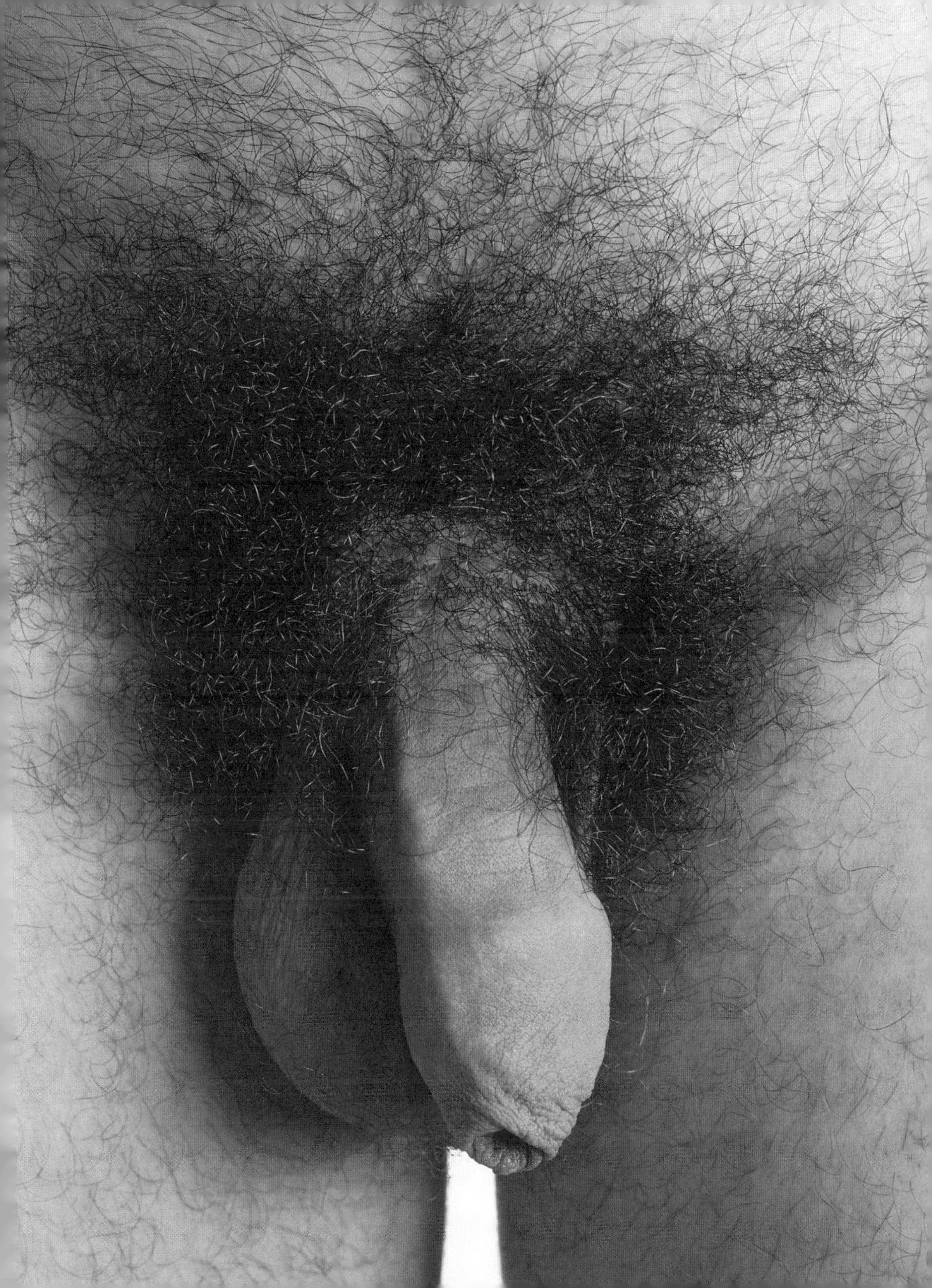

2.54 The {Swedish} Study

According to a Swedish study, most people engaging in conversation are not thinking about what the other person is saying. Instead they are thinking about how best to respond—as a stream of words flows by, all the listener does is pick out some keywords that serve as hooks for her response. Mention that study and, depending on where you are at the time, replace "Swedish" with the appropriate country to heighten the impact on your conversation partner, who now (hearing about the {Swedish} Study) catches herself doing exactly that: seeking her best response.

Photography: Dragana Kusoffsky Maksimovic, *Lap-See Lam Exhibition at Bonniers Konsthall*, 2022

Die {schwedische} Studie

Einer schwedischen Studie zufolge denken die allermeisten im Gespräch nicht an das, was ihnen gerade vom Gegenüber erzählt wird, sondern daran, wie sie am besten darauf antworten – der Wortfluss gleitet an ihnen vorbei, und sie greifen nur Stichwörter heraus, die ihnen den Bezug zur eigenen Entgegnung geben. Je nachdem, wo man sich gerade befindet, von der Studie berichten, dabei aber „schwedisch“ durch das entsprechende Land ersetzen, um den Effekt auf den anderen zu erhöhen, der sich nun (beim Zuhören, wenn von der {schwedischen} Studie berichtet wird) dabei ertappt, wie er sich in diesem Augenblick genau so verhält: die beste eigene Antwort suchend.

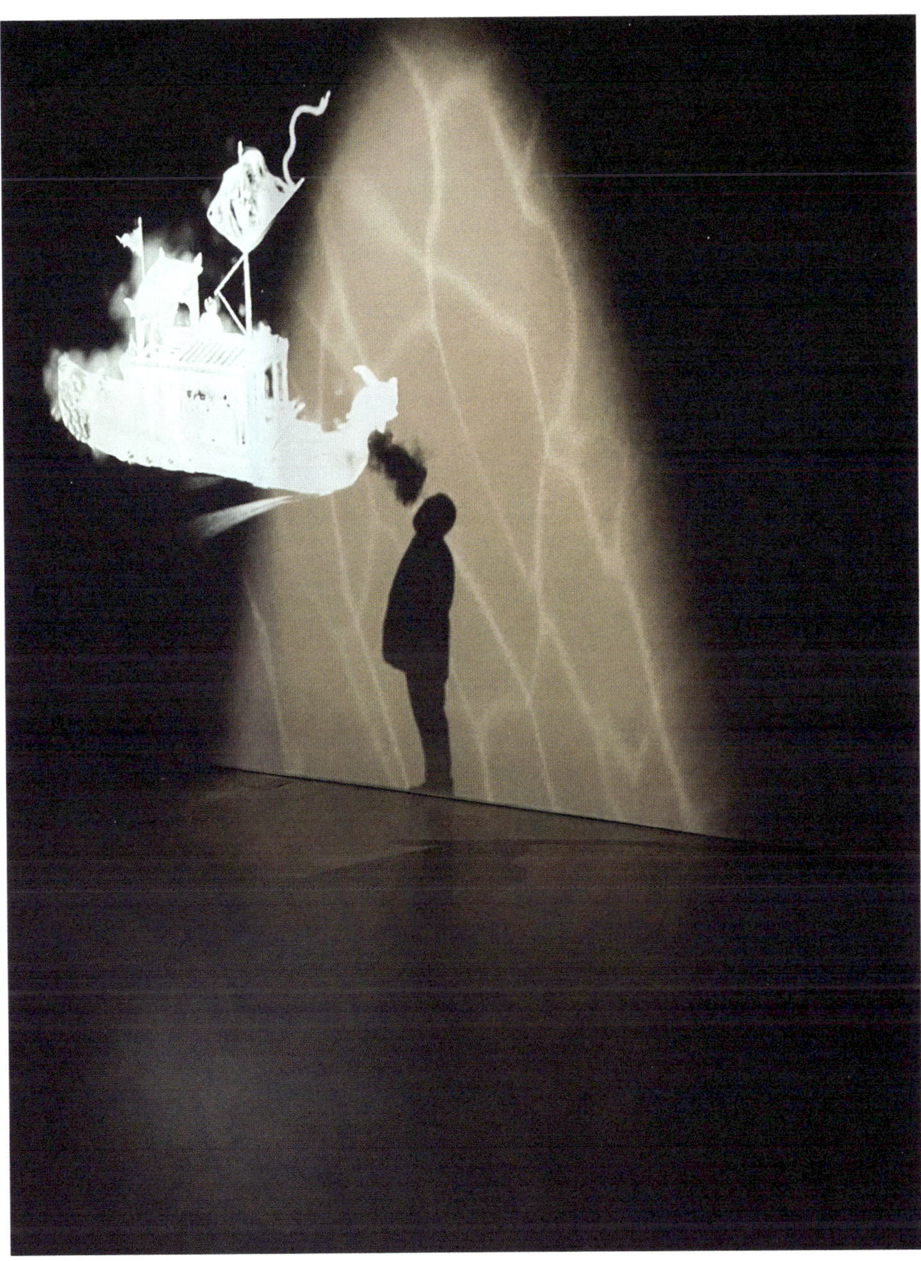

2.55 How Can I Tell What I Think till I See What I Say?

When someone asks you for an opinion, reply with the words "How can I tell what I think till I see what I say?"

This question is generally attributed to the English writer E. M. Forster.

Edward Morgan Foster, photographer and year unknown

Wie kann ich sagen, was ich denke, bevor ich höre, was ich sage?

„Wie kann ich sagen, was ich denke, bevor ich höre, was ich sage?" antworten, wenn man nach der eigenen Meinung gefragt wird.

Diese Frage wird dem britischen Lyriker Edward Morgan Foster zugesprochen.

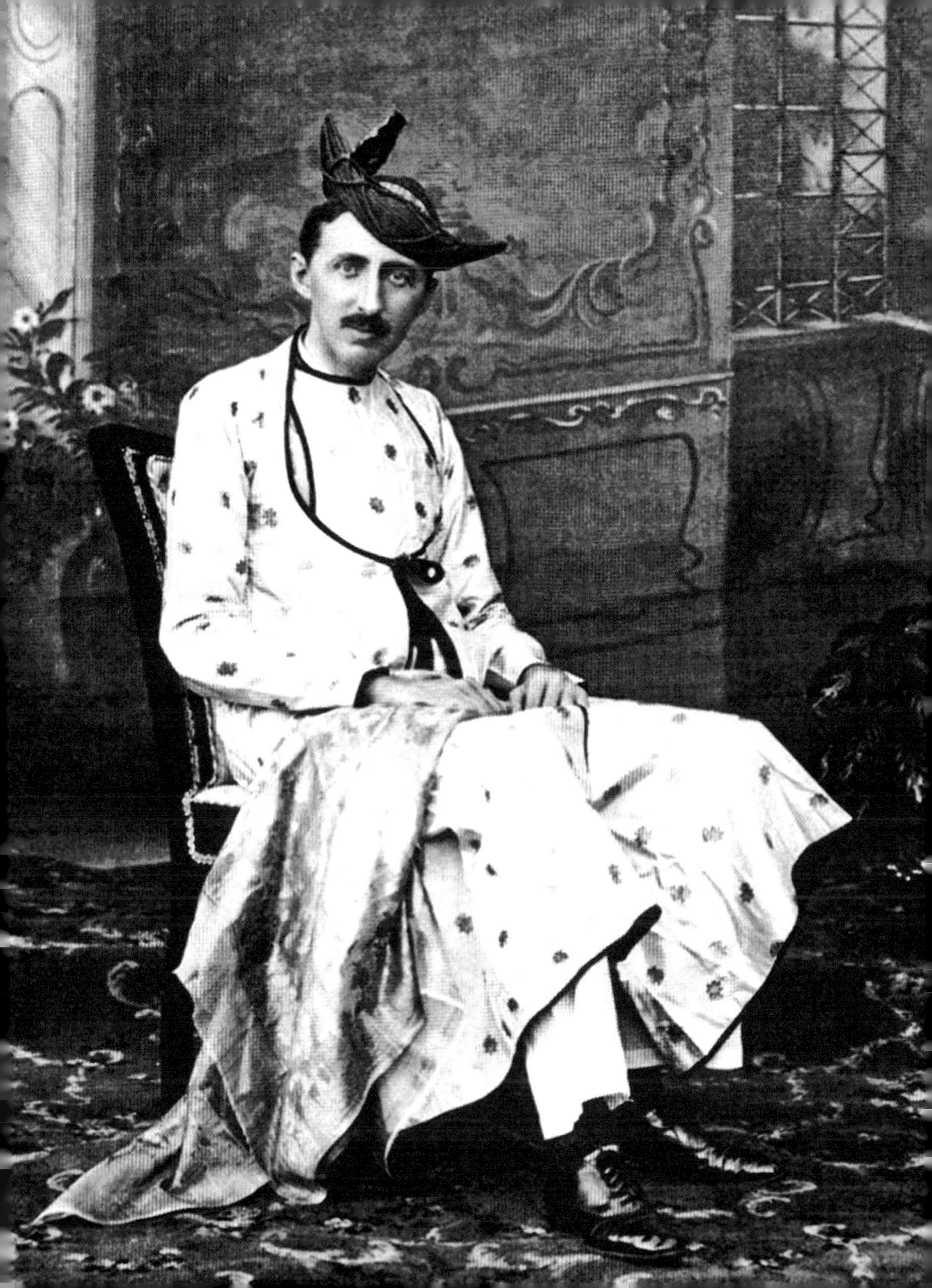

2.56 May I Have Some Salt, Please?

According to H. P. Grice, this simple question requires a complex picture of the other person's mental capacity. As the questioner, I do not merely want the waiter to give me some salt. I understand that my words will trigger a reaction in him, and I also understand why that will happen. I understand that the waiter will give me salt because he understands that I want it. In my mind I picture or represent the waiter with the capacity, for his part, to represent my wish in his mind, although my wish is in itself a representation of "something"—salt, in this case. Thus, we are dealing with a threefold structure of mutually embedded representations, which is known as a Gricean mechanism.

Juan Carlos Gomez has, however, suggested that we think of the Gricean mechanism as a fivefold structure of mutually embedded representations. Let us suppose I have had an argument with the waiter and that I now wish never to talk to him again. Only then do I discover that the salt shaker on my table is empty. To not have to talk to the waiter, I observe him until he looks my way, at which point I, as it were, try to season my food with the empty salt shaker and act as if I'm only just noticing that it is empty. I hope the waiter will bring me a different full salt shaker because he has interpreted my disappointment correctly.

Juan Carlos Gomez, *Mutual Awareness: A Gricean Approach*, drawing, 1994

Kann ich bitte das Salz haben?

Laut H. P. Grice bedarf diese einfache Frage einer komplexen Vorstellung über die mentalen Fähigkeiten des anderen. Als Fragender will ich nicht nur, dass der Kellner mir das Salz gibt. Ich verstehe, dass meine Worte eine Reaktion in meinem Gegenüber auslösen werden, und ich verstehe auch, warum das passieren wird. Ich verstehe, dass der Kellner mir das Salz geben wird, weil er versteht, dass ich es will. Ich repräsentiere den Kellner mental in seiner Fähigkeit, meinen Wunsch selbst mental zu repräsentieren, wobei mein Wunsch in sich selbst eine Repräsentation von „etwas" ist: Salz in diesem Falle. Es handelt sich also um eine dreifach ineinander eingebettete Repräsentationsstruktur, die als Grice'scher Mechanismus bezeichnet wird.

Juan Carlos Gomez hat den Vorschlag gemacht, den Grice'schen Mechanismus als fünffach ineinander gebettete Repräsentationsstruktur zu denken. Nehmen wir an, dass ich mit dem Kellner einen Streit gehabt habe und ich infolgedessen nie wieder mit ihm sprechen möchte. Dann entdecke ich, dass das Salzfässchen auf meinem Tisch leer ist. Um nicht mit dem Kellner sprechen zu müssen, beobachte ich ihn – wenn er herschaut, versuche ich mein Essen mit dem leeren Salzfässchen zu salzen, und tue so, als ob ich erst in diesem Moment entdeckte, dass es leer ist. Ich hoffe, dass der Kellner nun ein neues, gefülltes Salzfässchen bringt, weil

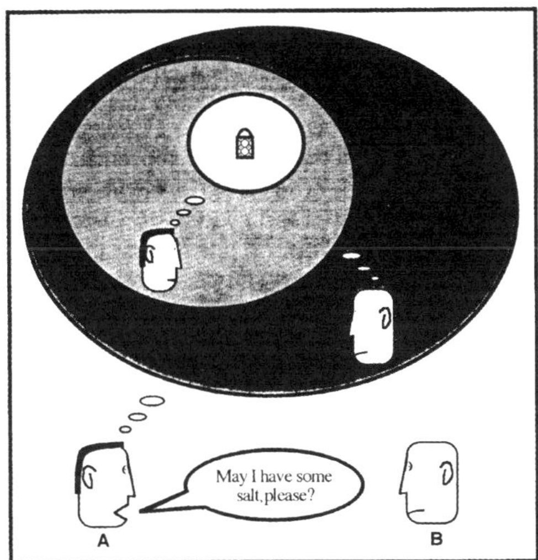

Figure 5.1. A moderate Gricean interpretation of a simple request for salt. The speaker is assumed to have a third-order intentional representation encompassing his own and his listener's mental states: *A* wants *B* to *understand* that he *wants* some salt. (See text.)

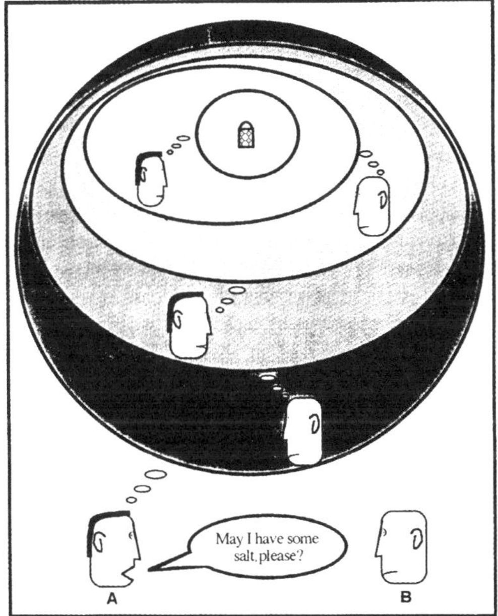

Figure 5.2. A truly Gricean interpretation of a requestive situation. The speaker entertains a fifth-order level of intentionality: *A wants B* to *understand* that he *wants* him to *understand* that he *wants* the salt. (See the text for further explanations.)

So I want the waiter to understand, from seeing my futile attempt to salt my food, that I want salt—without having to ask for it.

The difference here from a Gricean mechanism is that, although I am hoping the waiter will understand that I want salt, I am not hoping that he fully understands my intentions—I want him to understand that I want salt, but I don't want him to understand that I want him to understand that I want salt. Gomez describes this scenario as the actual communicative act, because I hope the other person understands that it is my intention to make him understand what I want from him. Because I want the waiter not to understand that I want him to understand that I want salt, this is a fivefold structure of mutually embedded representations. Indeed, from the waiter's perspective, if he understands my hidden intention, one might even talk of six levels of representation—that is, that I want to make him believe that I want salt but that I don't want him to understand that I want him to know what I want.

Ruggero Maramotti, *Salt at Brutalisten Restaurant*, photography, 2023

er meinen Missmut korrekt interpretiert. Ich will also, dass der Kellner nur durch das Beobachten meiner vergeblichen Handlung versteht, dass ich Salz will, ohne selbst danach fragen zu müssen.

Der Unterschied zum Grice'schen Mechanismus besteht darin, dass ich zwar möchte, dass der Kellner versteht, dass ich Salz haben will, aber dass ich nicht möchte, dass er sich über meinen Wunsch im Klaren ist – ich will, dass er versteht, dass ich Salz will, aber ich will nicht, dass er versteht, dass ich will, dass er versteht, dass ich das Salz will. Gomez beschreibt dieses Szenario als den eigentlichen kommunikativen Akt, weil ich möchte, dass der Zuhörer versteht, dass es meine Intention ist, ihn verstehen zu lassen, was ich von ihm will. Weil ich will, dass der Kellner nicht versteht, dass ich will, dass er versteht, dass ich das Salz will, handelt es sich um eine fünffach ineinander eingebettete Repräsentation. Von der Seite des Kellners kann sogar von sechs Repräsentationsebenen gesprochen werden, wenn er die geheime Absicht hinter meinem verdeckten Manöver versteht: dass ich ihn glauben lassen möchte, dass ich Salz will, aber dass ich nicht will, dass er versteht, dass ich will, dass er weiß, was ich will.

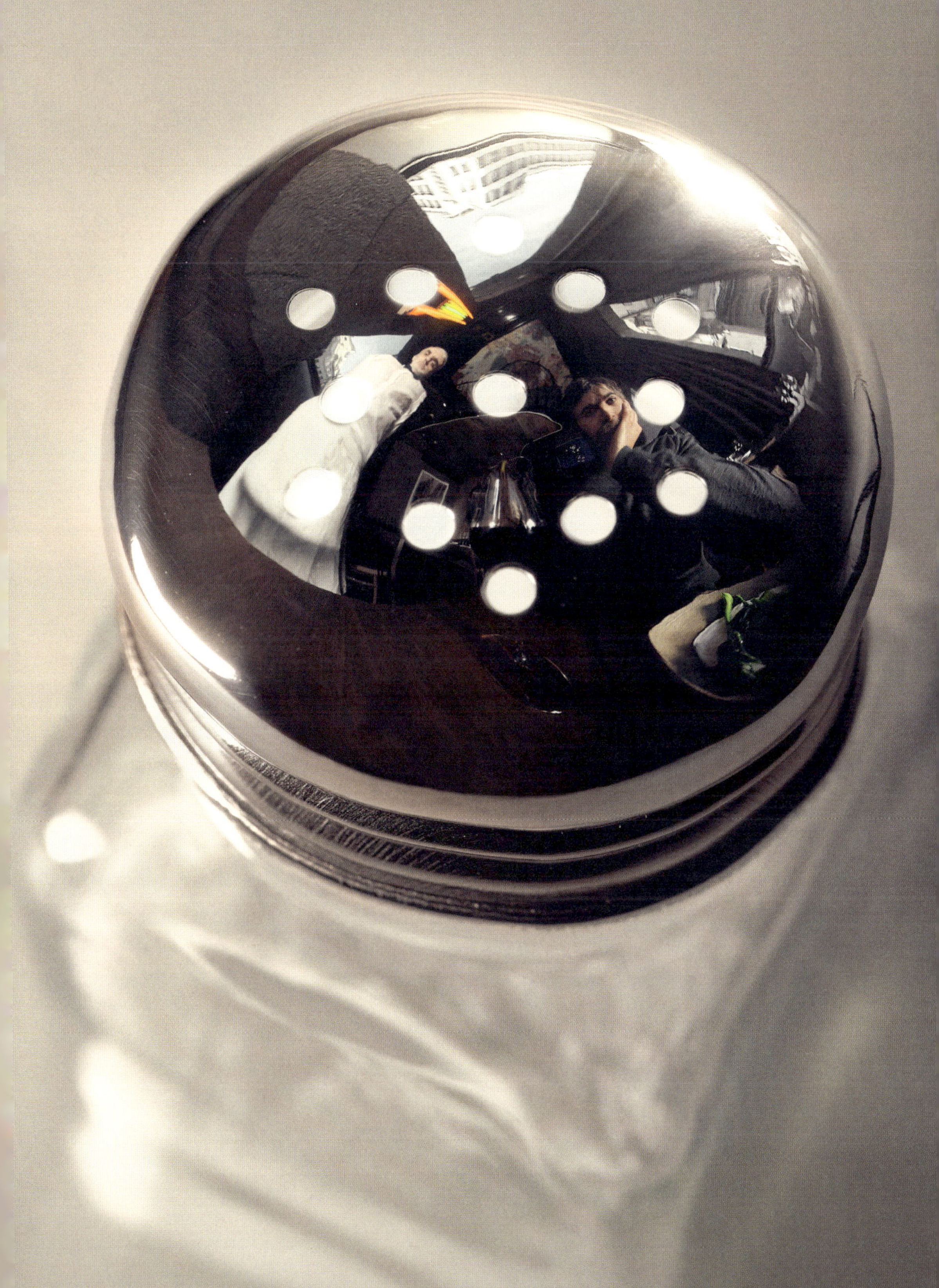

2.57 Jack Is More Afraid of Jill

Jack is more afraid of Jill
If Jack thinks
that Jill thinks
that Jack is afraid of Jill.

Carsten Höller, *Untitled (Jack is More Afraid of Jill)*, ink and collage on paper, 1995

Jack hat mehr Angst vor Jill

Jack hat mehr Angst vor Jill
Wenn Jack denkt
Dass Jill denkt
Dass Jack Angst vor Jill hat

Jack is more afraid of Jill

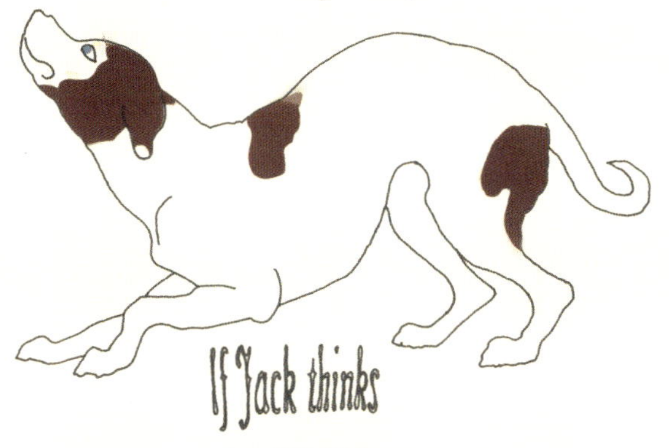

If Jack thinks

that Jill thinks

that Jack is afraid of Jill

2.58 Proxemics

According to Edward T. Hall, the father of proxemics (the study of socially conditioned spatial relationships), the relative distances between people can be divided into intimate, personal, social, and public. The cutoff between the "close phase" and the "far phase" of personal distance is two and a half feet—in other words, roughly the average length of an arm with the fingers extended.

In one-on-one conversations, use an outstretched arm as a measure and maintain that distance as best you can. If your conversation partner sidles closer, pull away accordingly. If she shifts away, follow her. Other distances can also be selected, but they, too, should be consistently adhered to.

Photography: Simon Denny, *Proxemics*, 2022

Proxemik

Laut Edward T. Hall, dem Gründer der Proxemik (Wissenschaft, die sich mit gesellschaftlich konditionierten räumlichen Beziehungsfragen beschäftigt), lassen sich die relativen Entfernungen zwischen Menschen in intime, persönliche, soziale oder öffentliche, interpersonale Distanzen unterteilen. Die Schnittstelle zwischen naher und entfernter persönlicher Distanz liegt bei 76 cm, also ungefähr der durchschnittlichen Länge eines Arms mit ausgestreckten Fingern.

Beim persönlichen Gespräch die ausgestreckte Armlänge als Distanzeinheit wählen und so weit wie möglich beibehalten. Kommt die Gesprächspartnerin näher, entsprechend wegrücken, entfernt sie sich, nachrücken. Auch andere Distanzen können gewählt werden, nur sollen sie kontinuierlich beibehalten werden.

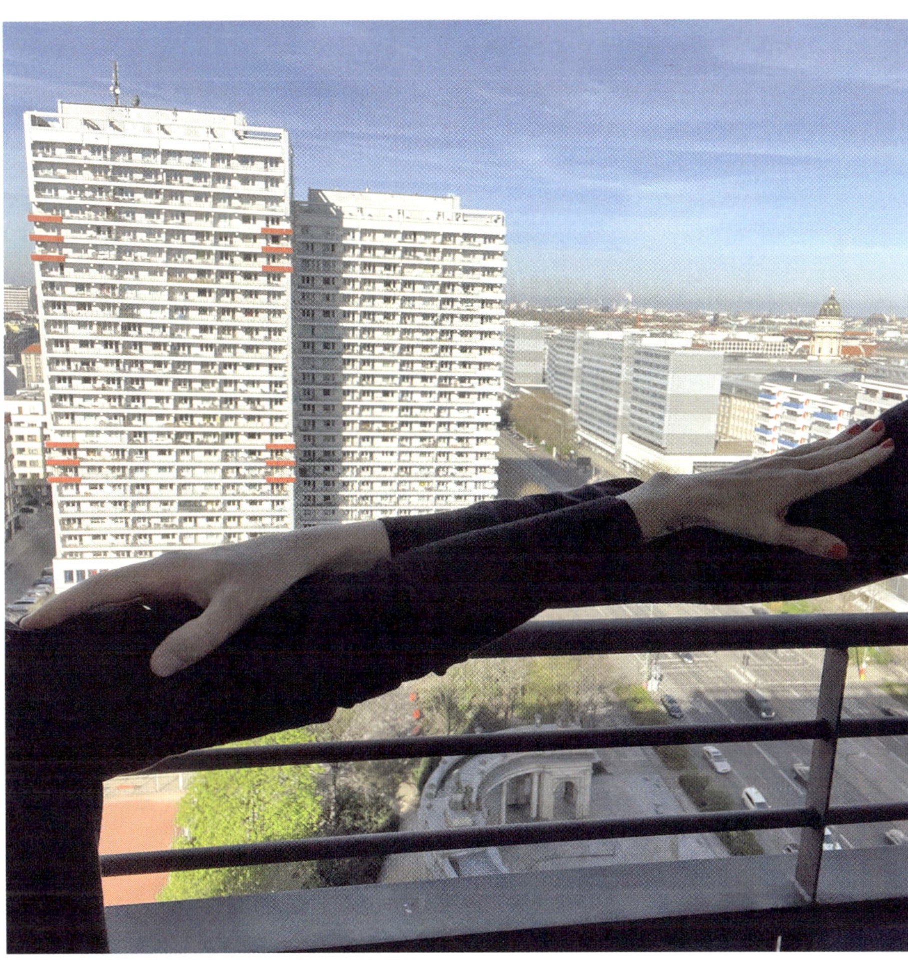

2.59 Conductor with Even Greater Delusions of Grandeur

A Conductor with Even Greater Delusions of Grandeur seeks out a high vantage point—ideally on a roof or at the top of a tower—and conducts the sounds of the city at his feet. In the Olivier Messiaen version, the maestro practices conducting birdsong.

Photography: Yusef Audeh, *Conductor of Jaffa*, 2022

Noch größenwahnsinnigerer Dirigent

Der Noch größenwahnsinnigere Dirigent stellt sich auf einen erhöhten Punkt, am besten auf ein Dach oder hoch oben auf einen Turm, und dirigiert die Geräusche der Stadt zu seinen Füßen. In der Variante Der noch größenwahnsinnigere Dirigent Messiaen übt sich der Orchesterleiter im Dirigieren der Vogelstimmen.

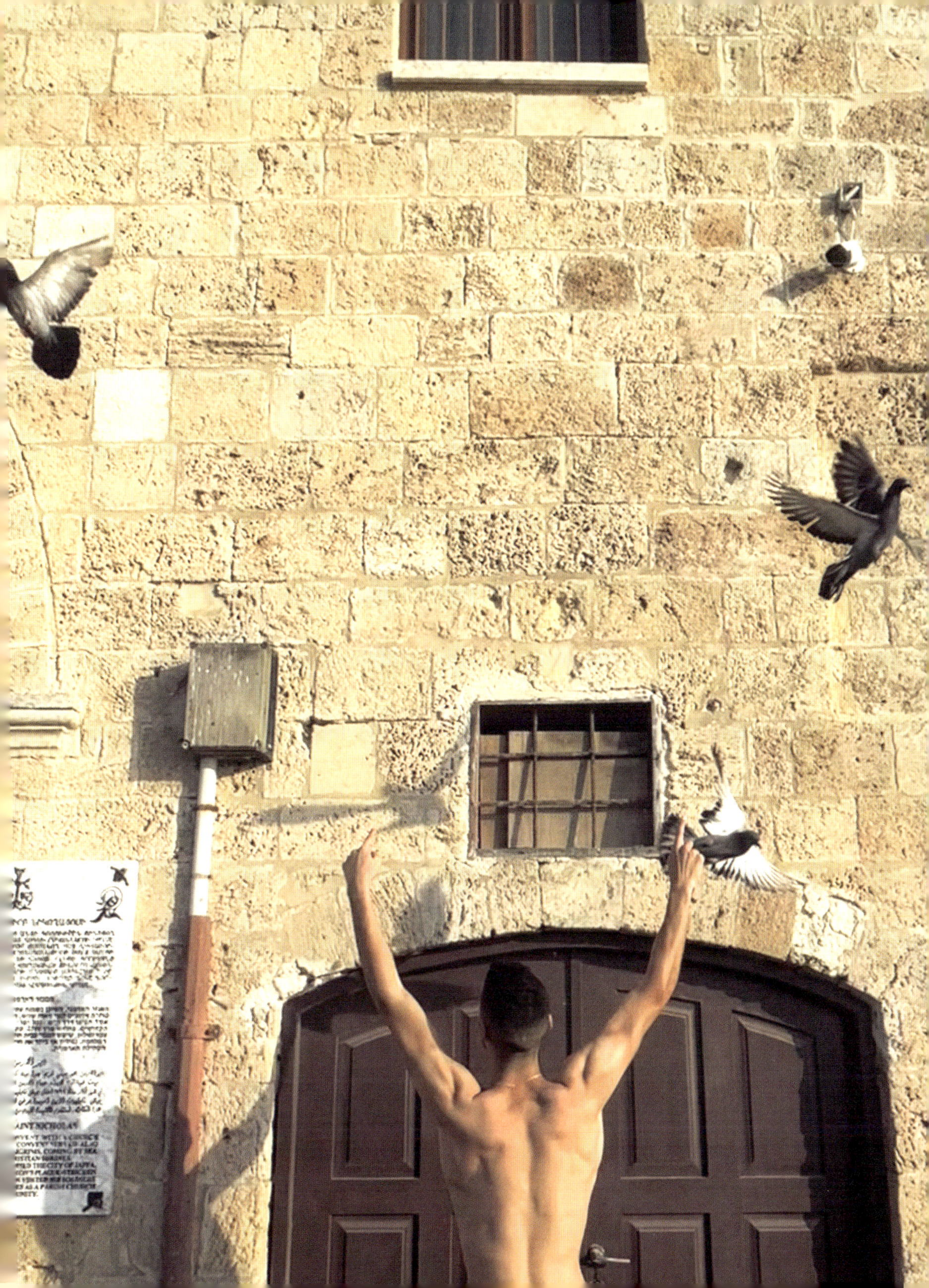

2.60 So Very Lonely

Surround yourself only with twins.

Carsten Höller, *So Alone*, photography, 2012
Photography: Davide Monteleone

So, so einsam

Sich nur mit Zwillingen umgeben.

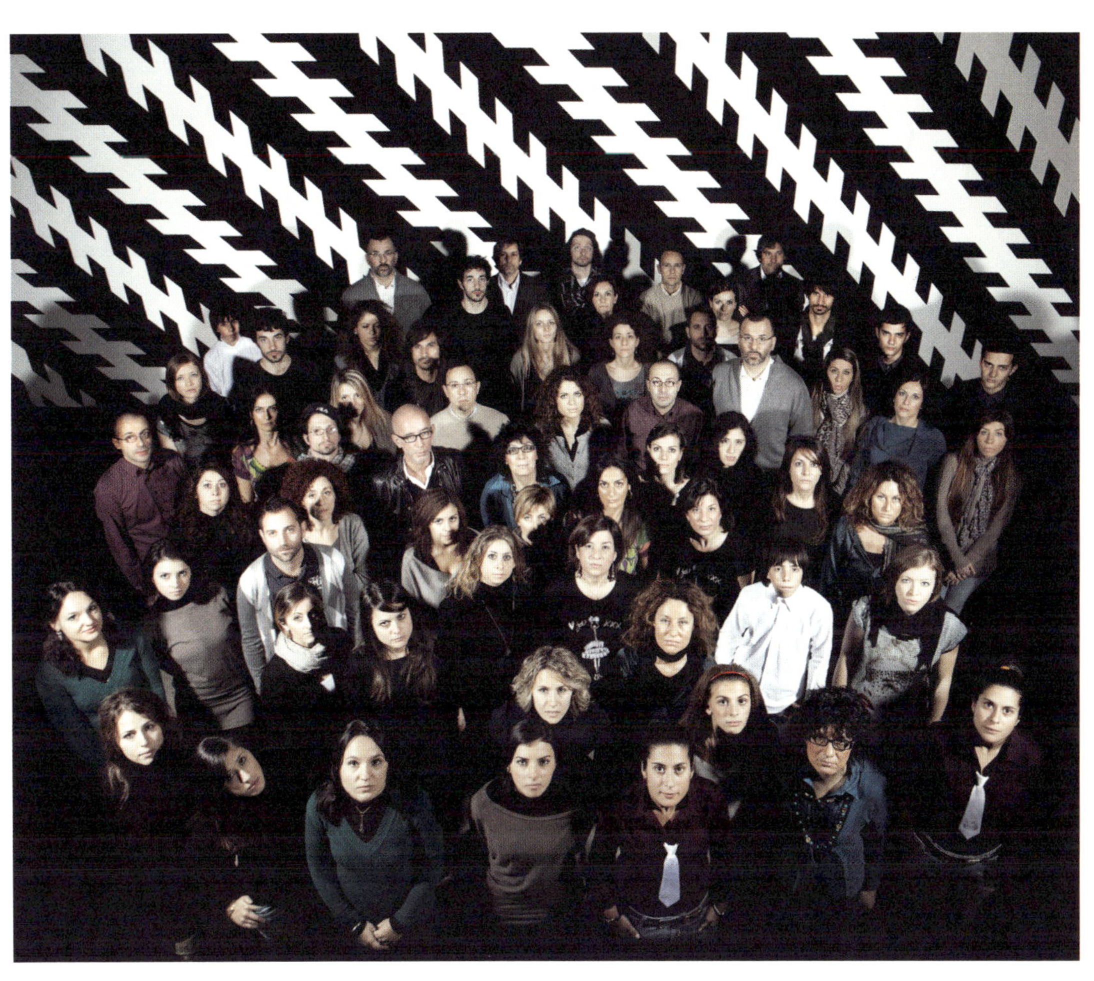

2.61 Good Twin—Bad Twin

In a strange town, enact a double role: identical twins, one good and one bad. Play both parts, one after the other, in the same place.

Alighiero e Boetti, *Gemelli (Twins)*, collage, 1968

Guter böser Zwilling

In einer fremden Stadt sich in Doppelform inszenieren, als guter und als böser eineiiger Zwilling. Beide Formen am selben Ort hintereinander spielen.

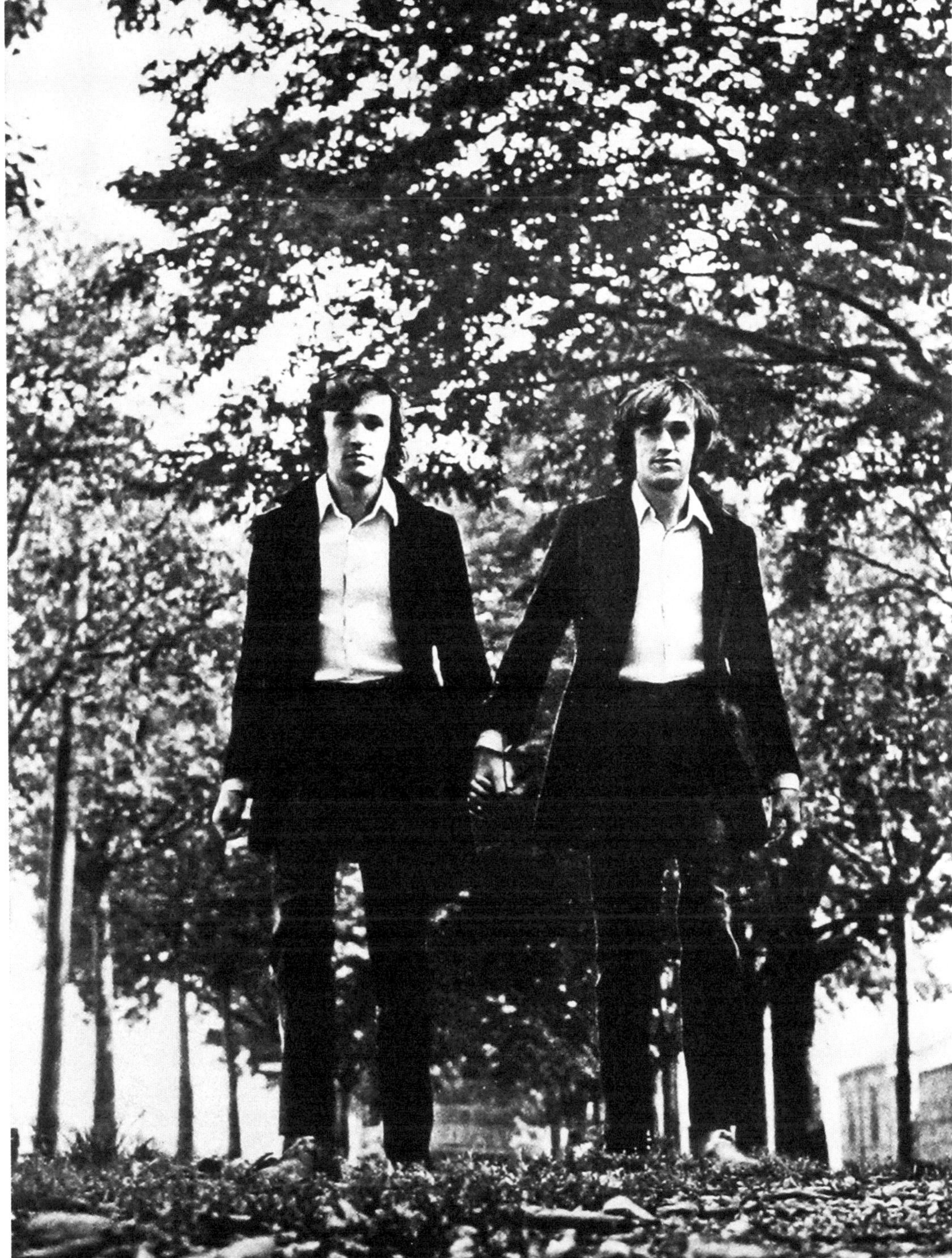

2.62 Itchycoo

Scratch yourself in a public place so conspicuously that other people start to feel itchy too.

Photography: Cian Dayrit, 2022

Juckedei

Sich an einem öffentlichen Ort so ostentativ kratzen, dass andere ebenfalls einen Juckreiz verspüren.

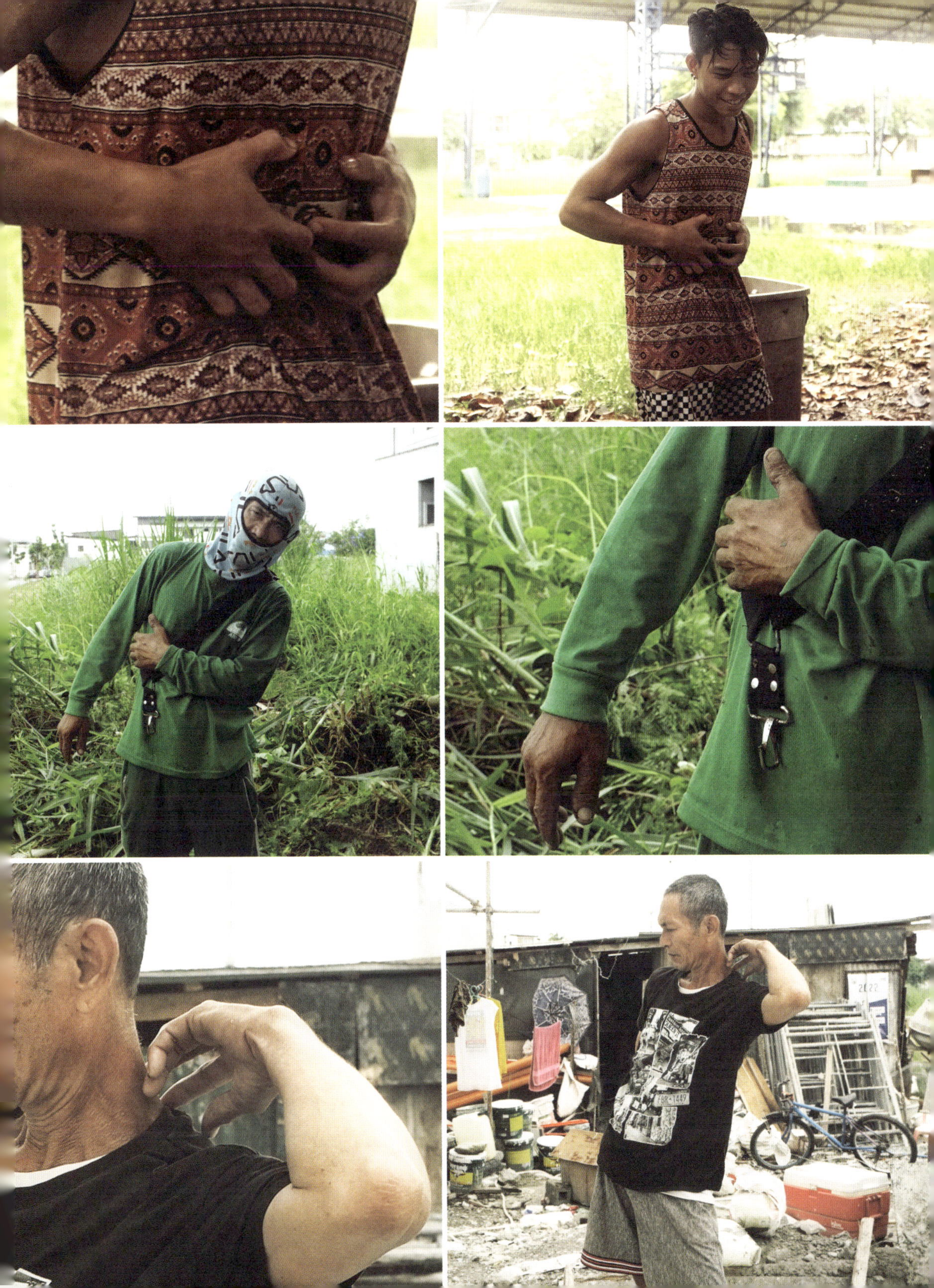

2.63 Misrecognition

Verkennung der Tatsachen

Rirkrit Tiravanija, *Do Not Ever Work*, artist book, One Star Press, 2015

DO

NOT

EVER

WORK

2.64 The Origin of the Universe

Whenever anyone takes a picture of you think about the origin of the universe (and adopt a suitable facial expression).

Photography: Roberto Fassone, *The Origin of the Universe*, 2018

Der Ursprung des Universums

Jedes Mal, wenn man fotografiert wird, an den Ursprung des Universums denken (und einen entsprechenden Gesichtsausdruck an den Tag legen).

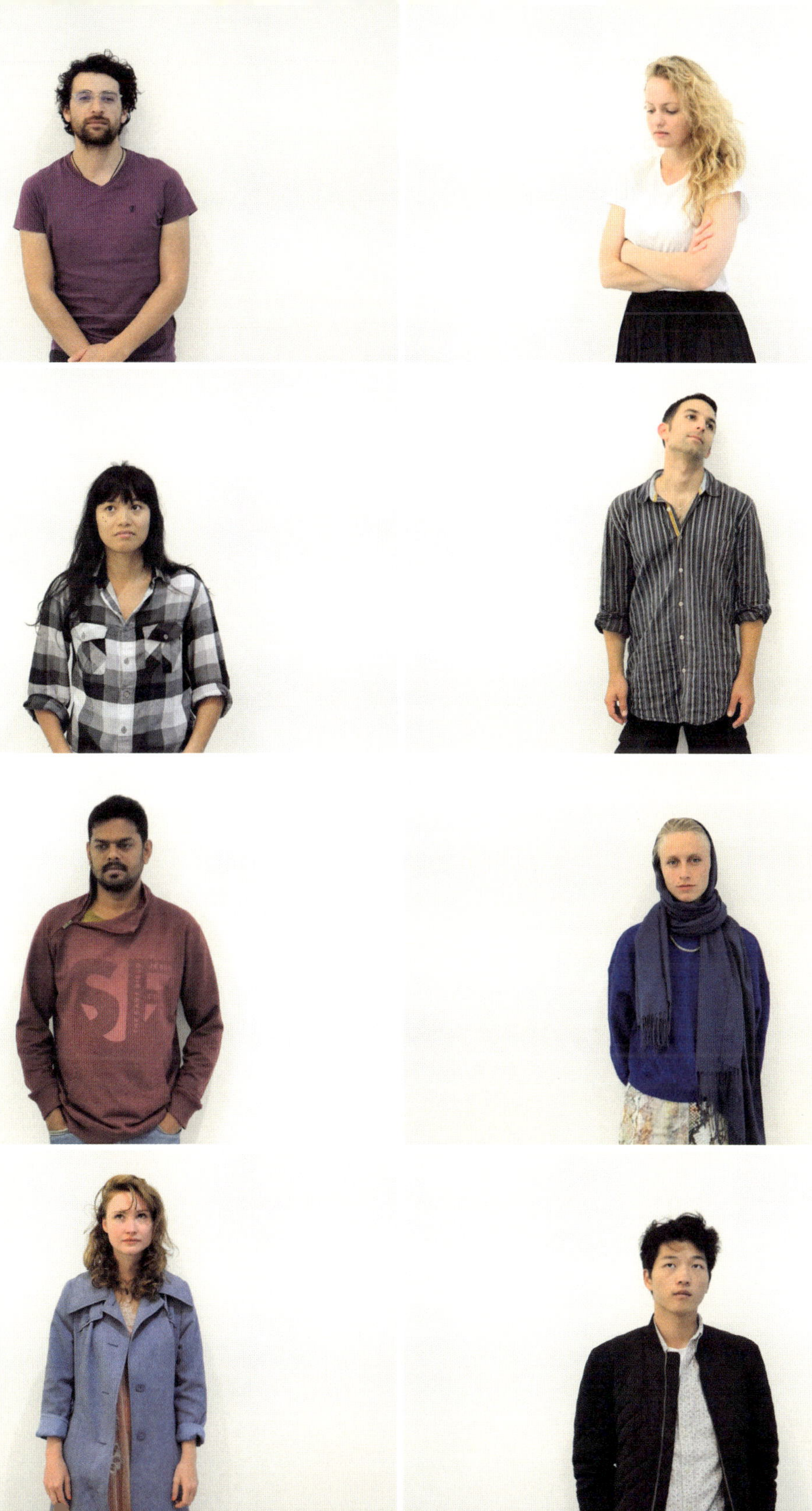

2.65 OMG!

Make a new friend by exclaiming in astonishment at the most incredible flukes and coincidences: "What!? That's impossible—me too, OMG!" None of it is true, though.

Alain Resnais, *L'année dernière à Marienbad*, film still, 1961

OMG!

Eine neue Bekanntschaft für sich gewinnen, indem die unglaublichsten Zufälle und Übereinstimmungen proklamiert werden. „Was, das gibt's doch gar nicht, ich auch, OMG!" Ist aber alles nicht wahr.

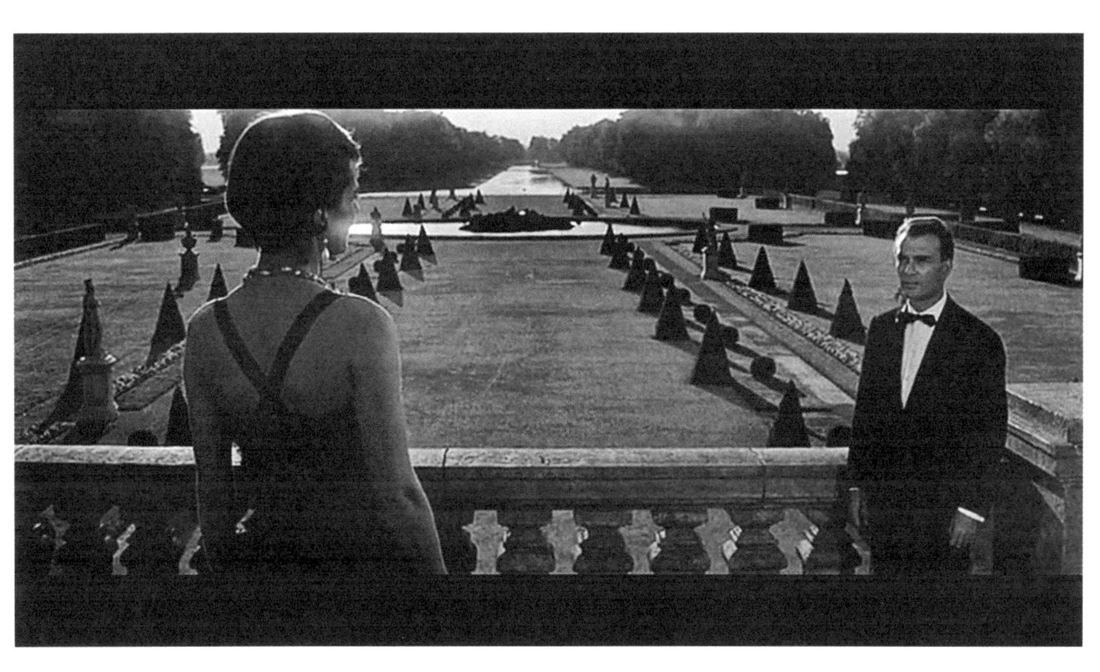

2.66 Conviction Con Artist

Überzeugungstäter

By the sheer force of your own convictions, impel others to see to whatever you happen to need: get coffee, administer a quick massage, pay for a meal, and so on. Shamelessly exploit other people's good manners.

Andere durch reine Überzeugungskraft dazu bringen, all das für einen zu machen, was man gerade benötigt: Kaffee holen, kleine Massage, Essen bezahlen und so weiter. Die Höflichkeit der anderen schamlos ausnutzen.

VALIE EXPORT and Peter Weibel, *Dokumentation der 5. Aktion. Aus der Mappe der Hundigkeit*, performance, 1969
Photography: Josef Tandl

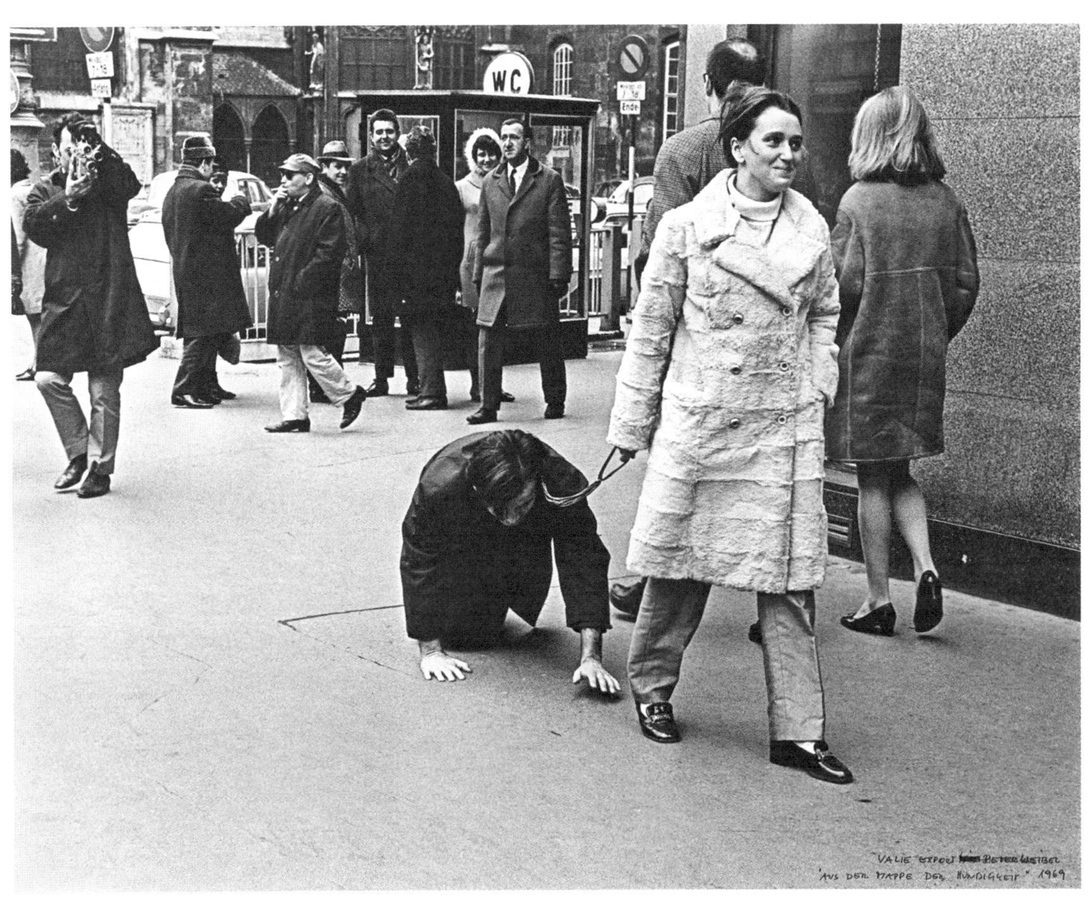
WC
Ende
VALIE EXPORT PETER WEIBEL
"AUS DER MAPPE DER HUNDIGKEIT" 1969

2.67 I Need a Quick Break

When you are with other people, say "I need a quick break" and walk away just when they want to maybe show you something, tell you something, or are in some way requiring your attention.

Photography: Tina Barney, *The Reception*, 1985

Ich brauch' mal 'ne Pause

„Ich brauch' mal 'ne Pause sagen" und weggehen, wenn man sich in der Umgebung von anderen Menschen befindet, die einem vielleicht gerade etwas zeigen wollen oder von etwas berichten oder anderswie die eigene Aufmerksamkeit beanspruchen.

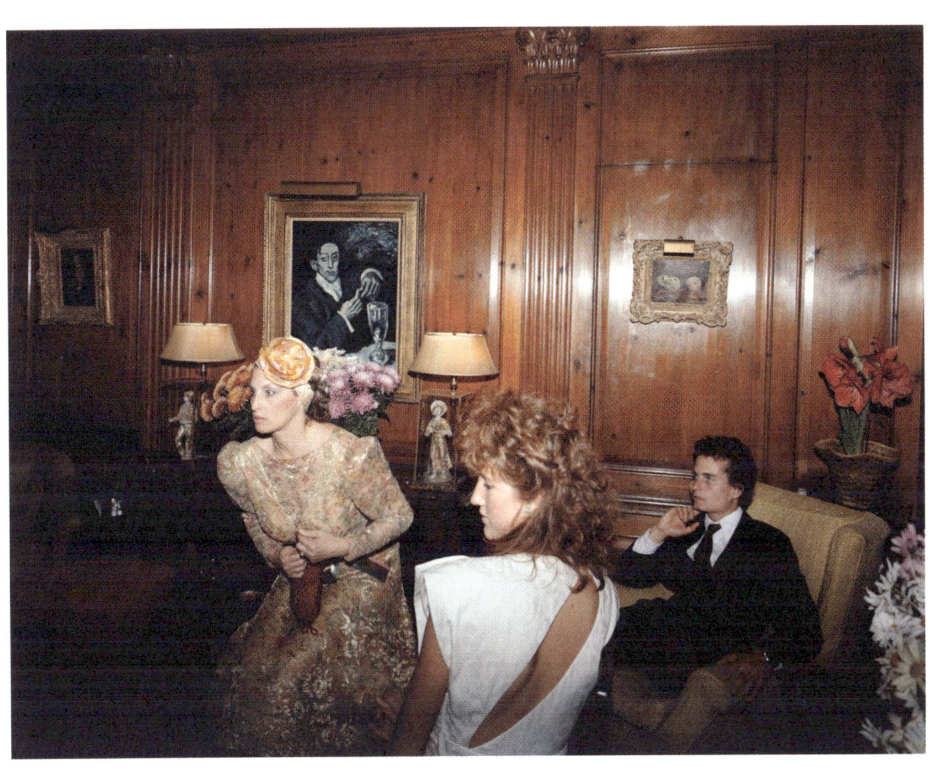

2.68 Sex or Not

Observe some random person from behind and consider whether you would have sex with them if the opportunity arose. Continue to observe that person, and when you see them and their face from the front, review the opinion you previously formed.

In the Sex or Not, Lonely Island version, consider whether you would have sex with that person if you were stranded together on a remote island.

Photography: Beat Streuli, *Brussels, October 9 2021* (above); *Zurich, September 29 2021* (below)

Sex oder nicht

Eine zufällige Person von hinten betrachten und sich überlegen, ob man mit dieser Person Sex haben würde, wenn sich die Gelegenheit dazu böte. Die Person weiter beobachten und bei Erkennen des Gesichts und der Person von vorne die vorher gebildete Meinung überprüfen.

Bei der Variante Sex oder nicht, einsame Insel überlegt man sich, ob man mit dieser Person Sex haben würde, wenn man mit ihr auf unbestimmte Zeit auf einer einsamen Insel gestrandet wäre.

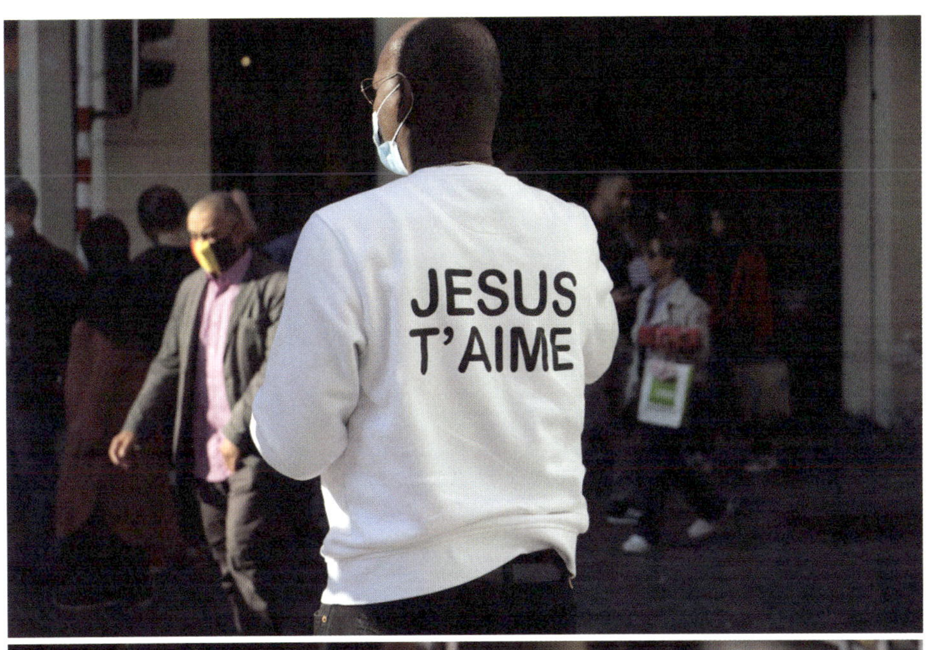
JESUS
T'AIME

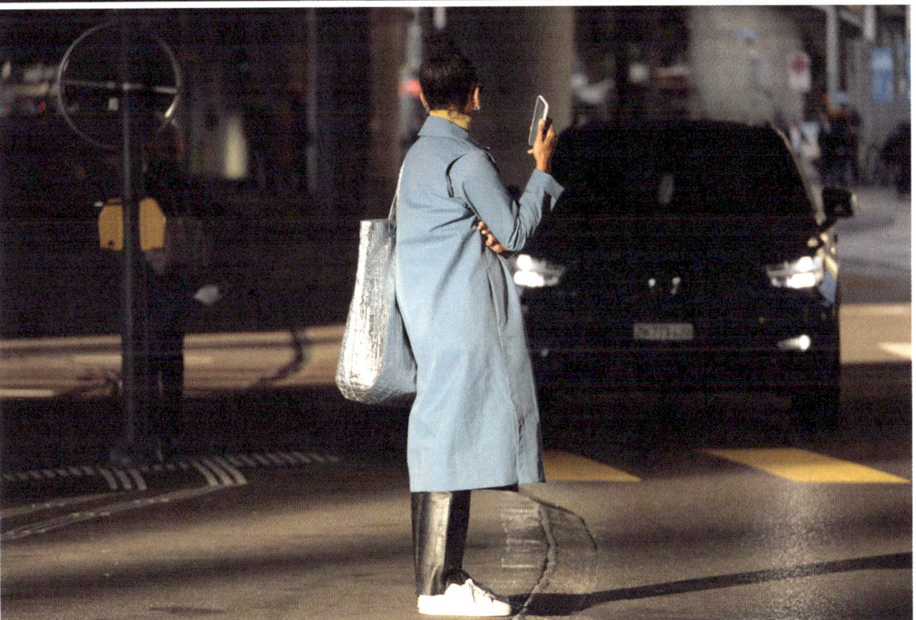

2.69 Blocked

Don't make way for someone who happens to be walking toward you on the pavement, but (as sometimes briefly happens in real life) lurch from side to side and prevent them from making progress. Anticipate the other person's maneuvers so you can block them.

Photography: Océane H. Francioli, 2022

Geblockt

Einer zufällig entgegenkommenden Person auf dem Bürgersteig nicht ausweichen, sondern (wie es auch im richtigen Leben manchmal kurzzeitig der Fall ist) durch Wiegen des Körpers von der einen Seite zur anderen am Weiterkommen hindern. Manöver der Person voraussehen, um sie zu blockieren.

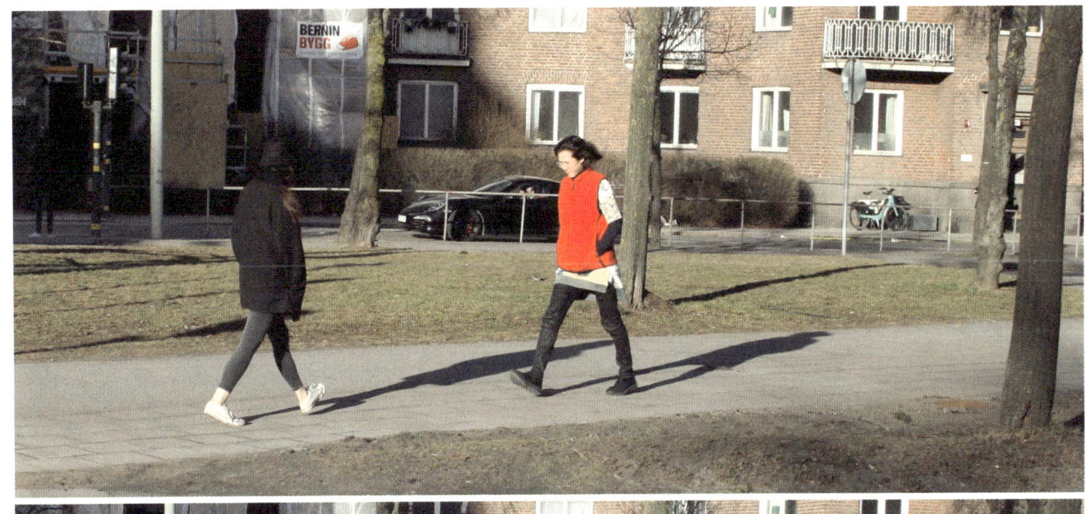
BERNIN
BYGG

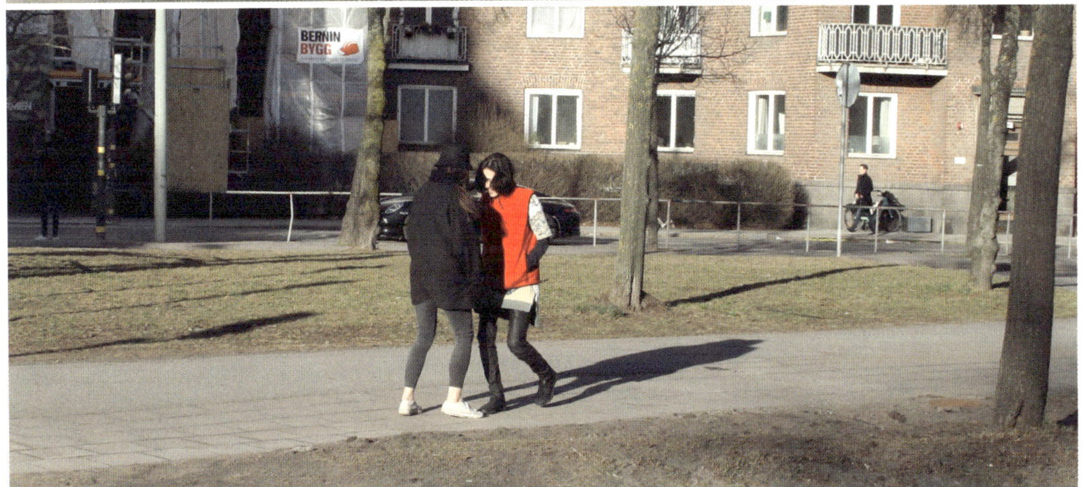
BERNIN
BYGG

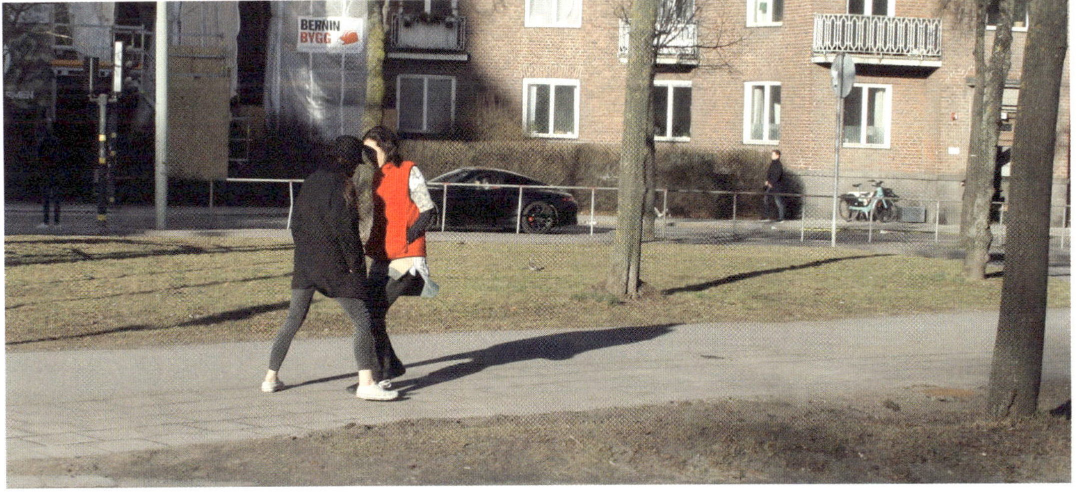
BERNIN
BYGG

2.70 Pessoa's Puzzle

Pessoa is Portuguese for "person" or "persona." Enact various alter egos, like the writer Fernando Pessoa did. Each of your incarnations should dress differently, walk differently, speak differently, be different. The whole construct should be able to be pieced together like a puzzle, as one larger-than-life persona.

Hannah Cullwick, *Dressed as Aristocratic Woman*, ca. 1870; *Dressed as Man*, 1860; *Dressed as Peasant*, 1874; *Dressed as Servant*, ca. 1870
Photography: Arthur Munby, 1860s–70s

Pessoas Puzzle

Pessoa heißt auf Portugiesisch „Person" oder „Persona". Wie der portugiesische Schriftsteller Fernando Pessoa verschiedene Alter Egos inszenieren. Jede dieser Inkarnationen sollte sich anders kleiden, anders gehen, anders sprechen, anders sein. Und das Ganze soll sich wie ein Puzzle zusammensetzen lassen in Form einer Größer-als-das-Leben-Persona.

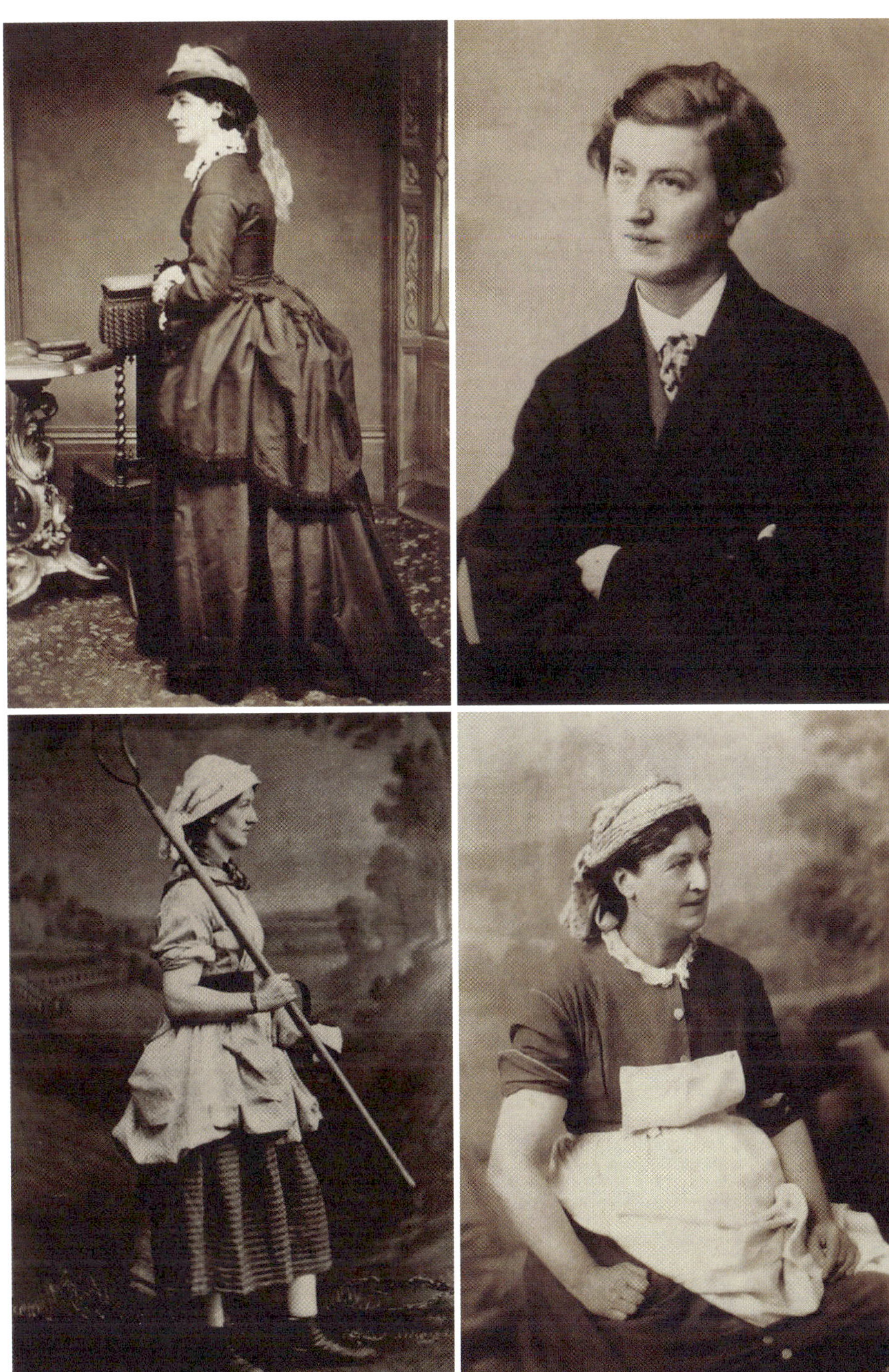

2.71 Let's Go Straight to the Bedroom

When you meet up with someone you have arranged to see, just say "Let's go straight to the bedroom."

Photography: Carsten Höller, *Il Fontino*, 2022

Gehen wir gleich ins Schlafzimmer

„Gehen wir gleich ins Schlafzimmer" sagen, wenn man eine Person trifft, mit der man sich verabredet hat.

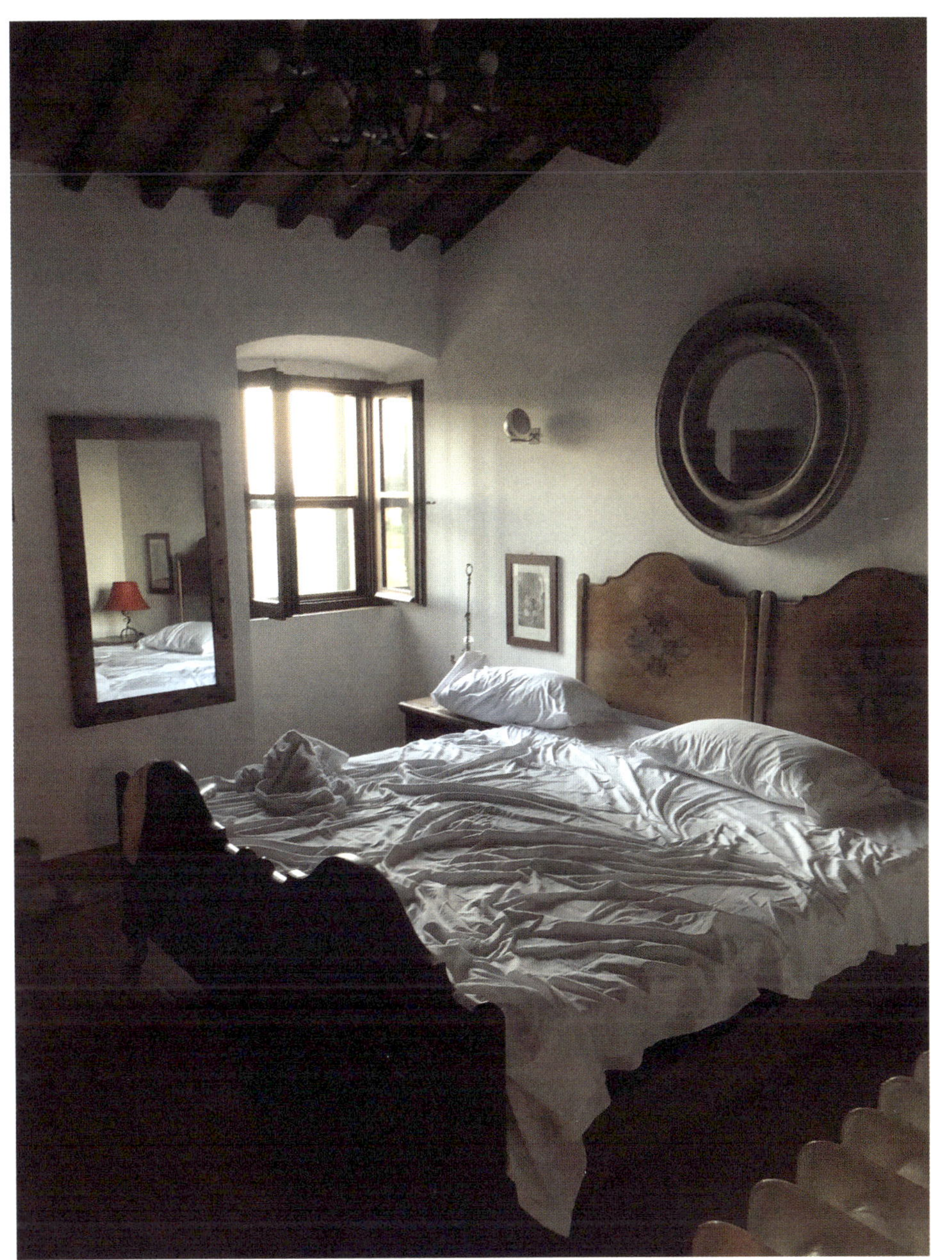

2.72 See You Soon in Berlin

When you and someone are bidding each other farewell, say "See you soon in Berlin," for no reason at all, so that it's the last thing either of you says.

Constance Tenvik, *See You Soon in Berlin*, photography, 2022
Photography: Claudio Farkasch

Bis bald in Berlin

„Bis bald in Berlin" sagen, wenn man sich von jemandem verabschiedet, zusammenhanglos, beim Auseinandergehen, sodass es das zuletzt Gesagte bleibt.

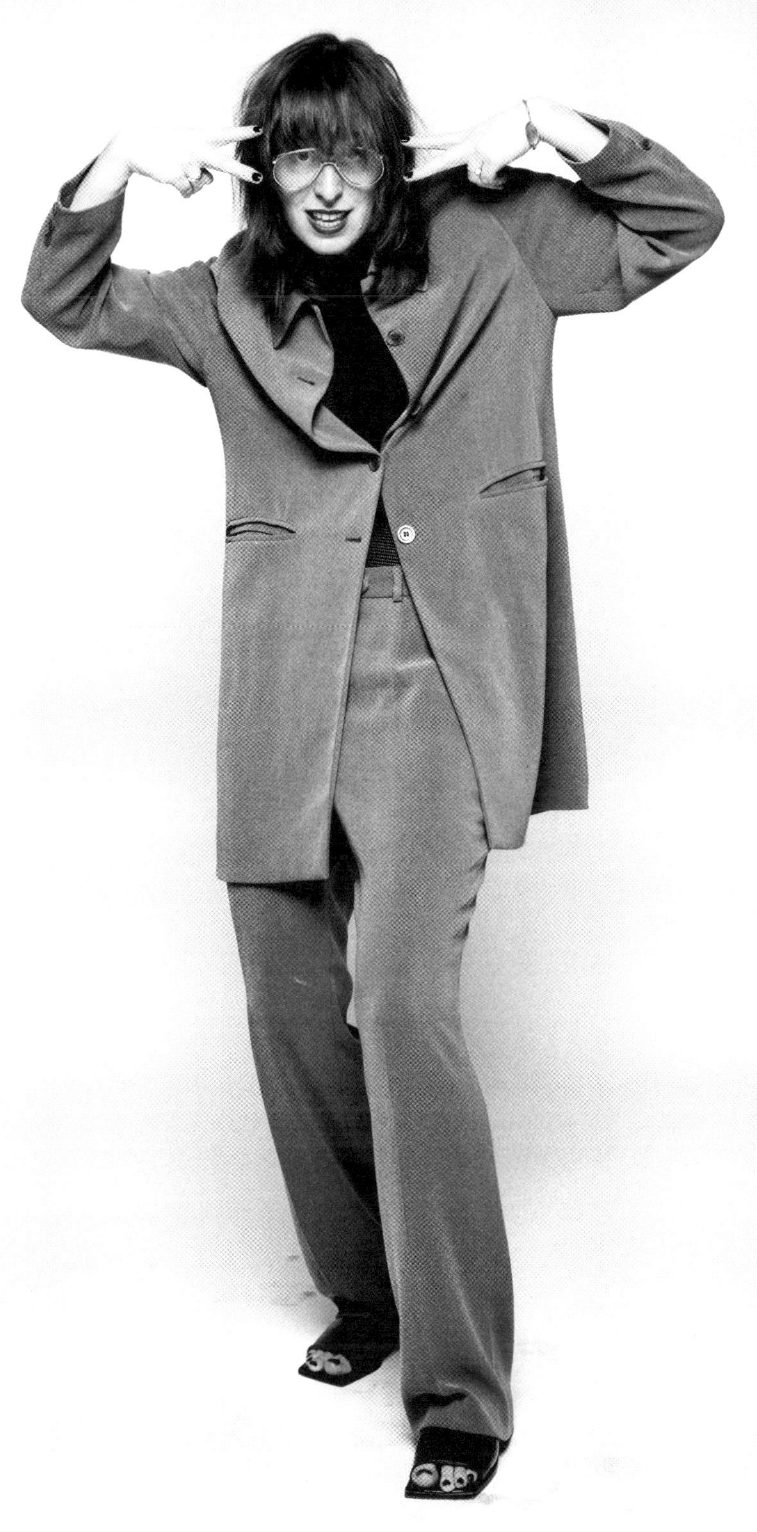

2.73 Red Tape Holds Up New Bridge

When you come across a homonymous homograph in conversation (for instance, "present" = "gift" and "present" = "opposite of absent"), after a while, shift the meaning in your own spoken statements. Collect ambiguities and build up entire concatenations of arguments based on shifts in meaning.

Eva and Franco Mattes, collage, 2022

Das Auto wird das Hindernis umfahren

Beim Entdecken eines homonymen Homografs im Gespräch (zum Beispiel „modern = verwesen" und „modern = fortschrittlich") in den eigenen verbalen Ausführungen nach einiger Zeit einen Bedeutungswandel vollziehen. Doppeldeutigkeiten sammeln und ganze Argumentationsketten auf dem Wandel aufbauen.

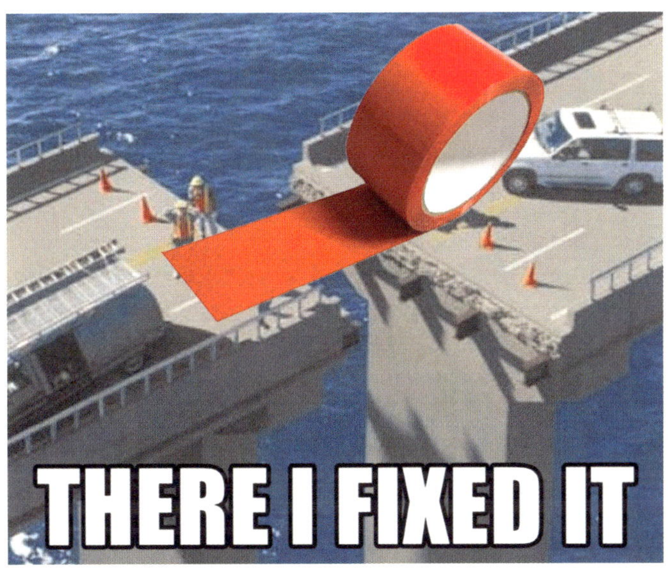
THERE I FIXED IT

2.74 Stop Saying "Thank You"

For a fixed period (a day, a week, a month, a year), do not utter the words "thank you." In order not to appear rude or badly brought up, convey your thanks through glances and gestures, or use other ways of expressing gratitude.

Taryn Simon, *Mary Goodnight (Britt Ekland)*, from the series *Birds of the West Indies*, photography, 2013

Nie mehr Danke sagen

Für einen festzusetzenden Zeitraum (einen Tag, eine Woche, einen Monat, ein Jahr, für immer) das Wort „danke" nicht mehr aussprechen. Um nicht unartig oder schlecht erzogen zu wirken, sich durch Blicke und Gesten bedanken oder andere Formulierungen verwenden, um Dankbarkeit auszudrücken.

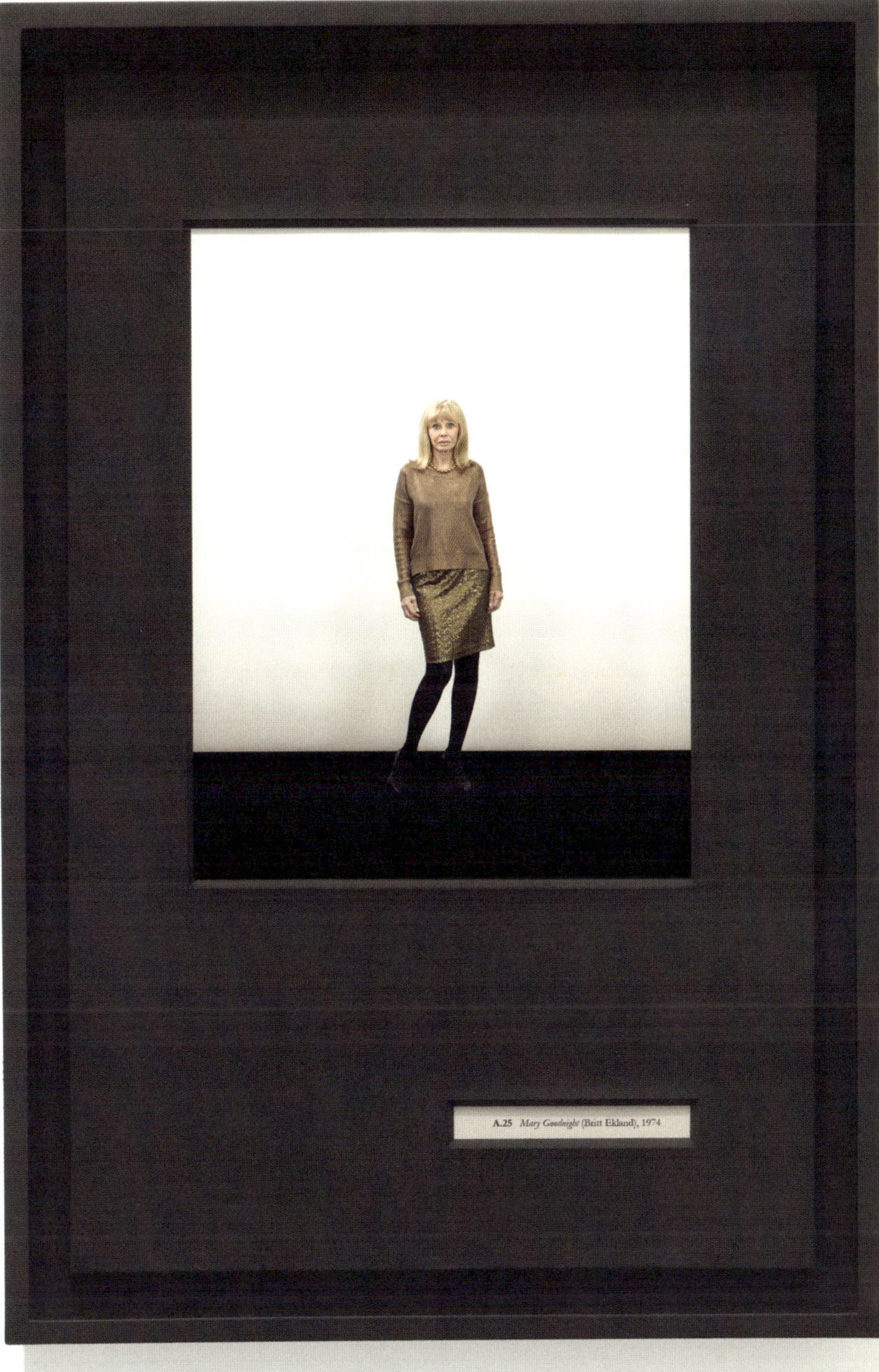
A.25 *Mary Goodnight* (Britt Ekland), 1974

2.75 The Grotowski Method

The Polish stage director Jerzy Grotowski developed techniques to increase the impact of his actors (mostly in the context of classical theater or dramatizations of biblical texts). The aim was pure intensity—learnable and hence repeatable. The actors were pushed beyond the usual limits of their capacities as performers, with the ultimate aim of removing the time gap between cognition and reaction. According to Grotowski, impulse and action should be synchronized, and the actor can only achieve that by becoming one with the spectator, because the action onstage takes place on behalf of the nonacting spectator. It is thus a profound, one-dimensional act of love between human beings, although the actor's stepping out of himself by means of the Grotowski method could perhaps just as fittingly be described as a unilateral transgression of one's realm of solitude.

Jerzy Grotowski, *Working at UC Irvine*,
year unknown
Photography: Dai Crisp

Die Grotowski-Methode

Der polnische Theatermann Jerzy Grotowski hat an Techniken gearbeitet, um die Schaukraft seiner Darsteller (meist im Rahmen klassischer Dramen oder Inszenierungen von Bibeltexten) zu verstärken. Das Ziel war pure Intensität, lernbar und somit wiederholbar. Die Schauspieler wurden über die Schwelle ihrer Leistungskraft hinaus gefordert, mit dem Ziel, die Zeitspanne zwischen Kognition und Reaktion abzuschaffen. Impuls und Aktion sind gleichläufig zu machen, laut Grotowski, und das gelingt dem Schauspieler nur durch die Begegnung mit dem Zuschauer, weil der Akt anstelle des (nicht agierenden) Zuschauers stattfindet, an seiner statt. Es handelt sich also um einen tiefgehenden, eindimensionalen Liebesakt zwischen Menschen, obwohl das Heraustreten des Schauspielers aus sich selbst mittels der Grotowski-Methode vielleicht genauso gut als ein einseitiges Überschreiten der Einsamkeitszone beschrieben werden kann.

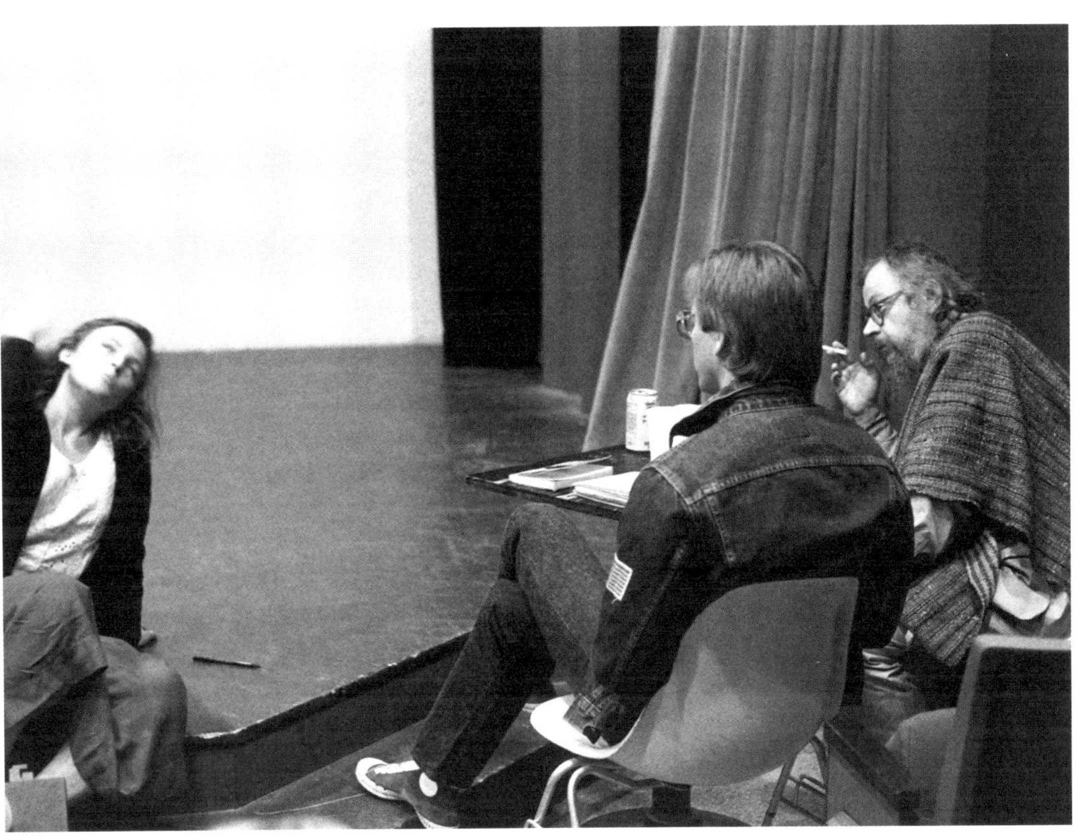

2.76 The Cocktail Party Effect

At a party, we are easily able to follow what someone is saying to us and completely ignore other chatter around us. That's fine until we hear our name, which immediately catches our attention. Were we subconsciously listening to everyone else all the time, combing through any conversations within earshot for any pertinent nuggets of information?

In just such a party situation, you—seemingly engrossed in conversation with an acquaintance—try to infiltrate the consciousness of people nearby by mentioning names and interesting snippets. You can, for instance, choose to focus on certain aspects of the appearance of the person whose attention you want to attract by using certain words or phrases. For instance, if someone is below average height, you might say "little man," which subliminally so severely jolts the inadequacy fantasies that are ingrained in the target's identity that he is alerted and wonders if that term had in fact been a reference to him.

Photography: Fredrik Skogkvist, 2022

Der Cocktailpartyeffekt

Bei einer Party können wir dem Gesprächspartner folgen und die anderen Konversationen um einen herum ausblenden. Das geht so lange gut, bis wir unseren Namen hören, was dann unsere Aufmerksamkeit auf sich zieht. Haben wir also die ganze Zeit über allen zugehört, unbewusst, und die anderen Gespräche in Hörweite auf relevante Informationen durchkämmt?

In einer entsprechenden Partysituation versucht die Spielerin, welche sich mit einem Bekannten ins Gespräch zu vertiefen scheint, durch Aussprache von Namen und interessanten Informationen in das Bewusstsein der Nahestehenden einzudringen. Dabei kann ihr Augenmerk auf bestimmten Details im Aussehen derjenigen liegen, die sie durch das Aussprechen bestimmter Wörter oder Wortfolgen auf sich aufmerksam machen will. Ist zum Beispiel jemand kleiner als der Durchschnitt, sagt sie „kleiner Mann“, was im Unbewussten an der tief in der Identität verwurzelten Unzulänglichkeitsfantasie der Zielperson so stark rüttelt, dass diese erwacht, um zu überlegen, ob sie vielleicht mit der Bezeichnung gemeint gewesen sein könnte.

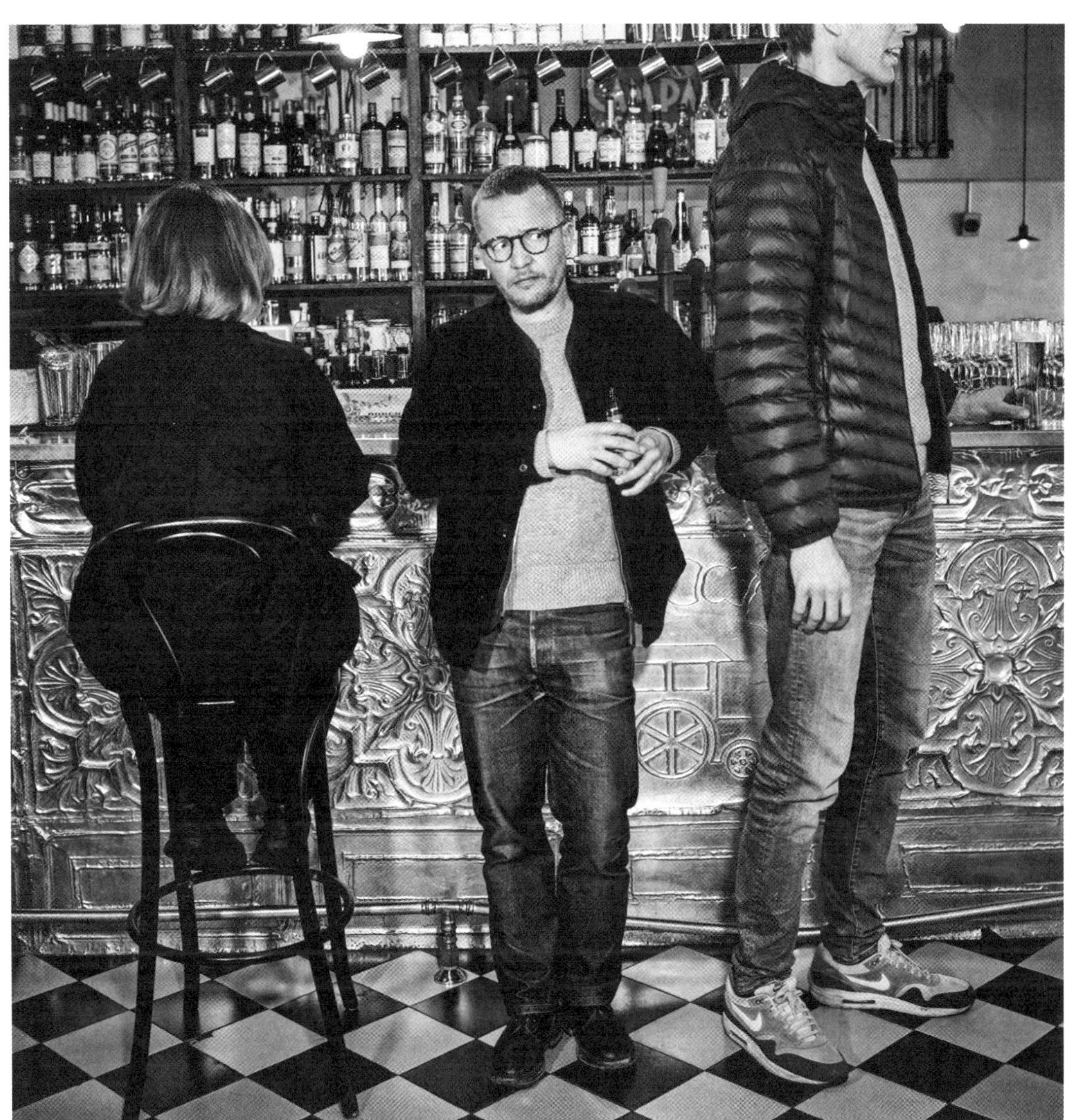

2.77 Zombie Mathematics

Zombiemathematik

Consciousness is a much smaller part of our minds than we realize, because we cannot be conscious of that which is in our unconscious mind. That's why solutions to problems or other difficulties often come in moments when we are preoccupied with anything *but* the aforesaid problem or difficulty. One of the greatest mathematicians ever, the Frenchman Henri Poincaré, reported that solutions to complex mathematical problems used to come to him at moments that had nothing at all to do with his work.

However, Poincaré also noted that such solutions only arise in the unconscious if the individual in question has first made a major effort to grapple with the problem. Henry Moore makes a similar point: "But though the non-logical, instinctive, subconscious part of the mind must play its part in his work, he [the artist] also has a conscious mind which is not inactive. The artist works with a concentration of his whole personality, and the conscious part of it resolves conflicts, organizes memories, and prevents him from trying to walk in two directions at the same time" ("The Sculptor Speaks" in *Listener*, August 18, 1937).

Start by identifying a particular problem or difficulty that you have not been able to resolve. General problems

Henry Moore Carving UNESCO Reclining Figure, photographer and year unknown

Das Bewusstsein ist ein viel kleinerer Teil unseres mentalen Lebens, als uns bewusst ist, weil wir uns nicht über das bewusst sein können, was im Unbewussten liegt. Das führt dazu, dass oftmals Lösungen für Probleme oder andere Schwierigkeiten in Momenten gefunden werden, wo wir uns mit allem Möglichen *außer* dem jeweiligen Problem/der jeweiligen Schwierigkeit beschäftigen. So berichtete einer der weltgrößten Mathematiker, der Franzose Henri Poincaré, wie ihm Lösungen zu komplizierten mathematischen Fragestellungen in Momenten einfielen, die absolut nichts mit seiner Arbeit zu tun hatten.

Poincaré hat auch bemerkt, dass die Problemlösung im Unbewussten erst dann wirksam wird, wenn vorher eine massive gedankliche Auseinandersetzung mit dem Problem stattgefunden hat. In *The Sculptor Speaks* äußerte sich Henry Moore bereits 1937 ähnlich: „Aber auch wenn der nichtlogische, instinktive, unbewusste Teil des Geistes seine Rolle bei der Arbeit [des Künstlers] spielen muss, so hat er auch ein Bewusstsein, welches nicht inaktiv ist. Die gesamte Persönlichkeit des Künstlers arbeitet konzentriert, und der bewusste Teil löst Konflikte, organisiert das Gedächtnis und hindert ihn daran, in zwei verschiedene Richtungen gleichzeitig zu gehen."

Die Spielerin macht zunächst ein spezifisches Problem/eine Schwierigkeit aus, für die sie keine Lösung hat. Allgemeine Probleme wie Geldmangel, Haarausfall usw. sind zu vermeiden – sie

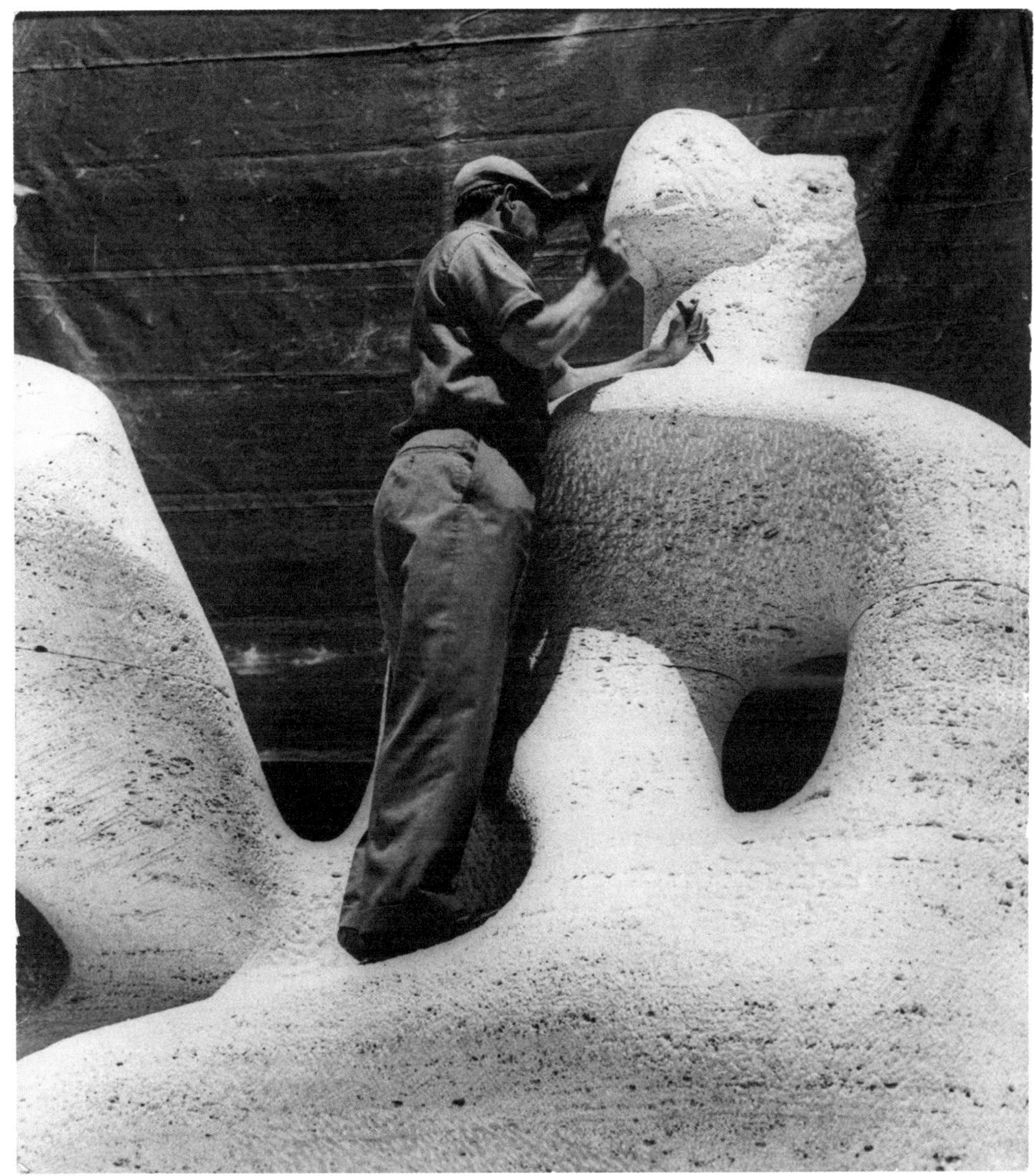

like a lack of money or hair loss should be avoided—think about a very specific issue that you believe you will be able to resolve in the future. Then go out and grasp the first opportunity that comes your way—it could come in an announcement, in an offer, in fragments of a conversation containing an invitation, or in a suggestion that you overhear and respond to. Grasping that opportunity can take time—you might have to sign up for a course or embark on a journey. But that may then, via zombie mathematics, yield a solution to the problem.

denkt an eine ganz bestimmte Sache, für die sie glaubt in der Zukunft eine Lösung finden zu können. Dann geht sie hinaus und folgt der ersten Aufforderung, der sie begegnet – das kann alles Mögliche sein, von einer Bekanntmachung, einem Angebot bis zu einem Gesprächsfetzen, den sie mithört und deren inhaltlicher Aufforderung/Vorschlag sie folgt. Dafür braucht sie Zeit, denn es kann sich um einen Kurs handeln oder etwas sein, was mit einer Reise verbunden ist. So gelingt zombiemathematisch vielleicht die Lösung des Problems.

Henry Moore, *Large Two Forms*, 1966–69, photographer and year unknown

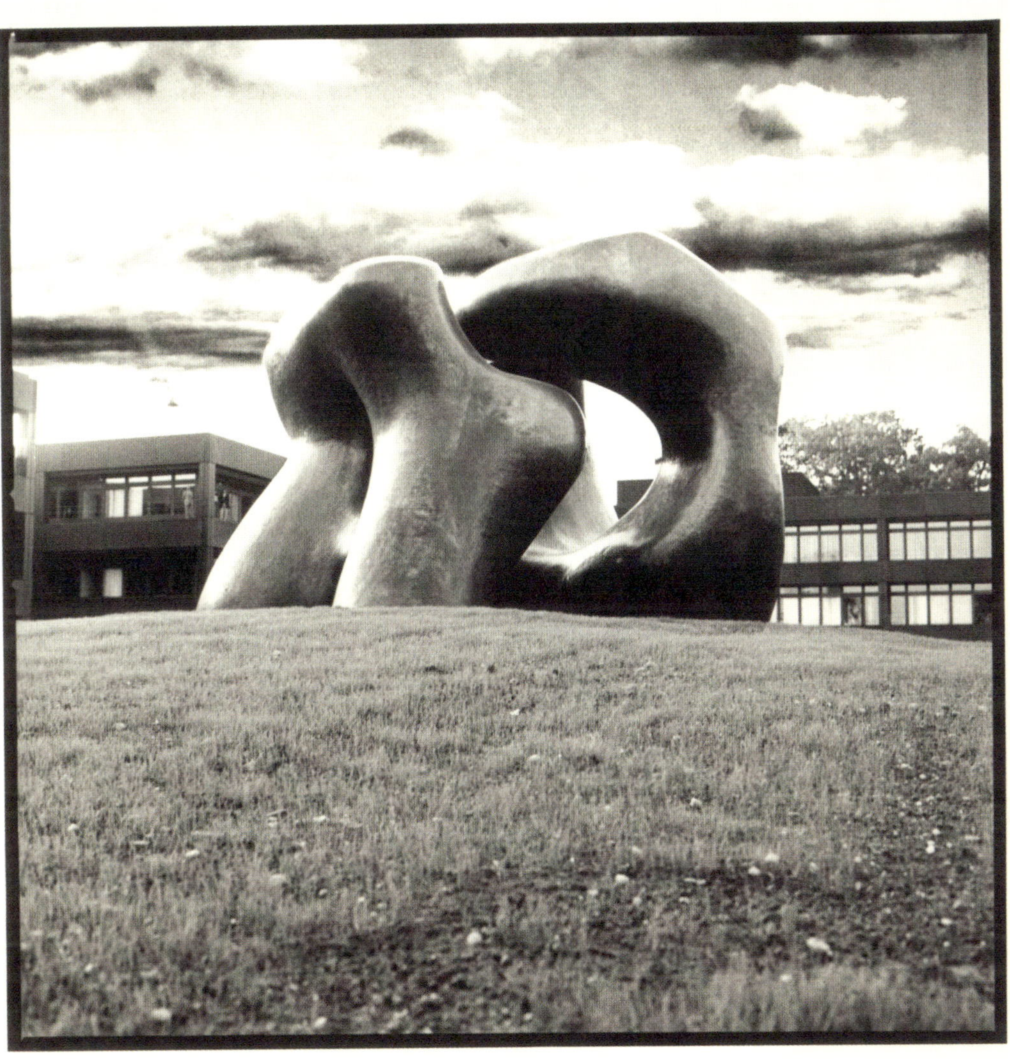

2.78 Solved in Slumber

Im Schlaf gelöst

It seems that famous inventions often come when the inventor is fast asleep. One example would be the formulation of the periodic table by Russian chemist Dmitri Mendeleev. He dreamed about trying in vain to classify the symbols representing the chemical elements, until, one day, as soon as he woke up, the solution came to him.

Researchers at the Universities of Lübeck and Cologne conducted an experiment to verify this hypothesis. The participants were presented with a string of eight digits (each composed of just three different numbers) that they had to transform several times using two simple rules. The point was to find the last digit in the string after seven transformations. What the participants didn't know was that there was a simple shortcut to finding that final digit: The last three digits in the string were always the same—in reverse—as the previous three, meaning that the final digit was always the same as the second digit in the seven-digit solution. Participants who had recently woken up after eight hours of sleep spotted this trick three times more often than the two control groups, who either completed the task later in the day or without having slept the previous night.

The player explains the two rules for transforming the string of digits (as illustrated) to various individuals in her circle

Dmitri Mendeleev, photographer and year unknown

Berühmte Erfindungen wurden oft, so scheint es, im Schlaf gemacht. Ein Beispiel ist die Formulierung des Periodensystems der Elemente durch den Russen Dmitri Mendeleev. Er träumte, wie er erfolglos versuchte, die Symbole der Elemente zu ordnen. Nach dem Aufwachen gelang ihm die Lösung direkt.

Forscher der Universitäten Lübeck und Köln führten ein Experiment durch, um diese Hypothese zu verifizieren. Versuchsteilnehmer mussten eine Reihenfolge von acht Zahlen, bestehend aus drei unterschiedlichen Ziffern, mehrfach anhand von zwei einfachen Regeln umrechnen. In einer Reihe von sieben Umrechnungen galt es, die letzte Zahl zu finden. Was die Teilnehmer nicht wussten, war, dass es eine einfache Abkürzung gab, diese letzte Zahl zu benennen: Die letzten drei Zahlen waren in umgekehrter Reihenfolge immer identisch mit den vorhergehenden drei, sodass die letzte Zahl immer die Gleiche wie die zweite der siebenstelligen Antwort war. Die Einsicht dieser Vereinfachung gelang dreimal so häufig denjenigen Teilnehmern, die gerade acht Stunden geschlafen hatten, im Vergleich zu den beiden Kontrollgruppen, die tagsüber oder ohne Nachtschlaf versuchten, die Aufgabe zu lösen.

Die Spielerin erklärt die beiden Regeln der Umrechnung der Zahlenkette der deutschen Forscher, so wie abgebildet, verschiedenen Personen aus ihrem Bekanntenkreis. Sie bittet sie, die

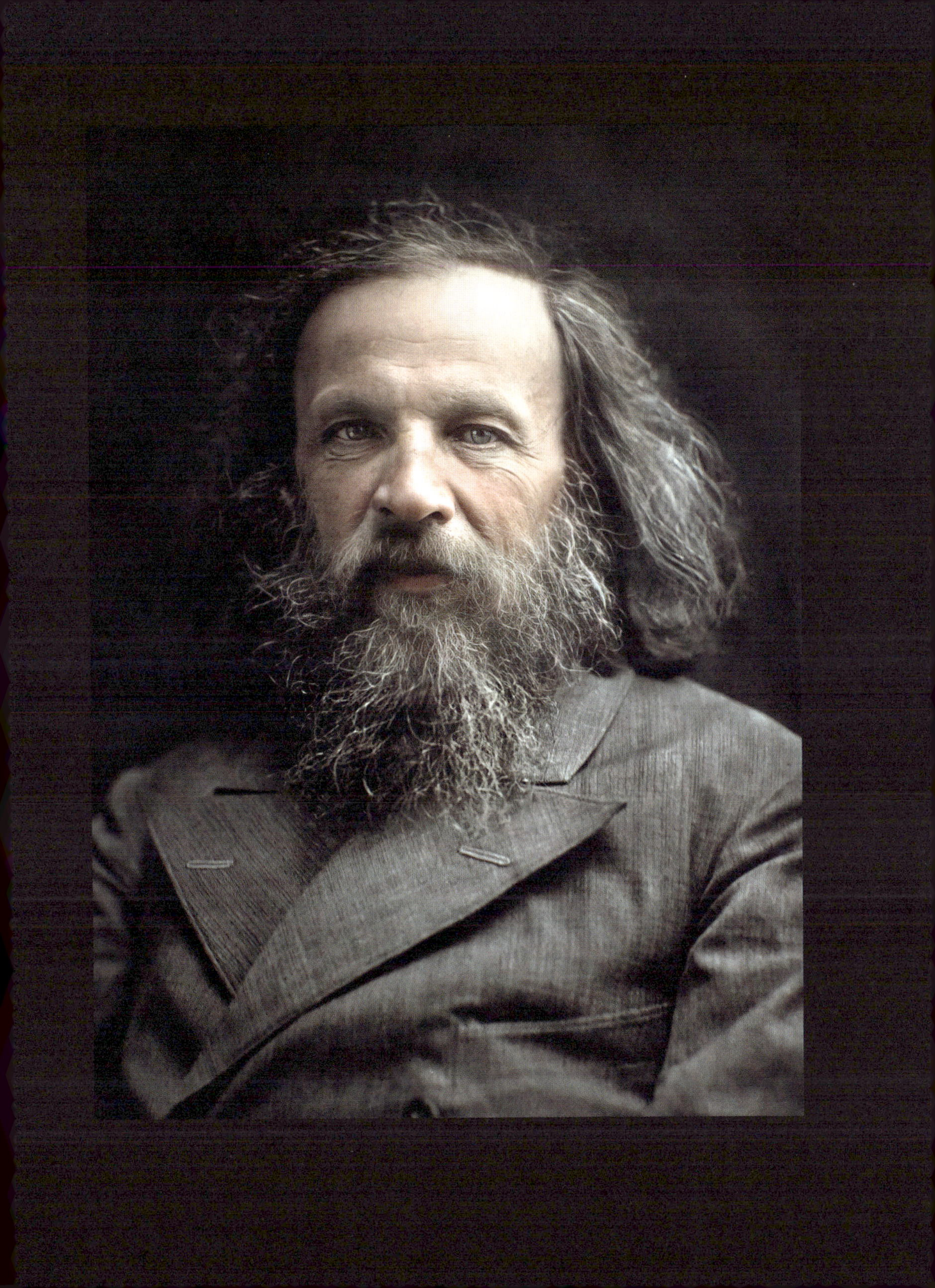

of acquaintances. She asks them to do the transformations in the evening and then meets up with them the next morning to give them a new string of digits. She also asks whether they have slept well. This allows her to verify the above findings, published in *Nature* in 2004, but she also introduces new variables that the authors of the article did not consider—namely, the potential influence of age and gender on someone's ability to spot the shortcut. These studies could be continued for a lifetime, even as intracultural comparisons, or in association with faculties like night vision or driving a car, aptitude as a dancer or a singer, social skills, happiness and unhappiness, preferences, and knowledge of facts.

Umrechnungen abends zu üben, und trifft sich mit ihnen am nächsten Morgen, um ihnen eine neue, noch unbekannte Kette zu präsentieren. Sie fragt sie auch, ob sie gut geschlafen hätten. So überprüft sie die in der Zeitung *Nature* 2004 veröffentlichten Ergebnisse, führt aber gleichzeitig neue Variablen ein, die von den Wissenschaftlern nicht berücksichtigt wurden: die mögliche alters- und geschlechtsbedingte Abhängigkeit der Fähigkeit, die Abkürzung zu entdecken. Die Studien können lebenslang weiter betrieben werden, auch als intrakultureller Vergleich oder in Bezug zu Fähigkeiten wie Nachtsicht, Qualitäten als Autofahrer, Tänzer, Sänger, soziale Kompetenz, Glück und Unglück, Vorlieben oder Tatsachen.

Ulrich Wagner, Steffen Gais, Hilde Haider, Rolf Verleger, and Jan Born, "Sleep Inspires Insight," *Nature* 427 (2004): 352

Abstract

Insight denotes a mental restructuring that leads to a sudden gain of explicit knowledge allowing qualitatively changed behaviour. Anecdotal reports on scientific discovery suggest that pivotal insights can be gained through sleep. Sleep consolidates recent memories and, concomitantly, could allow insight by changing their representational structure. Here we show a facilitating role of sleep in a process of insight. Subjects performed a cognitive task requiring the learning of stimulus—response sequences, in which they improved gradually by increasing response speed across task blocks. However, they could also improve abruptly after gaining insight into a hidden abstract rule underlying all sequences. Initial training establishing a task representation was followed by 8h of nocturnal sleep, nocturnal wakefulness, or daytime wakefulness. At subsequent retesting, more than twice as many subjects gained insight into the hidden rule after sleep as after wakefulness, regardless of time of day. Sleep did not enhance insight in the absence of initial training. A characteristic antecedent of sleep-related insight was revealed in a slowing of reaction times across sleep. We conclude that sleep, by restructuring new memory representations, facilitates extraction of explicit knowledge and insightful behaviour.

2.79 Sooo Tired

The player doesn't sleep for at least one night so that she is completely exhausted. She then goes to some public place or takes some means of transport and rests her head on a stranger's shoulder or—better still—on the lap of a stranger, whoever is closest to her. She immediately falls asleep.

Photography: Brittany Nelson, 2022

Sooo müde

Mindestens eine Nacht lang nicht schlafen, sodass die Spielerin am nächsten Tag todmüde ist. Sie begibt sich an einen öffentlichen Platz oder in ein kollektives Transportmittel und legt ihren Kopf an die Schulter oder, besser, in den Schoß der unbekannten Person, die sich ihr am nächsten befindet. Sie schläft sofort ein.

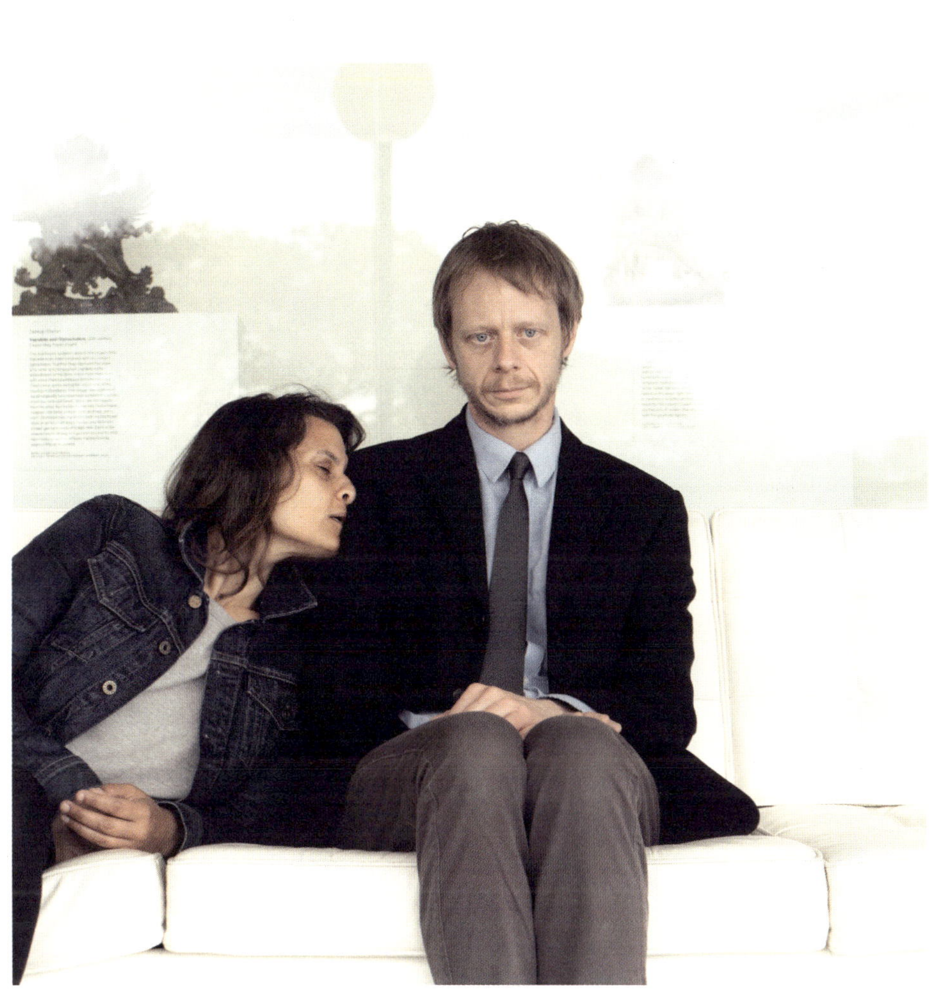

2.80 Birthday Party

For a whole year, celebrate your birthday every day, like Yutaka Sone did for the *Skulptur Projekte Münster* exhibition in 1997. Sone's birthday celebrations were always in different places, sometimes in specially hired premises, even in the open air. People congratulated him, sang songs for him, and brought cakes. He blew out candles every day.

Yukata Sone, *Birthday Party*, photography, 1997
Photography: Roman Mensing

Birthday Party

Für ein Jahr jeden Tag Geburtstag feiern, wie von Yutaka Sone 1997 für die Ausstellung *Skulptur Projekte Münster* durchgeführt. Die Geburtstagsfeiern Sones fanden an immer neuen Orten statt, in dafür gemieteten Räumen oder auch draußen. Die Leute gratulierten dem Künstler, sangen für ihn und brachten Kuchen mit. Täglich blies er Kerzen aus.

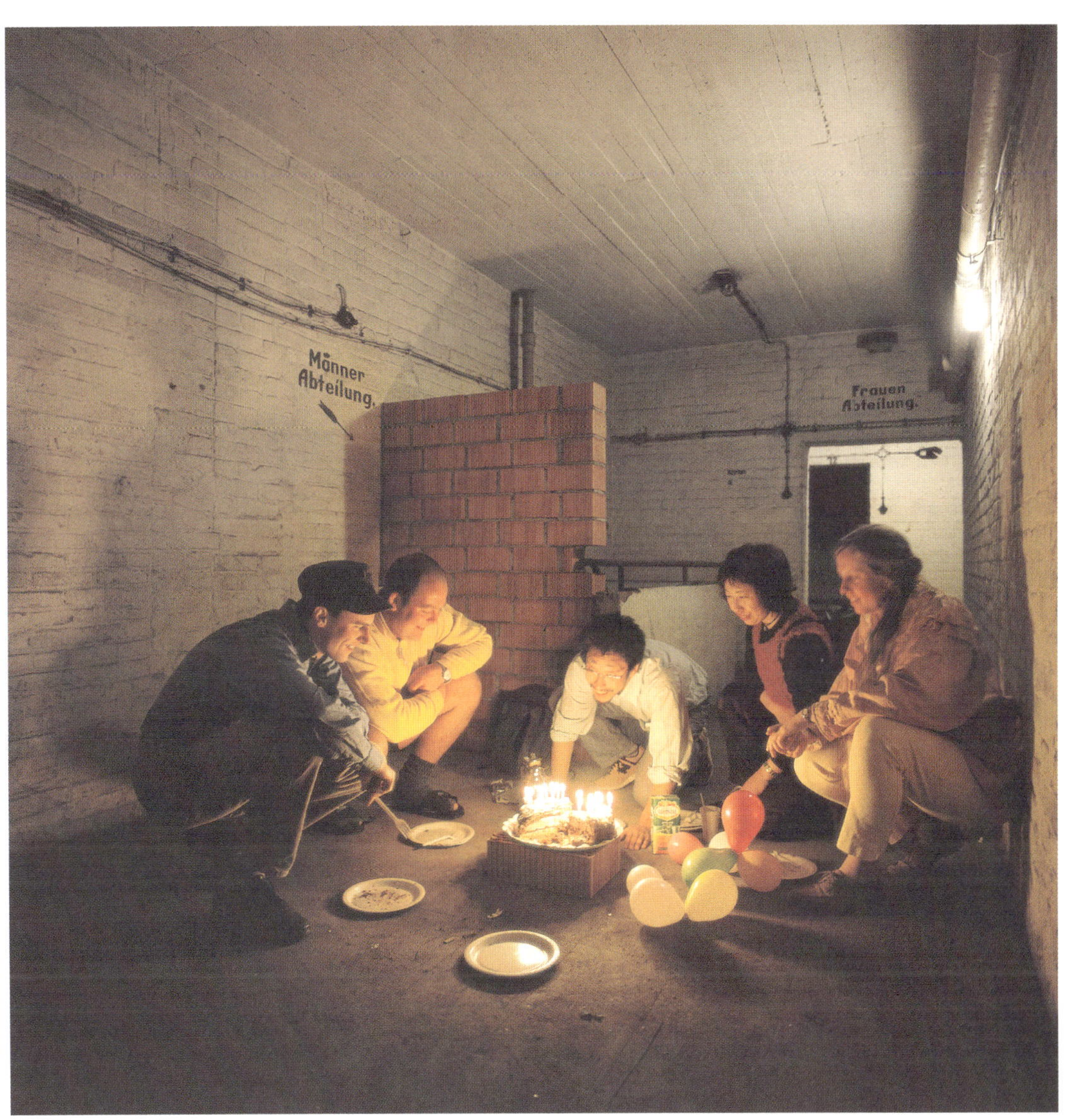
Mönner
Abteilung.
Frauen
Abteilung.

2.81 The Truman Show

Like Jim Carrey in the film of the same name, unmask reality as no more than a dramatic construct and try to escape. Parents, friends, other people: all actors. Weather: made by human beings. Travel restrictions, phobias that keep you from leaving where you are: illusory fake facts, suggestion.

Peter Weir, *The Truman Show*, film stills, 1998

Die Truman Show

Wie Jim Carrey im gleichnamigen Film die Wirklichkeit als Inszenierung entlarven und ihr zu entkommen versuchen. Eltern, Freunde, andere Menschen: alles Schauspieler. Wetter: menschengemacht. Reisebeschränkungen, Ursachen, die das Verlassen des Ortes verhindern: Vortäuschung falscher Tatsachen, Suggestion.

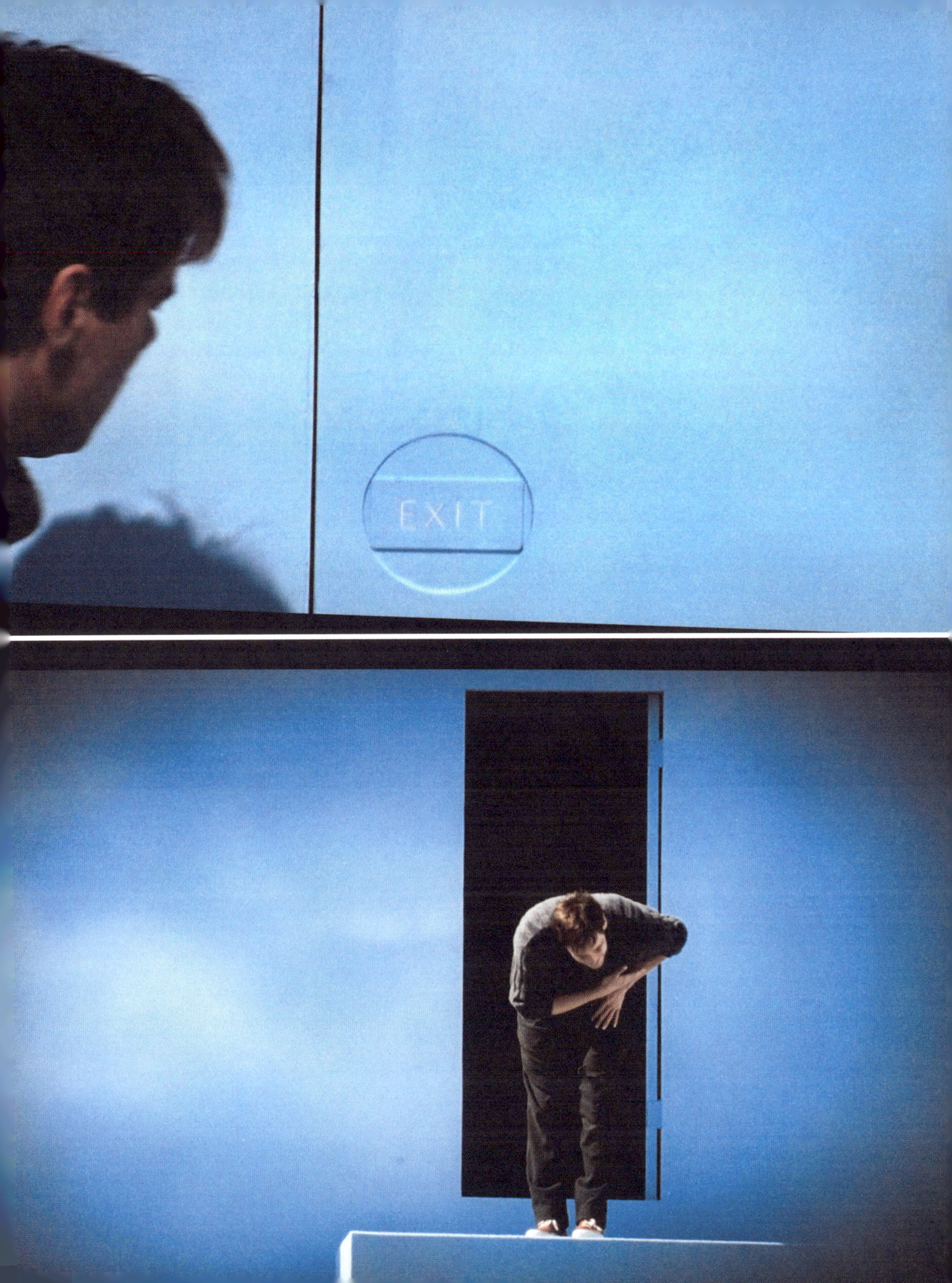
EXIT

2.82 I'm an American

It's astonishing to see how Americans manage to speak clearly and crisply in noisy, crowded spaces. The American voice is like a sharp blade that effortlessly cuts through the densest hubbub. They don't shout at each other when there's a lot of noise (like other people); they just enunciate emphatically, accentuating each word. Evidently they already learn this in early childhood, because they can all do it—it's part of how they speak. Closer examination reveals that, when they talk, they pull down one corner of their mouth, usually the right side, which is controlled by the left, "rational" hemisphere of the brain. It's easy to imitate, even in other languages, and there you are: You're an American.

Photography: Hannah La Follette Ryan, *Subway Gossip, Seven Train Passengers*, 2022

Ich bin ein Amerikaner

Es ist immer wieder erstaunlich, wie es den US-Amerikanern gelingt, in menschenvollen, lauten Räumen klar und schneidig zu sprechen. Ihre Stimme hat etwas von einer scharfen Klinge, die mühelos durch das dichteste Brimbamborium dringt. Sie schreien sich nicht an, wenn es laut ist, so wie andere Menschen, sondern sprechen ausdrücklich, akzentuiert. Offensichtlich haben sie das bereits in ihrer frühen Kindheit gelernt, denn sie alle können es, es ist Teil ihrer Sprache. Bei genauerer Betrachtung fällt der Umstand auf, dass sie beim Sprechen den einen, meist rechten, von der linken, „rationalen" Gehirnhälfte kontrollierten Mundwinkel herunterziehen. Das lässt sich leicht nachmachen, auch in anderen Sprachen, und tatsächlich: Ich bin ein Amerikaner.

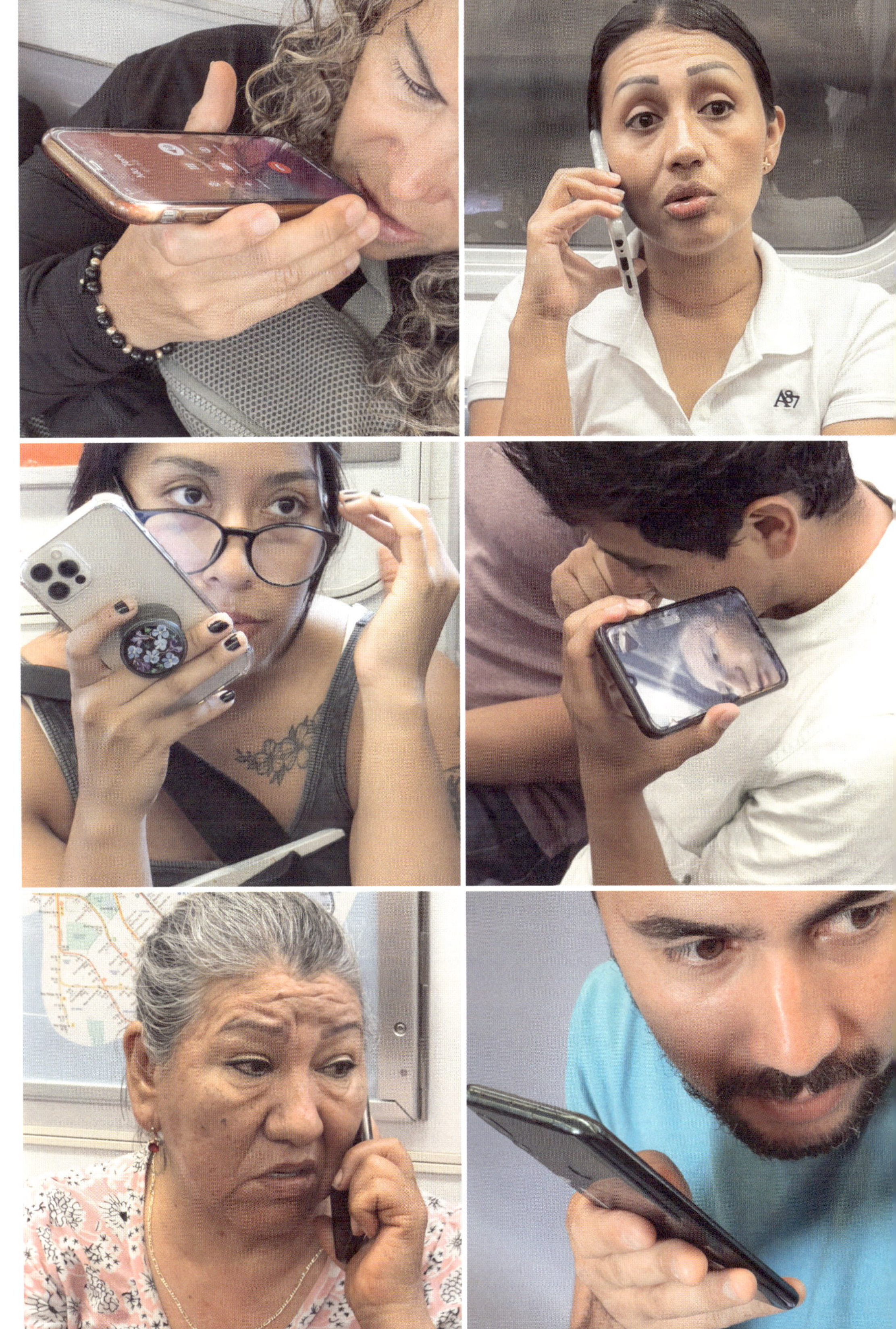

2.83 Korean Age

Until 2023 babies in South Korea were already considered one year old at birth because the time spent in the womb was counted (and generously rounded up). Moreover, South Koreans all added one year to their age on New Year's Day. So a child born on December 31 was already two Korean years old on January 1, even though they would be only one day old according to the European convention.

So, when someone asks how old you are, reply "European or Korean?" The non-Korean practice of categorizing newborns as temporal zeros is definitely inappropriate, because—as we all know—babies are not chronological nothings. Actually the player should say she doesn't know because hardly anyone knows the day of their conception—that is, when their life began. Start discussions along these lines.

This confusion led to me thinking—at some point during my 51st year—that I was already 52, and responding accordingly when anyone asked me my age. But then on my birthday I realized that I wasn't turning 53, only 52, which seemed to me like the best present ever—a whole extra year without the slightest effort.

Photography: Junghun Kim, *Korean Age*, 2022

Koreanisches Alter

Bis 2023 waren Neugeborene in Südkorea bereits ein Jahr alt, denn die Zeit im Mutterleib wurde angerechnet (und großzügig aufgerundet). Außerdem wurden alle Koreaner über Neujahr ein Jahr älter. Ein am 31. Dezember geborenes Baby konnte daher am 1. Januar bereits zwei koreanische Jahre alt sein, obwohl es nach europäischer Altersberechnung erst einen Tag alt war.

Auf die Frage nach dem eigenen Alter daher antworten: „Europäisch oder koreanisch?" Die außerkoreanische Konvention, Neugeborene als zeitliche Nullen einzustufen, ist definitiv unsachgemäß, denn wie wir alle wissen, sind Babys keine zeitlichen Nichts. Eigentlich müsste die Spielerin sagen, sie wisse es nicht, denn der Tag der Zeugung und somit der Beginn des eigenen Lebens ist kaum jemandem bekannt. Entsprechende Diskussion beginnen.

Diese Verwirrung führte dazu, dass ich im Laufe meines 51. Lebensjahrs irgendwann glaubte, ich sei bereits 52, und mich auf Fragen nach meinem Alter entsprechend äußerte. Am Geburtstag musste ich dann feststellen, dass ich nicht 53, sondern nur 52 wurde, und das kam mir wie das beste Geschenk aller Zeiten vor – ein ganzes Jahr dazu, ohne jede Anstrengung.

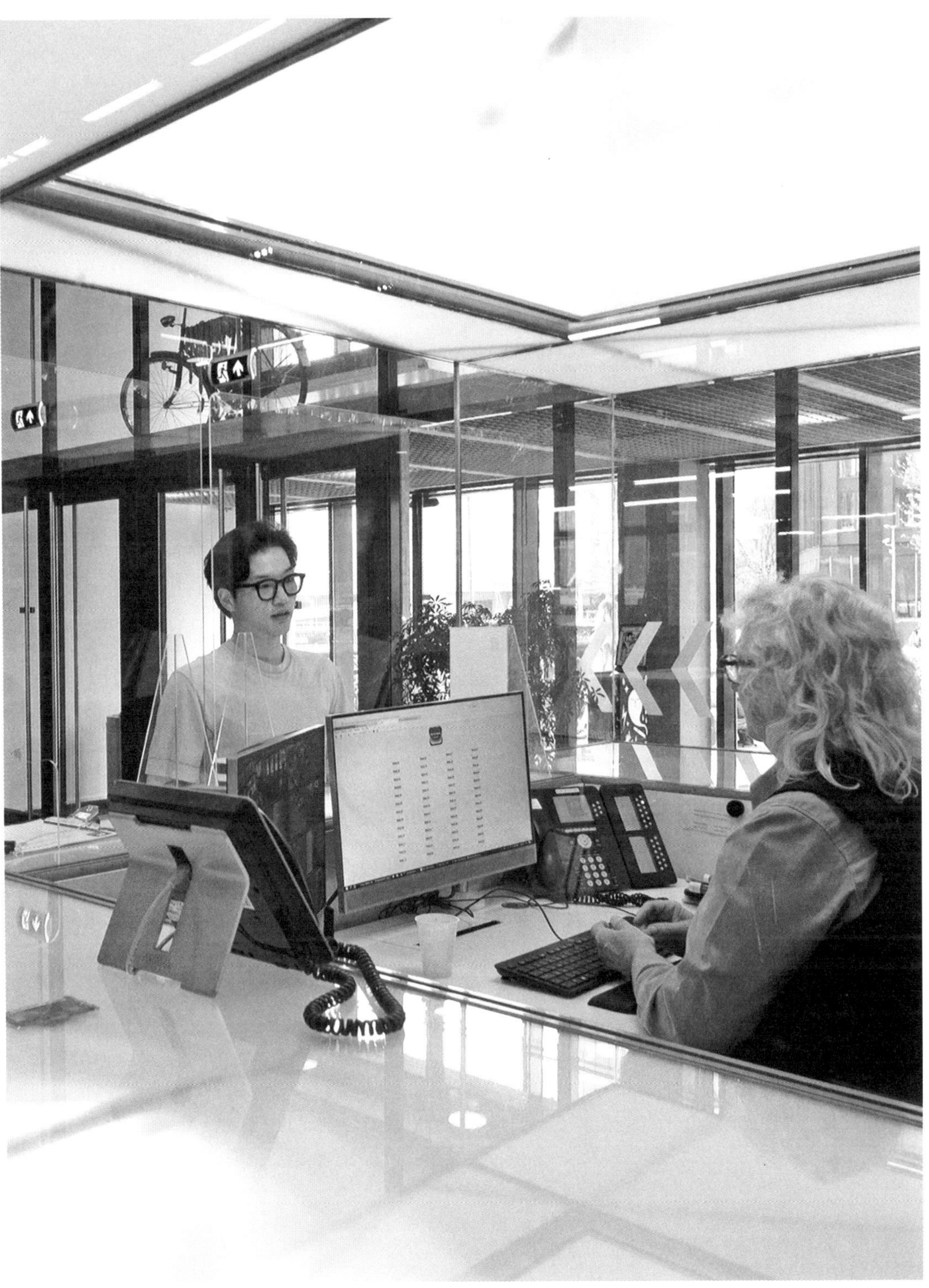

2.84 Axolotl

Some salamanders live underground in caves and have unpigmented white skin because they are never exposed to the sun. The (pale-skinned) player avoids daylight for a long time in order to develop an axolotlish, salamanderish pallor. When he first goes outside again, he feels the sun, even on a heavily overcast day, and reacts accordingly. He raises his pale hand to protect his forehead; he screws up his eyes and painfully distorts his facial muscles like anyone else exposed to strong sunlight.

Photography: Bruno de Monès, *Klaus Kinski*, year unknown

Axolotl

Einige Molche leben unterirdisch in Grotten und haben, weil sie nie dem Sonnenlicht ausgesetzt sind, eine unpigmentierte, weiße Haut entwickelt. Der (hellhäutige) Spieler bleibt für lange Zeit dem Tageslicht fern, um eine Axolotl-ähnliche, molchige Blässe seiner Haut zu entwickeln. Kommt er dann nach draußen, so spürt er die Sonne selbst bei dicht verhangenem Himmel und reagiert entsprechend. Er hält die blasse Hand schützend gegen die Stirn, er kneift die Augen zusammen und verzieht schmerzvoll die Gesichtsmuskeln, so wie es jeder gewöhnliche Mensch unter dem Einfluss starker Sonnenstrahlen tun würde.

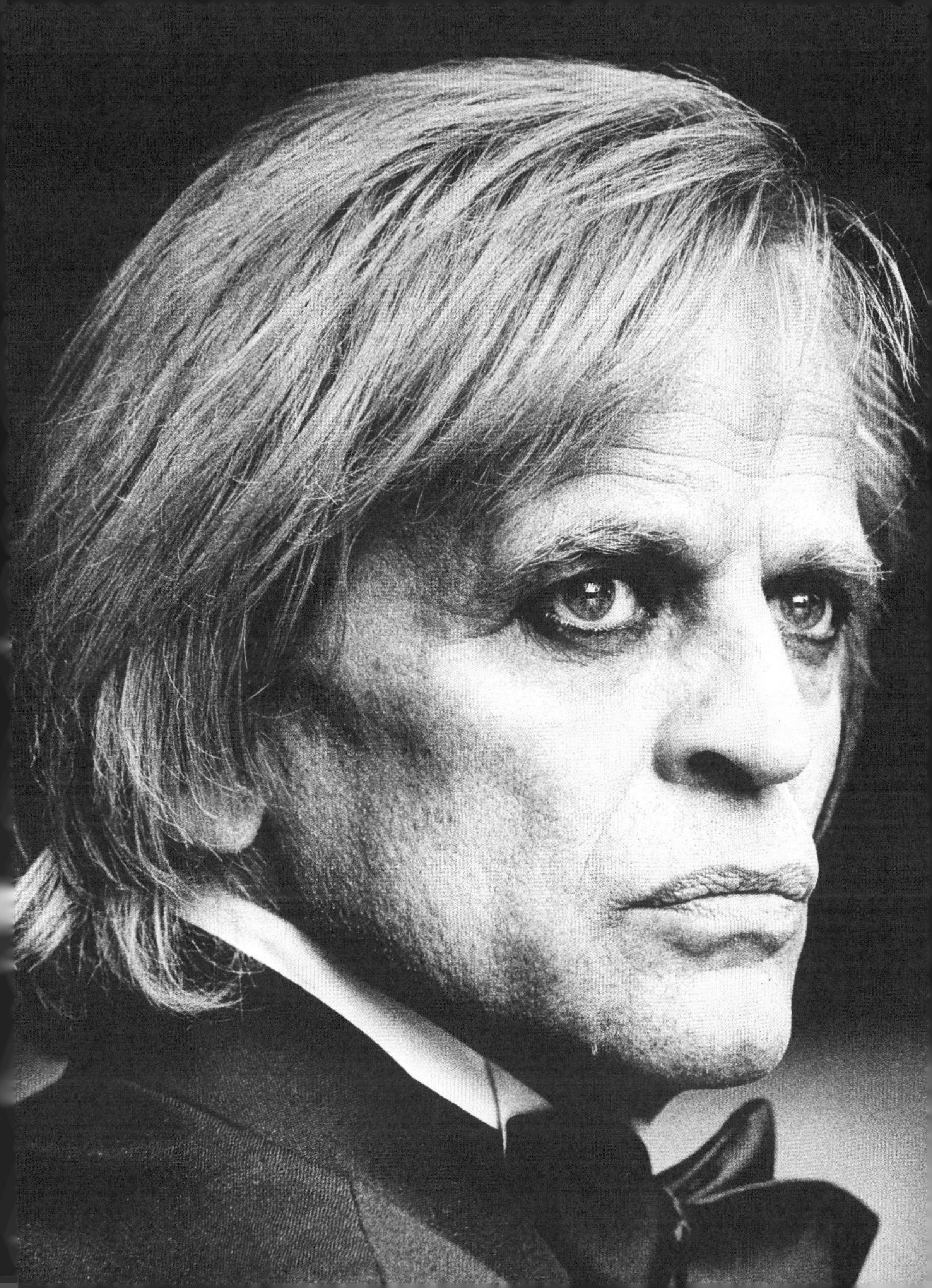

2.85 The Exercise

Meticulously observe how people say "yes" and "no" in a particular language, how they open their lips, curl the corners of their mouths, hold their heads, move their tongues, breathe out on one word and in on another. The Exercise consists of minutely copying the facial movements of saying "yes" or "no"—but uttering the opposite word. It should look as if the player were saying "no," only the listener hears "yes," and vice versa. The aim is to confuse one's interlocutor due to the contradiction between what is heard (mainly consciously) and what is seen (mainly subconsciously).

This exercise requires a long period of training. It's not only the facial muscles that have to be perfectly controlled; the tongue, gums, rib cage, and diaphragm are also involved in producing the desired sound despite the shape of the mouth. But the first step is easy: Inhale as you say *ja* in High German, and exhale on *nein* (that's to say, the other way around from normal speech). In some other languages, saying "yes" and "no" involves the opposite breathing process—for instance, French and Swedish speakers breathe in for yes and out for no. It seems that this link between affirmation or negation and either inhaling or exhaling is universal (although I am not aware of any targeted investigations into this). At any rate in

Photography: Francesco Bonami, 2022

Die Übung

Ganz genau beobachten, wie die Menschen in einer bestimmten Sprache „Ja" und „Nein" sagen, wie sie dabei die Lippen öffnen, die Mundwinkel verziehen, den Kopf halten, die Zunge bewegen, Luft aushauchen beim einen Wort oder einsaugen beim anderen. Die Übung besteht darin, die Mimik des Ja- oder Neinsagens im Detail zu kopieren, dabei aber akustisch das jeweils gegenteilige Wort zu produzieren. Es soll also so aussehen, als würde die Spielern „Nein" sagen, aber vernommen wird ein „Ja" und umgekehrt. Ziel ist die Verwirrung des Gegenübers, welche sich aus der Gegensätzlichkeit zwischen der (hauptsächlich bewusst) gehörten und der (hauptsächlich unbewusst) gesehenen Information ergibt.

Die Übung bedarf eines langen Trainings. Nicht nur die Gesichtsmuskulatur muss perfekt beherrscht werden, auch Zunge, Gaumen, Brustkorb und Zwerchfell kommen zum Einsatz, um die entsprechenden Laute entgegen der Mundformung hervorbringen zu können. Der erste Schritt ist aber leicht getan: beim gesagten „Ja" im Hochdeutschen gleichzeitig Luft holen, beim „Nein" ausstoßen (also nicht wie beim gewöhnlichen Sprechvorgang, sondern umgekehrt). In anderen Sprachen ist das Ja- und Neinsagen teilweise andersherum mit dem Atmungsvorgang verbunden, beispielsweise wird im Französischen und Schwedischen bei Bejahung eingeatmet und bei Verneinung ausgeatmet. Es scheint,

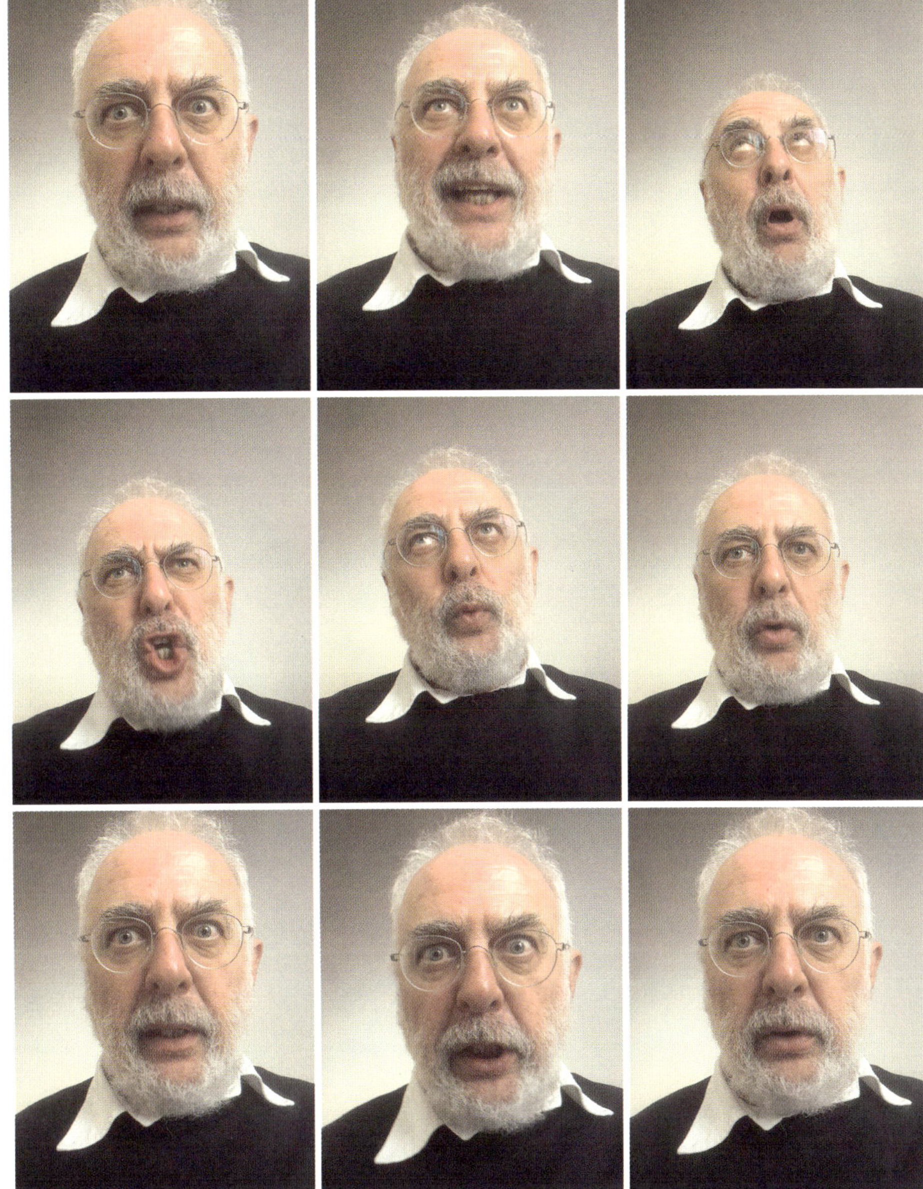

German it is this link that made *Ja Ja Ja Ja Ja, Nee Nee Nee Nee Nee* (1969) by Joseph Beuys, Henning Christiansen, and Johannes Stüttgen possible in the first place; see 2.33.

als ob die Kopplung von Affirmation und Negation mit abwechselnden Atmungsvorgängen universell verbreitet ist, vielleicht sogar in allen Menschensprachen (genauere diesbezügliche Untersuchungen sind dem Autor allerdings nicht bekannt). Im Deutschen jedenfalls machte die Kopplung das Kunstwerk *Ja Ja Ja Ja Ja, Nee Nee Nee Nee Nee* (1969) von Joseph Beuys, Henning Christiansen und Johannes Stüttgen möglich, siehe 2.33.

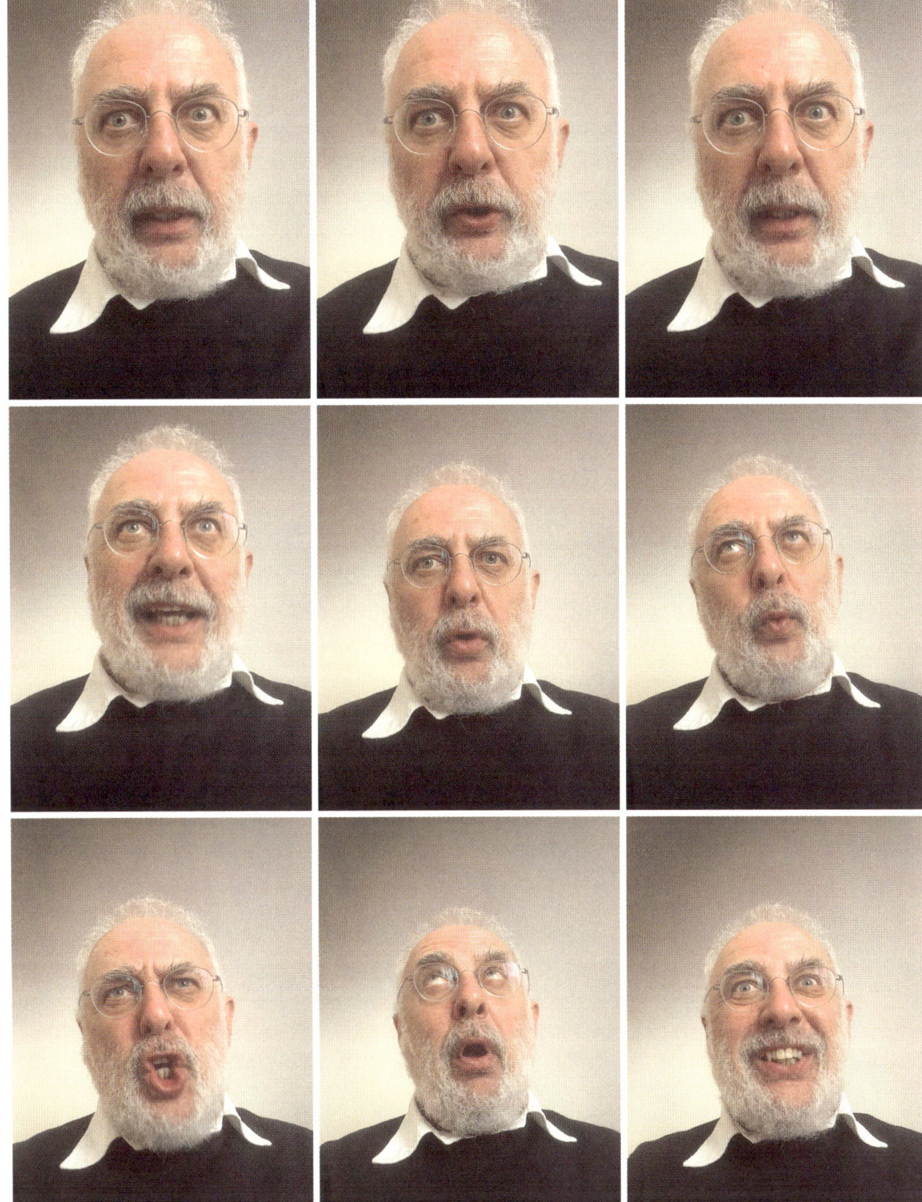

2.86 Guess the Smokers

On the basis of the coloration of people's skin and teeth, wrinkles on their faces and hands, dark circles under their eyes, nicotine stains on their fingers and upper lips, steady or flickering gazes, guilty demeanor, the cleanliness of their shoes and fingernails, general air of contentment or vexation, strength of principle or roguishness, style of clothing, gestures, and so on, designate passersby in a city street as either smokers or nonsmokers. Bear in mind that across the world smokers subdivide at least twice into two divergent groups: smokers from lower-income groups and more prosperous so-called creatives, who of course dress and behave differently, as opposed to vexed smokers who want a time-out from themselves and their real or imagined misery (i.e., those who want to addle their minds) and certain health freaks, who often only smoke in particular social contexts to impress others with their physical well-being and splendid good health, which allows them to fend off the harmful effects of smoking.

"Facial Changes Caused by Smoking: A Comparison between Smoking and Nonsmoking Identical Twins," *Plastic and Reconstructive Surgery*, unknown photographer, November 2013

Raucher raten

Passanten auf dem Bürgersteig in Abhängigkeit von der Haut- und Zahnfärbung, Falten im Gesicht und auf den Händen, Schatten um die Augen, Nikotinspuren an Fingern und Oberlippe, Zielgerichtetheit oder Flackern des Blicks, Ausdruck von Schuld, Sauberkeit der Schuhe und Nägel, Eindrucks der allgemeinen Zufriedenheit oder des Verdrusses, Prinzipientreue oder Schalkigkeit, Kleidungsstil, Gebärden und so weiter in Raucher oder Nichtraucher unterteilen unter Berücksichtigung der Tatsache, dass es bei Rauchern zumindest *zwei mal zwei* gegensätzliche Gruppen gibt, weltweit, zum einen die Raucher aus den unteren Einkommensschichten *und* den besser verdienenden sogenannten Kreativberufen, die sich natürlich unterschiedlich kleiden und geben, und zum anderen die Verdrussraucher, die eine Auszeit von sich selbst und ihrer tatsächlichen oder eingebildeten Misere suchen, die sich also benebeln wollen, *und* den Gesundheitsanzeigern, die oft nur in bestimmten sozialen Kontexten rauchen, um die anderen Anwesenden durch ihr körperliches Wohlergehen zu beeindrucken, welches derart beschaffen ist, dass sie dem schädlichen Einfluss des Rauches zu trotzen vermögen dank ihrer strotzenden Gesundheit.

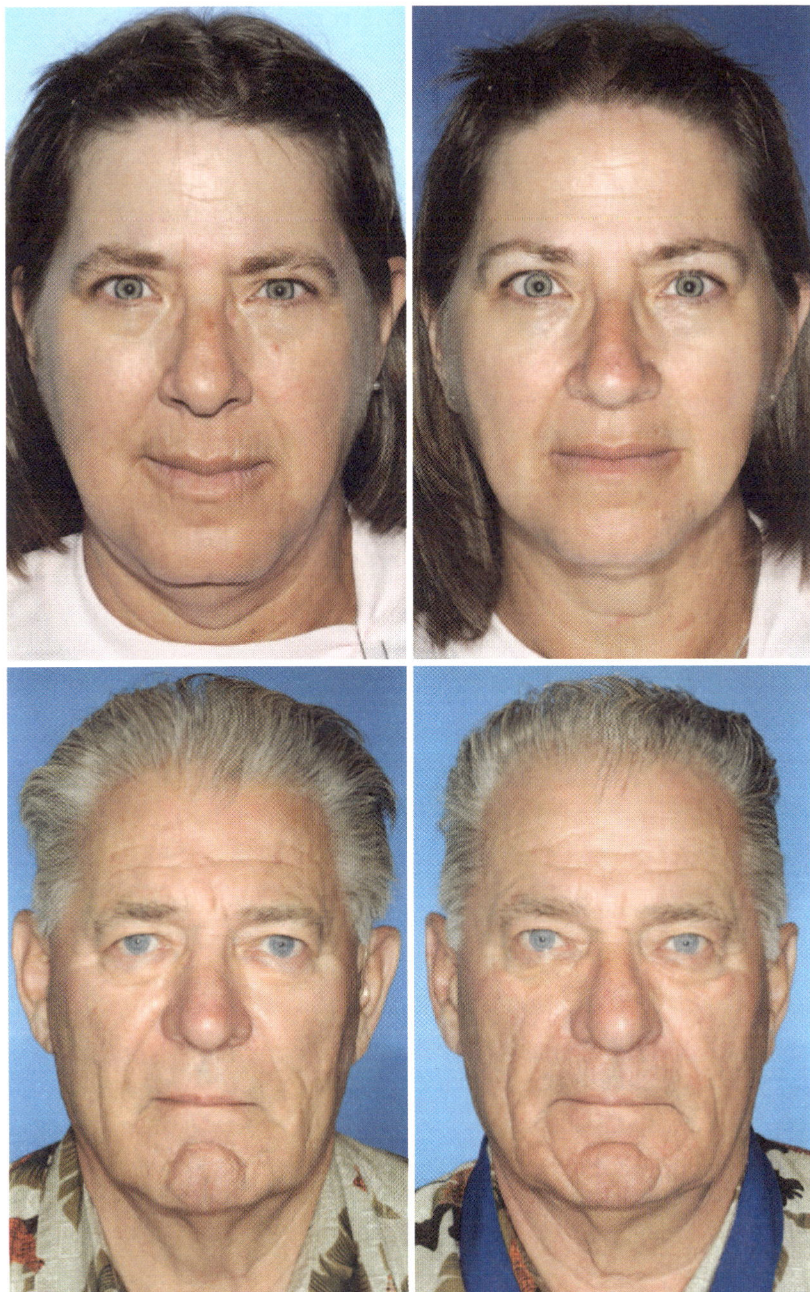

2.87 Parenting License

Isn't it incredible that every country insists you can only drive if you have a driver's license—and that you can only do all sorts of things that could endanger the wider public (such as hunting and owning weapons in general, flying, cooking in a restaurant, pursuing certain professions, and so on) if you have a license or a certificate, proof of your skill, prescribed by law and painstakingly defined. Isn't that incredible, considering that, at the same time, anyone, really anyone and everyone, suitable or not, can just go ahead and make babies and then even raise them, bearing in mind that *not only* are these children (in view of just how much they consume and breathe and gasify during the course of their lives) a major form of environmental pollution in the Euro-American world and in certain Asian countries—above all, where resources are consumed on such a grand scale that the number of children should be regulated in exactly the same way, actually, as the number of cars in a city or the amount of germs in a restaurant kitchen—*but also* that totally inexperienced new parents can just plow ahead and raise their children however they like or want, without having to demonstrate even a smidgen of expertise, given that we all know that bringing up children is one of the hardest things anyone can do, one of the very hardest things anywhere, much harder than driving a car, for instance?

Christoph Steinegger, collage, 2022

Elternschein

Ist es nicht unglaublich, dass überall nur mit Führerschein gefahren werden darf und überhaupt zur Ausübung aller möglichen Dinge, die der Allgemeinheit gefährlich werden können, wie Jagen und Waffenbesitz im Allgemeinen, Fliegen, Kochen in einem Restaurant, Ausübung bestimmter Berufe und so weiter, ein Schein oder Zertifikat erlangt werden muss, ein Fähigkeitsnachweis, gesetzlich vorgeschrieben und minutiös definiert, wenn gleichzeitig ein jeder, wirklich jede und jeder, tauglich oder nicht, einfach so Kinder machen darf und diese dann auch noch erziehen soll, wenn man bedenkt, dass diese Kinder ja *nicht nur* eine große Umweltverschmutzung sind mit all dem, was sie verbrauchen und veratmen und auch vergasen im Lauf ihres Lebens, in der euroamerikanischen Welt und in bestimmten asiatischen Ländern vor allem, dort, wo die Ressourcen in großem Stil konsumiert werden, sodass die Anzahl der Kinder eigentlich genauso reguliert werden müsste wie die Anzahl der Autos in einer Stadt oder der Keime in einer Restaurantküche, *sondern auch* dass die erfahrungslosen Neueltern ganz nach eigenem Gutdünken und Belieben einfach so drauflos erziehen dürfen, ohne den geringsten Sachkundenachweis erbringen zu müssen, wo wir doch alle wissen, dass das Heranziehen von Kindern eine der schwierigsten Sachen ist, eine der schwierigsten Sachen überhaupt, viel schwieriger als Autofahren beispielsweise?

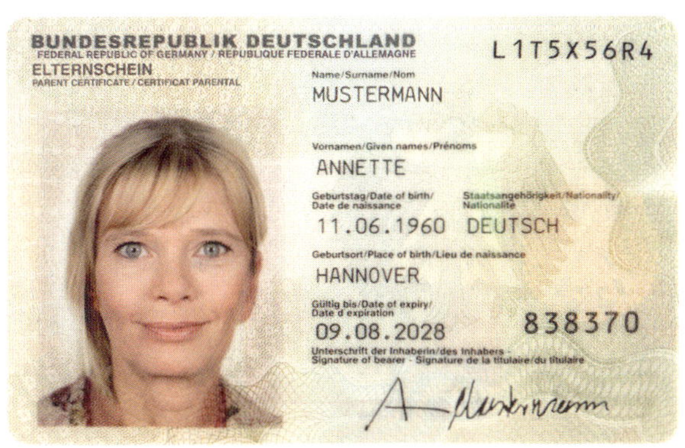
BUNDESREPUBLIK DEUTSCHLAND
FEDERAL REPUBLIC OF GERMANY / REPUBLIQUE FEDERALE D'ALLEMAGNE
ELTERNSCHEIN
PARENT CERTIFICATE / CERTIFICAT PARENTAL
L1T5X56R4
Name/Surname/Nom
MUSTERMANN
Vornamen/Given names/Prénoms
ANNETTE
Geburtstag/Date of birth/Date de naissance
11.06.1960
Staatsangehörigkeit/Nationality/Nationalité
DEUTSCH
Geburtsort/Place of birth/Lieu de naissance
HANNOVER
Gültig bis/Date of expiry/Date d'expiration
09.08.2028
838370
Unterschrift der Inhaberin/des Inhabers - Signature of bearer - Signature de la titulaire/du titulaire

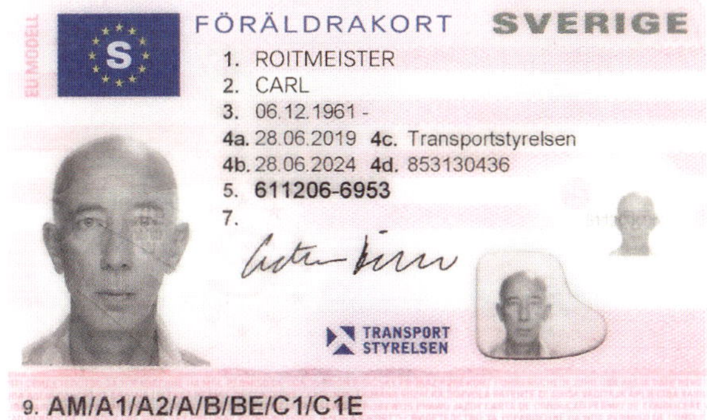
FÖRÄLDRAKORT
SVERIGE
S
1. ROITMEISTER
2. CARL
3. 06.12.1961 -
4a. 28.06.2019 4c. Transportstyrelsen
4b. 28.06.2024 4d. 853130436
5. 611206-6953
7.
TRANSPORT STYRELSEN
9. AM/A1/A2/A/B/BE/C1/C1E

2.88 The Mirror Self-Recognition Test

Put a drop of blood or any other available colored substance in the center of a toddler's forehead. If the child sees themself in a mirror and tries to remove the mark, then they have recognized their own reflected image. Most children can do this from the age of two onward, although some can do it sooner. Chimpanzees can only do it later.

Carsten Höller, *Sina and Carsten*, photography, 2014
Photography: John Scarisbrick

Der Spiegelselbsterkennungstest

Ein Kleinkind mit einem Blutstropfen oder einer anderen, gerade verfügbaren farbigen Substanz mittig auf der Stirn versehen. Sieht sich das Kind im Spiegel und versucht es den Fleck zu entfernen, so hat es sich selbst in seinem Spiegelbild erkannt. Gelingt den meisten Kindern ab einem Alter von zwei Jahren, einigen aber auch schon früher. Schimpansen können es erst später.

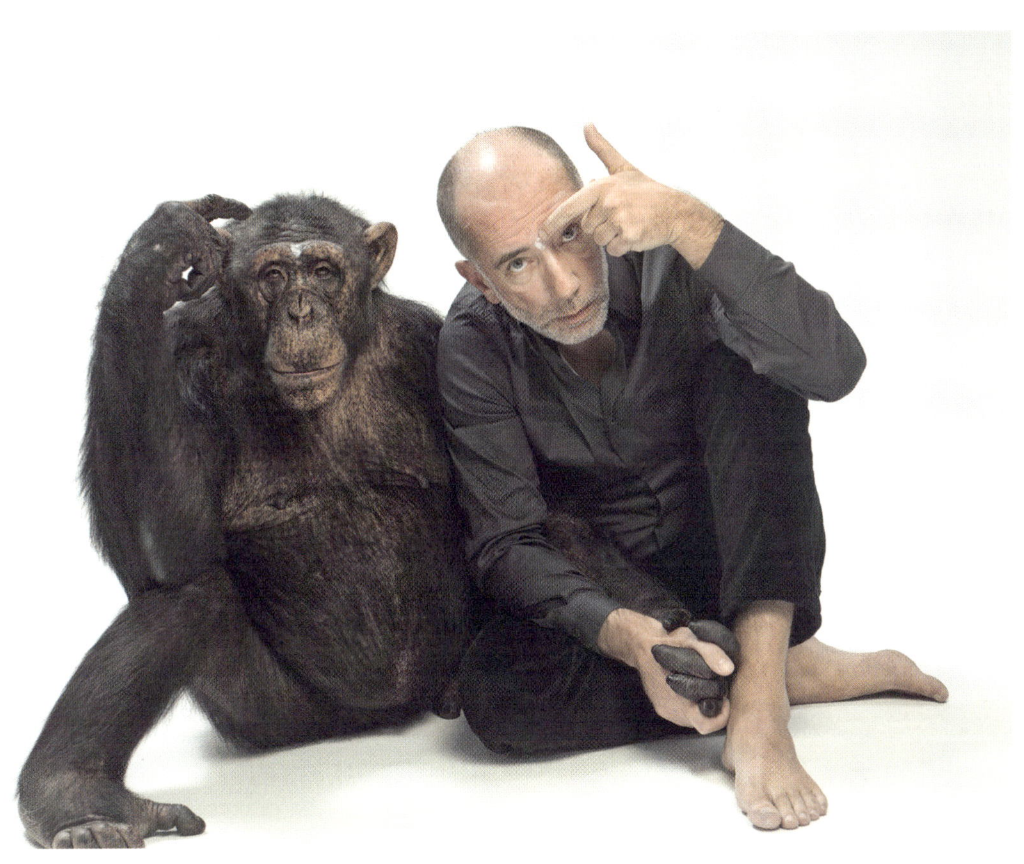

2.89 Freemasons' Greeting

When you shake someone's hand, lightly press the heel of their hand with your index finger, seemingly unintentionally. If the sign is answered, that person is a Freemason.

Photography: Jamie-James Medina, 2019

Freimauererhallo

Beim Händegeben ganz leicht mit dem Zeigefinger in den Handballen des anderen drücken, so als wäre es nicht absichtlich geschehen. Wird das Zeichen erwidert, so handelt es sich um einen Freimaurer.

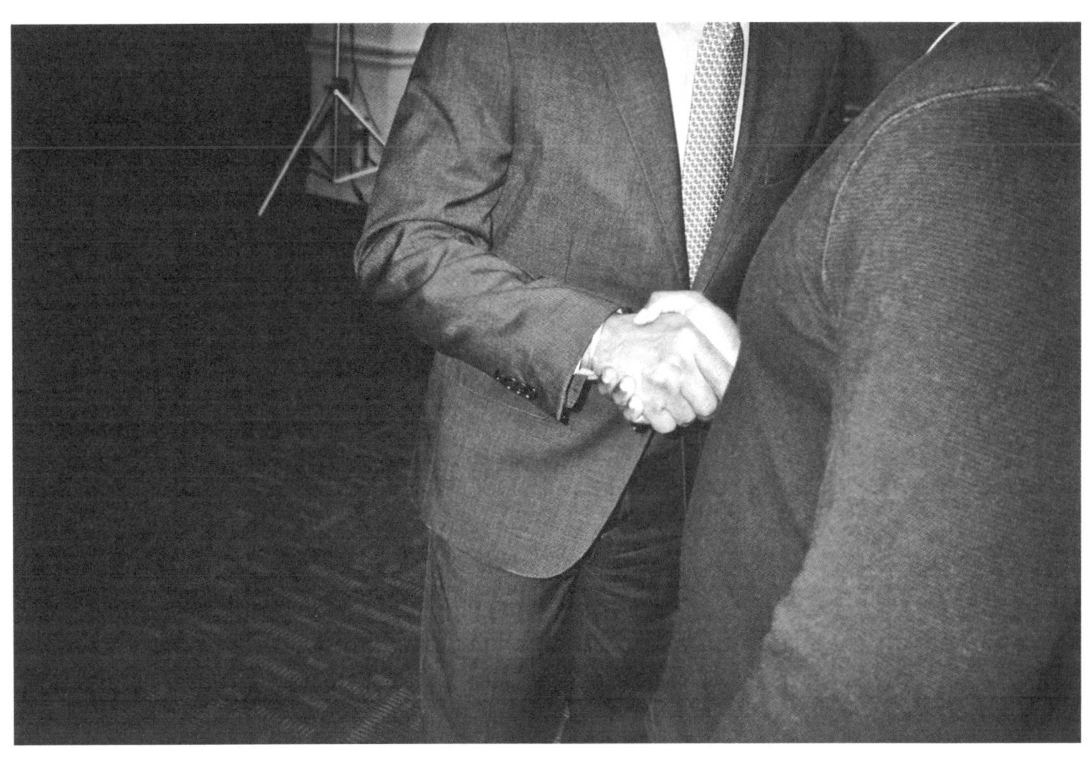

2.90 Jan and Marie

If you're asked what someone's name is (particularly in groups, at receptions, and so on, if you're asked what someone else—out of earshot—is called, whom the questioner then seeks out), say "Jan" or "Marie." If you are introducing someone, again use these two names. Use other names in regions where Jan and Marie are not common. The aim is that uninvolved third parties should also start to use these new names.

Photography: Hans Ulrich Obrist, 2022

Jan und Marie

Wenn man nach dem Namen von jemandem gefragt wird (besonders in Gruppen, bei Empfängen und so weiter, wo der Spieler nach dem Namen einer außer Hörweite stehenden Person gefragt wird, die der Fragende dann aufsucht), „Jan" oder „Marie" sagen. Stellt man jemanden vor, ebenfalls diese beiden Namen verwenden. Andere Namen verwenden in Regionen, wo Jan und Marie nicht häufig sind. Ziel ist die Übernahme der neuen Namen auch durch unbeteiligte Dritte.

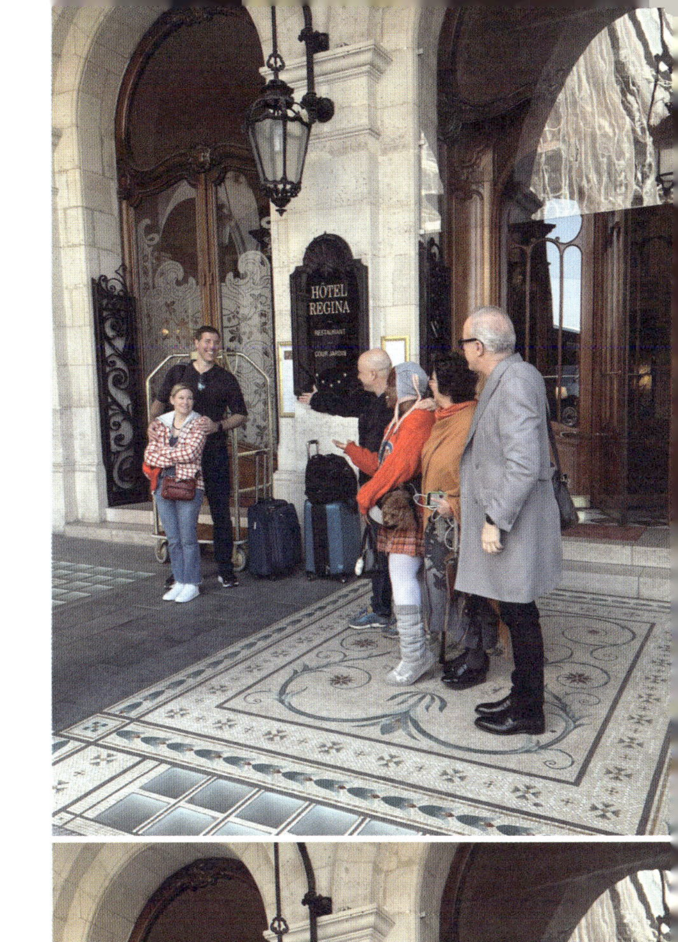
HÔTEL
REGINA
RESTAURANT
COUR JARDIN

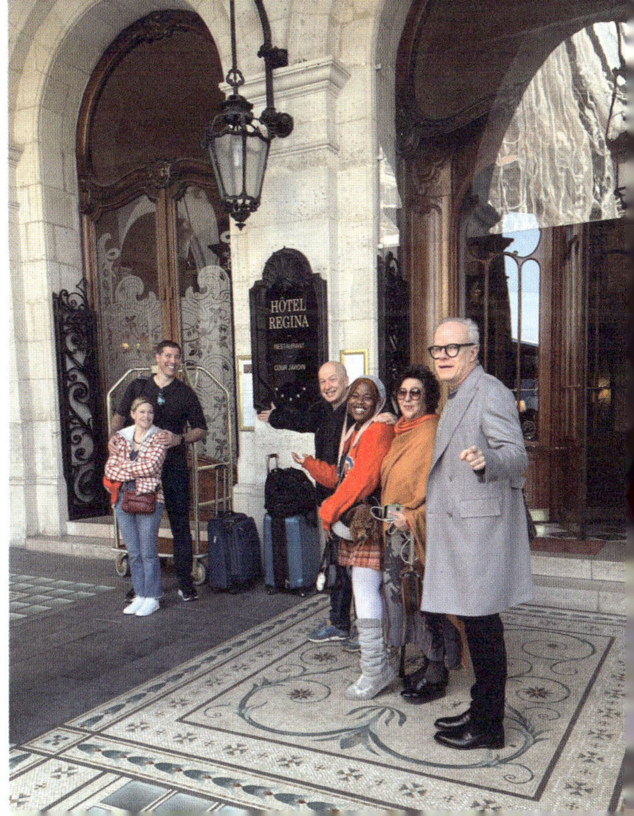
HÔTEL
REGINA
RESTAURANT
COUR JARDIN

2.91 Shakespeare's Madness Test

The persona that Shakespeare gave Hamlet is close to that of a madman—by nature he is inconsistent, mistrustful, and sometimes jealous. When Hamlet speaks to the ghost of his murdered father, his mother, the queen, who is present but unable to see the ghost, says these are the hallucinations of a madman. Hamlet replies:

> Ecstasy? My pulse as yours doth
> temperately keep time
>   And makes as healthful
> music. It is not madness
> That I have uttered.
>   Bring me to the test,
>   And I the matter will
> reword, which madness
> Would gambol from.

The player tests others for madness by challenging them to repeat verbatim—to "reword"—all she has just said.

Extract from William Shakespeare, *The Tragedy of Hamlet, Prince of Denmark*, 1599–1601

Shakespeares Wahnsinnstest

Hamlets Charakter wurde von Shakespeare nahe dem eines Wahnsinnigen angesiedelt – ein Charakter, durch Inkonsistenz gekennzeichnet sowie Misstrauen und gelegentliche Eifersucht. Als Hamlet zu dem ihm erscheinenden Geist seines ermordeten Vaters spricht, sagt seine anwesende Mutter, die Königin, welche den Geist zu sehen unfähig ist, dass es sich um Einbildung handle, um Halluzinationen eines Wahnsinnigen. Darauf Hamlet:

> Wahnsinn? Mein Herz schlägt
> ebenso regelmäßig wie das deine
>   Es ist nichts Verrücktes in dem,
> was ich gerade gesagt habe.
> Prüfe mich,
>   Ich bin imstande, alles
> eben Gesagte wortwörtlich zu
> wiederholen, was ein Verrückter
> nicht könnte.

Die Spielerin testet andere auf Wahnsinn, indem sie diese vorher Gesagtes so genau wie möglich wiederholen lässt.

GERTRUDE
To whom do you speak this?

GERTRUDE
Who are you talking to?

HAMLET
Do you see nothing there?

HAMLET
You don't see anything?

GERTRUDE
Nothing at all, yet all that is I see.

GERTRUDE
Nothing at all, but I can see everything that's here.

HAMLET
Nor did you nothing hear?

HAMLET
And you don't hear anything?

GERTRUDE
No, nothing but ourselves.

GERTRUDE
No, nothing but us talking.

HAMLET
Why, look you there! Look how it steals away—My father, in his habit as he lived—Look where he goes, even now, out at the portal!

HAMLET
Look, look how it's sneaking away! My father, dressed just like he was when he was alive! Look, he's going out the door right now!

GERTRUDE
This the very coinage of your brain.
This bodiless creation ecstasy.
Is very cunning in.

GERTRUDE
This is only a figment of your imagination. Madness is good at creating hallucinations.

HAMLET
Ecstasy? My pulse as yours doth temperately keep time And makes as healthful music. It is not madness That I have uttered. Bring me to the test, And I the matter will reword, which madness Would gambol from. Mother, for love of grace, Lay not that flattering unction to your soul That not your trespass but my madness speaks. It will but skin and film the ulcerous place Whilst rank corruption, mining all within, Infects unseen. Confess yourself to heaven. Repent what's past. Avoid what is to come. And do not spread the compost on the weeds To make them ranker. Forgive me this my virtue, For in the fatness of these pursy times Virtue itself of vice must pardon beg, Yea, curb and woo for leave to do him good.

HAMLET
Madness? My heart beats just as evenly as yours does. There's nothing crazy in what I've just uttered. Put me to the test. I'll rephrase everything I've just said, which a lunatic couldn't do. Mother, for the love of God, don't flatter yourself into believing that it's my madness, not your crime, That's the problem. You'd just be concealing the rot that's eating you from the inside. Confess your sins to heaven. Repent and avoid damnation. Don't spread manure over the weeds in your heart; it'll only make them more filthy. Forgive me my good intentions here since in these fat and spoiled times, virtuous people have to say, "Beg your pardon" to vile ones and beg for the chance to do any good.

2.92 Subtitles

Eavesdrop on a conversation and in your own mind silently anticipate the speaker's answers, in effect conducting an internal, parallel conversation—as in Woody Allen's directorial debut, *What's Up, Tiger Lily* (1966), a Japanese action movie that he redubbed, thereby creating a whole new plot.

Senkichi Taniguchi, *Woody Allen's What's Up, Tiger Lily?*, film still, 1966

Untertitel

Ein Gespräch belauschen und die Antworten der Sprechenden im eigenen Kopf stumm vorformulieren, um somit ein paralleles innerliches Gespräch zu führen. In Anlehnung an Woody Allens Debüt als Regisseur von *What's Up, Tiger Lily* von 1966, wo er einen existierenden japanischen Actionfilm neu vertonte und dadurch eine völlig neue Handlung erschuf.

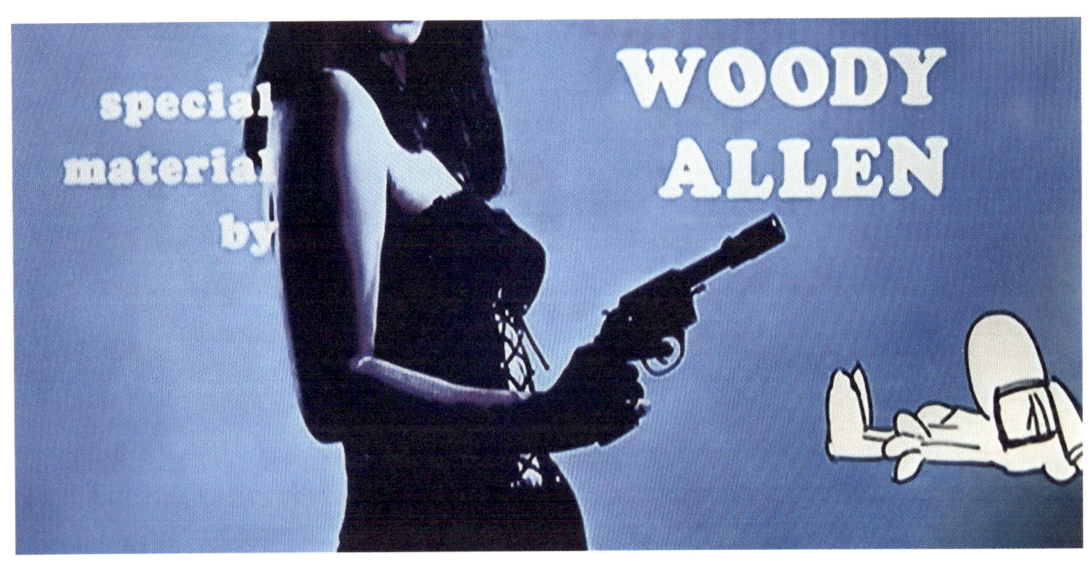
special
material
by
WOODY
ALLEN

2.93 Maximum Attention

Before the player enters a room filled with other people, she spins around quickly for as long as she can. When she is at her dizziest, she reels into the room, thereby attracting maximum attention.

Constance Tenvik, photography, 2022
Photography: Victor Nicolai

Maximale Aufmerksamkeit

Bevor die Spielerin einen Raum mit anderen betritt, dreht sie sich schnell und so lange es geht, im Kreis. Im Moment des höchsten Schwindels torkelt sie dann in den Raum und erzielt so maximale Aufmerksamkeit.

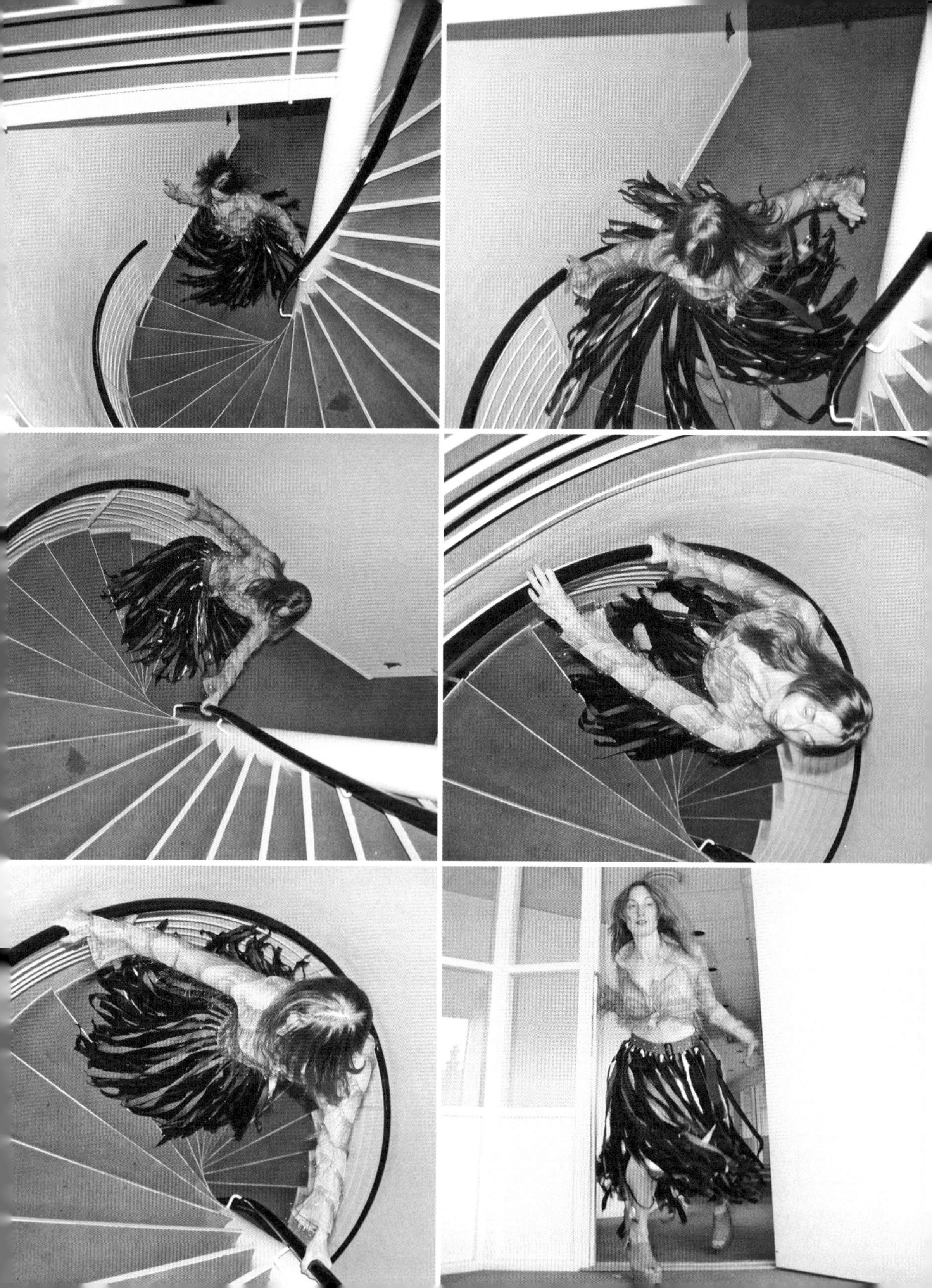

2.94 A Demonstration in a Demonstration

In silent protest penetrate a crowd, all on your own, and demonstrate for something completely different.

Carsten Höller and Philippe Parreno,
La Pause de la Mécanique, photography, 1992

Demonstration in der Demonstration

In stummem Protest einsam in eine demonstrierende Menge eindringen und für etwas völlig anderes demonstrieren.

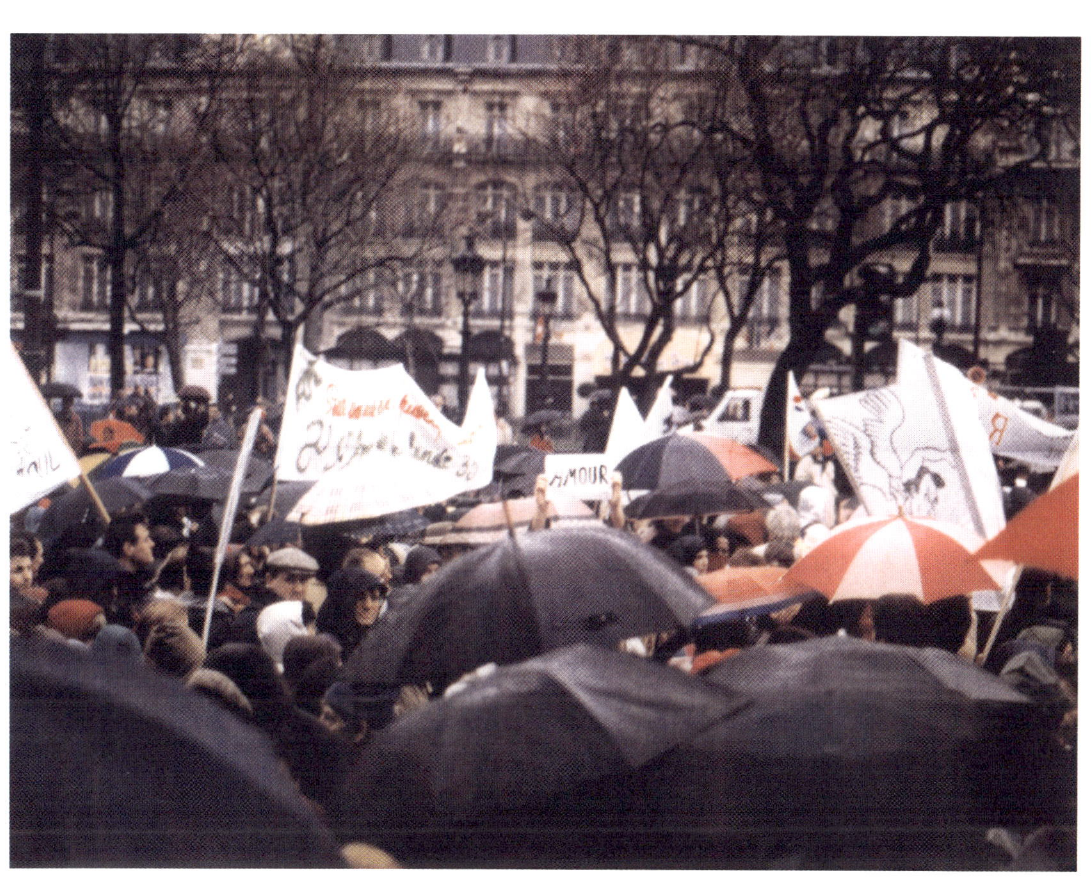
AMOUR

2.95 Boycott Women

In 1970 the American painter and Conceptual artist Lee Lozano put down her paintbrush and materials and began her withdrawal from the art world with *Dropout Piece*.

During the process of dropping out, in 1971 she also decided to break off contact with all other women, avoiding them for six months to expose and free herself from gender-specific power relations. She believed that communications with other women would subsequently be "better than ever"—but she then maintained that distance for the rest of her life as best as she could (making an exception for her mother, it seems). Waitresses were completely ignored and she insisted on being served by male sales assistants in shops. Later on she also denied herself other things, such as radio and television, and moved away from New York, where she had been in close contact with artists such as Carl Andre, Dan Graham, and Sol LeWitt. She settled in Dallas, where she enacted her own oblivion until her death in 1999.

She thus significantly outstripped the Minimalism of her (male) artist friends, who were always vying to devise the most reduced language of forms: Not only did Lee Lozano cease forming, she herself also disappeared from public life, until she was all but forgotten. It was

Photography: Barbora Gerny,
Lee Lozano and Dan Graham, 1970

Frauenboykott

Die amerikanische Malerin und Konzeptkünstlerin Lee Lozano legte im April 1970 ihre Pinsel und anderen Arbeitsmaterialien nieder, um sich mit *Dropout Piece* der Kunstwelt zu entziehen.

Im Rahmen dieses Entzugs beschloss sie 1971, auch den Kontakt mit allen anderen Frauen abzubrechen und für einen Zeitraum von sechs Monaten zu vermeiden, um geschlechtsspezifische Machtverhältnisse zu entlarven und sich so von ihnen zu befreien. Danach, so glaubte sie, würden ihre Beziehungen zu anderen Frauen „besser als jemals zuvor" werden – für den Rest ihres Lebens aber vermied sie dann andere Frauen so weit wie nur irgend möglich (mit Ausnahme ihrer Mutter, so scheint es). Kellnerinnen wurden keines Blickes gewürdigt, und beim Einkaufen bestand sie auf männliche Verkäufer. Sie entsagte später auch anderen Dingen, wie beispielsweise Radio und Fernseher, und zog von New York, wo sie regen Umgang mit Künstlerfreunden wie Carl Andre, Dan Graham und Sol LeWitt hatte, nach Dallas, wo sie bis zu ihrem Tod 1999 ihr eigenes Vergessen praktizierte.

Sie führte somit den Minimalismus ihrer (männlichen) Künstlerfreunde, die sich gegenseitig in immer reduzierterer Formensprache überboten, ein gutes Stück weiter: Nicht nur gar keine Form mehr wurde von Lee Lozano produziert, auch sie selbst als Person verschwand aus dem öffentlichen Leben, bis sie als nahezu vergessen galt. Erst nach ihrem

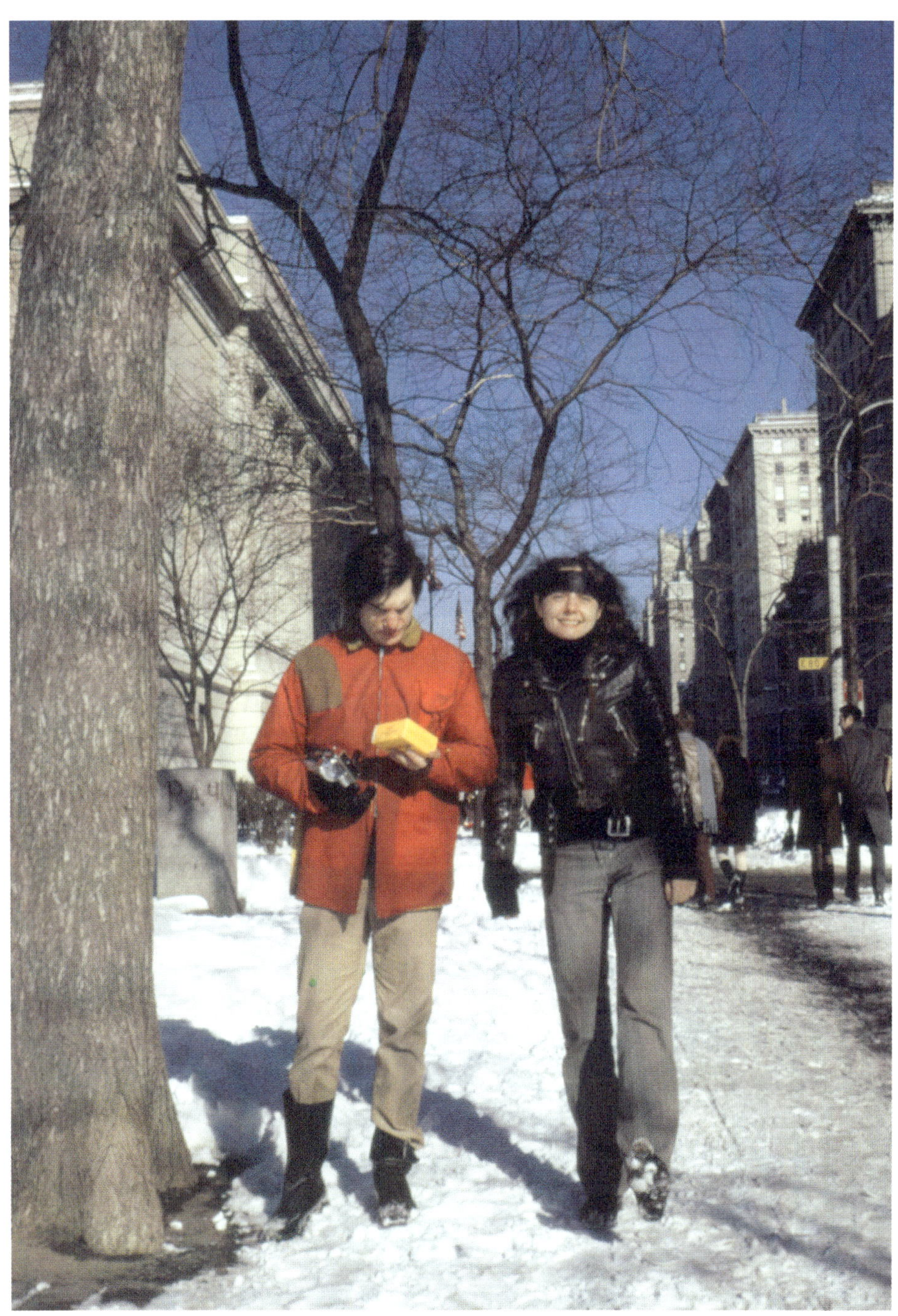

only after her death that Lozano became more widely known again.

The player realizes Lozano's decision to Boycott Women in a balanced, practical everyday form by not talking to women on odd days and to men on even days. All those who may not identify with either of those two genders are not ignored but treated neutrally. The idea of behaving differently on a daily basis comes from an anecdote I heard from a longstanding assistant to the German artist Sigmar Polke: Due to his fame, Polke received large amounts of mail, which he only opened on odd days. All the letters that arrived on even days were discarded, unread.

Lee Lozano, untitled notebook, 1971

Tod wurde Lee Lozano einer breiteren Öffentlichkeit bekannt.

Die Spielerin setzt den Lozano'schen Frauenboykott in eine ausgewogene und praktikable Alltagsform um, indem sie an ungeraden Tagen nicht mit Frauen und an geraden Tagen nicht mit Männern spricht. Alle nicht eindeutig dem einen oder anderen Geschlecht zuzuordnenden Personen werden neutral behandelt, also nicht vermieden. Die Idee, sich an jeweils aufeinanderfolgenden Tagen anders zu verhalten, beruht auf einer Anekdote, die dem Autor von einem langjährigen Mitarbeiter Sigmar Polkes erzählt wurde: Der deutsche Künstler erhielt aufgrund seiner Bekanntheit sehr viel Post, die er nur an ungeraden Tagen öffnete. Alle Briefe, die er an geraden Tagen erhielt, warf er ungelesen weg.

1ST WK AUGUST, 71

DECIDE TO BOYCOTT WOMEN.

THROW LUCY LIPPARD'S 2ND LETTER ON DEFUNCT PILE, UNANSWERED. DO NOT GREET ROCHELLE BASS IN STORE.

2ND WK AUGUST, 71

PAULA TAVINS CALLS AUG 11. TELL HER I AM BOYCOTTING WOMEN AS AN EXPERIMENT THRU ABT SEPT & THAT AFTER THAT "COMMUNICATION WILL BE BETTER THAN EVER."

PEYOTE TRIP AUG 10 71 : PURIFICATION OF THE UNCONSCIOUS*. I BEAT THE SAND WITH JAKE'S PUSSYWILLOW WHIP.

I STOP HOLDING ON TO WALTER DE MARIA.

*DEEPBRAIN

AUG 12 71

IM FUCKIN UP BAD, MAKIN MISTAKES. ONE HOUR LATE TO MEET BELLAMY HERE, I MISSED HIM (HE LEAVES NOTE.) IT'S MY DEEPBRAIN RESISTANCE TO ... WHAT? BELLAMY? KELSEY? DO I WANT TO LOSE MY LOFT FOR ACTION? UTTER CLAUSTROPHOBIA IN TIME/SPACE OF PRESENT. I MISSED HIM ALL LAST WEEK TOO.

ALSO FUCKED UP WITH BUSINESS COMPATIBILITY BOOK.

EXPERIMENT: WRITE TO PEOPLE IN ATTEMPT TO COMMUNICATE AFTER MERCURY GOES RETROGRADE AUG 13.
TRY SOME LOCAL VISITS.

GOING TO ROOF LOOKING UP AT MARS & (STRAIGHT) QUARTER MOON, STARS & DOWN ON NEIGHBOORHOOD CALMS ME.

FROM WEEK IN HALIFAX: THE MAGIC WORD TO CANCEL SPELLS IF ANYONE TRIES TO LAY A SPELL ON YOU, OR, TO COUNTERACT A WITCH'S POWER; YELL: ORTHOGRAPHY!

Games for Two to Play Together

Spiele, die zu zweit gespielt werden

3.1 Dry Dancing

Dance with each other without music.

Photography: David Gonzalez, *Dancers*, 1979

Trockentanz

Ohne Musik miteinander tanzen.

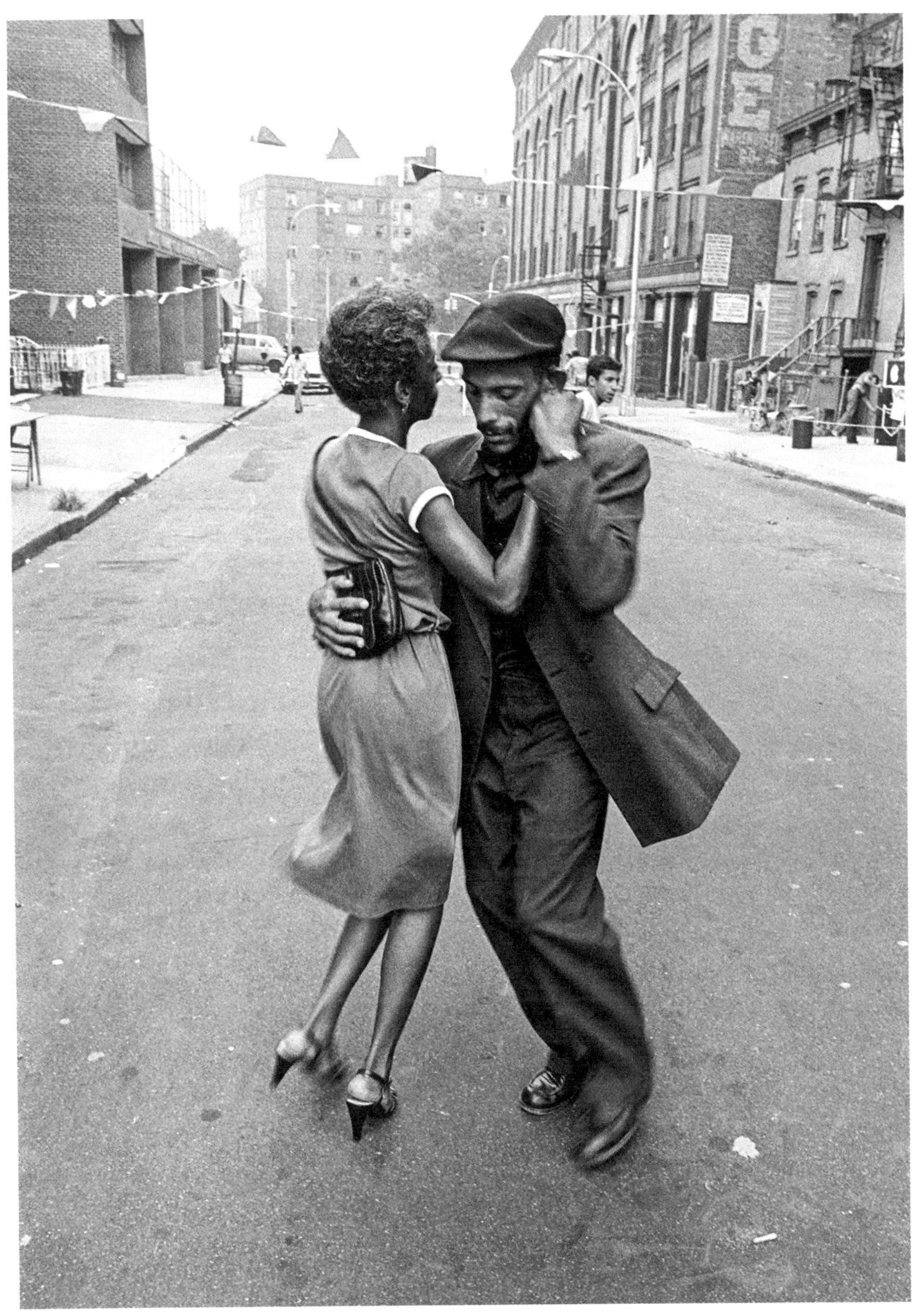

3.2 Bernhard, My Teenage Love

Two friends compliment each other extravagantly for a long time. The impact is heightened by each specifically tailoring their flatteries to the other person's character or to shared experiences. Especially pleasing compliments are prepared well in advance. They move on from flattery to declarations of love, albeit initially refraining from "I love you" (like in real life). Once that threshold has been crossed, it's impossible to stop. The most magnificent, most convoluted, most wayward declarations of love are exchanged. Teenage love, marriage, children, lovers departing this world together—no holds barred. "I've loved you, my darling, since the moment our eyes first met. I love you more than any others I have ever loved, including my parents, my siblings, my friends and family members, all my previous lovers—I love you so much that my heart is close to bursting." In a sped-up version, the build-up phase is omitted; you very soon declare "I love you" to your more or less unknown playmate. This has a special appeal, because saying those three words is definitely a hurdle. And if Bernhard, My Teenage Love should ever be overcome with exhaustion, the opposite game can also be played: swapping the most horrid insults you can think of.

Carsten Höller, *The Prada Double Club Miami*, large-scale installation, 2017
Photography: Pierre Björk

Bernhard, meine Jugendliebe

Zwei Freunde machen sich über einen längeren Zeitraum Komplimente von allererster Güte, wobei sie die Schmeicheleien spezifisch auf den Charakter des jeweils anderen oder auf gemeinsame Erlebnisse zuschneiden, um ihnen Brisanz zu verleihen. Besonders schöne Komplimente sind von langer Hand vorbereitet worden. Von Komplimenten geht man zu Liebesbezeugungen über, wobei man sich anfänglich sperrt, „Ich liebe dich" zu sagen (wie im richtigen Leben). Hat man diese Schwelle überwunden, gibt es kein Halten mehr. Es werden die großartigsten, verwinkeltsten, abartigsten Liebesbezeugungen ausgetauscht. Jugendliebe, Heirat, Kinder, gemeinsamer Liebesfreitod, alles ist drin. „Ich liebe dich, mein Schönster, seit dem Augenblick, wo sich unser Blick zum ersten Mal traf. Mehr als alle anderen, die ich jemals geliebt habe, liebe ich dich, einschließlich meiner Eltern, meiner Geschwister und Verwandten und Freunde sowie aller vorherigen Liebschaften, so sehr liebe ich dich, dass mir das Herz zu zerspringen droht." In einer Schnellvariante entfällt die Aufbauphase, man sagt sehr bald „Ich liebe dich" zu seinem noch mehr oder weniger unbekannten Mitspieler. Das ist durchaus reizvoll, denn die Aussprache dieser drei Wörter bedarf einer gewissen Überwindung. Sollte sich Bernhard, meine Jugendliebe irgendwann erschöpfen, ist auch die Umkehrung spielbar: der Austausch der perfidesten Gemeinheiten, die man aufbringen kann.

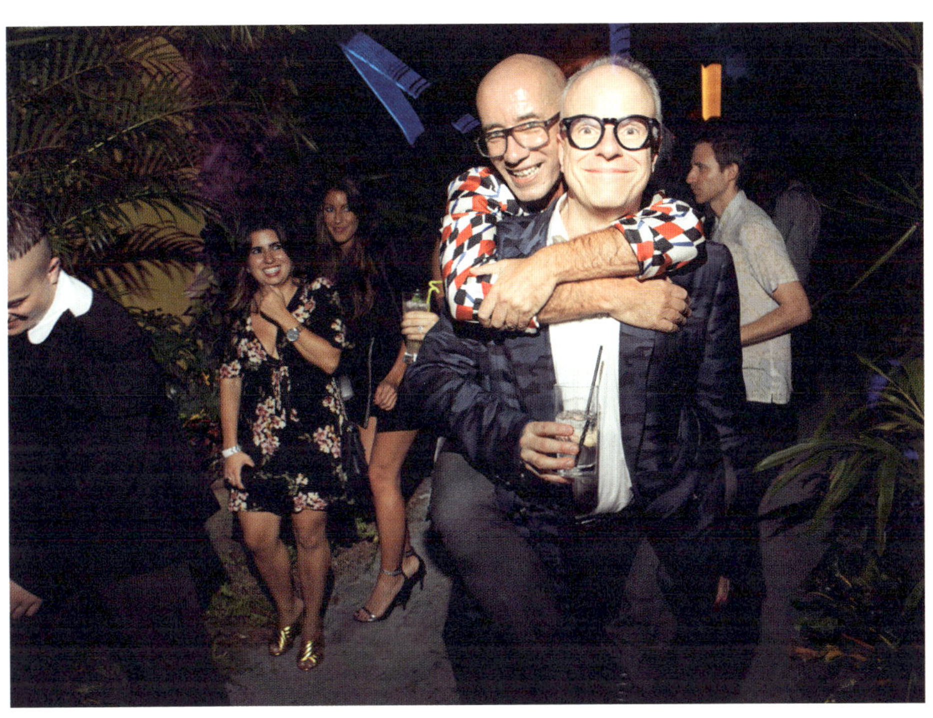

3.3 A Bunny Rabbit on Your Arm

One player bares one arm and keeps her eyes closed. Using both his index fingers, the other player drums on her naked forearm at two spots about six inches apart. His first finger strikes her arm just once, then his other finger *immediately* strikes her arm anything between five and 10 times (as quickly as humanly possible). Or he can drum on that second spot with his index finger and middle finger, alternating them very rapidly. The drummed-upon player has the impression her arm is being struck at equally spaced intervals between the two spots in question, as if a bunny rabbit were hopping along her arm.

Photography: Taus Makhacheva, 2022

Kaninchen auf dem Arm

Die Spielerin hat einen Arm entblößt und hält die Augen geschlossen. Der Spieler trommelt mit seinen beiden Zeigefingern auf zwei etwa 15 Zentimeter voneinander entfernte Bereiche auf dem nackten Unterarm, wobei der erste Finger nur einmal anschlägt und der andere *sofort* darauf zwischen fünf- und zehnmal (so schnell wie nur irgend möglich). Es kann auch mit Zeige- und Mittelfinger abwechselnd sehr schnell auf den zweiten Bereich getrommelt werden. Die Betrommelte hat den Eindruck, die Schläge wären über gleiche Distanzen zwischen den beiden Punkten verteilt und als würde ein Kaninchen auf ihrem Arm hüpfen.

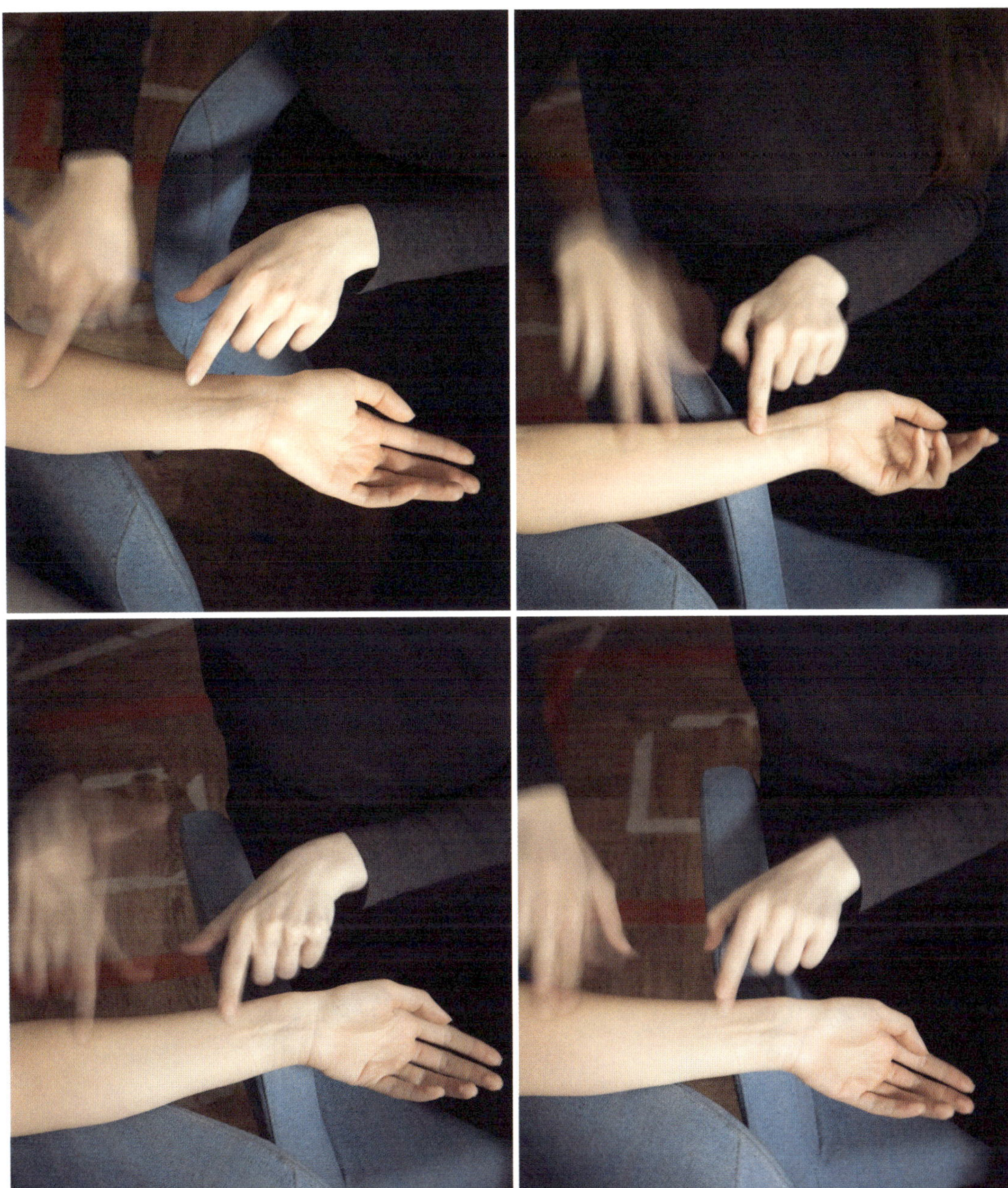

3.4 The Cuban Crisis

Bang your foreheads together, taking turns, like some people do with hard-boiled eggs at Easter (to see which cracks first).

Photography: Eva King, 2022

Die Kuba-Krise

Mit dem Vorderkopf aneinanderschlagen, immer abwechselnd, wie es manchmal zu Ostern mit Eiern gemacht wird (um zu sehen, welches sich zuerst eindrückt).

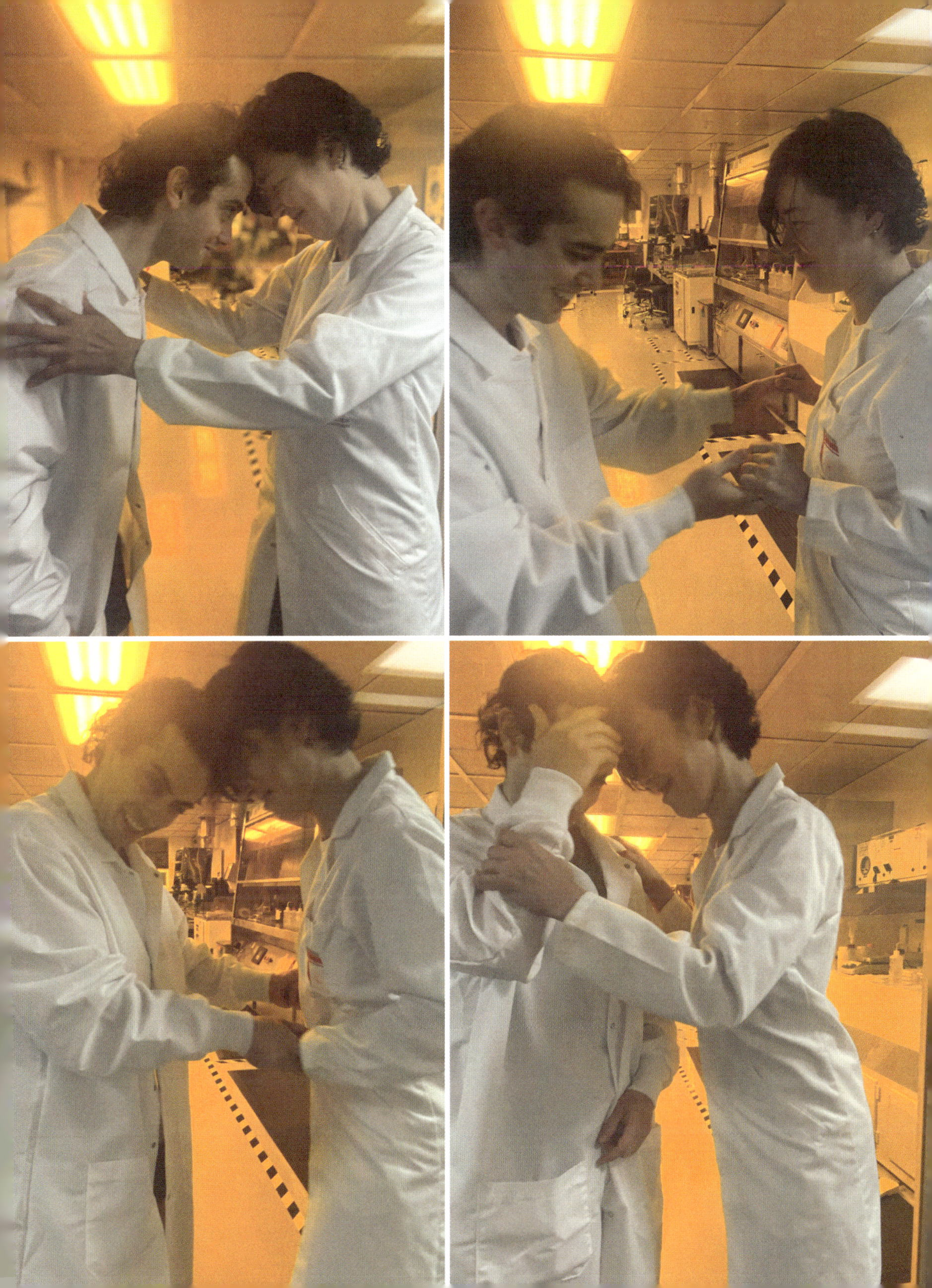

3.5 Get to Know Your Fingers

Cross your wrists, palm to palm, and clasp your hands as if in supplication. Now bend your arms in and up toward your body. The other player now points to various fingers without touching them, and you have to move the finger indicated.

Photography: Barney Schaub, 1997

Fingerkennenlernen

Handinnenflächen über Kreuz aneinanderlegen und Finger wie in Gebetshaltung verschränken. Hände in Richtung des Körpers nach oben drehen. Die mitspielende Person deutet auf einzelne Finger, ohne sie zu berühren, worauf diese zu bewegen sind.

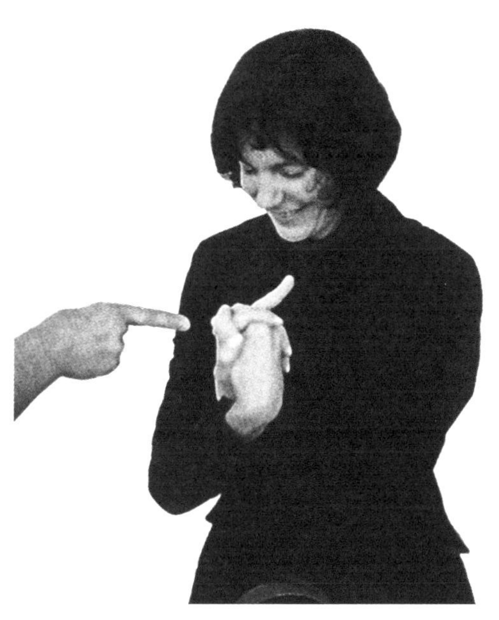

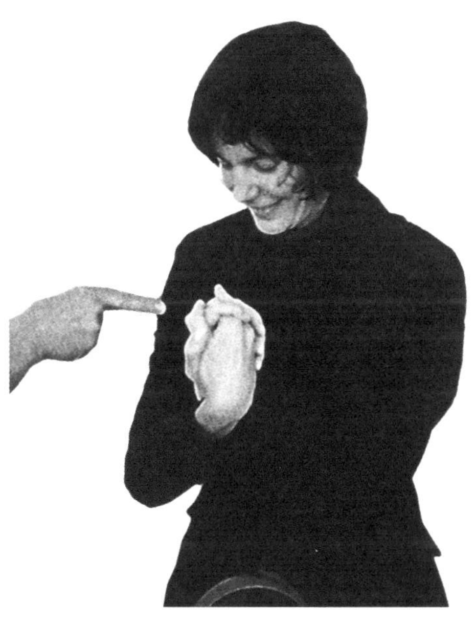

3.6 Upside-down V

Standing up, lean in, face to face, and support yourselves on each other's foreheads. You can press harder or even fight—as long as your feet don't move.

Photography: Carsten Höller,
Ilaria and Rosemarie, 1997

Hirsch

Sich aufrecht stehend Gesicht zu Gesicht aneinanderlehnen, wobei man sich an der Stirn des anderen abstützt. Es kann gedrückt/gekämpft werden, solange die Füße nicht bewegt werden.

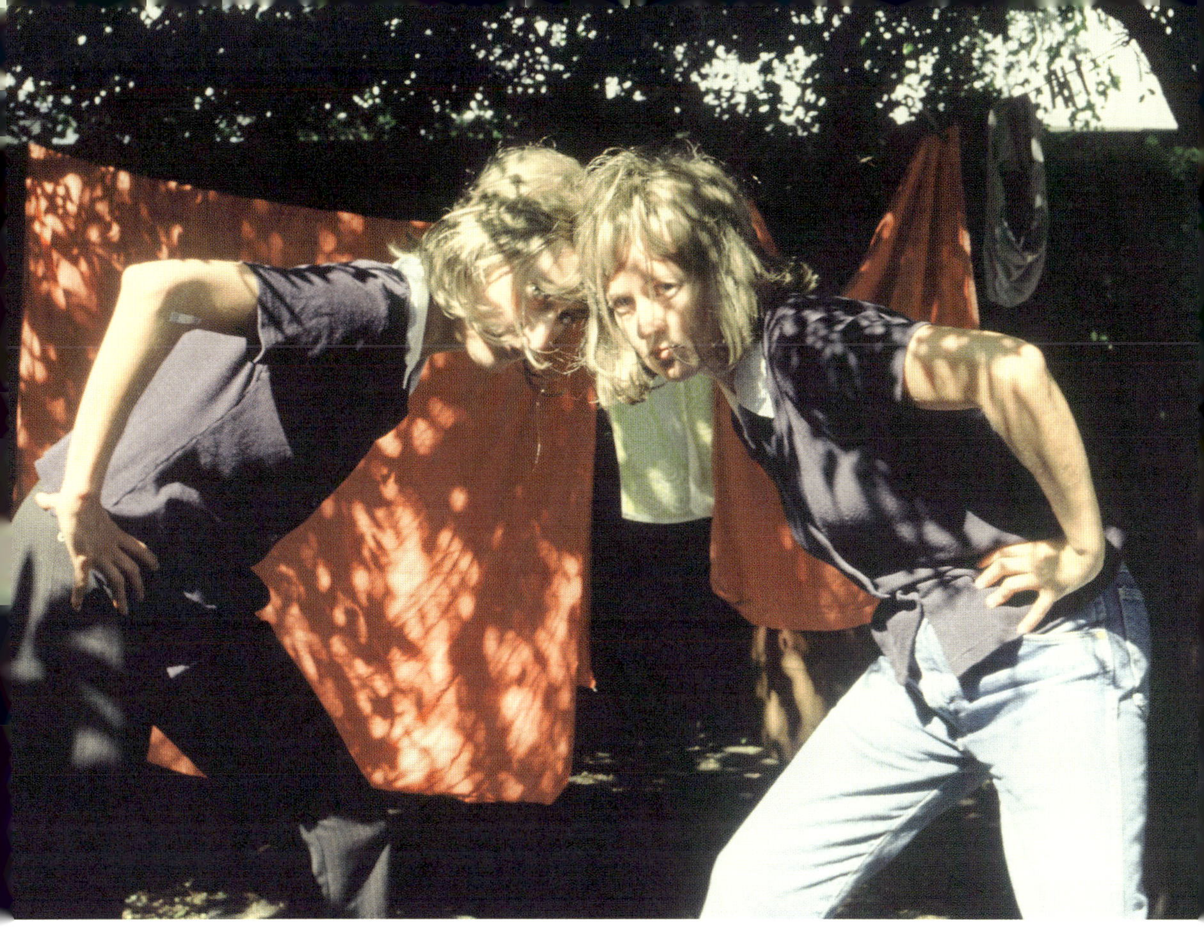

3.7 Pros and Cons

Adopt a stance on a particular view or attitude that is as far removed as possible from that of the other player, regardless of your own convictions or morals, and defend it against the other person's opinion with maximum vehemence. Arrive at a decision using this method.

Based on the Pros and Cons list used in decision-making by Luis Buñuel.

Luis Buñuel, unknown photographer, 1940s

Pro und Kontra

Die eigene Position hinsichtlich einer bestimmten Ansicht oder Haltung als weitestgehend gegenteilig zu der des Mitspielers ausrichten, ohne Rücksicht auf eigene Überzeugungen und Moral, und möglichst vehement gegen die andere Meinung verteidigen. So zu einer Entscheidung gelangen.

Beruht auf der Pro-und-Contra-Liste von Luis Buñuel zur Entscheidungsfindung.

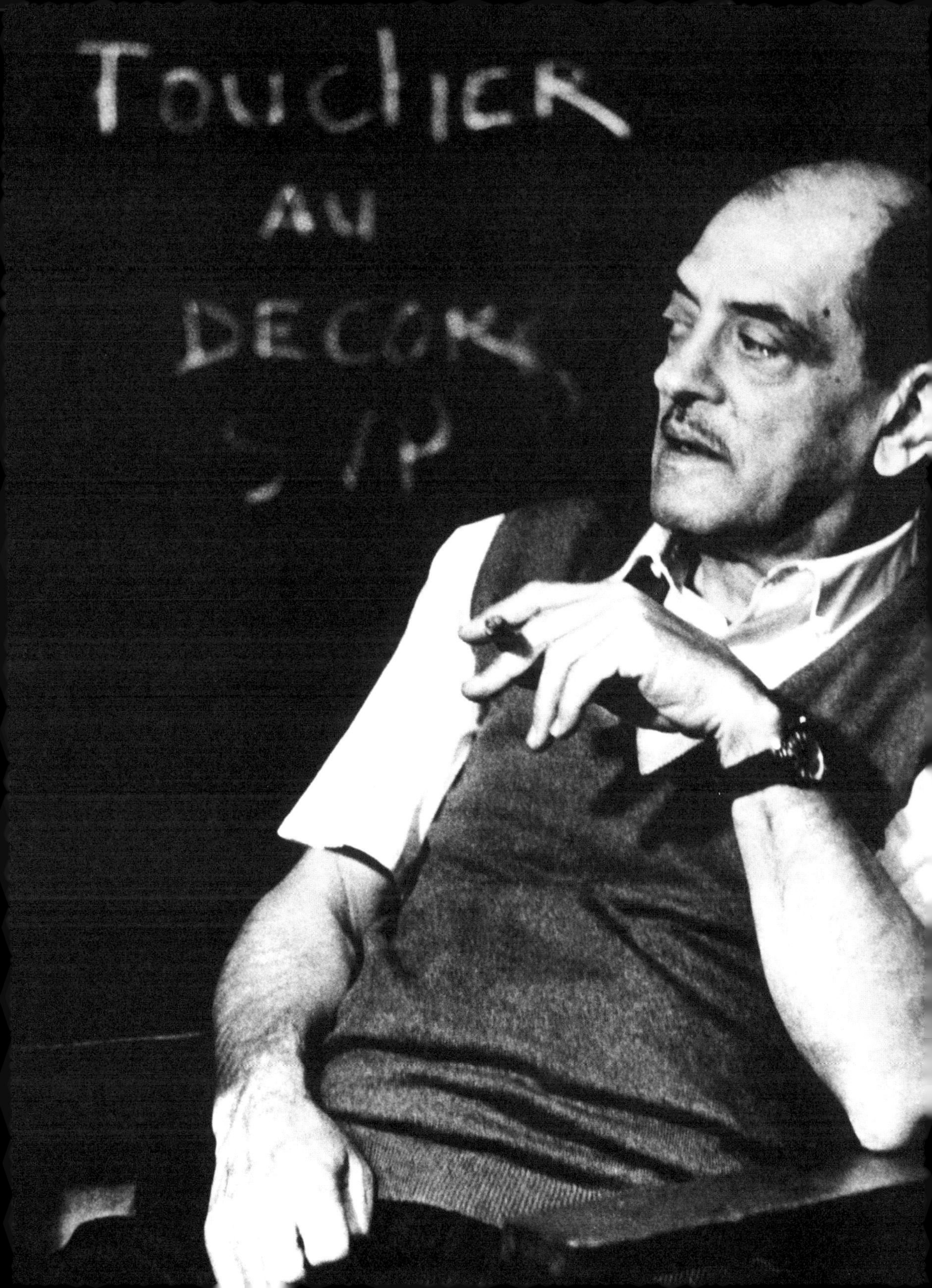

TOUCHER
AU
DECOR

3.8 Trust I

Stand up completely straight close to the other player, then topple over. Let yourself be caught and righted again. Keep toppling over, like a stick.

Photography: Barney Schaub, 1997

Vertrauen I

Dicht beim anderen stehen und kerzengerade umkippen. Sich auffangen und wieder in senkrechte Position stellen lassen. Immer wieder umfallen wie ein Stock.

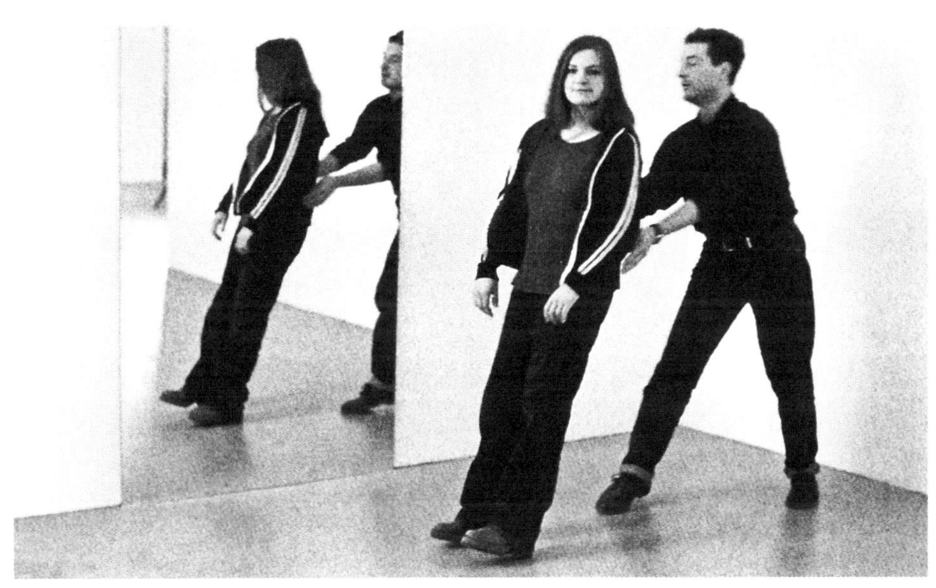

3.9 Trust II

Let the other person rest their chin on your hand as though they were resting it on their own hand.

Photography: Carsten Höller, *Amy and Wilfried*, 1997

Vertrauen II

Kopf der anderen Person mit der eigenen Hand stützen, worauf diese ihren Kopf so ruhen lassen kann, als hätte sie ihn selber abgestützt.

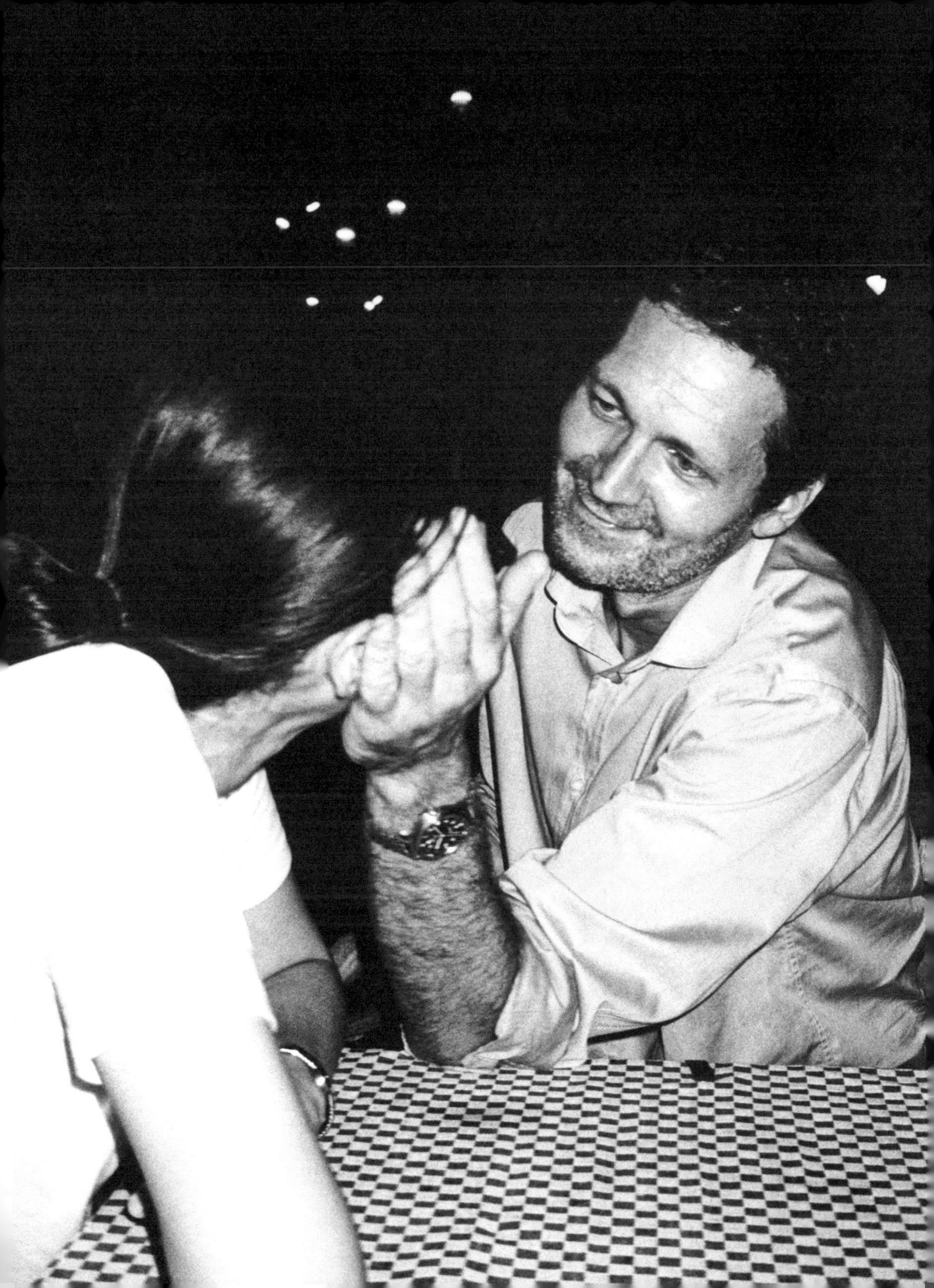

3.10 Caressing Massage

Pressure points in the back, head, neck, and feet are massaged with caresses, with both hands travelling in circular contrary motion. Do not press, knead, or rub—just gently caress.

Photography: Frida-My, 2022

Streichelmassage

Die neuralgischen Punkte des Rückens, Kopfes, Halses und der Füße werden in massierender Weise im Kreis gestreichelt, mit beiden Händen in umgekehrten Richtungen. Nicht drücken, kneten oder reiben, nur streichelnd sanft reiben.

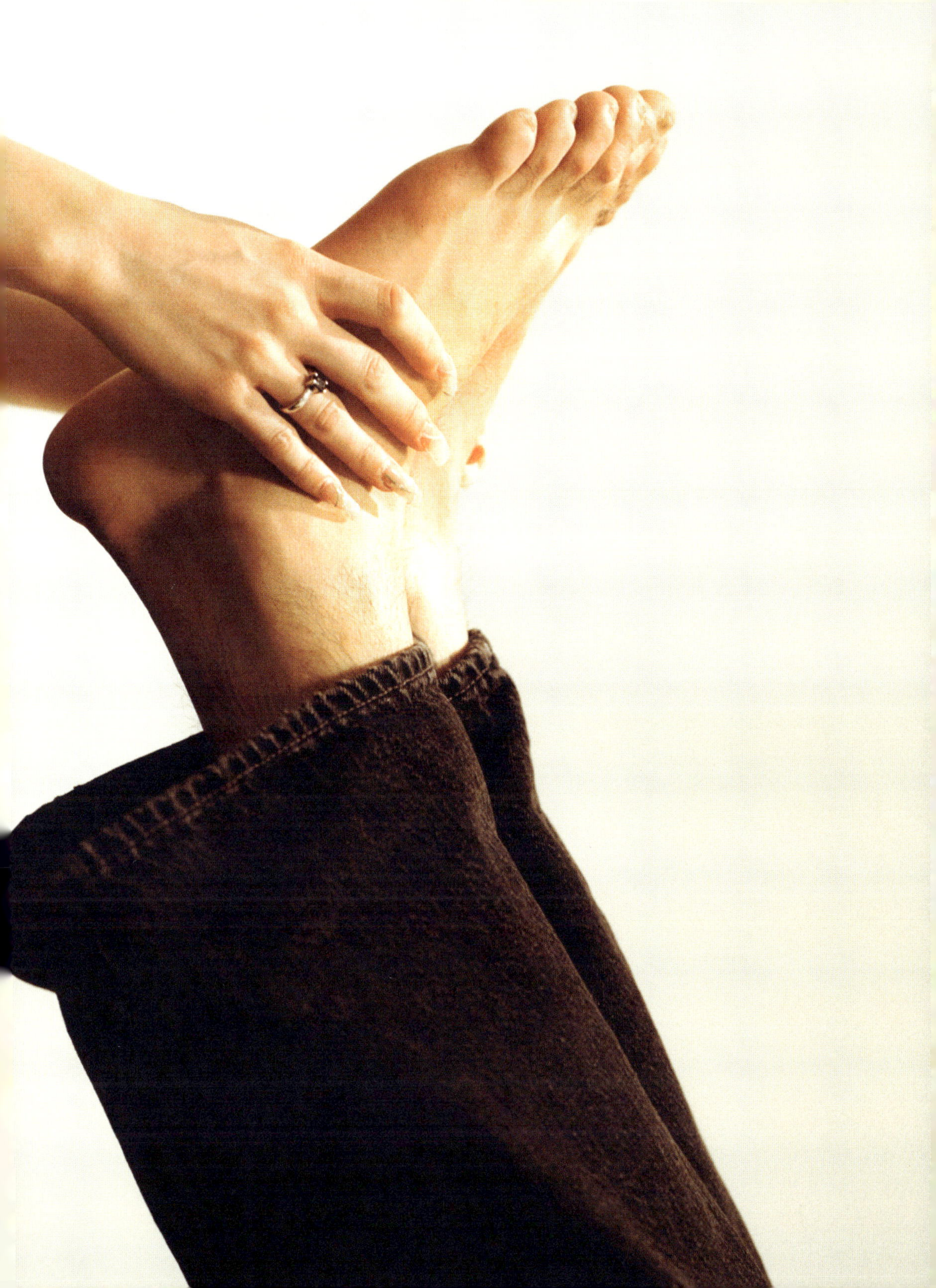

3.11 Urbi et Orbi

Take turns throwing an item of clothing you're wearing out the window, especially during long road trips or train journeys. The first player to be completely naked is the loser.

David Horvitz, *Urbi et Orbi, Babakale, Turkey During Garp Sessions*, photography, 2022
Photography: Gizem Karakas and Lucia Santina Ribisi

Urbi et Orbi

Immer abwechselnd ein Objekt, welches man am Körper trägt, aus dem Fenster werfen, besonders bei längeren Auto- oder Bahnfahrten. Wer zuerst vollkommen nackt ist, hat verloren.

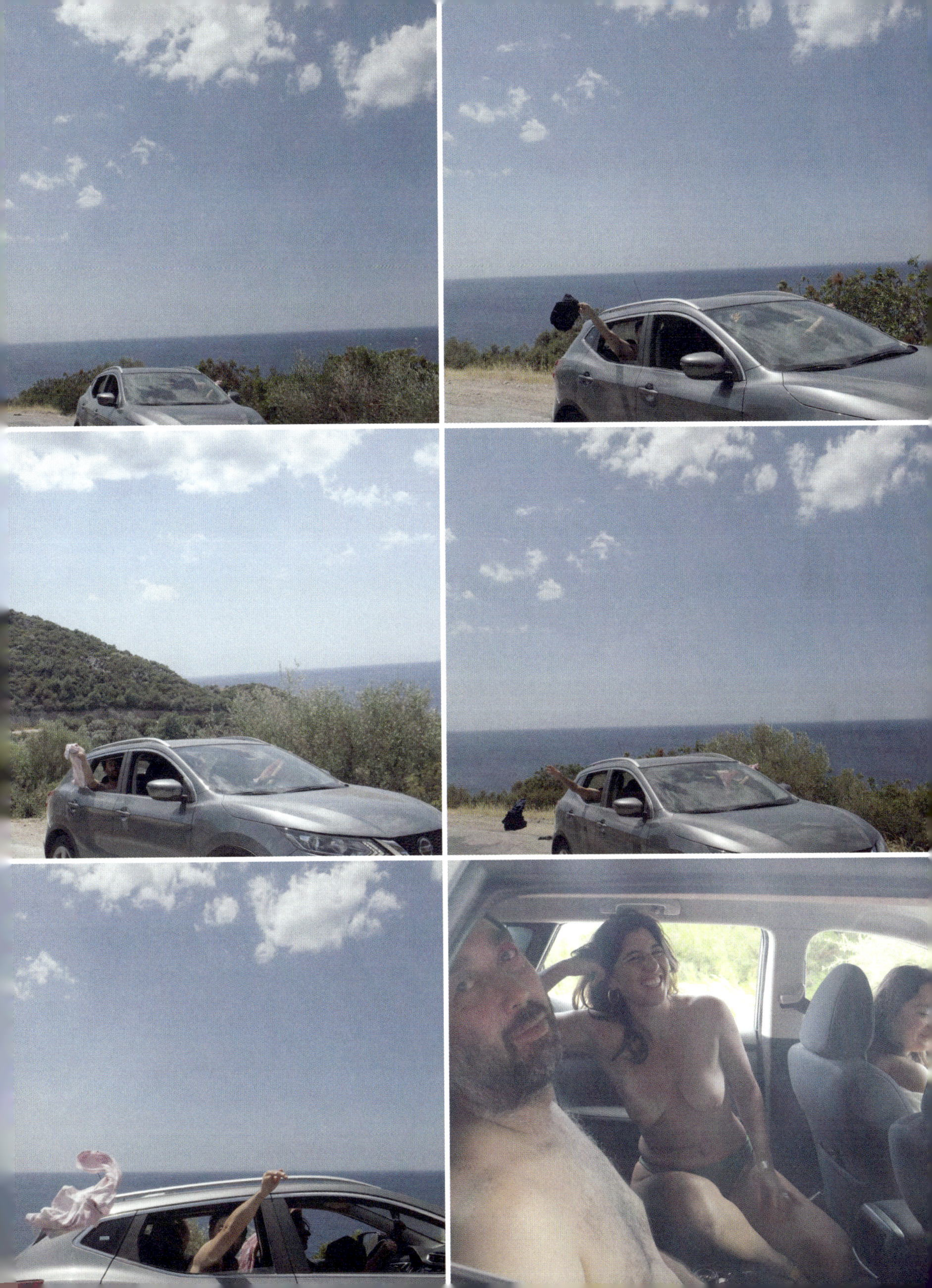

3.12 Blinking Queen

Gaze into each other's eyes. The first one to blink loses. Best played in connection with other games in this book—for instance, Dry Dancing or Urbi et Orbi.

Photography: Carsten Holler, 1998

Blinzelkönigin

Sich in die Augen schauen. Wer zuerst blinzelt, hat verloren. Am besten in Verbindung mit anderen Spielen aus diesem Buch, zum Beispiel Trockentanz oder Urbi et Orbi.

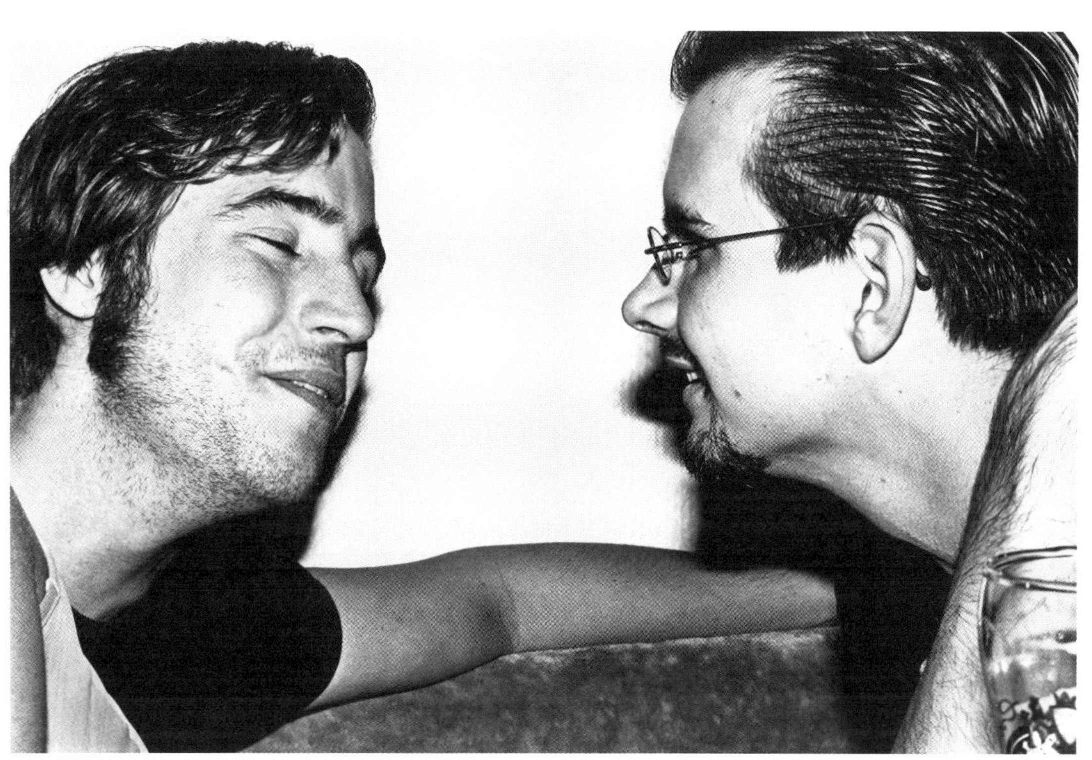

3.13 The Walking Tripod

Walk side by side, leaning against each other, synchronizing your adjacent legs as if they were fused together or "all of a piece."

Photography: Barney Schaub, 1997

Das gehende Stativ

Dicht nebeneinander aneinandergelehnt gehen und dabei die beiden aneinandergeschmiegten Beine synchron bewegen, so als wären sie miteinander verbunden oder „aus einem Guss".

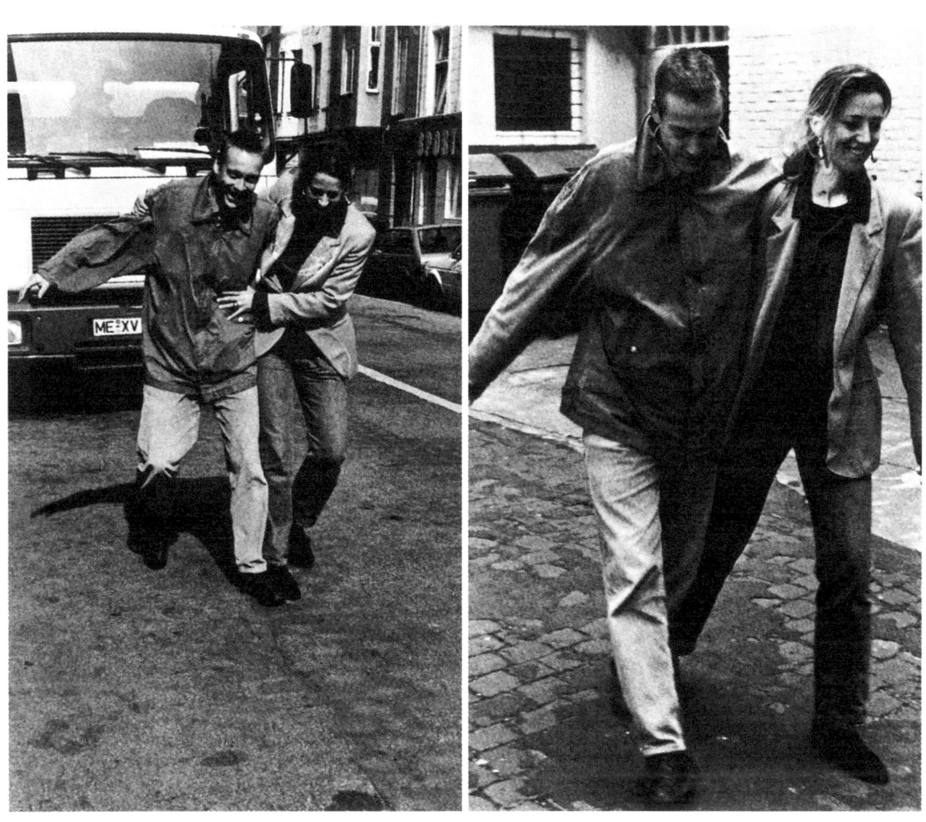
ME XV

3.14 Slaps

One player tries to pull his outstretched palms back again before the other player manages to "slap" him. This also works with other body parts: For instance, stand on one leg with the other leg outstretched, and try to avoid being kicked.

Photography: Norma Bäckström Höller, 2022

Klatschen

Er versucht, seine beiden ausgestreckten Handflächen rechtzeitig wegzuziehen, während sie versucht, ihn zu „klatschen". Geht auch mit anderen Körperteilen, zum Beispiel auf einem Bein stehend, mit dem anderen Bein ausgestreckt Fußtritte zu vermeiden suchend.

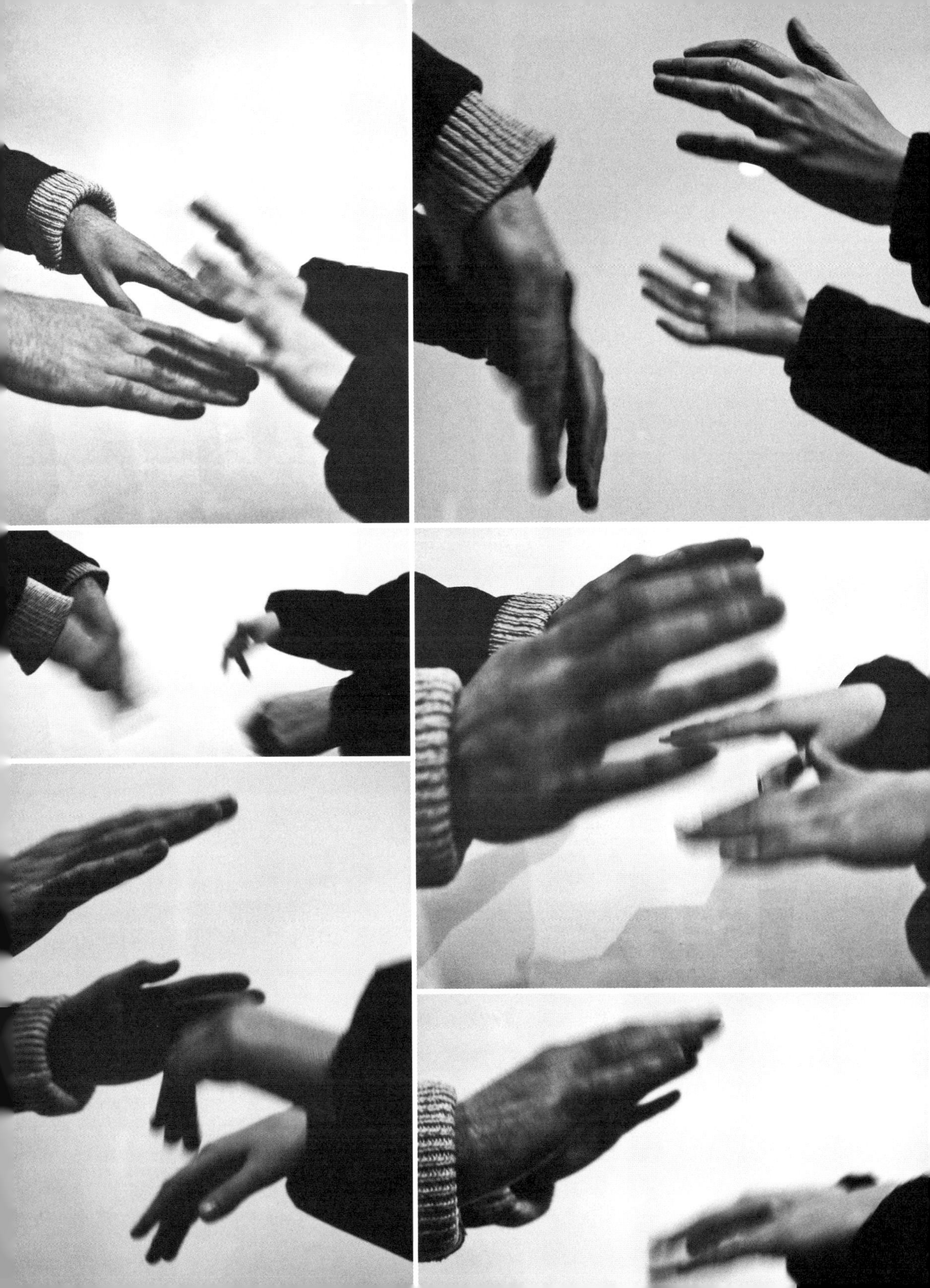

3.15 Weather Forecast

One player (a low-pressure area) stretches out his arms in front of him with his palms turned downward; the other player (a high-pressure area) puts her hands underneath his and pushes upward as hard as she can. If her arms rise up seemingly of their own accord when he removes his hands, that correlates positively with the amount of sunshine in the next 24 hours. If her arms don't rise, it's going to rain.

Photography: Barney Schaub, 1998

Wettervorhersage

Er (das Tiefdruckgebiet) hält die Arme vorgestreckt, mit den Handflächen nach unten; sie (das Hoch) hält ihre Hände darunter und stemmt nach oben, so stark sie kann. Erheben sich ihre Arme wie von selbst in die Höhe, wenn er daraufhin seine Arme hängen lässt, so korreliert dies positiv mit der Sonnenscheindauer innerhalb der nächsten 24 Stunden. Bleiben die Arme unten, so wird es Regen geben.

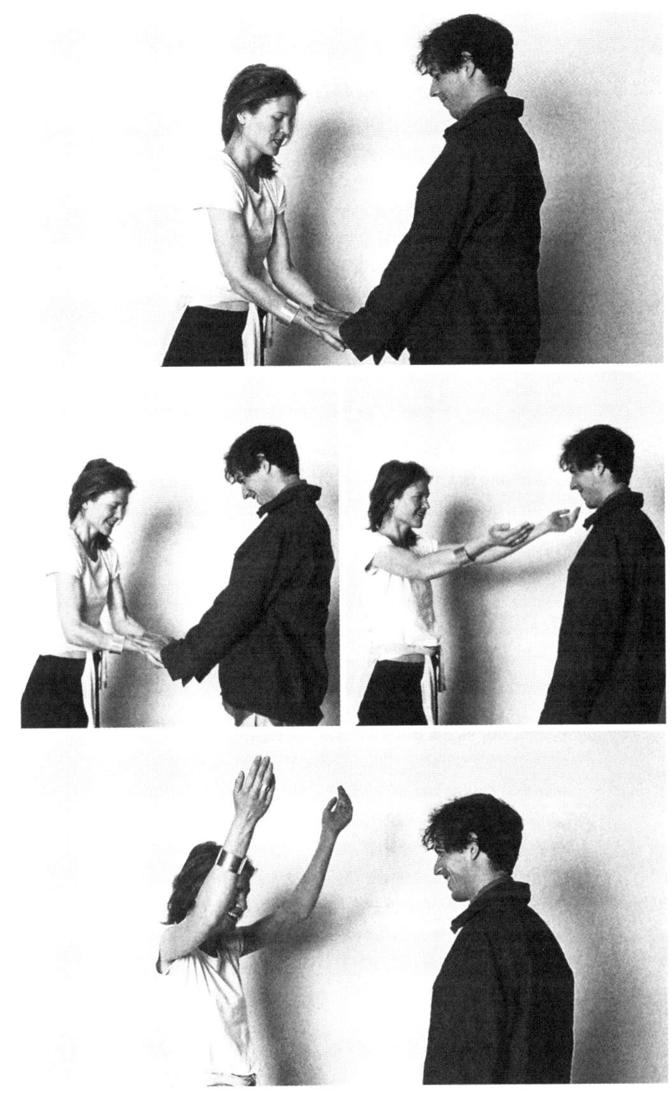

3.16 Morcilloism

A game about praise: The painter Morcillo shows his pictures to a colleague, who lavishly praises each painting. But one picture is leaning against the wall with its back to them. Curious, the colleague asks to see this picture as well. The painter refuses. He doesn't like the picture; it's bad, so he refuses to show it. But the colleague insists. The painter finally gives in and reluctantly turns the picture around, saying it's no use. But the colleague likes it. No, says the painter, the idea for the picture was quite good but the background hasn't worked at all. He cites the badly painted clouds as evidence. After initially hesitating the colleague agrees. The clouds may not be that good after all, he admits. "Do you really think so?" asks the painter. "Yes." "Well," says the painter, "I actually like the clouds the best. They're probably the best thing I've painted in the last 10 years."

Gabriel Morcillo, unknown photographer, ca. 1910–14

Morcilloismus

Ein Spiel über das Lob. Der Maler Morcillo zeigt einem Kollegen seine Bilder. Dieser findet für alle Arbeiten einen lobenden Satz. Am Boden steht allerdings auch ein Bild, welches mit der Vorderseite zur Wand gerichtet ist. Neugierig fragt der Kollege, ob er auch dieses Bild sehen könne. Der Maler weigert sich. Er möge das Bild nicht, es sei schlecht, deshalb würde er es nicht zeigen. Der Kollege insistiert. Schließlich gibt der Maler nach, dreht das Bild unwillig um und sagt, dass es nichts tauge. Dem Kollegen aber gefällt es. Nein, sagt der Maler, die Bildidee sei zwar ganz gut, aber der Hintergrund sei doch völlig misslungen. Der Maler unterstreicht dies noch am Beispiel der schlecht gemalten Wolken. Nach anfänglichem Zaudern gibt ihm der Kollege recht. Es sei doch nicht so gut, sagt er. „Finden Sie?", fragt der Maler. „Ja." „So", sagt der Maler, „gerade diese Wolken mag ich am meisten. Sie sind wahrscheinlich das Beste, was ich in den letzten zehn Jahren gemalt habe."

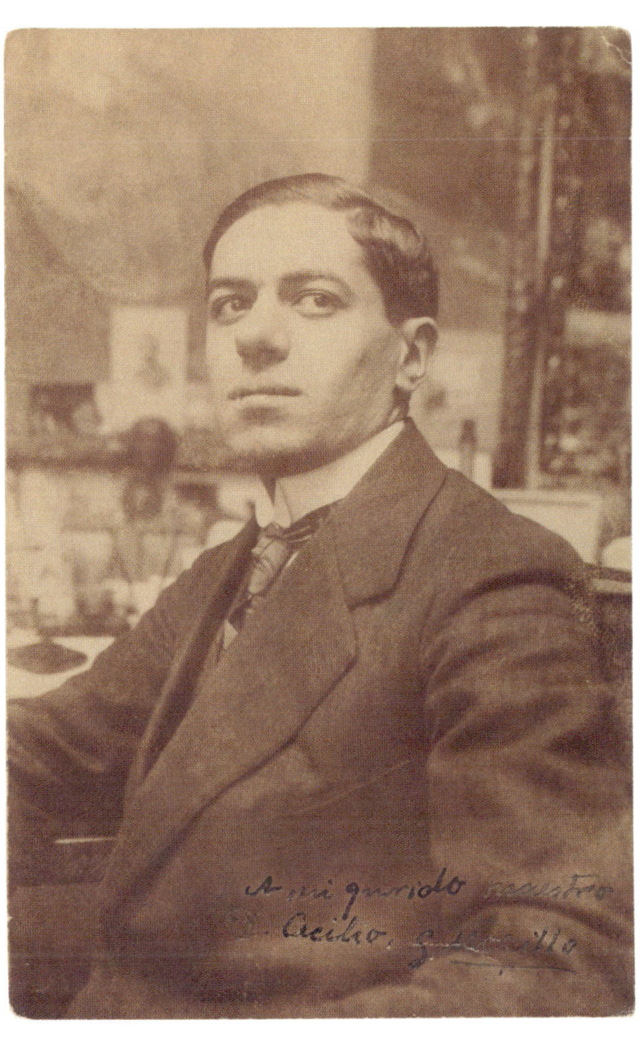
A mi querido maestro
Cecilio.

3.17 The Prisoner's Dilemma

Both players have to choose: collusion or betrayal. They indicate their choices by standing on one or the other foot, having first taken positions where neither can see the other's lower half. The left foot means collusion; the right foot means betrayal.

The payouts and penalties are as follows:

a) If both players chose collusion, they are each rewarded with 25 points.
b) If both chose betrayal, they each have to pay a five-point penalty.
c) If one of the players has chosen collusion and the other betrayal, the former has to pay a 10-point penalty and the latter gets a 50-point reward. This highest possible reward makes betrayal the most tempting option.

This game is called The Prisoner's Dilemma because it replicates the situation of two suspects who have both been arrested but are questioned separately. Each has been told that a confession could reduce his sentence. If neither confesses, they will both go unpunished as long as nothing is proven against the two of them. The worst case for each is if one confesses and the other doesn't.

The dilemma arises in the following situation: I'm one of the two players. If my

Photography: Linnéa Sjöberg, 2022

Das Gefangenendilemma

Jeder der beiden Spieler hat zwei Möglichkeiten, kooperieren oder verraten. Die beiden treffen jeweils ihre Wahl, indem sie sich auf einen Fuß stellen, wobei die Spieler sich so positionieren, dass sie den Unterkörper des anderen nicht sehen können. Der linke Fuß steht für kooperieren, der rechte für verraten.

Die Auszahlung oder Strafzumessung geschieht wie folgt:

a) Beide Spieler haben kooperiert und erhalten als Belohnung 25 Punkte.
b) Beide Spieler sind Verräter und müssen als Strafe jeweils 5 Punkte bezahlen.
c) Wenn einer der beiden Spieler auf Kooperation gesetzt hat und der andere auf Verrat, so muss der Erste 10 Punkte Strafe zahlen, wohingegen der Zweite 50 Punkte Belohnung erhält. Diese höchste gewinnbare Punktzahl stellt die Versuchung dar, den anderen Spieler zu verraten.

Das Gefangenendilemma heißt so, weil es strukturell analog zur Situation von zwei gefassten und einzeln verhörten Straftätern angelegt ist. Beiden wird gesagt, dass sie im Falle eines Geständnisses mit Strafminderung rechnen können. Sagt keiner der beiden aus, so können beide straffrei ausgehen, wenn ihnen nichts nachgewiesen werden kann. Der schlechteste Fall für beide ist

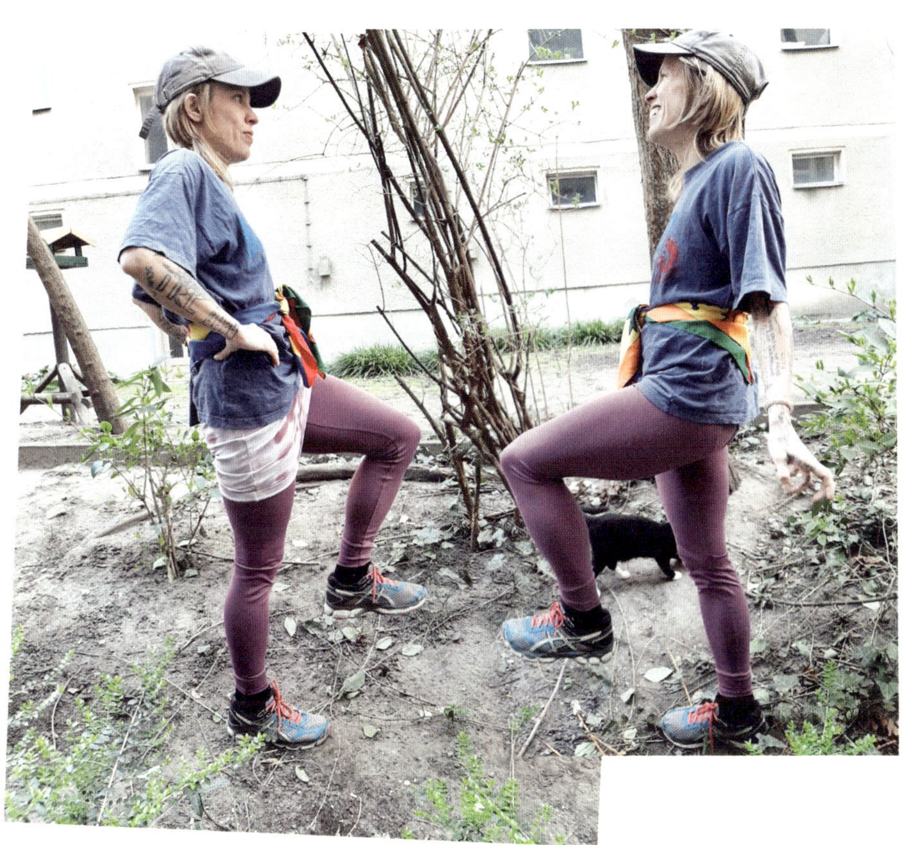

opponent decides to betray me, my best strategy is also betrayal. I will still have to pay a small penalty but not nearly as much as if I had decided on collusion. But if my opponent has chosen to collude, it is still best if I betray him, because then I will reap the highest reward. It seems that betrayal is always the best strategy. The dilemma facing me is that my opponent will probably come to the same conclusion and neither of us will gain anything if we both do the other dirty.

With only one round in the game, there's no solution to this dilemma; it's only if there is an unlimited number of rounds, one after the other, that trust and suspicion can be calibrated so that collusion can work. The Prisoner's Dilemma has been researched by game theorists. It has been shown that a simple tit-for-tat strategy is best. Begin by choosing collusion and then always just copy the other player's previous move.

William Poundstone, *Prisoner's Dilemma*, Oxford University Press, 1992

allerdings der, dass der andere aussagt, während man selbst nichts gesagt hat.

Das Dilemma entsteht aus folgender Situation: Ich bin einer der beiden Spieler. Entschließt sich mein Gegenüber, ein Verräter zu sein, so ist meine beste Strategie ebenfalls Verrat. Ich muss dann zwar eine geringe Strafe zahlen, aber eben keine so hohe wie im Falle der gleichen Situation, in der ich Kooperation gespielt hätte. Falls mein Gegenüber aber Kooperation gewählt hat, spiele ich am besten immer noch Verrat, weil ich so die höchste Belohnung einstreiche. Verrat scheint also in jedem Falle die beste Strategie zu sein. Das Dilemma besteht darin, dass mein Gegenüber wahrscheinlich zum gleichen Schluss kommt und wir beide nichts gewinnen, wenn wir Verrat spielen.

Bei einmaligem Spielgang gibt es keine Lösung aus dem Dilemma; nur bei einer unbegrenzten Anzahl von Spielen hintereinander lassen sich Vertrauen und Argwohn so austarieren, dass auf Kooperation gespielt werden kann. Das Gefangenendilemma ist spieltheoretisch untersucht worden. Es hat sich gezeigt, dass man mit einer einfachen „Wie du mir, so ich dir"-Strategie gut beraten ist: das erste Mal kooperieren und anschließend immer genau den vorherigen Zug des anderen Spielers kopieren.

Two men, charged with a joint violation of law, are held separately by the police. Each is told that
(1) if one confesses and the other does not, the former will be given a reward . . . and the latter will be fined . . .
(2) if both confess, each will be fined . . .
At the same time, each has good reason to believe that
(3) if neither confesses, both will go clear.

Over the years, this story has improved in the retelling and now almost always concerns prison terms. (Plea bargains over prison terms are more realistic than cash prizes for confessing!) A typical contemporary version of the story goes like this:

Two members of a criminal gang are arrested and imprisoned. Each prisoner is in solitary confinement with no means of speaking to or exchanging messages with the other. The police admit they don't have enough evidence to convict the pair on the principal charge. They plan to sentence both to a year in prison on a lesser charge. Simultaneously, the police offer each prisoner a Faustian bargain. If he testifies against his partner, he will go free while the partner will get three years in prison on the main charge. Oh, yes, there is a catch . . . If *both* prisoners testify against each other, both will be sentenced to two years in jail.

The prisoners are given a little time to think this over, but in no case may either learn what the other has decided until he has irrevocably made his decision. Each is informed that the other prisoner is being offered the very same deal. Each prisoner is concerned only with his own welfare—with minimizing his own prison sentence.

	B refuses deal	**B turns state's evidence**
A refuses deal	1 year, 1 year	3 years, 0 years
A turns state's evidence	0 years, 3 years	2 years, 2 years

The prisoners can reason as follows: "Suppose I testify and the other prisoner doesn't. Then I get off scot-free (rather than spending a year in jail). Suppose I testify and the other prisoner does too. Then I get two years (rather than three). Either way I'm better off turning state's evidence. *Testifying takes a year off my sentence, no matter what the other guy does.*"

3.18 One Square Inch of Hair

Use the tips of your fingernails to mark approximately one square inch on the other player's skin. Guess how many hairs are growing in each other's squares. Then count them.

Photography: Carsten Höller, 2022

Ein Quadratzentimeter Haare

Ungefähr einen Quadratzentimeter auf der Haut der anderen Spielerin mittels Fingernageleindrücken markieren. Gegenseitig schätzen, wie viele Haare dort wachsen. Dann zählen.

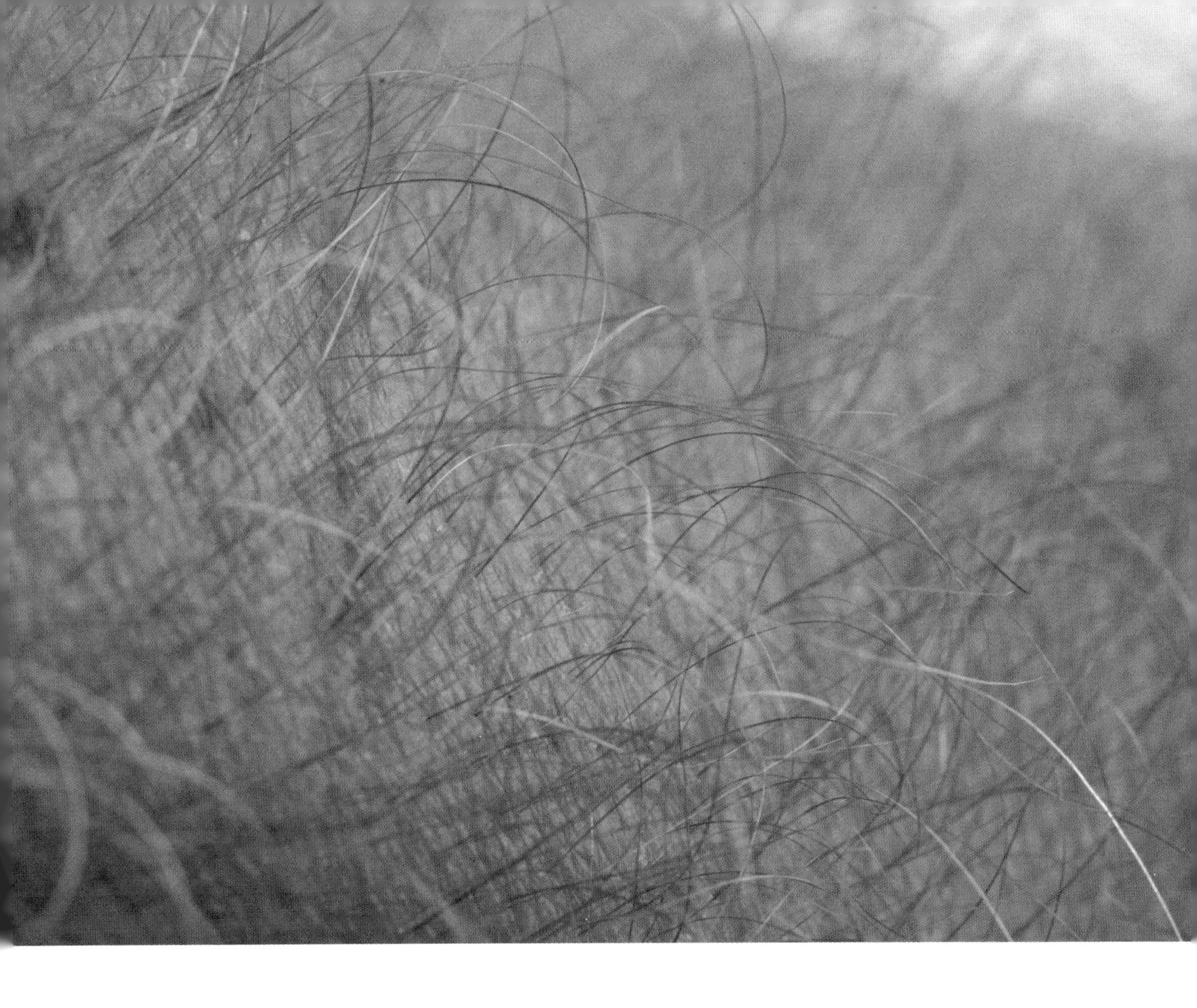

3.19 New Acquaintance

Don't talk to a new acquaintance, but do everything else you would normally have done in that situation. Don't pretend to be deaf or dumb, or both, just don't speak—without giving a reason—and be nice to them.

Photography: Carsten Höller, *Ingrid and Igor*, 2021

Neue Bekanntschaft

Mit einer neuen Bekanntschaft nicht sprechen; sonst alles andere tun, was man unter den gegebenen Umständen auch getan hätte. Nicht vortäuschen, man wäre stumm oder taub oder beides, einfach nur nicht sprechen aus ungenannten Gründen und dabei nett zueinander sein.

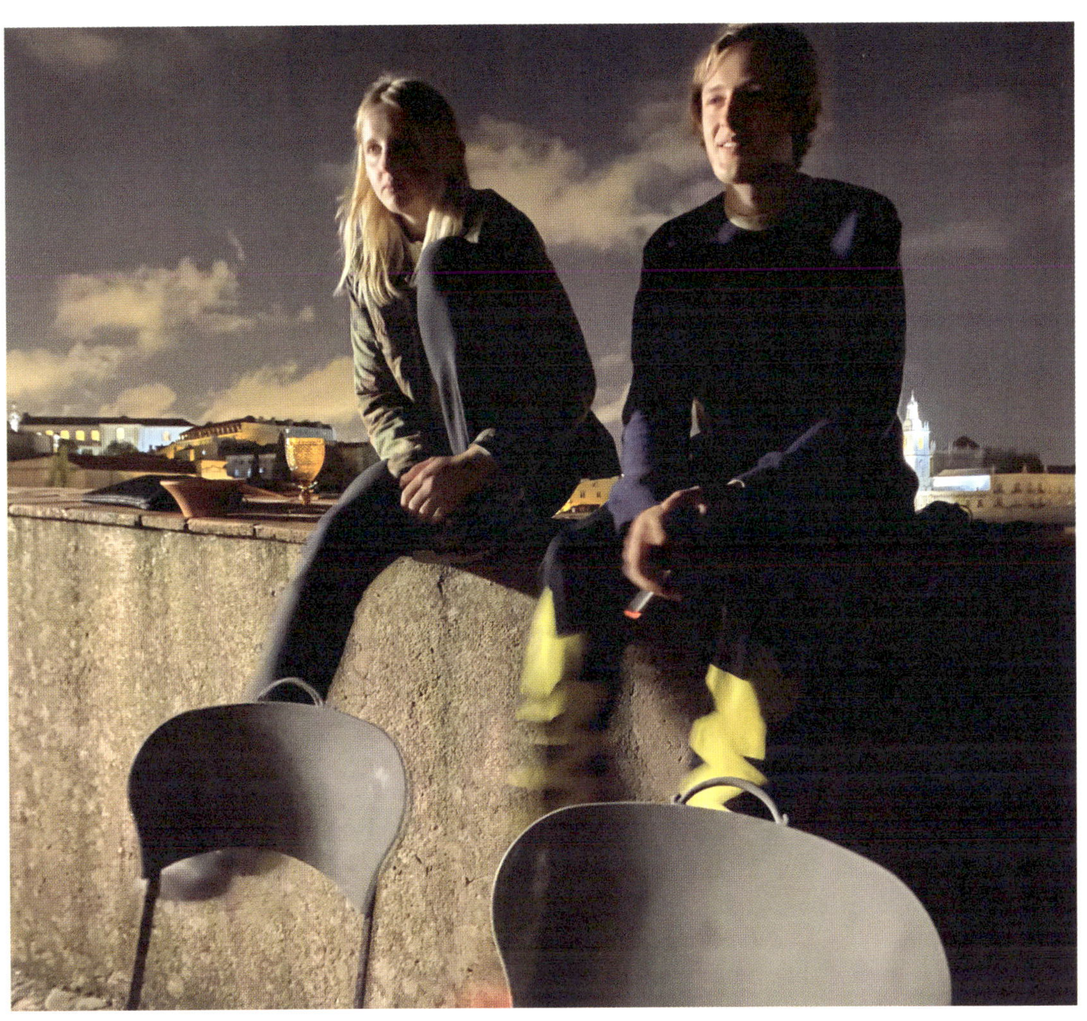

3.20 Beetle Games

He sits cross-legged on the floor. She sits on his lap in the same position, facing him. They embrace, allowing themselves to sink to one side and then try to right themselves again.

This can also be played back to back, with linked arms. The players now try to stand up together, back to back. In a standing position and still linked together, he can bend forward and raise her up on his back. Following these exertions, she relaxes on his bent back, lying forward with her limbs loosely dangling.

Photography: Carsten Höller, *Yvonne and Jörn*, 1998

Käferspiele

Spieler setzt sich mit gespreizten, angewinkelten Beinen auf den Boden. Spielerin nimmt die gleiche Haltung ein, und zwar direkt vor und auf dem Spieler, Gesichter einander zugewandt. Die beiden umarmen sich, lassen sich zu einer Seite hin fallen und versuchen, sich in dieser Haltung wieder aufzurichten.

Kann auch Rücken an Rücken gespielt werden, wobei die Arme ineinander verhakt werden. Rücken an Rücken versuchen die beiden dann gemeinsam aufzustehen. Aufrecht stehend kann, dergestalt verhakt, ein Spieler vom anderen hochgehebelt werden. Nach diesen Anstrengungen entspannt sich die Spielerin mit herabhängenden Gliedmaßen auf dem Rücken des vorgebeugt stehenden Spielers.

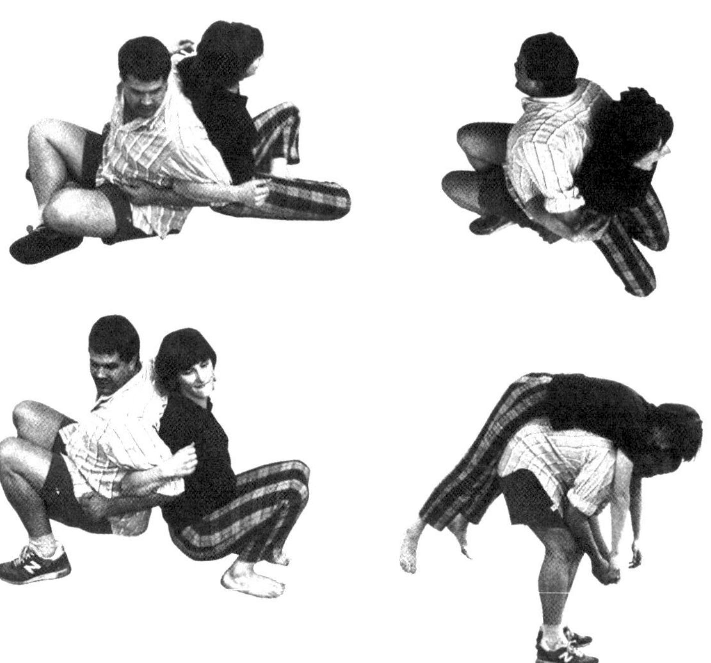

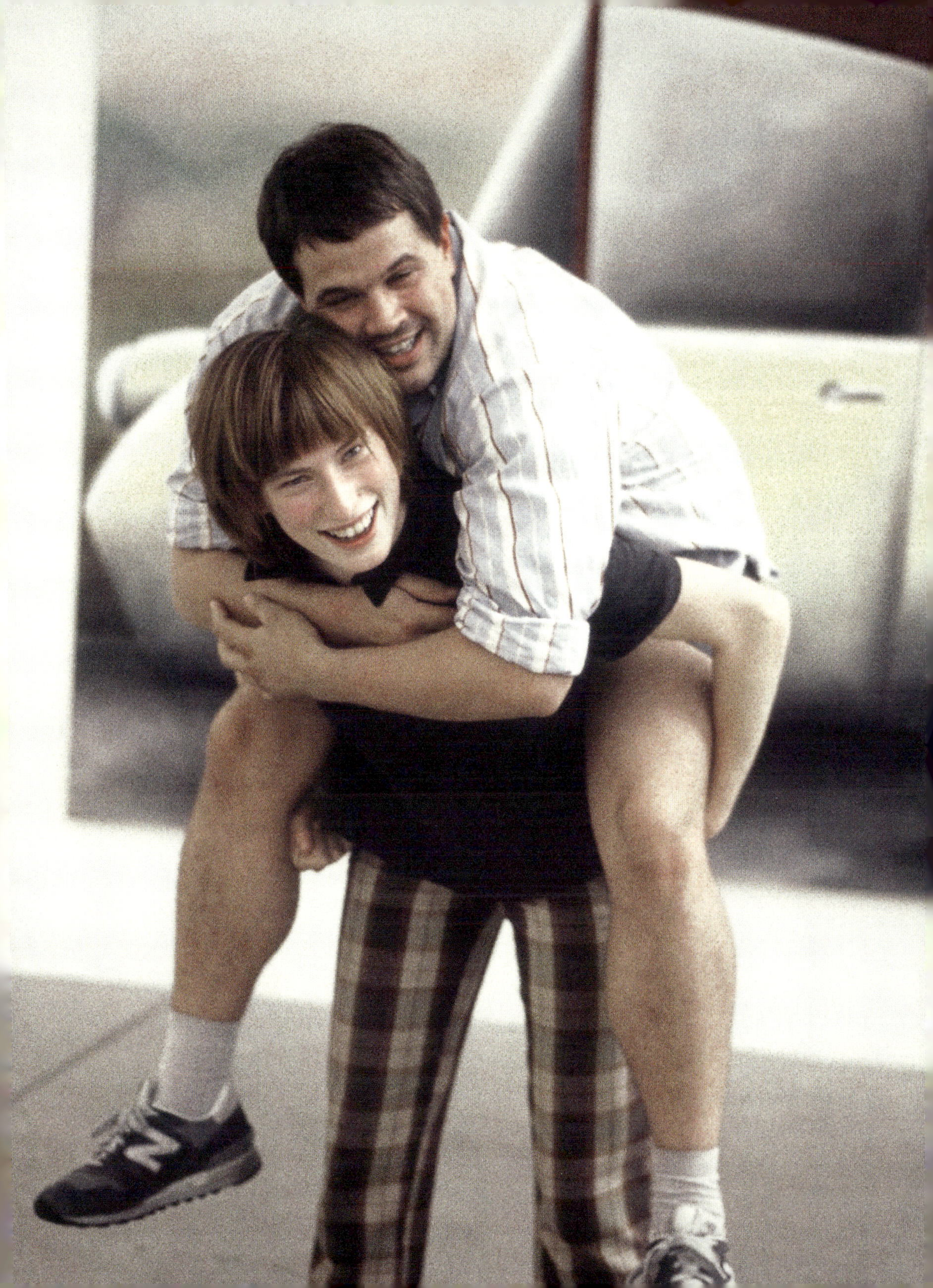

3.21 Barbichette

"Je te tiens, tu me tiens, par la barbichette. Le premier de nous deux qui rira aura une tapette." A traditional children's game in France. In conversation each person takes hold of the other's chin—in the same way that people sometimes lay a hand on the other person's shoulder as they talk. Don't laugh; otherwise, you'll get your ear boxed.

Photography: Carsten Höller,
Hans Ulrich and Maja, 2017

Barbichette

„Je te tiens, tu me tiens, par la barbichette. Le premier de nous deux qui rira aura une tapette." Altes Kinderspiel aus Frankreich. Beim Gespräch jeweils an das Kinn des anderen fassen. So wie sich die Leute manchmal gegenseitig die Hand auf die Schulter legen, während sie sich unterhalten. Nicht lachen, sonst setzt es eine Ohrfeige.

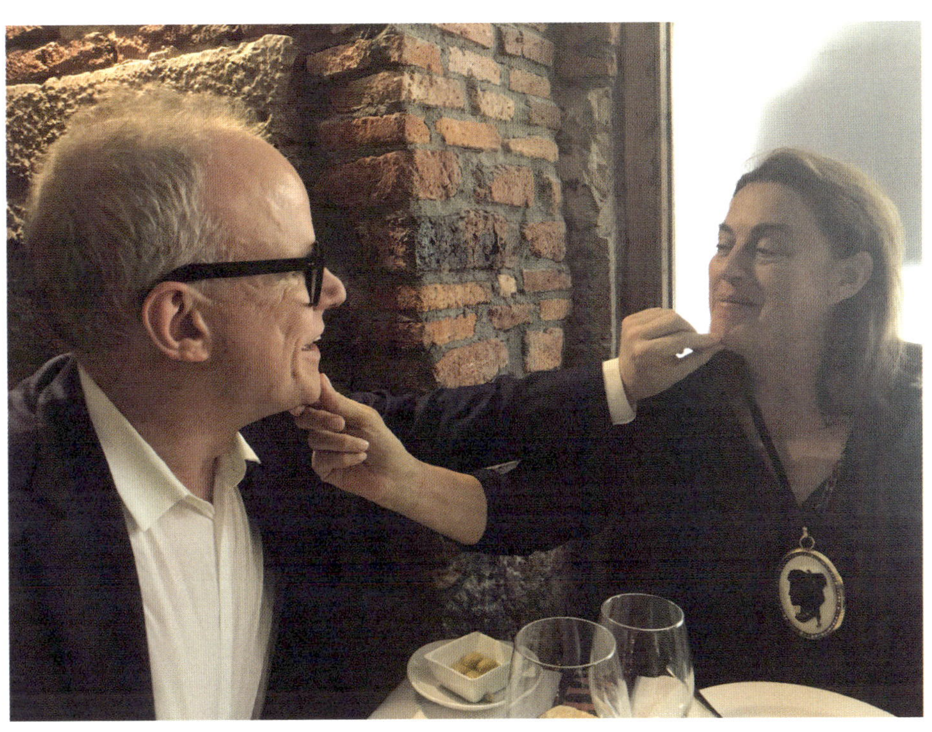

3.22 I Spy with My Little Eye

This game is so well known that it is only listed here as a reminder. It's also possible to play I Smell with My, I Hear with My, or I Feel with My.

Photography: Carsten Höller, *Ibiza*, 2022

Ich sehe was, was du nicht siehst

So bekannt, dass hier nur der Erinnerung halber aufgeführt. Es gibt auch die Möglichkeit, Ich-rieche-was, Ich-höre-was, Ich-schmecke-was oder Ich-fühle-was zu spielen.

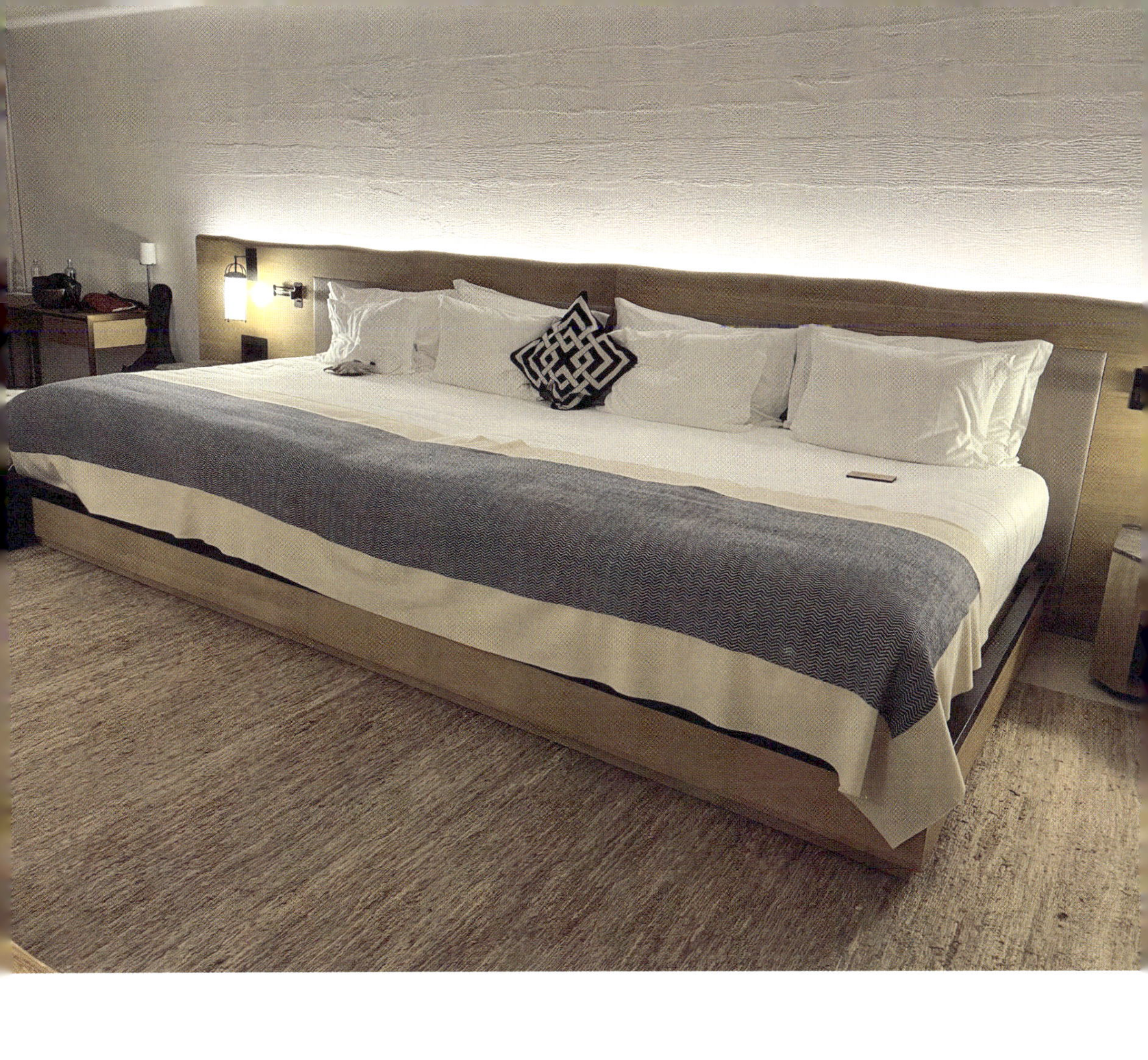

3.23 Who's the Coolest?

Evaluate mutual acquaintances in terms of their coolness, then discuss their rankings. Trying to be cool is, of course, uncool. Natural coolness can accommodate uncool behavior without becoming uncool. Obsessive or manic acquaintances are neither/nor. This game is cool because it's uncool.

Photography: Helmut Newton,
Yves Saint Laurent, 1982

Wer am coolsten ist

Gemeinsame Bekannte hinsichtlich ihrer Coolness beurteilen, Rangordnung diskutieren. Bemüht cool ist natürlich uncool. Natürliche Coolness erlaubt auch uncooles Verhalten, ohne deshalb uncool zu sein. Besessene und Manische sind weder noch. Dieses Spiel ist cool, weil es uncool ist.

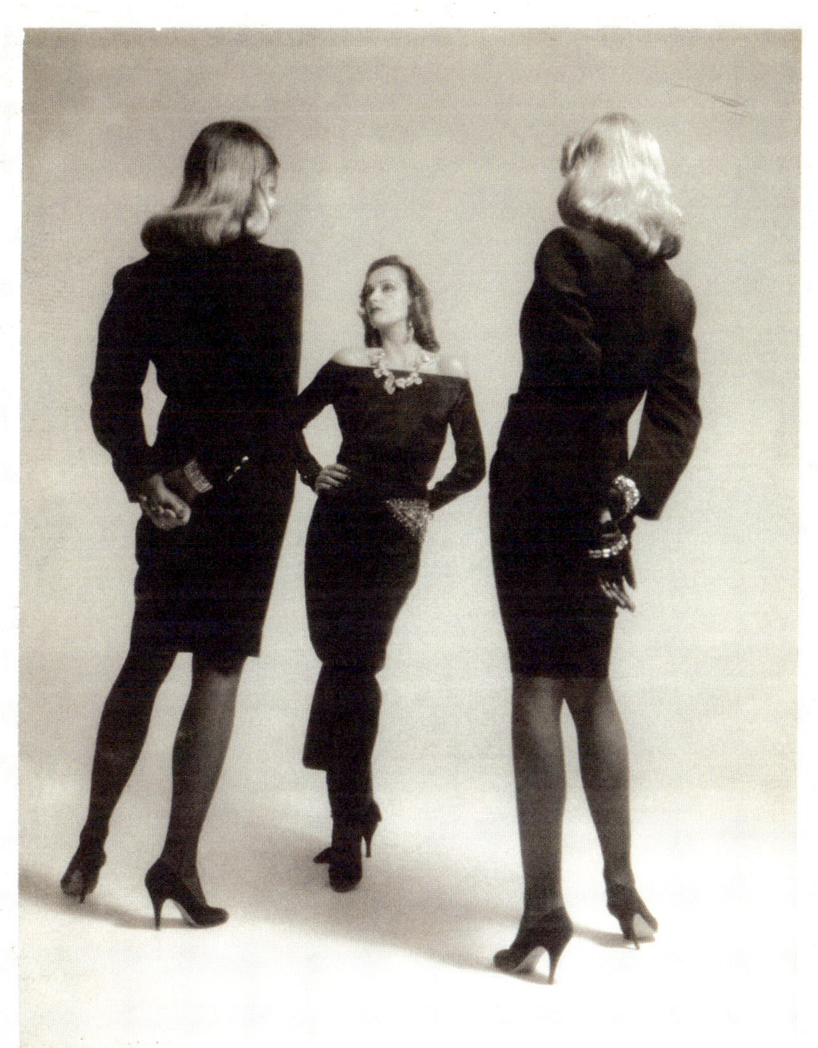

YVES ST. LAURENT 1982

3.24 Paralyzed by Politesse

Hold a door open for someone else, or make way in a narrow place. The other person does exactly the same thing, holding the door open or making way with an inviting gesture. Whoever moves forward first is the loser. This can lead to a breakdown if it is played long enough.

Photography: Carsten Höller, *Gladys and Stary*, 2022

Durch Höflichkeit paralysiert

Dem anderen die Tür aufhalten oder anderswo an einer engen Stelle den Weg freigeben. Der andere verhält sich ebenso, hält die Tür auf oder gibt den Weg frei, mit einladender Handbewegung. Wer zuerst durchgeht, hat verloren. Kann zum Zusammenbruch führen, wenn es lange genug gespielt wird.

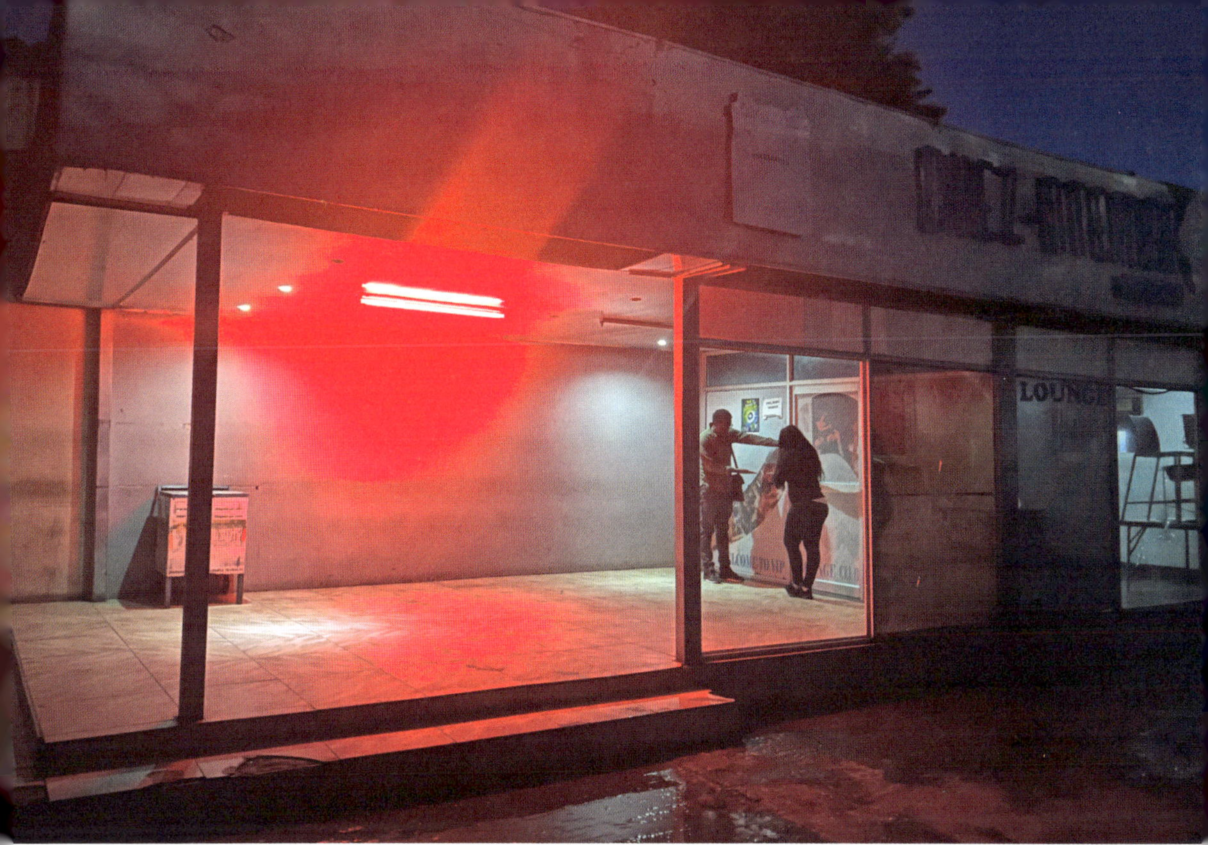

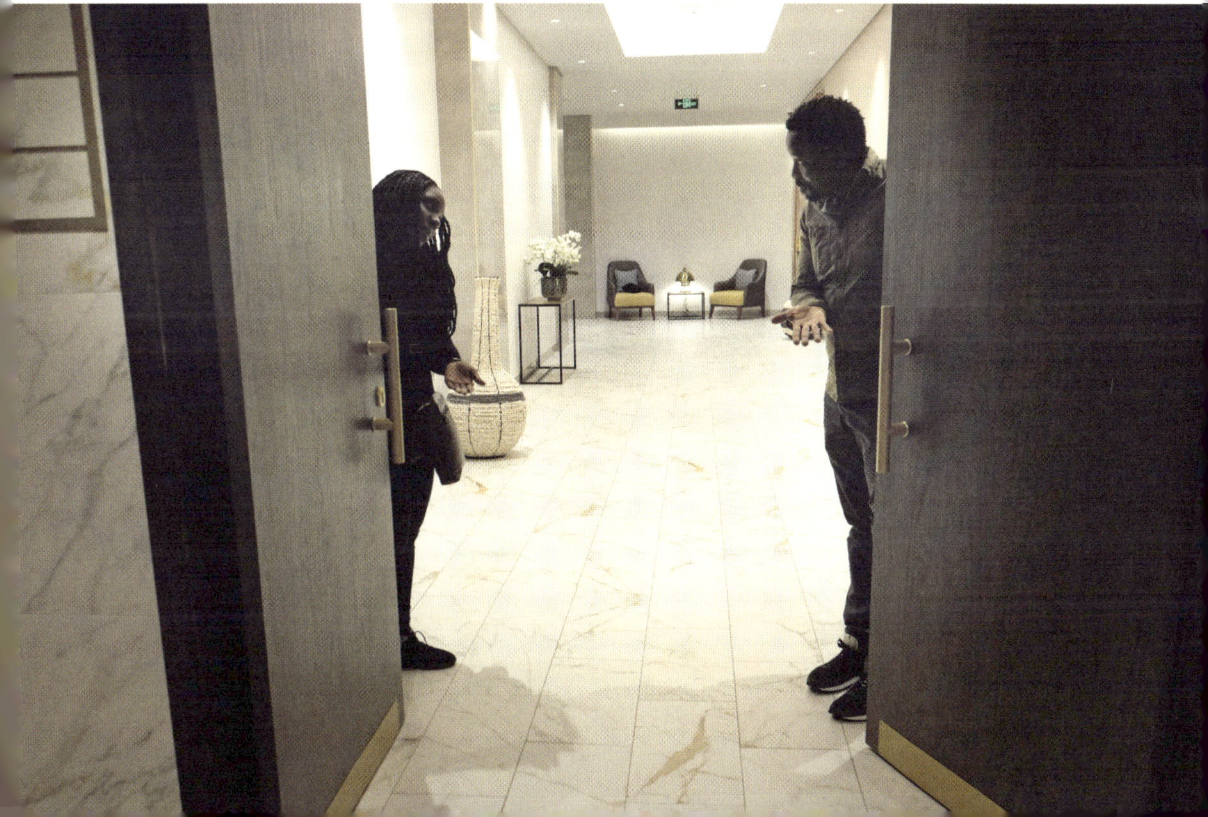

3.25 Tormentor

Pull individual hairs out of the other person's head or other body parts. She must not show any pain, neither in her facial expression nor audibly; otherwise, she loses.

Photography: Carsten Höller, *Annie and Ranti*, 1996

Folterknecht

Einzelne Haare aus der Kopfhaut oder anderen Körperpartien des Gegenübers zupfen, ohne dass die Enthaarte einen Ausdruck des Schmerzes von sich geben darf, weder in ihrer Mimik noch akustisch, sonst hat sie verloren.

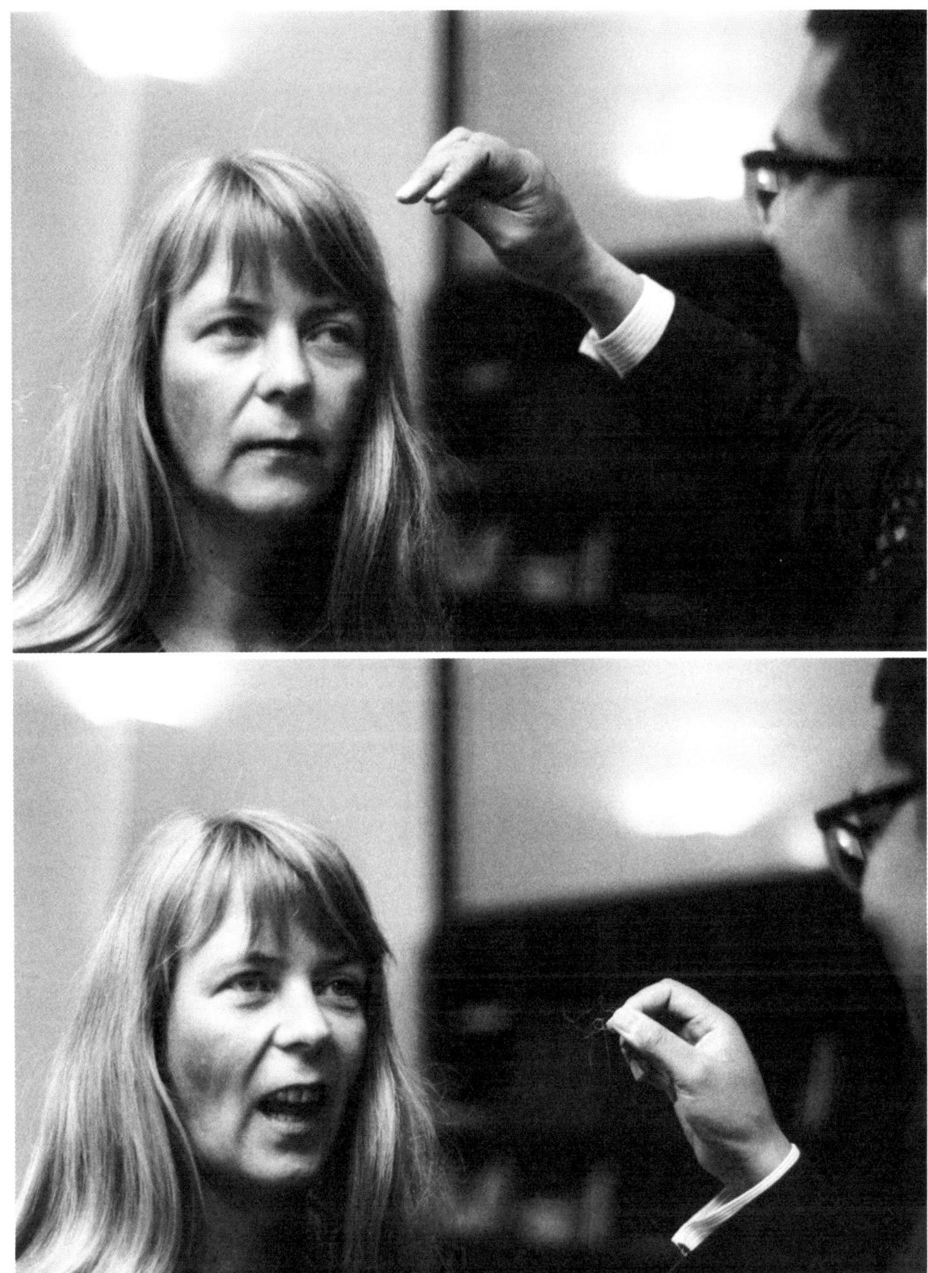

3.26 Split Personality

Clasp one of your hands with one of the other player's hands, lacing your fingers in theirs as if in prayer. Now, you both point the middle fingers of those hands straight up and press them together so that the tips touch. With the thumb and index finger of your other hand, stroke both middle fingers up and down at the same time. Since one of the fingers being stroked is your own and the other isn't, you will feel as if you have a split personality.

Photography: Carsten Höller,
Rosemarie and Carsten, 1997

Gespaltenes Selbst

Verschränke die Finger deiner Hand mit den Fingern einer Hand des anderen wie in einer Gebetshaltung. Strecke dann deinen Mittelfinger und den Mittelfinger des anderen kerzengerade aus, und lege sie zusammen, sodass sie sich an der Spitze berühren. Streichle mit dem Daumen und Zeigefinger deiner anderen Hand die beiden Mittelfinger gleichzeitig, indem du entlang ihrer Rücken auf- und abfährst. Da einer der gestreichelten Finger deiner ist und der andere nicht, wird ein gespaltenes Selbst evoziert.

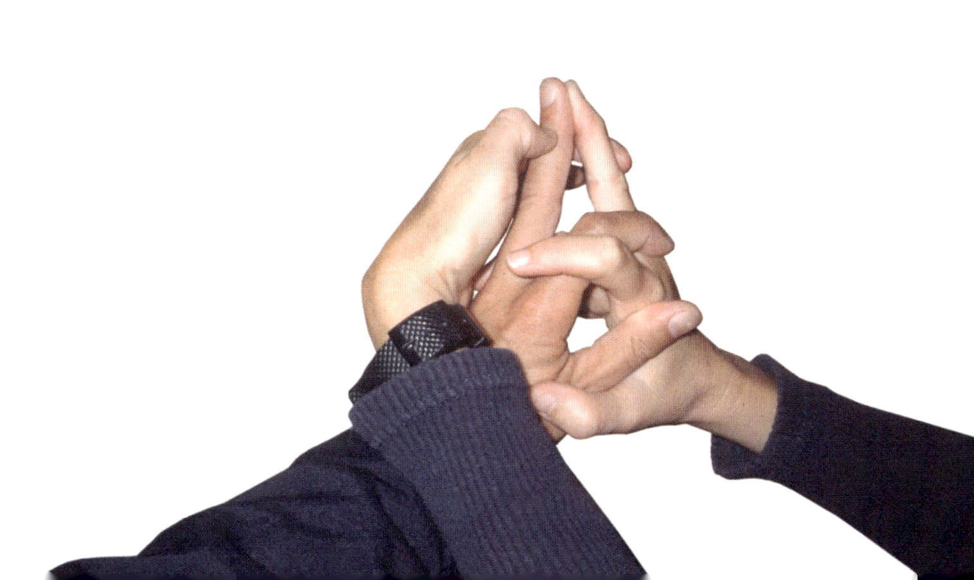

3.27 Frog Wrestling

Hook your legs around the legs of the other player and exert pressure. The first to lose their balance loses.

Baldo Hauser has described another version of this game: Both players put their index fingers in the corners of the other's mouth, pulling it open until one gives up.

Photography: Kaja Grefslie Waagen, 2022

Froschwrestling

Beine ineinander verschränken und sich gegenseitig drücken. Wer zuerst das Gleichgewicht verliert, verliert.

Baldo Hauser beschreibt eine Variante dieses Spiel so: sich beide Zeigefinger gegenseitig in den Mund stecken und Lippen auseinanderreißen, bis einer nicht mehr kann.

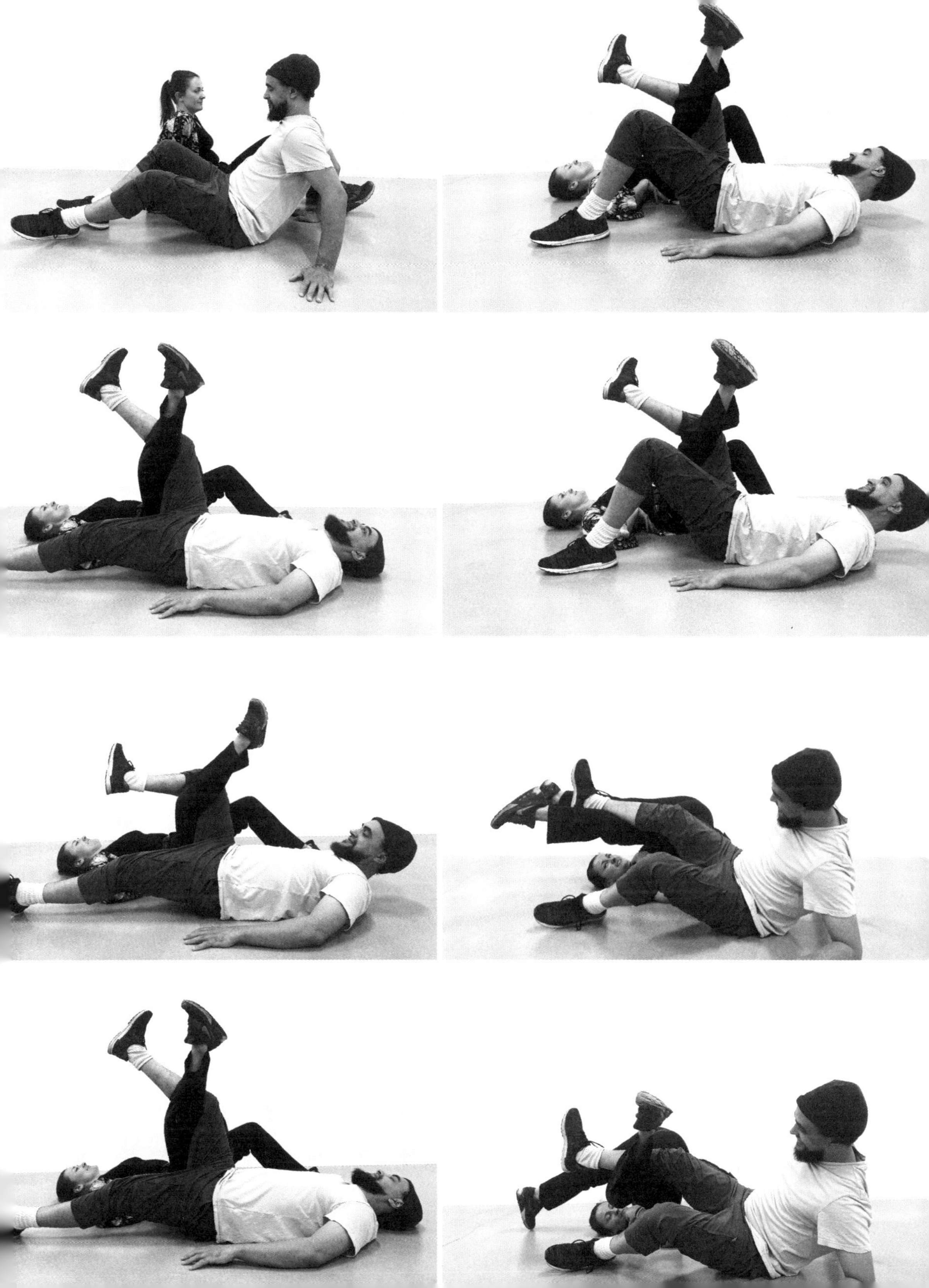

3.28 Crop Detectives

From a moving car or train, identify the types of plants that are being grown in the fields passing by outside.

Photography: Carsten Höller, 1996–97

Nutzpflanzenraten

Aus dem fahrenden Auto oder Zug bestimmen, welche Pflanzenarten auf den angrenzenden Feldern angebaut werden.

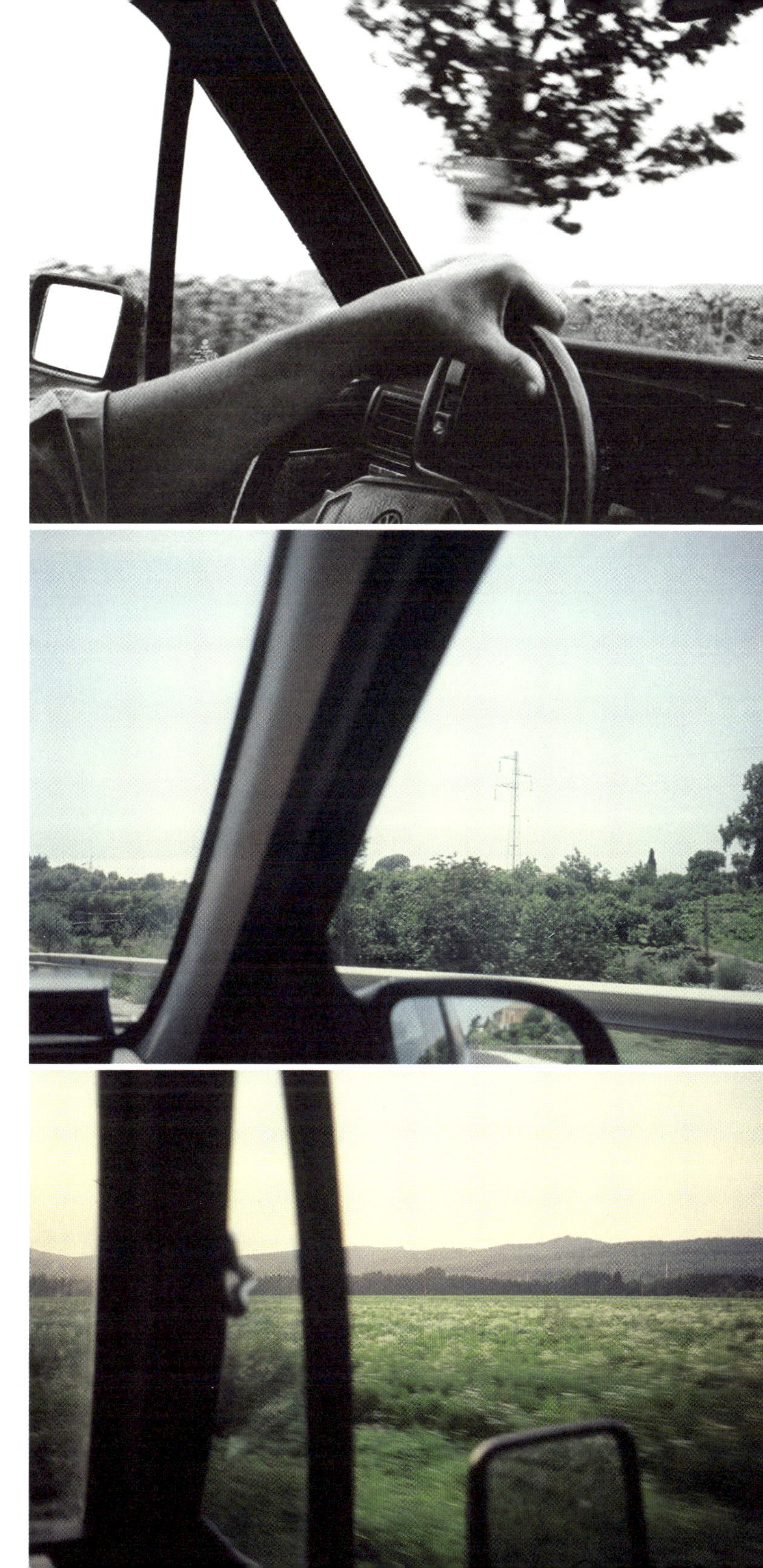

3.29 Hide-and-Seek (Panorama Version)

Unlike classic Hide-and-Seek, in the Panorama Version of the game, the seeker does not need to run around. He just uses his eyes to search the panorama from his vantage point for any sign of the person hiding. The hider shows one part of himself, however small, so that the seeker can spot him.

Photography: Carsten Höller, 1997

Verstecken (Panorama-Version)

Im Gegensatz zur klassischen Form des Versteckspiels braucht sich die Suchende bei der Panorama-Version nicht zu bewegen. Gesucht wird nur mit den Augen, indem das Panorama von der Warte der Suchenden aus auf sichtbare Zeichen des sich Versteckenden hin abgesucht wird. Der Versteckte zeigt einen Teil seines Körpers, und sei er noch so klein, sodass er von der Suchenden entdeckt werden kann.

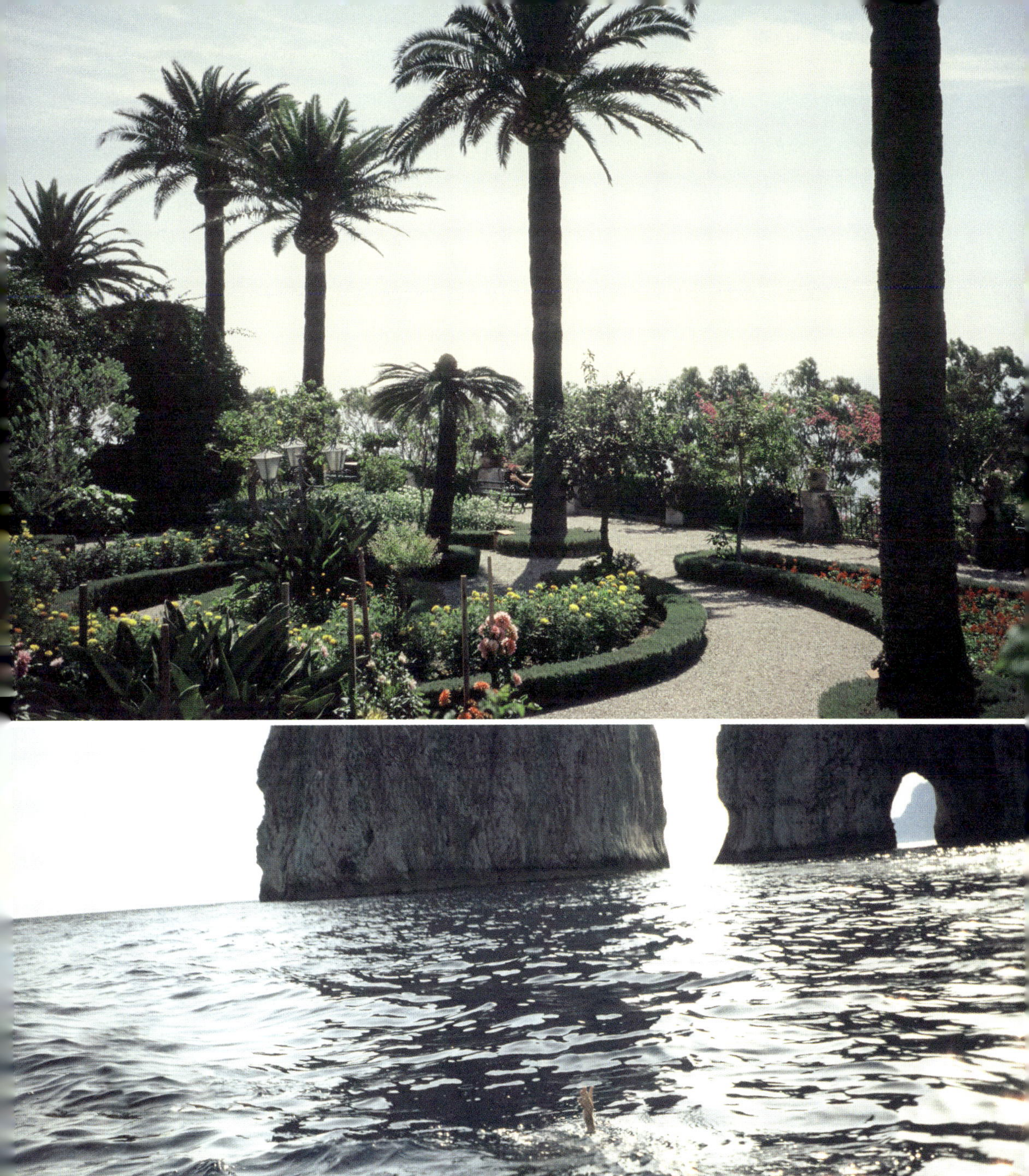

3.30 Heat Zone

Move part of your body as close as possible to the corresponding body part of the other person without touching it. It will feel as if there is a "heat zone" between the two areas of skin—if you start palm to palm, this is a nice way of getting to know someone. In the Double-Masochist version, players who desire each other undress each other and approach as closely as possible—with their whole bodies—without touching.

Photography: Carsten Höller, *Pino and Tim*, 1997 (above); *Carsten and Rosemarie*, 1996 (below)

Hitzezone

Nähere einen Teil deines Körpers weitmöglichst dem gleichen Körperteil des Mitspielers, ohne ihn zu berühren. Es entsteht der Eindruck einer „Hitzezone" zwischen den beiden Hautflächen. Nett zum Kennenlernen, wenn man mit den einander zugewandten Handinnenflächen beginnt. In der Doppelmasovariante entkleiden sich die einander begehrenden Spieler und kommen sich ganzkörperhaft so nahe wie möglich, ohne sich zu berühren.

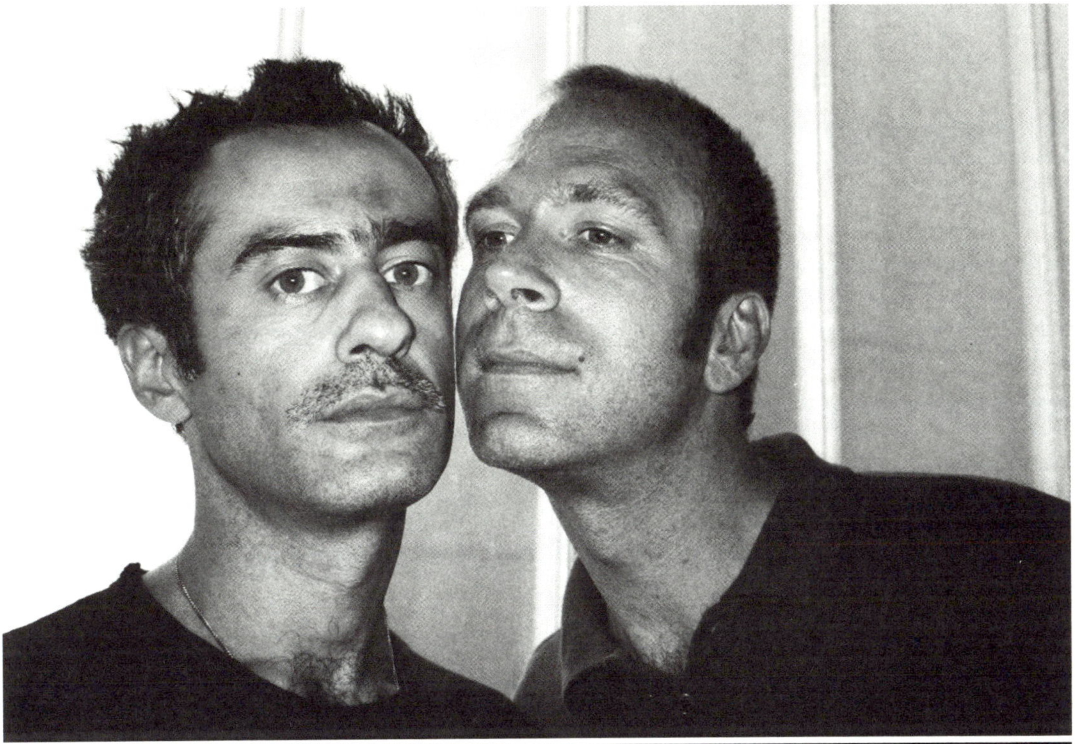

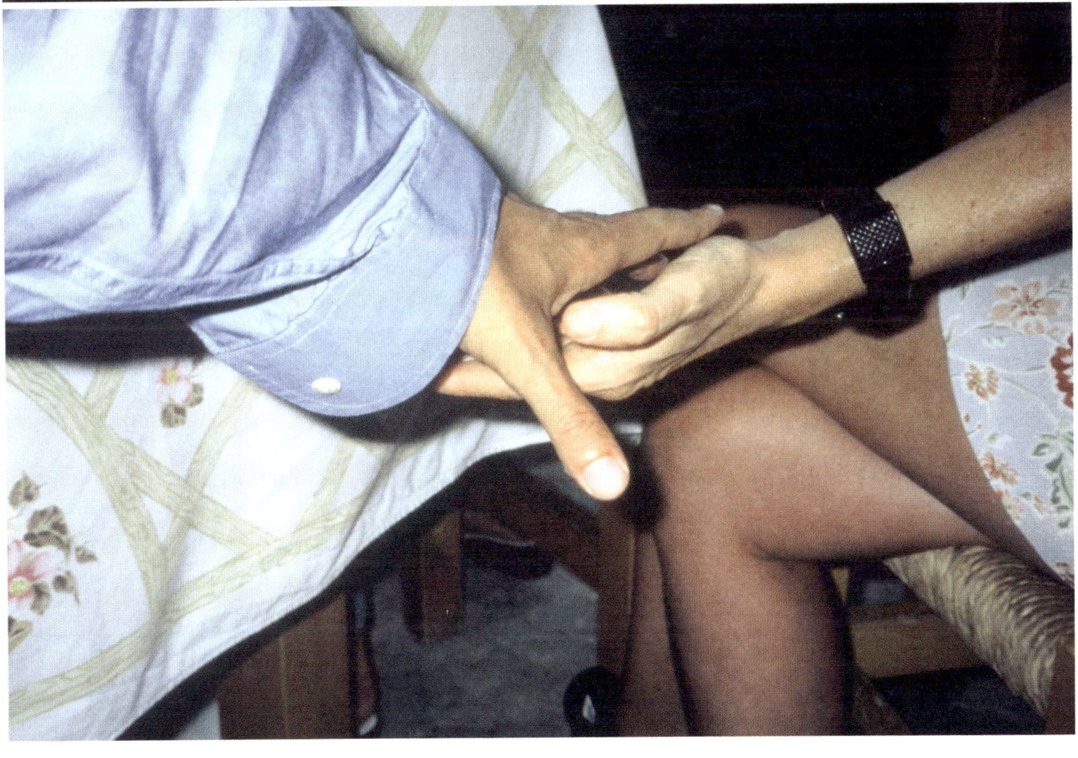

3.31 Mind Listening

She tries, as hard as she can, to think of a word and to "say it out loud" in her mind. He tries to "hear" that word. It can be helpful to first focus on "hearing" a sound, a vowel in the word, or its first syllable.

Photography: August Sander, *Architektenehepaar (Dora and Hans Heinz Lüttgen)*, 1926

Gedanken hören

Sie versucht, so gut es ihr möglich ist, an einen Begriff zu denken und ihn innerlich auszusprechen. Er versucht diesen Begriff zu „hören". Dabei kann hilfreich sein, zunächst auf einen Ton zu „hören", einen in dem Begriff vorkommenden Vokal oder seine erste Silbe.

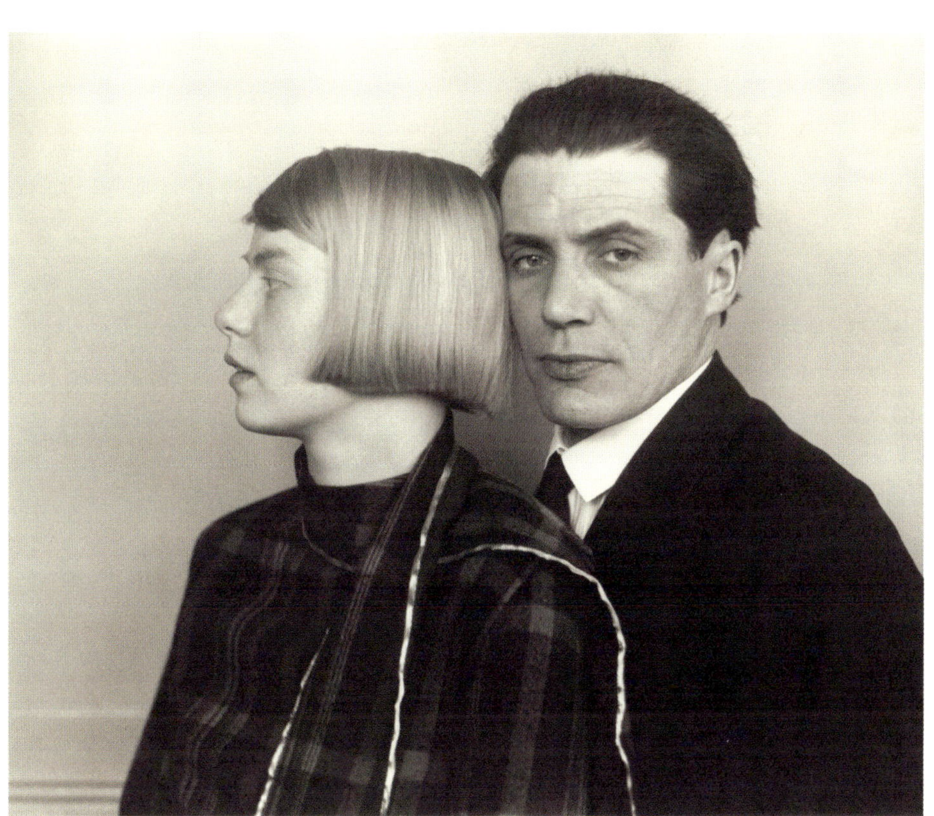

3.32 Toads in March

Stand close together, one behind the other in the same position. Now walk forward, with the person behind using her thighs to direct the front person's legs, either embracing her or holding her by the hips. The person in front now walks automatically, as it were.

Photography: Carsten Höller, *Philippe and Anna*, 1997

Kröten im März

Sich in der gleichen Stellung dicht hintereinanderstellen. Zusammen gehen, indem die hintere Person mit ihren Schenkeln die Beine der vorderen dirigiert, wobei sie sie an den Hüften hält oder umarmt. Die Vordere geht gewissermaßen automatisch.

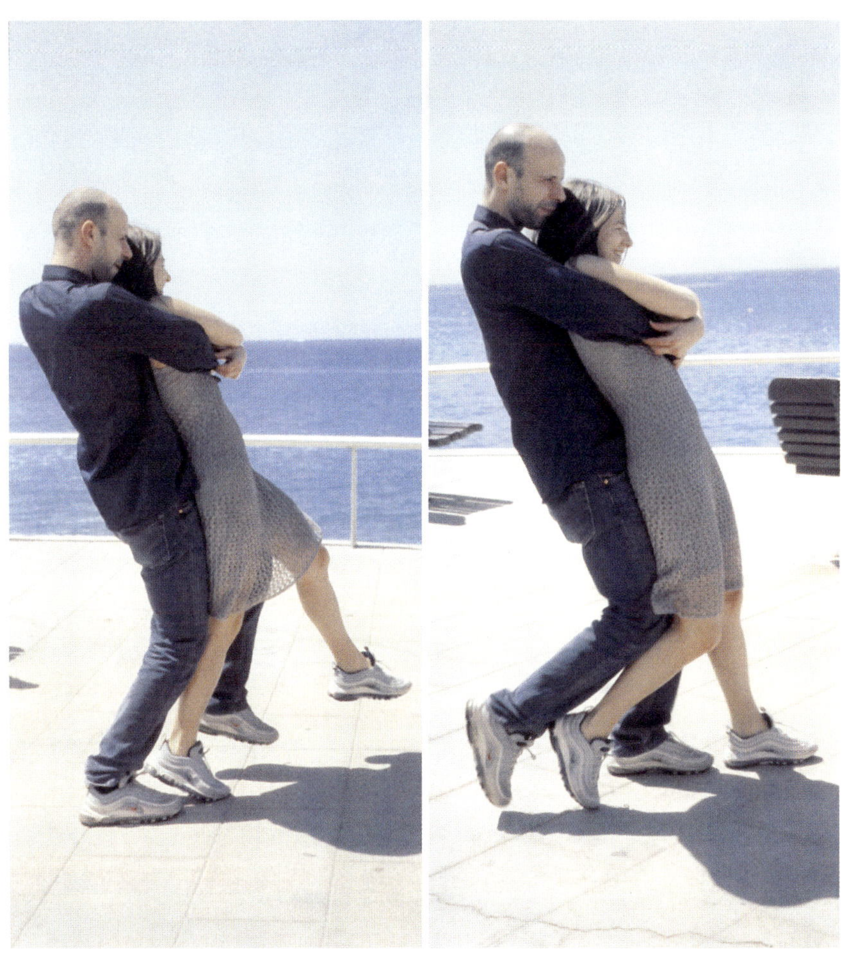

3.33 Four-Thumb Wrestling

Lock fingers with your opponent's, thumbs pointing upward. As you count to three, wave your thumbs once to the right and then the left, in opposite directions—that's the starting signal. Each player now tries to reach get his thumb above the other player's thumb and bend it down. Play this with all four hands.

Photography: Julien Creuzet, 2022

Vierdaumenwrestling

Finger miteinander verklammern. Daumen erhoben. Eins, zwei, drei zählen, mit den Daumen dabei entgegengesetzt nach rechts und links winken – das war das Startsignal. Jetzt versuchen die Spieler, mit ihrem Daumen über den des Kontrahenten zu kommen und ihn niederzudrücken. Ist mit vier Händen zu spielen.

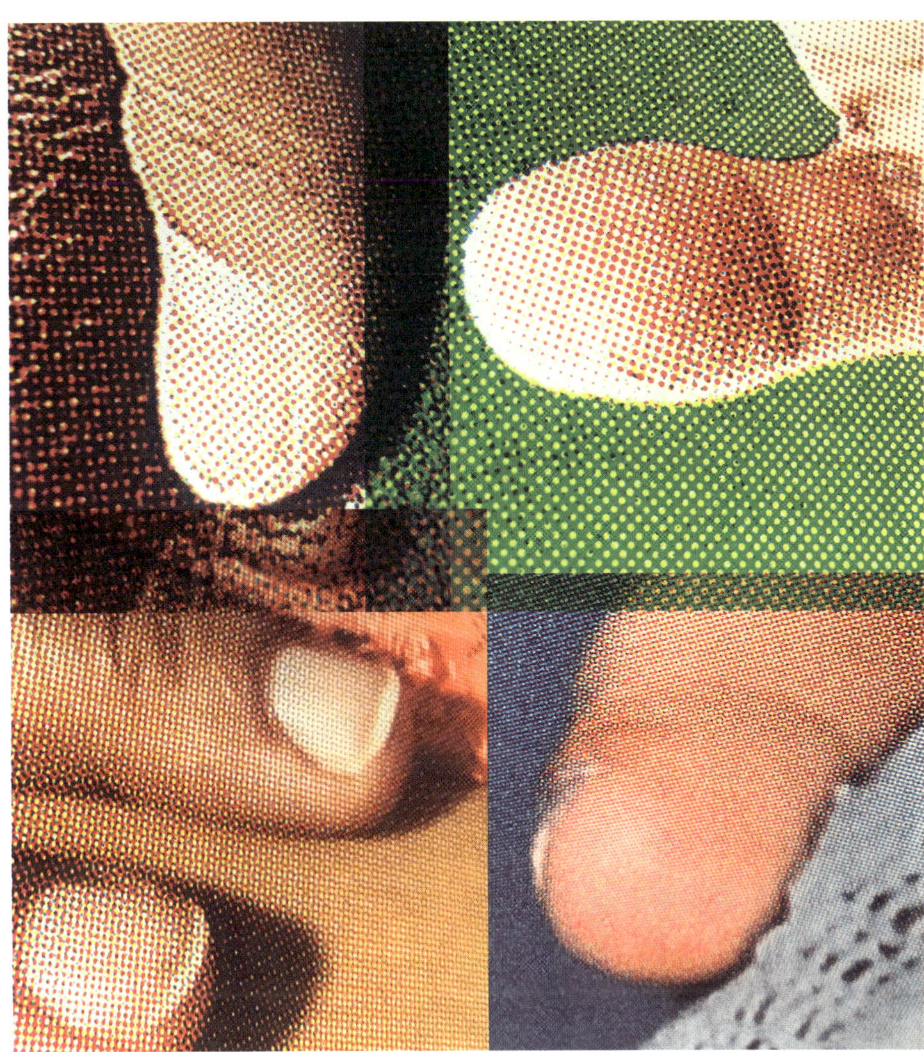

3.34 People Foreigners Officials

According to writer Wang Xiaobo, a Chinese version of Rock Paper Scissors was played during the Qing Dynasty: "Back then, foreigners were afraid of the Chinese and Chinese officials were afraid of foreigners. … If the Chinese came into conflict with a foreigner and were in the majority, they would gather like a swarm of bees and lustily beat him up; so the foreigner's simple instinct for survival made him afraid of the Chinese. But if a foreigner went to a public office, he just needed to bluster something like 'Our ambassador has to talk to the Emperor' for the Chinese officials to be scared to death."

Wang Xiaobo, photographer and year unknown

Volk, Ausländer, Beamter

Nach Wang Xiaobo die chinesische Version von „Stein, Papier, Schere" aus der Qing-Dynastie: „Damals fürchteten sich die Ausländer vor den Chinesen, und die chinesischen Beamten fürchteten sich vor den Ausländern. … Wenn Chinesen eine Auseinandersetzung mit einem Ausländer hatten und in der Überzahl waren, sammelten sie sich wie ein Bienenschwarm und verdroschen ihn erst einmal ordentlich; der Ausländer fürchtete sich vor den Chinesen aus reinem Selbsterhaltungstrieb. Doch wenn der Ausländer zu einer Behörde ging, brauchte er nur etwas daherzuschwadronieren wie: ‚Unser Botschafter müsste mal mit eurem Kaiser reden', dann fürchteten sich die chinesischen Beamten zu Tode."

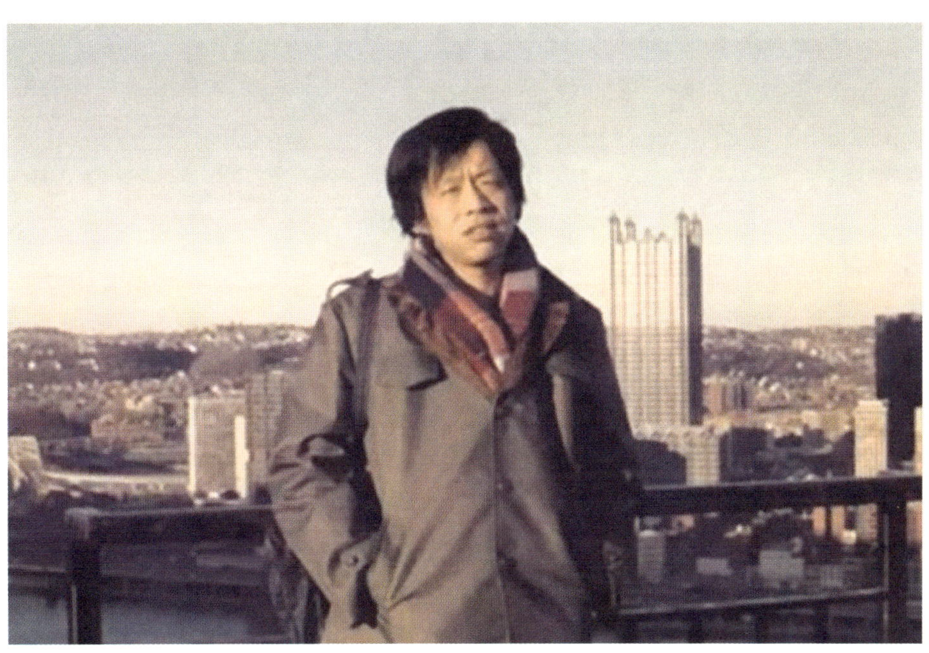

3.35 Pine Cone Toss

Stand back to back. Toss a pine cone, this book, or something else—or nothing at all (mime the action)—into the air so that the other player can catch it.

Photography: Barney Schaub, 1998

Tannenzapfenwerfen

Sich Rücken an Rücken stellen. Einen Tannenzapfen, dieses Buch oder etwas anderes oder gar nichts so in die Luft werfen, dass die andere Person es fangen kann.

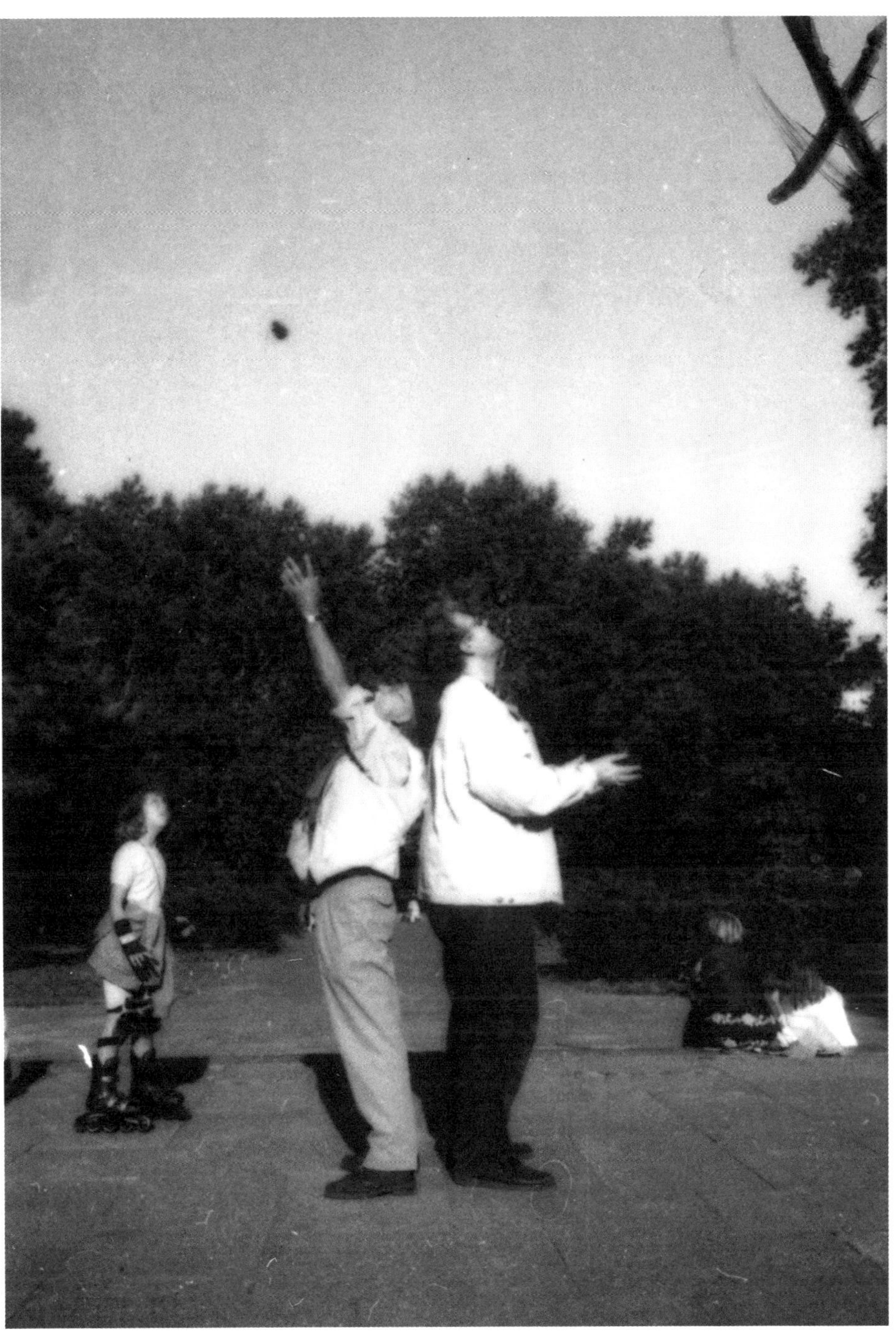

3.36 Lie Detector

The test person stretches out her right arm (or left arm, for left-handers) and places her clenched fist between the Lie Detector's hands. Now the Lie Detector poses questions. Whenever the test person answers, she opens her hand, and the Lie Detector can feel in the palm of his lower hand whether she's being straight with him.

Photography: Barney Schaub, 1998

Lügendetektor

Die Testperson hält ihre geballte rechte Hand (bei Linkshänderinnen die linke) bei waagerecht ausgestrecktem Unterarm zwischen den Händen des Lügendetektors. Er richtet nun die Frage an sie. Bei der Antwort hat sie ihre Hand zu öffnen, und er fühlt auf seiner daruntergehaltenen Handinnenfläche, welch Geistes Kind sie ist.

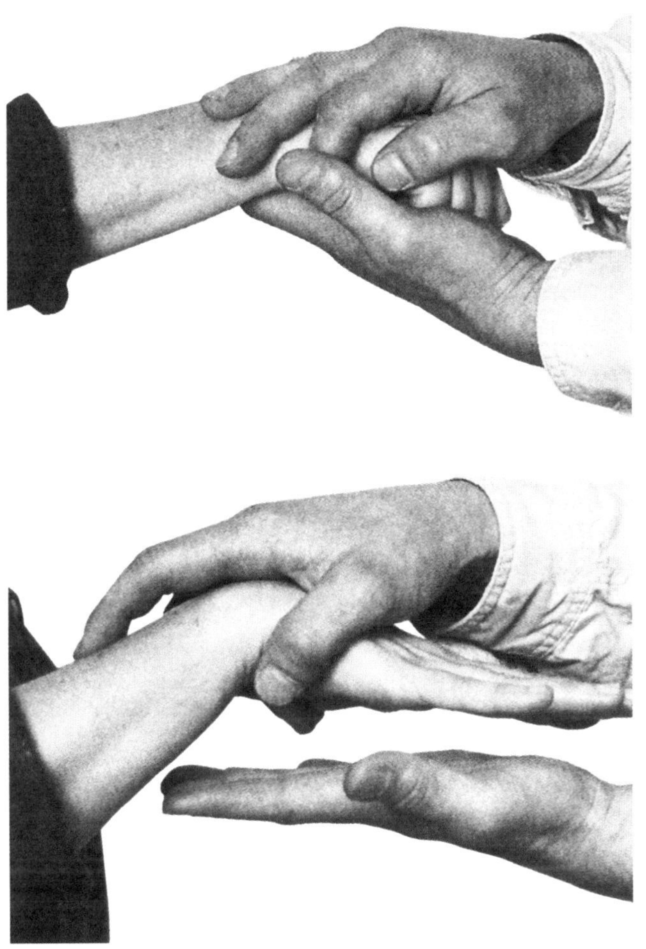

3.37 A Test of True Friendship

The two players—with their eyes closed—approach each other from a certain distance, with each trying to "feel" for the tip of the other's outstretched index finger using his own outstretched index finger. Speaking or making noises is not allowed.

Photography: John Scarisbrick, 2022

Der echte Freundschaftstest

Zwei Personen bewegen sich mit geschlossenen Augen aus einer gewissen Distanz aufeinander zu und versuchen, nur durch ihr „Gefühl" den jeweils ausgestreckten Zeigefinger des anderen mit dem eigenen ausgestreckten Zeigefinger möglichst an der Spitze zu treffen. Sprechen oder Geräuscheerzeugen nicht erlaubt.

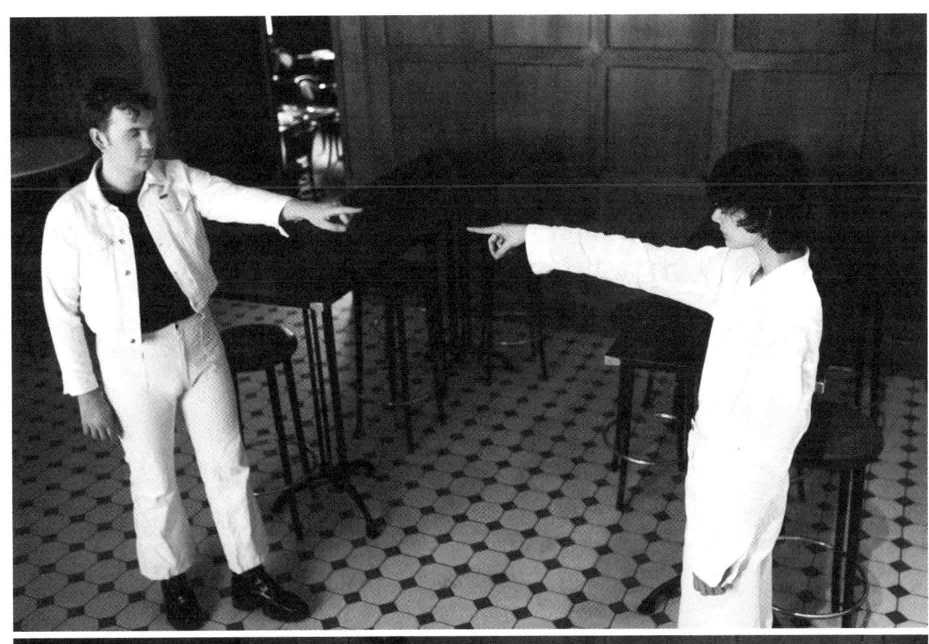

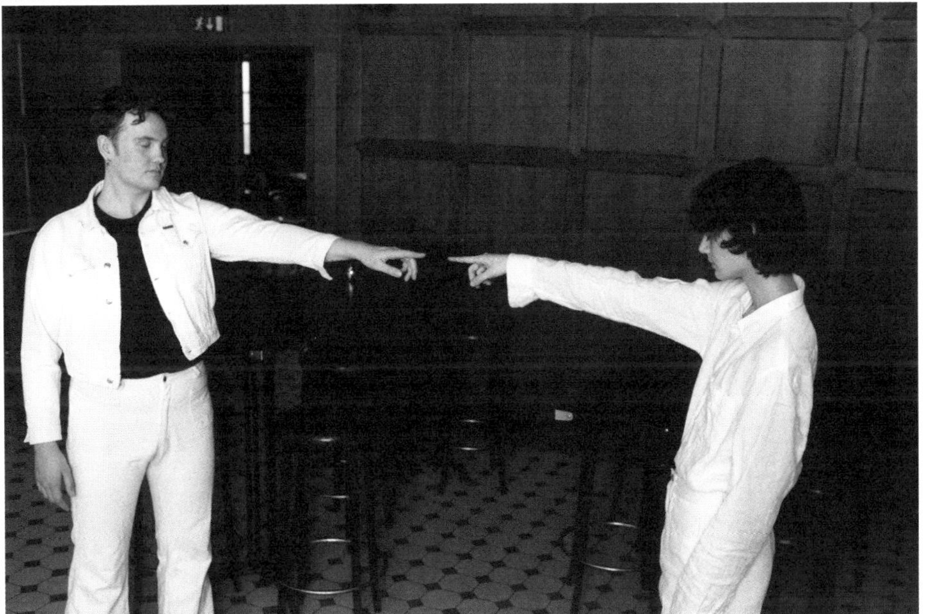

3.38 Arambolinic

Verbalize a completely new language. Since the words are meaningless, everything rides on their enunciation, style, and élan. Is verbal communication still possible if words are meaningless? It is not unlike speaking in tongues (glossolalia), whereby speakers—mostly in a religious context—express themselves in languages they don't know.

Photography: Russell Lee, *Healing "Laying on of Hands" Ceremony in the Pentecostal Church of God in Lejunior, Harlan County, Kentucky*, 1946

Arambolinisch

Eine vollkommen neue Sprache intonieren. Da die Wörter bedeutungslos sind, kommt es nur auf Aussprache, Duktus und Verve an. Ist der sprachliche Austausch auch möglich, wenn die Wörter bedeutungslos sind? Nicht unähnlich ist das Sprechen in Zungen (Glossolalie), wo die Sprecher sich, meist in religiösem Kontext, in ihnen nicht bekannten Sprachen äußern.

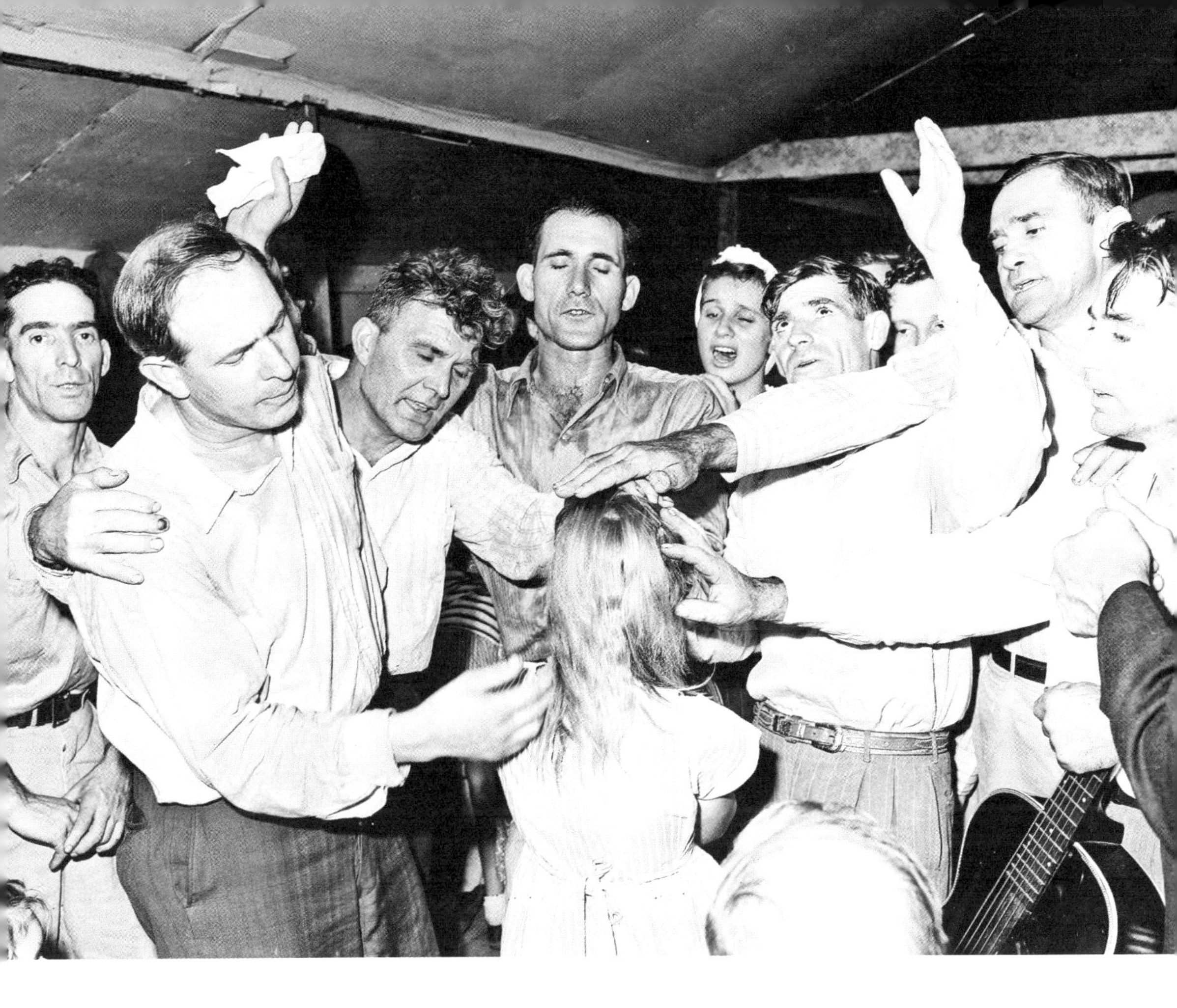

3.39 Early Test

Instruct the patient to count swiftly backward from 68 to 23 leaving out every seventh number. For advanced players: Also omit the prime numbers. The Fibonnaci sequence (each number is always the sum of the previous two numbers) also works well.

Carsten Höller, *Divisions Wave*, colored pencil on paper, 2022

Frühtest

Den Patienten beauftragen, schnell von 68 rückwärts bis 23 zu zählen und dabei jede siebte Zahl auszulassen. Für Fortgeschrittene: auch die Primzahlen auslassen. Fibonacci-Folge (die nächste Zahl ist immer die Summe der beiden vorhergehenden) geht auch gut.

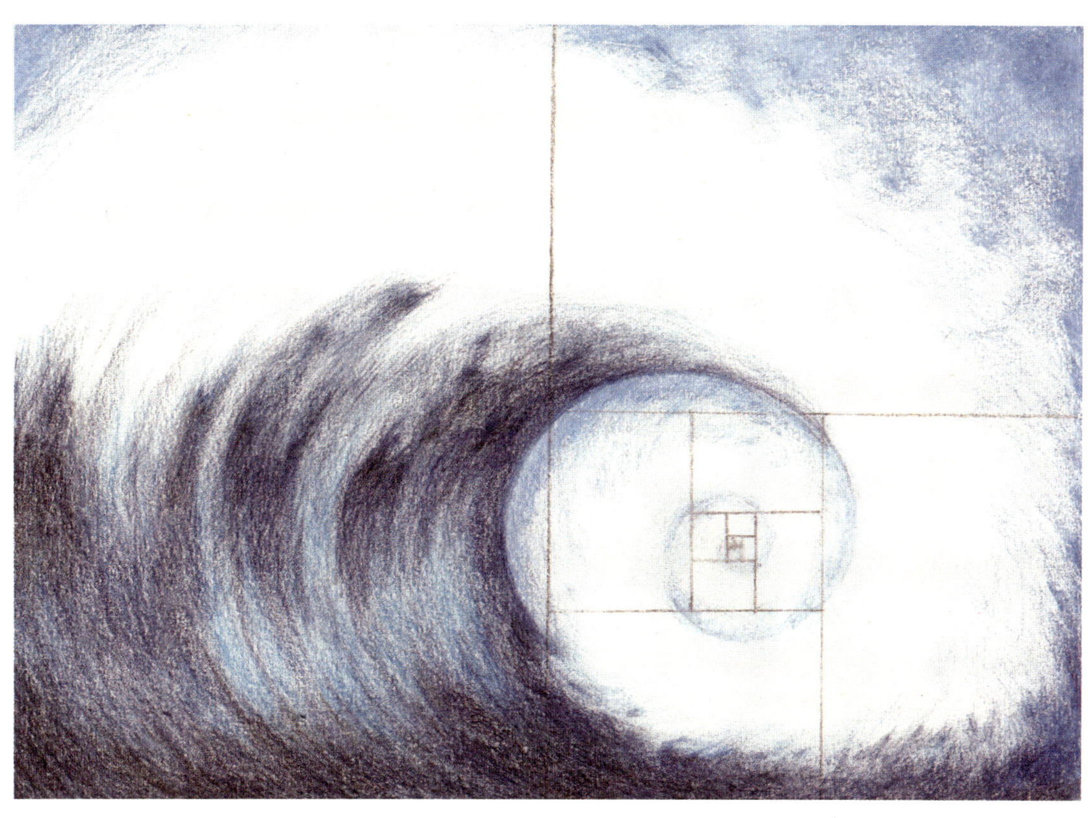

3.40 The Intangible Gift

Das immaterielle Geschenk

Invent and give intangible gifts. For instance, you receive the gift of a bow—bending down at the waist—from the other player every time you encounter each other (for the duration of one whole year). This still holds, even if you only briefly leave the place where you both are—your renewed appearance must be met with another bow. Or give the gift of learning the other player's language. Each gift from the other player is recompensed with a new gift from you.

Photography: Jean Depara, *Self-Portrait of the Photographer Jean Depara on the Congo River in Kinshasa*, ca. 1955–65

Immaterielle Geschenke erfinden und verschenken. Zum Beispiel verschenken, dass man sich bei jedem Wiedersehen (innerhalb eines Jahres) verbeugt. Das gilt auch, wenn die Beschenkte nur kurz den gemeinsamen Ort verlässt – bei erneutem Erscheinen bedarf es einer erneuten Verbeugung. Oder schenken, dass man die Sprache des anderen gelernt hat. Jedes Geschenk wird mit einem neuen Gegengeschenk wettgemacht.

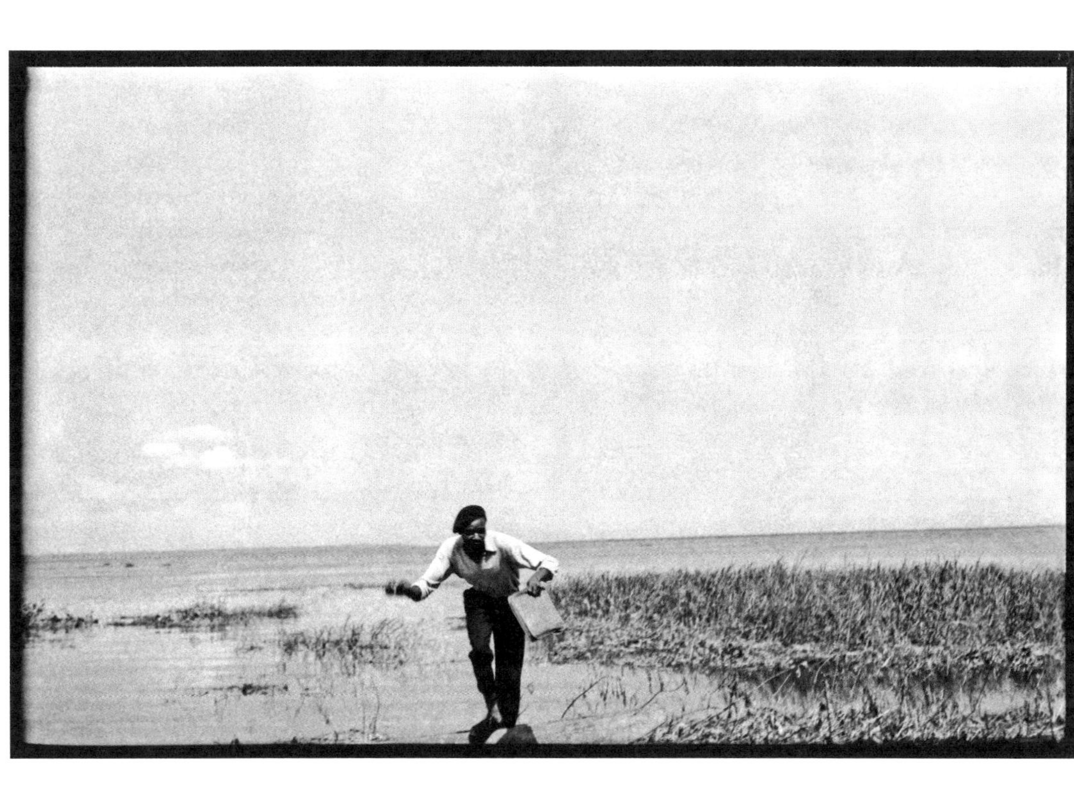

3.41 Proof of an External World

The endless argument between skeptics and positivists: The skeptic says we cannot know anything about what is outside our perceptive faculties and intellects and are thus unable to prove the existence of an external world. The positivists reply to the skeptics that, on the contrary, it is perfectly possible to prove the existence of an external world, even if it is beyond the reach of human understanding.

During a lecture, G. E. Moore once stretched out both hands in front of himself and said, "Here is one hand," and "here is another," which he regarded as proof of the existence of an external world.

Photography: Ray Strachey, *G. E. Moore*, 1914

Beweis der äußeren Welt

Die endlose Argumentation zwischen Skeptikern und Positivisten. Der Skeptiker sagt, dass wir nichts wissen können über all das, was sich außerhalb unserer Wahrnehmung und des Verstandes befindet, und daher den Beweis einer äußeren Welt nicht erbringen können. Die Positivistin entgegnet dem Skeptiker, dass es sehr wohl möglich ist, die Existenz der äußeren Welt zu beweisen, auch wenn der menschliche Verstand sie nicht erreicht.

G. E. Moore hielt während eines Vortrags seine Hände ausgestreckt vor sich und sagte: „Hier ist eine Hand" und „Hier ist eine andere", womit er die Existenz der äußeren Welt als erwiesen ansah.

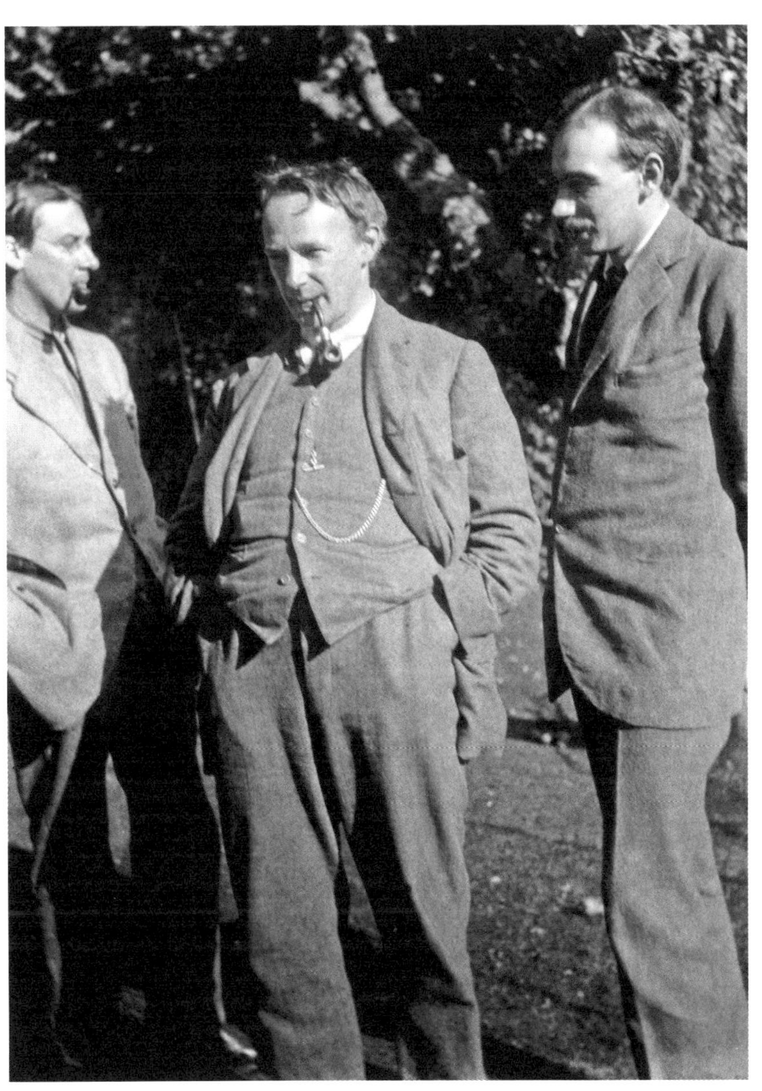

3.42 Night Game I

In complete darkness, sense and—with your outstretched tongue—feel for the other player, who is somewhere nearby. It is the seeker's tongue that touches the other person first, not some other part of the body; otherwise, the seeker has lost.

Photography: Daniel Vincent Hansen, 2022

Nachtspiel I

In vollkommener Dunkelheit die andere Person, die sich irgendwo in der Nähe befindet, erahnen und mit der ausgestreckten Zunge ausfindig machen; die Zunge muss die andere Person zuerst berühren, nicht ein anderer Körperteil des Suchenden, sonst ist das Spiel verloren.

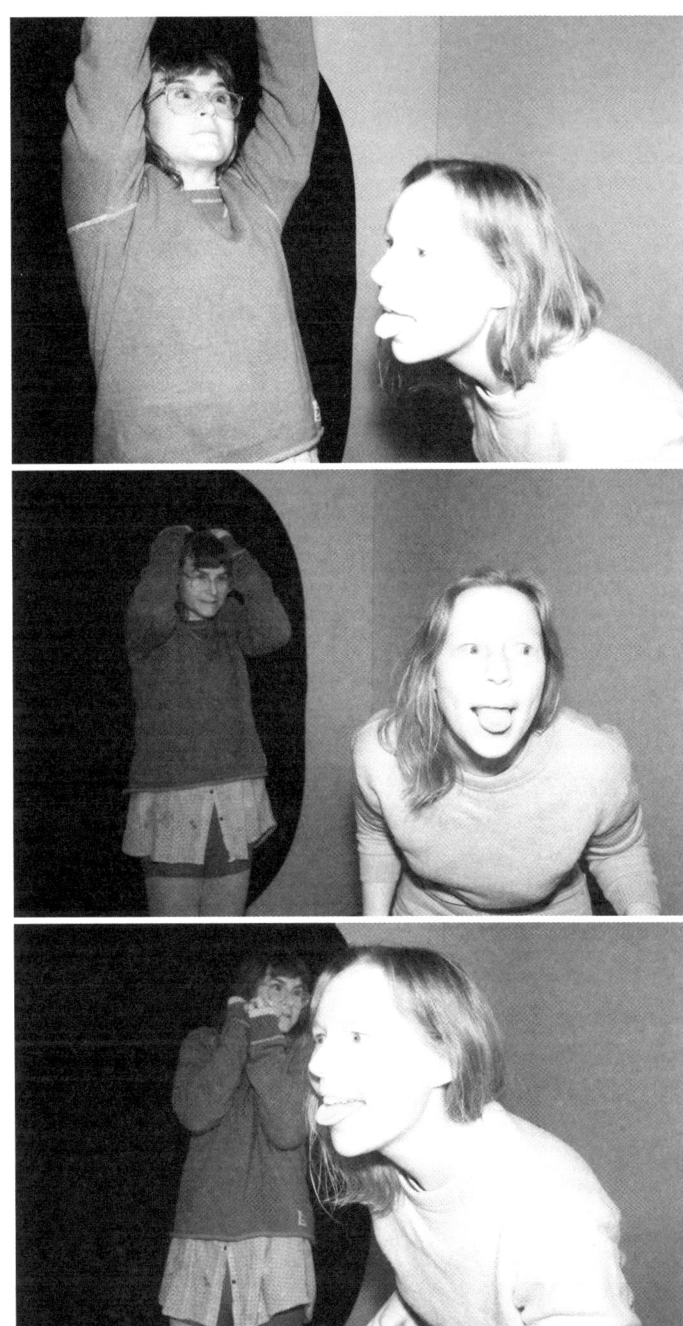

3.43 Automatic

While one player speaks with her arms behind her back, the other player, standing behind her, extends his arms forward under her armpits and gesticulates, in keeping with her words. Appear together, as a team.

Christine Sun Kim and Thomas Mader,
Tables and Windows, video stills, 2016

Automatisch

Während die Spielerin spricht und dabei ihre Arme hinter ihrem Rücken verschränkt, gestikuliert der hinter ihr stehende Spieler zu ihren Worten mit seinen Armen, die er unter ihren Achseln hindurch nach vorne geschoben hat. So gemeinsam auftreten.

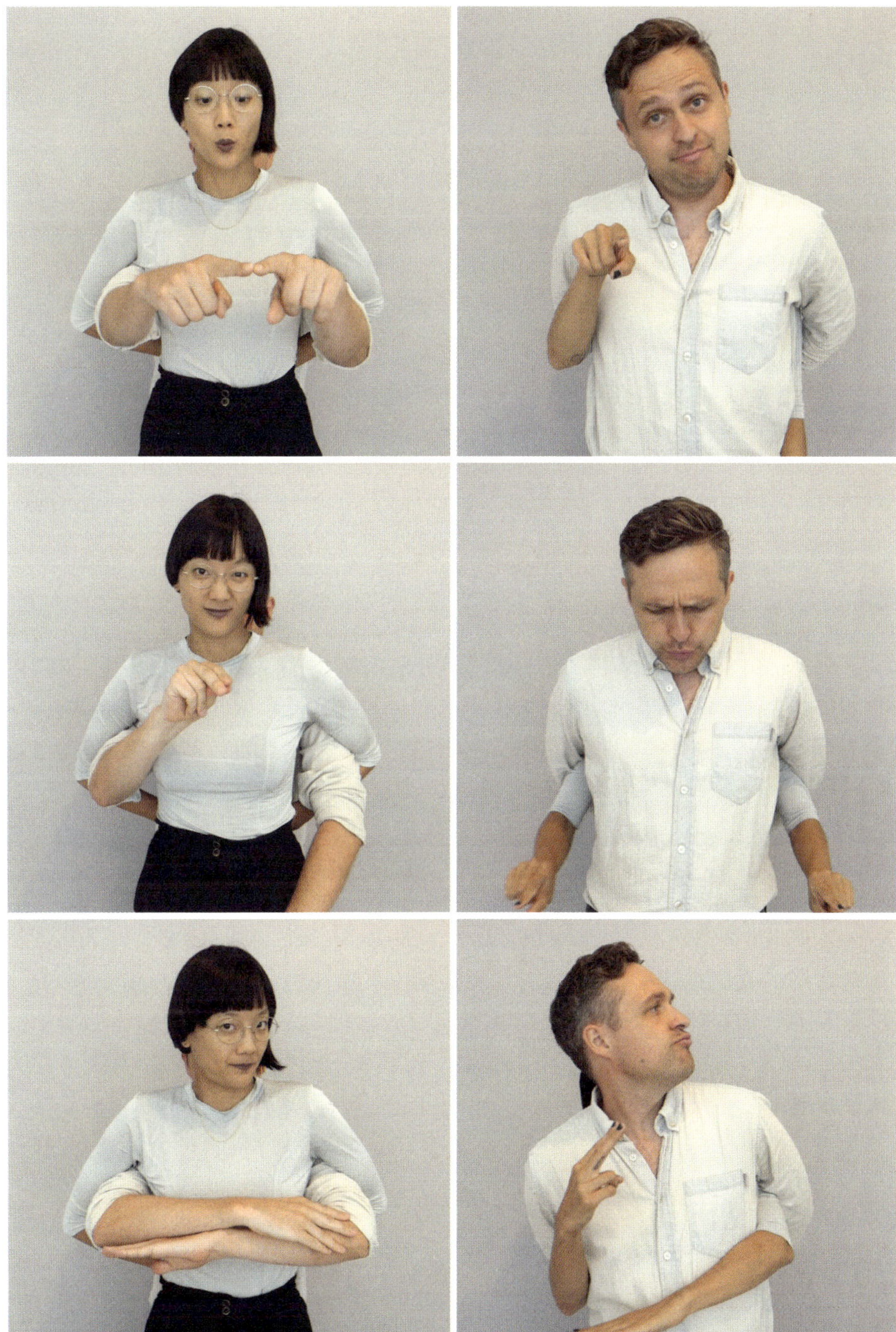

3.44 Bach-y-Rita's Sensory Vision Device

In the 1960s and '70s, neuroscientist Paul Bach-y-Rita developed a device that enabled tactile vision by transmitting visual stimuli to blind people, facilitating something akin to seeing-via-the-skin. A panel with 256 vibrating tips was strapped to a blind person's abdomen or back; this panel could press into the subject's skin 256-pixel images taken by a small camera worn on the head. With practice even faces could be identified, and the blind person could pick up a telephone receiver.

Using the tips of all 10 fingers, one player presses a simple image or the borders of an interior into the other player's back; the latter has her eyes closed and now has to find her bearings and move around solely on the basis of the imprinted 10-pixel piece of information. The trick is for the first player to vary the pressure in his fingers, because it is not the positions of the fingers that create the picture but the different degrees of pressure the fingers exert.

Paul Bach-y-Rita, *Appearance of a 400-Point Representation of a Woman's Face*, 1969 (above); *A Blind Subject With a 16-Line Portable Electrical System*, 1971 (below)

Bach-y-Ritas taktiler Sehapparat

Der Neurowissenschaftler Paul Bach-y-Rita entwickelte in den 1960er/70er-Jahren ein Gerät zum taktilen Sehen, um blinden Menschen visuelle Eindrücke zu vermitteln, eine Art von Sehen-über-die-Haut. Eine Platte mit 256 Druckknöpfen wurde am Bauch oder Rücken der Blinden befestigt, um die über eine kleine am Kopf getragene Kamera als 256 Pixel übermittelten Bilder in die Haut zu pressen. Nach einiger Übung konnten sogar Gesichter zugeordnet werden, und die Blinden konnten beispielsweise einen Telefonhörer greifen.

Der Spieler drückt mit seinen zehn Fingerspitzen ein einfaches Bild oder die Ecken eines Innenraumes in den Rücken der Spielerin, die sich mit geschlossenen Augen nur anhand der gedrückten 10-Pixel-Information orientieren und fortbewegen soll. Die Kunst besteht darin, die Finger verschieden stark einzudrücken, denn das Bild soll nicht über die Positionierung der Finger entstehen, sondern durch ihre jeweilige Druckstärke.

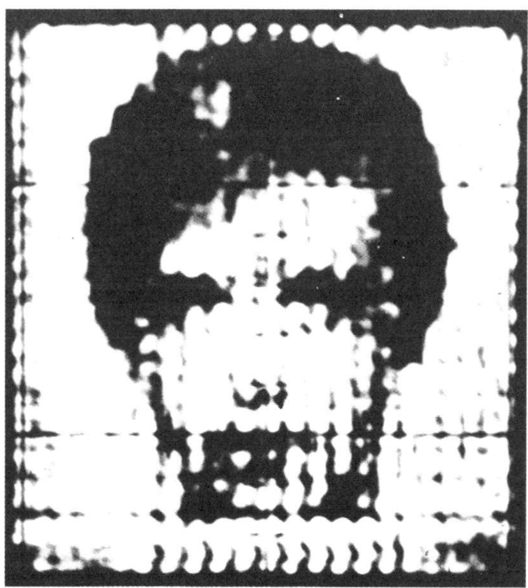

Fig. 2. Appearance of a 400-point representation of a woman's face as seen on the monitor oscilloscope. Subjects can correctly identify vibrotactile stimulus patterns of this level of complexity. Blurring and consequent half-tone appearance in the image occurs visually (and tactually) owing to noise modulation and temporal integration of the 60-Hz field rate. (Visual perception of this type of digital display is sometimes enhanced by squinting or otherwise further blurring the image.) [Reprinted with permission from *Nature (London)* **221**, 963–964 (1969).]

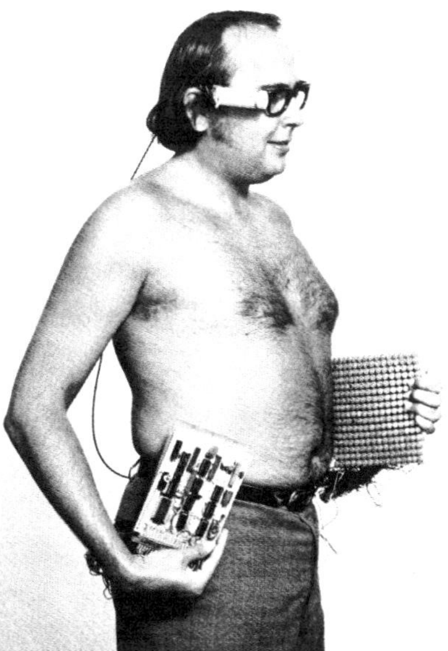

Fig. 6. A blind subject with a 16-line portable electrical system. The TV camera (weighing 6 gm, including electronic drive circuitry) is attached to the lens housing, mounted on a pair of spectacle frames. A small bundle of wires leads to an electrical stimulus drive circuitry (held in his right hand). The matrix of 256 concentric silver electrodes is held in his left hand.

3.45 Go Do Your Teeth—Clean a Pee!

A word of advice for parents-to-be and for any new parents. Your child should not constantly have it drilled into him that he has to brush his teeth (or clean them, as we say in German) and go pee before he goes to bed. Instead the same message should be conveyed using these same words, but in the wrong order. If the youngster understands that he cannot "go do" his teeth and that a pee is not "cleaned," then the parents' intended instructions are easier to carry out because now a degree of self-determination is required of the child. It is up to the parents to use their skill to construct these back-to-front statements so that—in some weird way—exactly what has been said could also be meant, in the sense that teeth can also be "done" and "cleaning" a pee in essence refers to excretion as a process of cleansing (not related to the necessary cleaning of the genitals). The child's urge to rebel is thus given free reign thanks to a tacit conspiracy between the parents and their child.

Photography: The Faces, *Blonde Cute Girl in Beautiful Striped Dress Standing on the Chair*, year unknown

Zähne machen, Pipi putzen

Ein Ratschlag für werdende Eltern und solche, die es vor Kurzem geworden sind: Dem Kinde wird nicht immer wieder aufs Neue eingebläut, es solle vor dem Schlafengehen seine Zähne putzen und Pipi machen, sondern mittels Wortumdrehung ein ebensolcher Sinnzusammenhang vermittelt. Begreift der Nachwuchs, dass Zähne nicht „gemacht" werden und Pipi nicht „geputzt" wird, ist die vom Elternteil intendierte Handlungsanweisung leichter ausführbar, weil sie ein gewisses Maß an kindlicher Selbstbestimmung voraussetzt. Dem Geschick der Eltern bleibt es nun überlassen, diese umgedrehten Sinnzusammenhänge so zu gestalten, dass auf verkorkste Weise auch ebendas Gesagte gemeint sein könnte, denn Zähne werden ja auch „gemacht", und Pipi „putzen" verweist sinngemäß auf die Ausscheidung als Säuberungsvorgang (abgesehen von der notwendigen Säuberung der Genitalien). Dem Drang des Kindes, sich zu widersetzen, wird somit Freiraum gewährt, der auf einem hintergründigen Komplott zwischen Eltern und Kind beruht.

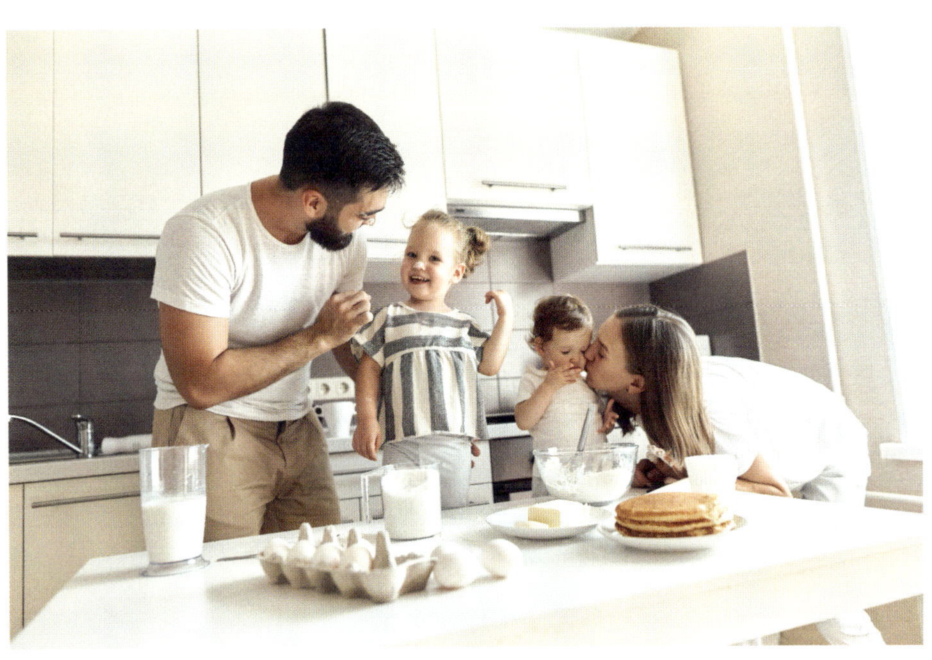

3.46 Right in, Now

He lies face down on the floor with his eyes closed and his arms extended (or bent, close to his body) like a strongman lifting a weight. She takes him by his wrists and pulls upward until his upper body is at an angle of about 45 degrees from the floor. She holds that position for two minutes and then slowly lowers him again. He will feel as if he is sinking right into the floor.

Photography: John Scarisbrick, 2022

Rein damit jetzt

Der Spieler liegt am Boden mit dem Gesicht nach unten, Augen zu und Arme wie ein Gewichtheber beim Stoßen vom Körper gestreckt (oder angewinkelt). Die Spielerin nimmt ihn bei den Handgelenken und zieht den Oberkörper in einen Winkel von ungefähr 45 Grad vom Boden. Zwei Minuten so halten und dann langsam absenken. Für den Spieler fühlt es sich an, als würde er im Boden versinken.

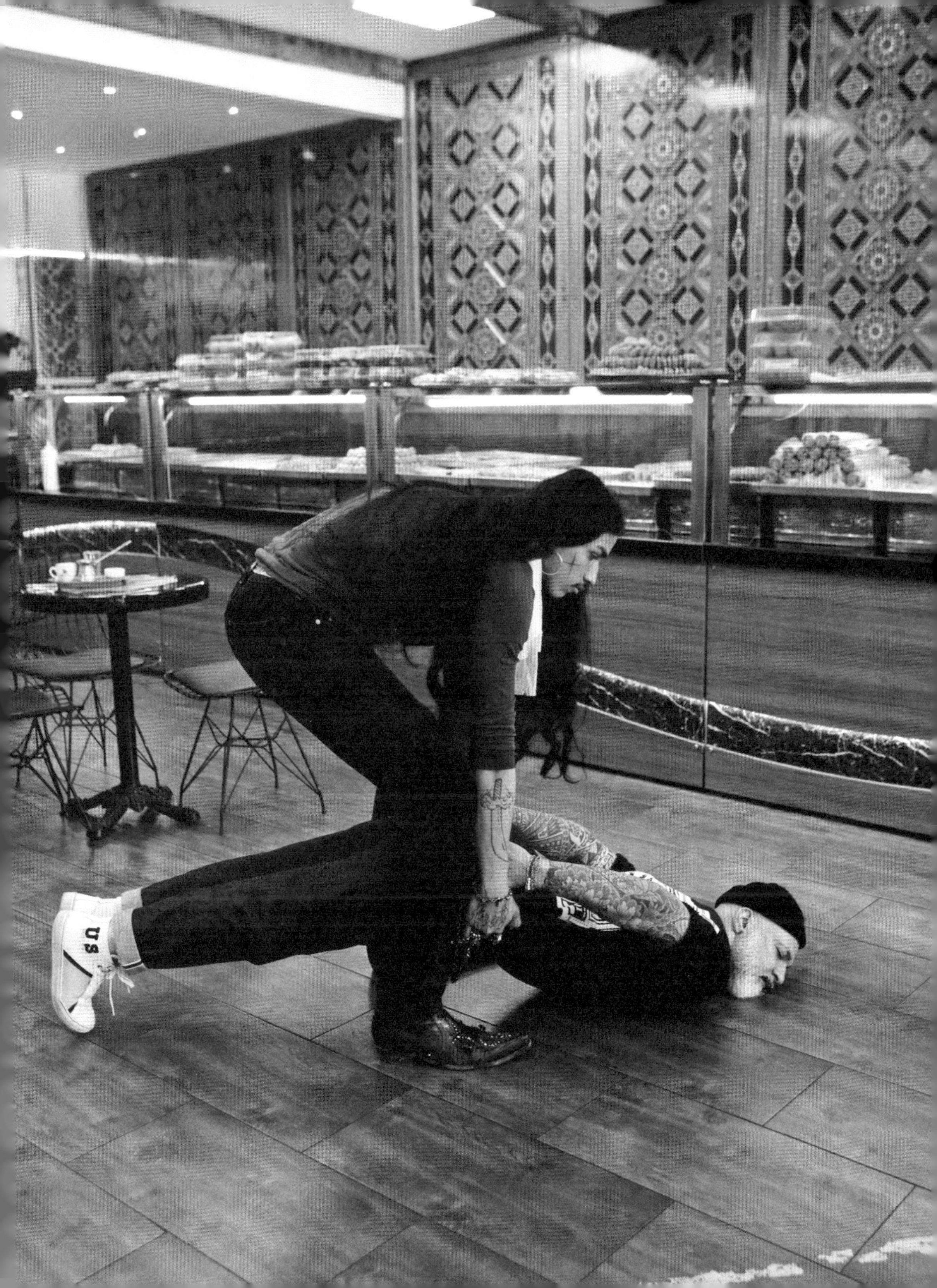
US

3.47 Russian Riddles

The more it dries, the wetter it becomes.
You can't keep it if you don't give it away.
What goes up and down without moving?
What's more Russian than Russia?

Anton Vidokle, *The Communist Revolution Was Caused by the Sun*, film still, 2015

Russenrätsel

Je mehr es trocknet, desto nasser wird es. Du kannst es nicht behalten, wenn du es nicht verschenkst. Was geht hoch und runter, ohne sich zu bewegen? Was ist russischer als Russland?

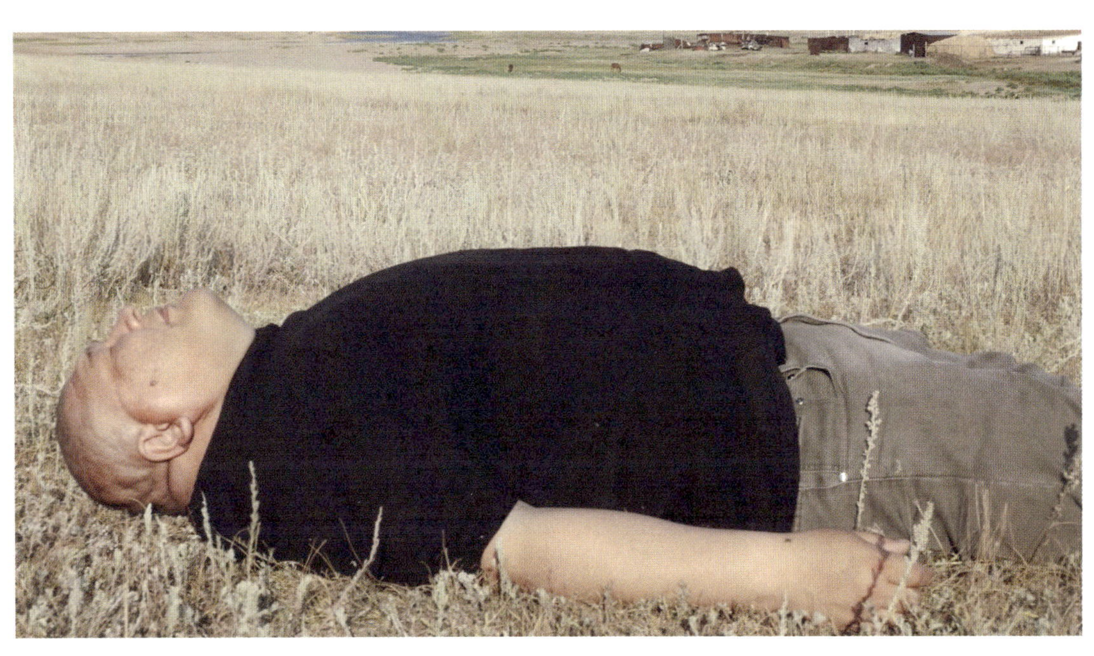

3.48 High Butt Cheeks

As in the traditional children's clapping game Patty-Cake, stand back to back, speaking in rhyme and slapping your butt cheeks together, either one at a time, crosswise, or with both at the same time. There's also an easier version—a butt-cheek high five.

David Horvitz, *In David Horvitz's Garden*, photography, 2022
Photography: Balint Zsako

High Popo

In Anlehnung an das klassische Kinderhändeklatschspiel „Bei Müllers hat's gebrannt" in Reimen sprechend sich Rücken an Rücken stellen, um mit den Pobacken aneinanderzuklatschen, entweder einzeln über Kreuz oder jeweils mit beiden Pobacken. Geht auch einfacher als Pobacken-High-five.

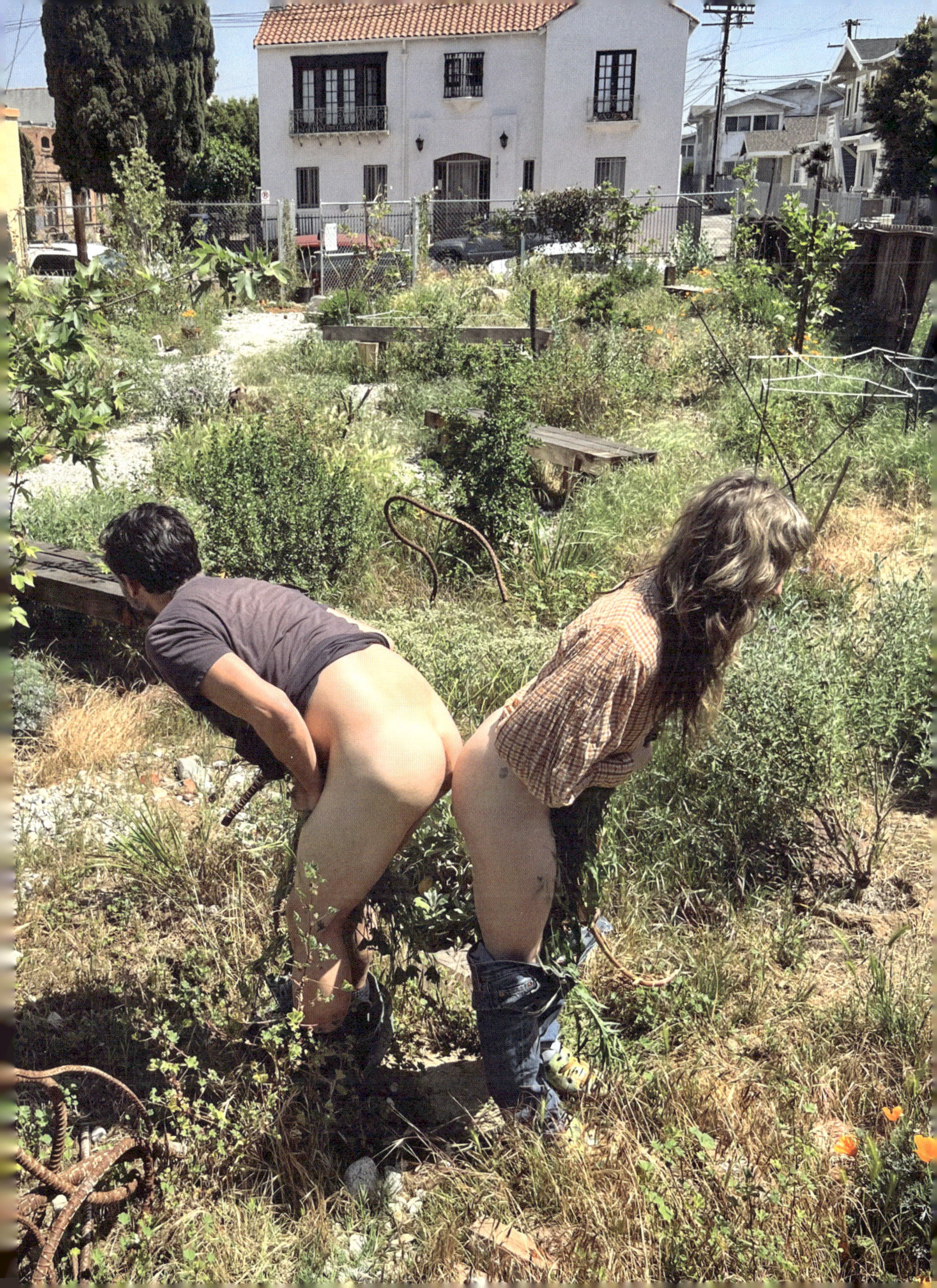

3.49 Mad-Sad-Glad

In as short a space of time as possible, deliberately make remarks that annoy the other player, make him immensely miserable, or tickle him pink. In Mad-Sad-Glad both players are fully aware of the other's intentions—it would be too simple to induce these emotions in an innocent party. However, it can be played for days—even for weeks, months, or years—during which time the instigator can hope that the recipient will forget the play-based intention of a remark and will just react automatically.

Photography: Guillaume Duchenne (de Boulogne), *False Joy or Laughter*, between 1854 and 1856

Das Salatspiel

Den anderen Spieler innerhalb möglichst kurzer Zeit durch gezielte Bemerkungen verärgern, in Traurigkeit stürzen und äußerst heiter stimmen. Das Salatspiel wird in Kenntnis der Absichten der beiden Spieler durchgeführt, denn es wäre zu einfach, einen Unwissenden in diese Gemütszustände zu versetzen. Es kann aber tagelang oder sogar wochen-, monate-, jahrelang gespielt werden, wobei die Reizgebende darauf hoffen kann, dass der Reizempfänger die spielgemäße Intention eines Reizes vergessen hat und entsprechend unreflektiert reagiert.

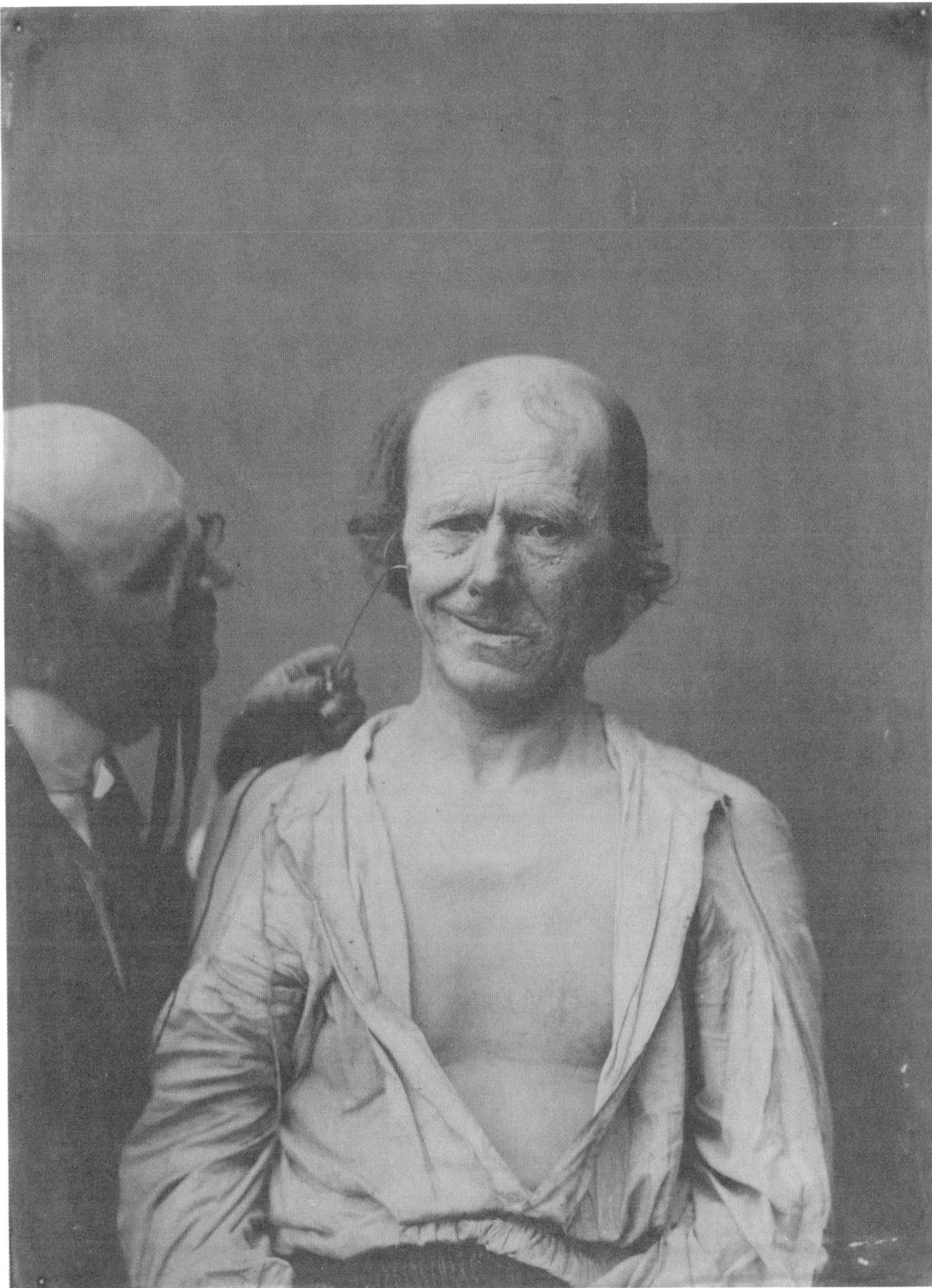

3.50 Cheap Exercise Bike

Lie down with your backs on the floor, with your feet sole to sole. Now slide a little closer to each other, then pedal in the air as if you were riding a bicycle.

Photography: Carlos Motta, 2022

Billiger Heimtrainer

Sich voneinander abgewandt auf dem Rücken auf den Boden legen und sich mit den Fußsohlen berühren. Dann etwas zueinanderrutschen und pedalieren wie beim Fahrradfahren.

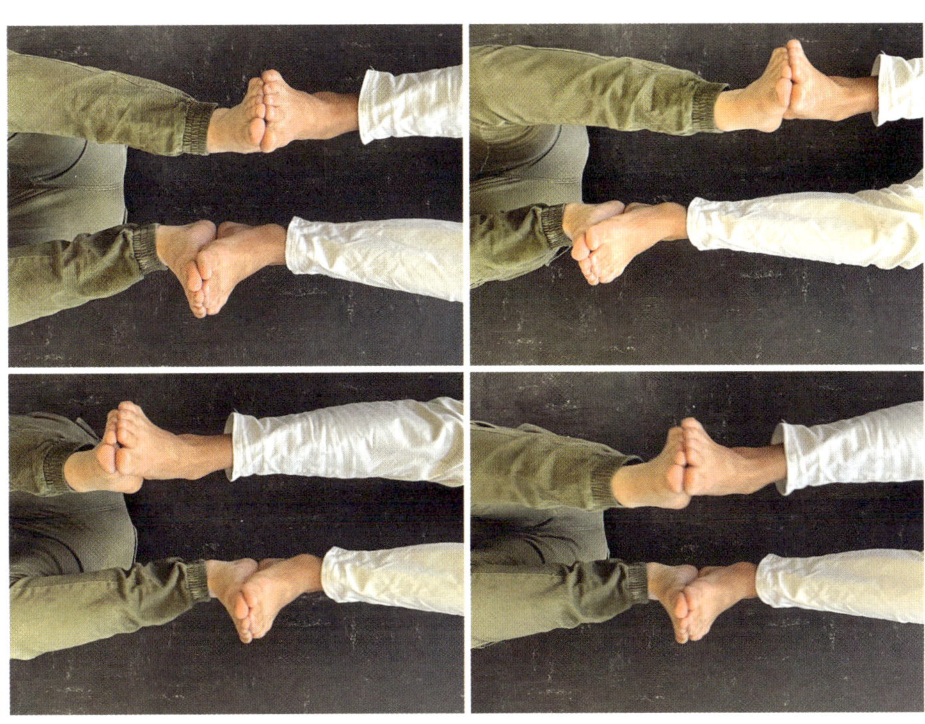

3.51 Bear Witness

Stand back to back and take turns listing all the other person's characteristics that you are aware of (and can remember): physical characteristics, clothing, jewelry, habits, bad breath, verbal quirks, everything.

Photography: Daniel Vincent Hansen, 2022

Zeugen

Sich Rücken an Rücken stellen und abwechselnd alle Merkmale des anderen aufzählen, deren man sich bewusst ist (und an die man sich erinnern kann): körperliche Merkmale, Kleidung, Schmuck, Tics, Mundgeruch, Sprachbesonderheiten, alles.

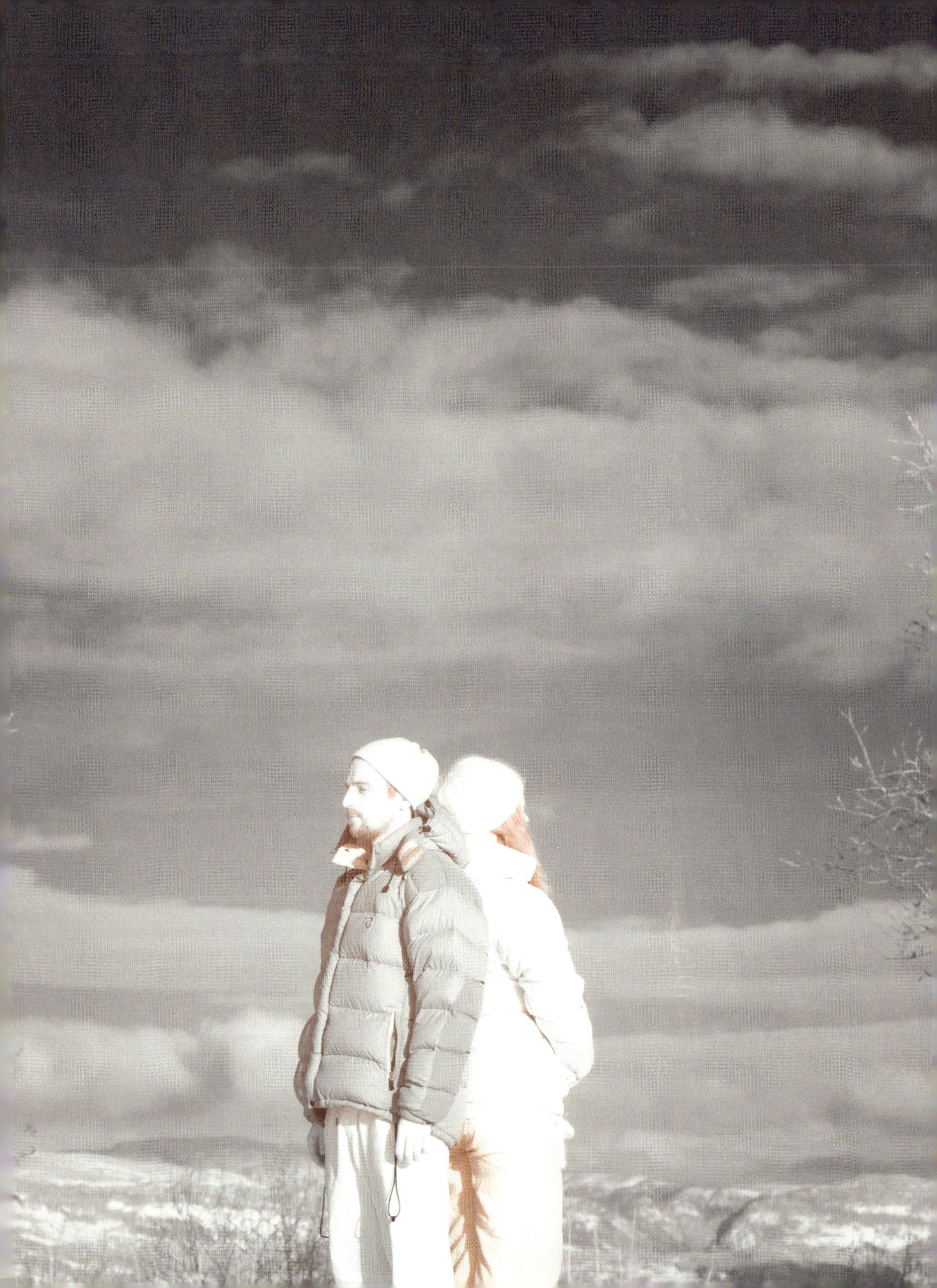

3.52 My Mother's Shoe

Win by making the other player laugh. Touching is not allowed, but everything else is—even undressing and farting in the other person's face, for instance. A complicated variation is played with no clothes on at all, with both players naked. In addition to not laughing, the other person now also has to avoid an erection or pert nipples. Players in danger of laughing or of any kind of stiffening can avert the problem by thinking of their mother's shoe and trying to picture every last detail of it.

Photography: Elsa Höller Millán, 2022

Der Schuh meiner Mutter

Den anderen Spieler zum Lachen bringen, dann hat man gewonnen. Berühren nicht erlaubt, aber sonst alles, selbst sich ausziehen und dem anderen ins Gesicht pupsen beispielsweise. Eine komplizierte Variante wird ganz nackt gespielt, also beide Spieler nackt. Hier darf der eine Spieler nicht nur nicht lachen, er darf auch keine Erektion bekommen, beziehungsweise ihre Brustwarzen dürfen sich nicht versteifen. Dem zum Lachen oder Versteifen angeregten Spieler ist geholfen, wenn er an den Schuh seiner Mutter denkt und ihn sich in allen Einzelheiten vorzustellen versucht.

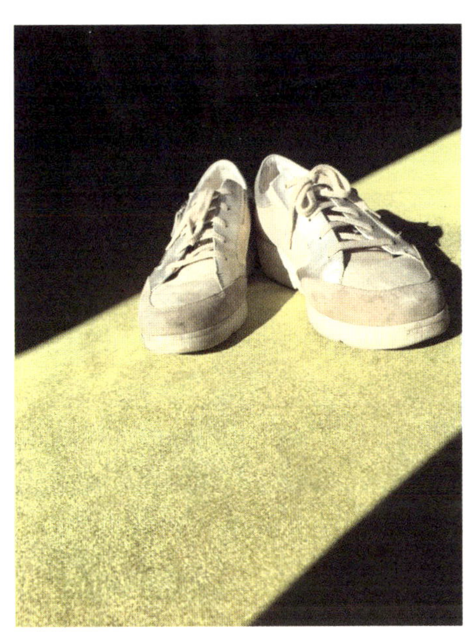

3.53 Shadow Sex

Without touching each other make your shadows interact in sexual positions.

Photography: Marianne Marić, 2022

Schattensex

Ohne sich zu berühren, die beiden Schatten in sexuellen Stellungen interagieren lassen.

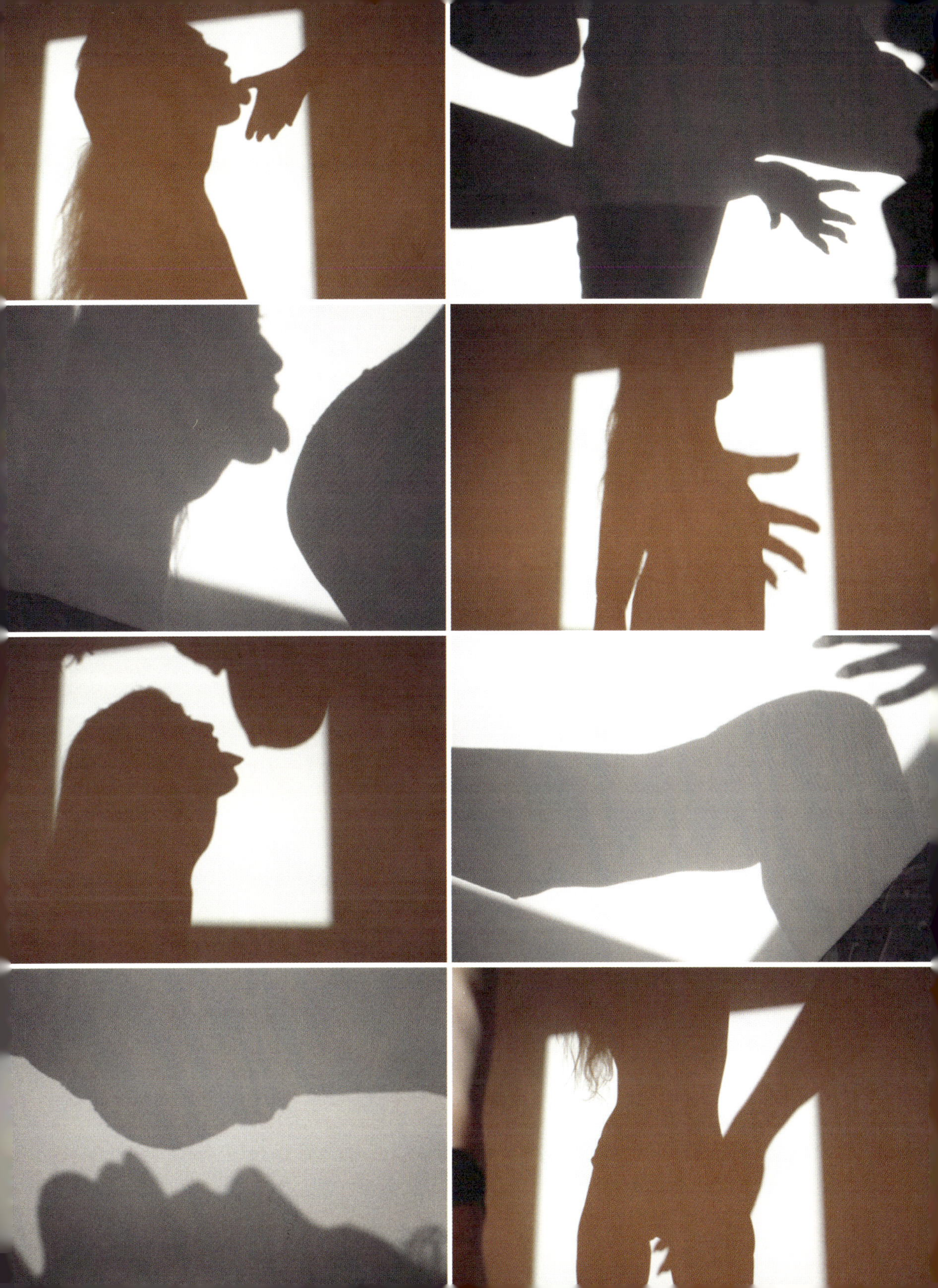

3.54 ~~At the Doofuses~~

~~Of all the games in this book, this is the one that was suggested most often by other people. It goes like this: Reveal three things about yourself, only two of which are true. A discussion ensues. But it's pretty pointless, maybe best suited as a get-to-know-you game for doofuses, unless it's played in the same way as the next game.~~

Joseph Kosuth, *Zero & Not: Coupure 90*,
wallpaper installation, 1986
Photography: Attilio Maranzano

~~Bei den Doofies~~

~~Dieses Spiel wurde mir von allen Spielen in diesem Buch am öftesten von außen angetragen. Es geht so: Man erzählt drei Sachen über sich, von denen zwei wahr sind und eine nicht. Das wird dann diskutiert. Ist aber ziemlich witzlos und vielleicht höchstens als Kennenlernspiel für die Doofies geeignet, wenn es nicht wie im nächsten Spiel gespielt wird.~~

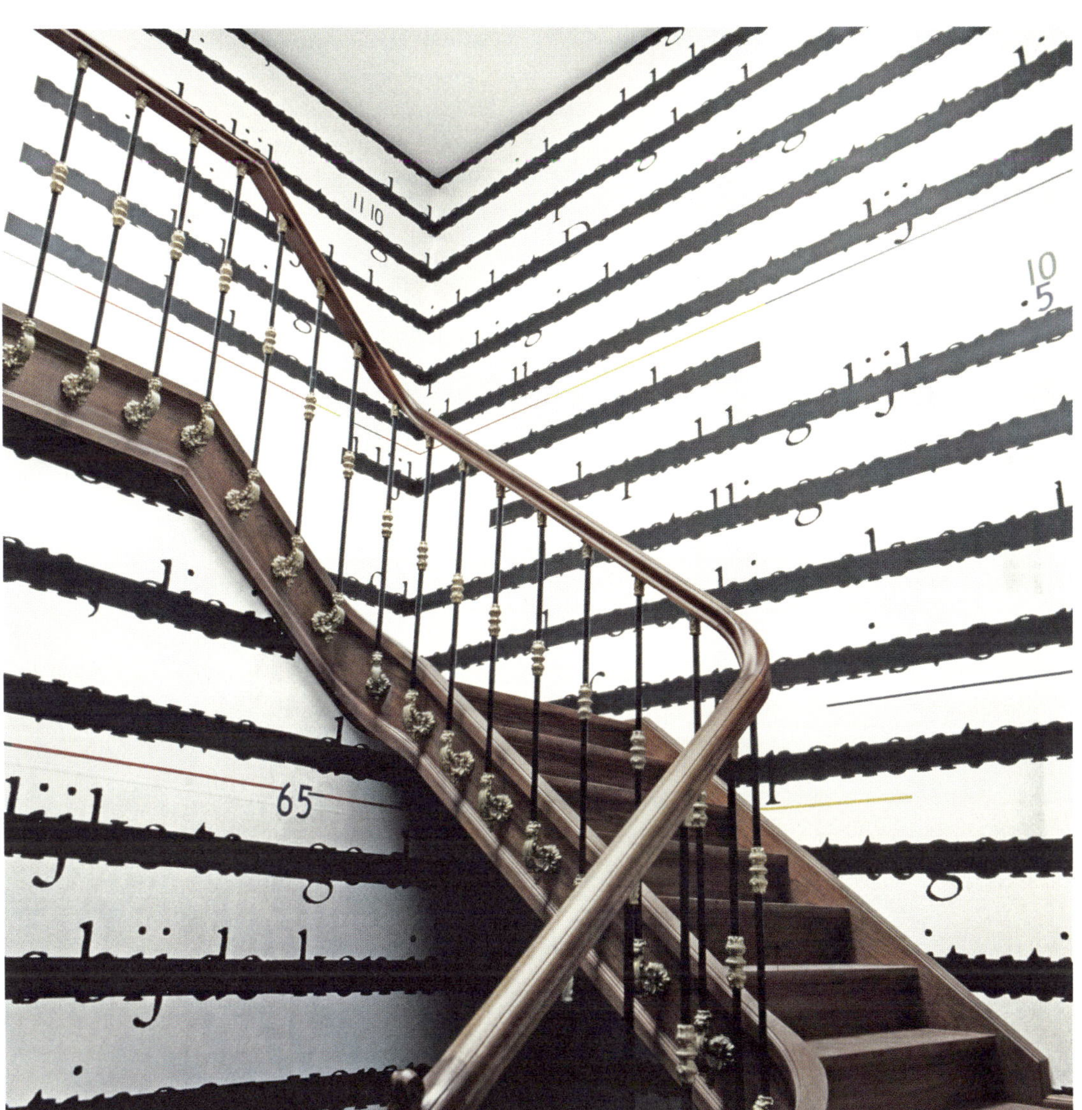
11 10
10
5
65

3.55 Chez the Belgians

Describe the absolute worst, absolute most embarrassing, absolute most humiliating thing that you have ever been through. Three stories in a row, two true and one not.

Photography: Carsten Höller, *Neerijse*, ca. 1979

Bei den Belgiern

Das Allerschlimmste, Allerpeinlichste, Allererniedrigendste über sich erzählen, das man jemals mitgemacht hat. Drei Geschichten hintereinander, zwei davon wahr und eine nicht.

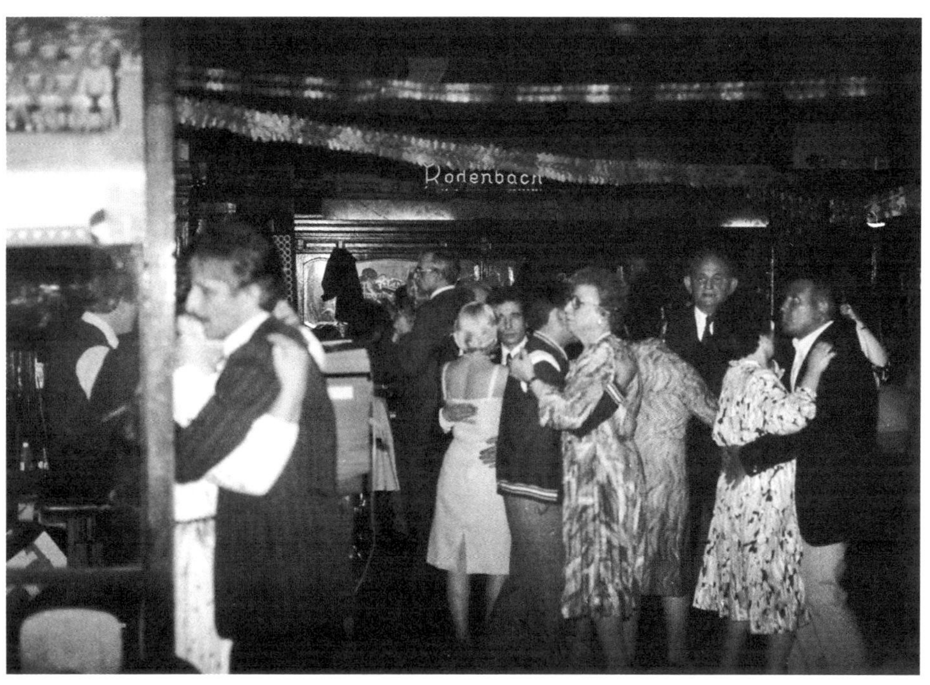
Rodenbach

3.56 Multiple-Couple Experiment

Discuss the hypothesis that relationships between individual couples have a primordial, deeply traumatic basis—namely the sense of one's own inadequacy and hence the need for continual affirmation through the "love" received from one's partner. However, if a player has accepted her own inadequacy in all its tentacular ramifications—that is, if she has just accepted it without overcoming or even understanding it—then that basis no longer applies, and a monogamous relationship is no longer needed to overcome the related difficulties. An "open relationship" also seems questionable in this context, as does the "duplicitous" relationship (affairs permitted) because it still requires a distinct, primary partner. The alternative scenarios of the Don Juan model, the hermit's life, or the "sailor with a girl in every port" are by no means the only ones, and, as contrasts the conventional model, are just as unviable as the latter.

So, a multiple-couple relationship is advocated (not unlike the way friendship works); in the modern parlance this type of relationship is generally fuzzily described as "polyamorous" (in Multiple-Couple Experiment, any other relationships are not necessarily disclosed, as is the usual practice in polyamorous circles). In suitably refined

Carl Johan de Geer, *Long Live the Large Family*, Dashwood Books, 2010

Versuch über die multiple Paarbeziehung

Es wird die Hypothese erörtert, dass der Paarbeziehung ein ursprünglicher und grundsätzlich traumatischer Sinnzusammenhang zugrunde liegt, nämlich die Angst vor der eigenen Unzulänglichkeit und somit die Notwendigkeit einer fortwährenden Bestätigung durch die sogenannte „Liebe" des anderen. Hat die Spielerin die eigene Unzulänglichkeit in all ihren tentakulösen Verästelungen hingenommen, also nicht bewältigt oder gar verstanden, sondern einfach nur hingenommen, entfällt dieser Sinnzusammenhang, und es bedarf keiner Einzelpaarbeziehung mehr, um über die damit verbundenen Schwierigkeiten hinwegzukommen. Auch die „offene Beziehung" erscheint in diesem Zusammenhang fragwürdig, genauso wie die „trügerische", also die mit Seitensprüngen verbundene, weil sie weiterhin die Notwendigkeit eines bestimmten Hauptpartners beinhaltet. Das Don-Juan-Modell oder das Eremitentum oder das „Der Segler hat in jedem Hafen eine andere Braut" sind keineswegs die einzigen Alternativszenarien, und sie erscheinen in ihrer Gegensätzlichkeit zum herkömmlichen Modell ebenso falsch wie dieses.

Daher wird die multiple Paarbeziehung propagiert, so ähnlich wie sie auch in der Freundschaft gepflegt wird, was neusprachlich gemeinhin unter den schwammigen Begriff „polyamourös" fällt. Bei diesem Spiel werden allerdings als einzige Regel die anderen Beziehungen

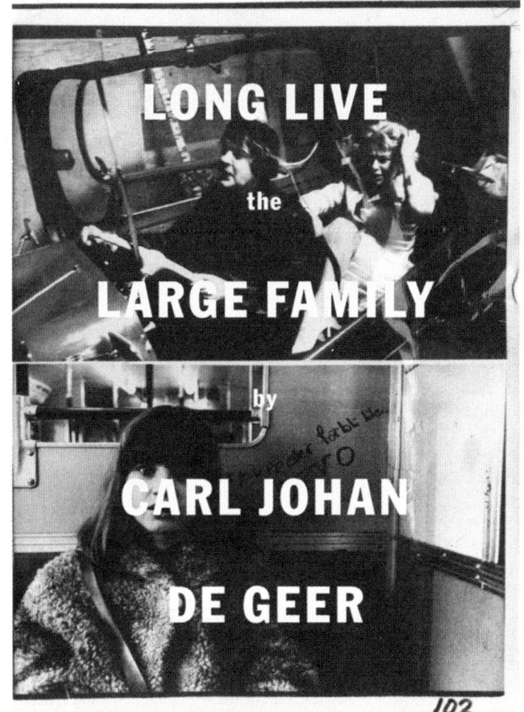
LONG LIVE
the
LARGE FAMILY
by
CARL JOHAN
DE GEER
102

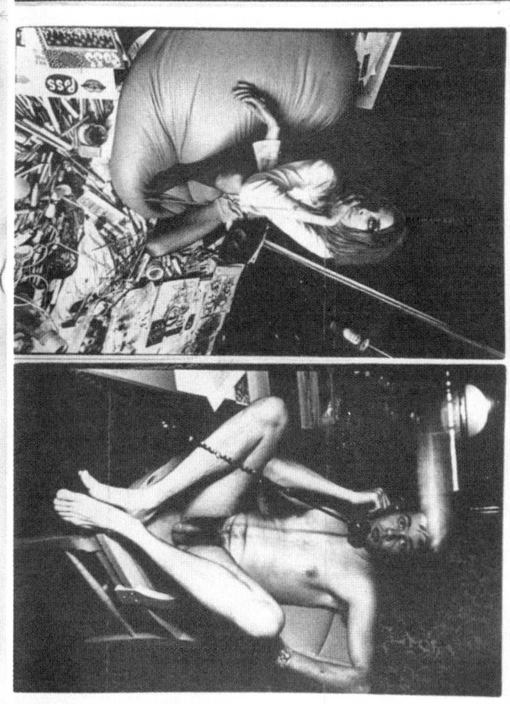

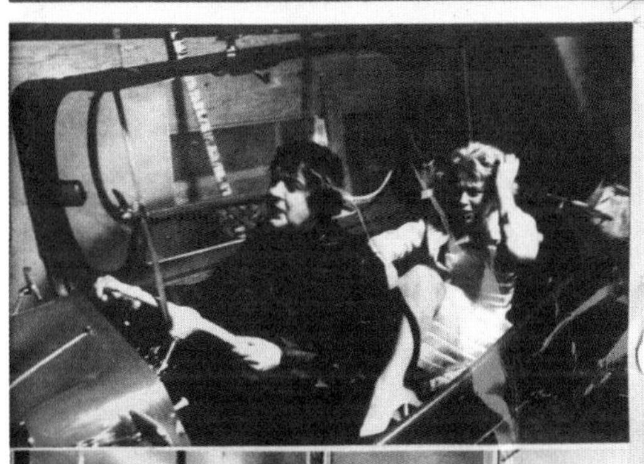

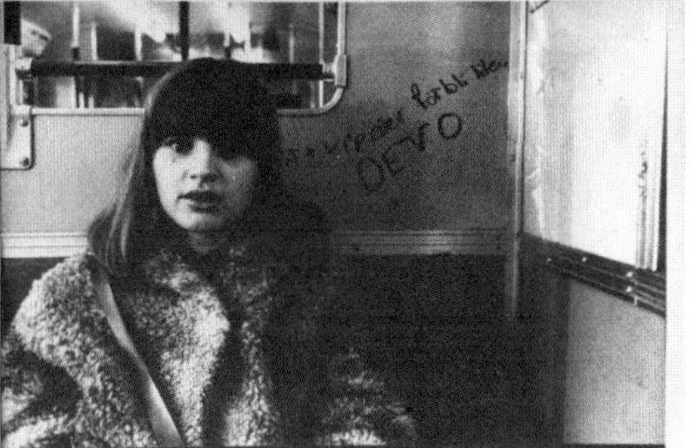
102

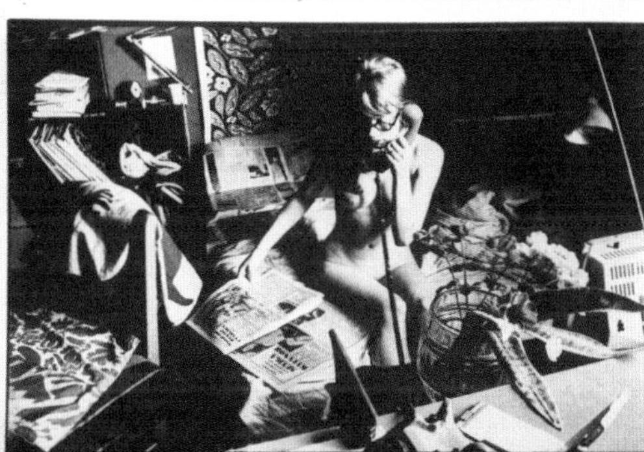

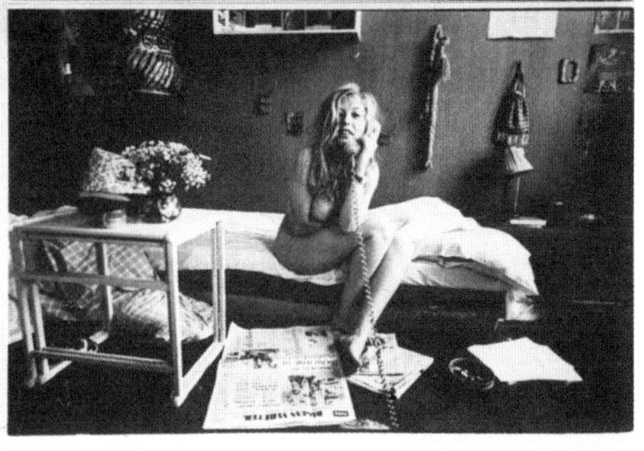

societies, multiple-couple relationships—often separated by geography—are the rule. Because of their multilateral nature, as we will see, these relationships will be more lasting than traditional arrangements; this will thereby remove the wind from the sails of the last argument for monogamous relationships—namely, growing old together, once and for all. Multiple-Couple Experiment is a life game that is played until death steps in.

nicht bekannt gegeben, es darf nicht danach gefragt oder darüber gesprochen werden (in polyamourösen Kreisen ist dies meist der Fall). In einer dementsprechend geläuterten Gesellschaft kommen daher mehrere Paarbeziehungen, oftmals geografisch getrennt, gleichzeitig vor, die aufgrund ihrer multilateralen Beschaffenheit, so wird es sich zeigen, eine längere Haltbarkeit aufweisen als die herkömmlichen Übereinkommenschaften und somit auch dem letzten Argument für die Einzelpaarbeziehung, nämlich dem gemeinsamen Altwerden, ein für alle Mal den Wind aus den Segeln nimmt.

Die Spielerin und der Spieler setzen sich ihren idealen Partner, so wie es ihn im richtigen Leben nicht gibt, aus körperlichen und verhaltensrelevanten Versatzstücken ihrer diversen Beziehungspartner im Kopf zusammen. Oftmals währen diese Simultanbeziehungen sehr lange, weil sie sich nicht in den Mühen der Zweisamkeit erschöpfen. Versuch über die multiple Paarbeziehung ist somit ein Lebensspiel, das bis zum Tode gespielt wird.

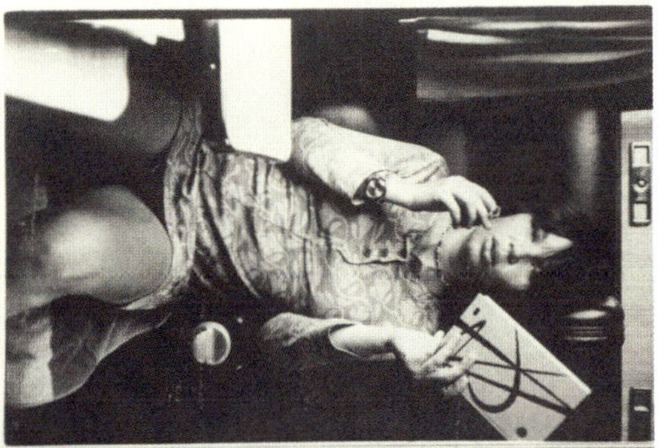

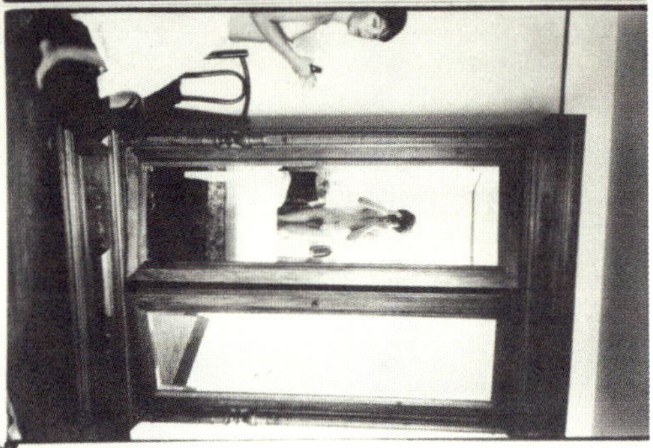

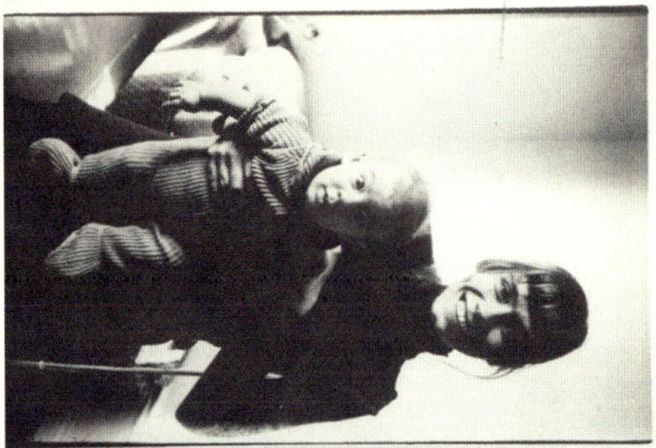

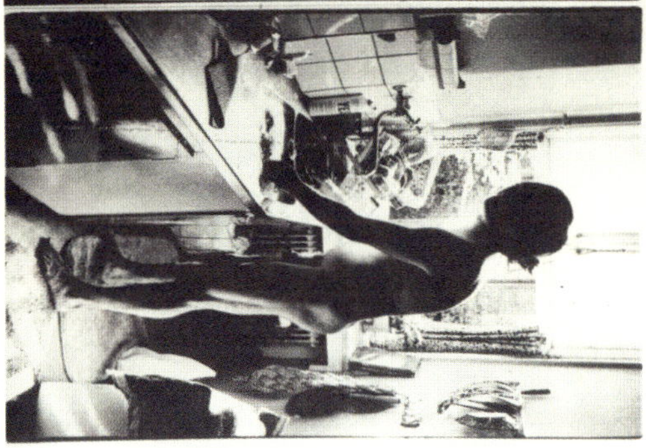

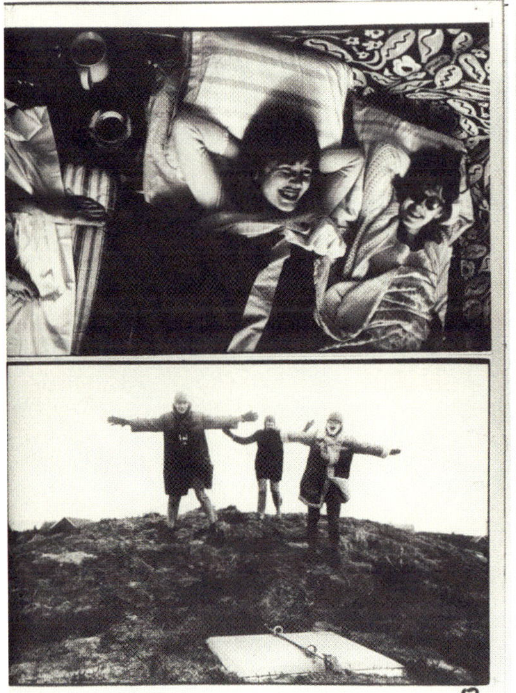

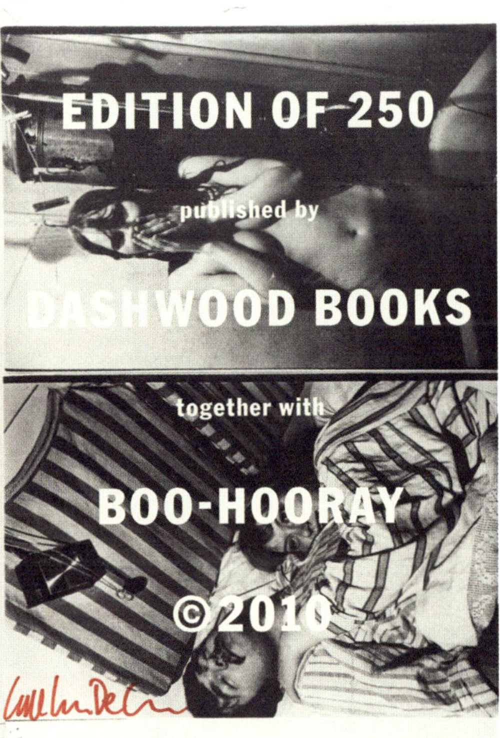
EDITION OF 250
published by
DASHWOOD BOOKS
together with
BOO-HOORAY
©2010

3.57 Stinging Nettle

Take hold of some part of the other player's body with both hands and twist it in opposite directions until a nettle-like stinging sensation ensues—the mistreated player has to stoically avoid grimacing as long as they can. Depending on the stoic player's physique, this game can be played on the forearm, lower leg, waist, breast, penis, hand, foot, neck, or ears. In the last variant the ears are twisted in opposite directions.

Photographs: Cajsa von Zeipel, 2022

Brennnessel

Einen Körperteil des anderen Spielers mit beiden Händen umgreifen und in gegensätzliche Richtungen verdrehen, bis ein brennnesselartiges Stechen einsetzt – der malträtierte Spieler soll dabei stoisch keine Miene verziehen, so lange wie möglich. Kann je nach körperlicher Beschaffenheit des Stoikers an Unterarm, Unterschenkel, Taille, Busen, Penis, Hand, Fuß, Hals oder den Ohren gespielt werden. Bei der letztgenannten Variante die beiden Ohren gegeneinander verdrehen.

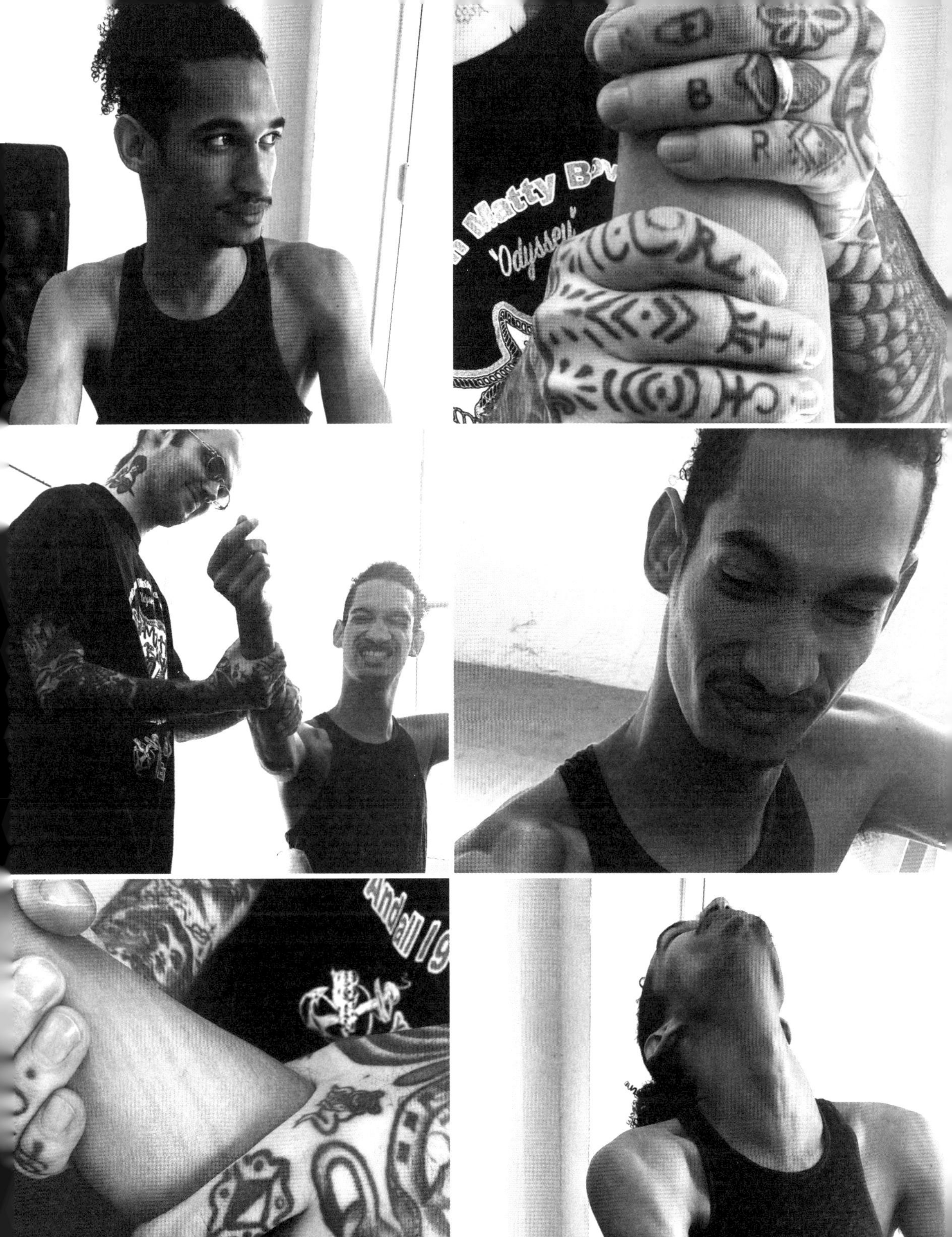

3.58 Kick-Finger-Fencing

Extend one arm and index finger and start to fence with each other. Keep your other hand on your waist. One foot points forward, while that same side of your body is turned toward your opponent (minimizing your own vulnerability); the other foot is perpendicular to your body (increasing your stability). "Wag" your front foot (taking your weight on your heel) to distract the other player. Fencing forward and kicking backward are both allowed.

Photography: Pierre Björk, 2022

Fußtrittfingerfechten

Mit ausgestrecktem Arm und Zeigefinger fechten, die andere Hand in die Taille gestemmt. Einen Fuß vorgestellt, dabei die entsprechende Körperseite dem Gegner zugewandt (um die eigene Angriffsfläche zu minimieren), den anderen Fuß im rechten Winkel gestellt (um die Standfähigkeit zu erhöhen). Mit dem vorgestellten Fuß gleichzeitig wedeln (dabei nur die Ferse belasten), um die Aufmerksamkeit des anderen Spielers abzulenken. Es können sowohl vorderseitig Fechtstiche als auch rückseitig Fußtritte ausgeteilt werden.

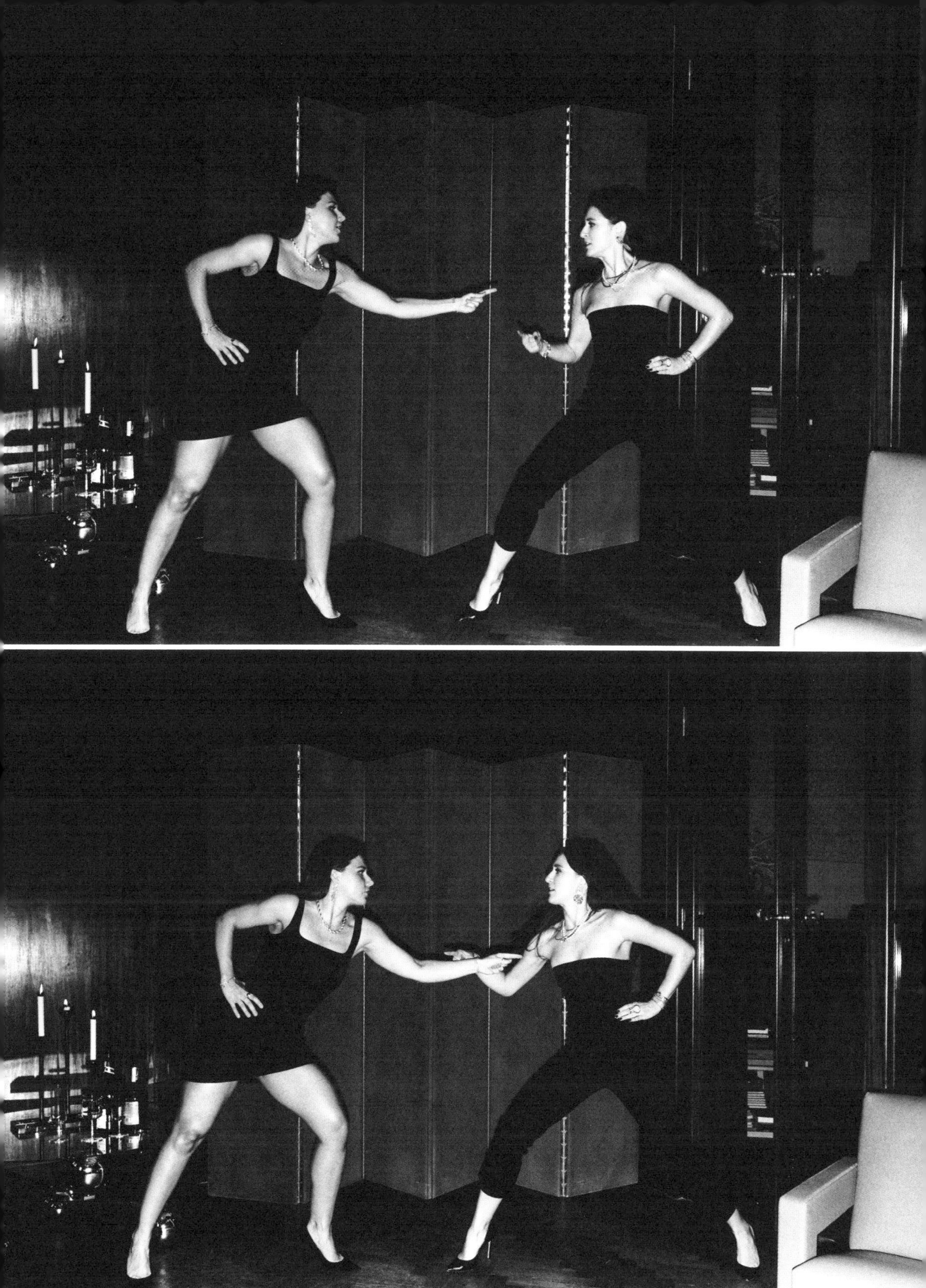

3.59 Deep-Sea Love Death

Both hold your breath and completely block your nose with your fingers while firmly pressing your lips on the other player's lips at the same time, to use up every last drop of oxygen as you breathe into each other. This can be done underwater or not.

Photography: Miriam Simun, *Breathe*, 2022

Tiefseeliebestod

Luft anhalten, Nasen mit Fingern dicht verschließen und Lippen gegenseitig fest aufeinanderdrücken, auf dass der letzte Sauerstoff beim gegenseitigen Beatmen gemeinsam verbraucht wird. Unter Wasser oder auch nicht.

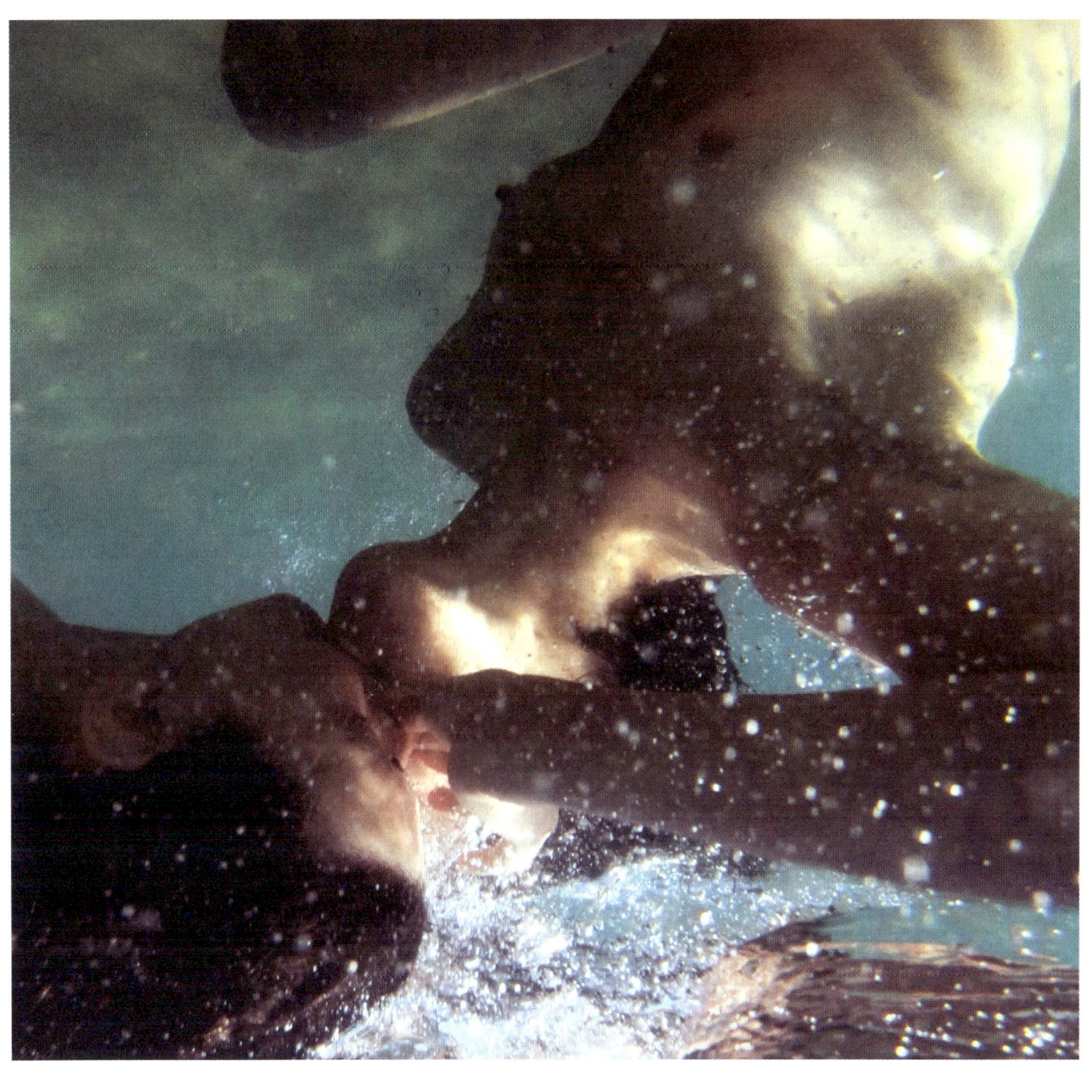

3.60 Olfacto-Tinder

Stand in a busy place with your eyes closed, and when you detect a pleasing, tantalizing odor, seek out the source. Observe and possibly talk to them, so you can come to a judgment about them. Maximum concentration is necessary, because the lion's share of our olfactory assessment of our fellow human beings happens unbeknownst to us—for instance, after we have been greeted with a handshake, an embrace, or a kiss on the cheek.

As scientists confirmed in the 1980s, olfactory assessment crucially influences feelings of attraction or antipathy, with the latter often signaling incompatible immune systems and thus helping us avoid a potentially reproductive encounter.

Sissel Tolaas, *SMELL ON _ ON SMELL*, photography, 2020

Olfakto-Tinder

Sich mit geschlossenen Augen an einen bevölkerten Ort stellen und bei Wahrnehmung eines angenehmen, anregenden Geruchs den Verursacher ausfindig machen und beobachten sowie gegebenenfalls ansprechen, um sich ein Urteil über ihn oder sie zu bilden. Maximale Konzentration ist gefordert, weil der Löwenanteil der olfaktorischen Beurteilung der Mitmenschen unbewusst abläuft, beispielsweise nach einer Begrüßung durch Handschlag, Umarmung oder Wangenküsse.

Wie in den 1980er-Jahren wissenschaftlich erwiesen wurde, ist olfaktorische Beurteilung eng mit Sympathie-/Antipathiegefühlen verbunden, wobei antipathische Reaktionen häufig mit einer Inkompatibilität der jeweiligen Immunsysteme einhergehen und somit ein potenzielles reproduktives Zusammentreffen vermeiden helfen.

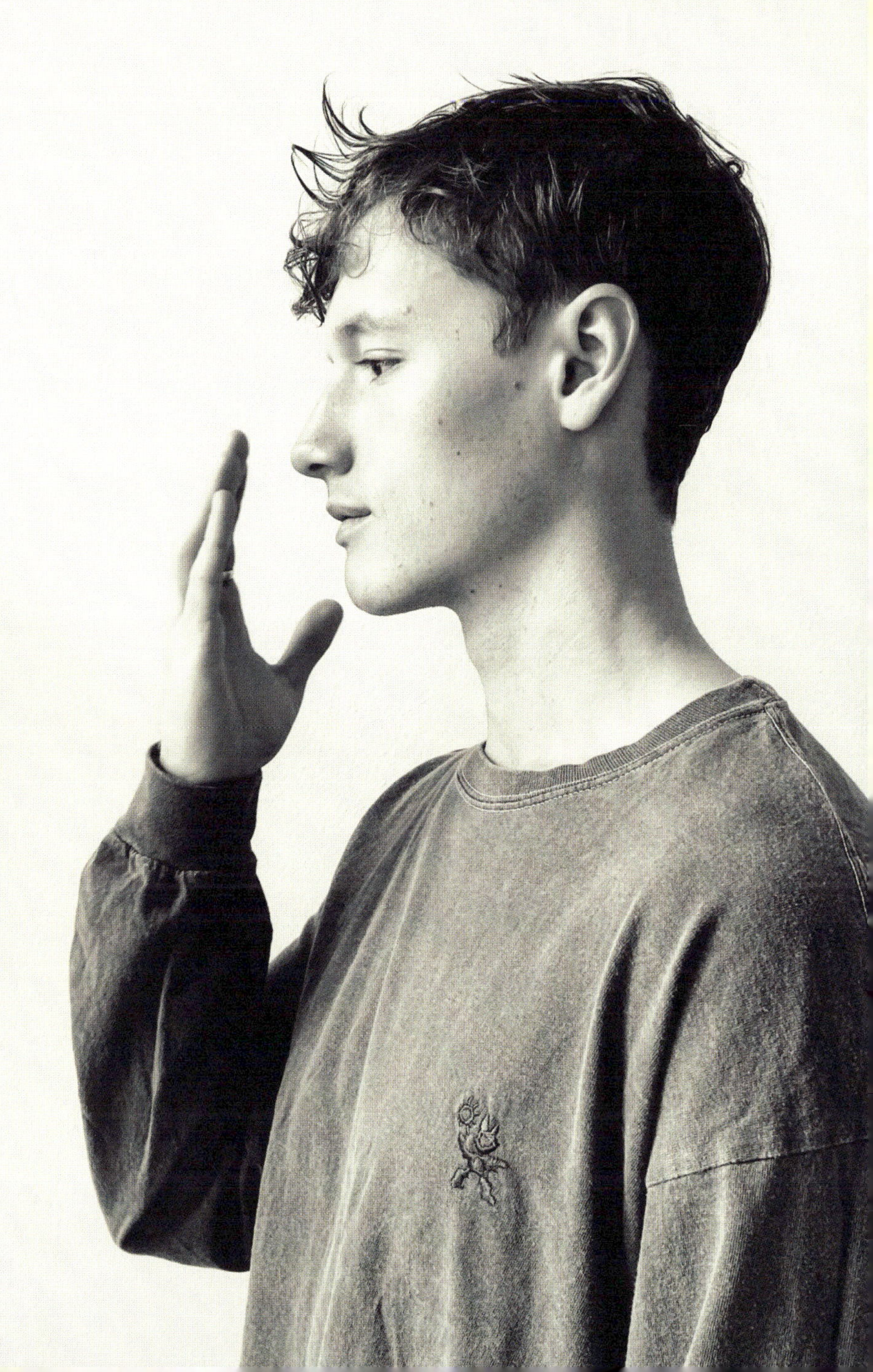

3.61 A Shared Promise

Both of you fulfill the promise to promise what you have promised, always.

Photography: Carl Van Vechten,
Portrait of Gertrude Stein, 1934

Geteiltes Versprechen

Das Versprechen zu versprechen,
was man versprochen hat, gemeinsam
ausüben, immer.

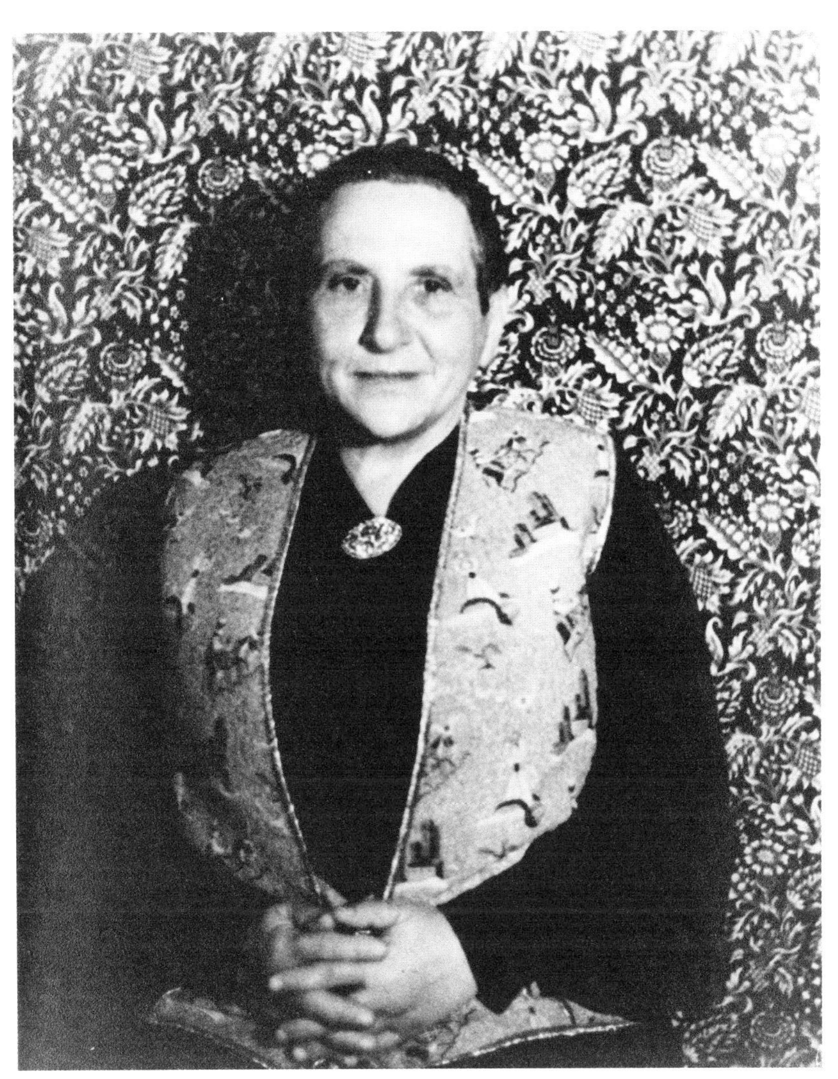

3.62 Fire!

One player shuts her eyes. The other player slowly runs his index finger along her bare forearm (her arm should be fully outstretched), moving upward from her wrist toward the crook of her elbow. She must shout "Fire!" when she thinks his finger has reached her elbow. She will often be wrong.

Photography: Roxy Farhat, 2022

Feuer!

Die Spielerin schließt die Augen. Der Spieler fährt mit dem Zeigefinger langsam über ihren nackten Unterarm (ihr Arm muss ganz ausgestreckt sein) vom Handgelenk aufwärts Richtung Innenseite des Ellbogens. Die Spielerin soll „Feuer!" schreien, wenn sie glaubt, dass der Finger auf dem Ellbogen angelangt ist. Oft liegt sie falsch.

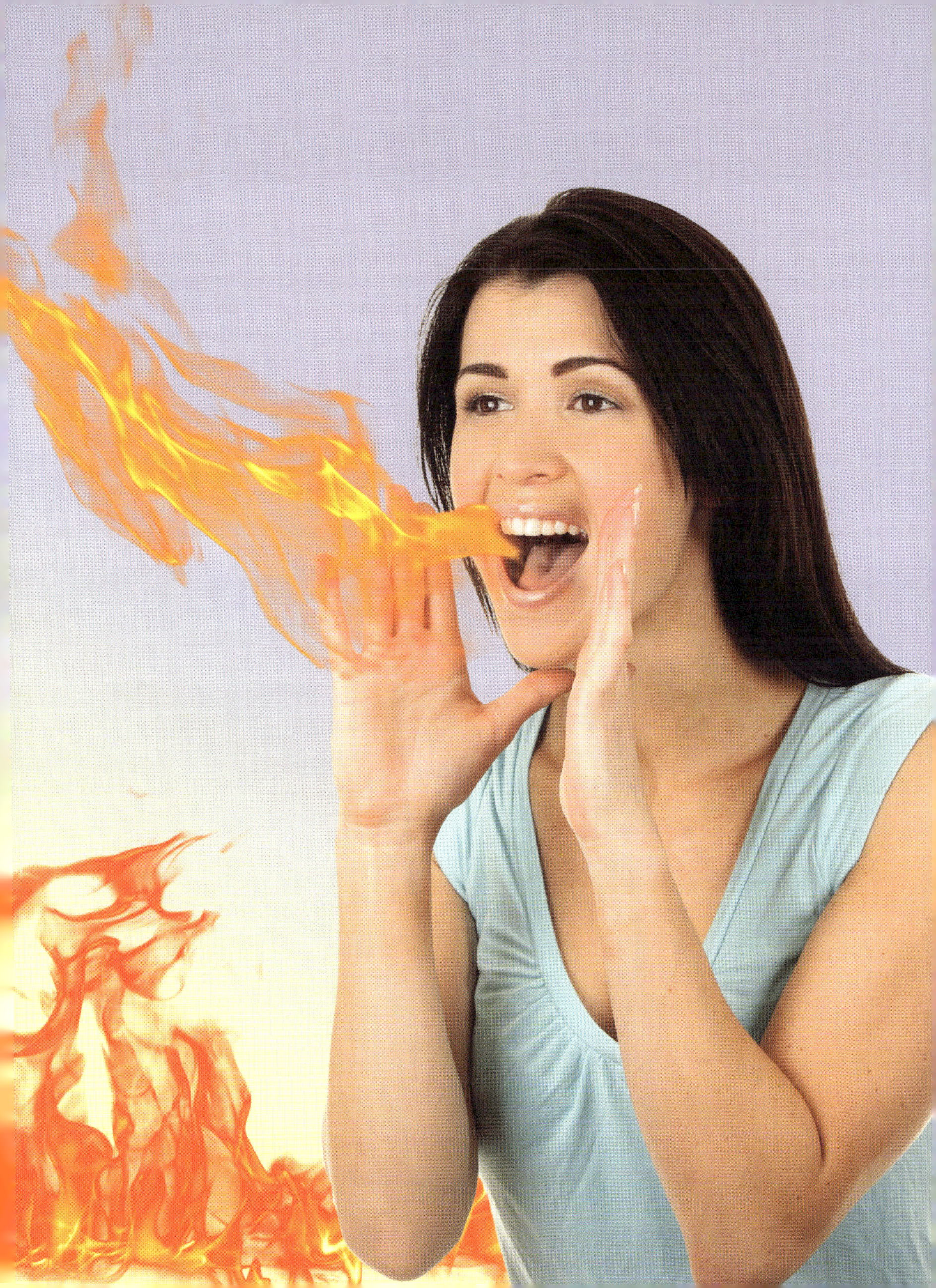

3.63 Losing Your Head

One player walks on all fours, limbs outstretched like an animal. The other player holds her head in both hands and starts gently swinging it from side to side. He then rapidly moves it in one direction without her knowing in advance which way it will go. She feels how her body involuntarily follows her head without her limbs coordinating with that movement. The somatics teacher Danguole Venslavice-Mykolaitiene describes this process as "precorporeal perception."

Photography: Jenna Sutela, 2022

Den Kopf verlieren

Die Spielerin geht auf allen ausgestreckten vieren in quadrupedale Tierstellung. Der Spieler hält dann ihren Kopf in beiden Händen und schwingt ihn zunächst sanft von Seite zu Seite. Ihr Kopf wird dann von ihm schnell in eine Richtung geführt, ohne dass sie vorher wüsste, in welche. Die Spielerin fühlt, wie ihr Körper, von ihr nicht willentlich gelenkt, dem Kopf folgt, ohne dass ihre Gliedmaßen dieser Bewegung koordiniert folgen. Die somatische Lehrerin Danguole Venslavice-Mykolaitiene beschreibt diese Übung als verkörperlichte Wahrnehmung.

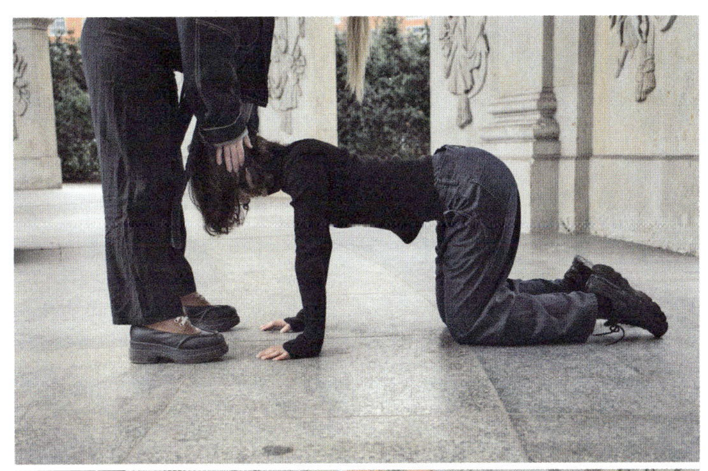

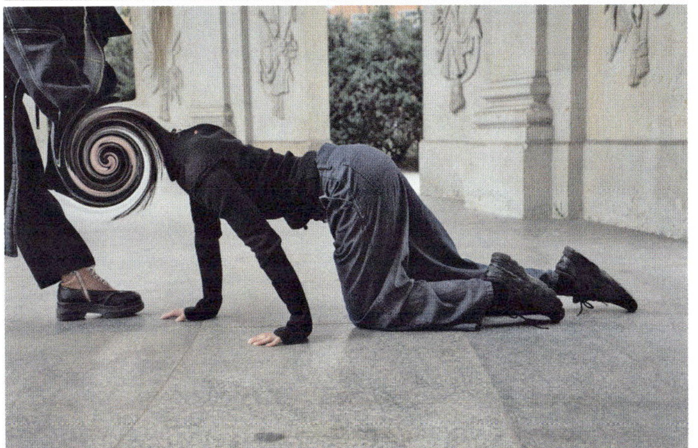

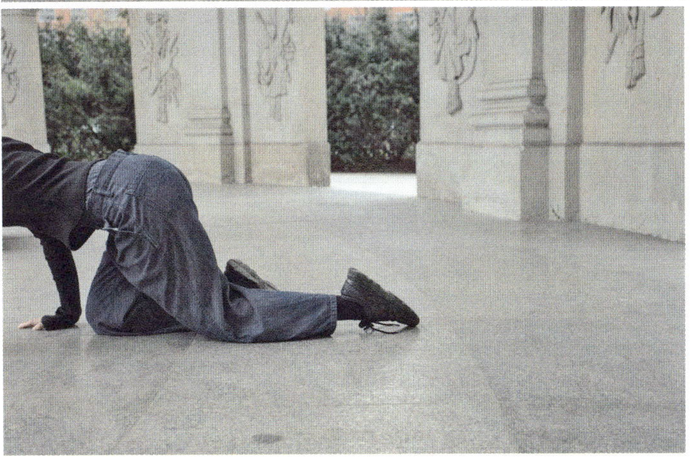

3.64 The Rubber Hand Illusion

In the famous Rubber Hand Illusion, an artificial hand, with a cloth over its base, is placed on a table in line with the subject's left shoulder. It lies next to her (real) right hand; her own left hand is not in view. If the left, hidden hand and the visible rubber hand are stroked in the same way, the subject feels as if the rubber hand were her own hand. If the person conducting the experiment now suddenly hits the rubber hand with a hard object or sticks something sharp into it, the subject will jump and cry out, thinking that her left hand has been hurt.

This illusion can also be created without props, if the rubber hand is replaced by the real hand of a second player. Then it is fun to play with different hands, with or without nail polish, hairy or not, etc., giving the impression that this is your own other hand. Experiments based on the Rubber Hand Illusion have shown that even a rough imitation of a hand is enough to create the illusion.

Photographer and year unknown

Die andere Hand

Bei der bekannten Gummihandillusion wird eine artifizielle Hand, deren Ende mit einem Tuch bedeckt wird, vor die linke Schulter der Probandin gelegt; die rechte (richtige) Hand liegt daneben, aber ihre linke Hand ist verdeckt. Werden nun die linke, unsichtbare Hand und die sichtbare Gummihand auf die gleiche Art gestreichelt, so empfindet die Probandin die Gummihand, als wäre es ihre eigene. Schlägt der Experimentator nun mit einem harten Gegenstand auf die Gummihand oder sticht er etwas Spitzes in sie hinein, so wird die Probandin erschrocken aufschreien, weil sie glaubt, ihre linke Hand wäre getroffen.

Die Illusion lässt sich auch ohne Hilfsmittel spielen, wenn die Gummihand, durch die echte Hand des zweiten Spielers ersetzt, verdeckt präsentiert werden kann. Es ist dann schön, mit unterschiedlichen Händen zu spielen, mit/ohne Nagellack, Behaarung usw., um der Probandin den Eindruck der „eigenen anderen" Hand zu vermitteln. Aus Gummihandillusions-Experimenten ist bekannt, dass eine grobe Nachahmung einer Hand reicht, um die Illusion herbeizuführen.

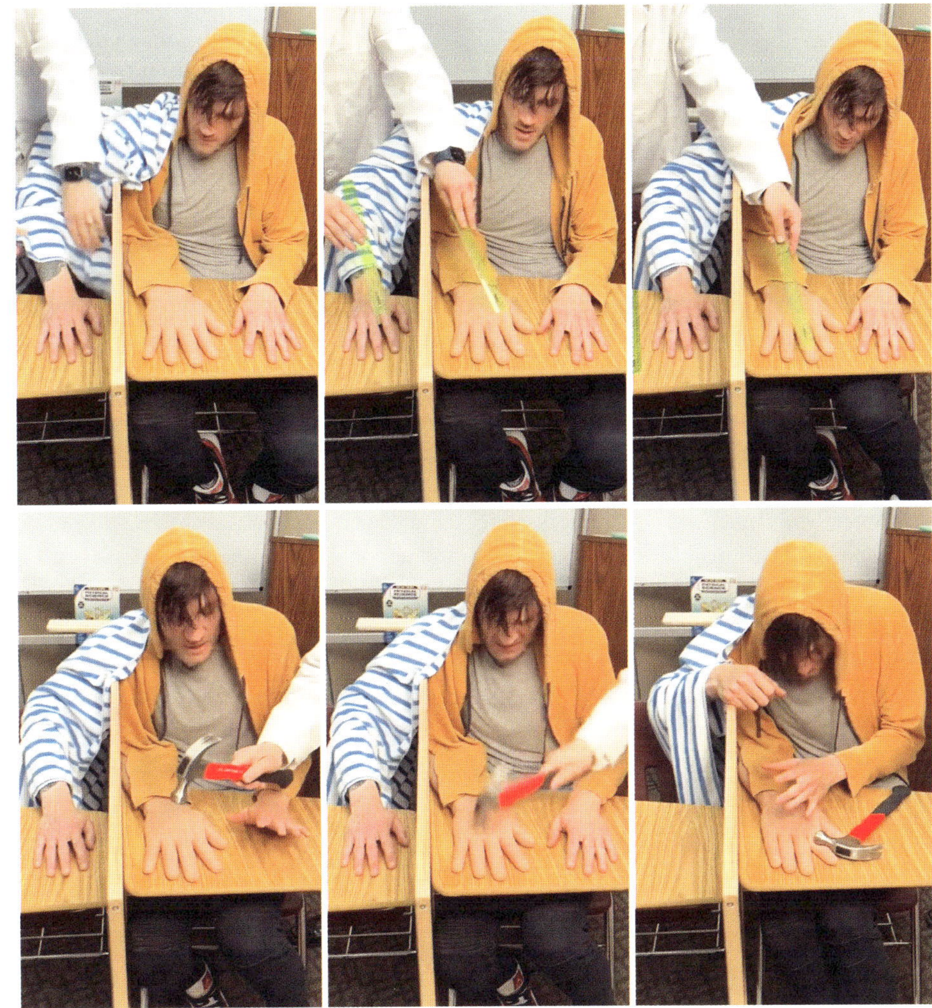

3.65 In Memoriam: Jean-Dominique Bauby

In 1995 Jean-Dominique Bauby, the sharp-witted editor of the French edition of *Elle* magazine, suffered a stroke. It left him in a coma from which he only awoke weeks later, almost completely paralyzed. He could only blink one eye and partially move his head. In the 15 months left to him, he wrote a book, *The Diving Bell and the Butterfly*. He did it by blinking with that one eyelid when he heard an assistant recite the required vowel or consonant, using an alphabet with letters ordered according to frequency. He thus spelled out the whole book, letter by letter, which naturally took some time.

In memory of Bauby, locked in his own body, two players use this technique to communicate with each other. The extreme slowing down of the dialogue should assign greater prominence to the things that really matter and that are essential to the relationship of the two players, thus paving the way for a deeper friendship.

Photography: Jeanloup Sieff, *Jean-Dominique Bauby*, 1996

In memoriam Jean-Dominique Bauby

Der Herausgeber der französischen Ausgabe des Magazins *Elle*, der scharfzüngige Jean-Dominique Bauby, erlitt 1995 einen Schlaganfall, worauf er in ein Koma fiel, aus dem er erst Wochen später wieder erwachte. Er war fast vollständig gelähmt. Er konnte nur noch ein Auge und einen Teil seines Kopfes bewegen. In den ihm verbleibenden 15 Monaten seines Lebens diktierte er ein Buch, *Schmetterling und Taucherglocke*, indem er mit dem einen noch beweglichen Augenlid blinkte, wenn er beim Vorlesen der nach Häufigkeit des Vorkommens in der französischen Sprache geordneten Buchstaben des Alphabets den richtigen Vokal oder Konsonant hörte – er buchstabierte so Wort für Wort, was naturgemäß seine Zeit dauerte.

Im Gedenken an den im eigenen Körper eingeschlossenen Bauby wird diese Technik zur sprachlichen Verständigung zwischen zwei Spielern eingesetzt. Die extreme Verlangsamung des Kommunikationsflusses soll der Förderung des wirklich Wichtigen, des Essenziellen im Verhältnis der beiden dienen, um so eine tiefere Freundschaft zu ermöglichen.

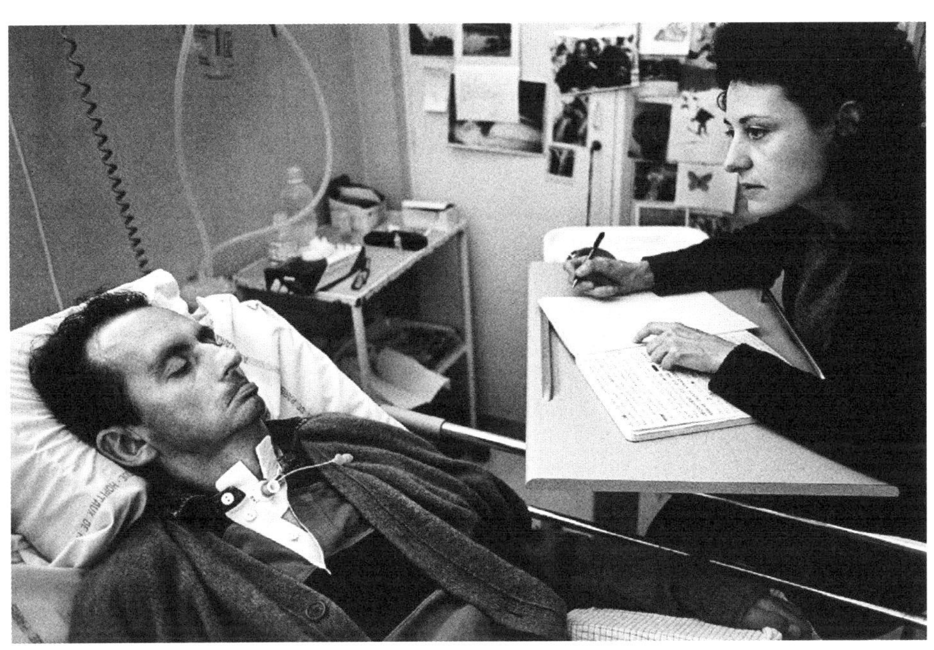

3.66 The Ideal Relationship

Try out new forms of interpersonal, non-sexual body contact. One or two players lie on the floor with their legs pointing straight up into the air. Another player, curved into a "C" shape with her arms crossed behind her head, "lies" on the upward-facing soles of their feet, not touching the floor for as long as possible.

Photography: Frida-My, 2022

Die ideale Beziehung

Es werden neue Formen des zwischenmenschlichen, nicht sexuellen Körperkontakts ausprobiert. Am Boden kann sich ein oder zwei Spieler mit kerzengerade nach oben vom liegenden Körper abgewinkelten Beinen befinden. Auf den nach oben weisenden Fußsohlen „liegt" die Spielerin, C-förmig gekrümmt, Arme hinter dem Kopf verschränkt, möglichst ohne den Boden zu berühren.

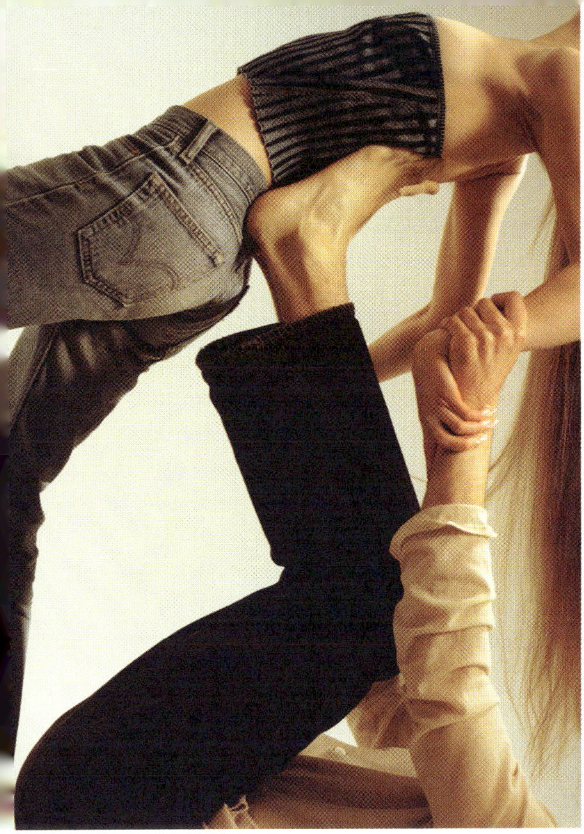

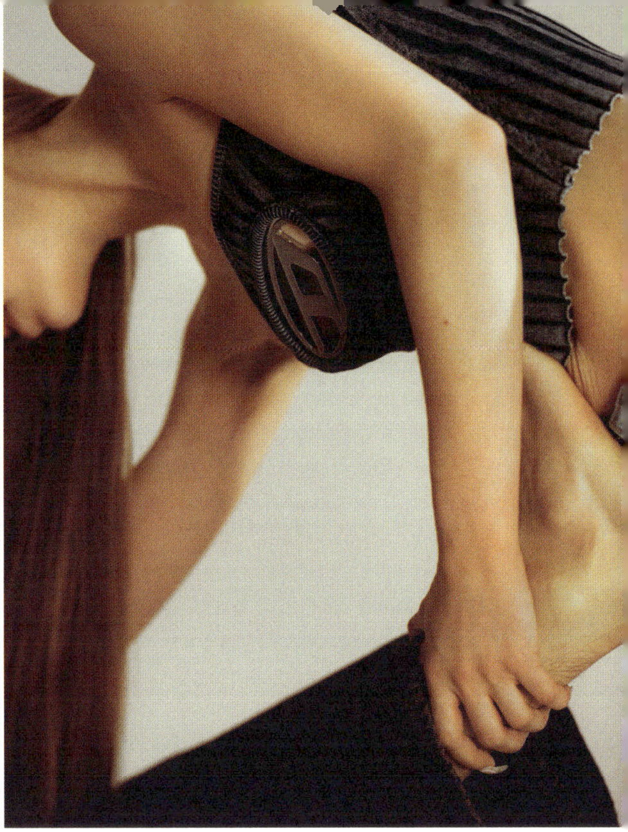

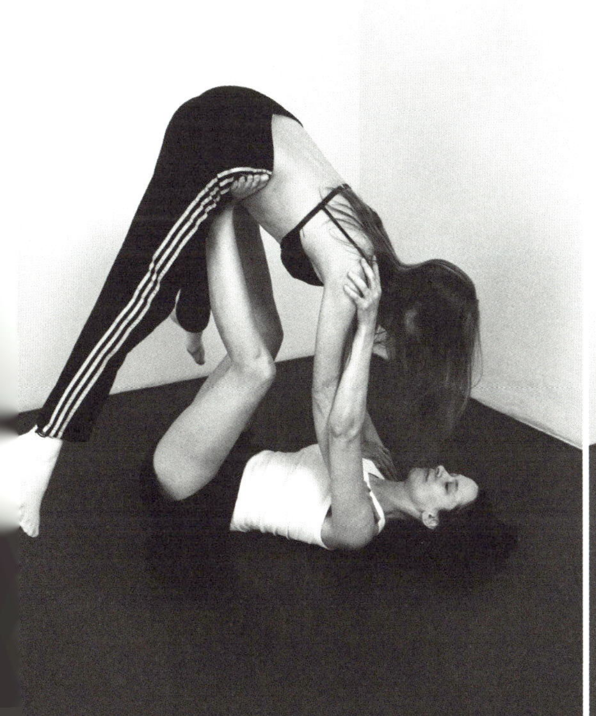

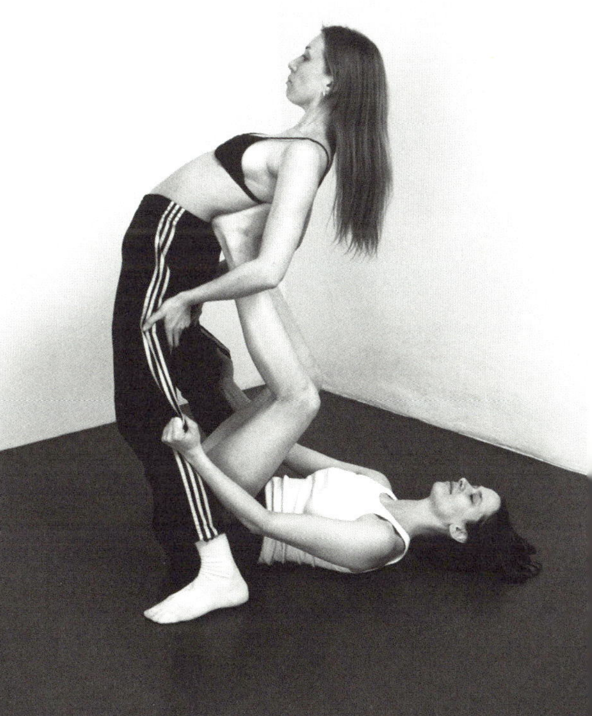

3.67 The Worldly Friend

Calamitous loneliness can be warded off by an agreement with a worldly friend who sprawls on the lonely one's sofa at certain times, stands looking out the window, or just sits somewhere. She could be reading a magazine or fiddling with her smartphone. The lonely one and the worldly friend don't exchange a single word. They also keep a certain distance from each other (at least two and a half yards). It's all about the lonely one feeling less lonely thanks to the presence of another person and the sense of togetherness that is now also a physical reality.

Chantal Akerman, *D'Est*, film still, 1993

Die weltliche Freundin

Gegen unheilvolle Einsamkeit hilft ein Arrangement mit der weltlichen Freundin, die zu bestimmten Zeiten bei der Einsamen auf dem Sofa fläzt, stehend aus dem Fenster schaut oder einfach irgendwo sitzt. Sie liest vielleicht in einer Illustrierten oder bearbeitet den Bildschirm ihres Telefons. Die Einsame und die weltliche Freundin sprechen kein Wort miteinander und halten auch räumlich Distanz zueinander (mindestens 2,5 m). Es geht nur darum, dass sich die Einsame durch die Präsenz einer anderen Person und die damit physisch gewordene Zweisamkeit weniger einsam fühlt.

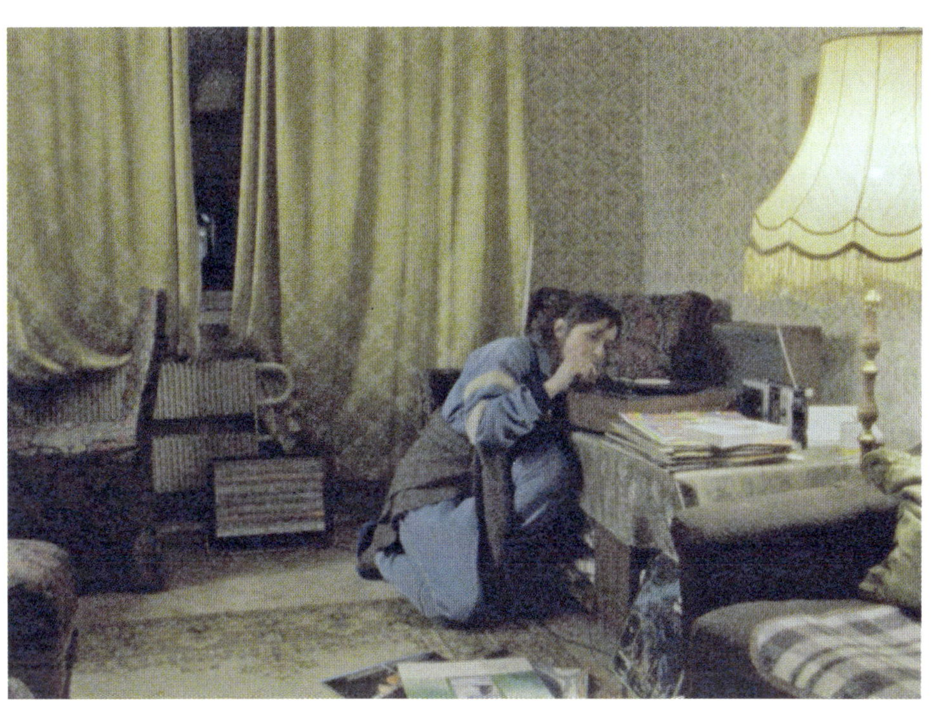

3.68 Arm Wrestling Made Easy

Unlike in classic arm wrestling, each person pushes as gently as possible—almost not at all. Especially suitable for players with different levels of strength. This can be played for general amusement or as a test of endurance—the first player to stop pressing gently is the loser.

Photography: Eduardo Navarro in collaboration with Sofía Jallinsky, 2022

Armdrücken leicht gemacht

Im Gegensatz zum klassischen Armdrücken (Armwrestling) wird so schwach wie möglich gedrückt, an der Grenze zum Nichts. Eignet sich besonders für Spieler mit unterschiedlichen Kräften. Kann zur allgemeinen Kurzweil gespielt werden oder auch als Ausdauerspiel – wer zuerst aufhört, leicht zu drücken, hat verloren.

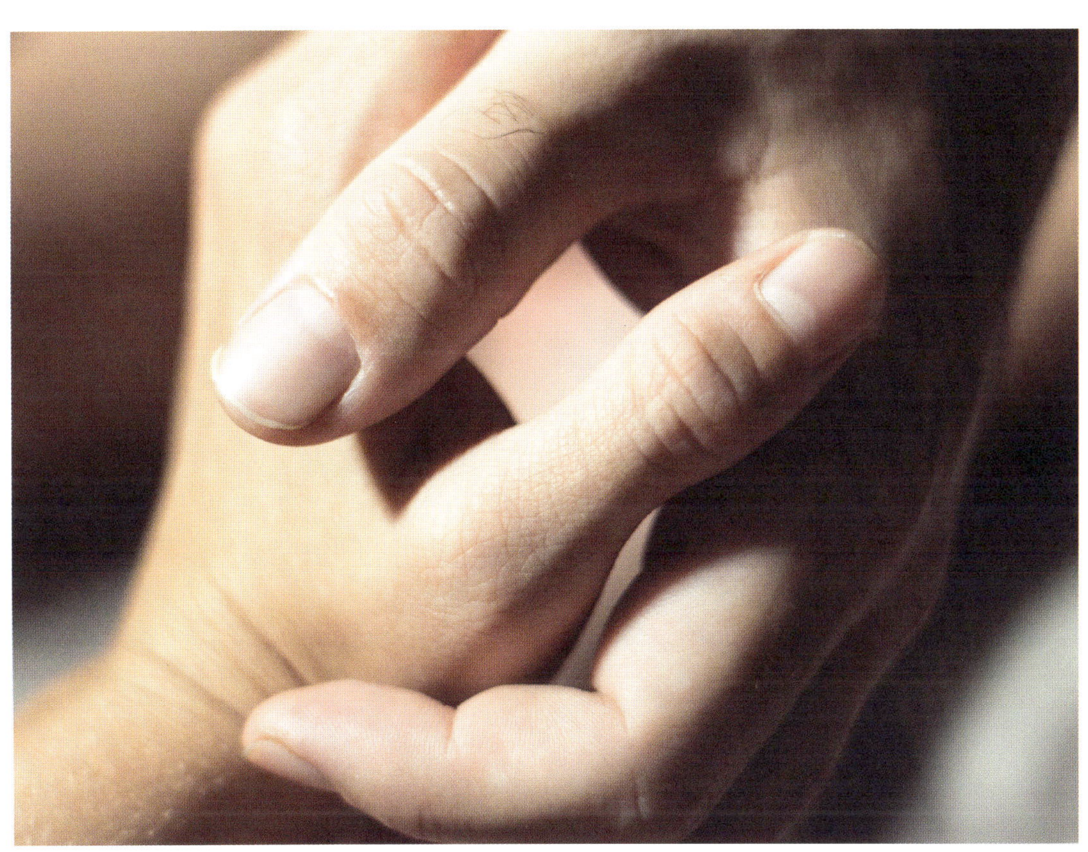

3.69 Comparing Heights

If two players cannot agree who is the tallest, there is no need for them to take off their shoes and stand back to back to compare heights. All they have to do is stretch out their arms and fingers to either side as far as they can and make the comparison this way, face to face. In human beings arm-span measurement equates to height.

Photography: Benita Marcussen and Anne Dorthe Vester, 2022

Größenvergleich

Sind sich die beiden Spieler uneins darüber, wer größer ist, so müssen sie nicht ihre Schuhe ausziehen und sich zum Vergleich Rücken an Rücken stellen. Es reicht, wenn sie ihre Arme und Finger maximal ausstrecken und sich so Angesicht zu Angesicht vergleichen. Die Distanz zwischen den Fingerspitzen entspricht genau der Körpergröße.

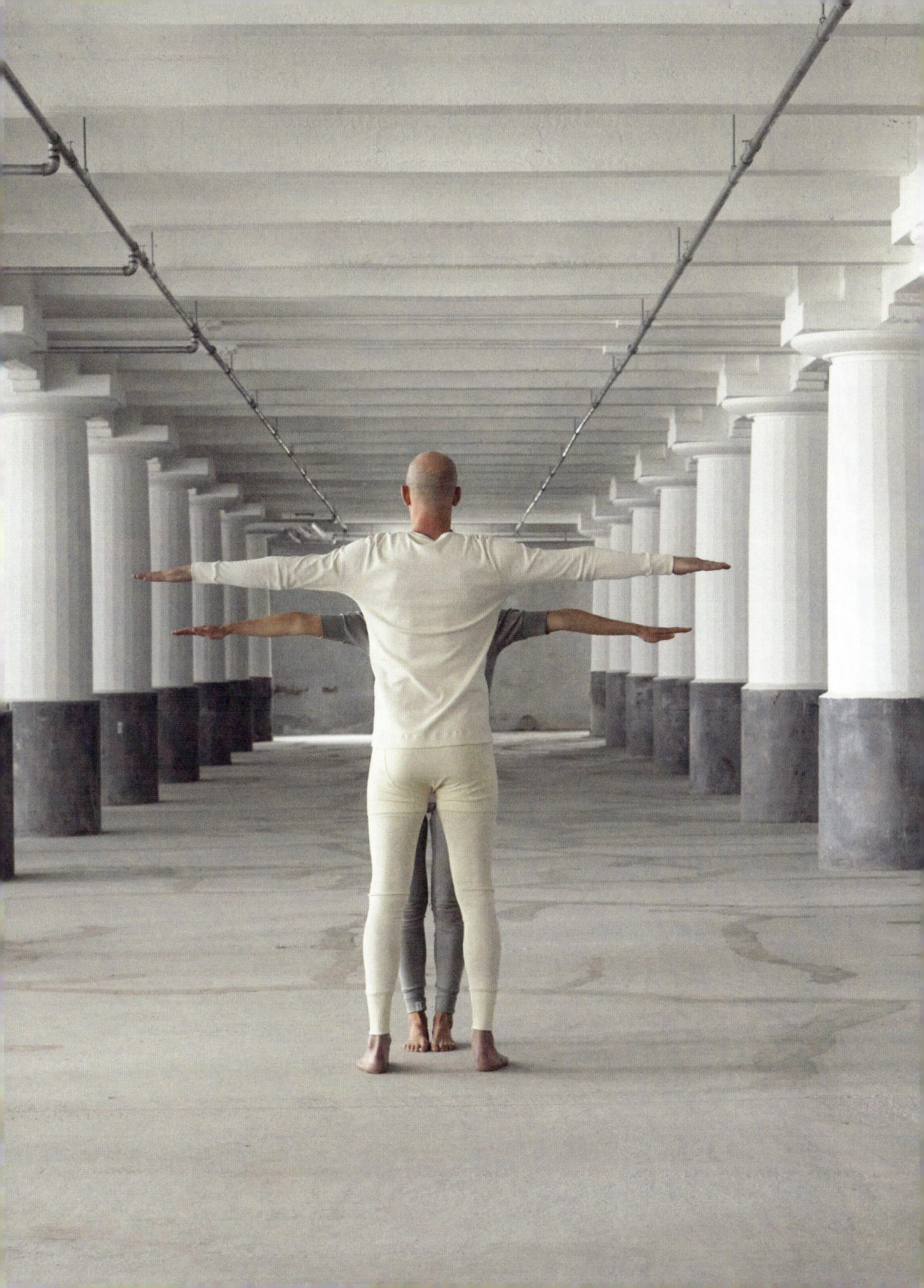

3.70 Turkish Greeting

Greet each other elaborately and at length, with various ways of laying hands on each other and taking the other into their arms.

Liz Hopkins, *Istanbul*, video stills, 2021

Türkenhallo

Sich lange und umständlich mit verschiedenen Formen des Handauflegens und des Sich-in-den-Arm-Nehmens begrüßen.

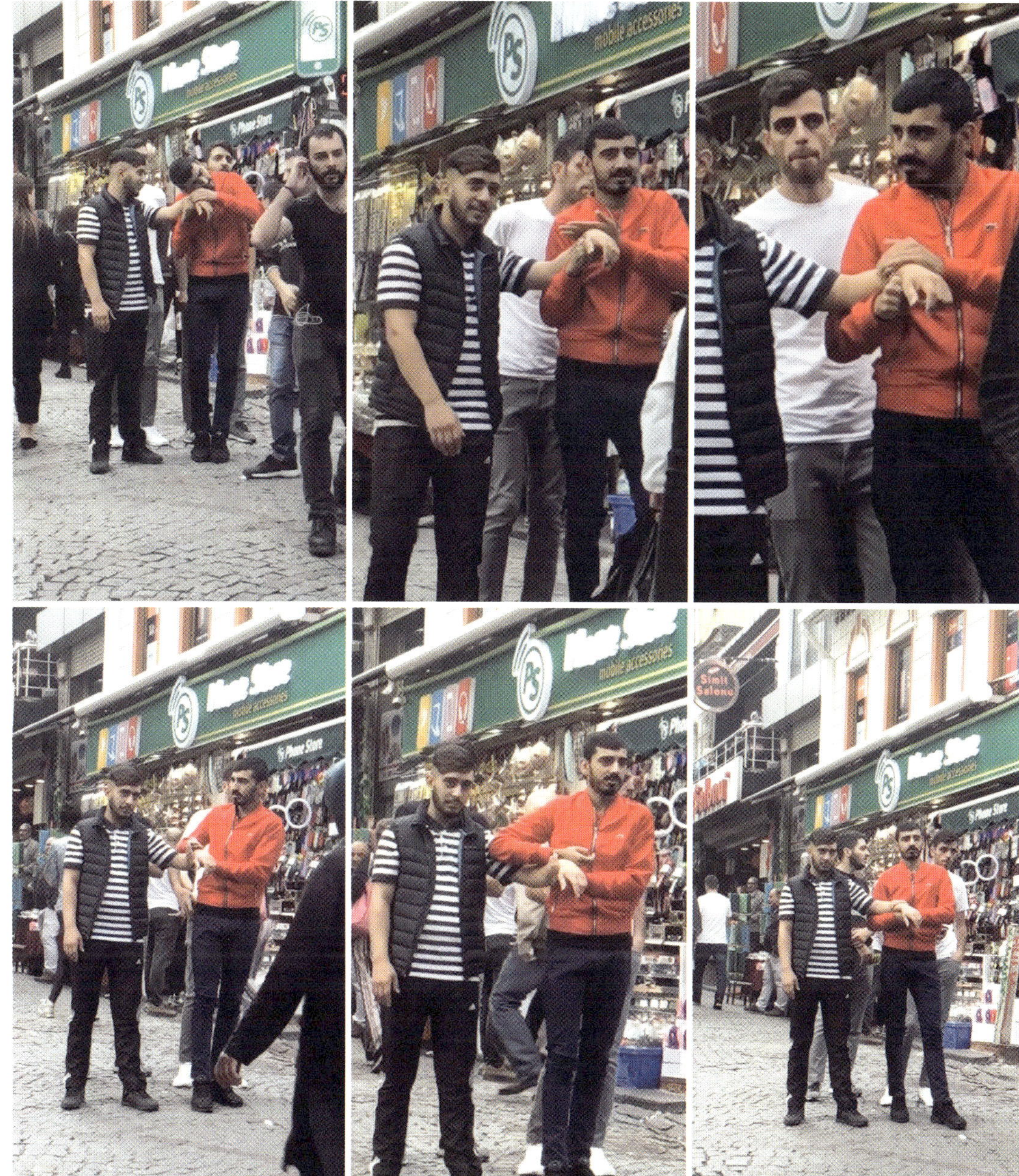
PS
mobile accessories
Phone Store
Simit Salonu

3.71 Ghanaian Greeting

When you release from a handshake or a high five, make a loud snap with your own and the other person's middle finger. This requires outstanding synchronization from both players.

Photography: Carsten Höller, *Jeff, Cape Coast*, 2021

Ghanahallo

Im Moment der Auflösung des Handschlags oder High fives mit dem Mittelfinger des jeweils anderen laut schnalzen. Bedarf einer ausgezeichneten Synchronisation der beiden Spielenden.

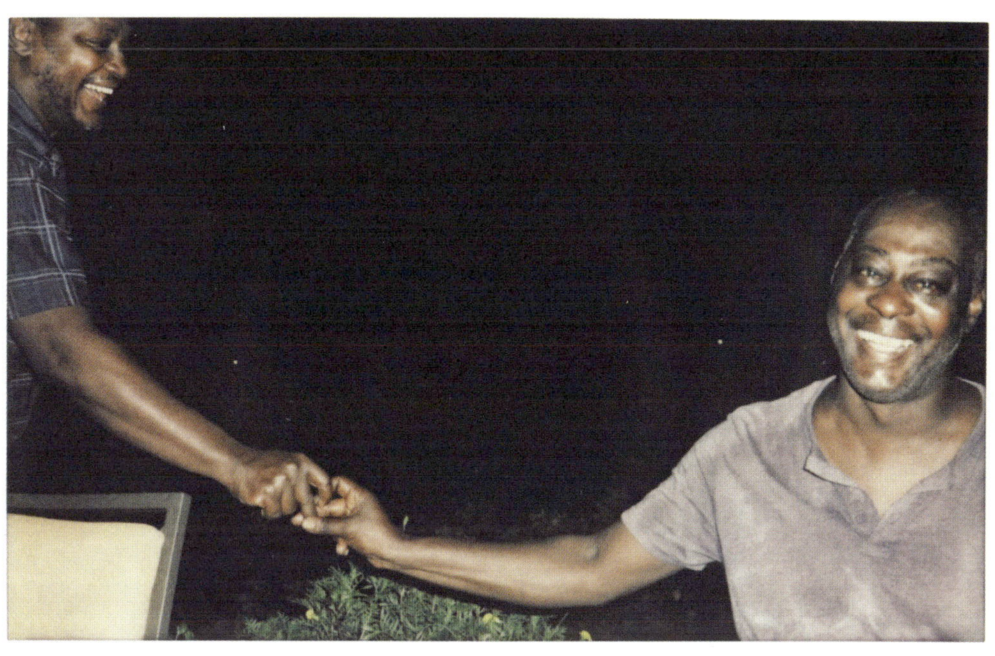

3.72 Congolese Greeting

As you hold hands, rub the top of your head three times in total against the other person's temples, on both sides.

Photography: Carsten Höller, *Rigobert and Bellou, Kinshasa*, 2019

Kongohallo

Beim Händehalten mit dem Oberkopf oberhalb der Schläfen auf beiden Seiten insgesamt drei Berührungen durchführen.

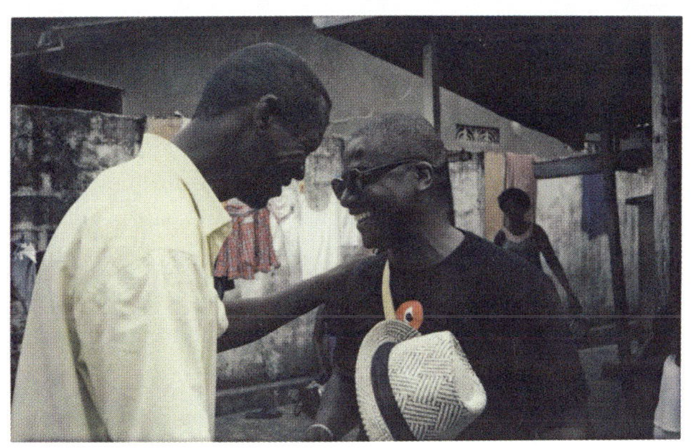

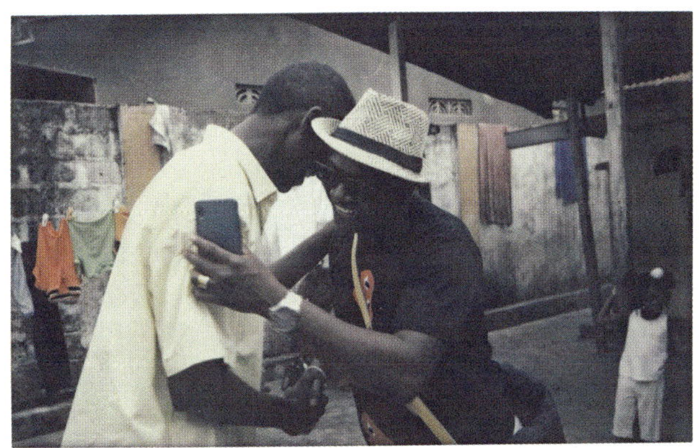

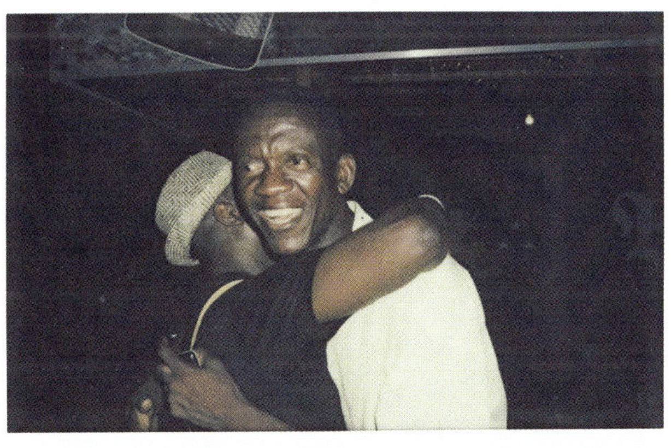

3.73 Stockholm Greeting

Make an "X" instead of the usual public displays of affection (holding hands, kisses, embraces).

Photography: Annika Elisabeth von Hausswolff, *Mom and Dad Making Out, Stockholm*, 1999

Stockholmhallo

X-en anstelle der üblichen Zuneigungsbezeugungen (Händehalten, Küsschen geben, sich umarmen).

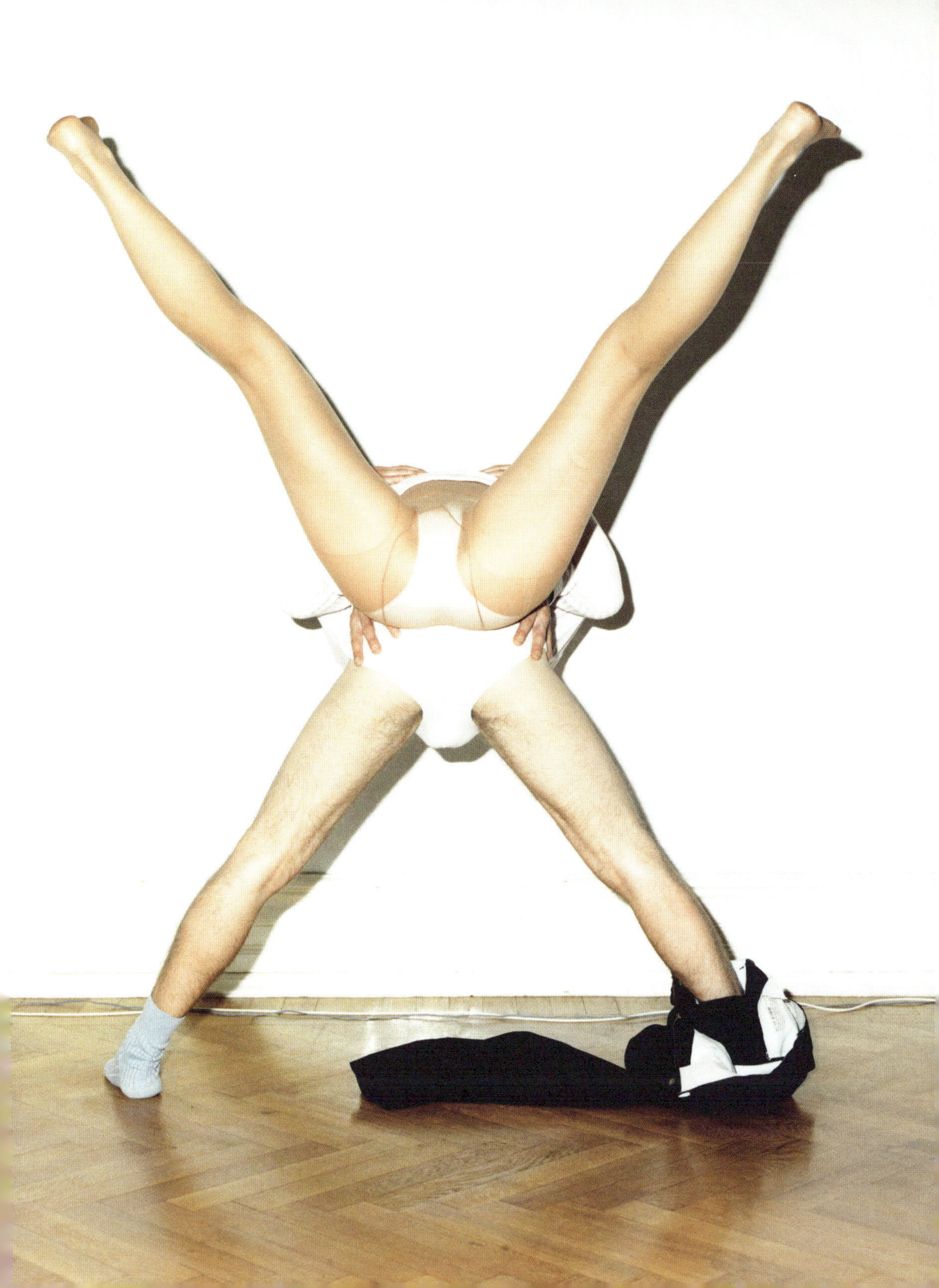

3.74 Funny Greeting

As a greeting bump one or both elbows at the same time at each other's funny bones.

Photography: Pierre Björk, 2022

Musikantenhallo

Zur Begrüßung jeweils einen oder beide Ellenbogen gleichzeitig so aneinanderschlagen, dass dabei die „Musikantenknochen“ getroffen werden.

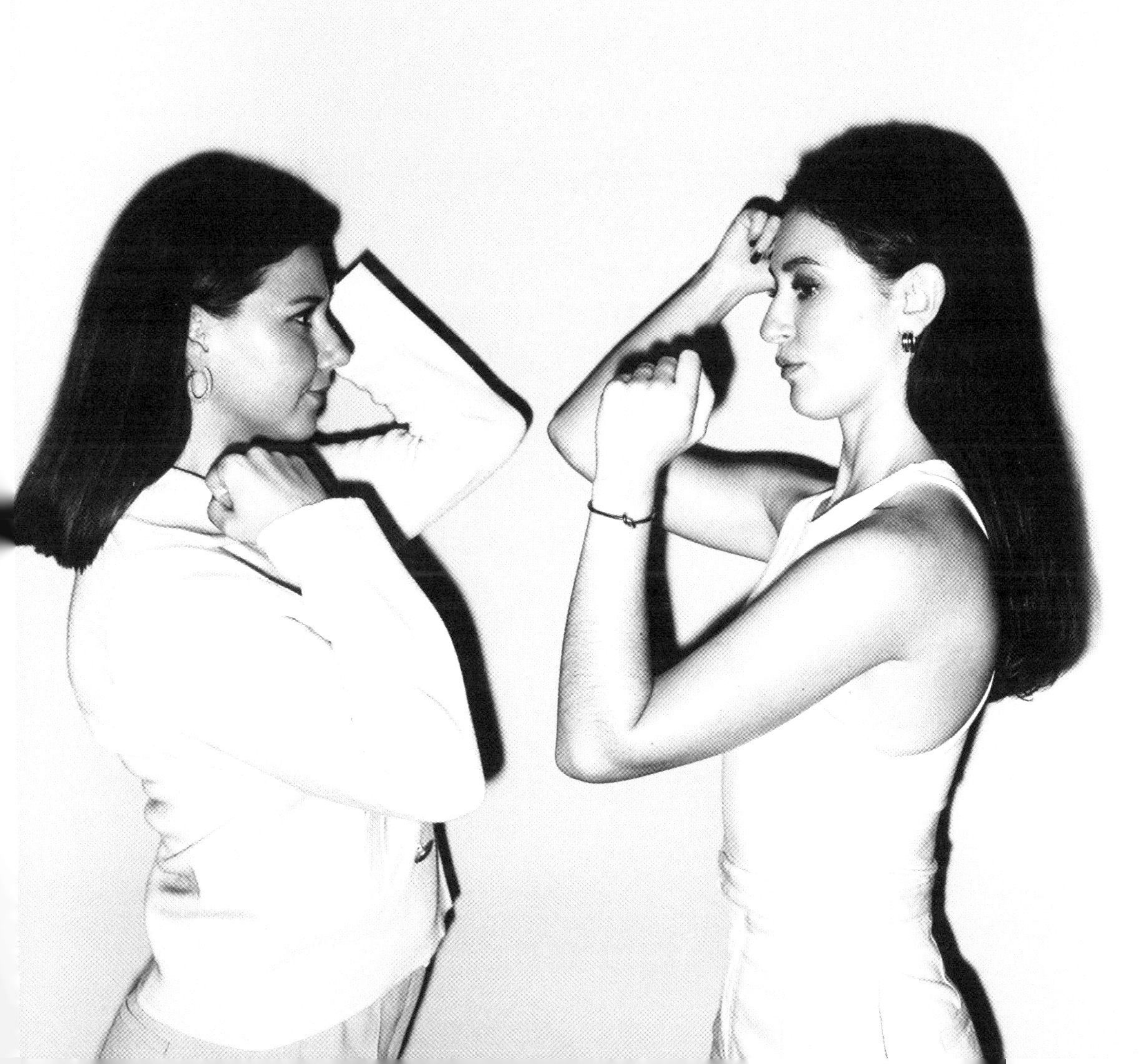

Games for Two to Play with Others

Spiele, die zu zweit mit anderen gespielt werden

4.1 The American Uncle

If someone comes to visit from far away, one player tells the visitor that the other player doesn't have very good hearing so he should talk very loudly. To prove her point she turns to the "rather deaf" player and bellows, "I just said you don't hear very well!" The visitor will then always bellow at that person whenever they are conversing.

Photography: Will Connally, 2022

Der Onkel aus Amerika

Kommt jemand von weit her zu Besuch. Die Spielerin sagt dem Besucher bei dessen Ankunft, dass der Spieler nicht gut höre. Man müsse daher sehr laut mit ihm reden. Zur Untermauerung wendet sie sich an den „Schwerhörigen" und brüllt ihn an: „Ich habe gerade gesagt, dass du nicht gut hörst." Der Besucher wird sich daraufhin ebenfalls nur brüllend mit dem Spieler unterhalten.

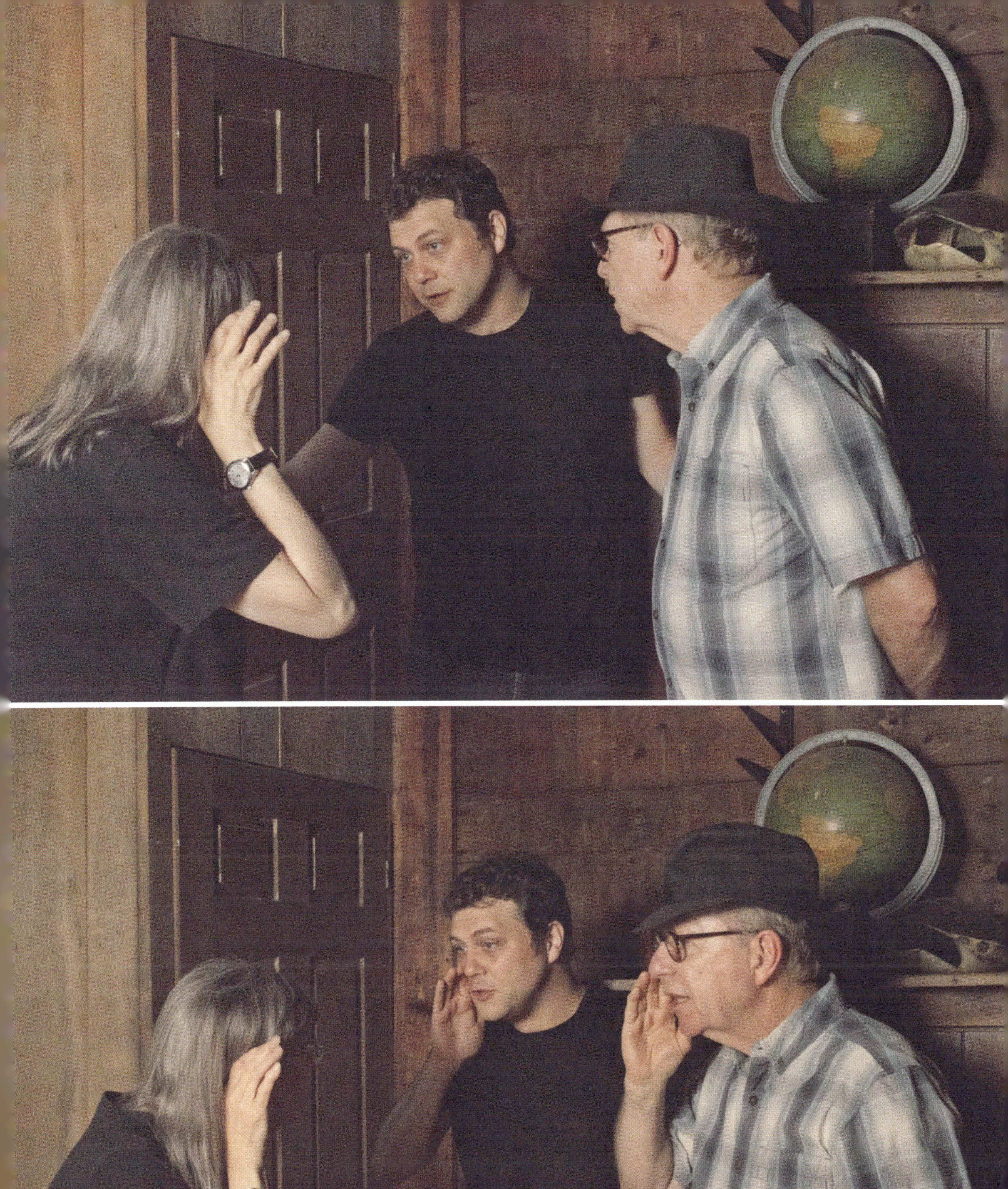

4.2 Napoleon's Eye

Three players. One player, who does not know Napoleon's Eye, leaves the room; the second player sits down. The novice, who left the room, is led back into it, with her eyes closed, by the third player who now takes her hand, places it on the knee of the seated player, and says, "This is the knee." Then he does the same with a shoulder, the player's hair, and an ear, only now he names that part of the body first. Finally he says, "And now the eye" and swiftly guides the hand of the unseeing person into the sitter's open mouth.

Anne Duk Hee Jordan, *The Confused Cat with Too Many Arrows*, ink on paper, 2022

Napoleons Auge

Drei Personen. Die Napoleons Auge nicht kennende Spielerin geht hinaus, eine Spielerin setzt sich, und die dritte Spielerin führt die hinausgegangene Person, die die Augen geschlossen hält, wieder hinein. Sie nimmt deren Hand, legt sie zuerst auf das Knie der Sitzenden, und sie sagt: „Das ist das Knie." Dann die gleiche Vorgehensweise mit Schulter, Kopfhaar und Ohr, immer den Körperteil vorher benennend. Schließlich sagt sie: „Und jetzt das Auge" und führt die Hand der nicht Sehenden schnell in den offenen Mund der Sitzenden.

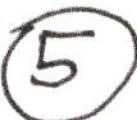
5

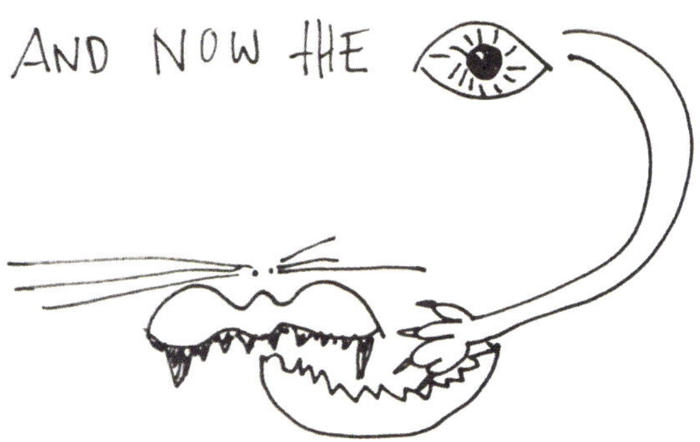
AND NOW THE

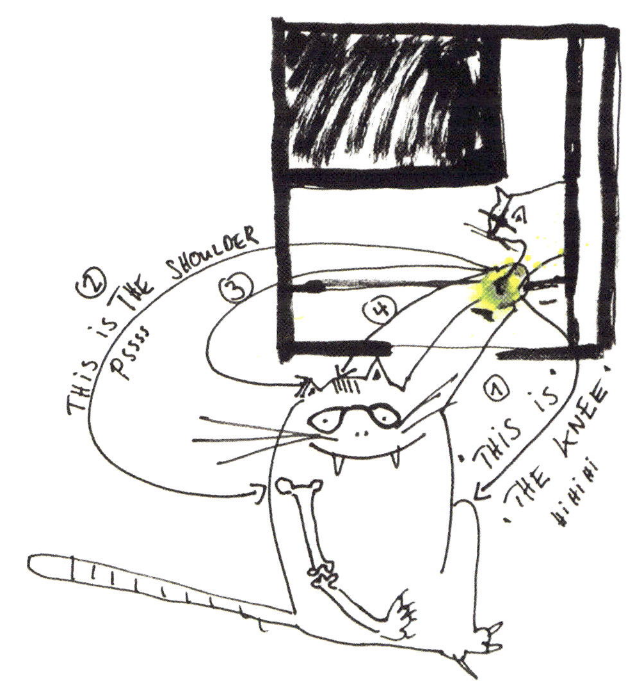
② THIS IS THE SHOULDER
PSSSS
③
④
① THIS IS 'THE KNEE'
HIHIHI

4.3 Glass Movers

In a crowded street or square, the two players mimic the behavior of people carrying a large sheet of glass. As they perform this task, they cut across the stream of pedestrians to see if people try to avoid the imaginary glass pane.

Photography: Christine Sun Kim, 2022

Glasplattenträger

An einem belebten Ort mit vielen Fußgängern bewegen sich die beiden Spieler pantomimisch so, als würden sie eine größere Glasplatte tragen. Dabei quer zur Strömungsrichtung der Passanten agieren, um zu sehen, ob sie der imaginären Glasplatte ausweichen.

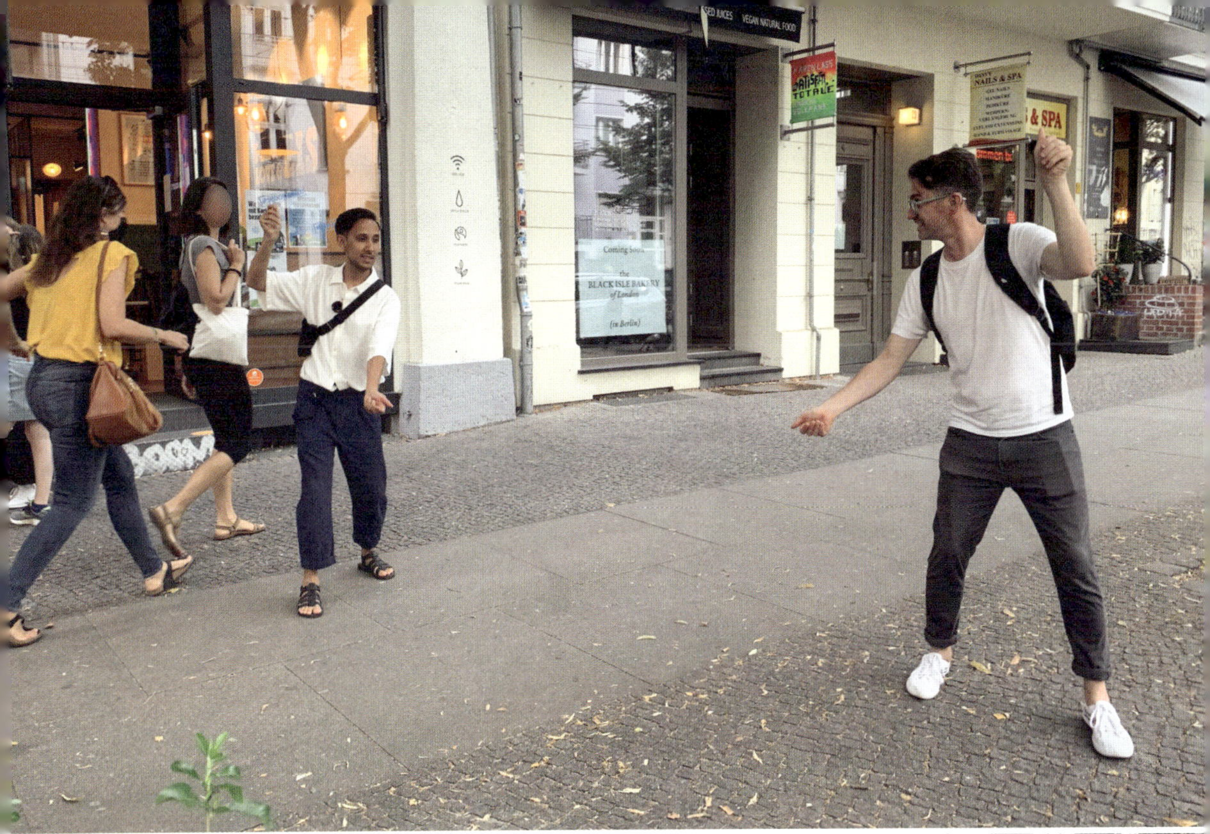
VEGAN NATURAL FOOD
NAILS & SPA
Coming Soon
the
BLACK ISLE BAKERY
of London
(in Berlin)

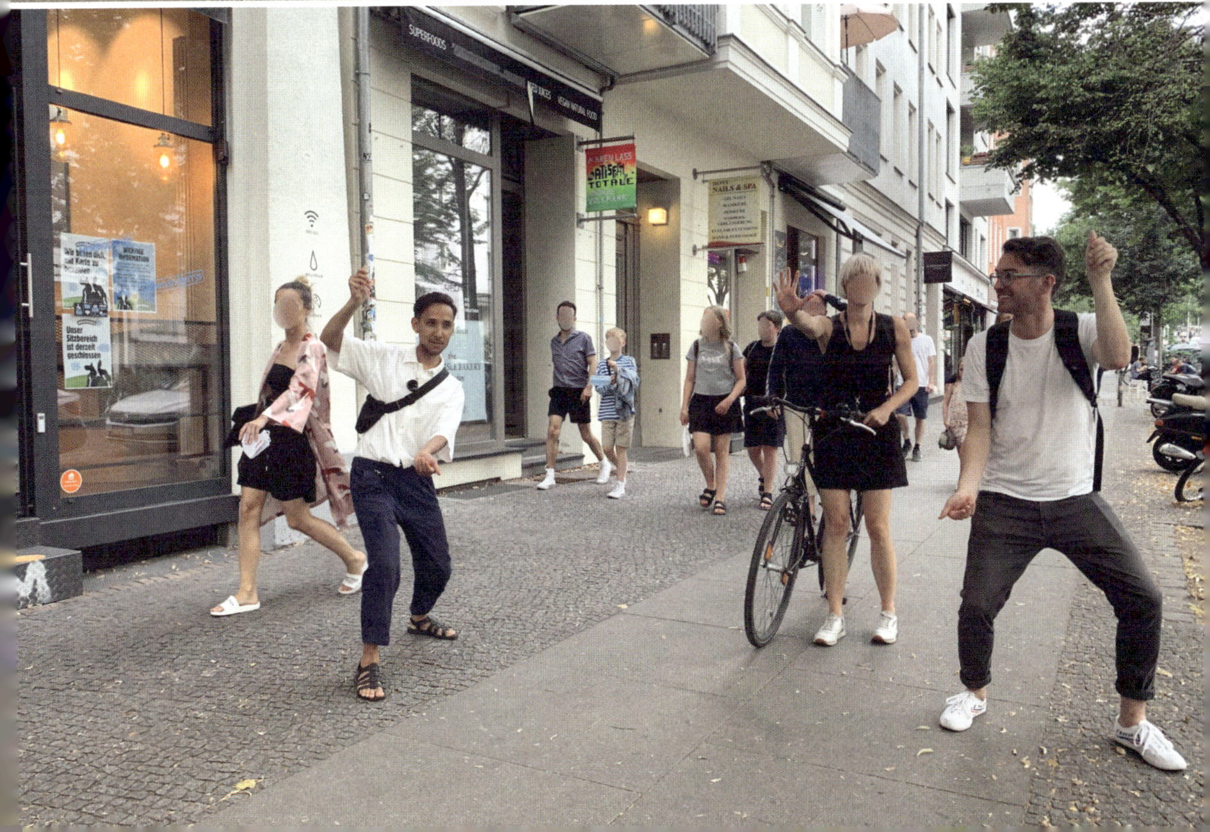
SUPERFOODS
VEGAN NATURAL FOOD
NAILS & SPA
Unser
Sitzbereich
ist derzeit
geschlossen

4.4 Mean or Magnanimous?

First agree on a rule for selecting strangers for assessment—for instance, the fifth person to come around a particular street corner. Then assess them and decide if that person is good or evil, ill or healthy, mean or magnanimous; discuss your decision on the basis of their external features and the overall impression they create.

Photography: Anders Edström, *64.94.16*, 1994

Geizig oder großzügig?

Vorab eine Regel bestimmen, wie das zu betrachtende Subjekt auszuwählen ist: die fünfte Person, die um diese Ecke kommt, beispielsweise. Dann bestimmen, ob diese Person gut oder böse, krank oder gesund, geizig oder großzügig ist, und mit dem Spielpartner anhand der beobachteten äußeren Merkmale und der Gesamteinschätzung diskutieren.

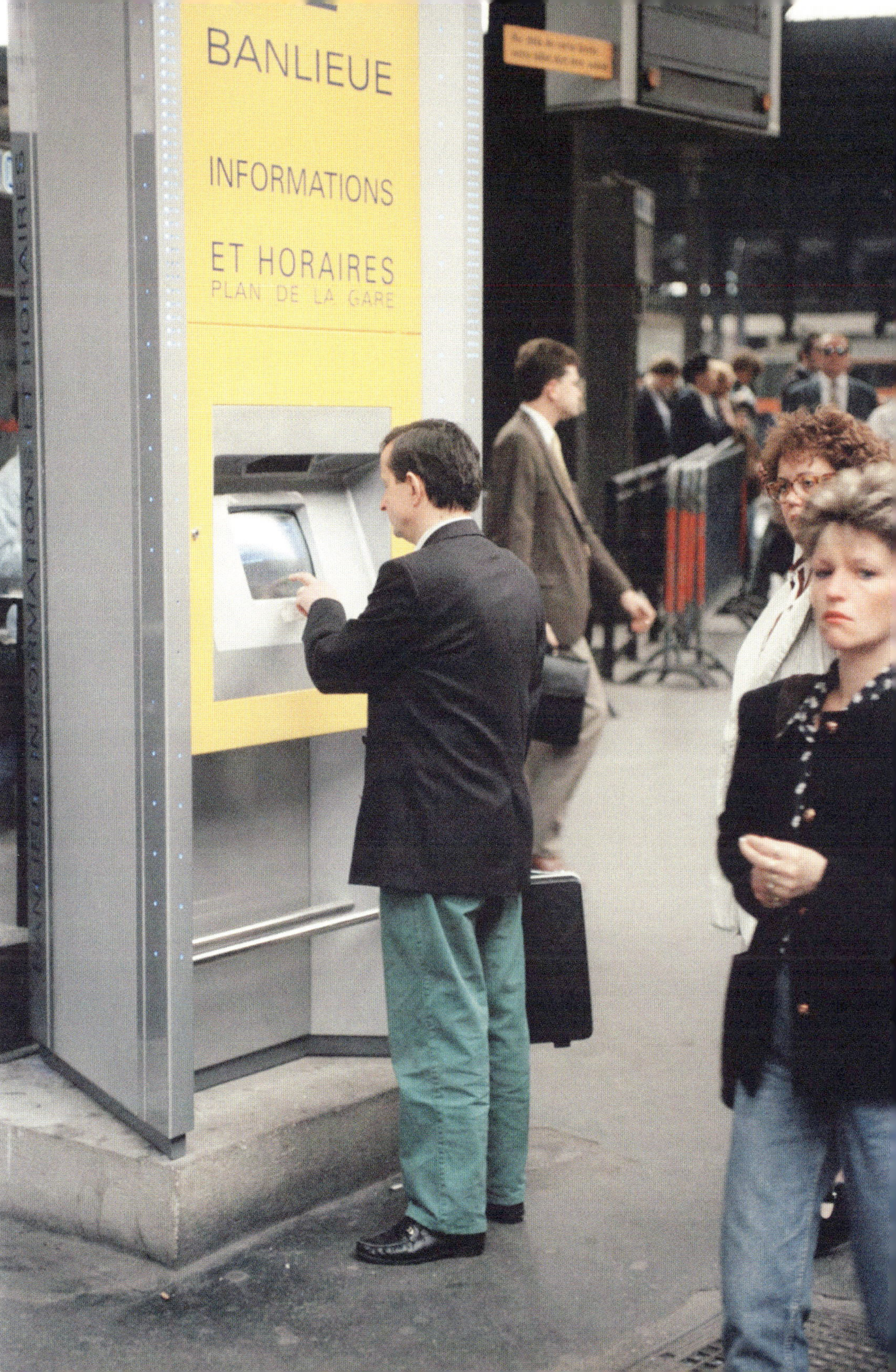
BANLIEUE
INFORMATIONS
ET HORAIRES
PLAN DE LA GARE

4.5 Streaker Couple

A naked couple, running very close together, streaks through the city. Each streaker has one eye closed—the eye furthest from the other streaker.

Carsten Höller, *Streakers Couple with Bright-Red Eycs*, photography, 1993

Paarflitzer

Nacktes Paar rennt schnell sehr nahe beieinander durch die Stadt. Jeder Flitzer hat ein Auge geschlossen, und zwar das jeweils dem anderen Flitzer abgewandte.

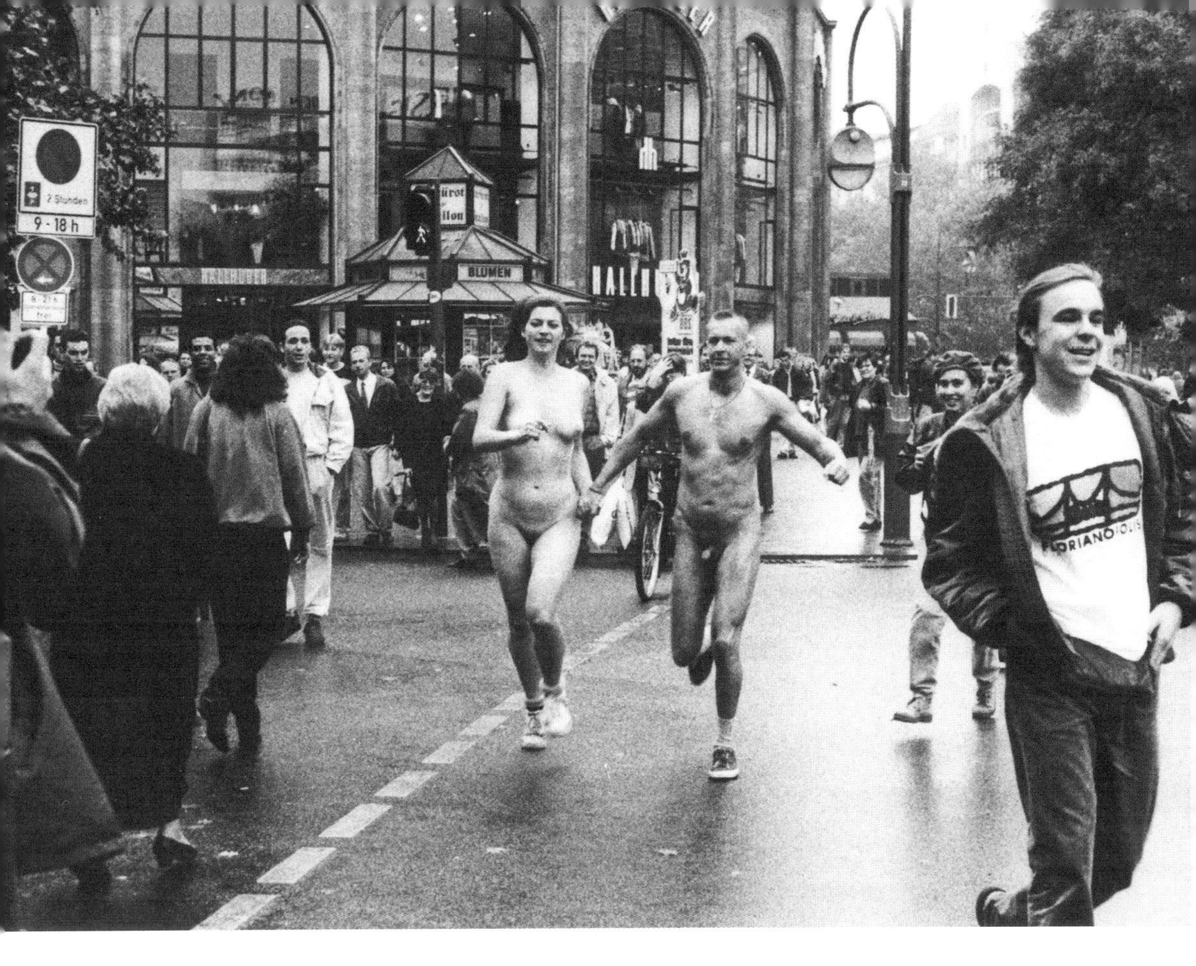
2 Stunden
9 - 18 h
BLUMEN

4.6 The Everlasting Embrace

At a chance or arranged meeting in public, embrace each other for a very, very long time, for half an hour or even longer, until it's just not possible anymore. The players may talk to each other but must remain locked in an embrace.

Photography: Torbjørn Rødland,
City Hug no. 1, 2012

Die ewige Umarmung

Sich bei zufälligen oder geplanten Begegnungen in der Öffentlichkeit sehr, sehr lange umarmen, eine halbe Stunde oder sogar länger, bis es einfach nicht mehr geht. Man darf dabei miteinander sprechen, muss aber umarmt verbleiben.

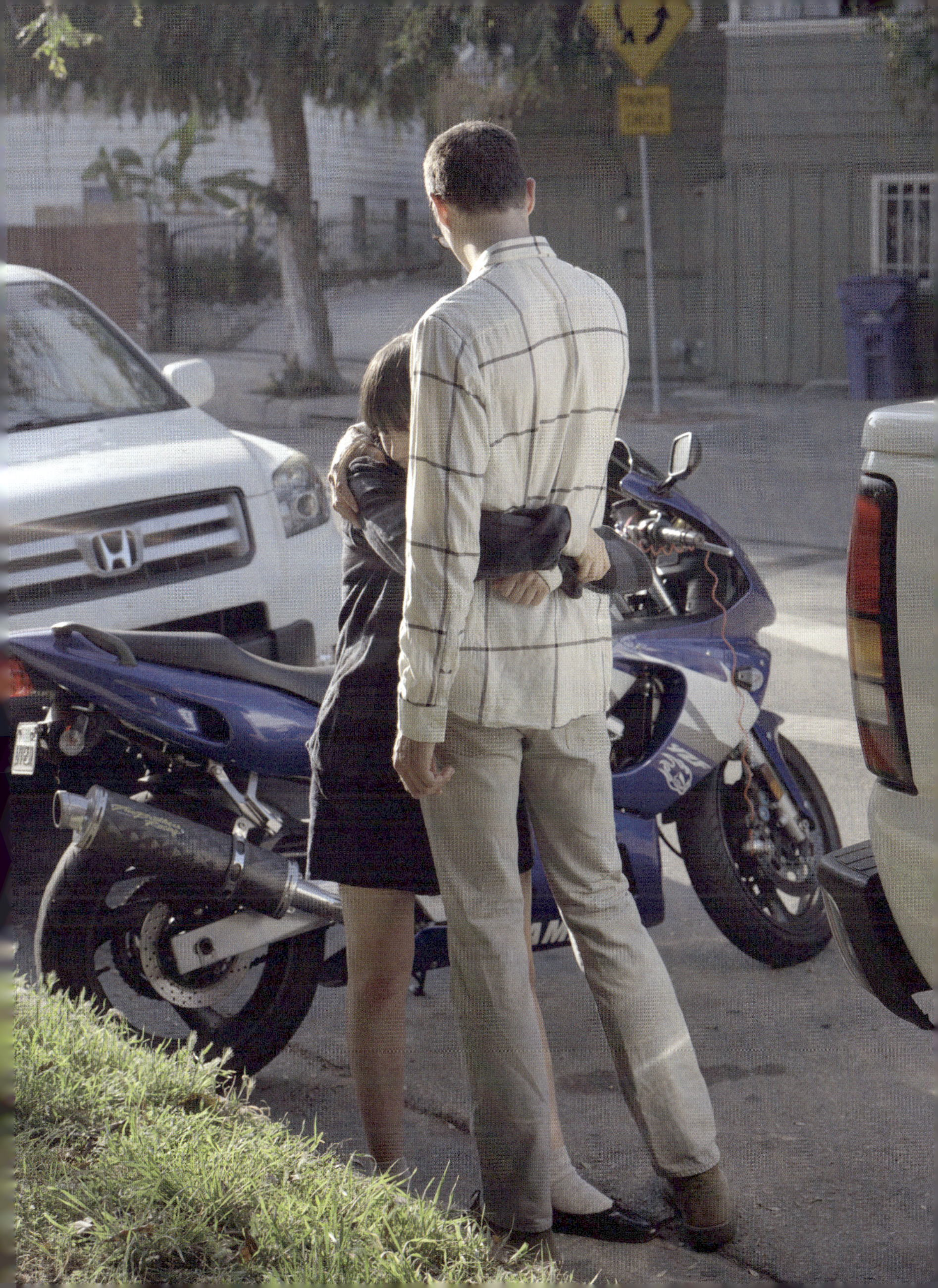

4.7 Seen Through

The players jointly resolve to pick on a random pedestrian: One player approaches from the front, the other follows the pedestrian. When they catch sight of each other, they ensure that the pedestrian is exactly in their sight line and then exhibit all the signs of a joyous reunion. The pedestrian will think he is the source of the joy, although he doesn't know the player approaching him (and of course cannot see the player behind him). The two players meet and fall into each other's arms without paying the slightest attention to the pedestrian—as if he were thin air or didn't even exist at all and the two players had seen straight through him. He may even get caught up in their embrace.

Photography: Miriam Kongstad, *Seen Through*, 2022

Durchschaut

Sich verabreden, einen zufälligen Passanten folgendermaßen in die Zange zu nehmen: Die Spielerin kommt von vorne, und der Spieler folgt dem Passanten von hinten. Wenn die beiden Spieler sich sehen, den Verfolgten genau in Sichtlinie nehmen und alle Zeichen eines freudigen Wiedersehens äußern. Der Passant wird denken, er sei gemeint, obwohl er die Spielerin vor ihm nicht kennt (und den Spieler hinten sieht er ja nicht). Die beiden Spieler treffen sich und fallen einander in die Arme, ohne dem Passanten auch nur die geringste Aufmerksamkeit zu schenken – so als wäre er aus Luft gemacht oder einfach inexistent, und die beiden Spieler hätten durch ihn hindurchgeschaut. Er landet unter Umständen zwischen den beiden sich Umarmenden.

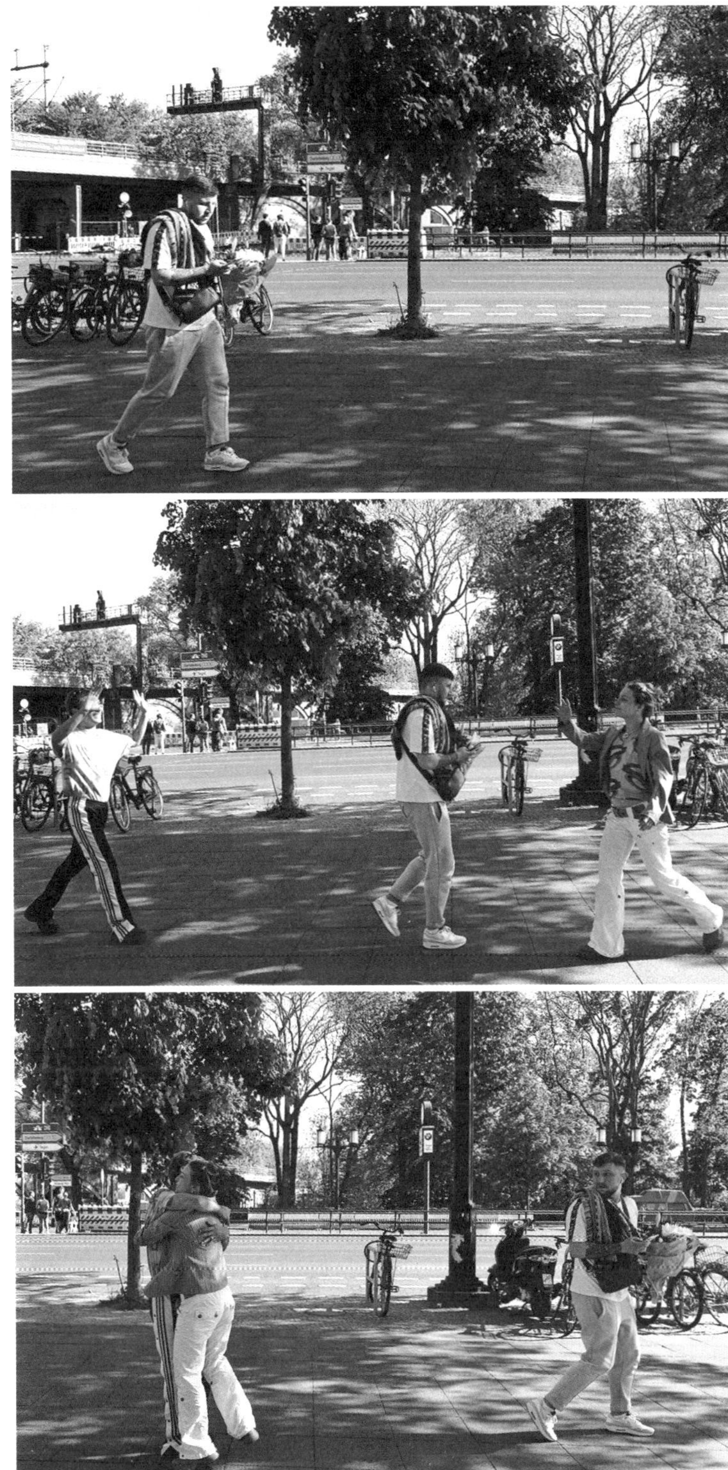

4.8 Self-Defense

Selbstverteidigung

Album of 67 Photographic Studies of Self-Defense Maneuvers, unknown photographer, ca. 1895

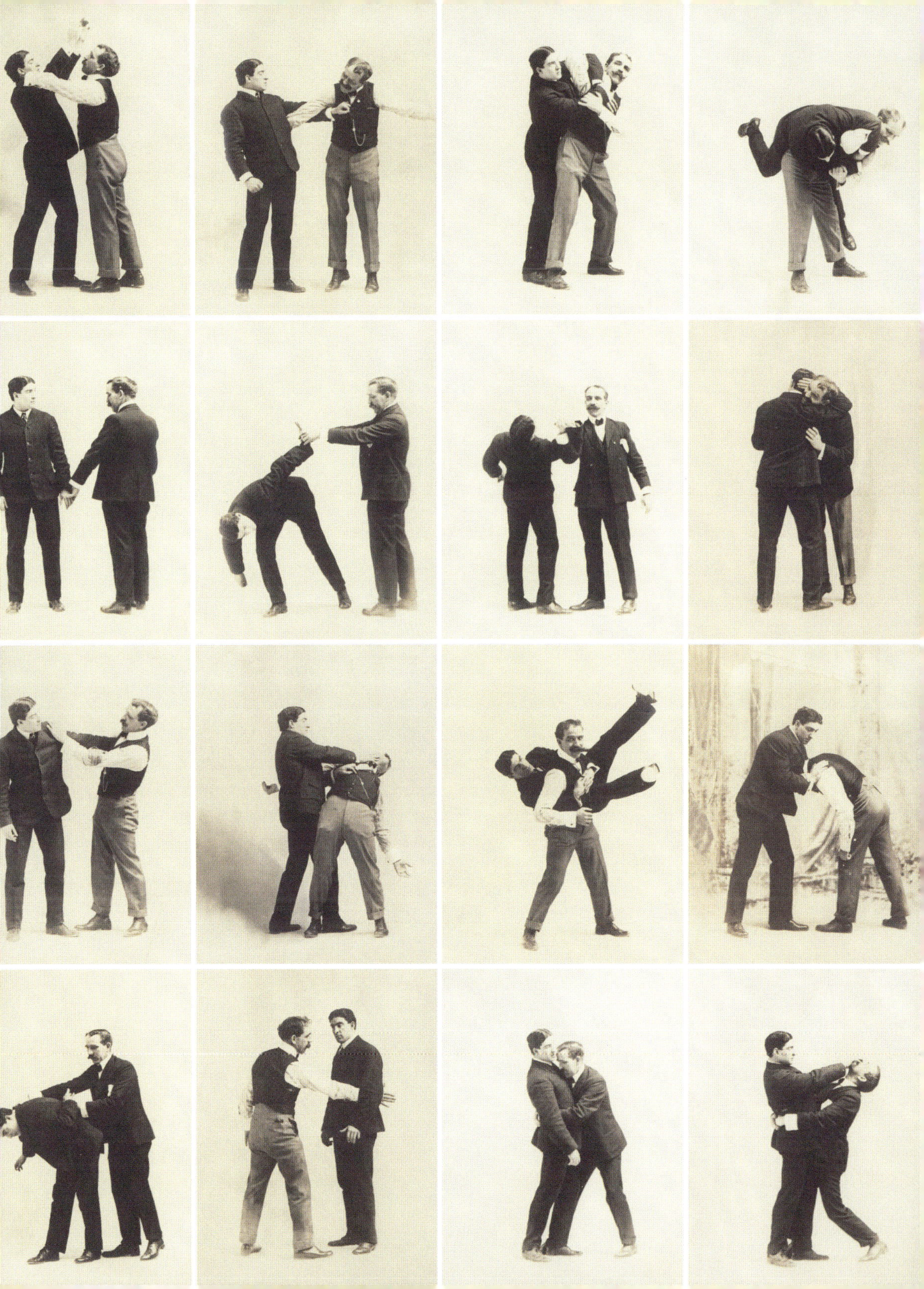

4.9 Jehovah's Witnesses

Two players appear in the guise of Jehovah's Witnesses and babble complete nonsense, freely associating ideas. Smiling endearingly, rapturously.

Photography: Brittany Nelson and Will Connally, *Jehovah's Witnesses Series*, 2022

Jehovas Zeugen

Zu zweit als vermeintliche Zeugen Jehovas auftreten und vollkommenen Quatsch von sich geben, frei assoziieren. Entrückt-gewinnend lächeln.

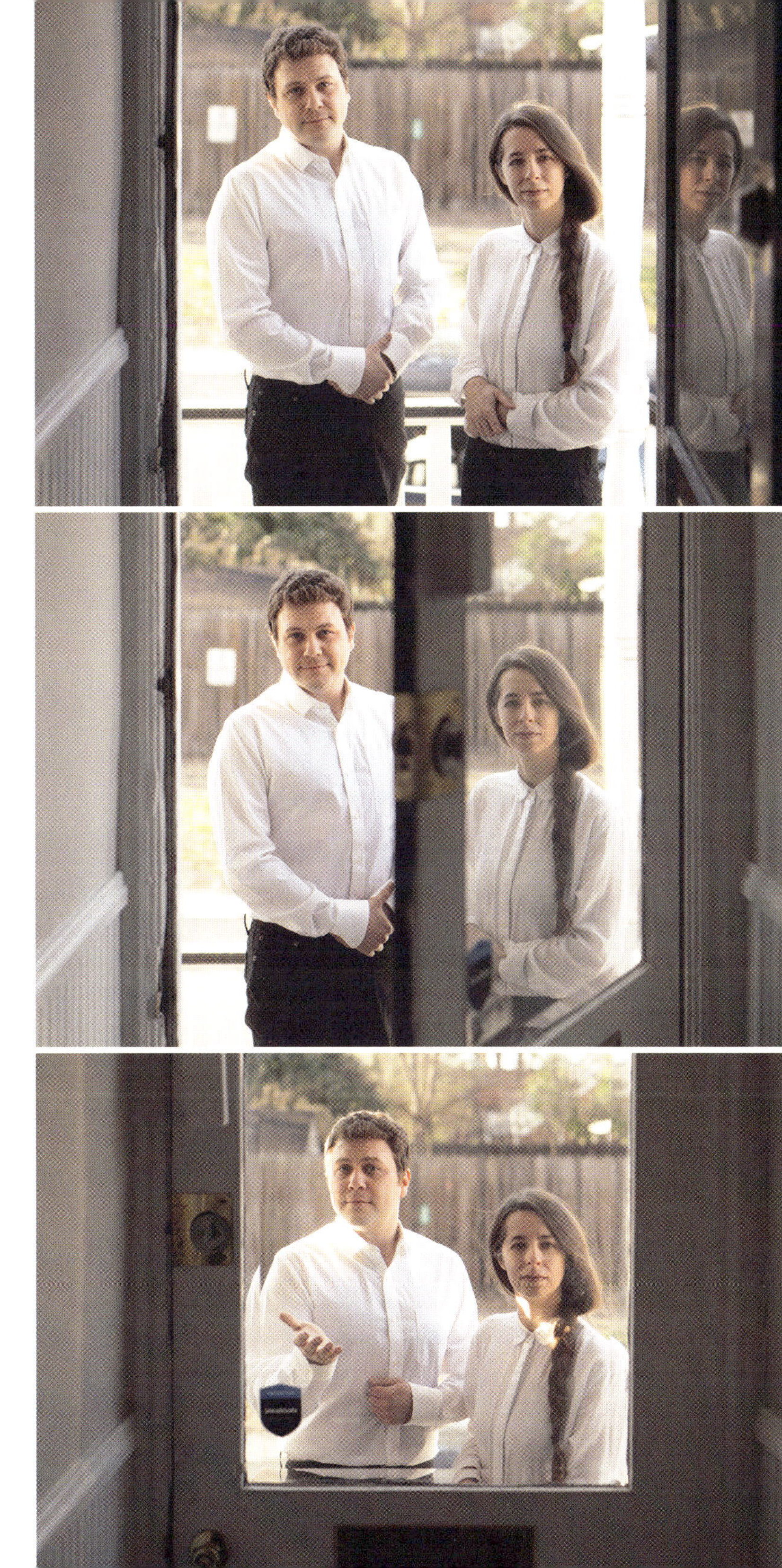

4.10 The Visit

Appear in tandem and always say the same things, always say the same things. In Friedrich Dürrenmatt's above-named play, the two eunuchs, Koby and Loby—"little, old, sizeable, soft-spoken men, both impeccably dressed" and holding hands—(almost) always repeat themselves or each other. When the policeman asks, "And who might you be?," they reply, "We belong to the old lady, we belong to the old lady." Later on, in the first act, when the Butler tells them to "say [their] names," the first replies, "Jacob Chicken, Jacob Chicken," and the second says, "Louis Perch, Louis Perch."

This is also what the players in this game do. If they are asked a question as individuals, they repeat the reply. If they are asked as a pair, they both give the same reply. The game can be enhanced if they also behave the same way—for instance, both executing the same actions.

Photographer and year unknown

Der Besuch der alten Dame

Zu zweit auftreten und immer das Gleiche sagen, immer das Gleiche sagen. In Friedrich Dürrenmatts gleichnamigem Stück sind es die beiden Eunuchen Koby und Loby, „zwei kleine, dicke alte Männer mit leiser Stimme, die sich an der Hand halten, beide sorgfältig gekleidet", die (fast) immer einander wiederholen. Auf die Frage des Polizisten: „Wer seid denn ihr?", antworten die beiden: „Wir gehören zur alten Dame, wir gehören zur alten Dame." Später im ersten Akt sagt der Butler: „Nennt eure Namen", worauf der Erste entgegnet: „Jakob Hühnlein, Jakob Hühnlein" und der Zweite: „Ludwig Sparr, Ludwig Sparr."

Entsprechend verhalten sich die Spieler. Werden sie einzeln befragt, so antworten sie in doppelter Weise. Wird eine Frage an beide gleichzeitig gerichtet, antworten beide das Gleiche. Dabei ist auch ein gleichartiges Verhalten der beiden spielproduktiv beziehungsweise die doppelte Ausführung bestimmter Verhaltensweisen.

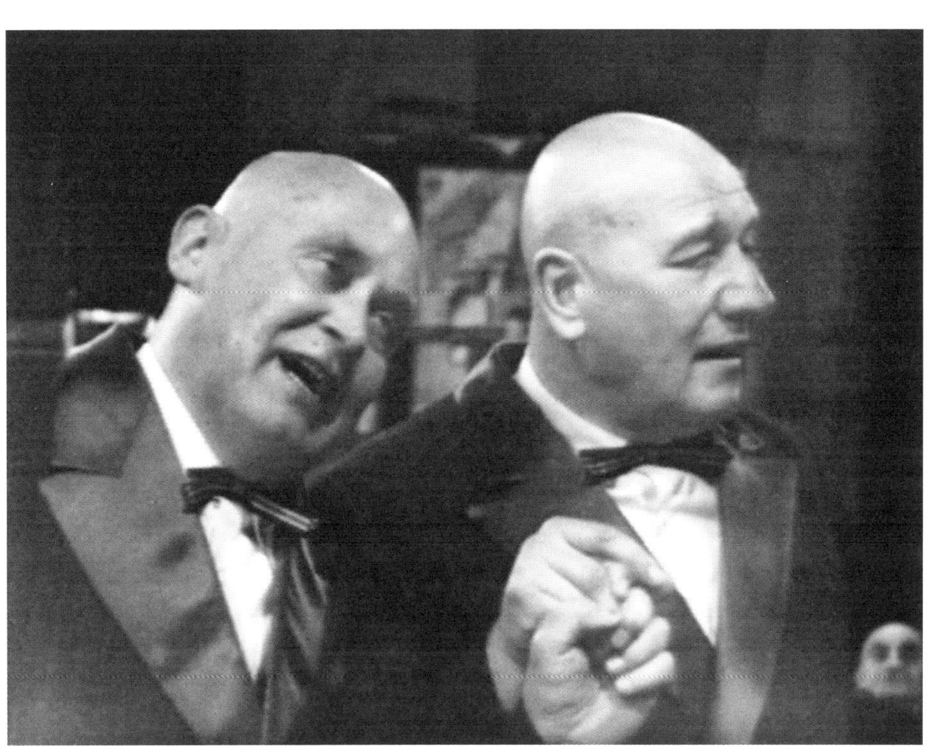

It never ceases to amaze me: the way that in the so-called Western world, which should actually be called the consumer world, people debate global warming, catastrophic weather events, recycling, deforestation, the loss of biodiversity, fundamentalism and terrorism, the demise of democracy, the education gap, cultural decline, population growth, the rich and the poor, dataism versus humanism, and so on, without any reference to the obvious solution that would most readily alleviate these issues—that all consumer parents should only have one child.

As Terence McKenna said in 1983 during a seminar on insights he gleaned through the effects of psychoactive mushrooms: "This is not zero population growth, this is [the] population falling by 50 percent every 20 years from here on out. If people in the high-tech, industrial democracies would limit themselves to one child, almost immediately the destruction of the Earth's ecosystems and resources would halt. We preach population control in the Third World, but the statistics show that when a woman in the first world … has a child, that child will consume between eight hundred and a thousand times more resources in the course

Photography: Cynthia Palmer, *Psychedelic Conference II in Santa Barbara, Terence McKenna, Jeremy Tarcher (background), Walter Houston Clark (foreground)*, 1983

Es ist immer wieder erstaunlich, dass in der sogenannten westlichen Welt, die eigentlich die konsumierende Welt genannt werden müsste, über Klimaerwärmung, Wetterkatastrophen, Recycling, das Abholzen der Wälder, Verringerung der Artenvielfalt, Fundamentalismus sowie Terrorismus, das Ende der Demokratie, Bildungsunterschiede, Kulturschwund, Bevölkerungszuwachs, die Reichen und die Armen, Dataismus versus Humanismus und so weiter diskutiert wird, ohne die eine naheliegende Idee zu nennen, mit der diesen Problemen am ehesten begegnet werden kann: dass alle stark konsumierenden Eltern nur ein Kind haben sollten.

Wie Terence McKenna 1983 im Rahmen eines Seminars über Einsichten, welche er nach dem Genuss psychoaktiver Pilze gewonnen hatte, sagte, „führt das nicht zum Nullwachstum der Population, sondern zu einer sich um die Hälfte reduzierenden Populationsdichte alle 20 Jahre von heute an. Wenn sich die Menschen in den hochtechnisierten, industriellen Demokratien auf ein Kind beschränken würden, kämen die Destruktion der Ökosysteme und Ausbeutung der Ressourcen auf dieser Erde zum Erliegen. Wir predigen gegen den Bevölkerungszuwachs in der Dritten Welt, aber statistisch gesehen, verbraucht ein Kind in der Ersten Welt zwischen achthundert und tausend Mal so viele Ressourcen in seinem Leben wie ein in Bangladesch geborenes Kind."

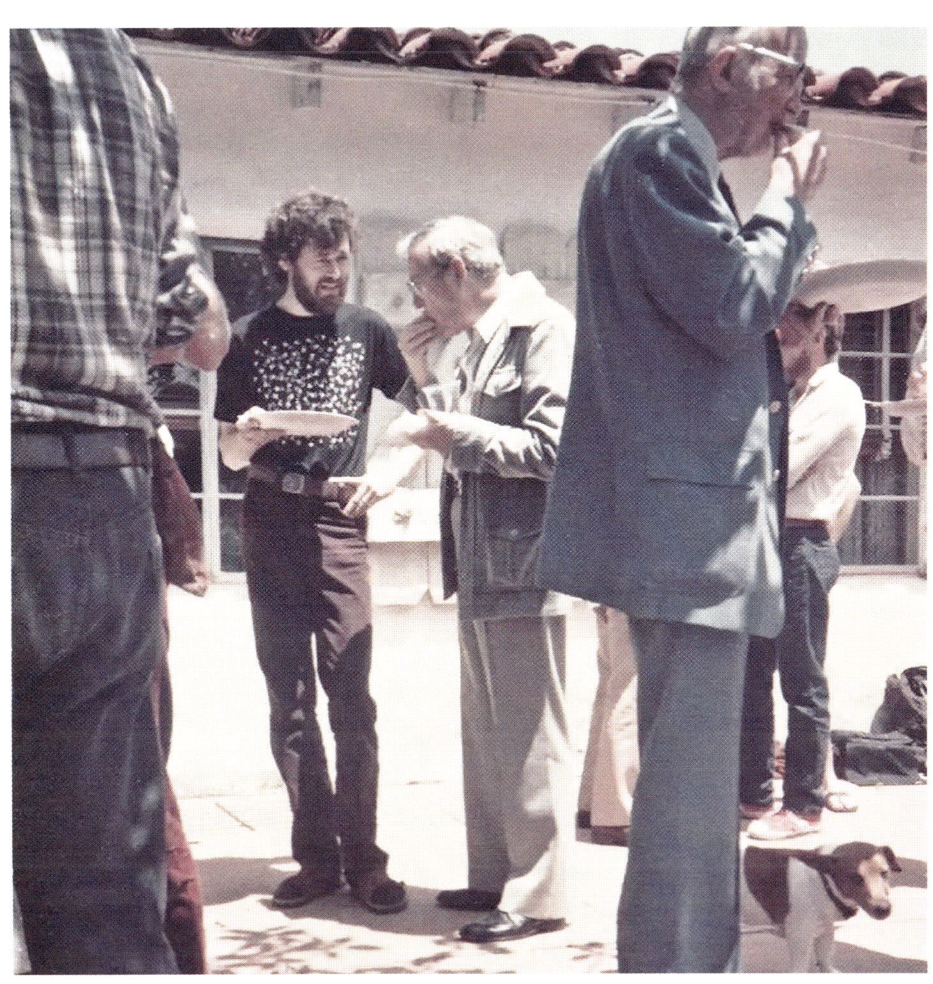

of its lifetime than a child born in Bangladesh."

The mushrooms, as McKenna put it, answered his question of how the world could be saved by stating that "each person should parent only once."

Donna Haraway has recently elaborated on the subject: "The boundary that is the Anthropocene/Capitalocene means many things, including that immense irreversible destruction is really in train, not only for the 11 billion or so people who will be on earth near the end of the twenty-first century, but for myriads of other critters too. (The incomprehensible but sober number of around 11 billion will only hold if current worldwide birth rates of human babies remain low; if they rise again, all bets are off.) The edge of extinction is not just a metaphor; system collapse is not a thriller."

She suggests: "Make kin, not babies!" Her "purpose is to make 'kin' mean something other/more than entities tied by ancestry or genealogy … "

The two Planet Saviors operate in tandem and try to introduce this insight into conversations and interactions with consumers.

Donna Haraway, "Making Kin: Anthropocene, Capitalocene, Plantationocene, Chthulucene," in *Staying with the Trouble: Making Kin in the Chthulucene*, Duke University Press, 2016
Photography: Rusten Hogness, *Donna and Cayenne in Full Training*, 2000

Der Pilz, so McKenna, antwortete ihm auf die Frage, wie die Welt zu retten sei, „alle Menschen sollten nur ein Kind zeugen".

Donna Haraway hat sich zu dem Thema neuerdings so geäußert: „Jene Grenze, die Anthropozän/Kapitalozän heißt, bedeutet vieles, unter anderem, dass immense und irreversible Zerstörung tatsächlich passiert, nicht nur für die etwa elf Milliarden Menschen, die bis zum Ende des 21. Jahrhunderts auf der Erde leben werden, sondern auch für unzählige andere Kritter. (Die unbegreifliche, aber nüchterne Zahl von elf Milliarden wird nur halten, wenn die aktuelle Geburtenraten für menschliche Babys weltweit niedrig bleiben. Wenn sie steigen, gilt keine Schätzung mehr.) Der ‚Rand des Aussterbens' ist nicht nur eine Metapher; Systemzusammenbruch ist kein Thriller."

Sie schlägt daher vor: „Macht euch verwandt, nicht Babys!" „Make kin, not babies!" Mit dem Ausdruck „sich verwandt machen" meint sie, den Begriff „verwandt" etwas anderes/mehr bedeuten zu lassen als „Entitäten, die durch Abstammung oder Genealogie verbunden sind".

Zu zweit als Paar auftreten und versuchen, diese Einsicht in Gespräch und Handlung bei den Konsumenten zu implementieren.

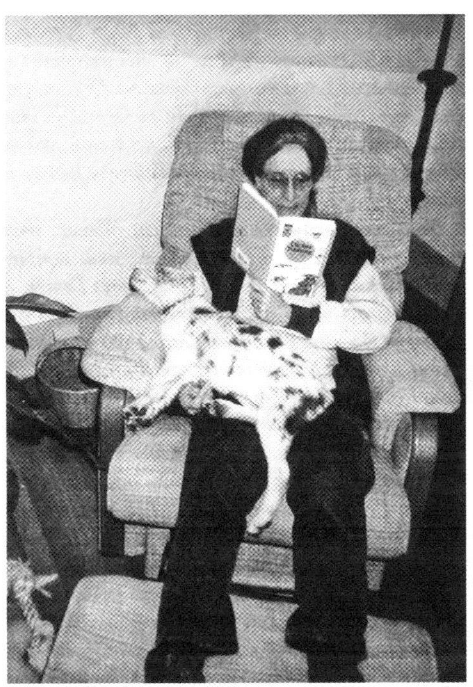

FIGURE 1
Donna et Cayenne en plein entraînement, 2000.
(Photographie : Rusten Hogness.)

4.12 American Bar

Talk very loudly to each other in a public place, so that others have to raise the volume of their own conversations to make themselves understood. A chain reaction ensues. Now everyone has to talk louder and louder and louder. From a European perspective, this is typically what happens in American bars, because in the United States, a clear, loud delivery is practiced from early childhood onward, as if nurturing a competitive advantage, with the aforementioned results. (see also 2.82: I'm an American).

Photography: Antto Melasniemi and Andre Pozusis, 2022

Amerikanische Bar

An einem öffentlichen Ort sehr laut miteinander sprechen, sodass andere ebenfalls die Lautstärke erhöhen müssen, um sich zu verständigen. Daraus ergibt sich eine Kettenreaktion: Nun müssen alle lauter und lauter und lauter sprechen. Aus europäischer Sicht ist das typisch für eine amerikanische Bar, denn in den USA wird eine klare, laute Aussprache von früh an wie ein Wettbewerbsvorteil trainiert, mit den oben beschriebenen Folgen (siehe auch 2.82: Ich bin ein Amerikaner).

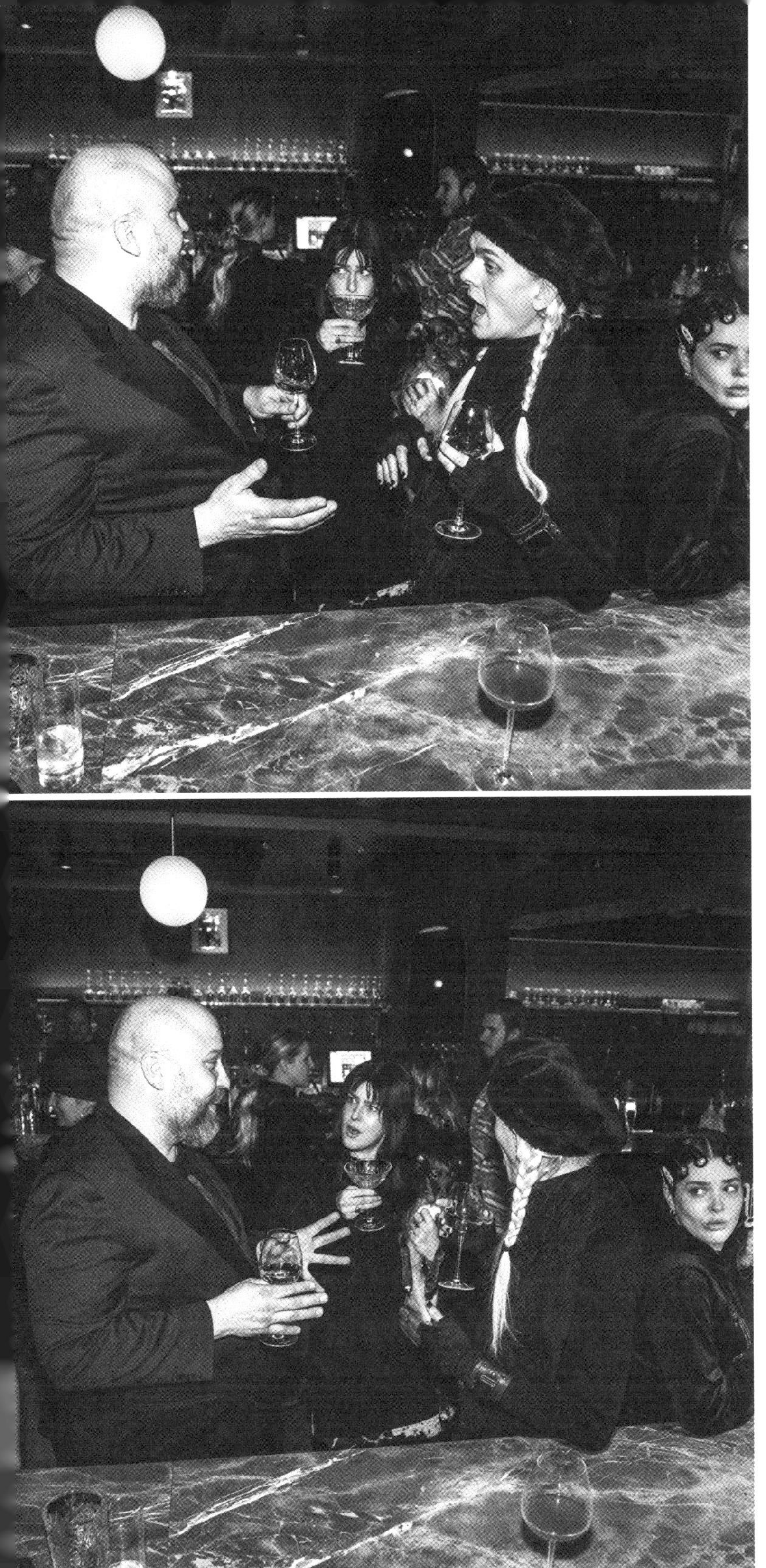

4.13 Revile / Reconcile

Agree to spend exactly a month reviling the other player, in conversation with other people, putting him down and portraying him in the worst possible light. But after that everything is sweetness and light again (with no reason given) and there is a big reconciliation party.

Photography: Cornel Wachter, *Tutti Paletti Owner and Best Client (Dieter Forwein Lyasso & Sigmar Polke)*, ca. 2000

Verhöhnung / Versöhnung

Sich verabreden, während genau eines Monats über den anderen Spieler ganz übel herzuziehen, im Gespräch mit anderen ihn richtig zu verhöhnen und ihn aufs Schlechteste darzustellen. Danach ist plötzlich wieder alles gut (ohne Angabe von Gründen), es wird eine große Versöhnungsparty gefeiert.

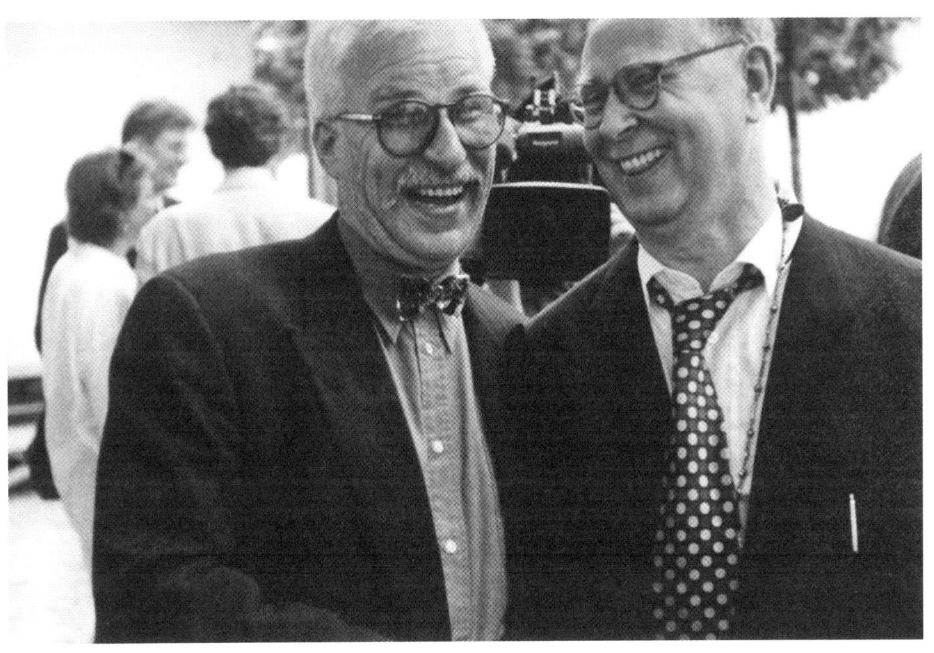

4.14 Rat Race

The two players take up positions facing a largish group of people and decide on a finishing line somewhere on the other side of that group. They then must race through the group, like in a movie chase, where the pursued and the pursuers often have to fight their way through densely populated locations.

Photographer and year unknown

Rattenrennen

Die beiden Spieler stellen sich vor einer größeren Gruppe auf und verabreden einen Zielort dahinter. Das Wettrennen der beiden findet dann durch die Gruppe hindurch statt, so wie bei Verfolgungsjagden, wo sich die Gejagten und Jagenden oft durch dicht bevölkerte Orte kämpfen müssen.

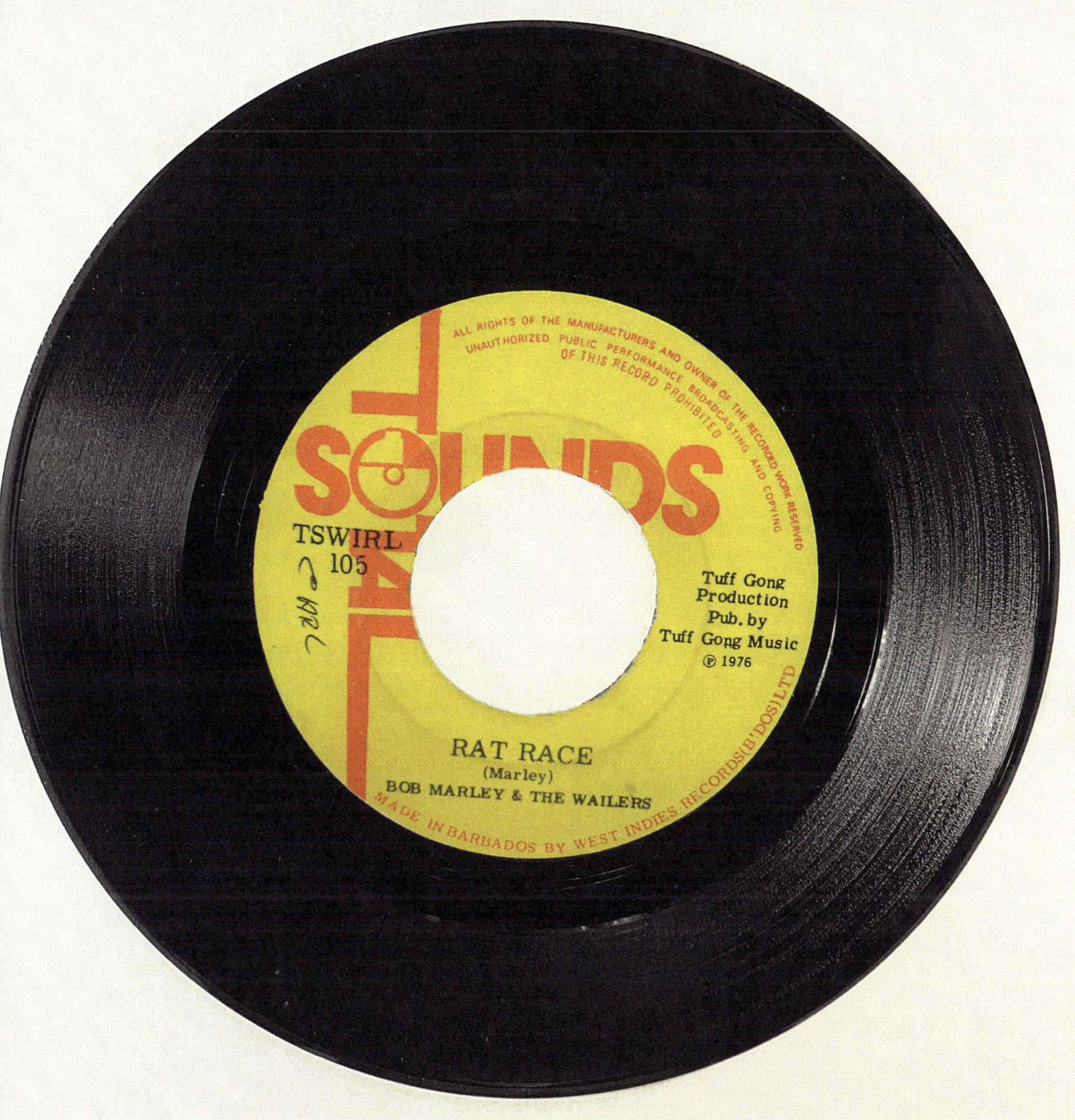
ALL RIGHTS OF THE MANUFACTURERS AND OWNER OF THE RECORDED WORK RESERVED
UNAUTHORIZED PUBLIC PERFORMANCE BROADCASTING AND COPYING
OF THIS RECORD PROHIBITED
TOTAL SOUNDS
TSWIRL
105
Tuff Gong
Production
Pub. by
Tuff Gong Music
℗ 1976
RAT RACE
(Marley)
BOB MARLEY & THE WAILERS
MADE IN BARBADOS BY WEST INDIES RECORDS(B'DOS) LTD

4.15 Marina and Ulay

Stand in an opening—like the artists did—naked and facing each other, for instance in a doorway, so that people have to worm their way through the eye of the naked-body needle.

Ulay and Marina Abramović, *Imponderabilia*, performance, 1977

Marina und Ulay

Sich wie die beiden Künstler nackt und einander zugewandt in eine Öffnung stellen, beispielsweise einen Türrahmen. Passanten müssen sich durch das Nadelöhr der nackten Körper zwingen.

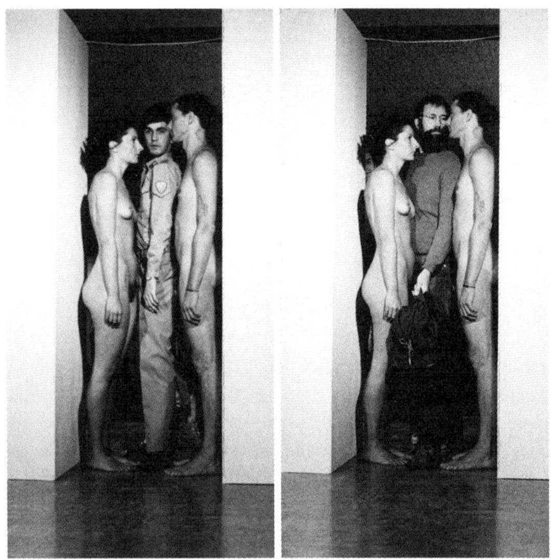

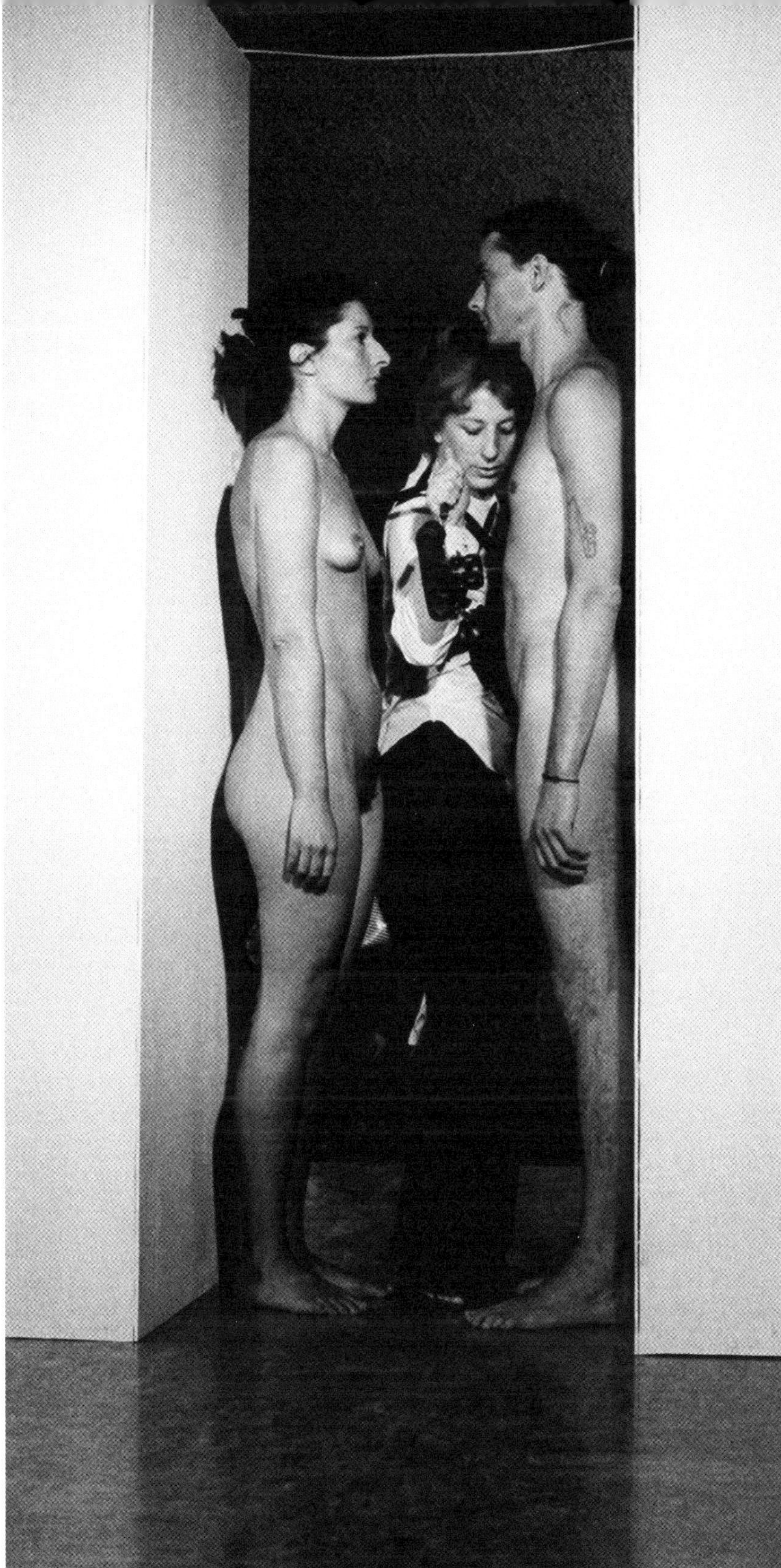

4.16 After the Gentlemen's Outfitter

As best you can, dress identically and meet in public—marvel together at the similarity in your appearance.

Unknown photographer, 2008

Nach dem Herrenausstatter

Sich, so gut es geht, gleich kleiden und in der Öffentlichkeit wie zufällig zusammentreffen – die Gleichartigkeit im Aussehen gemeinsam bestaunen.

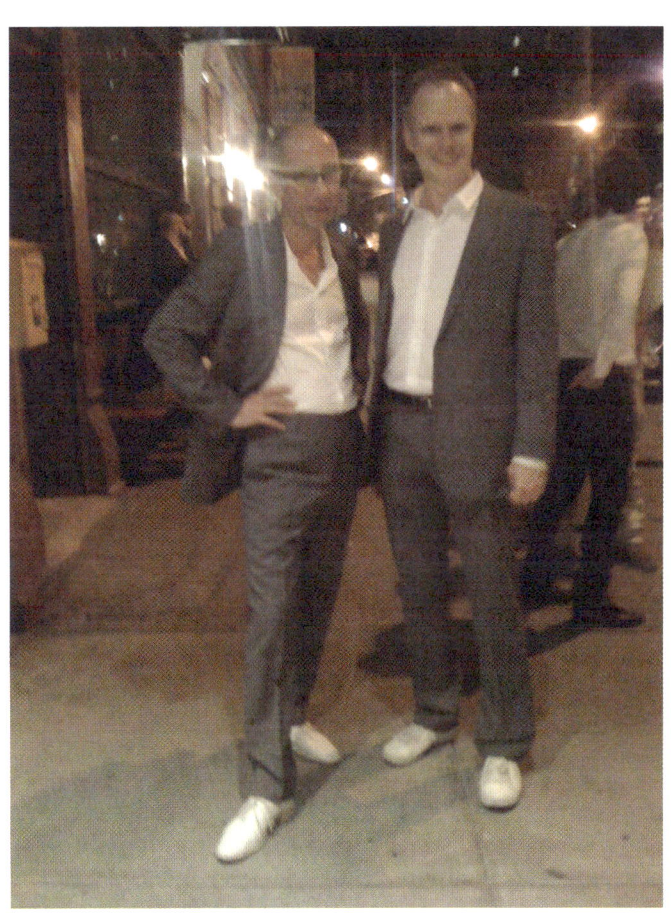

4.17 Immobility Exercise

In a public place two or more players maintain any position of their own choosing, without moving, for as long as possible. Unavoidable movements, such as blinking and breathing, are to be executed slowly. The players must not react if anyone talks to them. Rain and any other occurrences will also not put them off.

This immobility exercise is regularly practiced by the twin brothers in Ágota Kristóf's *The Notebook* in order to increase their own resilience and to equip them to withstand the vicissitudes of daily life. The twins also successfully inflict exercises on themselves that involve fasting, taking verbal abuse, and bearing pain.

Photography: Senay Berhe, 2022

Unbeweglichkeitsübung

An einem öffentlichen Ort zu zweit oder mehreren so lange wie möglich in einer beliebigen Körperstellung unbeweglich verharren. Unvermeidbare Bewegungen wie Augenschlag und Atmung sind langsam auszuführen. Die Spieler reagieren nicht, wenn sie angesprochen werden. Auch einsetzender Regen oder andere Ereignisse bringen sie nicht aus dem Konzept.

Die Unbeweglichkeitsübung wird von den Zwillingsbrüdern in Ágota Kristófs Buch *Le grand cahier* regelmäßig durchgeführt, um die eigene Widerstandskraft zu stärken und den Unwirtlichkeiten des (für sie sehr schweren) Alltags trotzen zu können. Außerdem peinigen sich die Zwillinge erfolgreich mit Fasten-, Beschimpfungs- und Schmerzduldungsübungen.

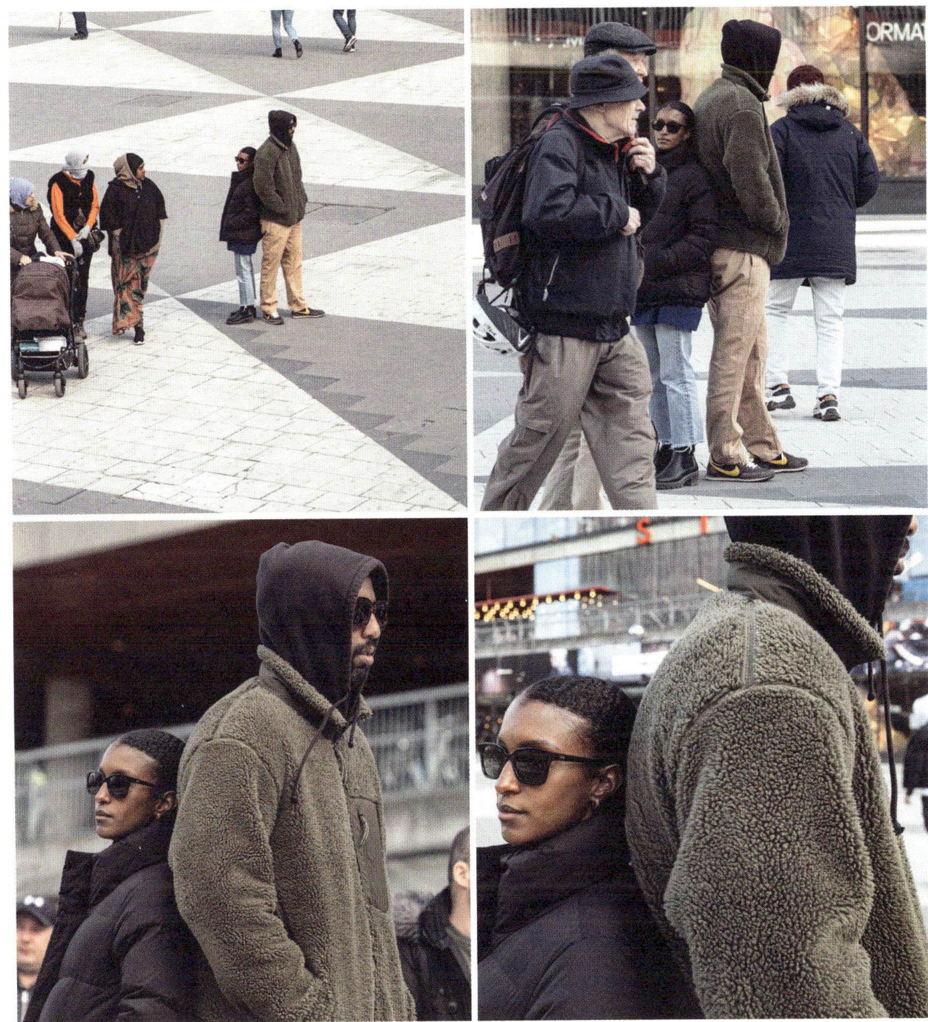

4.18

Englisch nein danke

Die Benutzung der englischen Sprache ist für nichtangloamerikanische Spieler ein Nachteil und daher für einen festzusetzenden Zeitraum zu verweigern. Es handelt sich um einen stummen Protest oder Streik gegen die Hegemonie der englischen Sprache. Nicht nur in Film und Musik führt die Dominanz des Englischen unvermeidlich zu einer Verbreitung angloamerikanischer Werte, denen in heutigen Zeiten aus Gründen des gesunden Menschenverstandes und der allgemeinen Vielfalt Einhalt zu gebieten ist; auch in der Wissenschaft werden Universitäten, Institute und einzelne Forscher anhand der Häufigkeit der Zitationen ihrer Publikationen in Fachzeitschriften bewertet, wobei eine Veröffentlichung im Englischen deutlich mehr Resonanz erfährt als in einer anderen Sprache – was aber nicht primär etwas über die Qualität der entsprechenden Forschungsleistung aussagt.

Die Spieler fallen durch ihre konsequente Verweigerung der Benutzung des Englischen natürlich vor allem im angloamerikanischen Sprachraum auf, aber auch bei Besuch fremdländischer Gäste aus nicht englischsprachigen Gebieten, wenn gewöhnlich das Englische als kleinster gemeinsamer sprachlicher Nenner Verwendung findet. Sie sollen nicht so tun, als beherrschten sie die Weltsprache nicht – sie sollten vielmehr ihre Verweigerung aktiv kundtun, so wie Vegetarier bei der Bestellung im Restaurant ja auch für gewöhnlich Haltung zeigen.

4.18

Englisch nein danke

Die Benutzung der englischen Sprache ist für nichtangloamerikanische Spieler ein Nachteil und daher für einen festzusetzenden Zeitraum zu verweigern. Es handelt sich um einen stummen Protest oder Streik gegen die Hegemonie der englischen Sprache. Nicht nur in Film und Musik führt die Dominanz des Englischen unvermeidlich zu einer Verbreitung angloamerikanischer Werte, denen in heutigen Zeiten aus Gründen des gesunden Menschenverstandes und der allgemeinen Vielfalt Einhalt zu gebieten ist; auch in der Wissenschaft werden Universitäten, Institute und einzelne Forscher anhand der Häufigkeit der Zitationen ihrer Publikationen in Fachzeitschriften bewertet, wobei eine Veröffentlichung im Englischen deutlich mehr Resonanz erfährt als in einer anderen Sprache – was aber nicht primär etwas über die Qualität der entsprechenden Forschungsleistung aussagt.

Die Spieler fallen durch ihre konsequente Verweigerung der Benutzung des Englischen natürlich vor allem im angloamerikanischen Sprachraum auf, aber auch bei Besuch fremdländischer Gäste aus nicht englischsprachigen Gebieten, wenn gewöhnlich das Englische als kleinster gemeinsamer sprachlicher Nenner Verwendung findet. Sie sollen nicht so tun, als beherrschten sie die Weltsprache nicht – sie sollten vielmehr ihre Verweigerung aktiv kundtun, so wie Vegetarier bei der Bestellung im Restaurant ja auch für gewöhnlich Haltung zeigen.

Nach dem Brexit ist diese Ablehnung des Englischen noch sinnvoller, wenn man sich auf kontinentaleuropäischem oder skandinavischem Boden befindet: Warum sprechen wir eine Sprache, die in dieser Gegend der Welt nicht einheimisch ist? In der Europäischen Union wird nur in Irland und Malta Englisch gesprochen. Weg damit.

Nach dem Brexit ist diese Ablehnung des Englischen noch sinnvoller, wenn man sich auf kontinentaleuropäischem oder skandinavischem Boden befindet: Warum sprechen wir eine Sprache, die in dieser Gegend der Welt nicht einheimisch ist? In der Europäischen Union wird nur in Irland und Malta Englisch gesprochen. Weg damit.

4.19 The No-Kill Eaters

The members of this new group of rebels reject all foods that require multicellular organisms to be killed. This covers all animals, plants, fungi, and any other groups of multicellular organisms that are sourced and prepared for human consumption. A head of lettuce, for instance, does not normally survive the process of being harvested. The entire organism dies. By contrast, berries and fruits are openly offered for consumption by the plants bearing them—their colors stand out, and the taste of their flesh makes them highly desirable—this of course helps disperse their seeds, and their mother survives unharmed.

No-Kill Eaters can't prevent single-cell organisms from being killed during the cooking process, but they try to spare any form of multicellular life. They eat the fruiting bodies of fungi because this does not harm the mycelium; they ingest animal secretions such as milk; they collect roadkill; they cook antlers that deer have shed, or skins and shells that snakes and crabs have outgrown; they eat unfertilized eggs; they pluck fruit and parts of plants without inflicting any real damage; they experiment with synthetic nutrition that grows on inorganic substrates; they split fossil-fuel carbon chains into digestible units; they use electricity to

Carsten Höller, *No Kill Kitchen Manifesto*, mixed media, 2019
Photography: Pierre Björk, 2019

Die Nicht-Killer-Esser

Diese neue Gruppe von Verweigerern lehnt alle Nahrung ab, die als Folge der Tötung von mehrzelligen Organismen gewonnen wurde. Das gilt für Tiere, Pflanzen, Pilze und alle weiteren Mehrzellergruppen, die für den menschlichen Verzehr gewonnen und zubereitet werden. Ein Salat beispielsweise überlebt den Ernteprozess normalerweise nicht, der gesamte Organismus geht zugrunde. Beeren und Früchte dagegen werden von ihren Trägerpflanzen regelrecht zum Konsum angepriesen, denn sie werden durch ihre Farbe sichtbar und durch den Geschmack des Fleisches begehrenswert – was natürlich der Verbreitung der Samen dient und ihre Mutter nicht tötet.

Die Nicht-Killer-Esser können die Tötung einzelliger Lebewesen beim Kochvorgang nicht verhindern, aber sie versuchen, alles zu schonen, was mehrzelliges Leben in sich birgt. Sie verzehren die Fruchtkörper der Pilze, weil das Pilzmyzel bestehen bleibt; sie nehmen tierische Sekrete wie Milch zu sich; sie sammeln verunglückte Tiere am Wegesrand; sie kochen abgeworfene Geweihe und Häutungsreste von Krebsen und Schlangen aus; sie essen unbefruchtete Eier; sie pflücken Früchte und Teile von Pflanzen, ohne diese nennenswert zu schädigen; sie experimentieren mit synthetischer Nahrung, die auf anorganischen Substraten wächst; sie spalten Kohlenstoffketten aus fossilen Rohstoffen in verdaubare Einheiten; sie

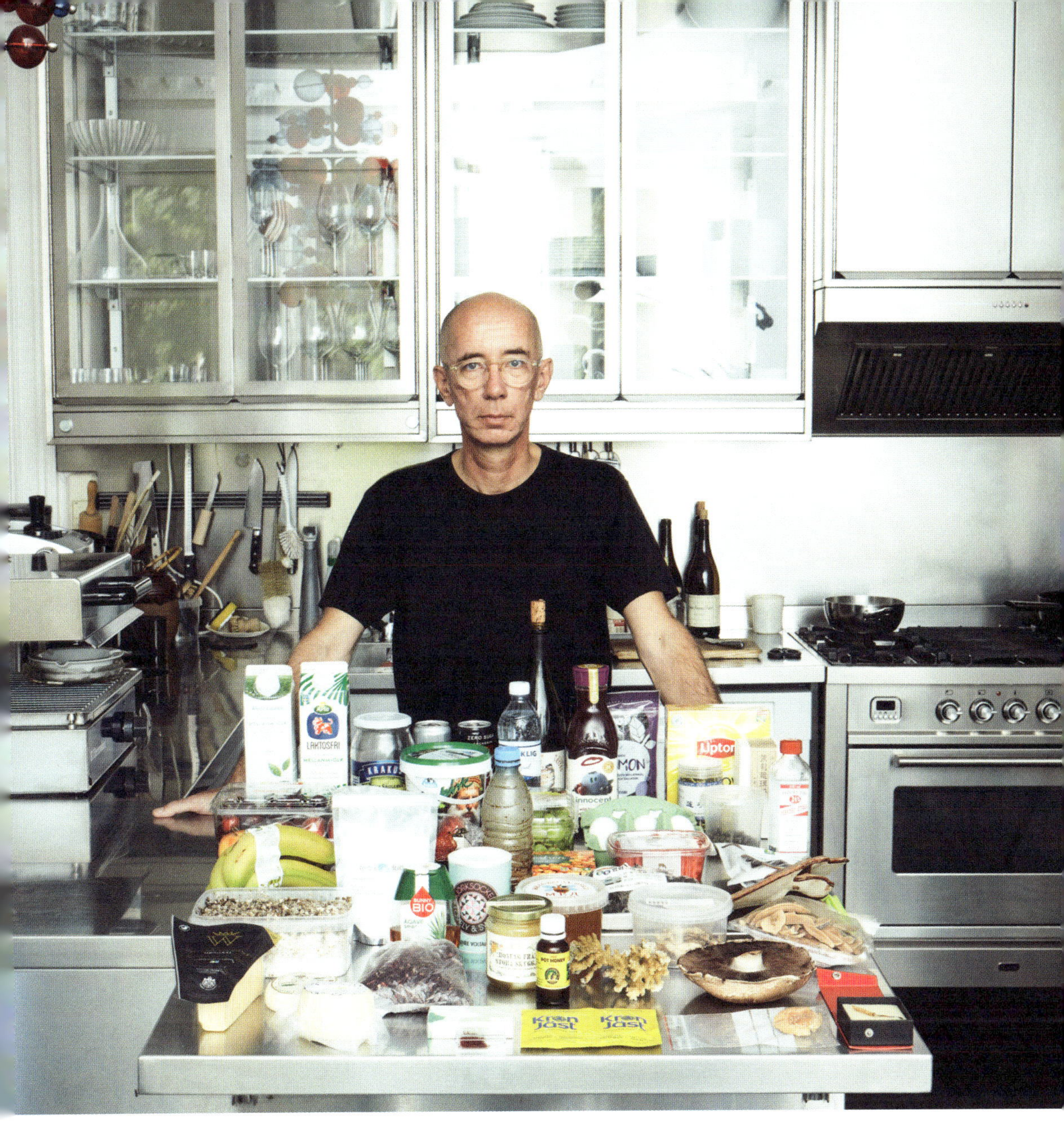
LAKTOSFRI
Lipton
innocent
SUNNY BIO
Kron Jäst
Kron Jäst

make proteins from water, carbon dioxide, or single-cell organisms. And they drink palm wine or apple juice or wine from grapes with unfertilized, single-cell seeds.

They see themselves as a countermovement to vegetarianism and veganism, whose followers they dismiss as "unreconstructed, self-centered know-it-alls" who fail to address the question of what life actually is. Vegetarians and vegans do not consume animals (or their products) because they identify with the animals, which is not hard, even for simple souls. (Some especially hypocritical vegetarians do, however, eat fish, possibly because these underwater creatures cannot scream—but more likely because they just seem so alien to those navel-gazers. The only valid argument for not eating animals is the intention not to cause the pain that evidently all vertebrates feel—so that also includes fish. But it seems we only have compassion for human beings.)

The fact is that lettuce is also a highly developed life form: It would flower and bear seeds if it were not harvested, separated into a head and roots, and thus killed. But this does not occur to the vegetarian when he plunges his fork into the organism expiring on his dinner plate. As sedentary beings, plants live in a different reality, but they exchange complex information with each other both underground and through air and water, partially with other living beings as well—symbionts, mutualists, enemies, their enemies' enemies. People will never

stellen Proteine aus Wasser, Kohlendioxid oder Einzellern elektrisch her. Dazu trinken sie Palmwein oder Apfelsaft oder Wein aus Trauben mit unbefruchteten, einzelligen Samen.

Sie verstehen sich als eine Gegenbewegung zum Vegetarismus und Veganismus, die sie als „undurchdachte, von sich selbst ausgehende Besserwisser" disqualifizieren, die sich mit der Frage, was denn Leben eigentlich sei, nicht beschäftigten. Vegetarier und Veganer verzichteten auf den Verzehr von Tieren (und deren Produkten), weil sie sich mit den Tieren identifizierten, was ja auch einfacheren Gemütern nicht schwerfalle (einige besonders Scheinheilige unter ihnen äßen dann doch Fisch, vielleicht weil diese Wasserbewohner nicht schreien können, aber wohl eher weil sie diesen nabelschauenden Zeitgenossen zu fremd erschienen. Das einzig gültige Argument für den Verzicht auf Tiere essen sei der Versuch, den Schmerz zu vermeiden, den offensichtlich alle Wirbeltiere empfinden, also auch Fische. Mitleid gibt es aber nur beim Menschen, so scheint es).

Dass ein Salat ebenfalls eine hoch entwickelte Lebensform darstellt, die blüht und Samen trägt, wenn sie nicht bei der Ernte in Blatt und Wurzel zerteilt und somit getötet wird, kommt dem Vegetarier nicht in den Sinn, wenn er seine Gabel in den vor ihm auf dem Teller dahinsterbenden Organismus bohrt. Pflanzen leben aufgrund ihrer Sesshaftigkeit in einer anderen Wirklichkeit, aber sie tauschen sowohl unterirdisch als auch durch Luft und Wasser komplexe

know what it is to be lettuce—lettuces are too far removed from us in the way they live. However, from the point of view of The No-Kill Eaters, relegating the lettuce to an inferior status solely because of one's own inability to understand it is a very sad demonstration of the limits of the human mind.

Informationen aus, teilweise auch mit anderen Lebewesen, mit Symbionten, Mutualisten, ihren Feinden oder den Feinden ihrer Feinde. Wie es ist, ein Salat zu sein, können die Menschen wohl niemals wissen, dafür ist er zu weit von ihnen entfernt in seiner Lebensart. Ihn abzustufen auf einen niedrigeren Rang aufgrund des Unvermögens, ihn zu verstehen, ist aber aus Sicht der Nicht-Killer-Esser eine sehr traurige Manifestation der Grenzen des menschlichen Denkraums.

4.20 The Cheap-Eaters

In the spirit of Thomas Bernhard's book of the same title, form a group with kindred spirits with the aim of eating together cheaply and well. "For years he had fraternized with the cheap-eaters and had eaten cheaply with the cheap-eaters, had eaten more cheaply with the cheap-eaters than anywhere else and actually he had never eaten both as cheaply *and* as well anywhere else."

Photography: Chloë Lum and Yannick Desranleau, 2022

Die Billigesser

In Anlehnung an Thomas Bernhards gleichnamiges Buch eine Gruppe Gleichgesinnter gründen mit dem Ziel, gemeinsam billig und gut zu essen. „Jahrelang war er mit den Billigessern zusammen gewesen und hatte mit den Billigessern billig gegessen, so billig mit den Billigessern gegessen wie nirgends sonst und tatsächlich wie nirgends so billig *und* gut gegessen."

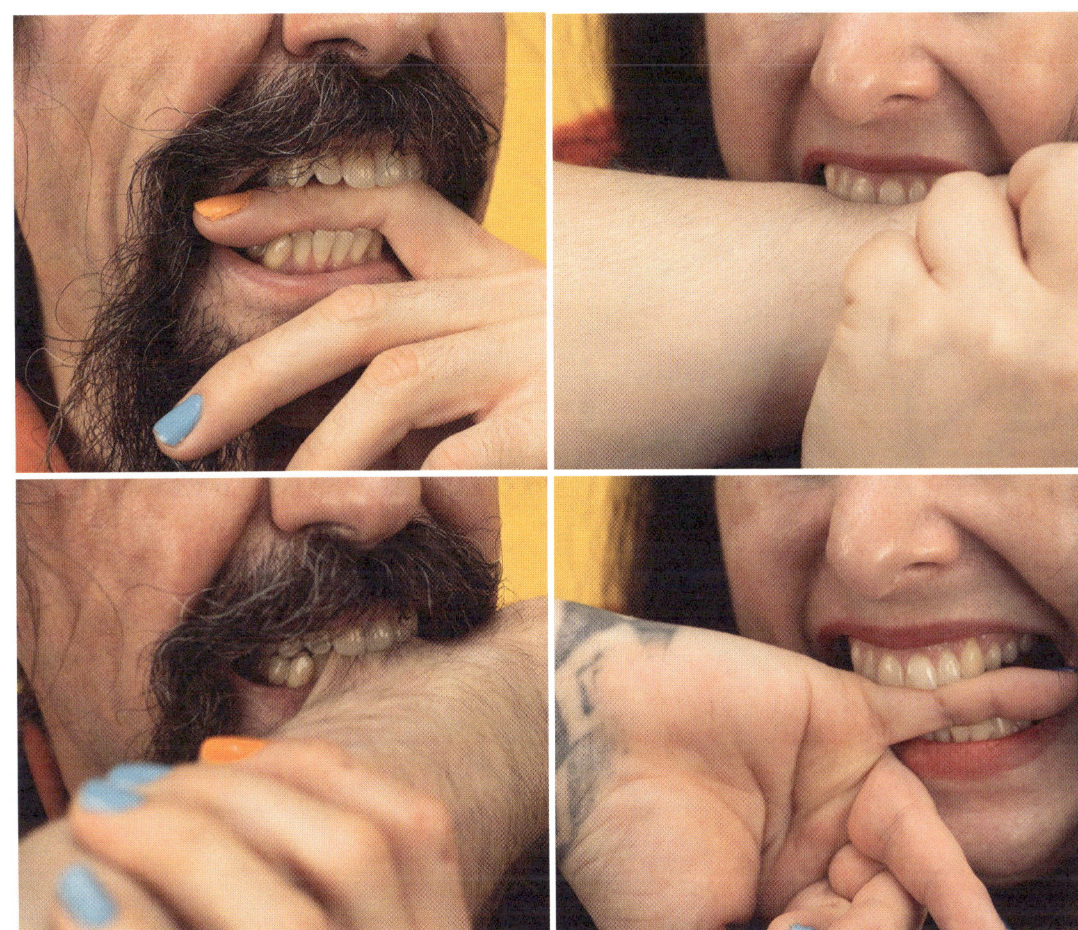

4.21 Tickle Laugh

The players tickle each other and in doing so learn how to laugh in other situations just as convulsively and involuntarily as if they were being tickled. Laugh like that in funny moments.

Photography: Bridget Moser with Paul Tjepkema, 2022

Kitzellachen

Die Spielerinnen kitzeln sich gegenseitig und lernen daraufhin, auch ohne gekitzelt zu werden genauso krampfhaft und gegen den eigenen Willen zu lachen wie beim Gekitzelt werden. In lustigen Augenblicken dann so lachen.

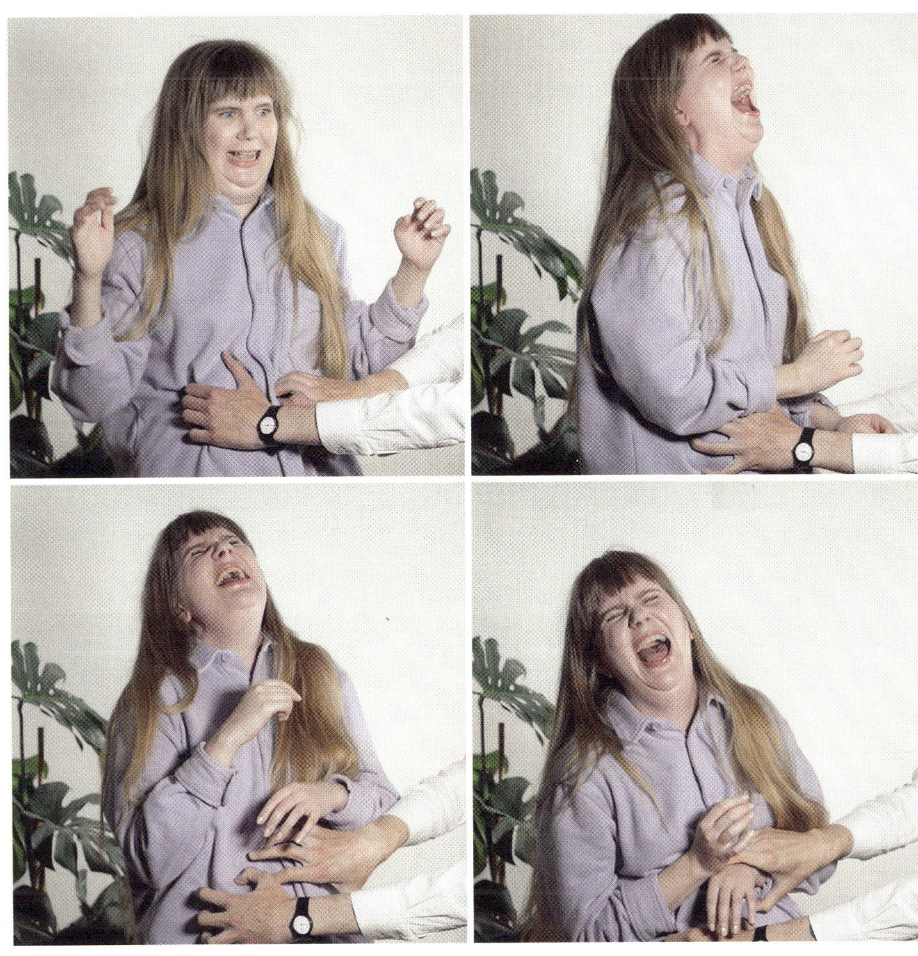

4.22 The Kingdom of Elgaland-Vargaland

The Kingdom of Elgaland-Vargaland was proclaimed by its founders Leif Elggren and Carl Michael von Hausswolff on May 27, 1992. Before that, on March 14, 1992, they had already occupied the following territories:

> I. All border frontier areas between all countries on earth, and all areas (up to a width of 10 nautical miles) existing outside all countries' territorial waters.
>
> II. Mental and perceptive territories such as the Hypnagogue State (civil), the Escapistic Territory (civil), and the Virtual Space (digital).

The constitution was declared in Stockholm on October 14, 1992. Since then, May 27 is National Day and October 14 is King's Day.

Leif Elgreen and Carl Michael von Hausswolff, *The Kingdoms of Elgaland-Vargaland. Constitution*, 2002

Königreich Elgaland-Vargaland

Das Königreich Elgaland-Vargaland wurde von den beiden Gründern Leif Elggren und Carl Michael von Hausswolff am 27. Mai 1992 ausgerufen. Sie hatten zuvor, am 14. Mai 1992, folgende Territorien besetzt:

> I. Sämtliche Grenzgebiete zwischen allen Ländern der Erde sowie sämtliche Seegebiete (bis zu einer Breite von höchstens 10 Seemeilen) jenseits der Seehoheitsgebiete sämtlicher Länder.
>
> II. Mentale und perzeptive Territorien wie den Hypnagogen Zustand (zivil), das Eskapistische Territorium (zivil) und den Virtuellen Raum (digital).

Die Verfassung wurde am 14. Oktober 1992 in Stockholm, Schweden, deklariert. Seitdem ist der 27. Mai Nationalfeiertag und der 14. Oktober Königstag.

§19
Kleines Wappen

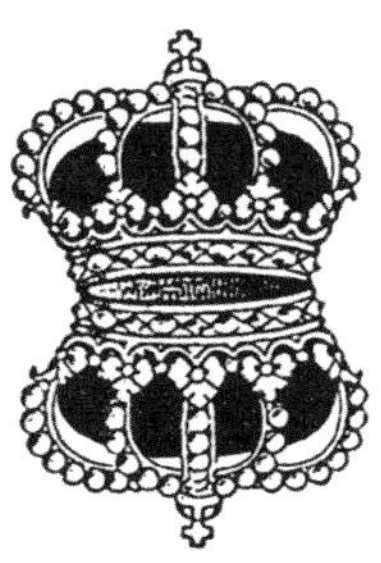

§20
Nationalhymne.

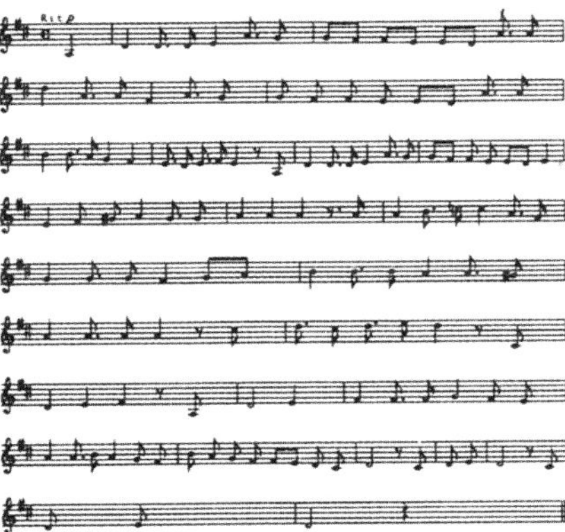

Games for Multiple Players to Play Together

Spiele, die zu mehreren untereinander gespielt werden

5.1 Misunderstanding Freud

All the players agree to shout "Mama!" or "Papa!"—simultaneously, at the top of their lungs. The exact moment in time is decided by group intuition.

Photography: John Scarisbrick, 2022

Freud falsch verstanden

Die Spieler verabreden, alle gleichzeitig zu einem bestimmten Zeitpunkt sehr laut „Mama!" oder „Papa!" zu schreien. Der Zeitpunkt ist durch gegenseitige Einfühlung zu finden.

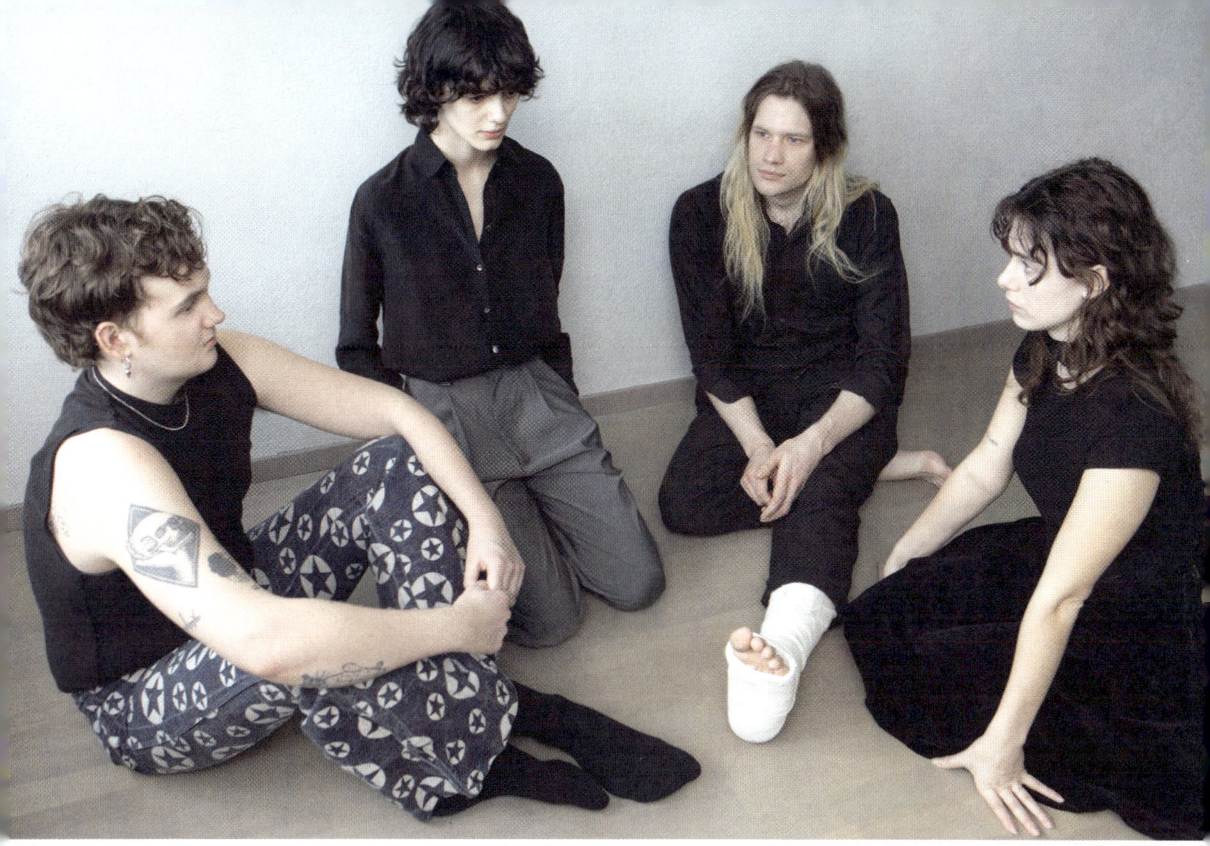

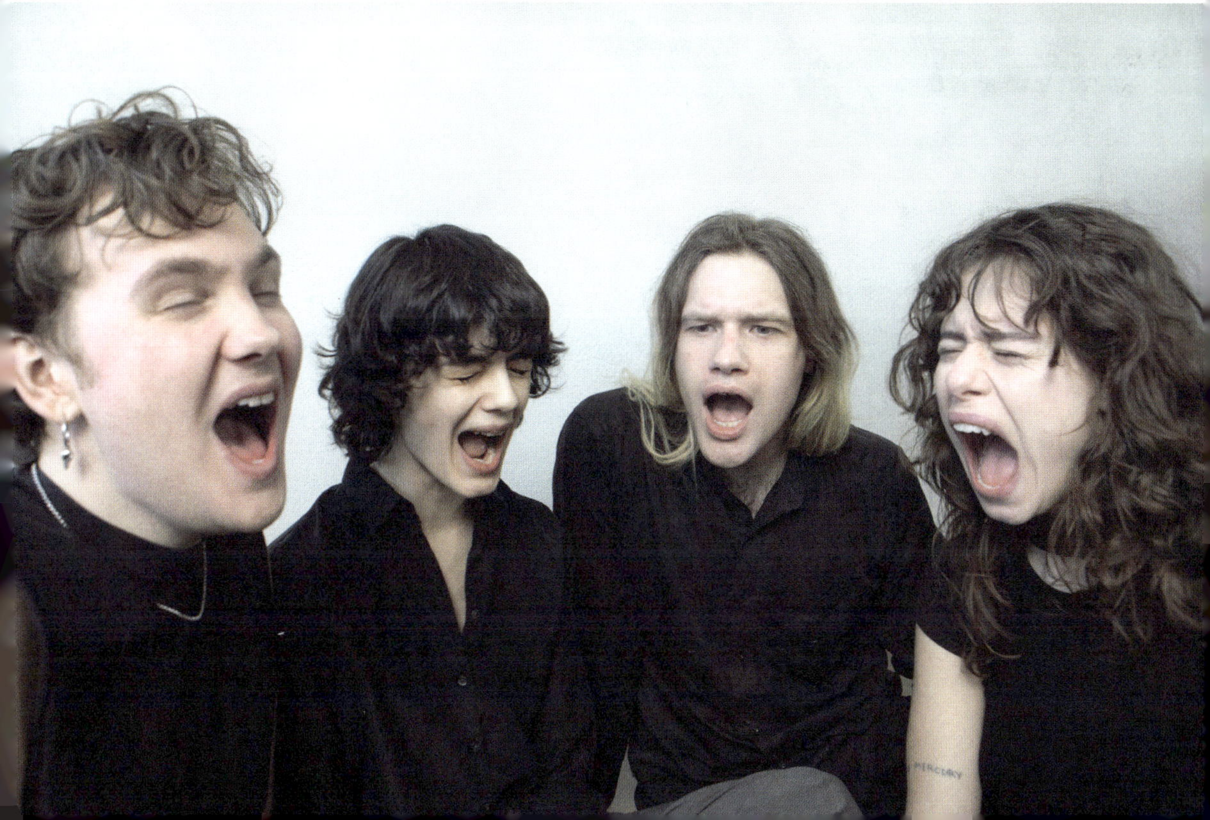

5.2 Dead in the Wink of an Eye

One person—the Bystander—shakes hands with all the others. She chooses one of the others as the Murderer by pressing her index finger higher onto that player's wrist, to feel his pulse as they shake hands. She then plays no further part in the game. The Murderer starts killing other players by looking his victims in the eye and winking at them. The dead exit the arena with bowed heads. Those who are still alive try to catch the Murderer by spotting his behavior without getting killed. The Murderer tries to claim as many victims as possible before his identity is revealed.

Photography: Jessie Kleemann, 2022

Totknieper

Die Unbeteiligte gibt allen Anwesenden die Hand. Einer Person, dem „Mörder", drückt sie beim Händegeben den Zeigefinger an den Unterarm (dort, wo der Puls gemessen wird), um ihn als solchen zu bezeichnen. Der Mörder tötet, indem er seinem Opfer in die Augen schaut und dabei ein Auge zukneift. Die Toten verlassen gesenkten Hauptes die Arena. Die noch Lebenden versuchen den Mörder zu fangen, indem sie ihn an seinem Verhalten erkennen, ohne dabei getötet zu werden. Der Mörder versucht, so viele Opfer wie möglich umzubringen, bevor er identifiziert wird.

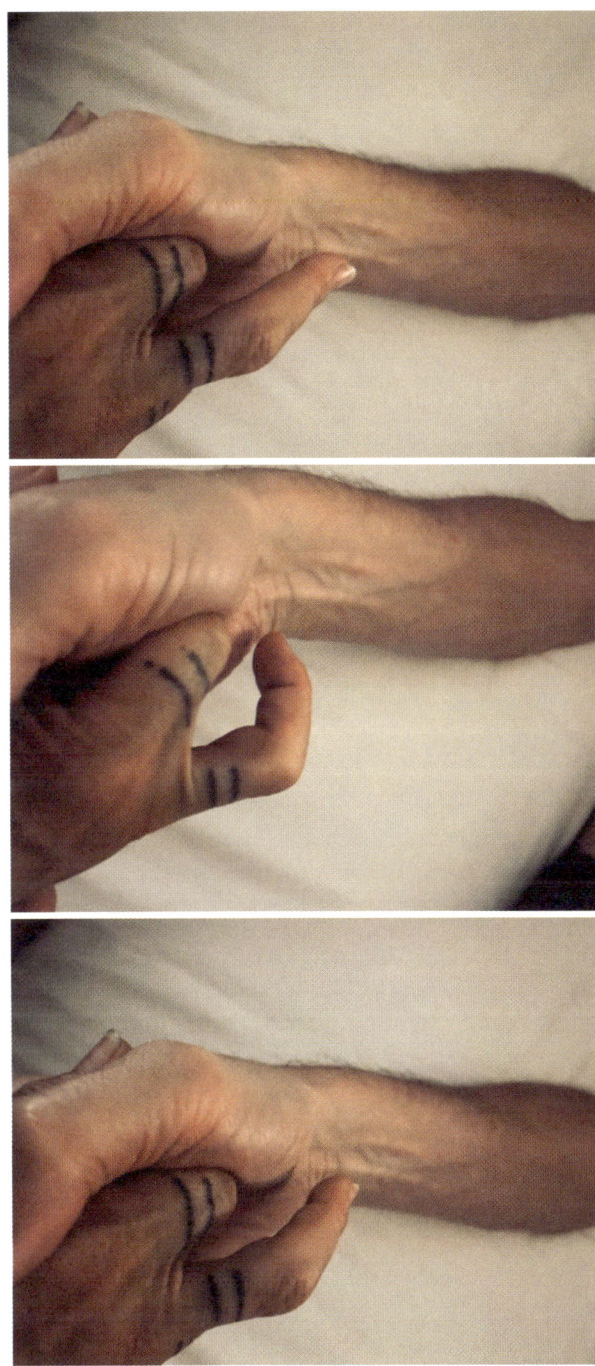

5.3 Running the Kiss-Kick-Gauntlet

Form two parallel rows facing each other. The last person (first on one side and then on the other) walks through, between the rows. Having been kissed by everyone on one side and kicked and pummeled by everyone on the other side, he takes up his new place at the front. The group thus slowly edges forward.

Jose Alejandro Medina Bickford, AI-generated image, 2022

Spießküssenlaufenprozession

Zwei parallele Reihen bilden, Gesichter einander zugewandt. Die letzte Person geht hindurch (abwechselnd zwischen beiden Reihen), wird von allen auf der einen Seite der Reihe geküsst und von allen auf der anderen Seite getreten und geschlagen und stellt sich vorne wieder an. So prozessiert die Gruppe langsam voran.

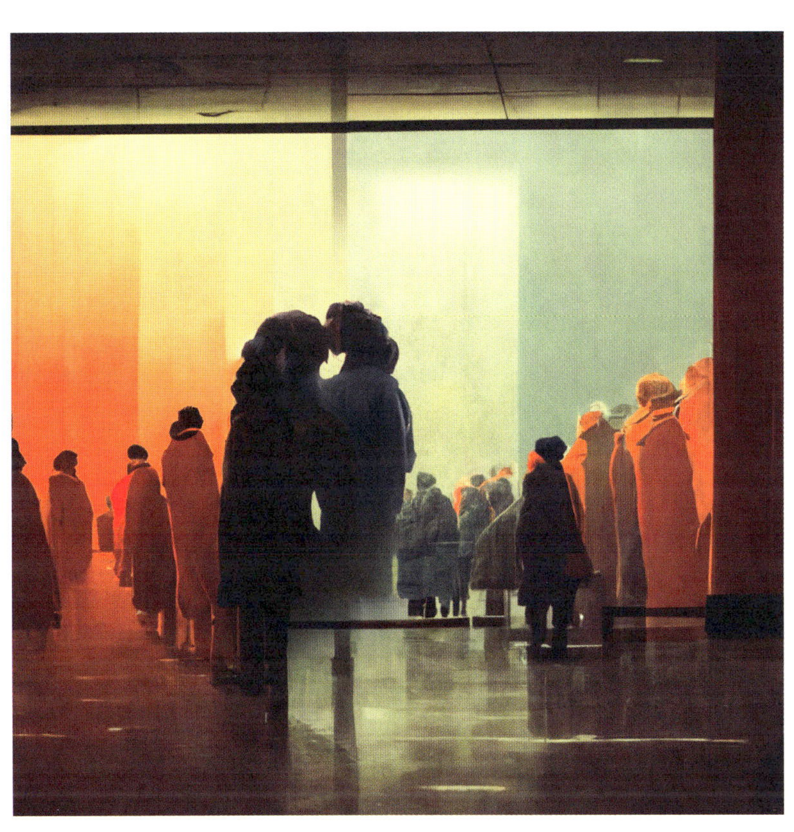

5.4 The Opposites Game

Everyone says the opposite of what they mean. People see if they can still catch each other's drift. Or are they actually coming closer to the truth?

Ken Lum, *Portrait-Logo Series*, photography, 1989

Das Gegenteilspiel

Alle sagen genau das Gegenteil von dem, was sie meinen. Prüfen, ob eine Verständigung noch möglich ist. Oder kommen sie der Wahrheit nahe?

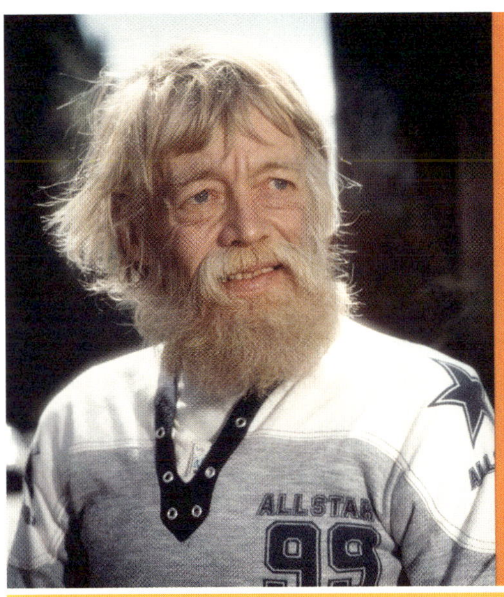

PETE NORRIS

COULD USE A DRINK!

ALEX GONZALEZ

LOVES HIS MOTHER AND FATHER

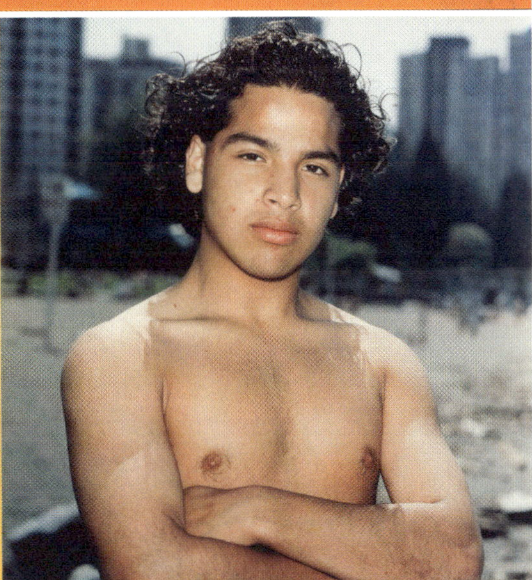

5.5 Knot Mother, Help Us!

The players (at least two, but more is better) hold hands to form a closed chain and then deliberately get all tangled up with each other—never letting go. They clamber over and under each other, through arms and between legs. The Knot Mother comes and tries to untangle the knot without separating their hands.

Photography: Wolfgang Tillmans, 1995

Knotenmutter, hilf uns!

Die Spieler (mindestens zwei, besser mehr) fassen sich an den Händen, sodass eine geschlossene Kette entsteht, und verknoten sich daraufhin vollständig, ohne sich loszulassen. Sie klettern dabei über- und untereinander durch Arme und Beine der anderen hindurch. Die Knotenmutter kommt jetzt hinzu und versucht, den Knoten zu entwirren, ohne die Hände zu lösen.

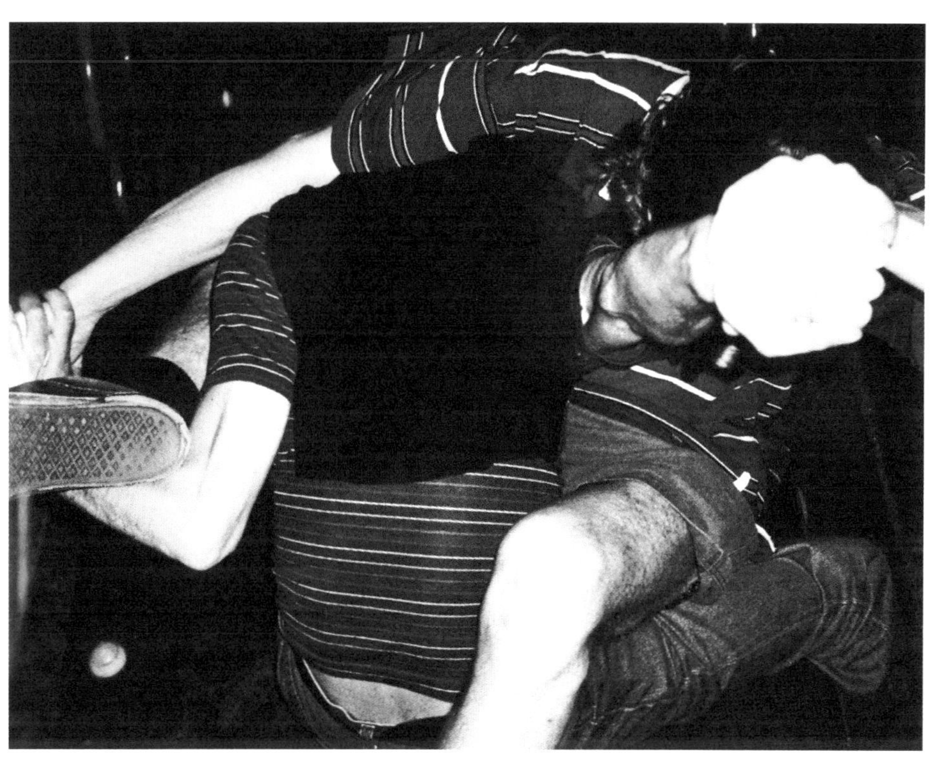

5.6 Truth or Dare

A very well-known game. The person whose turn it is can choose either to give a truthful answer to a very intimate or compromising question or to take a "dare" and do whatever the others command.

Ian Cheng, *Life after BOB: The Chalice Study*, real-time story and simulation, 2021–22

Wahrheit oder Strafe

Ein reichlich bekanntes Spiel. Wer an der Reihe ist, kann wählen. Bei „Wahrheit" muss auf eine sehr intime oder im weitesten Sinne kompromittierende Frage wahrheitsgetreu geantwortet werden. Bei „Strafe" muss das von den anderen Gewünschte ausgeführt werden.

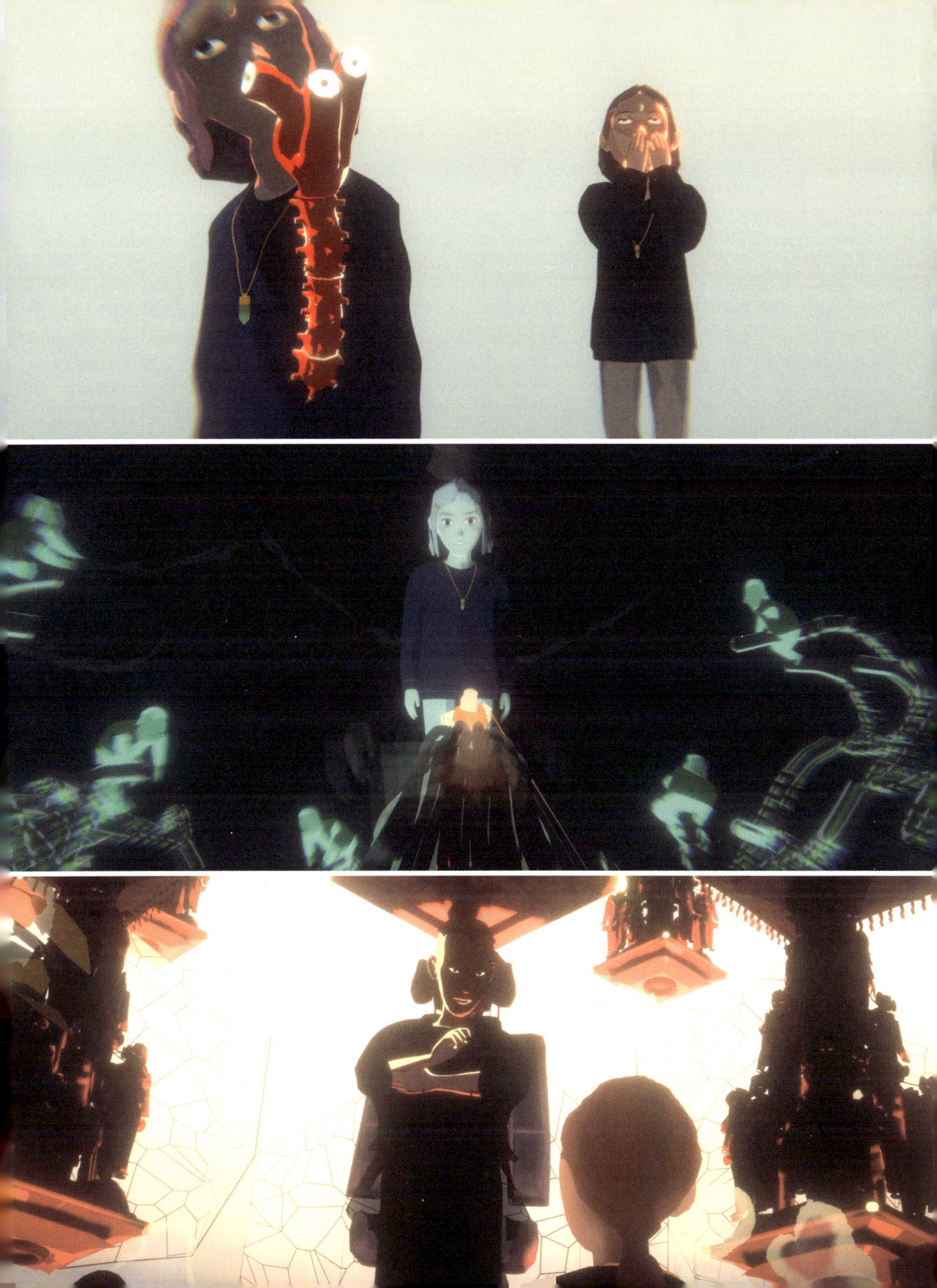

5.7 Waiting for the Bus

Each person sits on the next person's lap, creating a closed circle. Now everyone has a seat without the need for any chairs at all.

Photography: Wolfgang Tillmans, 1995

Auf den Bus warten

Jeder setzt sich so auf die Knie des anderen, dass ein geschlossener Kreis entsteht. So sitzen alle, ohne dass auch nur ein einziger Stuhl gebraucht wird.

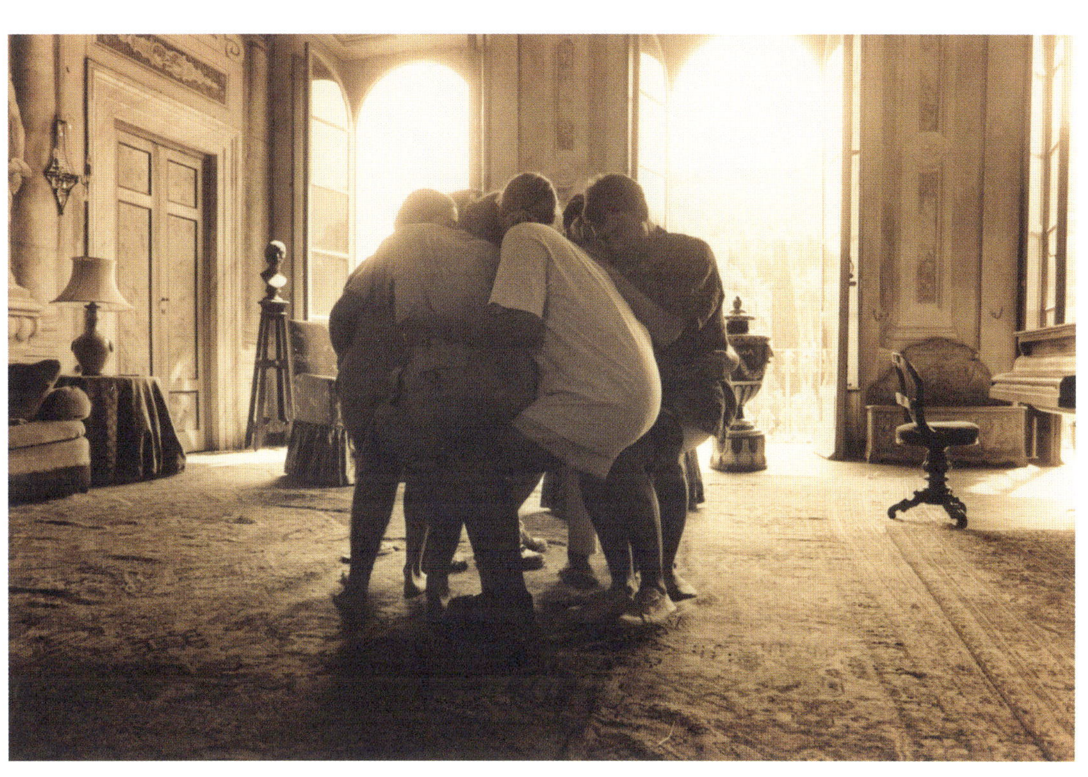

5.8 Trance

One player spins around and around, looking up and staring at a spot on the ceiling for about 10 minutes. The others form a circle around the spinner and catch him if he gets dizzy. The people standing in the circle clap steadily but quickly, in time with each other (one hundred claps per minute) until the spinner goes into a trance. Drums or other sound bodies are often played repetitively as a way of inducing a trance.

Photography: Mevlana Semazen, 2016

Trance

Einer dreht sich im Kreis, hält dabei den Kopf erhoben und starrt auf einen Fleck an der Decke. Ungefähr zehn Minuten. Kreis um den sich Drehenden bilden und den Schwindligen notfalls auffangen. Die im Kreis Stehenden klatschen synchron und monoton mit hoher Schlagfrequenz (100 Schläge pro Minute) in die Hände, bis Trancezustände induziert werden. Bei den meisten Trance-Séancen werden Trommeln oder andere Klangkörper monoton bespielt, um die Induktion der Trance auszulösen.

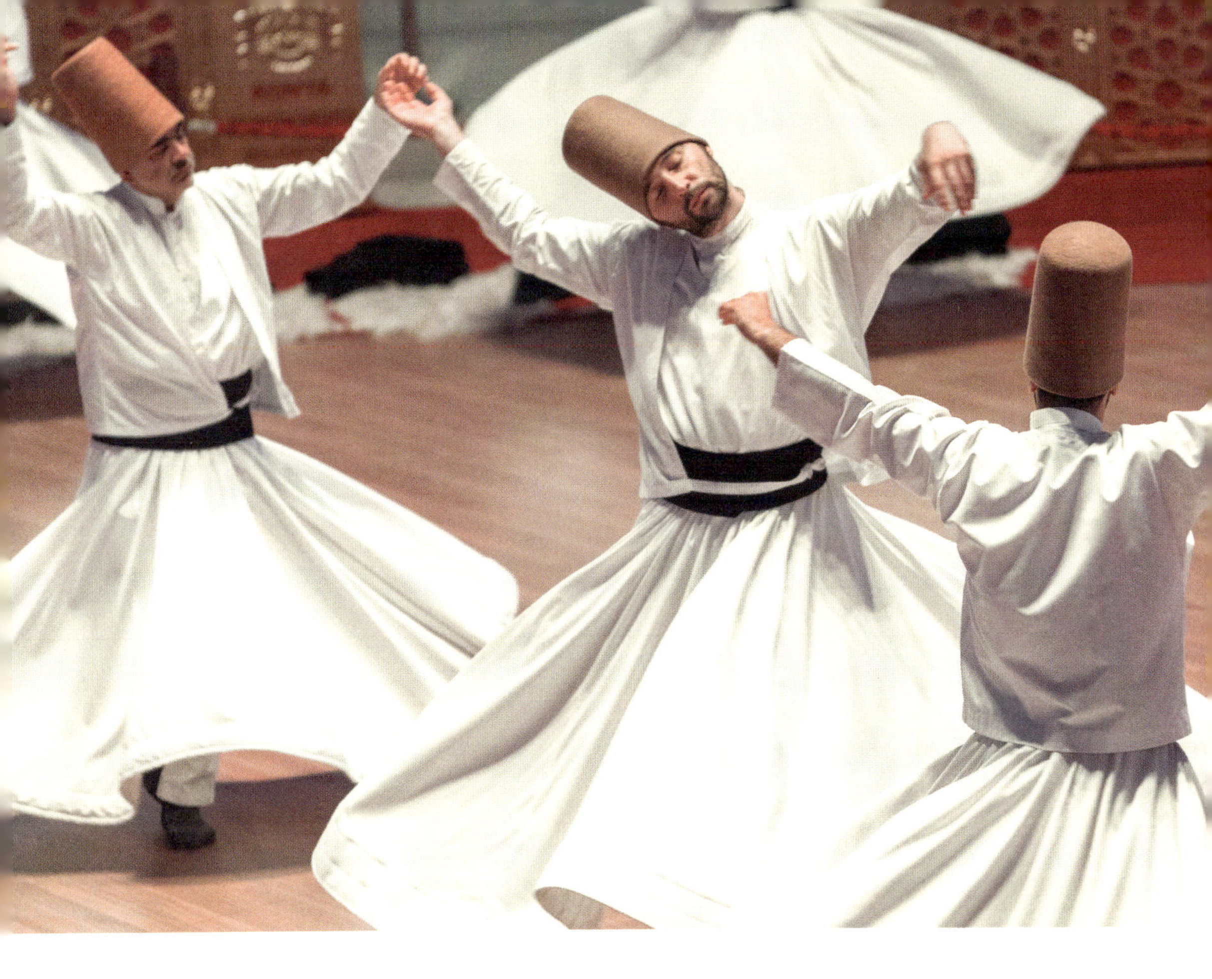

5.9 All for One

One person lies on the floor on her stomach or back, and four to six players very slowly lift her up by sliding their palms underneath her upper, middle, and lower body and raising her up to hip height. They gently rock her. No one speaks.

This method is used as therapy for patients with depression. They say it works wonders. People have reported feeling much better after this treatment and even experiencing rare moments of happiness.

Photography: Carsten Höller, *Martin and Friends*, 1997

Alle für eine

Eine Person legt sich bäuch- oder rücklings auf den Boden und wird von 4–6 Spielern sehr langsam in die Luft gehoben. Dazu schieben sie die Handinnenflächen unter den Ober-, Mittel- und Unterkörper und heben die Person bis auf Hüfthöhe an. Leise wiegen. Nicht sprechen.

Wird zur Therapie depressiver Patienten eingesetzt. Soll Wunder bewirken. Die Getragenen fühlen sich nach der Behandlung wesentlich besser und sprechen von selten erlebten Glücksgefühlen.

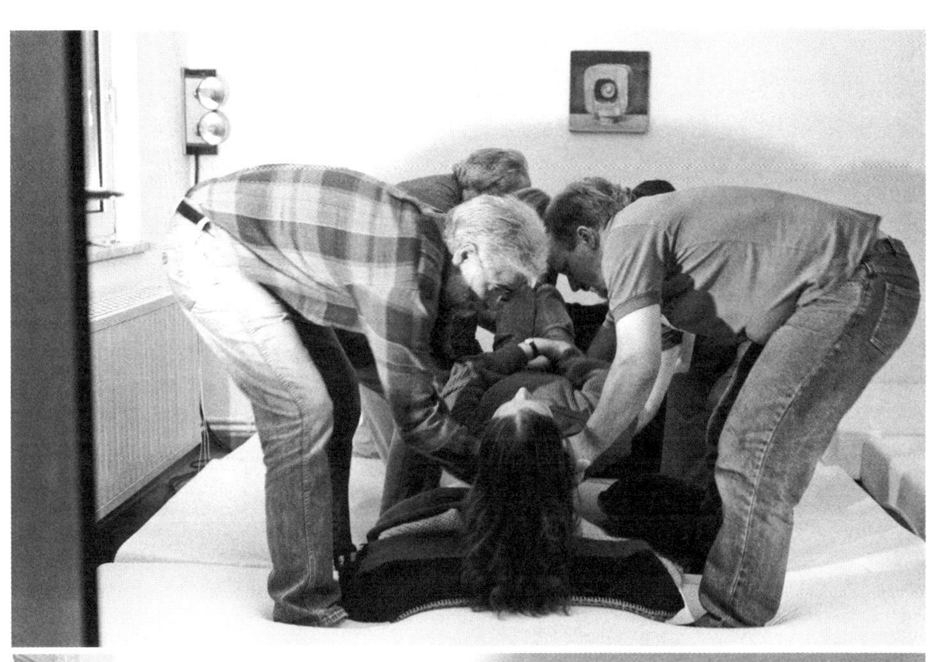

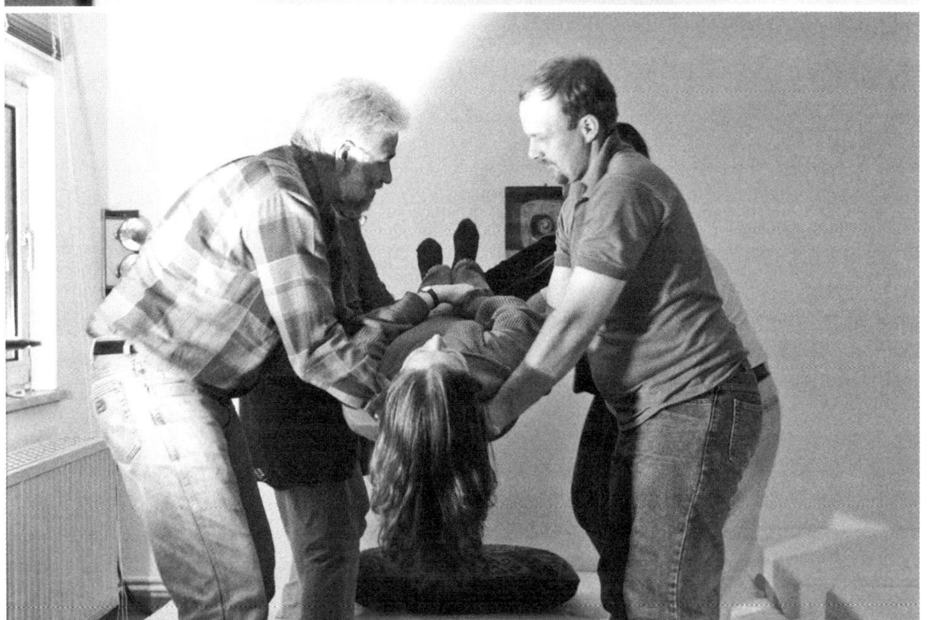

5.10 Letter People

Use people to form letters spelling out a geographical phenomenon or the calendar date or the time.

The current clock time in a digital format requires a very capable, experienced team if it is going to include seconds as well as hours and minutes.

Photography: Liz Hopkins, 2019

Klein-Hollywood Letterpeople

Aus Körpern einen Schriftzug bilden, der den Namen einer geografischen Begebenheit wiedergibt. Oder das Kalenderdatum oder die Zeit darstellen.

Für die aktuelle Uhrzeit in digitaler Form bedarf es einer eingespielten, leistungsfähigen Truppe, wenn neben Stunden und Minuten auch die Sekunden wiedergegeben werden sollen.

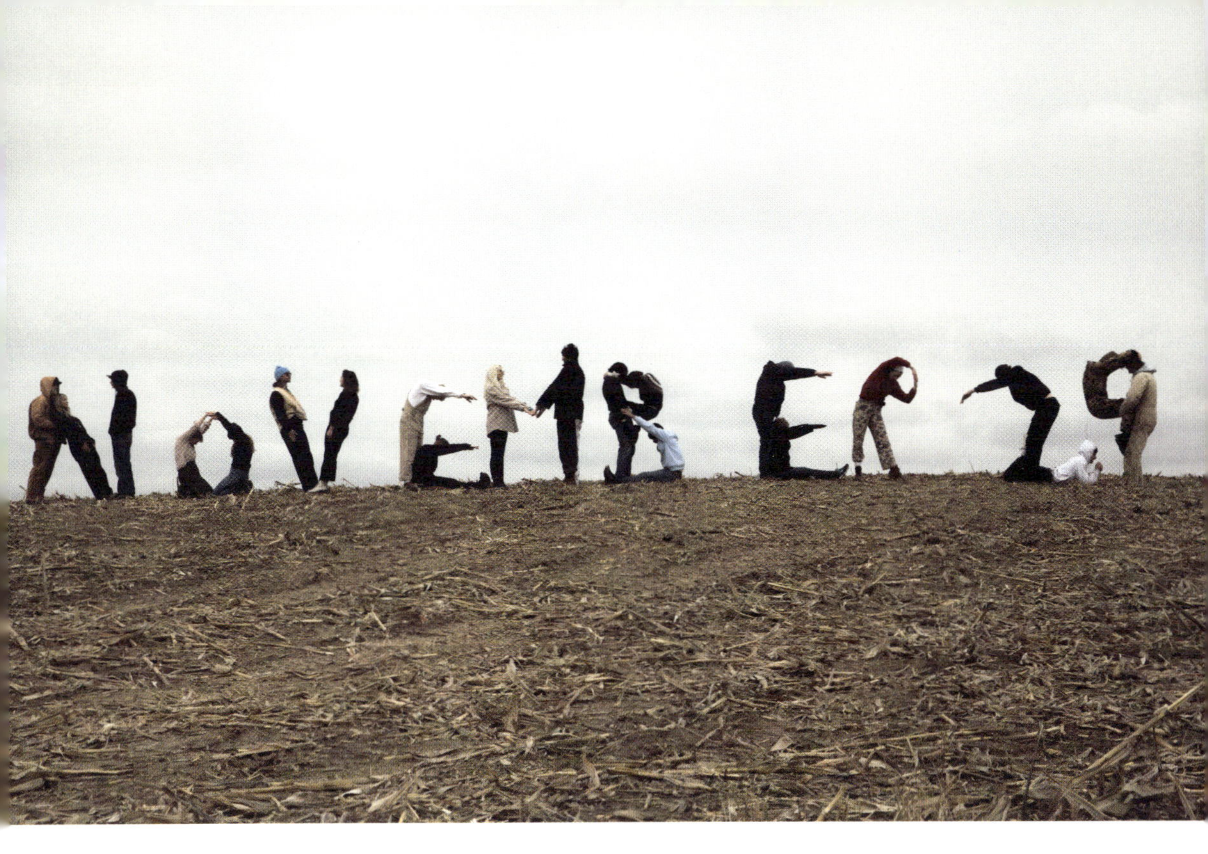
NOVEMBER 29

5.11 The Exorcists

Take wildly irregular steps, stomping your feet to make extremely atypical walking sounds. People who are nearby but cannot see The Exorcists should seriously wonder what the devil all this trampling is about.

Photography: Carsten Höller, *Jan and Friends*, 1997

Die Exorzisten

Übertrieben unregelmäßig laufen und dabei stark mit den Füßen auftreten, sodass äußerst untypische Gehgeräusche erzeugt werden. Personen, die sich in der Nähe befinden, aber Die Exorzisten nicht sehen können, sollen sich ernstlich Gedanken machen, was zum Teufel dieses Getrappel sein kann.

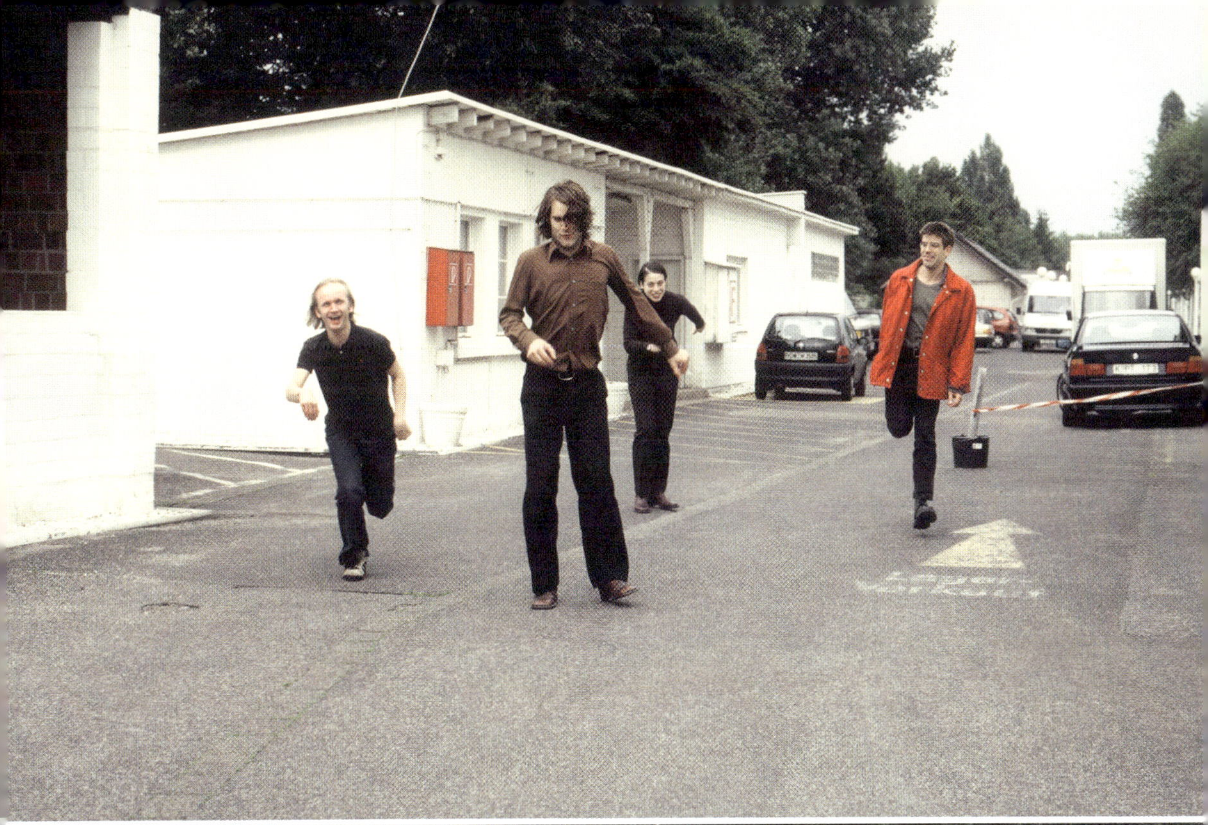

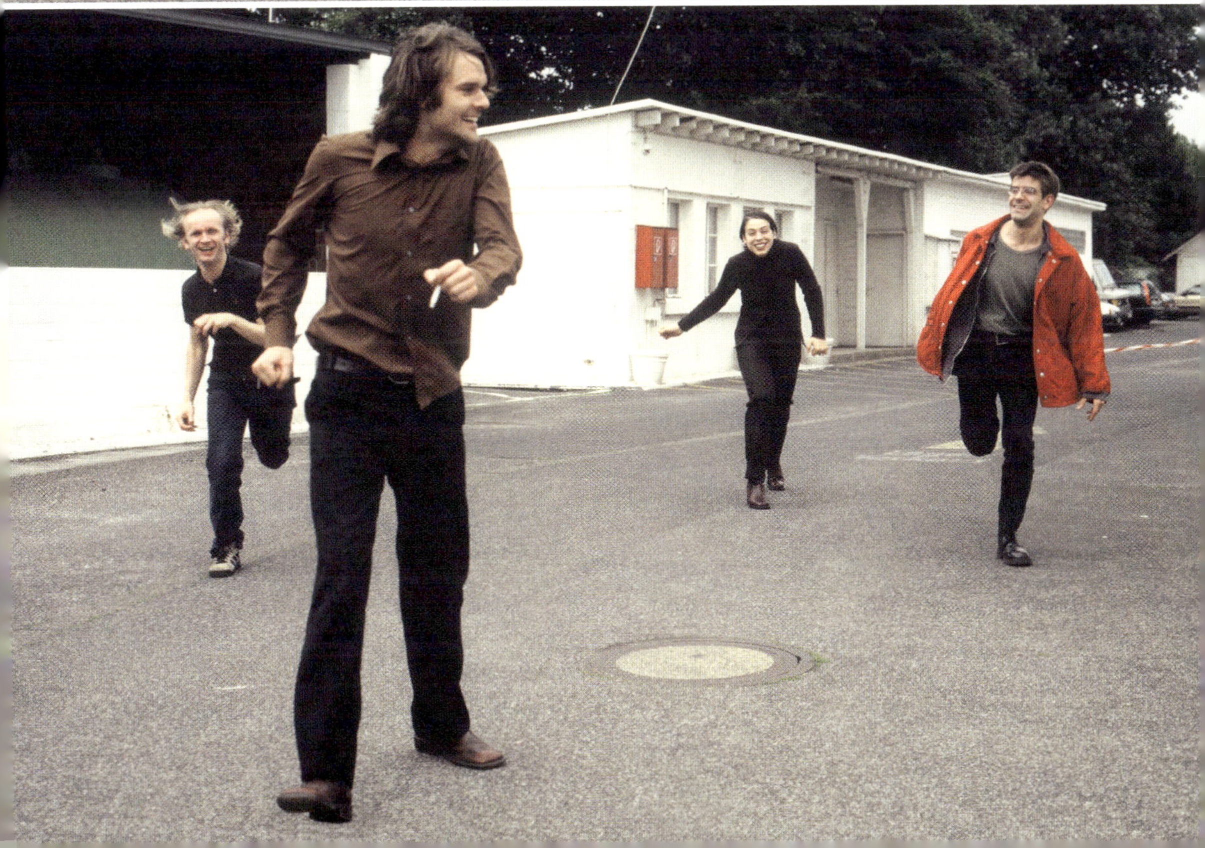

5.12 What's My Line?

Form two teams. One group comes up with an activity and communicates it to just one player in the other team. That player must now silently convey the activity to his team members using only gestures. Set a time limit. Swap over.

This can also be played in a version from *What's My Line?* (the game show with John Charles Daly), where the aim is to guess a player's occupation by asking yes/no questions. At the start of the game, the player mimes an action associated with their occupation.

Photographer and year unknown

Was mache ich, was bin ich?

Zwei Gruppen bilden. Die eine Gruppe einigt sich auf eine Tätigkeit und gibt sie an nur einen Spieler der anderen Gruppe weiter. Dieser muss nun stumm, durch bloße Gestik, den Mitgliedern seiner Gruppe vermitteln, um welche Tätigkeit es sich handelt. Zeitlimit. Abwechseln.

Kann auch in der klassischen Robert-Lembke-Talkshow-Version gespielt werden, wo es gilt, den Beruf einer Spielerin durch Fragen zu erraten, die sie nur mit Ja oder Nein beantworten darf. Am Anfang zeigt die Spielerin eine für ihren Beruf typische Handbewegung.

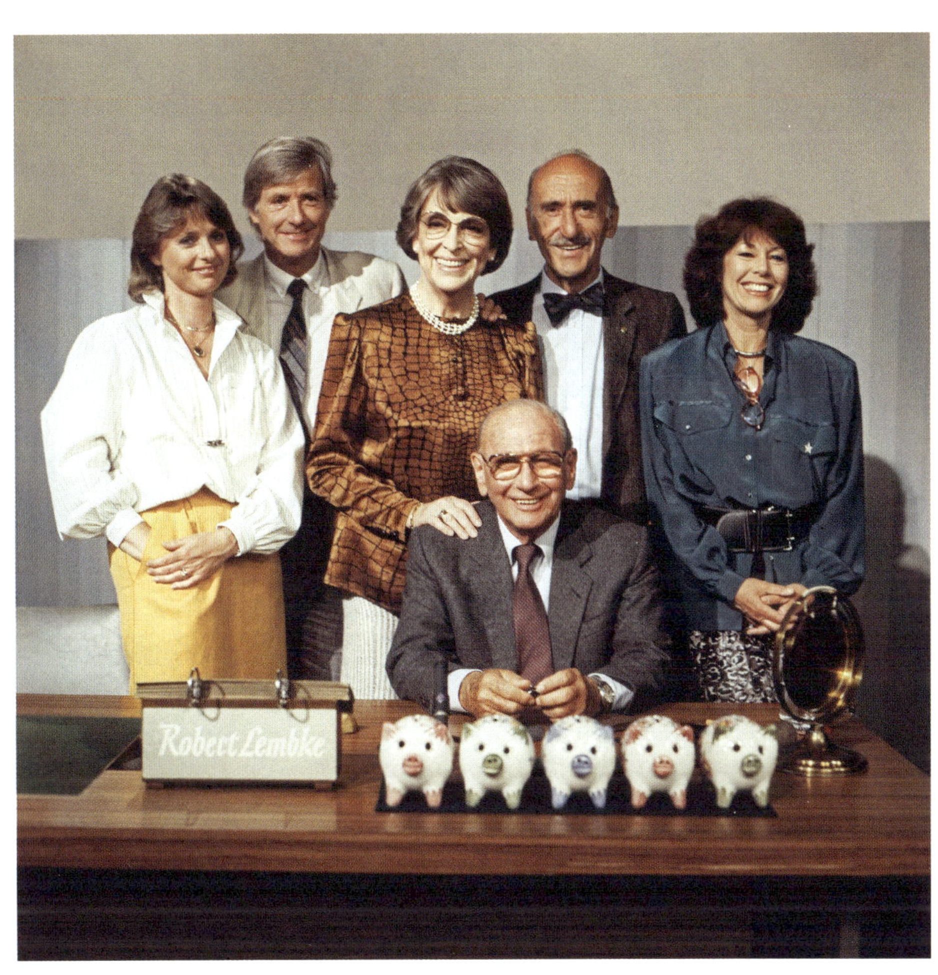
Robert Lembke

5.13 The Meyers Check into a Hotel

The players act as if they are members of the same family, preferably in a place where no one knows them. Mother, father, children, nephews, and so on, possibly even grandchildren and grandparents. Players of approximately the same age give the game a special flavor.

Liam Gillick, *Sir Robert Peel, a Liberal Wolf in Sheep's Clothing, Turned Away from Hotel Diskursiv Along with His Close Family Despite Repealing the Corn Laws*, collage, 2022

Die Meiers checken im Hotel ein

Die Spieler treten als Familie auf, am besten an einem Ort, wo man sie nicht kennt. Mutter, Vater, Kinder, Neffen und so weiter, unter Umständen auch Enkelkinder oder Großeltern. Ungefähr gleichaltrige Spieler geben dem Spiel eine besondere Note.

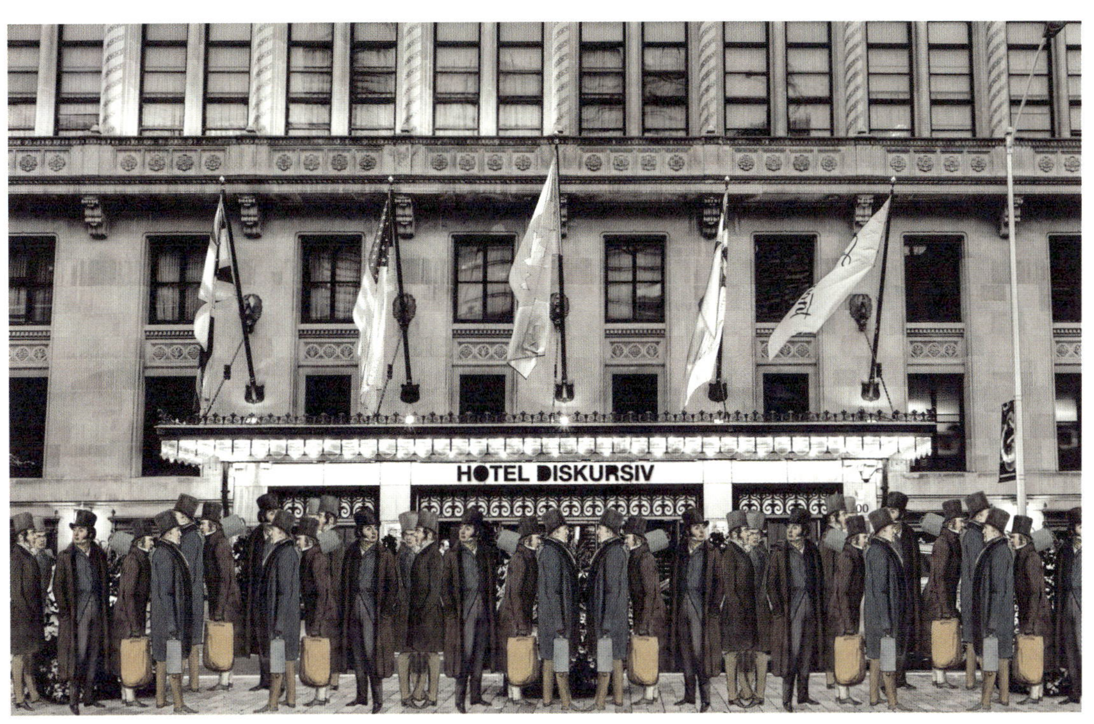
HOTEL DISKURSIV

5.14 The Kardashians

Discuss who the most famous person you've ever seen is, which of the world's celebrities you would most like to meet (and how), what it means to be famous, whether you would want to be famous yourself, and what you would do if you were.

The Kardashians, clockwise from top left: Kendall Jenner, Kim Kardashian, Kris Jenner, Kylie Jenner, Kourtney Kardashian, Khloé Kardashian, unknown photographer, 2022

Die Kardashians

Diskutieren, welches der berühmteste Mensch ist, den man je gesehen hat, und wen von den Berühmten dieser Welt man am liebsten sehen würde (und auf welche Weise) und welche Bedeutung es hat, berühmt zu sein, und ob man es selber sein möchte und was man dann machen würde.

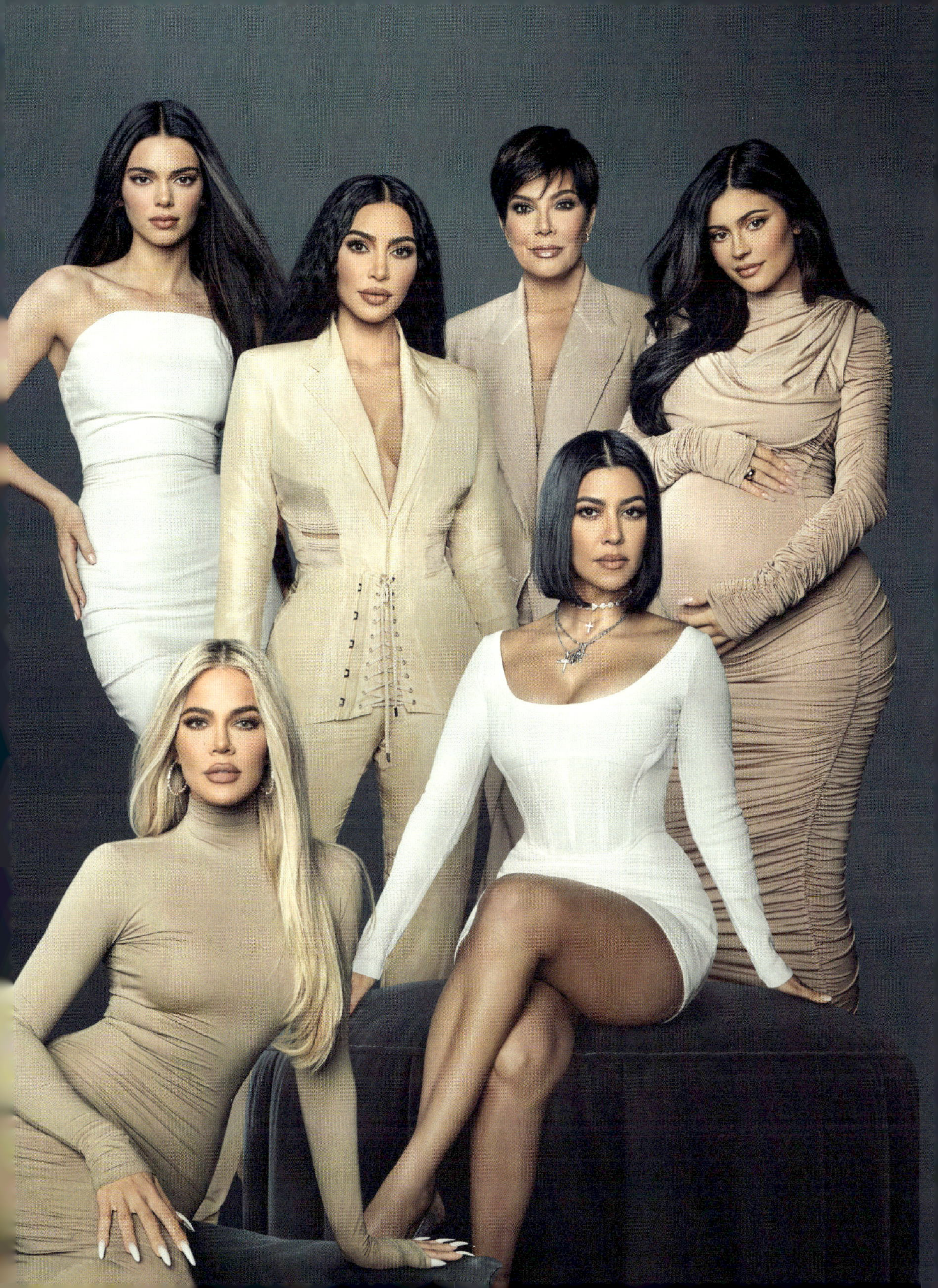

5.15 The Fülster Family

Perform actions that are overtly creepy. For example, pull your pant legs up as you sit down. Make a competition out of it.

Photography: Hida Bicer, 1988

Familie Fülster

Bewegungen ausführen, die besonders schleimig sind. Beispiel: beim Hinsetzen die Hosenbeine hochziehen. Als Wettbewerb anlegen.

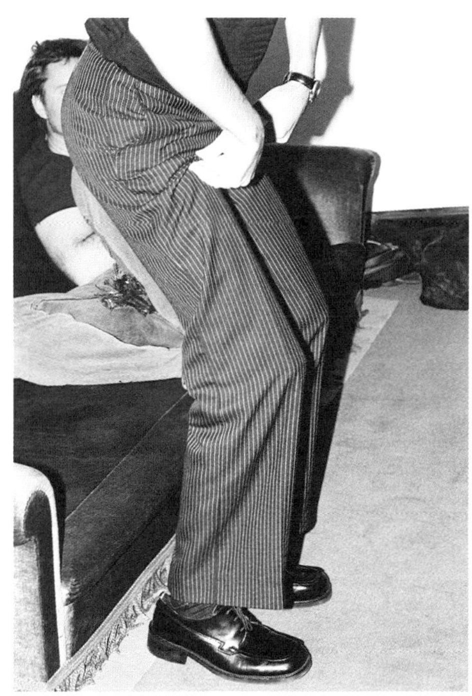
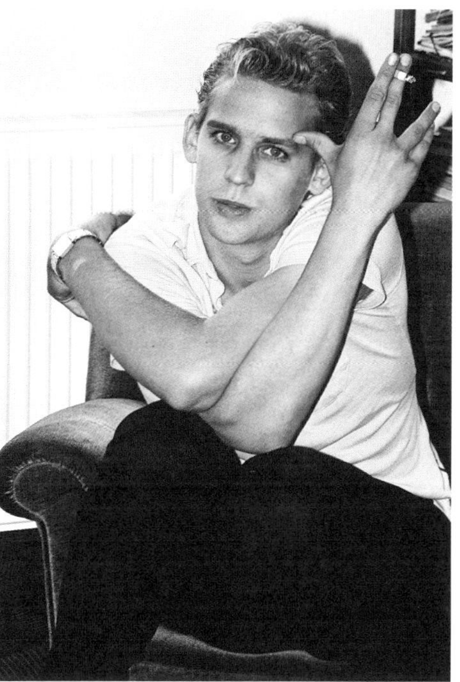
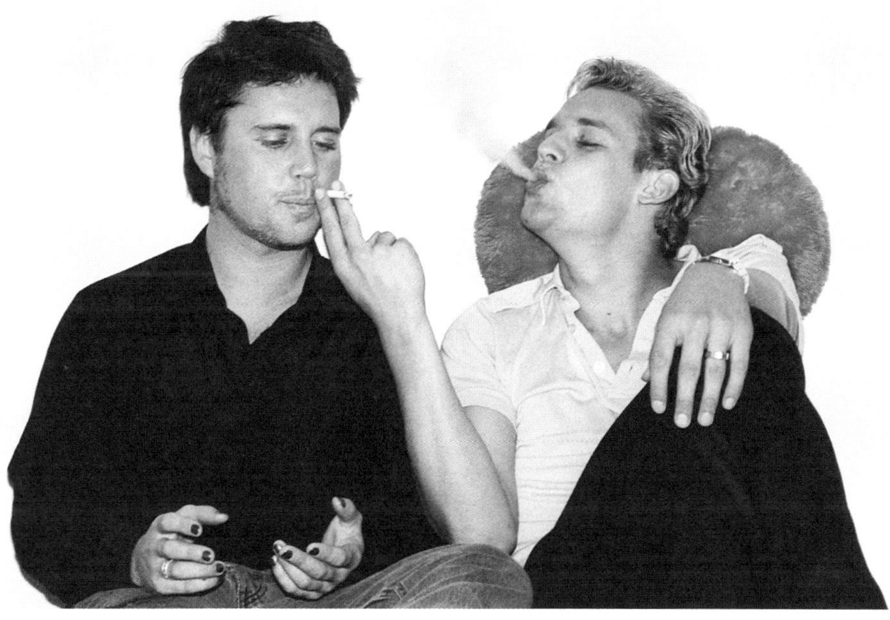

5.16 Sweet Harmony

Schicksal

Stand in a circle with one person in the middle, who then suddenly keels over to one side. The others catch him and stand him up again. Now another person takes their turn.

Another version of this game is commonly played in management courses. One person, positioned somewhat higher up than the others, tips backward into the group. This exercise is meant to strengthen group trust.

Photography: Eva Papamargariti, 2022

Die Stehenden bilden einen Kreis, eine Person in der Mitte macht sich steif und lässt sich nach irgendeiner Seite fallen, wird aufgefangen und wieder aufgerichtet. Personenwechsel.

In Managerkursen wird häufig eine weitergehende Variante angewandt: Eine Person steht höher als die anderen und lässt sich nach hinten in die Gruppe fallen. So soll das Vertrauen in die Gruppe gestärkt werden.

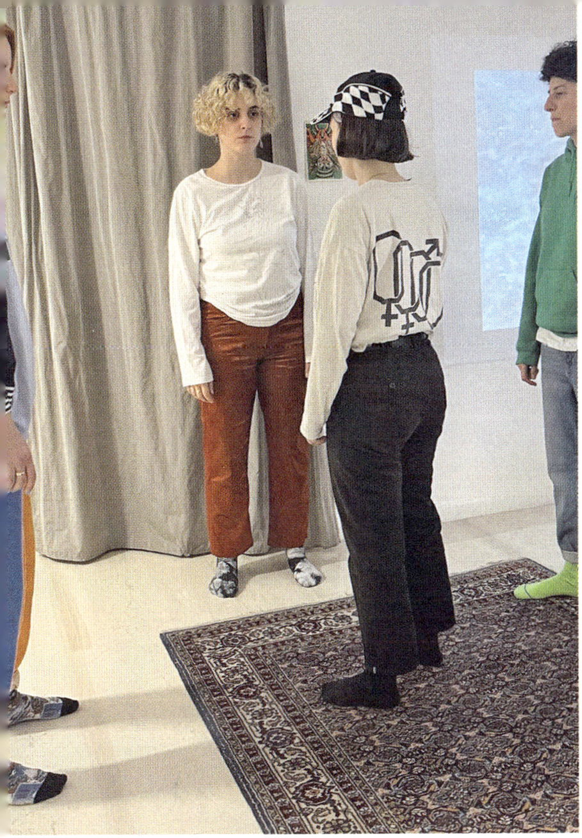

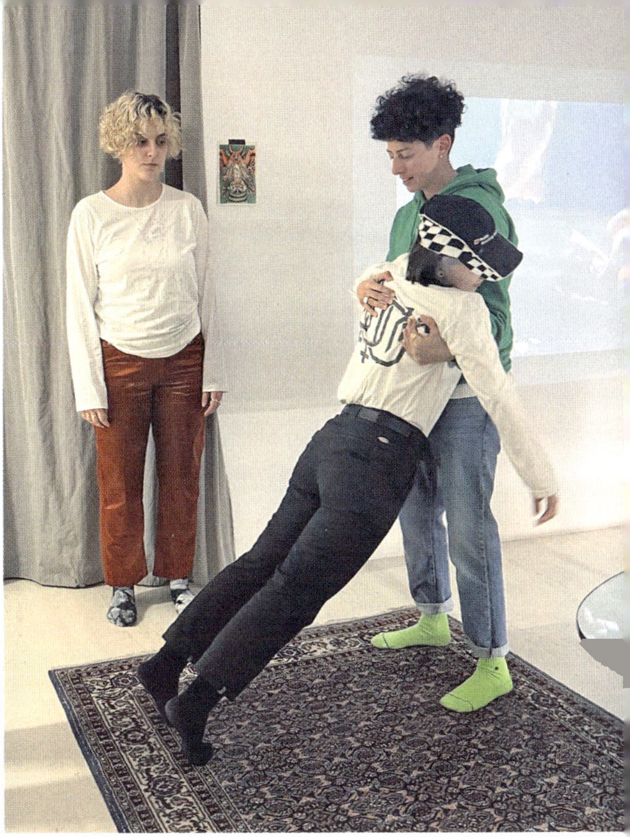

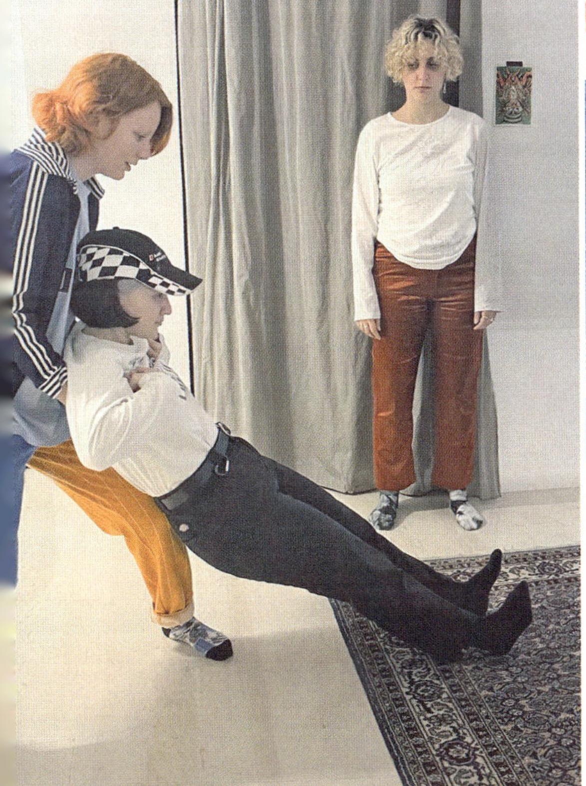

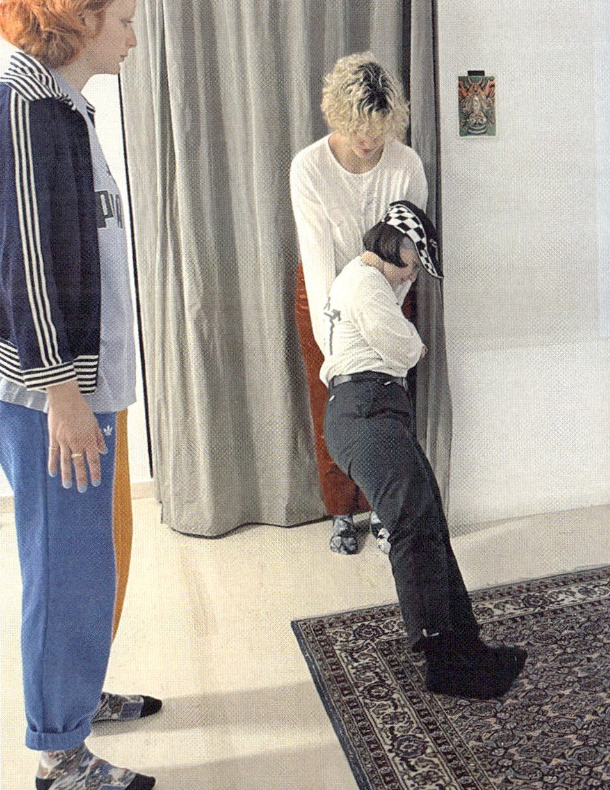

5.17 Levitation

Five players. The heaviest is seated. As a preamble the four others momentarily, and making a supreme effort, lift up the heavy player by each placing parallel outstretched index fingers (the other fingers are interlaced) under the person's knees or armpits, all lifting in unison.

In the actual levitation ritual, all four—with one leading the way—walk around the seated player three times in lockstep at the same pace, keeping their outstretched fingers in the lifting position and their arms bent. When they return to their starting positions for the third time, they simultaneously execute the lifting action. Now it's child's play, and the heavyweight often flies more than a yard into the air.

Photography: Wolfgang Tillmans, 1995;
Carsten Höller, 1995 (bottom right)

Levitation

Fünf Personen. Der schwerste Spieler sitzt. Als Einleitung heben die vier anderen Spieler den Schweren kurz und unter Anstrengung hoch, indem sie jeweils die beiden parallel ausgestreckten Zeigefinger (restliche Finger ineinander verschränkt) in eine Kniebeuge oder unter eine Achsel stecken und gemeinsam anheben.

Bei dem eigentlichen Levitationsritual gehen anschließend alle vier unter Führung von einem der Spieler dreimal im Gleichschritt und im gleichen Tempo um die sitzende Person herum, wobei sie die Finger in der Hebeposition behalten und mit angewinkelten Armen von sich strecken. Wenn sie zum dritten Mal an ihrem ursprünglichen Platz ankommen, führen sie gleichzeitig den Hebevorgang aus. Nun ist es kinderleicht, und auch schwergewichtige Personen fliegen oft mehr als einen Meter hoch.

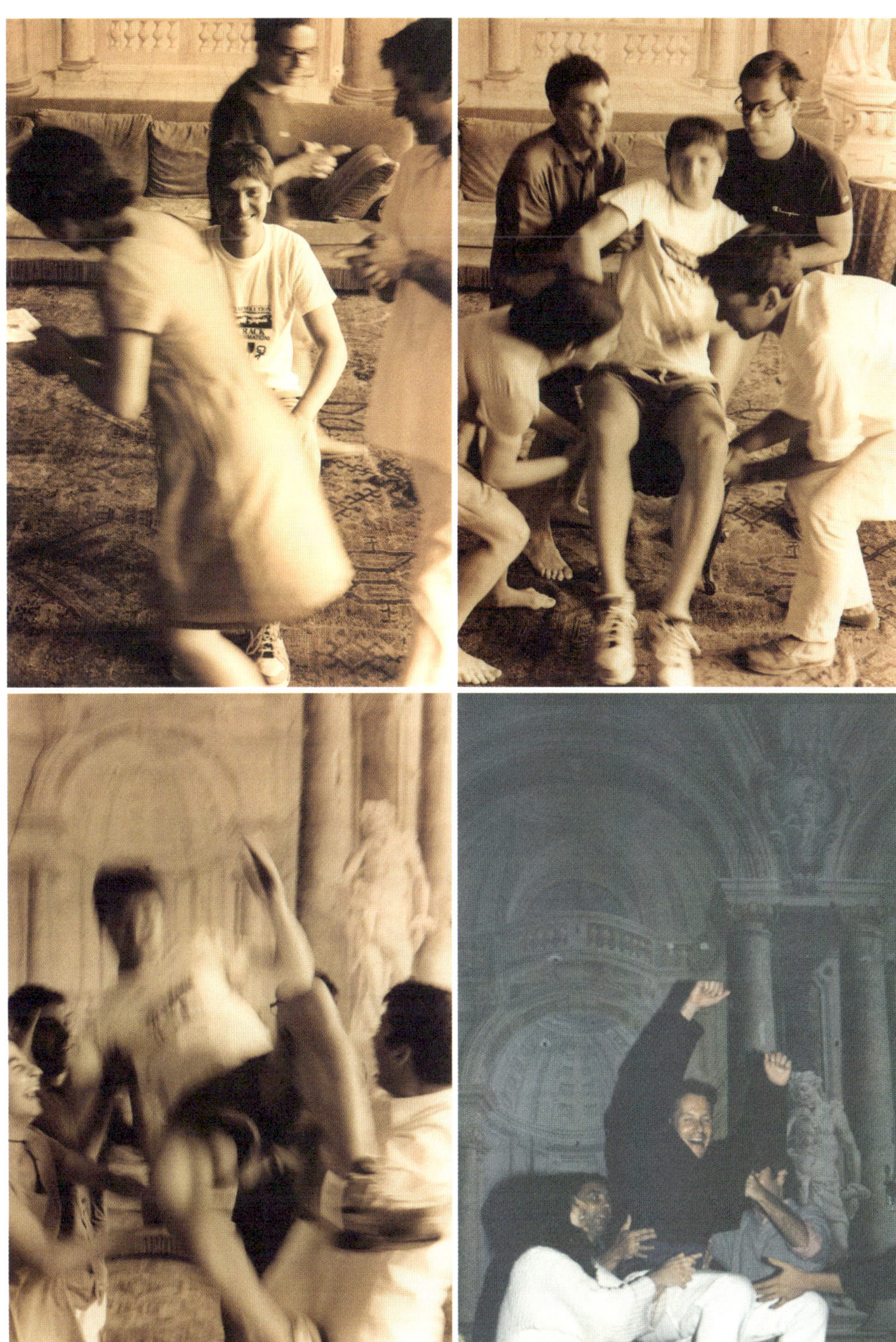

5.18 Louse Hunting

A large number of people sit in a circle. The initiator touches his neighbor in a particular way—for example, by scratching her neck. She passes that action on, scratching her neighbor's neck but also touching him in another way. He now passes on both those actions to his yet-to-be-touched neighbor and adds another of his own, and so on.

Photography: Anri Sala, 2020

Die Läusejagd

Größere Runde sitzt im Kreis. Die Initiatorin berührt ihren Nachbarn auf eine bestimmte Weise, etwa durch Halskraulen. Dieser gibt die Bewegung weiter, krault also ebenso seinem Nachbarn den Hals, berührt ihn aber zusätzlich auch auf eine weitere Weise. Der zweite Nachbar wird dann die beiden Berührungsweisen plus eine neue, von ihm ersonnene an seine noch unberührte Nachbarin weitergeben und so weiter.

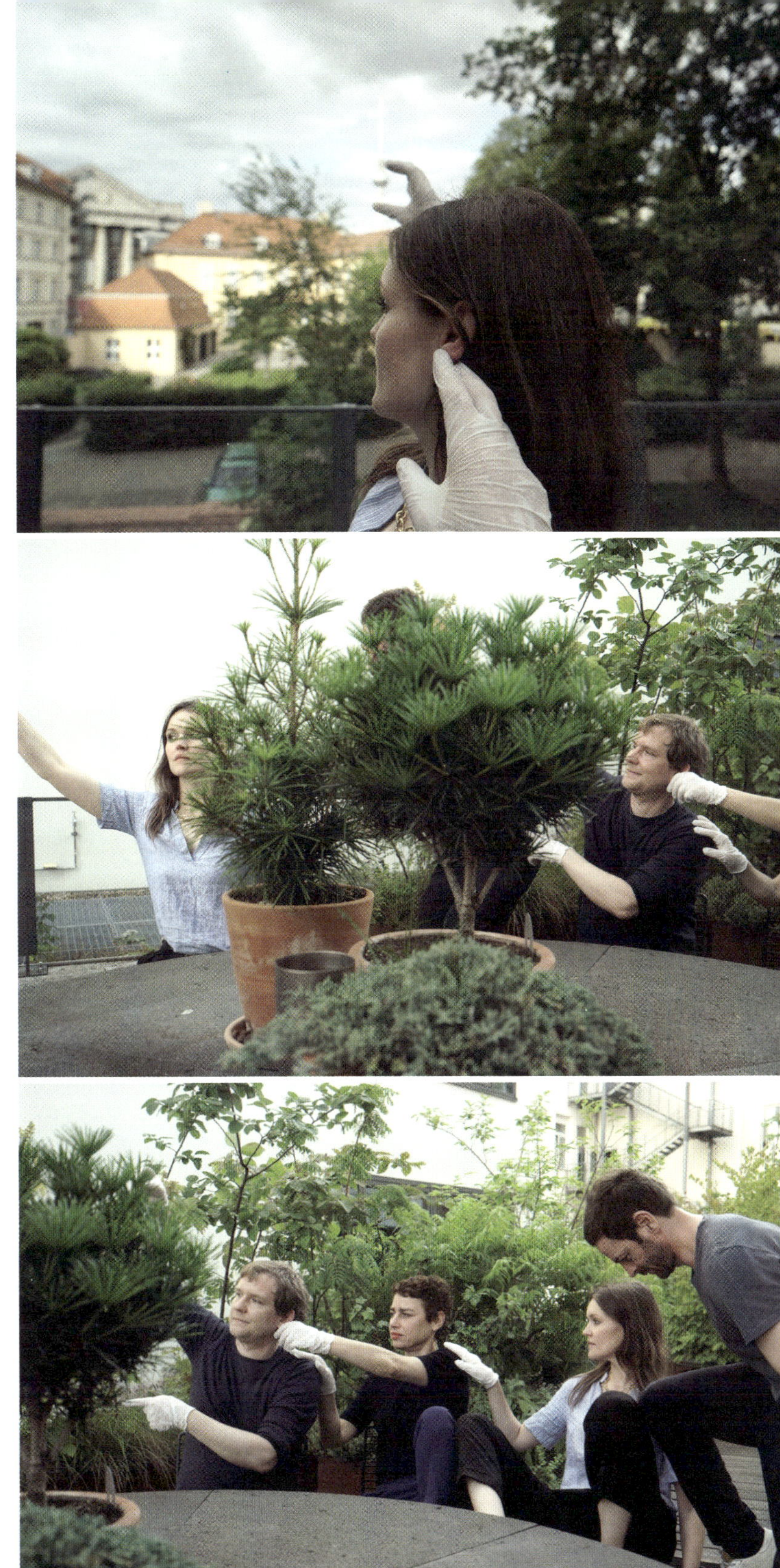

5.19 Formation

Stand so that your feet and/or hands and/or other body parts are in contact. Create visually appealing formations—for example, a pyramid or a round dance—in suspended animation.

Carsten Höller, *Acrobats in "The Double Club,"* photography, 2008–09
Photography: Miles Aldridge, 2009 (opposite); Hida Bicer, 1988 (below)

Formation

Sich so stellen, dass sich die (Spitzen der) Füße und/oder Hände und/oder andere Körperteile berühren. Grafisch ansprechende Formationen bilden, zum Beispiel eine Pyramide oder einen stehen gebliebenen Reigen.

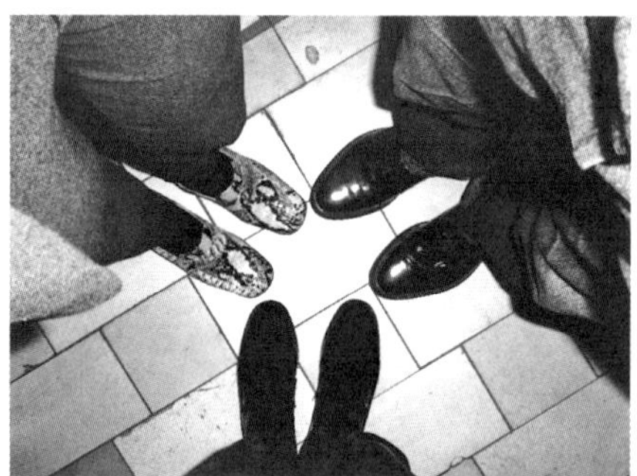

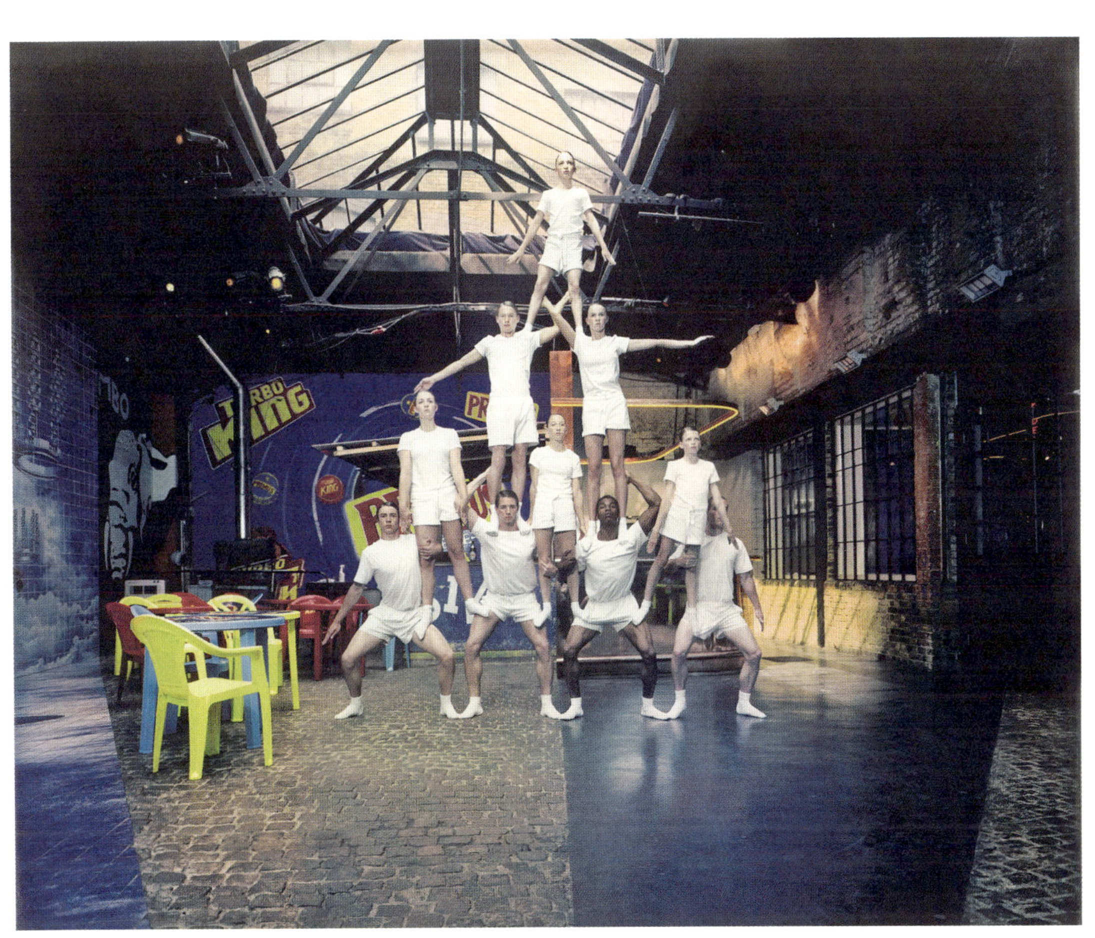
KING

5.20 The Perfect Salesperson

A player with eyes closed goes down on all fours and feels, or licks, a shoe, trying to identify its wearer.

Photography: Hida Bicer, 1988

Der perfekte Verkäufer

Spieler mit geschlossenen Augen, auf allen vieren. Ertastet einen Schuh oder leckt ihn. Soll Träger identifizieren.

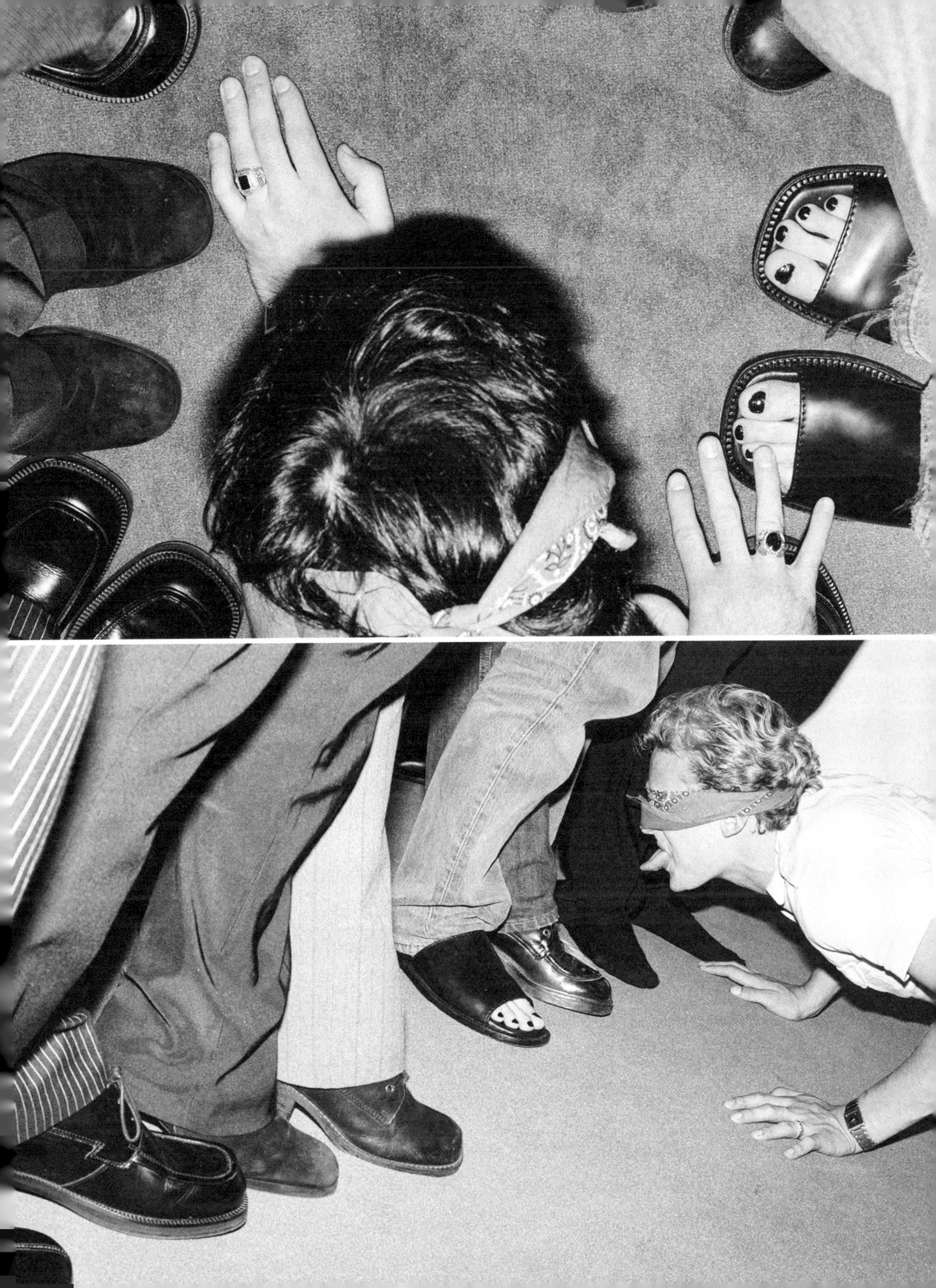

5.21 Thief, Farmer, Politician

Three players assume the roles of thief, farmer, or politician. Each makes a plea in his own defense, citing his best qualities and the best aspects of his occupation. At a predetermined signal all three simultaneously draw imaginary pistols, and each shoots one of the other two. The one who doesn't get shot—if that's what happens—is the winner.

Photography: Carlos Casas, *Imaginary Pistols*, 2022

Dieb, Bauer, Politiker

Die drei Spieler nehmen jeweils die Rolle des Politikers, des Bauern oder des Diebes an. Jeder hält ein Plädoyer zu seiner eigenen Verteidigung, stellt seine persönlichen Vorzüge und die besten Seiten seiner Tätigkeit dar. Auf ein verabredetes Zeichen hin zücken alle eine imaginäre Pistole und erschießen einen der beiden anderen. Wird auf einen nicht geschossen, so hat er gewonnen.

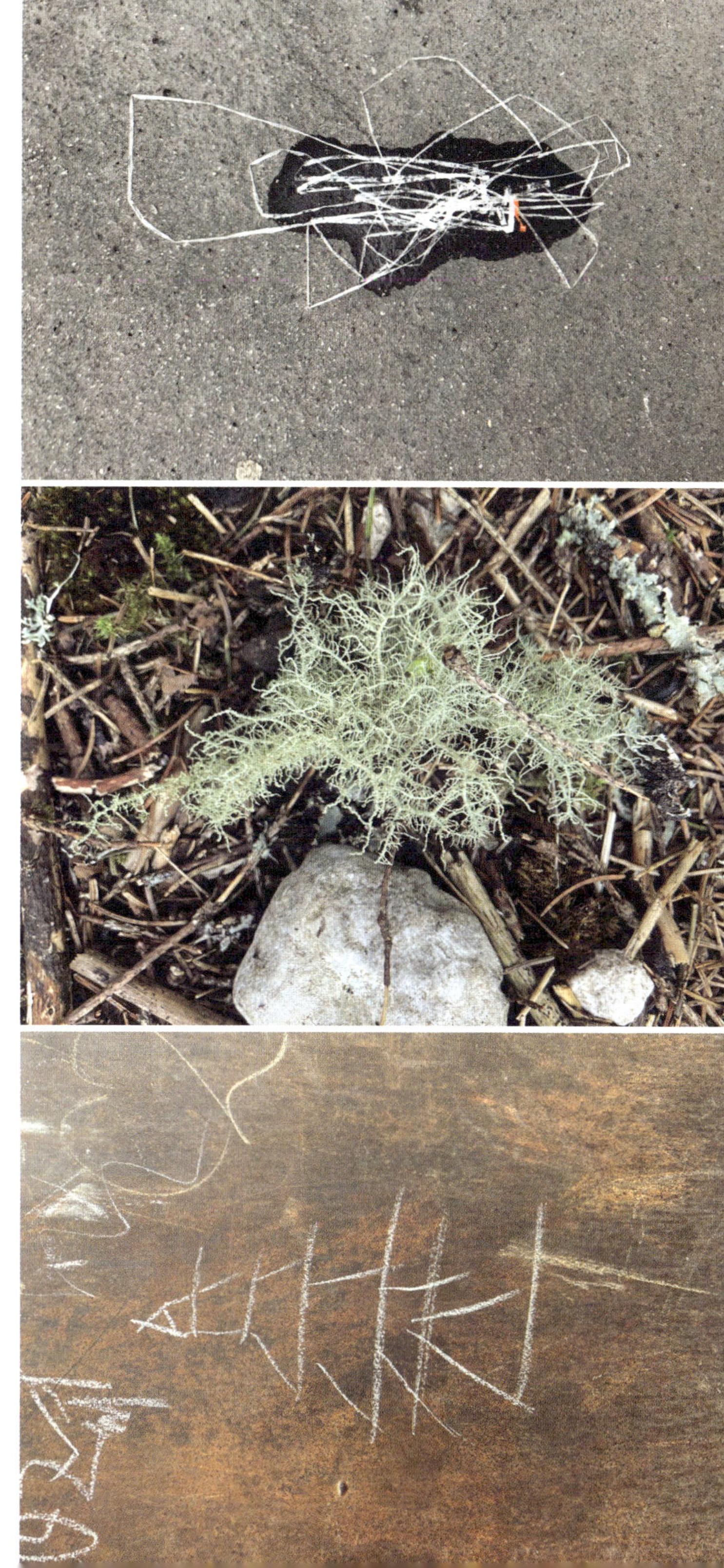

5.22 Post in Translation

A short poem is translated from one language into the next and mutates before the very ears of the polyglot players as each takes their turn.

Based on the idea of the Surrealists' translated poems.

Photography: Hanna Bergström, 2022

Post in Translation

Ein kurzes Gedicht wird reihum in eine andere Sprache übersetzt und verwandelt sich so vor den Ohren der polyglotten Teilnehmer.

Basiert auf den Übersetzungsgedichten der Surrealisten.

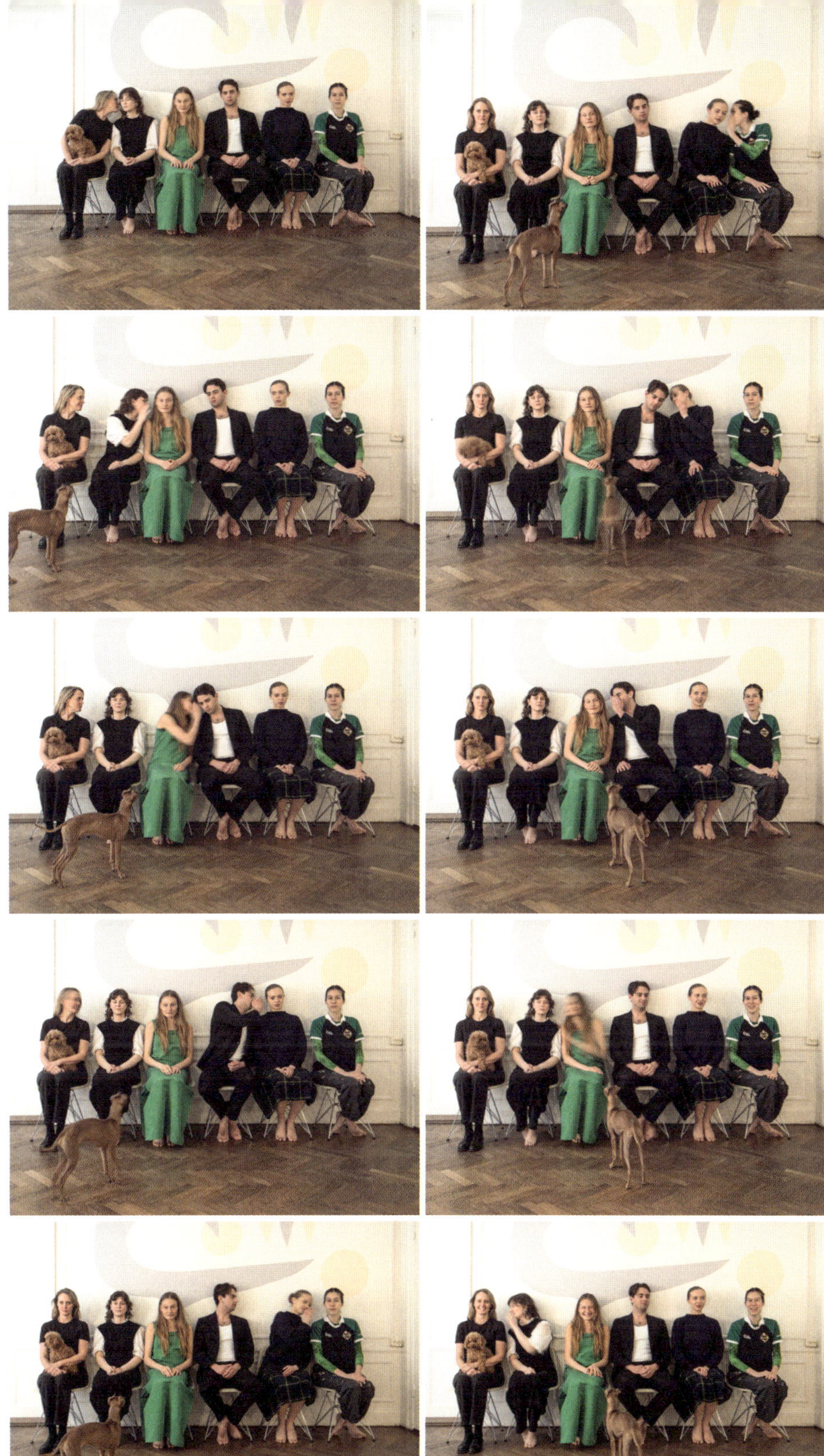

5.23 Audio Play

Try to describe everything you hear inside you, even the subtlest sounds, including the noises in your head, your bones, your guts.

Saverio Tonoli, *The Painter's Monologue*, photography, 2022
Photography: Attilio Maranzano

Hörspiel

Alles, was man in sich hört, zu beschreiben versuchen, auch das alleruntergründigste Rauschen einschließlich der Geräusche im Kopf, Knochen, Gedärme.

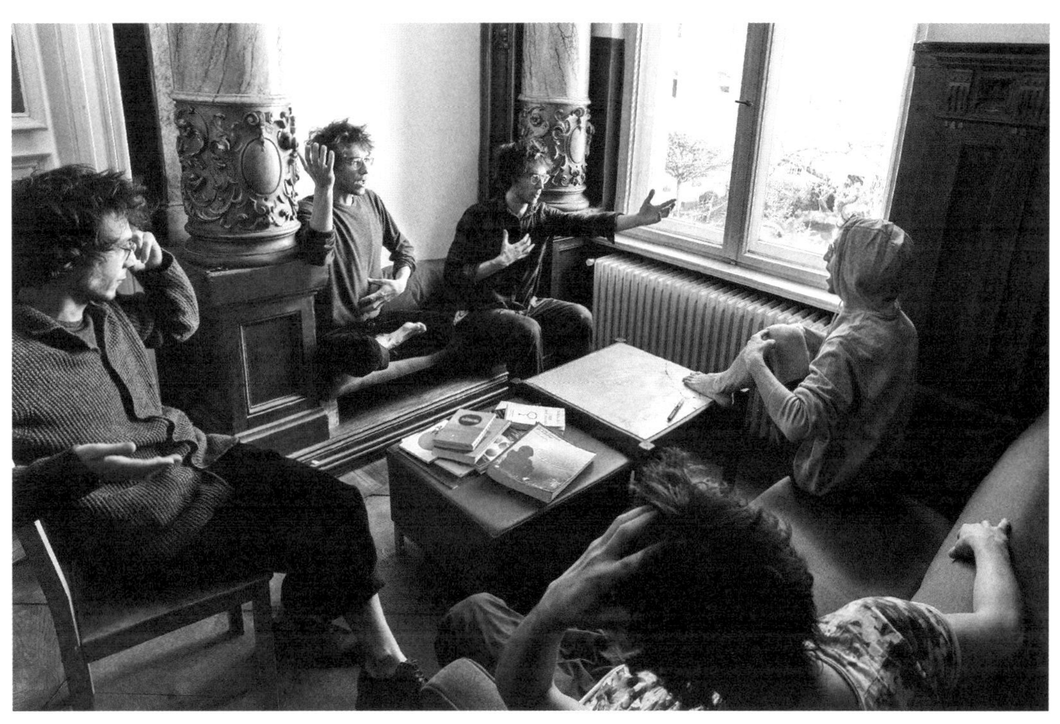

5.24 One, Two, Three, Four, Five, Six, Seven

… who would like a kiss to be given? Play this with your eyes closed. The kissed person has to say who it was in the assembled company that just kissed her. This can also be played with kicks (… who would like a kick to be given?), slaps, or other kinds of contact.

Photography: Superflex, 2020

Eins, zwei, drei, vier, fünf, sechs, sieben

„… wem soll ich ein Küsschen geben" mit geschlossenen Augen spielen. Geküsste Person soll sagen, wer aus dem Kreis der Anwesenden sie gerade geküsst hat. Lässt sich auch mit Fußtritten („… wem soll ich ein Trittchen geben"), Ohrfeigen oder anderen Formen der Berührung spielen.

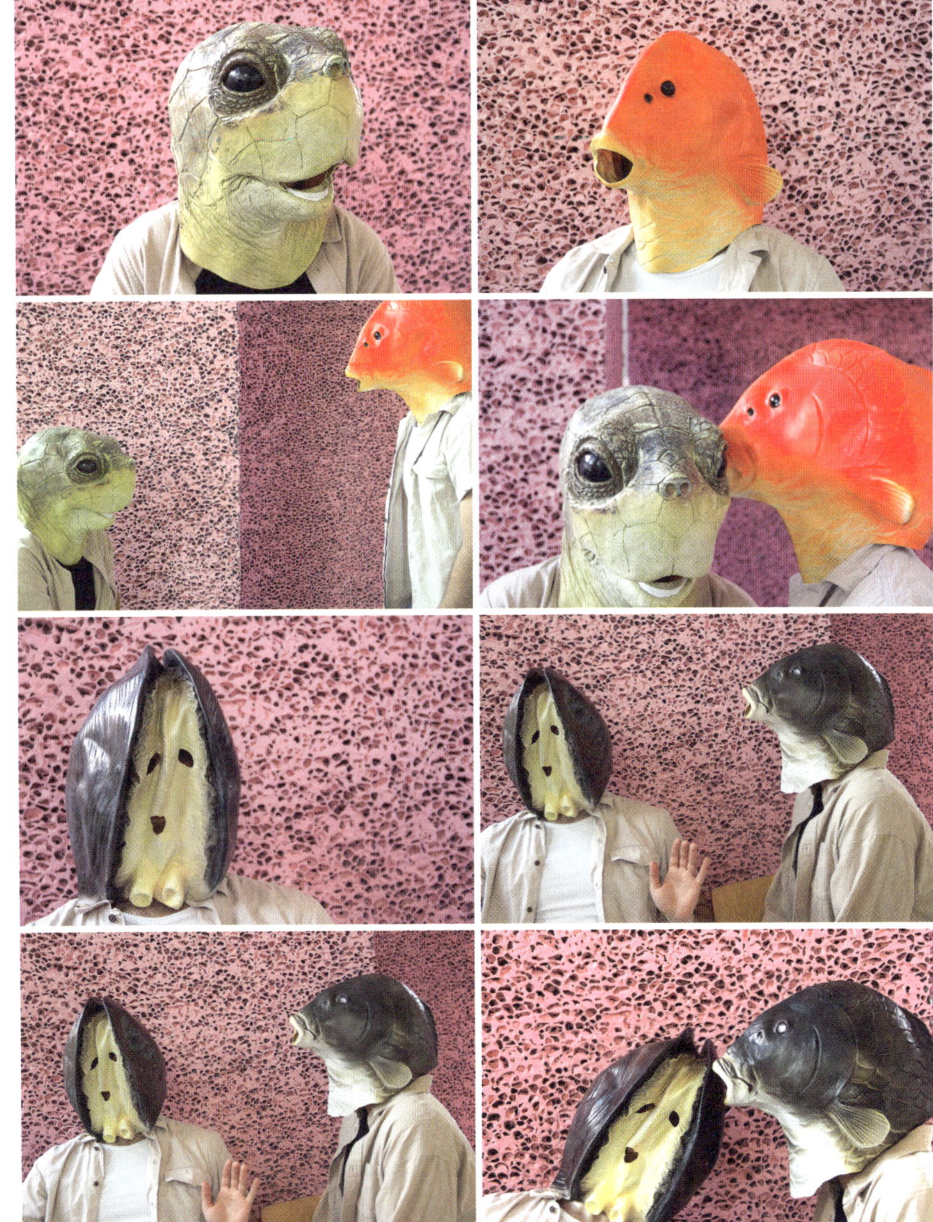

5.25 The Endless Song

A group keeps singing the same song until they are dragged away bodily from wherever they happen to be. Keep singing!

Ragnar Kjartansson, *S.S. Hangover*, performance, Venice Biennale, 2013
Photography: Lilja Birgisdóttir

Das unendliche Lied

Eine Gesangsgruppe singt immer wieder das gleiche Stück, bis sie irgendwann mit Gewalt von dem Ort entfernt werden, wo sie sich befinden. Weitersingen!

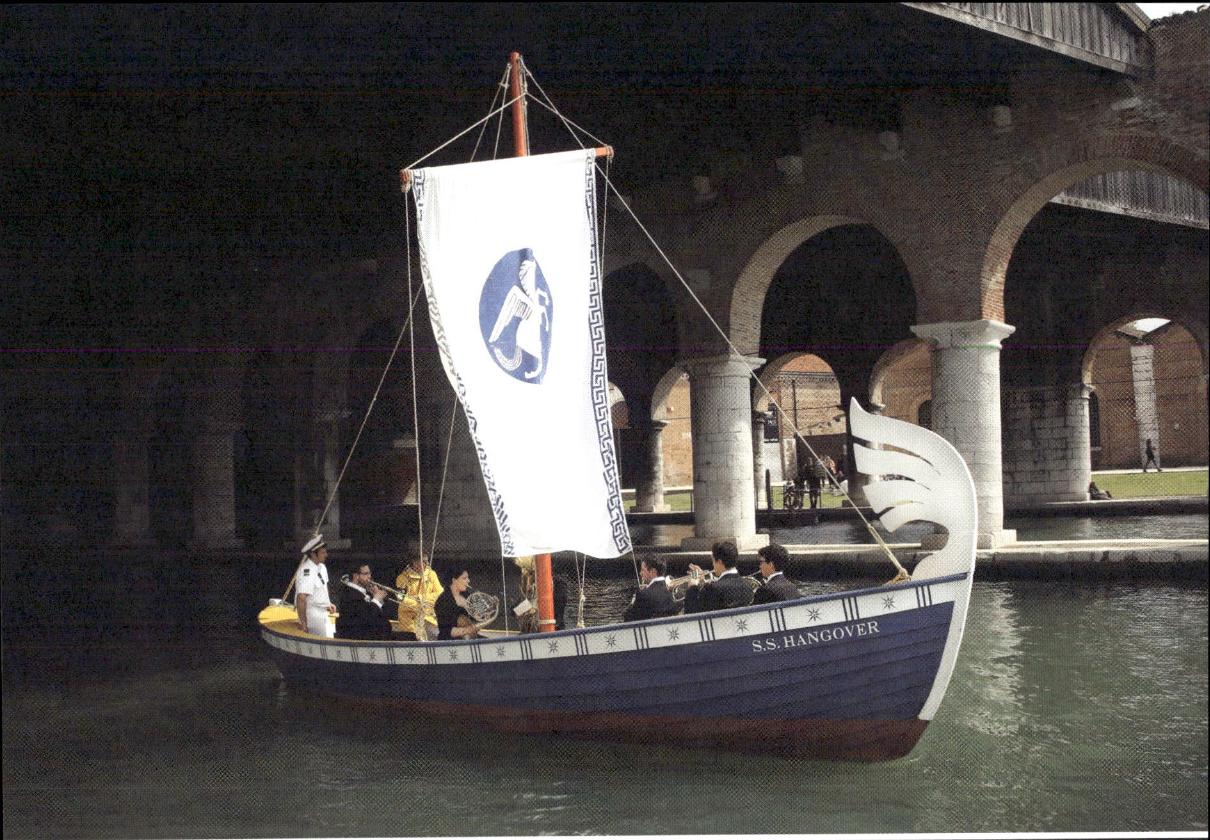

S.S. HANGOVER

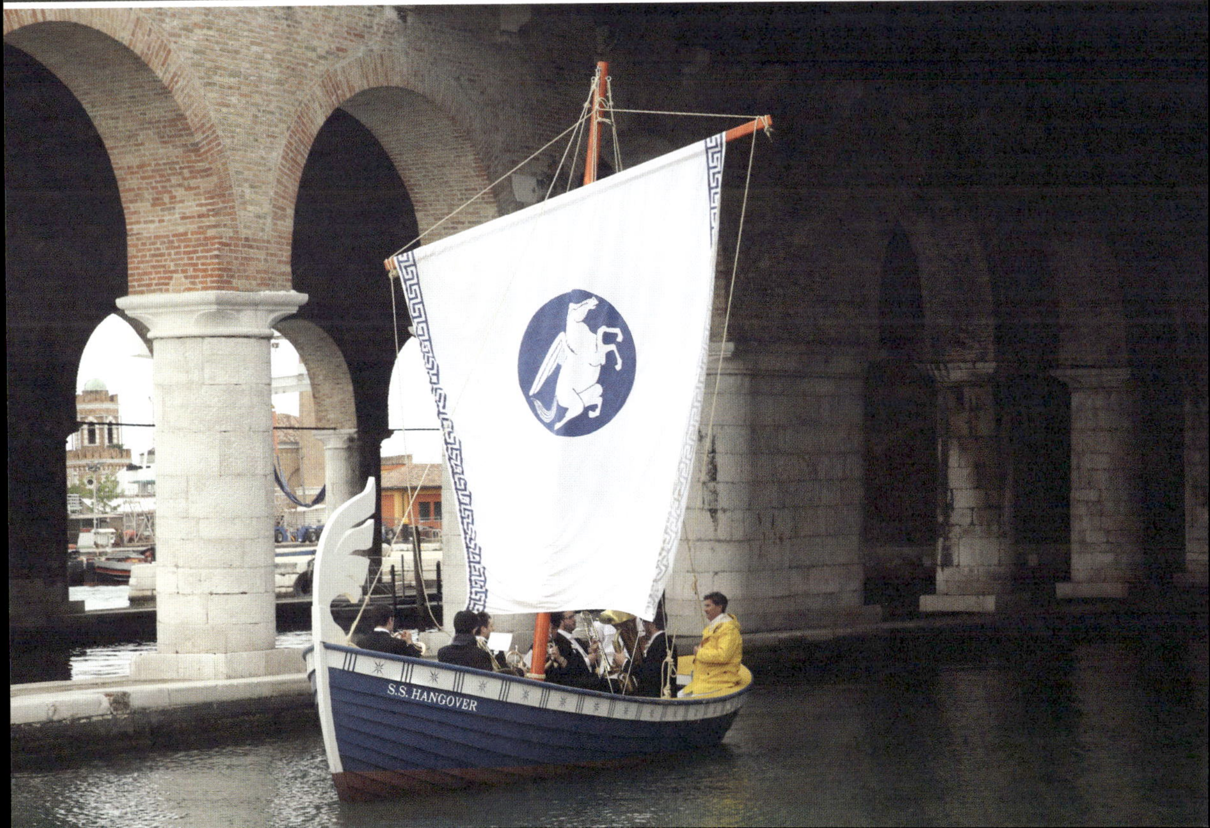

S.S. HANGOVER

5.26 The Bremen Town Musicians

Replicate the legendary formation with four players, or five, six, or more.

Photography: Tobias Rehberger, 2022

Bremer Stadtmusikanten

Die legendäre Formation zu viert nachstellen oder zu fünft, sechst, mehr.

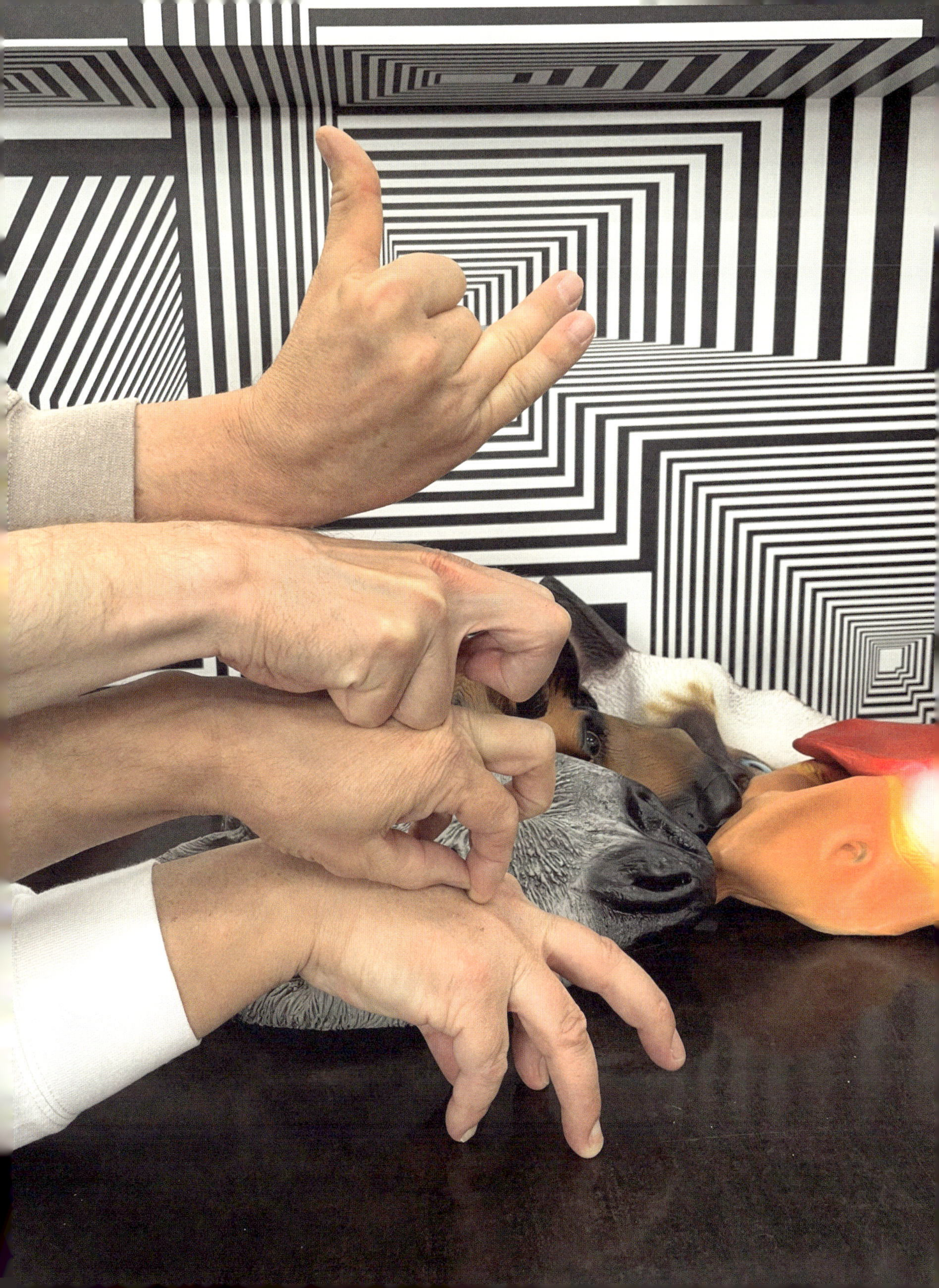

5.27 Flood

The players move around the room without ever touching the floor.

Photography: Carsten Höller, *Andreas and Friends*, 1998

Überschwemmung

Anwesende bewegen sich im Raum fort, ohne jemals den Boden zu berühren.

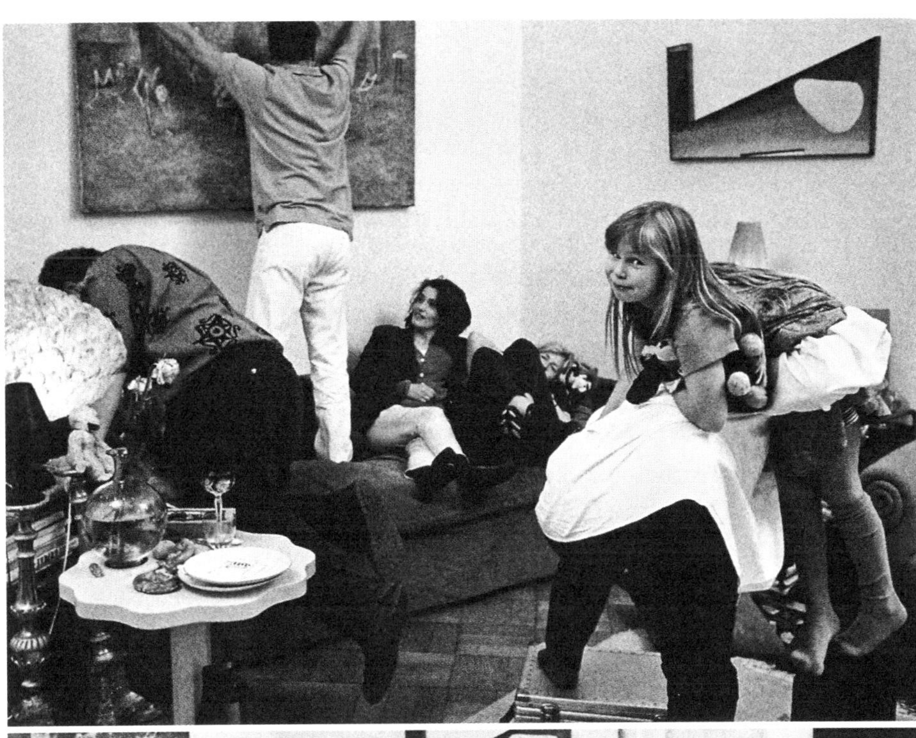

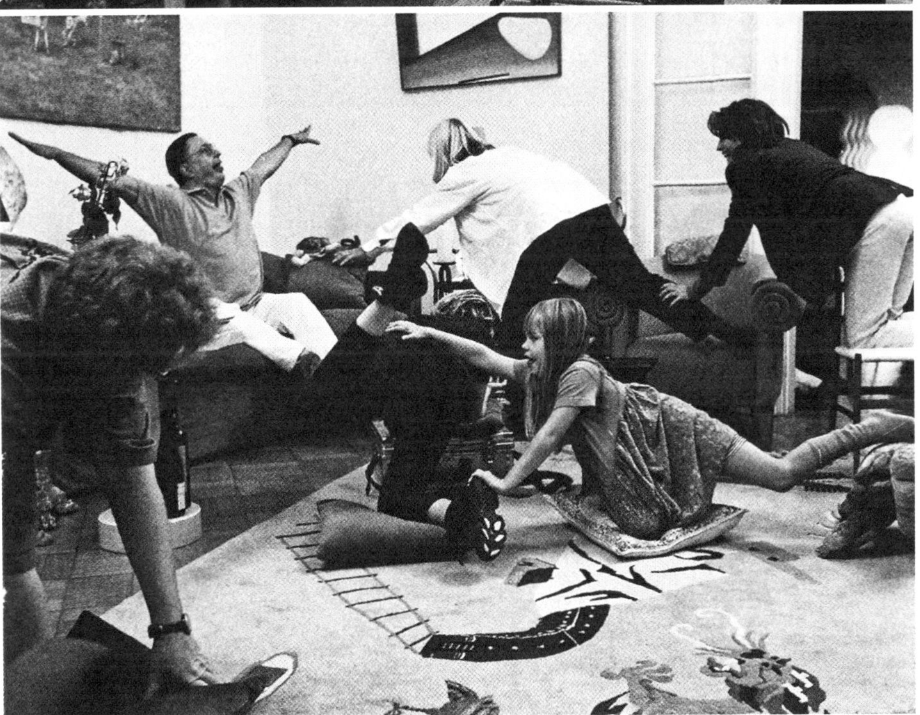

5.28 Malmberg Gymnastics

Copy poses demonstrated by Carl Jacob Malmberg (1824–95).

Gymnastik nach Malmberg

Posen von Carl Jacob Malmberg (1824–1895) nachstellen.

Photography: Carl Jacob Malmberg, ca. 1870

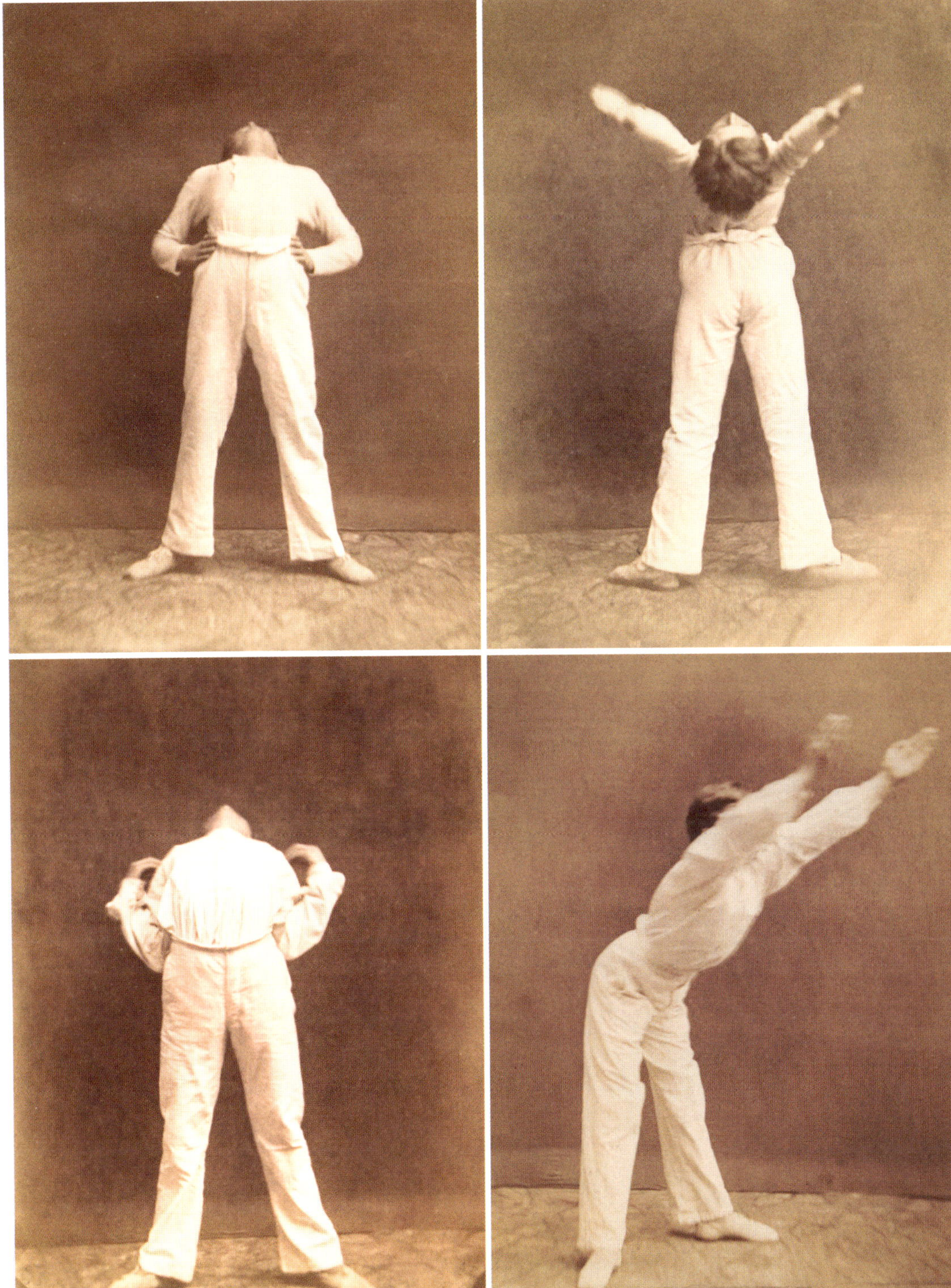

5.29 Night Game II

In complete darkness, feel or smell other people's faces and bodies and name individuals.

Photography: Anders Edström, *61.94.36*, 1994

Nachtspiel II

In vollkommener Dunkelheit Gesicht und Körper der anderen Anwesenden ertasten/erriechen und Personen benennen.

5.30 Are You Goofy?

Played in darkness (the third nocturnal game in this book, 3.42, 5.29). All players have to ask just one question whenever they meet someone else in the darkness: "Are you Goofy?" Since this is the only permissible utterance, the reply must also be: "Are you Goofy?" However, the real Goofy is not allowed to reply. Any player who has found him now stands next to him and becomes another silent Goofy—until everyone has fallen silent.

Photography: Christoph Steinegger, 2023

Bist du Goofy?

Wird in der Dunkelheit gespielt (das dritte Nachtspiel in diesem Buch, 3.42, 5.29). Alle Spieler dürfen nur den einen Satz sagen, wenn sie jemandem in der Dunkelheit begegnen: „Bist du Goofy?" Da dies die einzige erlaubte verbale Äußerung ist, kann man auch nur ebenso antworten: „Bist du Goofy?" Der echte Goofy darf nicht antworten. Hat man ihn gefunden, stellt man sich neben ihn und wird ebenfalls ein stummer Goofy. Bis alle verstummt sind.

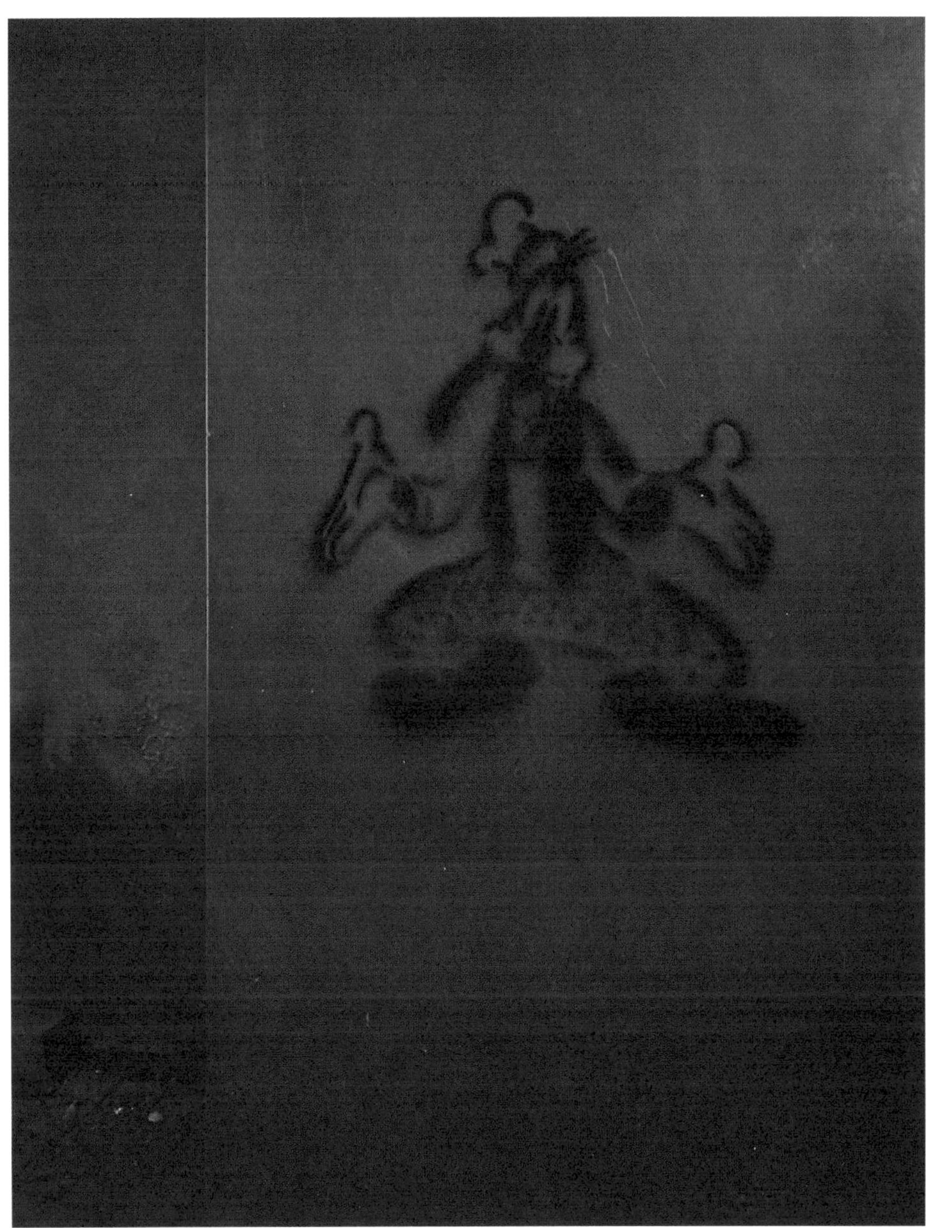

5.31 Sixteen Missing Years

Since, as it turned out, nothing significant occurred at the turn of the millennium in 1999/2000—despite all the predictions by doomsters and gloomsters—everyone agrees that in 2025 they will all reset their watches to 2041, exactly 16 years later, to distract future historians and, above all, create a breeding ground for all kinds of stories. Nothing will have survived from those 16 missing years—no documents, no records, nothing.

Photography: Christoph Steinegger, 2022

Sechzehn verschwundene Jahre

Da um die Jahrtausendwende 1999/2000 allen Menetekeln und Unkenrufen zum Trotz nichts Wesentliches passiert ist, verabreden sich alle Menschen, die Uhr im Jahr 2025 auf das Jahr 2041 vorzustellen, um genau 16 Jahre weiter: Historiker ferner Jahre werden zur Verzweiflung gebracht, und vor allem wird ein Nährgrund für Geschichten aller Art geschaffen. Aus diesen 16 verschwundenen Jahren gibt es nichts, keine Dokumente, keine Aufzeichnungen, nichts, nichts, nichts.

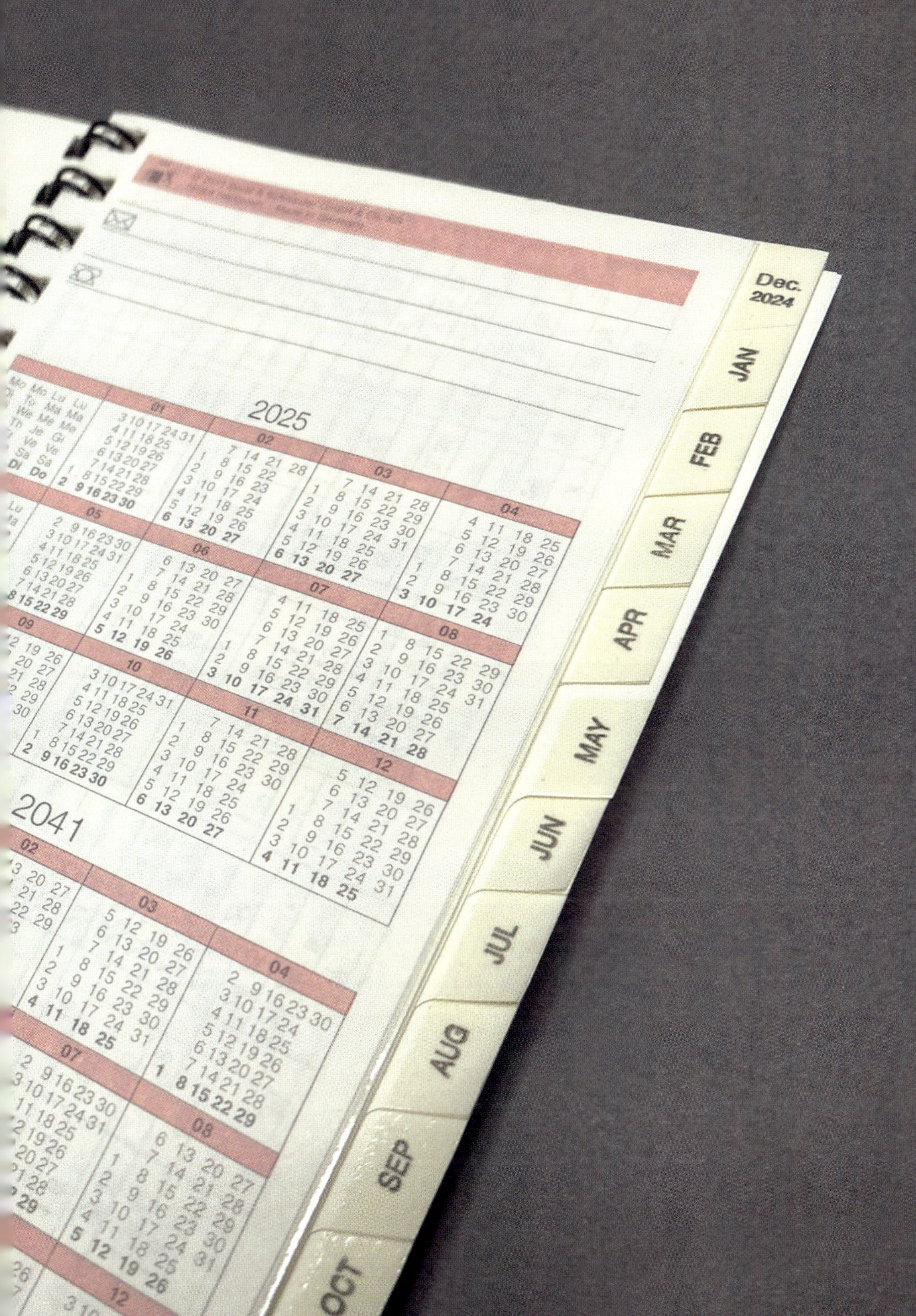

Dec.
2024
JAN
FEB
MAR
APR
MAY
JUN
JUL
AUG
SEP
OCT
2025
2041

5.32 The Truth, Nothing but the Truth!

The Surrealists devised a unique form of research into sexuality, which involved answering a certain awkward question. André Breton posed the following question: Let us assume Benjamin Péret looks into a café and sees all the women he has ever been intimate with assembled there. The woman he loves—or believes he loves—is also there but standing alone, a little to one side. What should he do?

Die Wahrheit, nichts als die Wahrheit!

Die Surrealisten unternahmen eine Form der Sexualforschung, die im Beantworten einer kniffeligen Frage besteht. André Breton fragt: Nehmen wir an, Benjamin Péret sähe in einem Café alle Frauen versammelt, mit denen er jemals ein intimes Verhältnis gehabt hat. Die eine Frau, die er liebt oder die er glaubt zu lieben, ist auch dort, steht aber etwas abseits alleine. Was tun?

Photography: Jana Schmitz, 2022

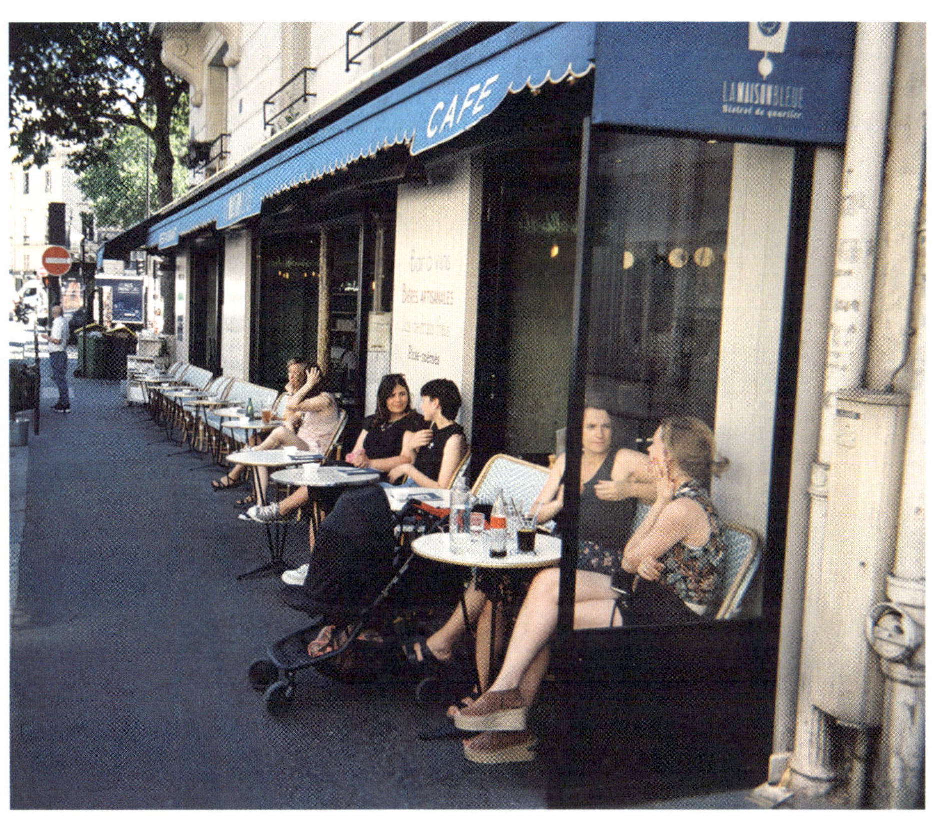
CAFE
LA MAISON BLEUE
Bistrot de quartier

5.33 Religious Techniques

Study religious techniques from all over the world in search of games that would fit in this book; adopt those techniques. For instance, the vow of silence taken by Catholic monks and nuns in enclosed orders: In seclusion, never speak again so that you may receive the Word of God.

Philip Gröning, *Into Great Silence*, film stills, 2005

Religiöse Techniken

Religiöse Techniken weltweit studieren auf der Suche nach Spielen, die in dieses Buch passen, und anwenden. Zum Beispiel das Schweigegelübde der katholischen Mönche und Nonnen in der Klausur: in der Abgeschiedenheit nie wieder sprechen, um das Wort Gottes zu empfangen.

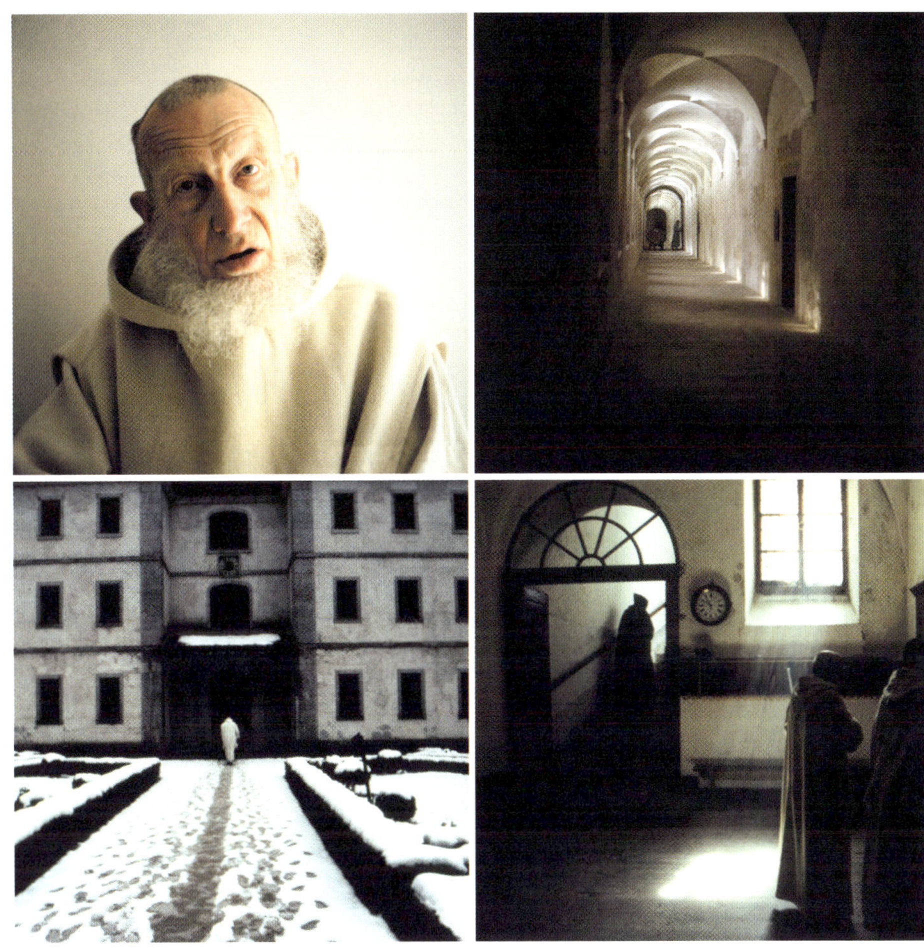

5.34 One, Two, Nine Hundred Seventy-Five

The children's game One, Two, Three, Piano is similar to Red Light/Green Light: One player stands facing a wall and says exactly that. As he says it the other players, starting from a set distance, try to get closer to him. They are only allowed to move while he is still speaking. If he sees anyone still moving after he has stopped speaking, that person is out. The first player to touch the wall wins. In One, Two, Nine Hundred Seventy-Five, the speaker only names three numbers (without "Piano"). The choice of the third number is up to the speaker—it can be as long or as short as he likes.

Photography: Clara Jo and Philipp Schueller, 2022

Eins, zwei, neunhundertfünfundsiebzig

Bei dem Kinderspiel Eins, zwei, drei, Piano steht der Spieler mit dem Gesicht zur Wand und sagt genau das. Solange er spricht, versuchen sich die anderen Spieler aus einer vorgegebenen Distanz zu nähern. Sie dürfen sich dabei nur während des Sprechvorgangs bewegen. Die erste die Wand berührende Spielerin gewinnt, aber wenn der Spieler eine Spielerin nach dem Sprechen noch in Bewegung sieht, ist sie draußen. Bei Eins, zwei, neunhundertfünfundsiebzig werden nur drei Zahlen genannt („Piano" entfällt), aber die Auswahl der dritten Zahl ist dem Spieler überlassen – es kann eine beliebig kurze oder lange Zahl sein.

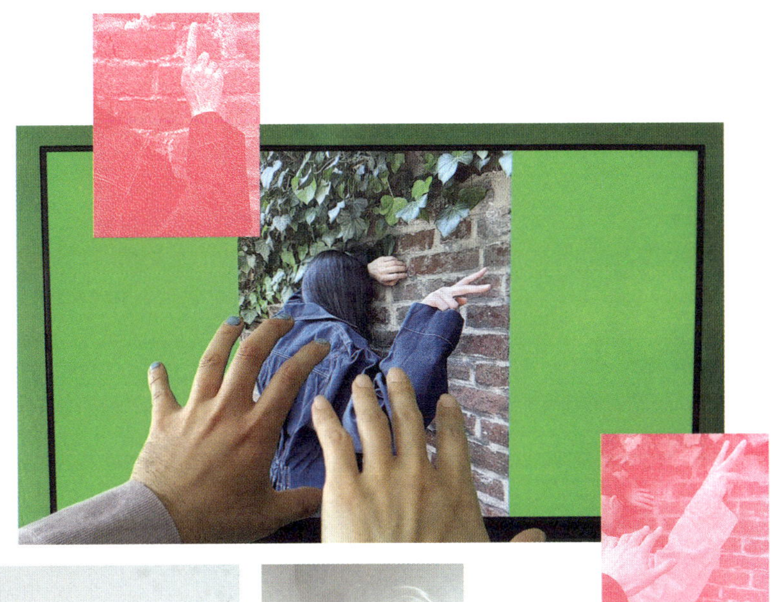
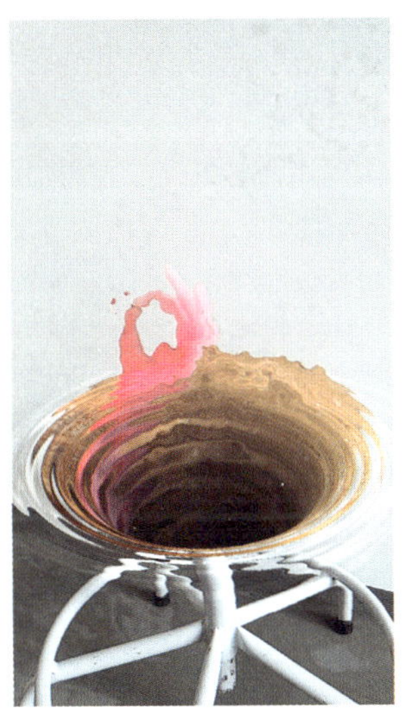
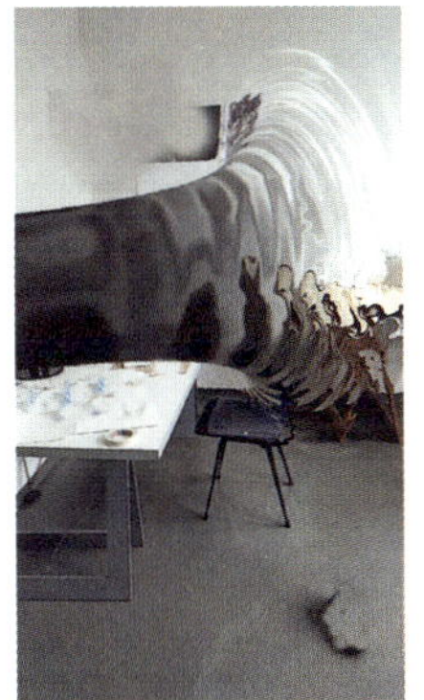
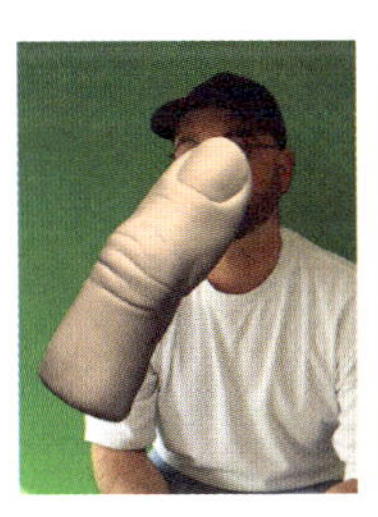
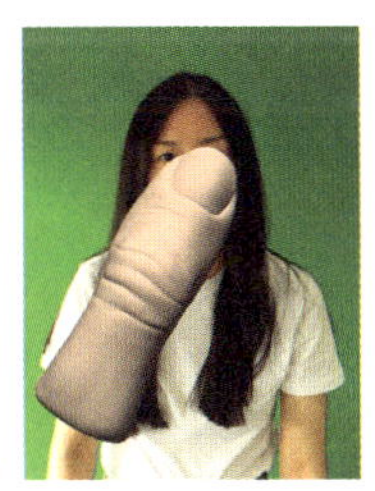

5.35 Artists' Wave—Multiple Gender

Like a crowd of many thousands of spectators at a football game, raise your arms and rise up into a wave running from one end of the group to the other. This can also be played in a circle. At the same time shout an artist's name that could refer either to a woman or a man—for example, "Oppenheim!" (Meret or Dennis)

World Cup match between North Korea and Cote d'Ivoire, unknown photographer, 2010

Künstlerwelle, multigeschlechtlich

Wie bei Fußballspielen mit vielen Tausenden Besuchern in der Gruppe die Arme als Welle hochreißen, von einem Ende zum anderen Ende der Gruppe. Kann auch im Kreis gespielt werden. Dazu den Nachnamen eines Künstlers schreien, der namentlich sowohl eine Frau als auch ein Mann sein könnte. Zum Beispiel „Oppenheim!" (Meret und Dennis)

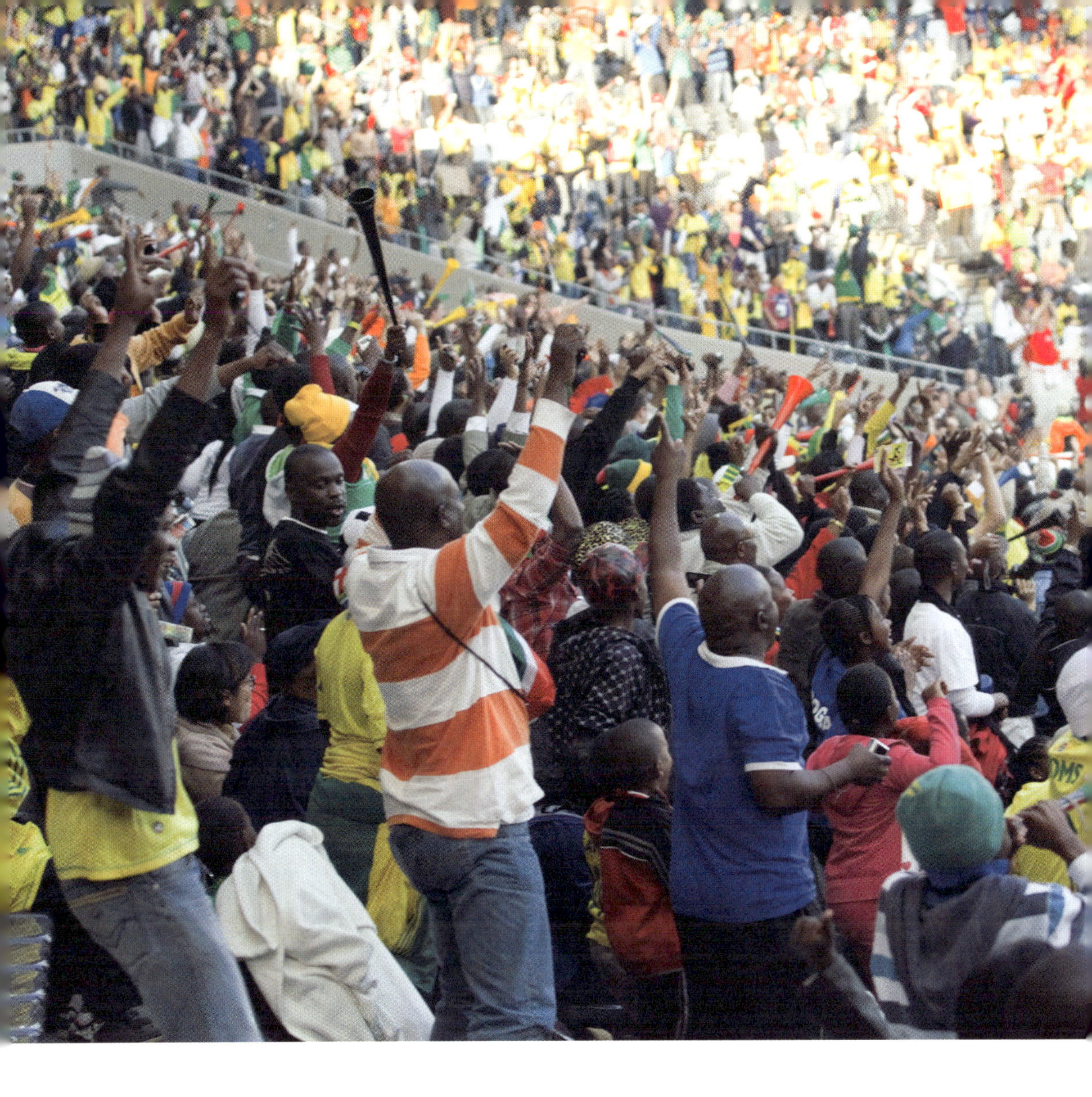

5.36 Pet Shop

One player leaves the room. Having formed pairs or small groups, the other players decide on a kind of animal to imitate that is normally on sale in pet shops. When the player returns, she must identify the pairs or small groups and guess what animal they are mimicking.

Zoohandlung

Eine Spielerin verlässt den Raum. Die anderen Spieler bilden Paare oder Kleingruppen, die sich verabreden, eine gewisse Tierart nachzuahmen, welche gemeinhin in Zoohandlungen angeboten wird. Die Spielerin muss dann die Paare finden und die Tierart ermitteln.

Photography: Isak Berglund Mattsson-Mårn, 2022

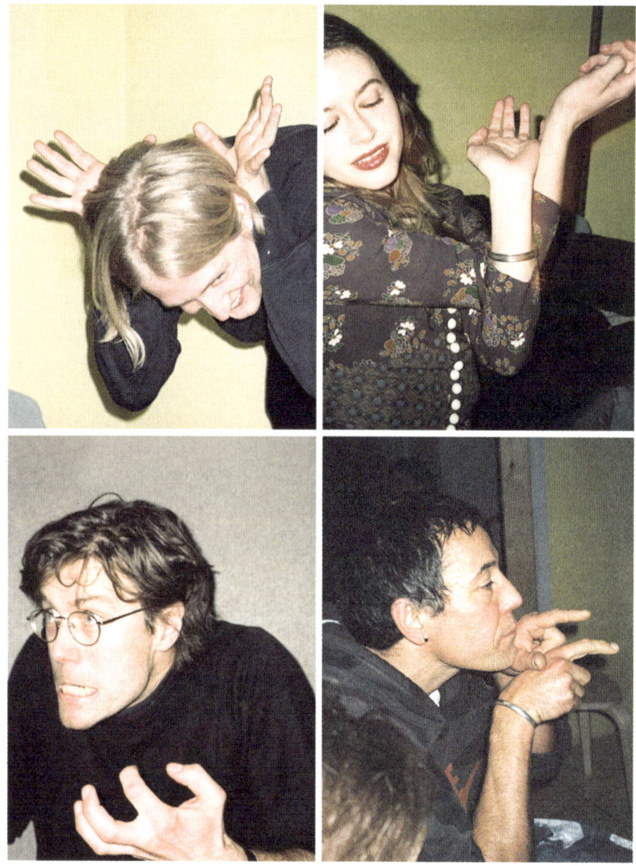

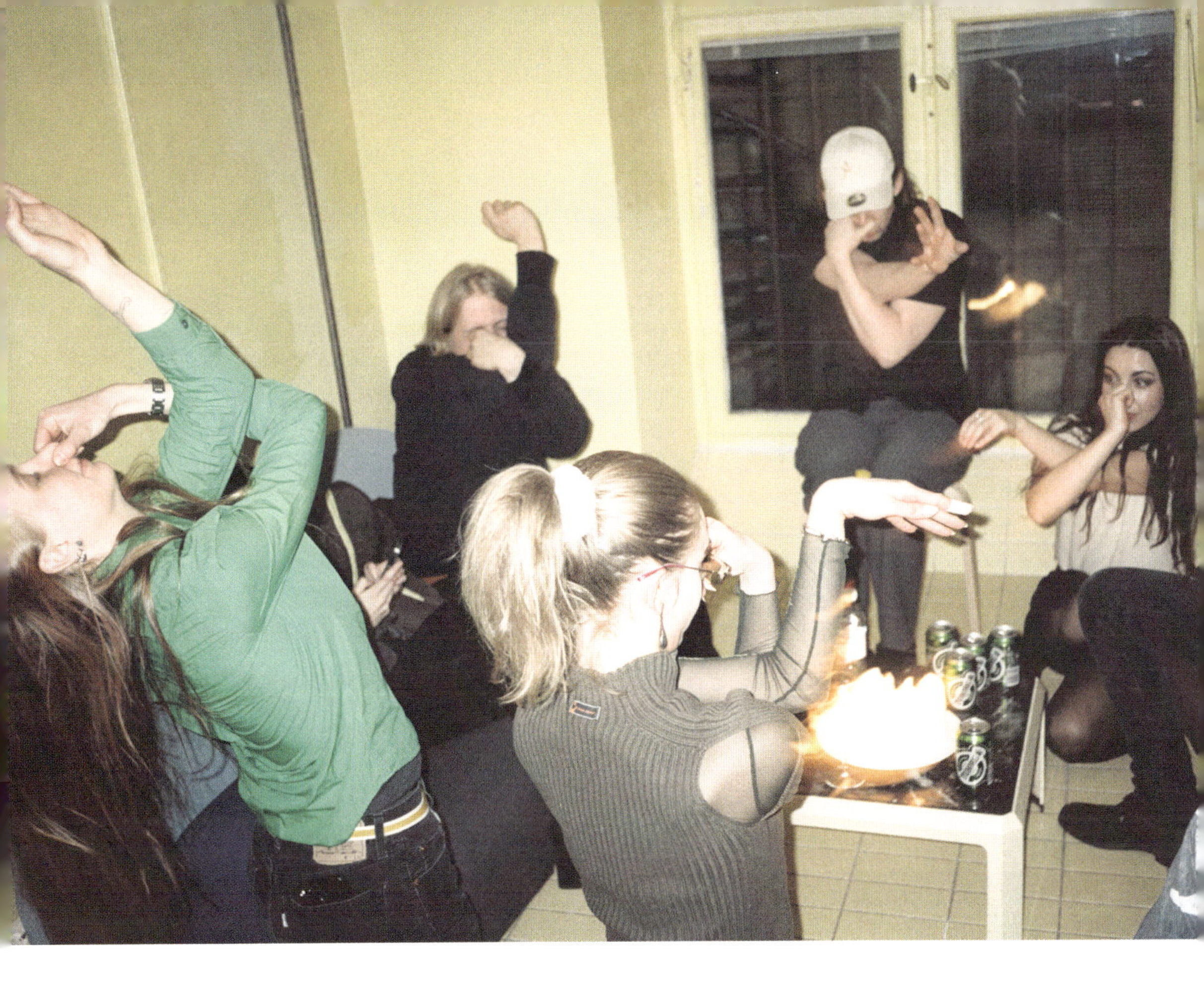

5.37 La Bamba—Silent or Drunk

Whenever that dreadful song *La Bamba* used to be played, people would form a circle with one person in the middle. Everyone would do little dance steps and sway their hips idiotically; meanwhile, the person in the middle would seek out one dancer, kiss him on the mouth, and change places with him. And so it went on, endlessly, mostly between members of the opposite sex, with the ultrakitsch song always at full volume. The contemporary version is played exactly the same way, only without the music and the dance steps. There is also a drunken version with the players belting "La Bamba" at the tops of their lungs.

The nice thing about this La Bamba game is that it allows you to calibrate overall popularity on the basis of the relative frequency of individual players' appearances in the middle of the circle, although this does not directly relate to the attractiveness of each person, since that is complicated by such issues as sympathy for the not-so-attractive players.

Photography: Marijana Radovic, 2022

La Bamba, stumm oder betrunken

Das furchtbare Lied *La Bamba* wurde früher einer im Kreis stehenden Gruppe vorgespielt mit einer der Anwesenden in der Mitte. Alle machten kleine Tanzschritte, schwangen dabei doof die Hüften, während die in der Mitte Stehende einen Tänzer aussuchte, auf den Mund küsste und mit ihm den Platz tauschte; so ging das dann ewig weiter, meist heterosexuell, immer mit der Schmonzette *La Bamba* voll aufgedreht. Die zeitgenössische Version wird genauso gespielt, aber ohne Musik und ohne Tanzschritte. Es gibt auch eine betrunkene Variante, wo die Spieler laut „La Bamba" grölen.

Das Schöne bei dem La Bamba-Spiel ist dann aber doch das Austarieren der allgemeinen Beliebtheit auf einer Skala der relativen Häufigkeit des Auftretens der einzelnen Spieler im Kreisinneren, die allerdings nicht geradlinig in Abhängigkeit der Attraktivität der jeweiligen Person verläuft, sondern durch Komplexitäten wie Mitleid mit den weniger Attraktiven gekennzeichnet ist.

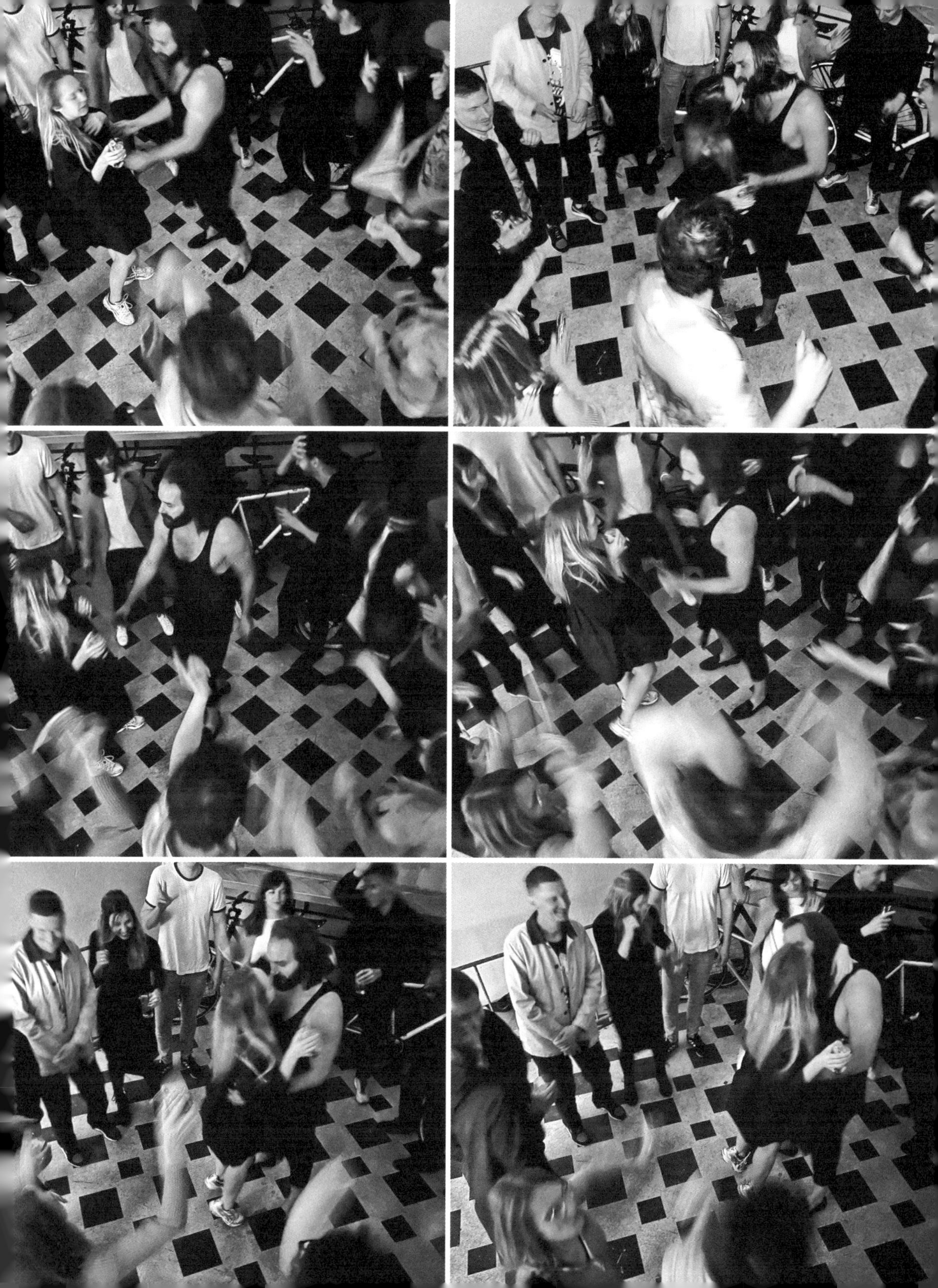

5.38 Nettles Justine

As in Stinging Nettle (3.57), take hold of some part of the other player's body with both hands and twist it in opposite directions until a nettle-like stinging sensation ensues. Should be played seated in a circle, with each player mistreating someone else while enduring similar treatment—on the forearm, lower leg, waist, breast, penis, hand, foot, neck, or ears, depending on their physique—everyone stoic, without grimacing.

Photography: Felipe Castelblanco,
Urtica Embrace, 2022

Brennnessel Justine

Wie bei Brennnessel (3.57) einen Körperteil eines anderen Spielers mit beiden Händen umgreifen und in gegensätzliche Richtungen verdrehen, sodass ein brennnesselartiges Stechen einsetzt. Soll sitzend im Kreis gespielt werden, wobei alle Spieler einen anderen malträtieren, während sie gleichzeitig selbst eine ebensolche Behandlung erdulden – je nach körperlicher Beschaffenheit an Unterarm, Unterschenkel, Taille, Busen, Penis, Hand, Fuß, Hals oder Ohren. Stoisch keine Miene verziehen, alle.

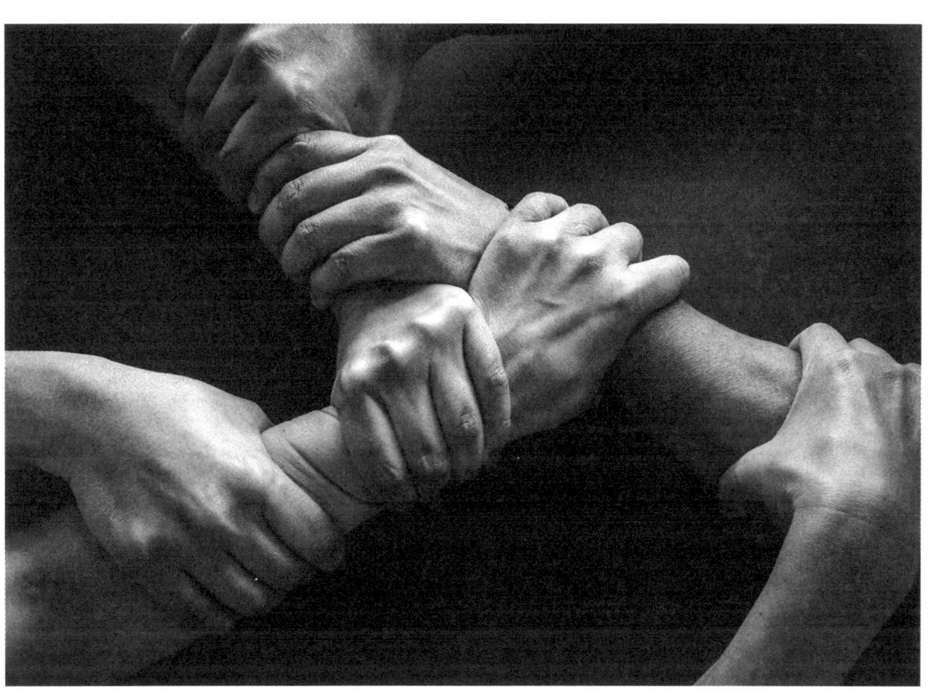

5.39 High Low

Two players act the part of loudspeakers. Both say the same two monosyllabic words with the same quick staccato rhythm and at the same volume, only with a time delay and at a distance from each other, over and over again. This can also be played using one disyllabic word, with each player enunciating just one syllable. The other players are seated between the two "loudspeakers." Since the syllables merge in the air before they reach the listeners' ears, the listeners imagine that they are either hearing actual words or semantically meaningless sequences of sounds that do not in fact correspond to what is being said.

The words or sound sequences are heard as such for a while until, gradually, a new word or sequence of sounds emerges. The transition from one word to the next can, to a certain extent, be intentionally influenced by the listener, but the sound of the words that emerge seems mainly to arise in the subconscious or through random mechanisms—that is to say, without regard for possible meanings or any facultative sense context.

Meaningless sequences of sounds thus loosely connect with familiar words, which may even be from different languages. Although it is possible to intentionally influence the sequence, as a rule, a new word just pushes its way in, as if it were emerging from the fog of sounds and penetrating the upper spheres of

Diana Deutsch, photographer and year unknown

Gelb Grün

Zwei Spieler fungieren als Lautsprecher und sagen zwei jeweils einsilbige Wörter im gleich schnellen, stakkatoartigen Takt und in gleicher Lautstärke, zeitlich und räumlich versetzt, immer und immer wieder. Kann auch mit einem zweisilbigen Wort gespielt werden, wobei jeder Spieler nur eine Silbe ausspricht. Die anderen Spieler sitzen in der Mitte zwischen den beiden Laut-Sprechern. Da sich die Silben im Luftraum vor dem Erreichen der Ohren der Zuhörer vermischen, bilden die sich ein, existierende Wörter oder semantisch bedeutungslose Tonfolgen zu hören, die nicht dem Gesagten entsprechen.

Die Wörter oder Tonfolgen werden jeweils für eine bestimmte Zeit als solche gehört, bevor sich graduell ein neues Wort oder eine neue Tonfolge einbringt. Der Verlauf von einem Wort zum anderen kann gedanklich in einem gewissen Umfang beeinflusst werden, aber der Klang der entstehenden Wörter scheint hauptsächlich unbewussten oder zufälligen Mechanismen zu obliegen, ohne Berücksichtigung ihrer möglichen Bedeutung oder eines fakultativen Sinnzusammenhanges.

Daher mischen sich bedeutungslose Tonfolgen in loser Folge mit bekannten Wörtern, möglicherweise aus verschiedenen Sprachen. Obwohl die gedankliche Beeinflussung der Sequenz möglich ist, erzwingt ein neues Wort seinen Gang, es taucht gewissermaßen aus dem Geräuschnebel auf und windet

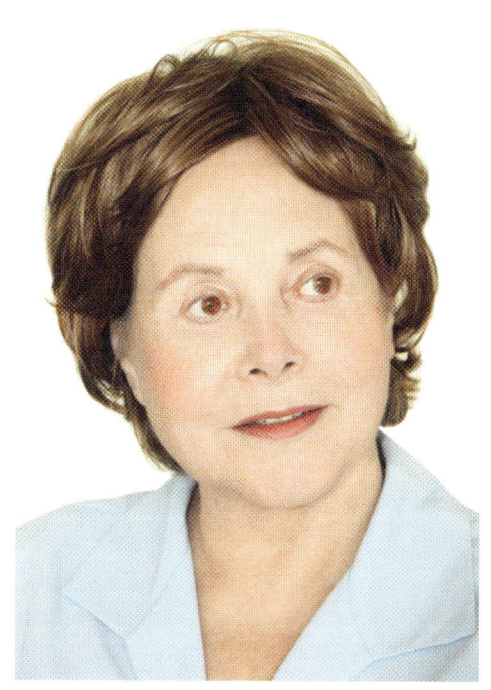

distinct audibility, until it has ousted the previous word. But the next word is already on the march, little by little crystallizing from the primal soup of possibilities until it, too, is perceptible and soon the old placeholder is done for.

Based on the acoustic phantom words illusion discovered by Diana Deutsch.

Diana Deutsch with Subject in Her Laboratory, photographer and year unknown

sich in die oberen Sphären des am deutlichsten Gehörten, bis es dem vorherigen Wort seinen Platz geraubt hat. Da ist aber bereits das nächste Wort auf dem Vormarsch, aus einer Ursuppe an Möglichkeiten kristallisiert es sich nach und nach in etwas Vernehmbares, und dann ist es bald um den alten Platzhalter geschehen.

Basiert auf der akustischen Phantomwörterhalluzination von Diana Deutsch.

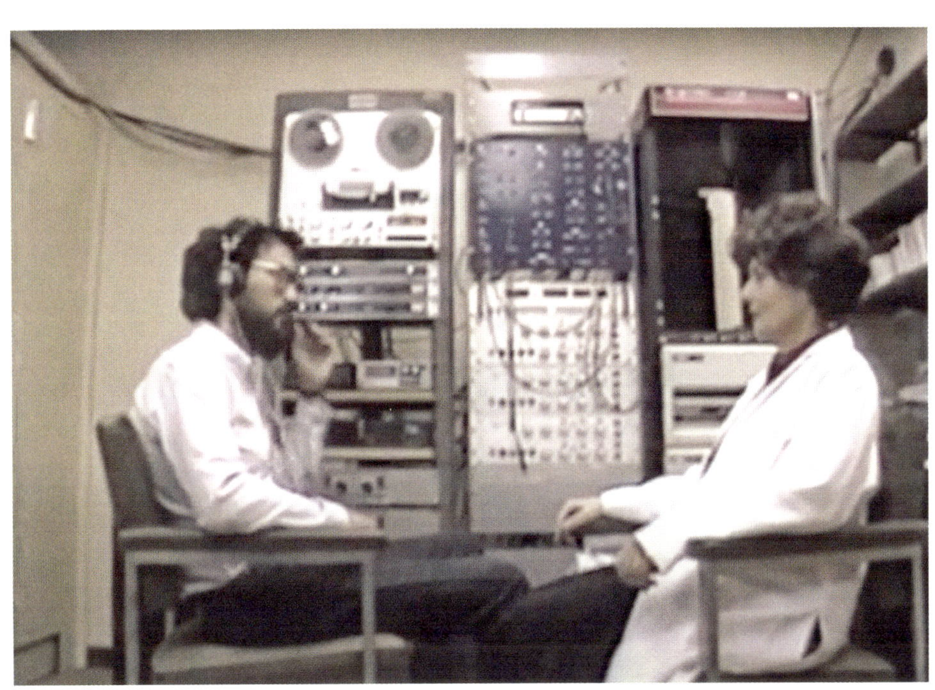

5.40 Flamingos

Each person in the group stands on one leg for as long as they can. Hopping and hanging on to each other is permitted. Then, at a given command, everyone changes over to the other leg.

Photography: Isak Berglund Mattsson-Mårn, 2022

Flamingos

In der Gruppe stehen alle, solange sie können, auf einem Bein. Hüpfen und sich aneinander festhalten erlaubt. Dann auf Befehl alle gleichzeitig Bein wechseln.

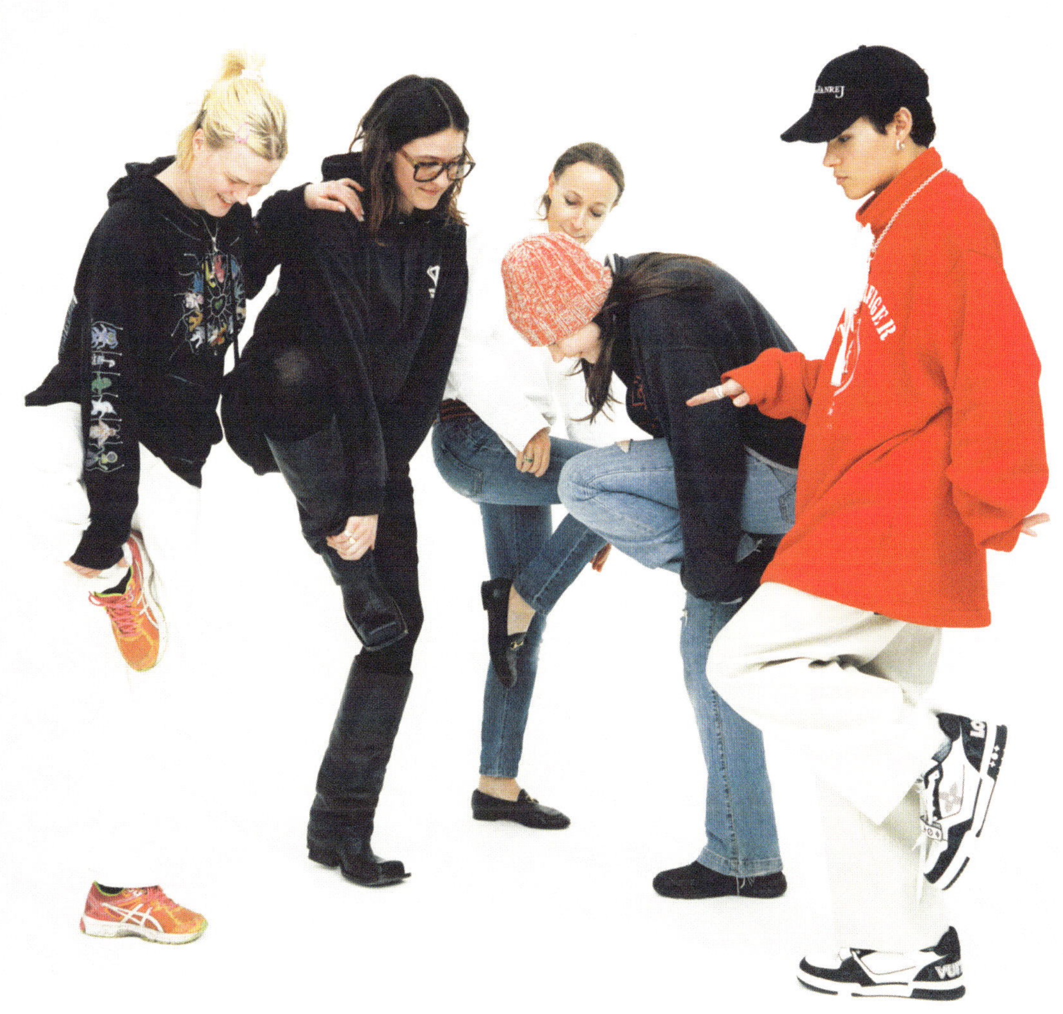

5.41 Rat King

The players inextricably knot their hair with other players' hair, like the rats' tails in a rat king.

Katharina Fritsch, *Rattenkönig*, polyester, 1998

Rattenkönig

Die Haare der Spieler wie die Schwänze der Ratten beim Rattenkönig unauflösbar ineinander verflechten.

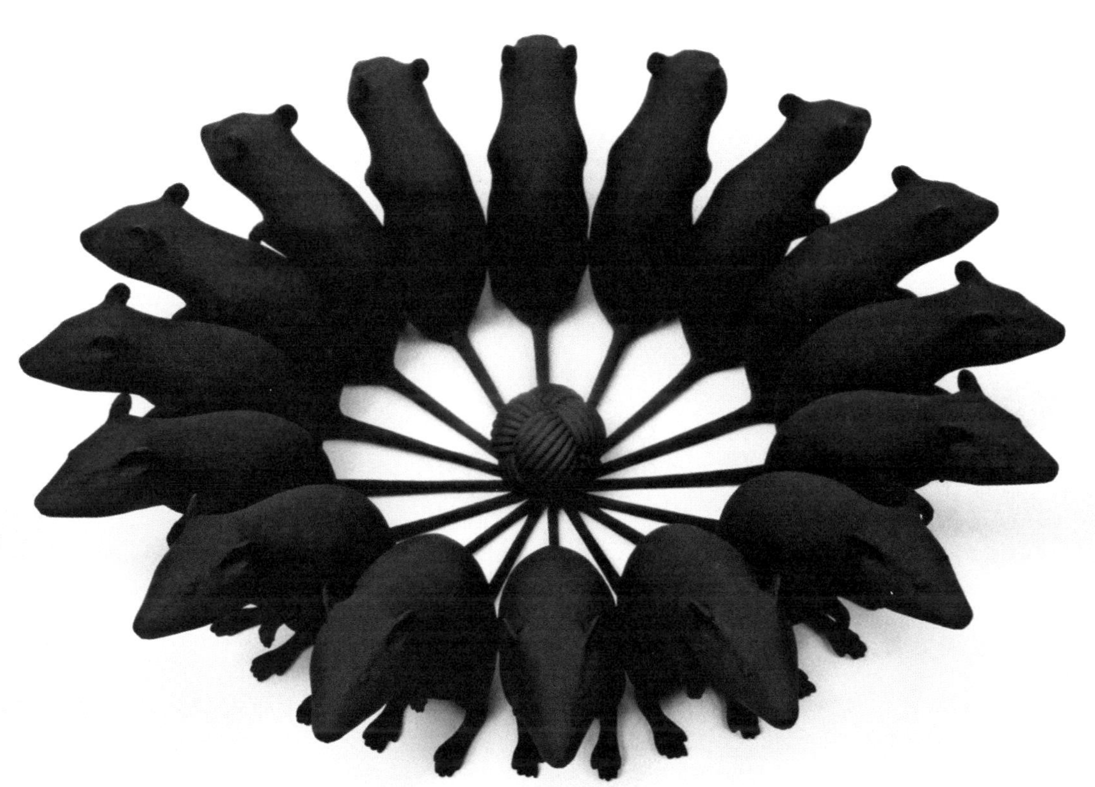

5.42 Come On Out, Unconscious!

Sit down in a circle, everyone with their legs crossed. One after the other, each person claps their hands three times and then slaps their thighs three times with both hands simultaneously. At the last slap on the thighs, the next person has to say a word, whatever word happens to occur to him. Play the game faster and faster until a connection is formed with the unconscious.

Photography: Junghun Kim, 2022

Raus mit dir, Unbewusstes!

Sich im Kreis hinsetzen, alle im Schneidersitz. Nacheinander klatschen alle dreimal in die Hände und schlagen dann dreimal mit beiden Händen auf ihre Schenkel. Beim letzten Schenkelschlag muss der Nächste an der Reihe ein Wort sagen, irgendein Wort, das ihm gerade einfällt. Immer schneller und schneller spielen, bis sich ein Zusammenhang zum Unbewussten bildet.

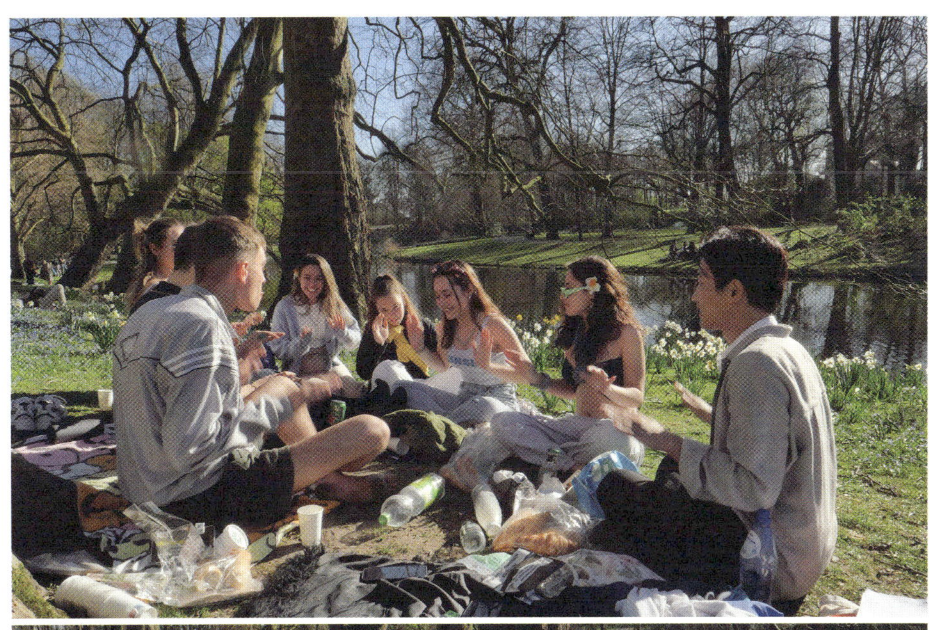

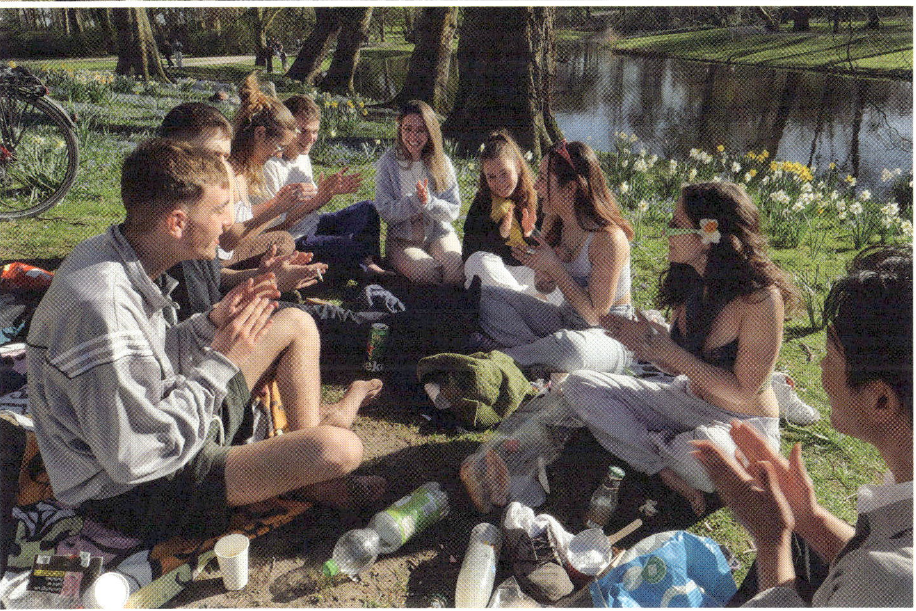

5.43 Ten Minutes

The players leave their watches and mobile phones in a particular spot. They walk away until they can no longer see each other (the distance depends on the location). After what feels like 10 minutes, they return. Who was in fact gone for exactly 10 minutes?

Stefanie Hessler and Carsten Höller, *Jaguars – Games Workshop*, unknown photographer, 2017

Zehn Minuten

Die Spieler lassen ihre Uhren und Mobiltelefone an einer Stelle zurück. Sie entfernen sich so weit, dass sie einander nicht mehr sehen können (hängt natürlich von der Umgebung ab). Nach gefühlten zehn Minuten kommen sie wieder zurück. Wer war tatsächlich genau zehn Minuten abwesend?

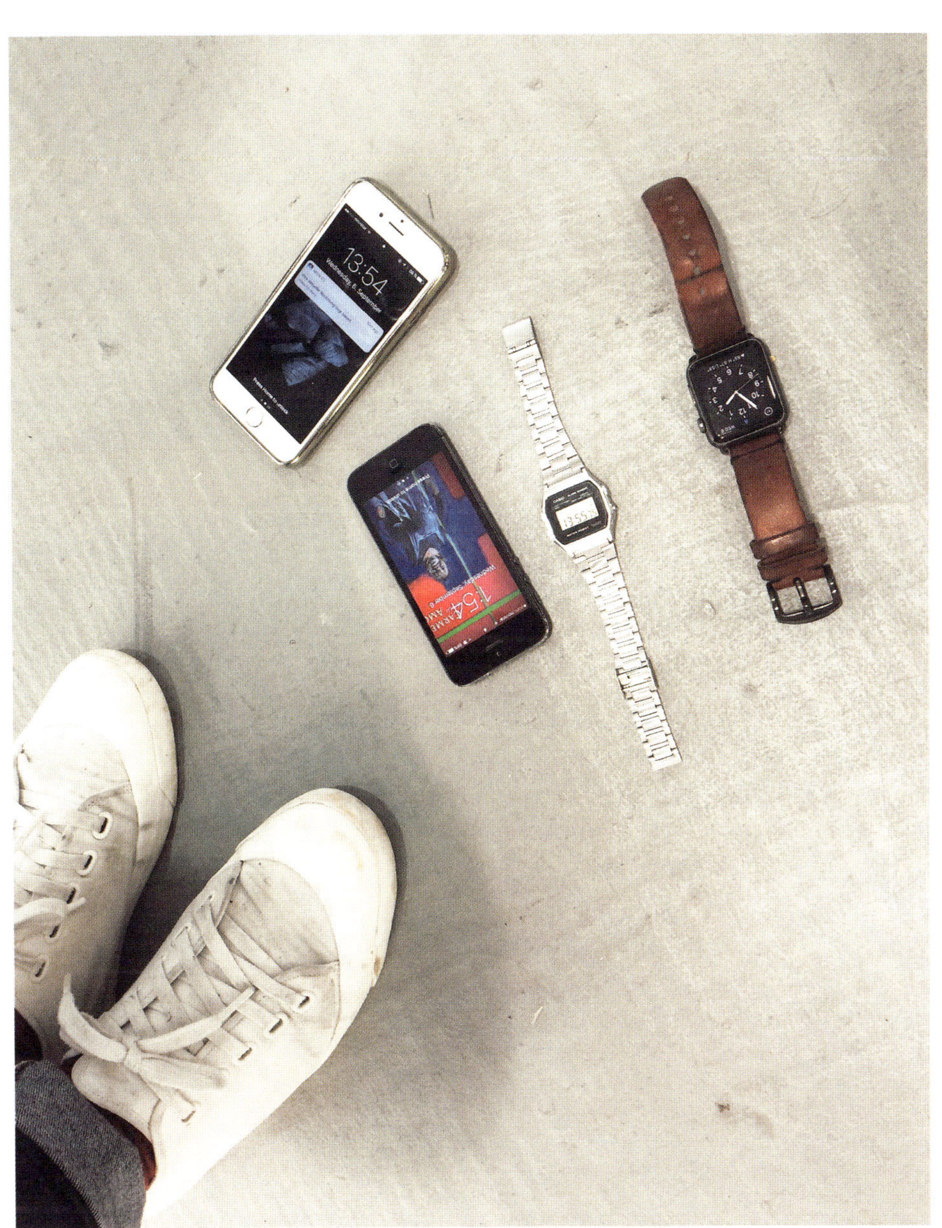

5.44 Long Story Short

One player describes in detail what her first thought was when she woke up that day. The next player repeats her story but is not allowed to add any new words—she may only omit words (or whole sentences or paragraphs). This continues, until an entirely new story emerges, or until the shortened story just doesn't make sense anymore.

Photography: Arthur Hidden, 2016

Lange Geschichte, kurz gemacht

Eine Spielerin erzählt ausführlich, was sie als Erstes beim Aufwachen an diesem Tag gedacht hat. Die nächste Spielerin wiederholt die Geschichte, darf dabei aber keine neuen Wörter hinzufügen, sondern nur Wörter (oder ganze Sätze, Abschnitte) entfernen. Das geht so weiter, bis eine neue Geschichte entsteht oder bis die verkürzte Geschichte keinen Sinn mehr macht.

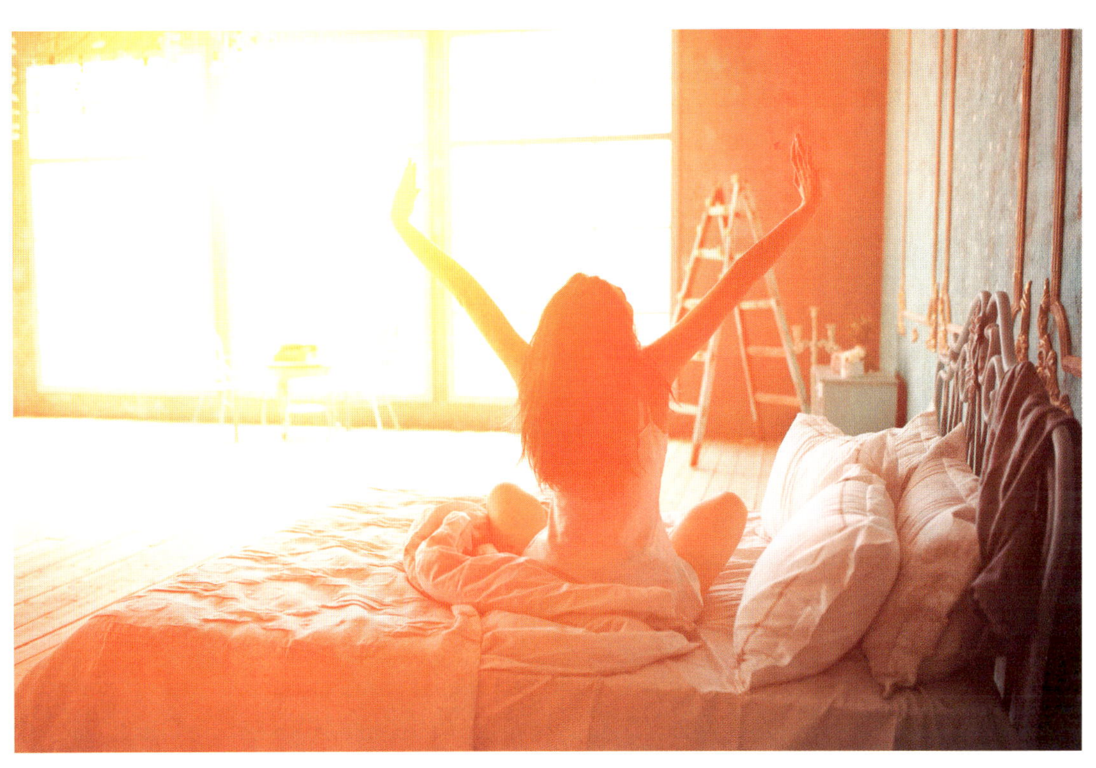

5.45 Seriously Distracted

One person goes about her daily business accompanied by two more players, with one constantly whispering into one ear and the other into her other ear. The content of what they are whispering can be the same as long as the languages are different. If they are both speaking the same language, the story has to be different. However, both accompanying players must maintain the same pitch, volume, and distance as the first player.

This game is based on a training technique for pilots that was used during the Second World War by British psychologist Donald Broadbent. The pilots found it extremely difficult to simultaneously follow two different monologues (in their own native language) that were played in stereo on their headphones. Broadbent concluded that conscious perception must be monitored by a "limited-capacity channel"— that's to say, a kind of bottleneck that regulates successive information processing.

Amelia Earhart, unknown photographer, ca. 1937

Stark abgelenkt

Den täglichen Beschäftigungen in Begleitung der beiden Mitspieler nachgehen, wobei der eine Mitspieler ununterbrochen in das eine Ohr der Spielerin flüstert und der andere in das andere Ohr. Das Gesprochene kann inhaltlich gleich sein, wenn die Sprache unterschiedlich ist. Bei Verwendung derselben Sprache sind andere Erzählungen vorzubringen. Eine gleiche Tonlage, Lautstärke und Nähe zu den Ohren der Spielerin ist aber von beiden Mitspielern beizubehalten.

Das Spiel beruht auf einer Trainingsmethode für Piloten, die während des Zweiten Weltkriegs vom britischen Psychologen Donald Broadbent angewendet wurde. Die Piloten fanden es ungemein schwierig, zwei in der Muttersprache stereo über Kopfhörer gesprochenen Monologen gleichzeitig zu folgen. Broadbent schlussfolgerte, dass die bewusste Wahrnehmung einem „begrenzten Kapazitätskanal" unterliegen muss, also einer Art von Flaschenhals, welcher die reihenweise Verarbeitung von Informationen reguliert.

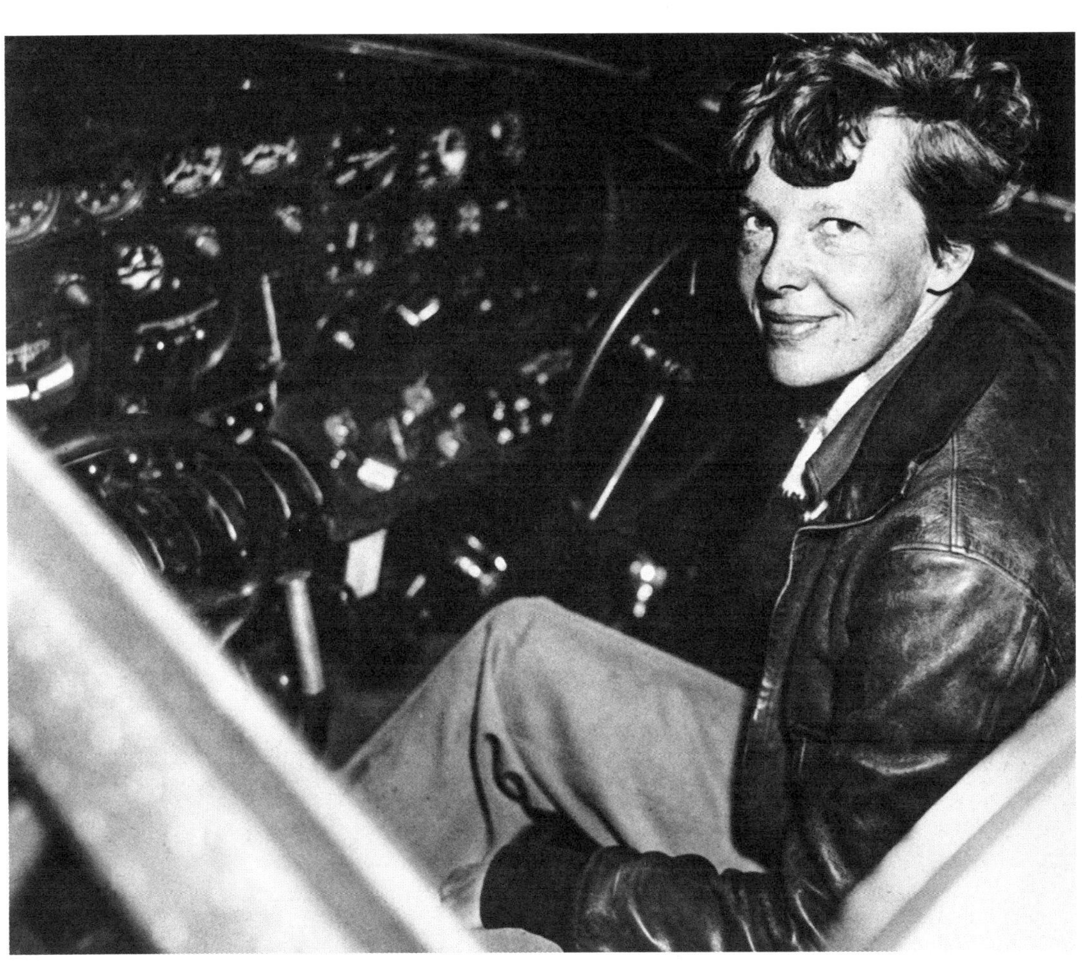

5.46 Feldenkrais Friend

“Awareness through movement” made easy—as unnaturally as possible, preferably at your pain threshold. With an enraptured gaze. In public places or on your own home turf.

Helen Miller, *Grand Union*, film still, 2018

Im Feldenkrais

„Bewusstsein durch Bewegung“ leicht gemacht – möglichst unnatürlich, gerne an der Schmerzgrenze. Entrückt dreinschauen. An öffentlichen Orten oder im eigenen Wohnbereich.

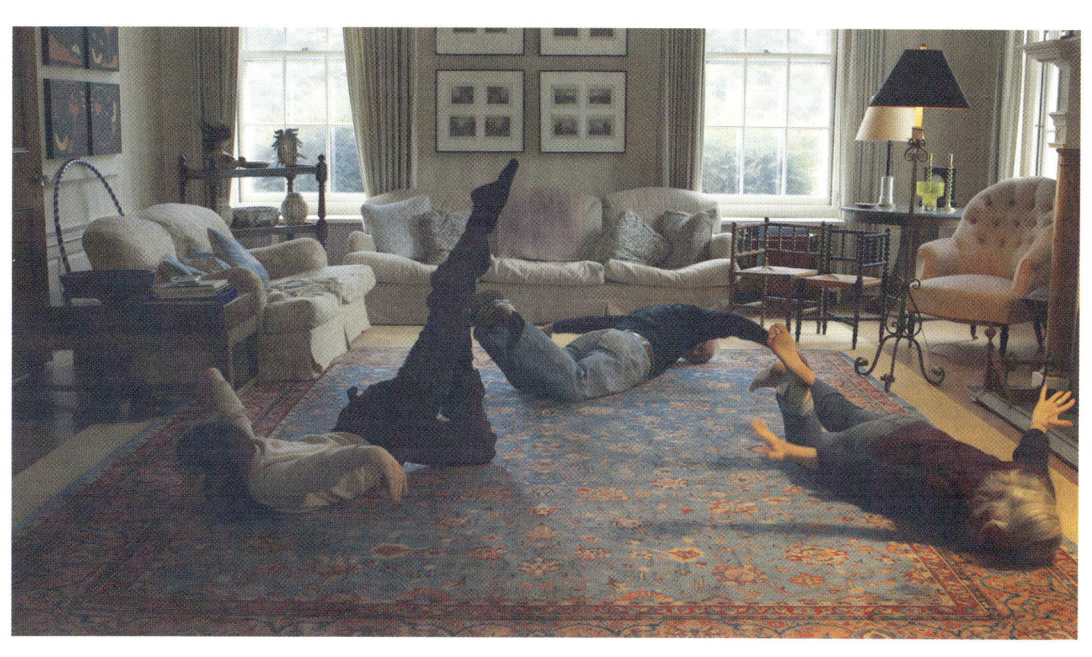

5.47 Das Heap

Players pile on top of each other in a heap, higher and higher until the players underneath can't bear it any longer.

Constanza Macras, *The Offside Rules*, theater performance, 2011
Photography: Market Theater

Das Haufen

Die Anwesenden legen sich übereinander auf einen Haufen, und zwar so viele, bis es die unten Liegenden nicht mehr aushalten können.

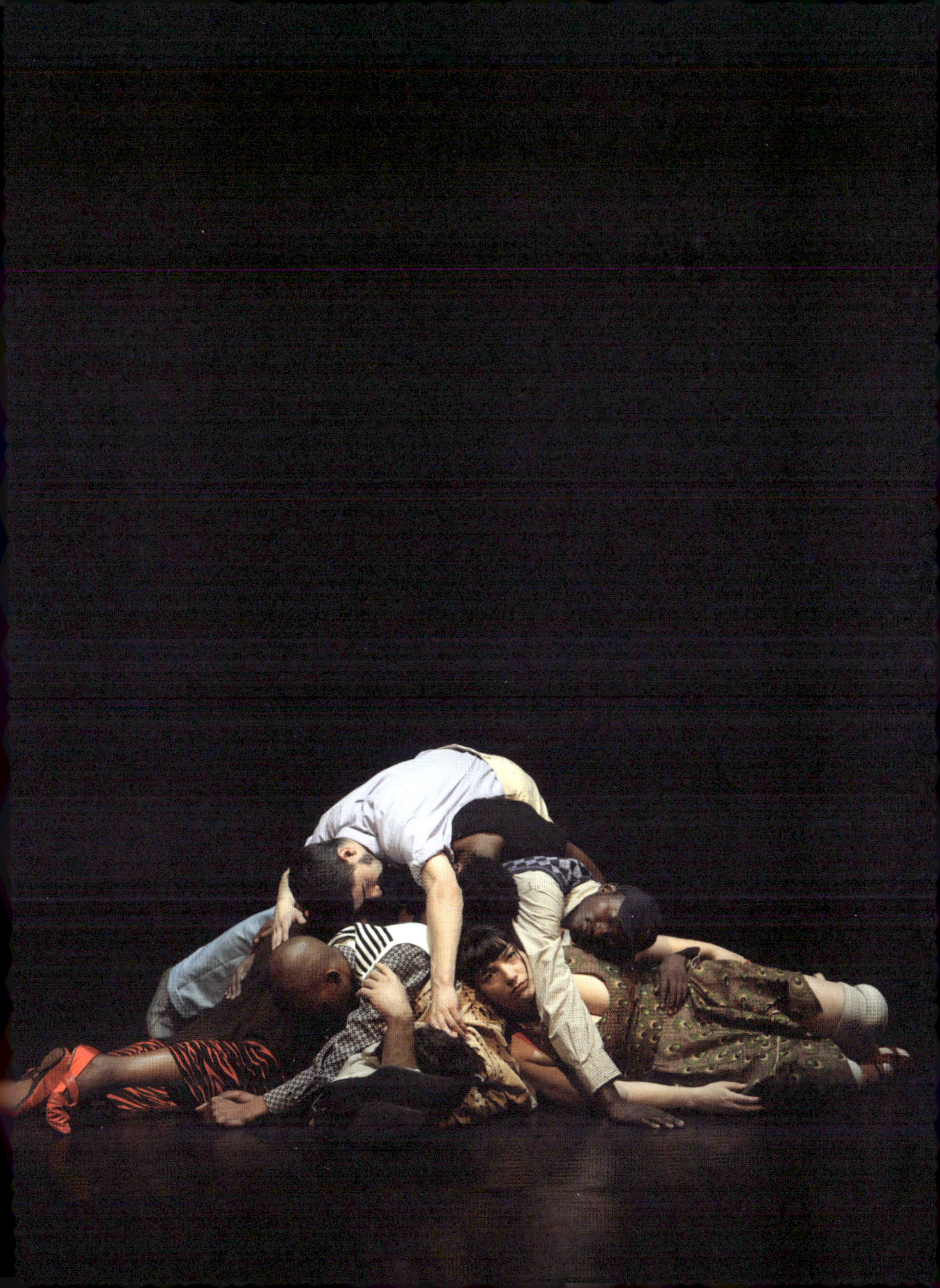

5.48 Bad Parents Are Good Parents

In *The Nurture Assumption: Why Children Turn Out the Way They Do*, Judith Rich Harris argues that the belief that parental upbringing influences the future success or failure of children is in fact no more than a cultural myth—a fallacy that is predominantly regarded as common wisdom in "Western" cultures. Harris writes that, on the contrary, children turn out as they do because of the way they grow up in groups that define each other and keep distance from each other—depending on the value systems they identify with. In a later interview, Harris stated that, on average, she would estimate the influence of parental upbringing to be about five percent. While identity-determining genes certainly have a part to play, Harris believes that their impact is vastly outweighed by the child's cultural peer group.

As a student Harris lodged with a family of Russian immigrants in Cambridge, Massachusetts. The three children—between six and nine years old—spoke American English in the typical, local Boston/Cambridge manner and were in other respects also not noticeably different from contemporaries of theirs who were born into families that had lived on American soil for generations. However, the children's immigrant parents only ever spoke Russian to each other, and their imperfect English was

Joseph Beuys with his son Wenzel, photographer and year unknown

Schlechte Eltern sind gute Eltern

Judith Rich Harris hat in ihrem Buch *Ist Erziehung sinnlos?* die These aufgestellt, dass es sich bei dem Glauben des Einflusses der elterlichen Erziehung auf das Geraten oder Missraten ihrer Kinder um einen kulturellen Mythos handelt. Ein Irrglaube, der vor allem in den „westlichen" Kulturen fest im gesellschaftlichen Gedankengut verwurzelt ist. Harris schreibt, dass Kinder vielmehr so werden, wie sie dann später sind, weil sie in Gruppen aufwachsen, die sich untereinander definieren und voneinander abgrenzen – durch gemeinsame oder unterschiedliche Identifikation mit den entsprechenden Wertesystemen. Den Einfluss der elterlichen Erziehung, sagt Harris in einem späteren Interview, schätzt sie auf durchschnittliche fünf Prozent ein. Auch identitätsbestimmende Gene spielen wohl eine gewisse Rolle, aber die kulturelle Gruppenzugehörigkeit überschattet laut Harris in ihrer Wirkung die anderen Faktoren um Längen.

Als Studentin wohnte Harris in Cambridge, Massachusetts, bei einer russischen Immigrantenfamilie. Die drei Kinder, sechs bis neun Jahre alt, sprachen Amerikanisch in der für die Gegend typischen Boston-Cambridger Mundart und unterschieden sich auch sonst nicht wesentlich von ihren seit Generationen auf amerikanischem Boden wohnenden Altersgenossen. Die eingewanderten Eltern hingegen sprach Russisch miteinander, und ihr unvollständiges Englisch war von einem schweren östlichen

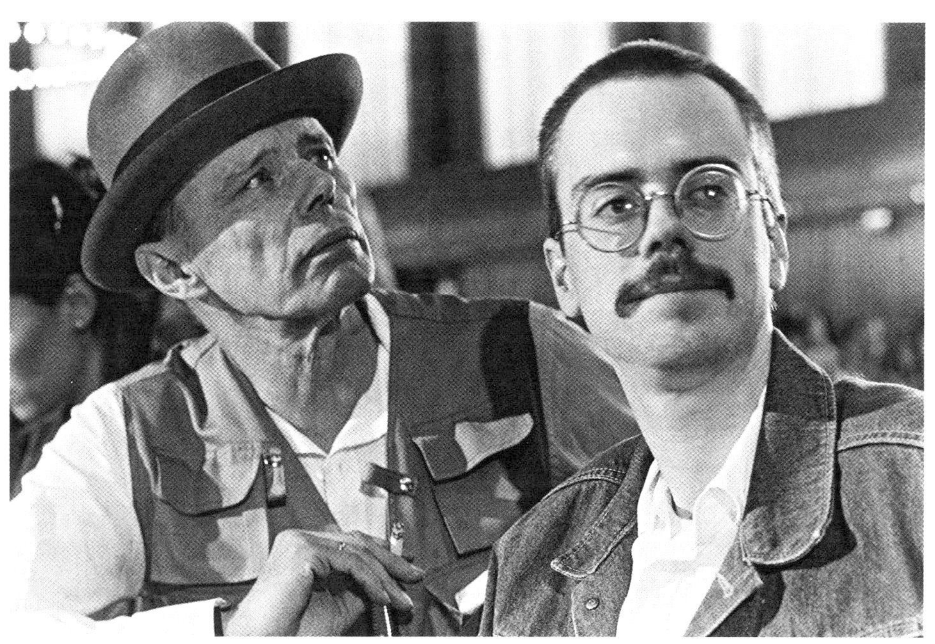

tinged with a strong Eastern accent. They dressed differently and generally looked foreign, unlike their offspring.

Some groups defend their cultural heritage by keeping to themselves and by observing strict internal rules—as in the case of the Hutterites, who even take charge of their children's education in their own institutions. Young people who grow up in this way have, in effect, a dual citizenship—one bestowed on them by their parents and the other by the country they live in. They either function as cultural hybrids or code-switch between the two different conventions.

It seems that the children of famous parents are often disproportionately maladjusted—in Sweden, they say that a tall tree casts dark shadows. People who don't drink alcohol have usually grown up with a boozy parent (or parents), and many nonsmokers have horrible childhood memories of spending hours trapped in smoke-filled interiors in cars and trains.

So, if parental nurture has so little influence and only works in combination with constraints and deterrents, whereas inadequate parents often seem to do pretty well, doesn't this mean that bad parents are better parents? Parents hoping to produce a clean, healthy, upright brood would be well advised to lie in bed all day, ripe-smelling and lazy, consistently inebriated, endlessly bickering, and seeking attention with the occasional, half-hearted attempt to end it all.

Photography: Judith Baker Montano, *Hutterite Children*, year unknown

Akzent gefärbt. Sie kleideten sich anders und erschienen im Allgemeinen fremdartig, im Gegensatz zu ihren Kindern.

Bestimmte Gruppen verteidigen ihr kulturelles Erbe durch Abgrenzung und strikte innergemeinschaftliche Regeln, wie die Hutterer, die auch die schulische Erziehung ihrer Zöglinge in eigenen Einrichtungen kontrollieren. Heraus kommen dabei Heranwachsende, die gewissermaßen eine doppelte Staatsbürgerschaft aufweisen, die ihrer Eltern und die des Landes, in dem sie aufwachsen. Sie praktizieren entweder kulturelle Mischformen oder wechseln zwischen den beiden Umgangsformen.

Kinder berühmter Menschen sind, so scheint es, überproportional oft missraten – auf Schwedisch sagt man, ein großer Baum wirft dunkle Schatten. Leute, die keinen Alkohol trinken, haben meist unter (zumindest) einem alkoholisierten Elternteil gelitten, und viele Nichtraucher erinnern sich mit Entsetzen an die stundenlangen Auto- oder Zugfahrten in zugequalmten Innenräumen in Kindheitstagen.

Wenn also der fördernde elterliche Einfluss so gering ist und nur unter Einsatz von Abgrenzung und Abschreckung funktioniert und gleichzeitig Negativeltern oft richtige Treffer erzielen, sind dann schlechte Eltern nicht die besseren Eltern? Eltern sollten besser übel riechend und faul die Tage im Bett verbringen, konstant besoffen, sich andauernd streiten und mit dem gelegentlichen, halbherzig durchgeführten Suizidversuch die allgemeine Aufmerksamkeit suchen, um sauberen,

Set this up as a large-scale social experiment, as a town-in-a-town—like Christiania in Copenhagen—where different social conventions (and laws) apply.

gesunden, geradeaus denkenden Nachwuchs zu produzieren.

Als großflächiges, gesellschaftliches Experiment anlegen, als Stadt in der Stadt, so wie Christiania in Kopenhagen, wo andere Benimmregeln gelten (auch rechtlich).

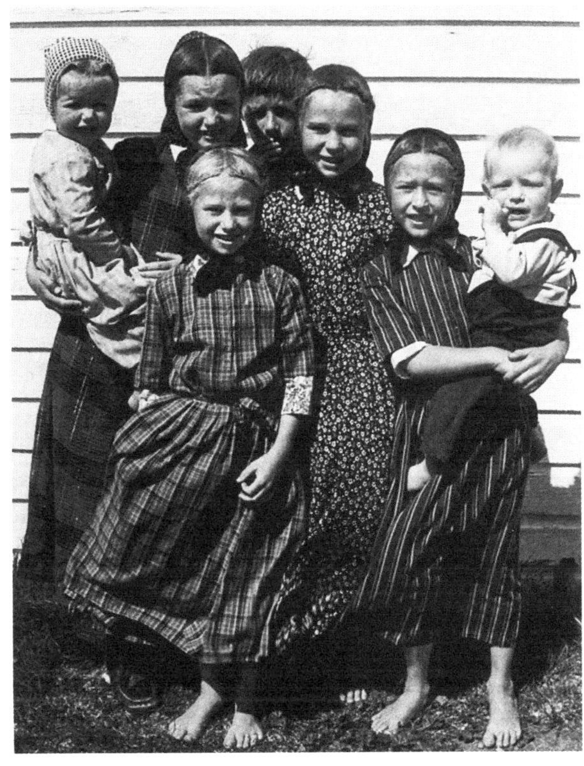

5.49 A Several-Course Supper

After each course, randomly change places—that's what they do in Australia.

The Real Housewives of Melbourne, "Chef's Dinner," Episode 205, 2015

Das mehrgängige Abendessen

Nach jedem Gang die Sitzplätze wechseln. Macht man so in Australien.

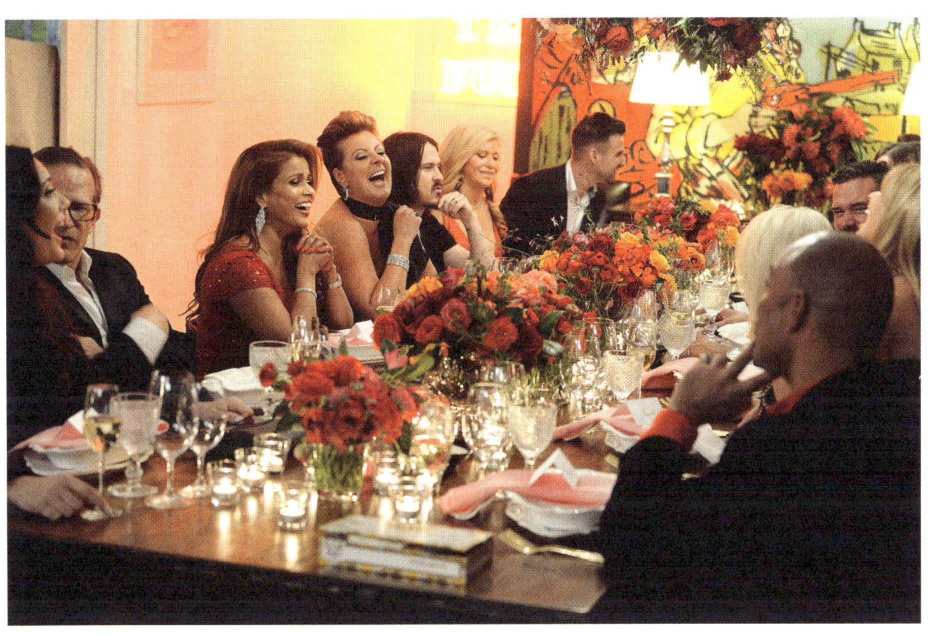

5.50 Senselessly Making Sense

Even when sense impressions are delivered too quickly to be consciously perceived, unconscious meaning can still be generated. In scientific experiments, pairs of words, such as VERY HAPPY or NOT HAPPY, were presented to subjects too quickly to be consciously registered. Directly afterward the word WAR flashed into view. In subjects who had been presented with the sequence VERY HAPPY / WAR, a particular brain wave frequency could be observed—the same frequency that occurs when we hear nonsensical sentences, such as "I like my coffee with socks."

Since the experiment conducted by Simon van Gaal and Stanislas Dehaene cannot properly be replicated without various items of technical equipment, in Senselessly Making Sense the first player uses her hands to make two tunnels in front of her eyes, each creating a field of vision that is roughly the size of a coin. Two other players cover the end of one of the "tunnels" with one hand; at a given moment—as quickly as possible—each takes his hand away and puts it back again. The first player sees flashes of light. In those brief moments when she can see, a fourth player shows parts of his body or other objects. He can either create a meaningful combination of things or not. The first player then reports what she saw.

Photography: Florian Hecker, 2022

Sinnlos Sinn machen

Wenn Sinneseindrücke zu kurz präsentiert werden, um bewusst wahrgenommen zu werden, kann dennoch unbewusst Sinn produziert werden. In wissenschaftlichen Versuchen wurden Wortfolgen wie beispielsweise VERY HAPPY und NOT HAPPY so schnell aufgeblitzt, dass die Zeit unter der Wahrnehmungsschwelle lag. Direkt danach wurde das Wort WAR aufgeblitzt. Bei Subjekten, die die Folge VERY HAPPY WAR gesehen hatten, konnte das Auftreten einer bestimmten Gehirnwellenfrequenz beobachtet werden, die beim Hören unsinniger Sätze auftritt, wie: „Ich trinke meinen Kaffee gerne mit Socken."

Da ohne technische Hilfsmittel das Experiment von Simon van Gaal und Stanislas Dehaene kaum reproduziert werden kann, wird Sinnlos Sinn machen so gespielt, dass die Spielerin ihre beiden Hände röhrenförmig vor ihre Augen hält, um somit das Sichtfeld ungefähr auf Geldstückgröße zu begrenzen. Der zweite Mitspieler bedeckt mit seinen Handflächen die Röhren, um sie zu gegebener Zeit so schnell und so kurz wie möglich hochzureißen, um sie dann sofort wieder in Stellung zu bringen. Die Spielerin sieht also nur Lichtblitze. Der dritte Mitspieler präsentiert Teile seines Körper oder vorgefundene Dinge in diesen kurzen Momenten, wo die Spielerin sieht. Er soll dabei die Dinge in einen Sinnzusammenhang stellen oder eben nicht. Danach soll sie berichten, was sie gesehen hat.

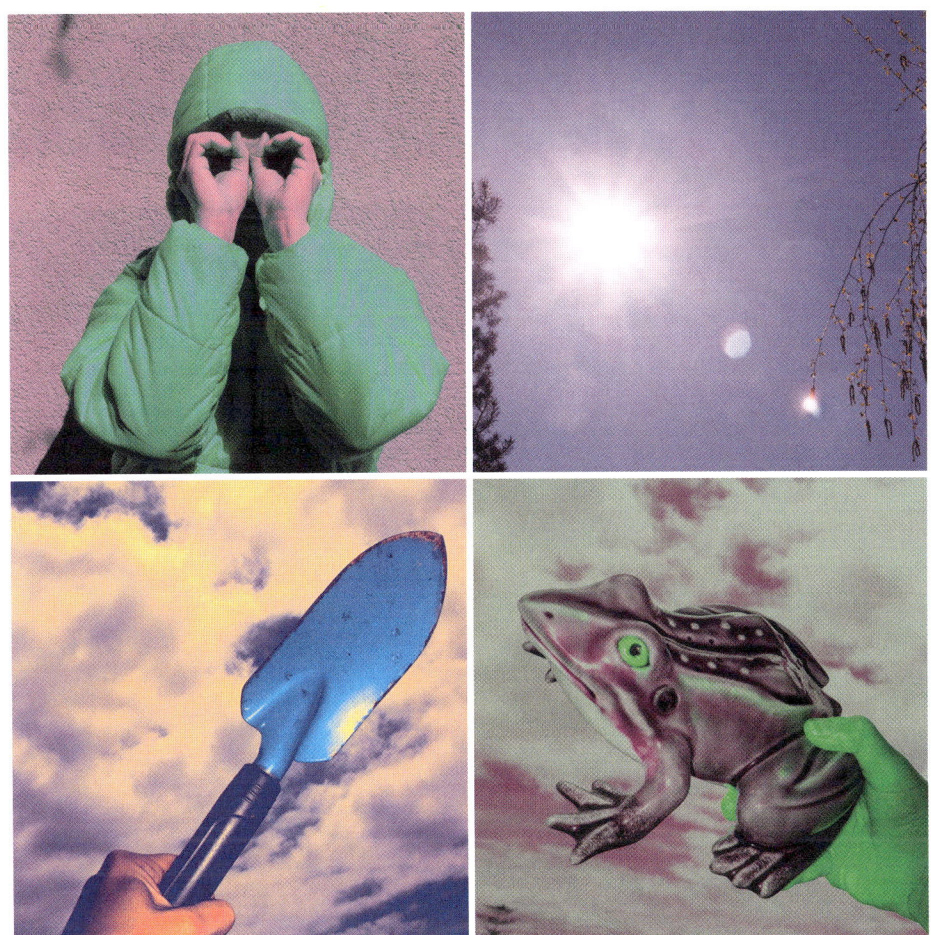

5.51 Clown Hockey

"I thought since I have this group of actors I could shoot something we used to call Clown Hockey (I don't have a desire for clowns), which is crushing paper into a ball and playing soccer in a limited space. Usually a dorm room." (Any other available or even imaginary object can be used instead of paper.)

Gus van Sant, in an email to me, April 1, 2022.

Photography: Gus van Sant, 2022

Clown Hockey

„Ich dachte, weil ich diese Gruppe von Schauspielern habe, könnte ich etwas fotografieren, was wir früher Clown Hockey nannten (ich habe keine Lust auf Clowns), wo wir ein Stück Papier zu einem Ball zerknüllt und in einem begrenzten Raum Fußball damit gespielt haben. Üblicherweise im Schlafsaal." (Anstelle des Papiers kann ein beliebiges anderes gerade verfügbares Objekt gewählt werden oder auch nur ein eingebildetes).

Gus van Sant in einer E-Mail vom 1. April 2022 an den Autor.

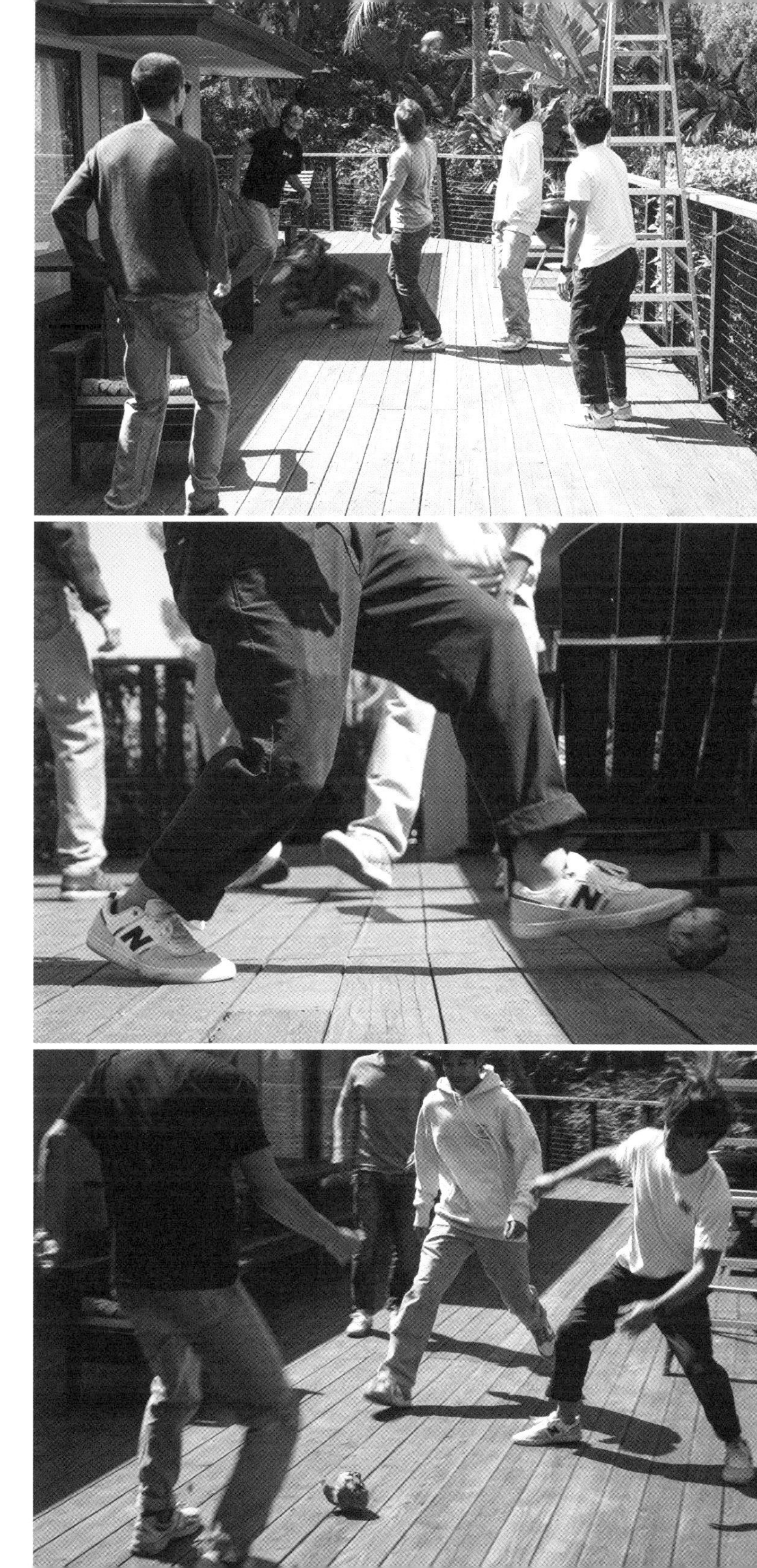

5.52 Three-Tongue Kiss

Dreizungenkuss

Photography: Olivier Zahm, *Jade Berreau, Dash Snow and Olivier Zahm*, 2007

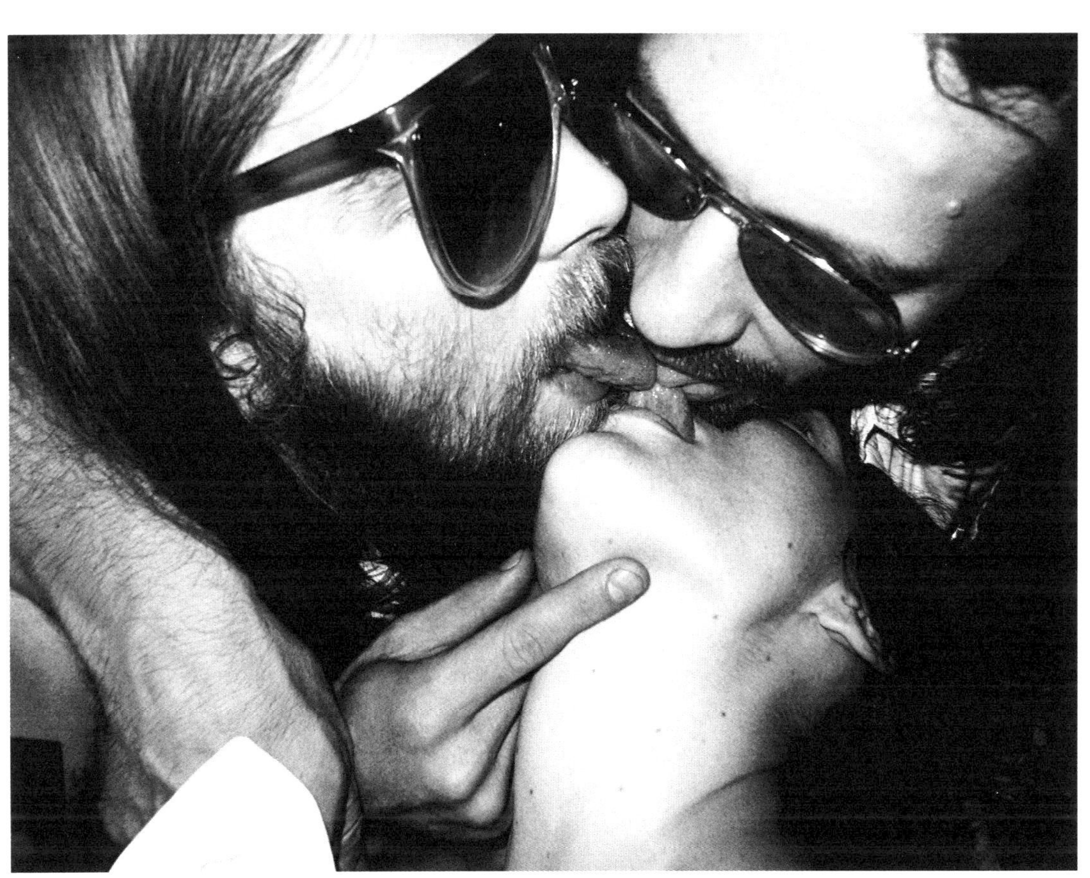

5.53 One Minute of Silence

In the beginning there is a situation where many people cross paths. One person asks someone else for silence, and that person requests silence of someone else, and so forth, until the whole place becomes quiet or subdued… then, maybe, a minute of silence could occur.

Francis Alÿs and Rafael Ortega, *1 Minuto, Panama*, photography, 2003

Eine stille Minute

An einem Ort, wo sich die Menschen über den Weg laufen, bittet zunächst eine Person jemand anderen um Schweigen und die andere Person dann wiederum jemand anderen und so weiter, bis der ganze Ort still wird oder gedämpft … dann könnte vielleicht eine stille Minute entstehen.

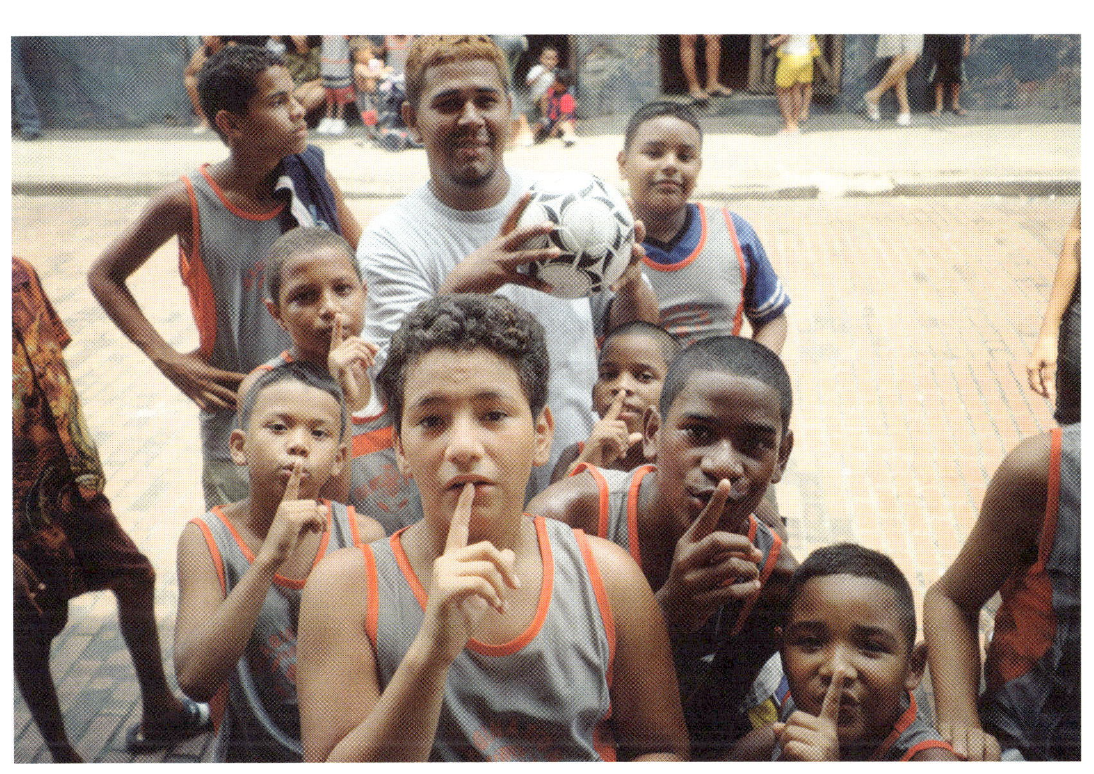

5.54 Carrot Game II

At least five players (the carrots) lie face down and grasp each other's hands. Now another player (the farmer) comes and, taking hold of one person's ankles, tries to pull a carrot out of the ground. If the farmer manages to harvest that carrot, the remaining players quickly close the circle again. The farmer goes on pulling up carrots until they have all been harvested.

Photography: Kira Bunse, 2023

Karottenspiel II

Mindestens fünf Spieler (die Karotten) legen sich auf den Bauch und halten sich gegenseitig an den Händen. Jetzt kommt die Spielerin (die Bäuerin) und versucht, eine Karotte aus der Erde zu ziehen, indem sie an den Fußgelenken eines Spielers zieht. Wenn es ihr gelingt, eine Karotte zu ernten, schließen die restlichen Spieler den Kreis schnell wieder. Die Bäuerin zieht weiter, bis alle Karotten geerntet sind.

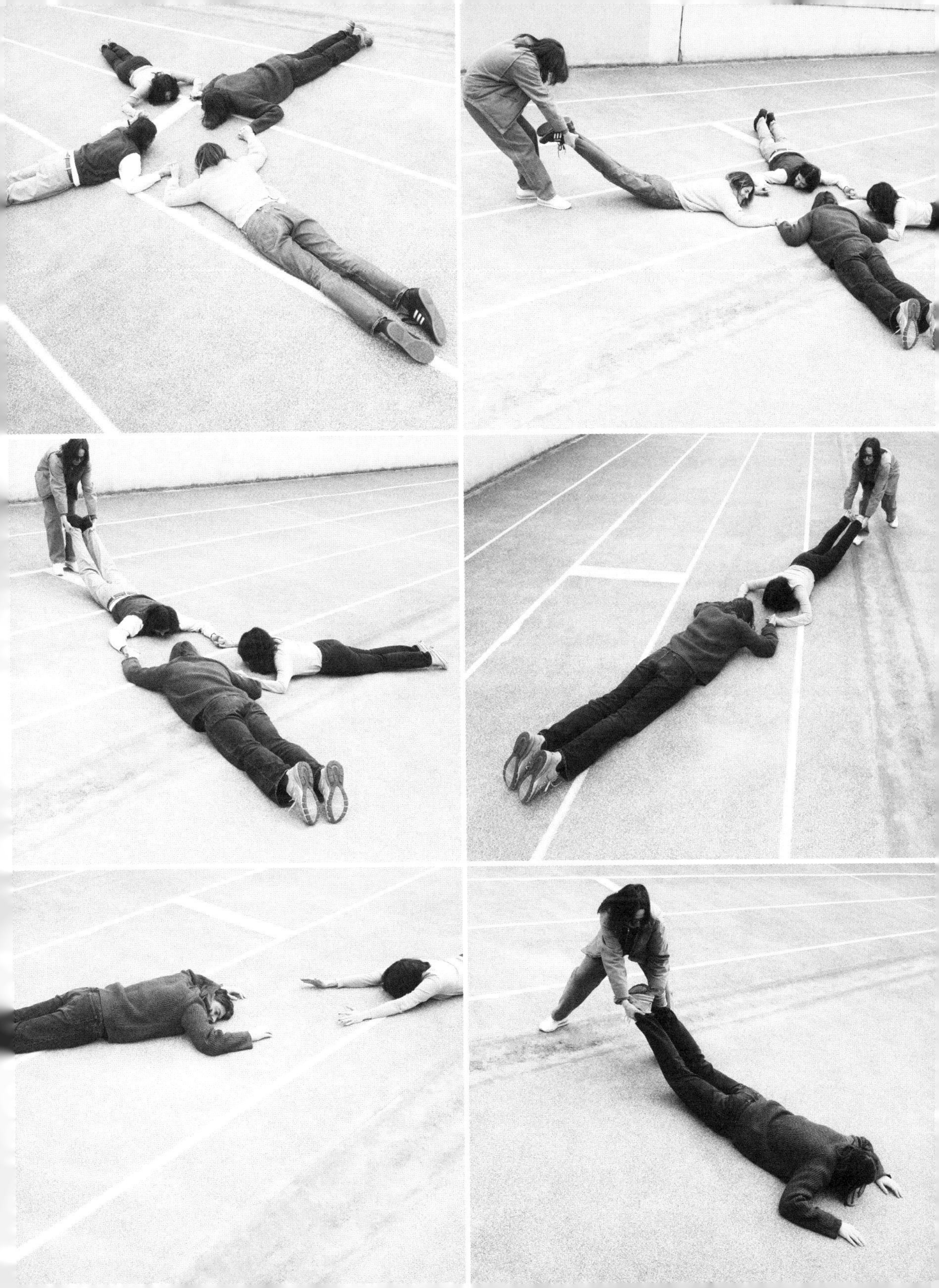

5.55 Totalitarianism

Several people stimulate someone else's receptors so excessively, using every means possible—skin, ears, eyes, nose, anything—that the person, close to collapsing, starts to see in black and white.

Photography: Brody Condon, 2015

Totalitarismus

Zu mehreren die Rezeptoren einer anderen Person so übermäßig stimulieren, unter Einsatz aller Mittel, Haut, Ohren, Augen, Nase, alles, dass diese, dem Kollaps nahe, anfängt, schwarz-weiß zu sehen.

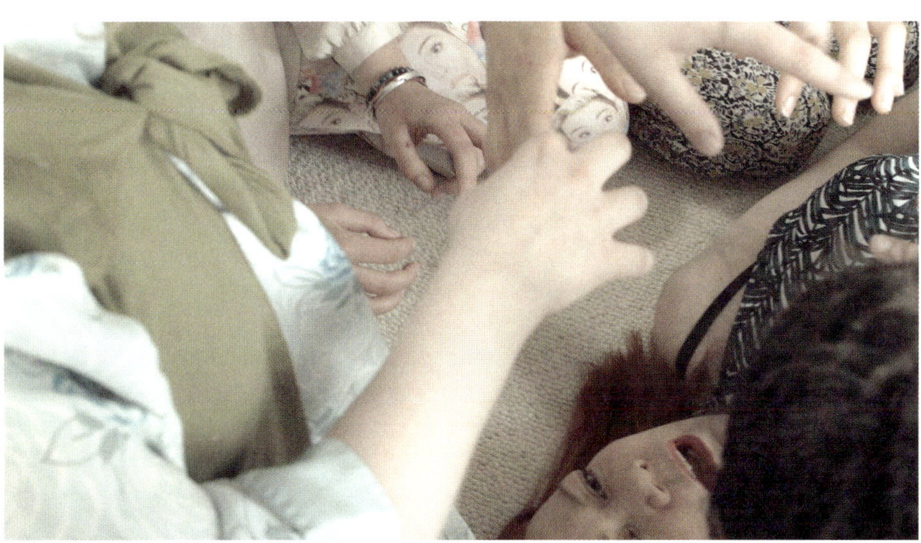

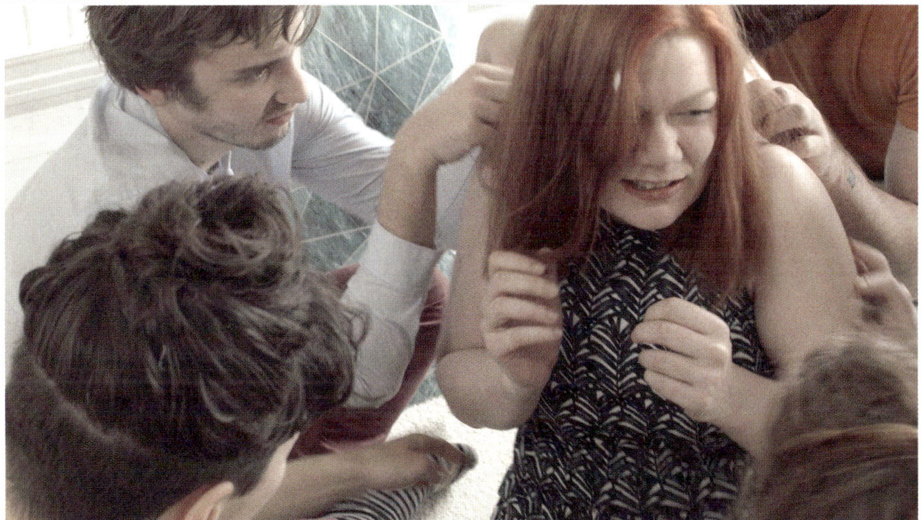

5.56 Unshadeable

The players try not to let other people's shadows shade their own shadows. Played within a defined area.

Photography: Agostino Osio, 2022

Unbeschattbar

Die Spieler versuchen, ihre Schatten nicht von den Schatten der anderen Spieler beschatten zu lassen. Wird innerhalb eines definierten Areals gespielt.

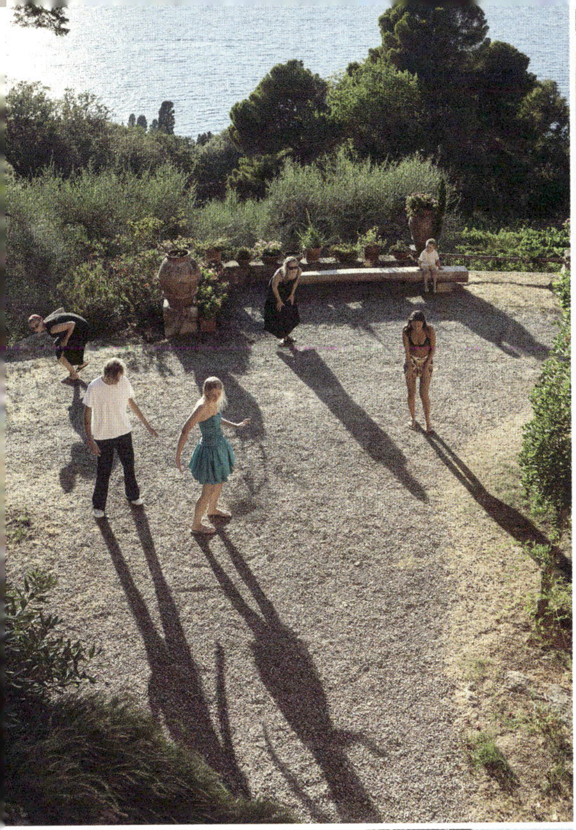

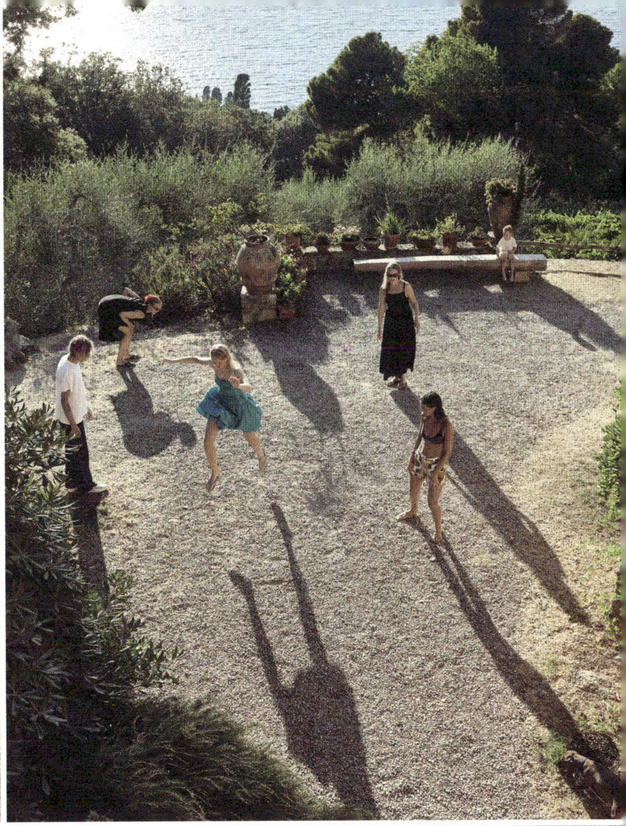

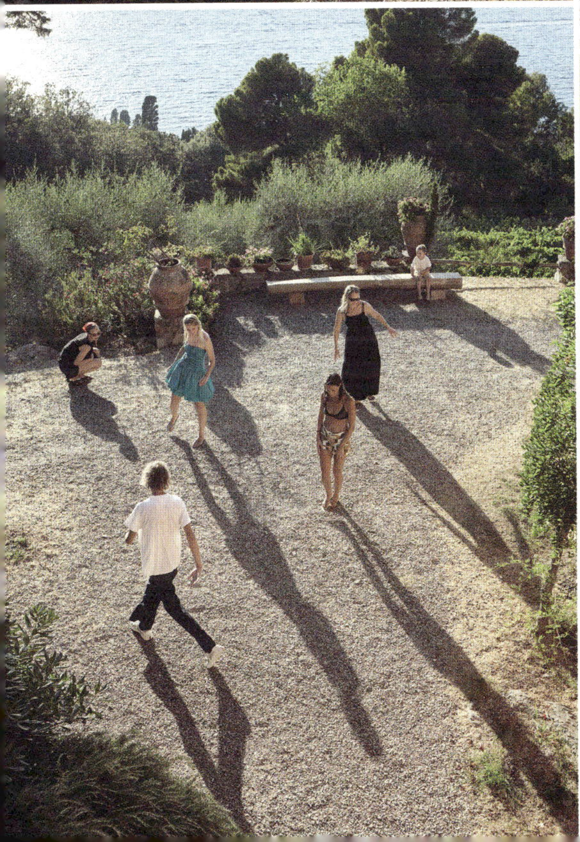

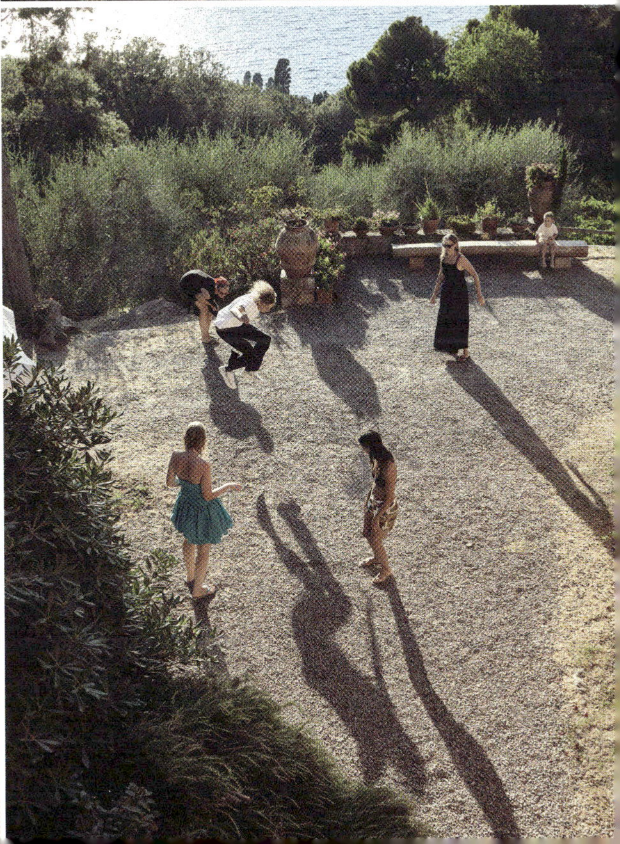

Games for Multiple Players to Play with Others

Spiele, die zu mehreren mit anderen gespielt werden

6.1 Questions, Questions, Questions

The players make a pact that their conversations will consist solely of questions. They have to answer all the questions asked of them, but their answers also have to be formulated as questions. So, there is an endless stream of questions, without any outsiders who happen to be present realizing that something is wrong here.

The first time we played this game was in Marseille. There were three of us, initially just playing among ourselves for practice, but then we played for real later on, at dinner after an exhibition opening, in the presence of a number of other people. It took them—outsiders, not in the know—a long time to notice anything. They probably mistook our questions for curiosity at first. The three of us didn't like the others and had been dreading an excruciatingly boring evening. But then it was very entertaining, after all—thanks to Questions, Questions, Questions. Incidentally this is the game that started everything in 1992. It became the cornerstone of this book.

Fragen, fragen, fragen

In der Spielgruppe verabreden, nur in Frageform miteinander zu sprechen. Die Spielerinnen sollen zwar auf eine ihnen gestellte Frage antworten, müssen aber die Antwort ebenfalls in einer Frage ausklingen lassen. So werden dauernd Fragen gestellt, ohne dass die anderen Anwesenden merken, dass hier etwas nicht stimmt.

Zum ersten Mal haben wir dieses Spiel zu dritt in Marseille gespielt, erst untereinander als Training und dann, beim Abendessen, mit einer Gruppe von anderen Menschen nach einer Vernissage. Es hat lange gedauert, bis den Nichtspielern etwas aufgefallen ist; sie hatten wohl anfangs unsere Fragerei mit Interesse verwechselt. Wir Spieler mochten die anderen nicht, und uns graute vor der schrecklich langweiligen Runde. Durch Fragen, fragen, fragen wurde es allerdings dann doch noch ganz amüsant. Durch dieses Spiel hat übrigens 1992 alles angefangen, es ist der Grundstein dieses Buches.

Tony Cokes, *Crash*, video stills, 2022

Why was there a slight bang, muffled sounds, and turbulent, non-linear movement as the airbags engaged?

How did the car simply
flip over, and skid for
a third of a block?

What was it like to be
immobilized
and upside down
in the back seat
of the car?

Why didn't he
hit his head?

Why didn't a car
with a nearly full
tank of gas explode?

Why didn't the roof of the car
collapse when it turned
upside down?

Why did he almost refuse
the policeman's offer of a ride
home - preferring to walk?

How was he helped
out of the car
within sixty seconds?

Why did only the front
passenger side window
blow out?

Why did the gasoline
leak out only
when the car was turned
right side up?

Why was the Uber driver
uninjured?

Why did the driver
who hit them
flee the scene,
leaving his car
with its crushed front-end
behind?

Why did the first people
who arrived on the scene
happen to be a nurse
and two doctors?

If this text became
the basis for a video
what music
would be its soundtrack?

6.2 Jasmine-Not-Jasmine

As in the previous game, the group agrees on a particular linguistic strategy. Han Shaogong created the term "jasmine-not-jasmine" to describe the way people speak in Maqiao—that is to say, coming out with statements that are vague, ambiguous, and unsettling:

It's going to rain; it doesn't look as if it will.

I'm full, I'm full, one more bowl and then I'll be full.

I reckon the bus isn't going to come; you'd best keep waiting.

This newspaper article is well written; I can't understand a single word.

He's an honest man; he just doesn't talk honestly.

Old Huang treated him best; it was just that he never helped him.

He was respected, but he didn't have speech rights.

Field workers pushing bicycles in Quilin, China, John Wang, year unknown

Jasminähnliche Gardenie, Jasmin

Ähnlich wie beim vorhergehenden Spiel wird eine bestimmte Umgangsform in der Gruppe exerziert. Laut Han Shaogong bezeichnet „Jasminähnliche Gardenie, Jasmin“ eine Redeweise aus Maqiao, die durch Vagheit und Doppeldeutigkeit geprägt ist und einen nervös macht:

Es wird regnen, mal sehen, ob Regen kommt.

Danke, ich bin satt, ich werde noch eine Schale essen, und das ist es dann.

Ich glaube, der Bus kommt nicht, du wartest lieber noch.

Der Artikel in der Zeitung ist sehr gut, ich verstehe kein Wort davon.

Der, das ist ein ehrlicher Mensch, er sagt nur nicht die Wahrheit.

Der alte Heng war am besten zu ihm, er hat ihm lediglich nie geholfen.

Er war ein viel geachteter Mensch, der nichts zu sagen hatte.

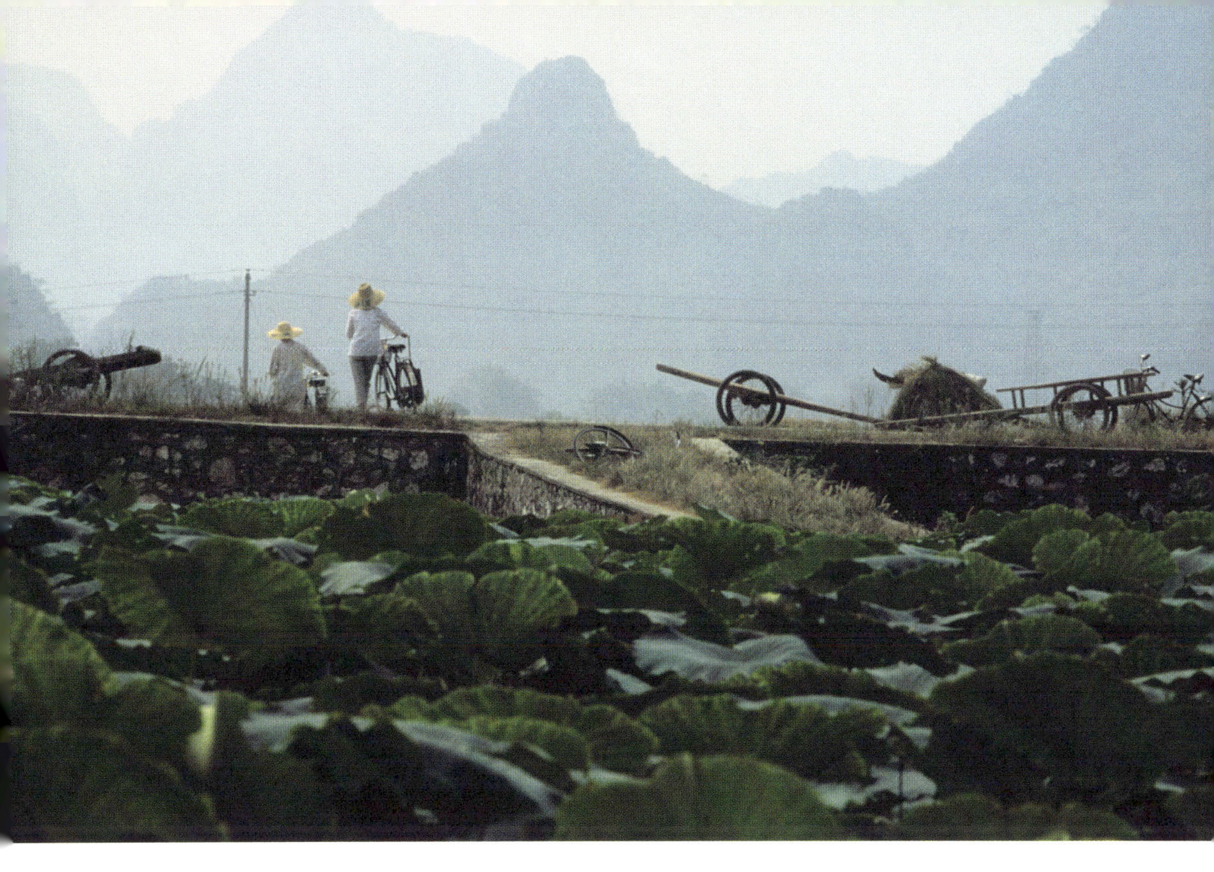

6.3 The Steffi Graf Game

At the beach or some other crowded place, find someone who resembles a celebrity. The players approach that person from all sides asking for an autograph. Draw so much attention to the "celebrity" that other people in the vicinity also start coming and asking for an autograph.

Steffi Graf signing autographs during the Australian Open, Clive Brunskill, 1994

Das Steffi-Graf-Spiel

Am Strand oder an einem anderen bevölkerten Ort eine Person ausmachen, die einer Prominenten ähnlich sieht. Von verschiedenen Seiten kommen und um Autogramme bitten. So die Aufmerksamkeit der anderen Anwesenden auf die entsprechende Person lenken, die dann vielleicht ebenfalls kommen und ein Autogramm wollen.

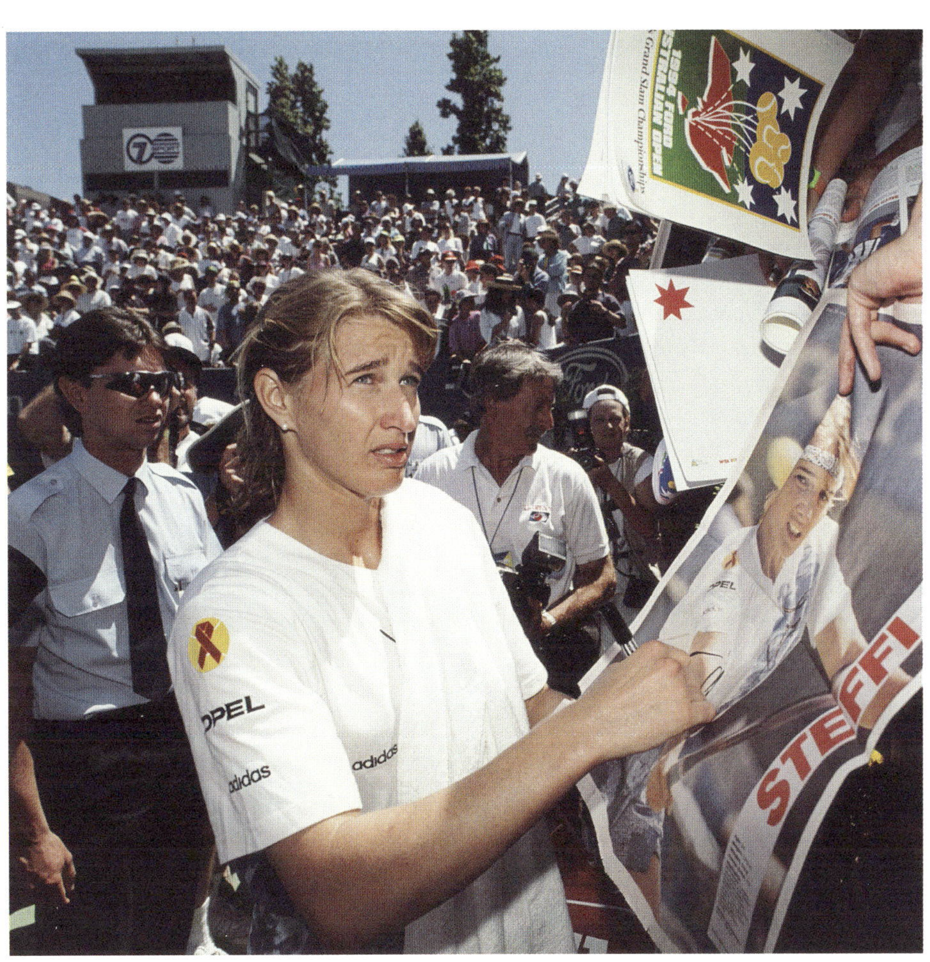
OPEL
adidas
adidas
STEFFI
Grand Slam Championships

6.4 Valerio

In the summer of 1998, in the Italian town of Bascarosa, near Brindisi, people were heard shouting out the name "Valerio." At first there were only isolated shouts, but then large crowds in the surrounding villages joined in, and many more could distinctly be heard shouting "Valerio" in not-so-nearby Rimini, especially at night. Word had it that a rock concert in Brindisi hadn't been able to start because the sound engineer—Valerio—hadn't turned up. Someone in the crowd started to shout his name: "*Valerio, Valerio, dove sta?*" ("Valerio, Valerio, where is he?") Soon most of the members of the audience were shouting "Valerio"—louder and louder. It ended up being a concert in reverse, with the crowd providing the music.

This was evidently a form of mass hysteria, similar to the outbreaks of uncontrollable laughter reported in the United States, where schools had to be closed because pupils and teachers couldn't stop laughing. Given the infectious nature of mass hysteria, Valerio can also be induced intentionally. The first Valerios have already been heard in Berlin and elsewhere.

La Stampa, August 23, 1998

Valerio

Im italienischen Bascarosa bei Brindisi wurden im Sommer 1998 Schreie mit dem Wortlaut „Valerio" vernommen. „Valerio" wurde zunächst vereinzelt, dann aber massiv auch in den umgebenden Dörfern und selbst im nicht so nahen Rimini unüberhörbar laut geschrien, vor allem nachts, aus einer Vielzahl von Kehlen. Dem Vernehmen nach konnte ein Rockkonzert in Brindisi nicht beginnen, weil der Tontechniker Valerio nicht vor Ort war. Jemand in der Menge der Zuschauer begann den Namen zu rufen, „Valerio, Valerio, dove sta?", was dann dazu führte, dass ein Großteil der Anwesenden „Valerio" rief, immer lauter und lauter – am Ende war es ein Konzert mit umgedrehten Vorzeichen, denn die Zuschauer machten die Musik.

Es handelte sich offensichtlich um eine Form der Massenhysterie, ähnlich der in den Vereinigten Staaten konstatierten Lachhysterie, wo Schulen geschlossen werden mussten, weil Schüler und Lehrer vor Lachen nicht mehr konnten. Dem ansteckenden Charakter der Massenhysterie gemäß kann Valerio auch andernorts zum Ausbruch gebracht werden. In Berlin wurden ebenfalls „Valerio"-Schreie laut und anderswo.

Premi e sorprese sabato prossimo a Valdengo: e alla fine di settembre ci sarà anche una sfilata

E' festa in discoteca, al grido di «Valerio-o»

Al Jimmy's un party ispirato al tormentone dell'estate riminese

VALDENGO. A Rimini è il tormentone dell'estate, e pian piano si sta diffondendo in mezza Italia: l'urlo «Valerio-o», inutile quanto misterioso, diventa ora il pretesto per un party in discoteca. L'idea è dei gestori del Jimmy's di Valdengo, che invitano tutti nel locale per ballare e per gridare in compagnia.

La festa è sabato prossimo, e oltre a puntare sulla moda del momento, quelli del Jimmy's hanno voluto spingersi oltre: in omaggio al nome urlato, per tutti i Valerio e le Valerie ci sono premi a sorpresa. E non solo: alla fine di settembre, in collaborazione con un'agenzia di spettacoli, sarà organizzato un altro party, stavolta per assegnare il titolo di «mister Valerio» (sempre che il grido estivo non sia già dimenticato).

Il giallo di Rimini, ormai, è diventato un fenomeno di costume. Per capirlo e per studiarlo si sono mobilitati sociologi e scrittori, e i grandi quotidiani hanno spedito inviati in Romagna, sulle tracce di Valerio o dell'inventore della moda.

I padri putativi non mancano: un ragazzo della Valsesia, di recente, ha spiegato a La Stampa di essere stato lui, insieme a un gruppo di amici, a lanciare il grido di battaglia.

Il giovane ha anche spiegato la genesi dell'urlo: Valerio sarebbe un muratore del suo paese, che qualcuno prende in giro bonariamente urlando il suo nome. A poco a poco, così, «Valerio» è diventato un segnale di richiamo, usato dalla compagnia valsesiana in occasione di concerti o di incursioni in altre province. «Quando qualcuno si perde, basta gridare quel nome e il gruppo si ricompatta», ha spiegato il presunto inventore.

Se è davvero così, non s'è ancora capito come la moda si sia propagata fino a Rimini: la compagnia sostiene di essere stata anche da quelle parti, e di aver lasciato il segno. In attesa di conferme, il gruppo valsesiano probabilmente non mancherà al party del Jimmy's, al quale potrebbe anche portare l'ignaro ispiratore dell'urlo dell'estate.

[g. bu.]

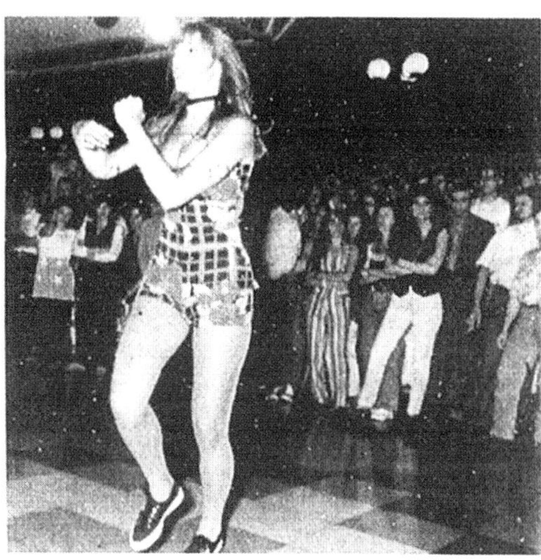

Approda in discoteca il grido «Valerio-o», vero tormentone dell'estate '98

6.5 Play Your Neighbor

One person happens to leave the group for a few moments. The remaining members of the group quickly agree that each should imitate one of the others; all of them will be both imitators and imitated. The transformation can be magnified by swapping clothes. When the first person returns, she is suddenly faced with a completely different group of people. The game continues, until she figures out what's going on.

Carsten Höller, *The Double Club*, installation with bar, restaurant, and discotheque, 2008–09
Photography: Alistair Allan, 2009

Spiele deinen Nächsten

Jemand entfernt sich aus irgendeinem Grund von der Gruppe. Schnell verabreden die Zurückgebliebenen, sich jeweils so zu benehmen wie eine bestimmte andere Person in der Gruppe; somit sind alle Imitatoren, und alle werden imitiert. Die Verwandlung kann durch das reziproke Austauschen von Kleidungsstücken akzentuiert werden. Die zurückkommende Person findet eine völlig veränderte Gesellschaft vor. Das Spiel geht so lange, bis sie errät, was hier gespielt wird.

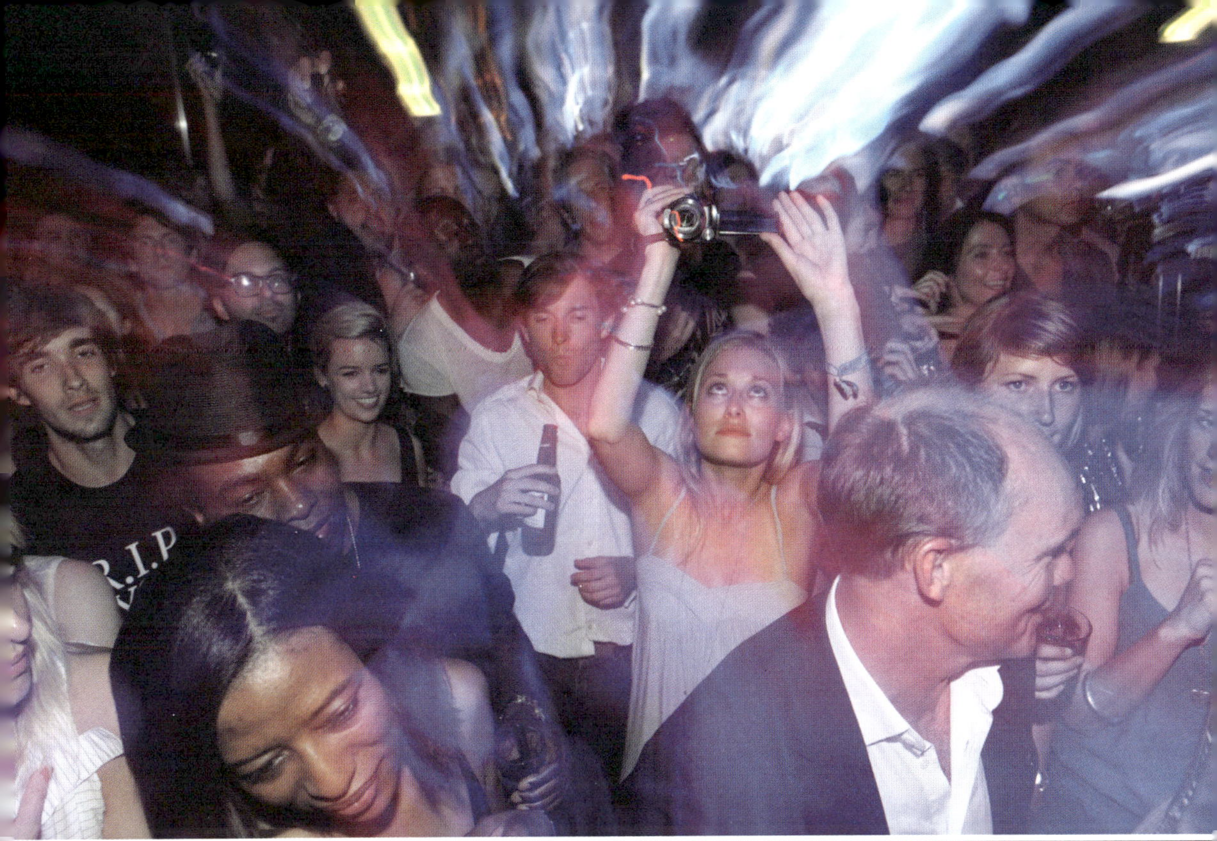

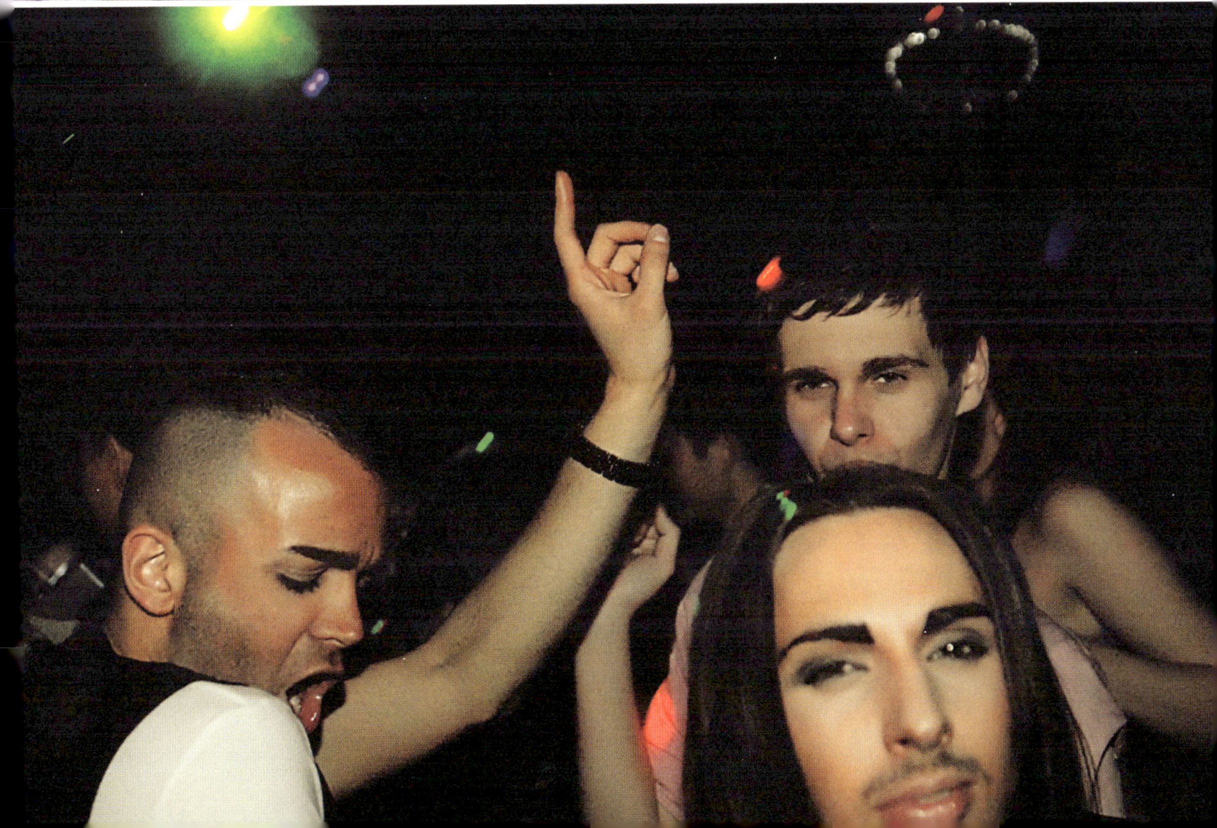

6.6 The Nonjoke

Another party game. One person briefly leaves the group for some reason. The others agree that, when he returns, someone will tell a "joke" that is not at all funny, and the others will all roar with laughter.

Photography: Jessica Burstein, *Murray, Roz, Louis*, year unknown

Der Unwitz

Noch ein Partyspiel. Jemand aus der Gruppe geht kurz weg. Die anderen verabreden, dass bei seiner Rückkehr eine Person einen „Witz" erzählt, der überhaupt nicht lustig ist, über den aber alle Spieler schallend laut lachen.

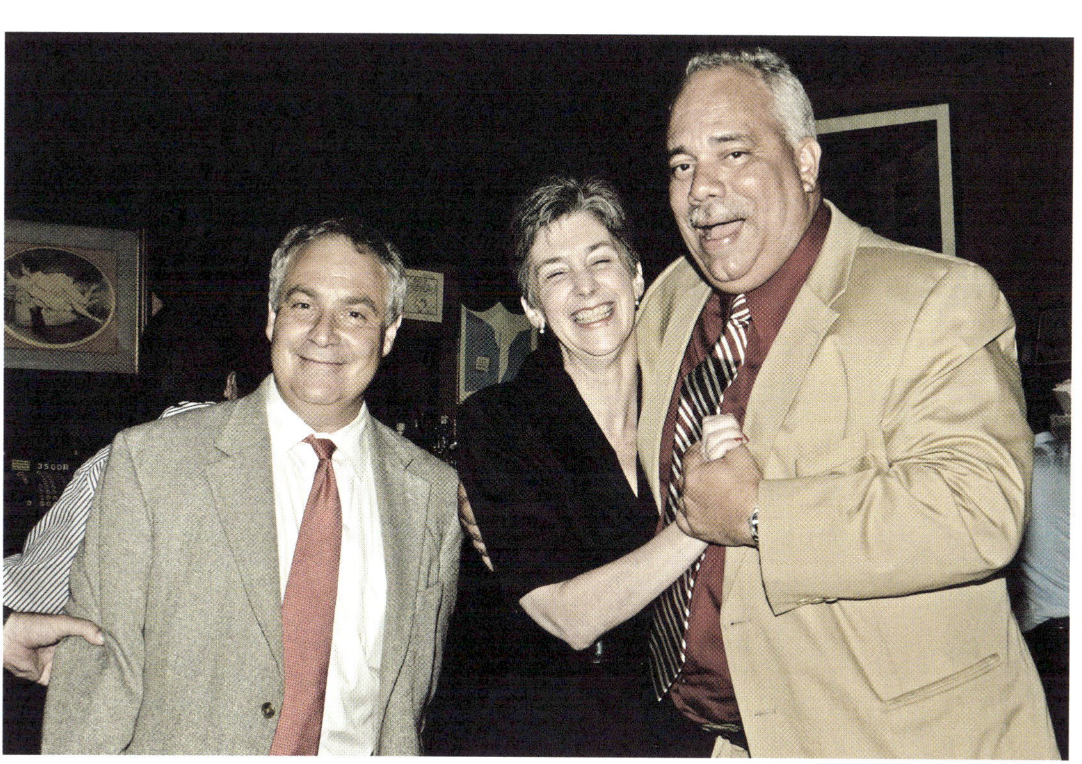

6.7 Duple Séance in a Duple Séance

Sit at a round table—or on the floor, cross-legged, in a circle—with your hands outstretched so that the tips of your thumbs are touching each other and your little fingers are in contact with the little fingers of the people on either side of you. Think of a dead person, and invoke their spirit by imagining that they are in the present circle. Let the dead construct a similar situation with their dead, and with the dead of their dead, and so on, into infinity.

Fritz Lang, *Dr. Mabuse: The Gambler*, film still, 1922

Doppelséance mit Doppelséance

Im Kreis um einen runden Tisch herum oder auf dem Boden im Schneidersitz sitzend, die Hände so ausstrecken, dass die eigenen Daumen sich berühren und die kleinen Finger die kleinen Finger der jeweils seitlich sitzenden Personen. Jeweils an einen Toten denken und ihre Geister erwecken, indem die Konfiguration der Sitzenden inklusive des Toten ersonnen wird. Die Toten wiederum eine gleichartige Situation ersinnen lassen mit ihren Toten und den Toten ihrer Toten und so weiter bis in die Unendlichkeit.

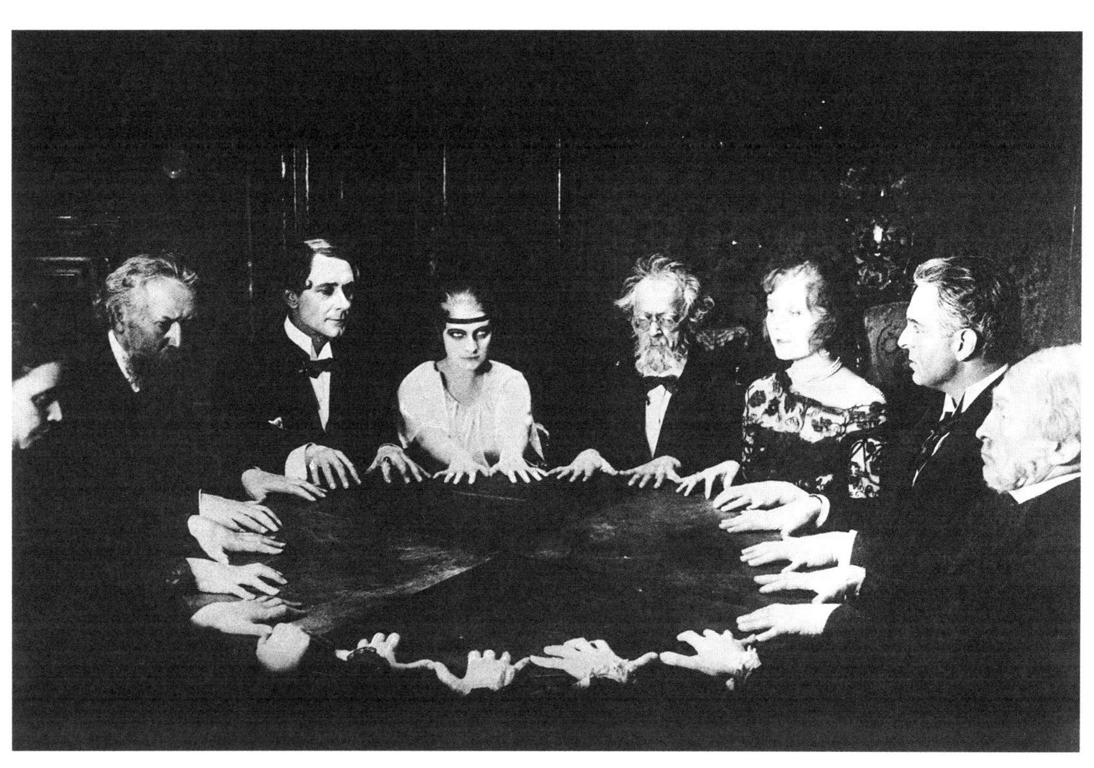

6.8 Psychoanalysis

In this party game, one player is told that, while she waits outside, one of the other participants will describe a dream he's had. When she returns, she has to find out what the dream was about by asking the right questions. She then has to use psychoanalysis to identify the dreamer. Only yes/no answers are allowed. However, while the chosen player waits outside, the others agree on a completely different game—that's to say, if the final letter of the last word in a question occurs in the first half of the alphabet, they answer "yes"; otherwise, the answer is "no"—unless this contradicts previous answers. In that case, the rule is ignored for the sake of logic.

According to the game's inventor, Daniel C. Dennett, this Psychoanalysis game, in effect, serves as a model of the systems that are the source of hallucinations and dreams. As players play the game, absurd situations often arise, because the questioner ends up constructing a dream based solely on the difference between her own expectations and the inconsistency of the information she receives.

Photography: Rachel Rose, 2022

Psychoanalyse

Bei diesem Partyspiel wird einer Person gesagt, dass, während sie draußen wartet, einer der anderen Teilnehmenden einen Traum erzählt. Wenn die Person zurückkommt, soll sie durch geschicktes Fragen herausfinden, welchen Inhalt der Traum hat, um dann mittels Psychoanalyse den Träumer selbst ausfindig zu machen. Als Antworten sind nur Ja und Nein erlaubt. Während die Person draußen wartet, verabreden die Teilnehmer ein völlig anderes Spiel: Ist der letzte Buchstabe des letzten Wortes der Frage aus der ersten Hälfte des Alphabets, so wird mit Ja geantwortet, sonst mit Nein, es sei denn, dass dadurch eklatante Widersprüche zu vorherigen Antworten auftreten. Im letzten Falle wird die Regel der Logik wegen gebrochen.

Psychoanalyse ist ein Spiel, das laut seinem Erfinder Daniel C. Dennett als Modellsystem für Halluzinationen und Träume fungiert. Oftmals entstehen absurde Situationen, weil die Fragende einen Traum konstruiert, der nur aus dem Unterschied zwischen der eigenen Erwartung und der Inkonsistenz der verfügbaren Informationen gespeist wird.

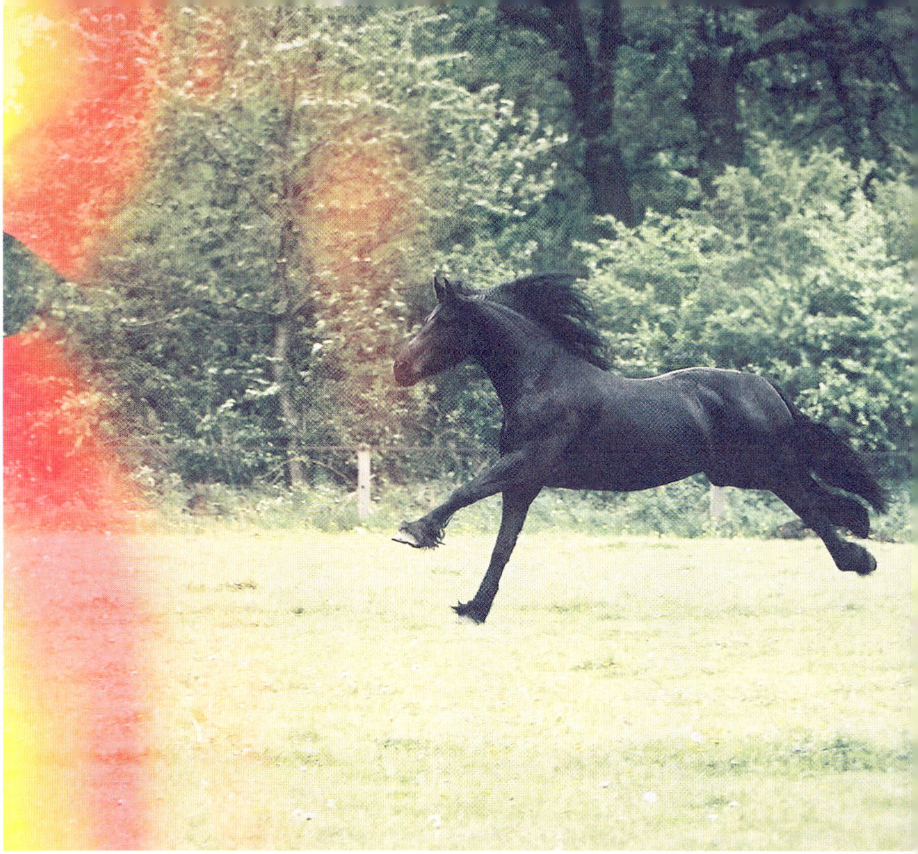

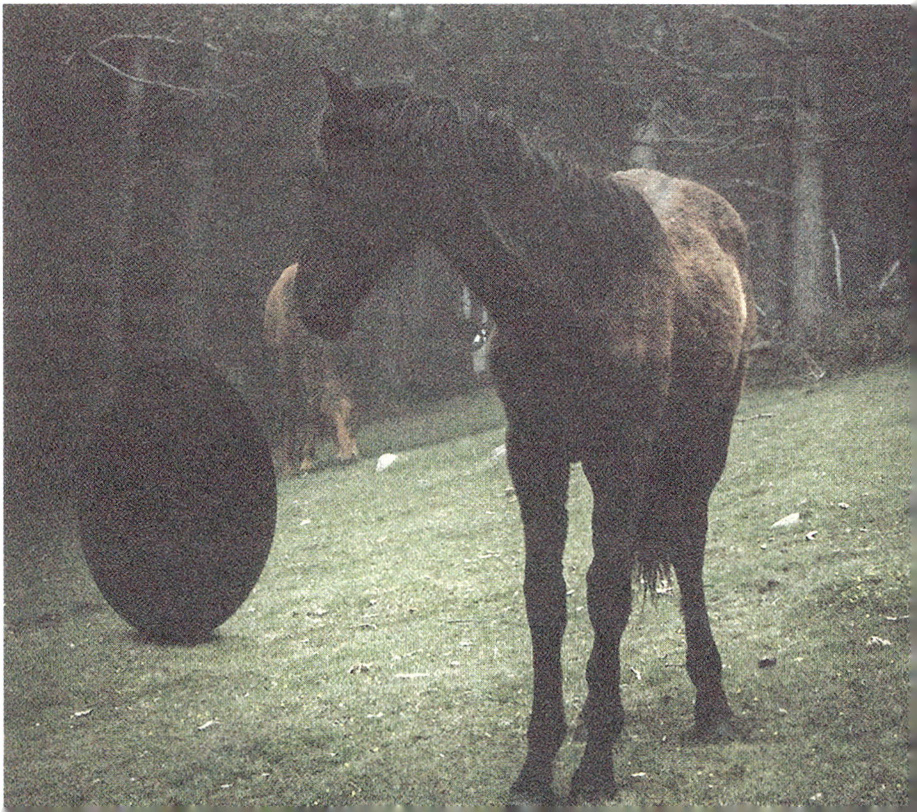

6.9 Lineup

One player uses his index finger to poke a random passerby in the stomach. The player then quickly runs around the next corner and joins the other players, who are already standing there in a row with blank expressions on their faces. When the poked passerby comes around the corner, another player asks which of the people in the lineup was the poker. The suspects' postures and facial expressions should be as similar as possible.

Photography: Vaimaila Urale, 2022

Gegenüberstellung

Eine zufällig vorbeikommende Person wird von einem Spieler mit dem Zeigefinger in den Bauch gepiekst. Danach läuft der Spieler schnell um die nächste Ecke und gliedert sich in die Reihe der anderen Spieler ein, die bereits mit ausdrucksloser Miene nebeneinander aufgestellt stehen. Ein weiterer Spieler fragt die angerempelte Person, nachdem sie um die Ecke gekommen ist, wer von den Aufgereihten der Anrempler war. Die Verdächtigen sollen sich in Haltung und Ausdruck möglichst ähnlich sehen.

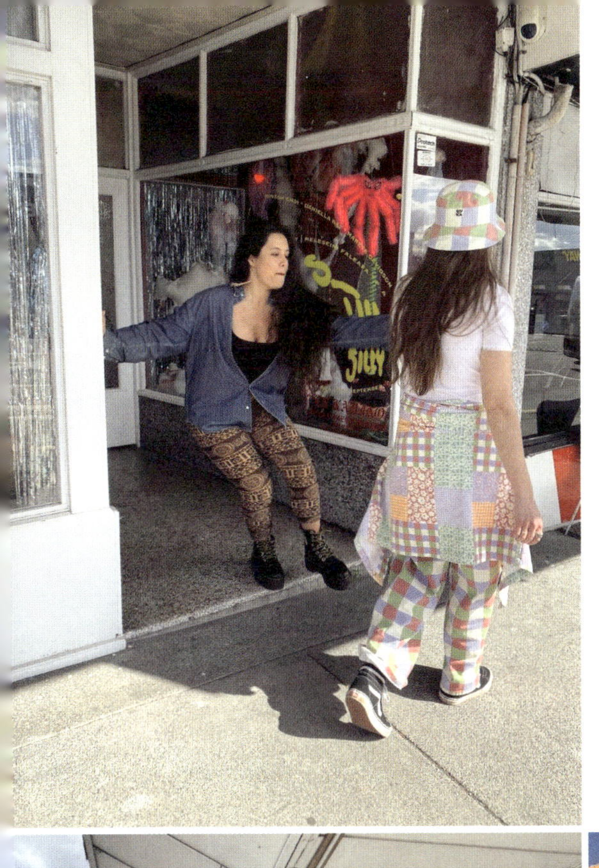

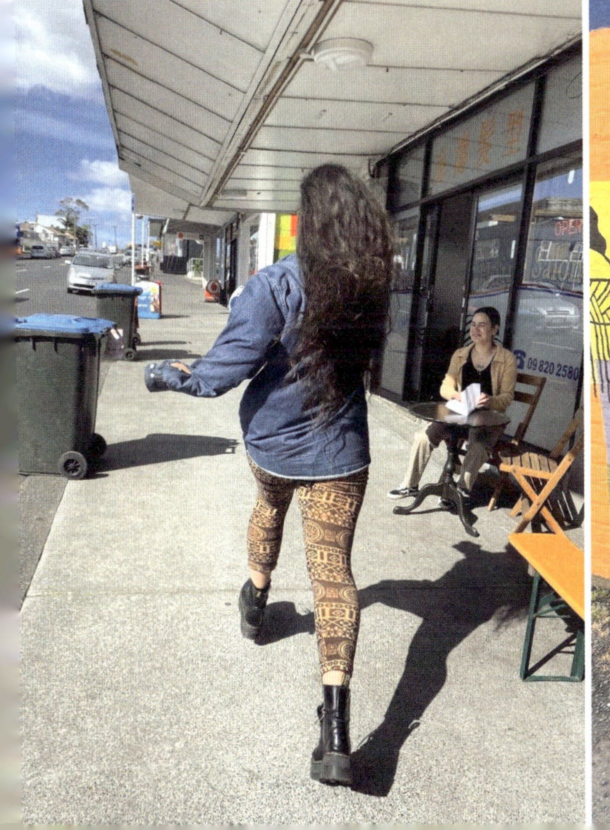
09 820 2580

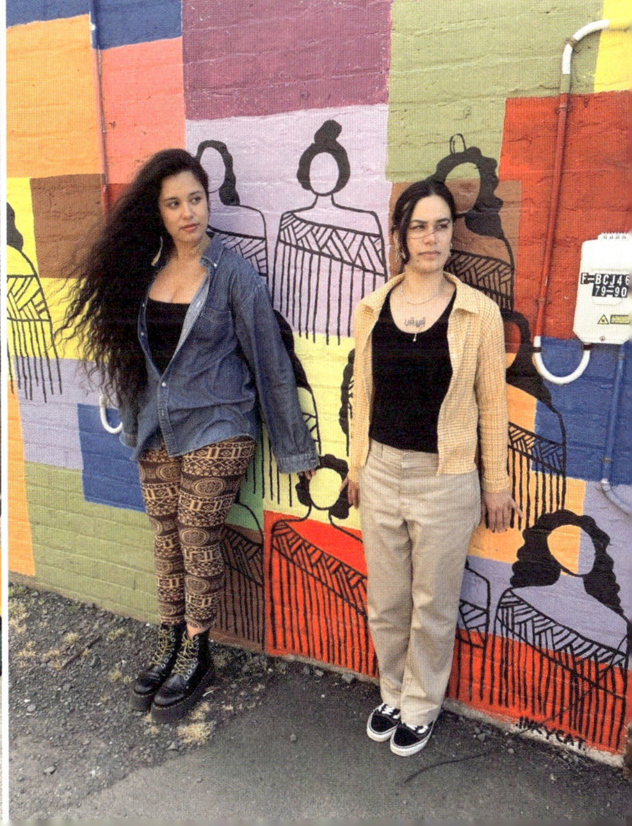
F-BCJ46
79-90
INKYCAT.

6.10 Sardines

Move around in as large a group as possible—like a shoal of sardines—meandering, in somewhat irregular circles, close together. Enclose random passersby in your shoal—if they stop dead, leave them be; if they go with the flow, take them with you.

The behaviors seen in flocking birds and schools of fish seem to be governed by one simple premise: Each individual copies the behavior of the individuals closest to him, always maintaining the same distance from them as he does so. It's the inevitable, miniscule errors in copying that lead to the organic, constantly swirling yet collision-free movements of the group as a whole.

Photography: Giovanna Silva, *Cyprus*, 2014

Sardinen

Wie ein Schwarm Sardinen als möglichst große Gruppe mäandernd und in leicht irregulären Kreisen wandern. Dicht aneinander. Zufällige Passanten einschließen in die Gruppe – stehen lassen, wenn sie stehen bleiben, mitnehmen, wenn sie Teil des Schwarms werden.

Das Schwarmverhalten bei Fischen und Vögeln scheint von einem einfachen Grundsatz geleitet zu sein: Ein bestimmtes Individuum kopiert das Verhalten der Individuen neben ihm und behält dabei konstant die gleiche Distanz zu ihnen; der unvermeidliche, minimale Kopierfehler führt dann zu den organischen, sich stetig ändernden Formationen der Gesamtgruppe, ohne dass die einzelnen Tiere aneinanderstoßen.

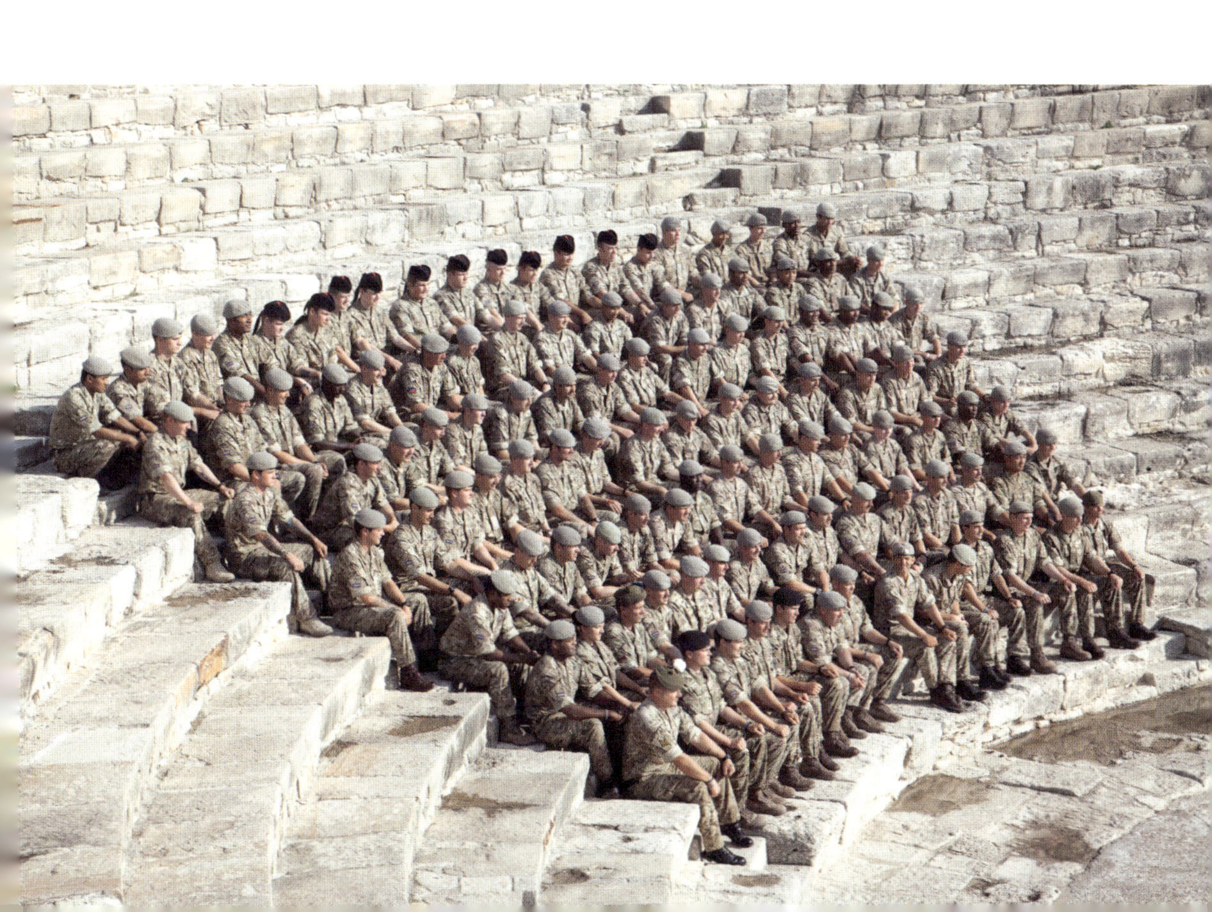

6.11 Mayonnaise

Instead of only asking questions, players continually refer to the same issue or topic—"mayonnaise," for instance. At first—during a meal or in some other situation—it will seem quite innocuous when there is vocal approval of the fact that no mayonnaise has been used, when people agree that there is nothing worse than supposedly enhancing dishes with mayonnaise, that the Swedes and Northern peoples in general couldn't do without mayonnaise… and so on, until "mayonnaise" becomes a metaphor that is initially used more or less directly (alluding to softness, the strength of emulsions and binding agents of all kinds, organo-inorganic compounds, dull weather, God) but then comes to be used with increasing complexity (the nature of mayonnaise, the mayonnaise in mayonnaise, mayo is mayo is mayo, is mayonnaise alive?) and, finally, as a surreal ersatz term for absolutely anything—whenever you feel like it, just replace any word in a sentence with "mayonnaise."

Photography: Mimi Xu, 2022

Mayonnaise

Anstelle von Fragen kann auch ein Thema oder Gegenstand der Betrachtung immer wieder hervorgeholt werden, zum Beispiel „Mayonnaise". Am Anfang wird das noch harmlos erscheinen, wenn beim Essen oder anderswo lobend hervorgehoben wird, dass keine Mayonnaise verwendet worden sei, Gerichte mit Mayonnaise aufzupeppen das Letzte sei, in Schweden und überhaupt im Norden die Leute einen Mayonnaisetick hätten … bis dann „Mayonnaise" auch als Metapher verwendet wird, zunächst noch mehr oder weniger direkt (in Anspielung auf Weichheit, die Kraft der Emulsion, Bindeglieder aller Art, organisch-anorganische Verbindungen, trübes Wetter, Gott), dann immer komplizierter (das Wesen der Mayonnaise, die Mayonnaise in der Mayonnaise, eine Mayo ist eine Mayo ist eine Mayo, lebt Mayonnaise?) und schließlich als surreales Wortsubstitut für alles Mögliche – einfach in einem beliebigen Satz ein Wort durch „Mayonnaise" ersetzen.

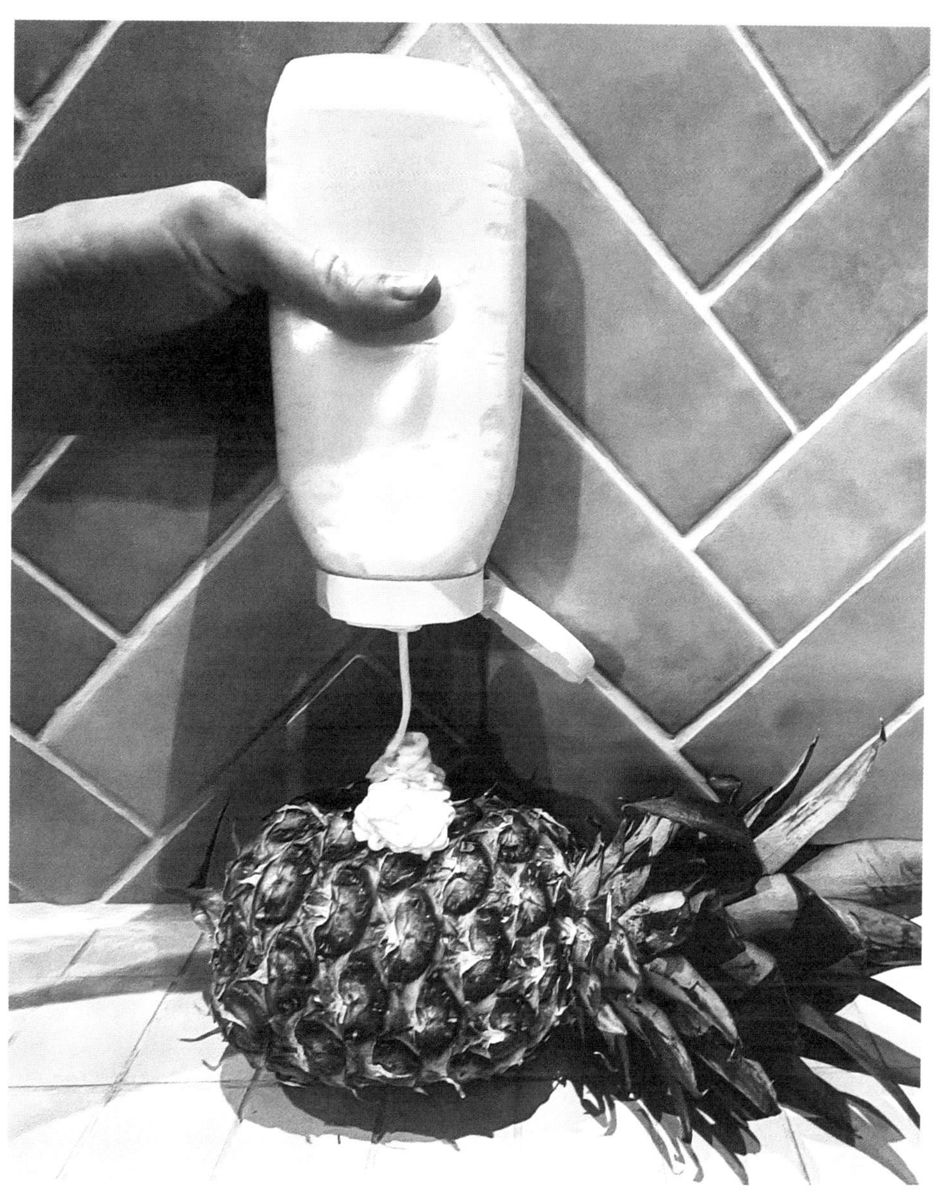

6.12 The Queen of Sheba

The players organize themselves according to height and strength. As in Wheelbarrow—the children's game—one player (the strongest) supports himself with just his hands and arms on the ground, while another player (the next strongest) holds his legs in the air—with the Queen of Sheba on his back or, better still, a small group of players, with the queen on top. Now set off, transporting the queen on her palanquin.

Photography: Magdi Mostafa, 2022

Die Königin von Saba

Die Spieler sortieren sich der Größe und Muskelstärke nach. Wie beim Kinderspiel Schubkarre wird ein sich mit beiden Armen vom Boden abstützender Spieler (der Stärkste) an beiden Beinen von einem oder zwei Spielern (den Nächststärksten) gehalten. Auf seinem Rücken dann mindestens die Königin von Saba, aber besser noch eine kleine Spielergruppe platzieren mit der Königin obenauf. So dann losgehen und die Königin auf ihrer Sänfte befördern.

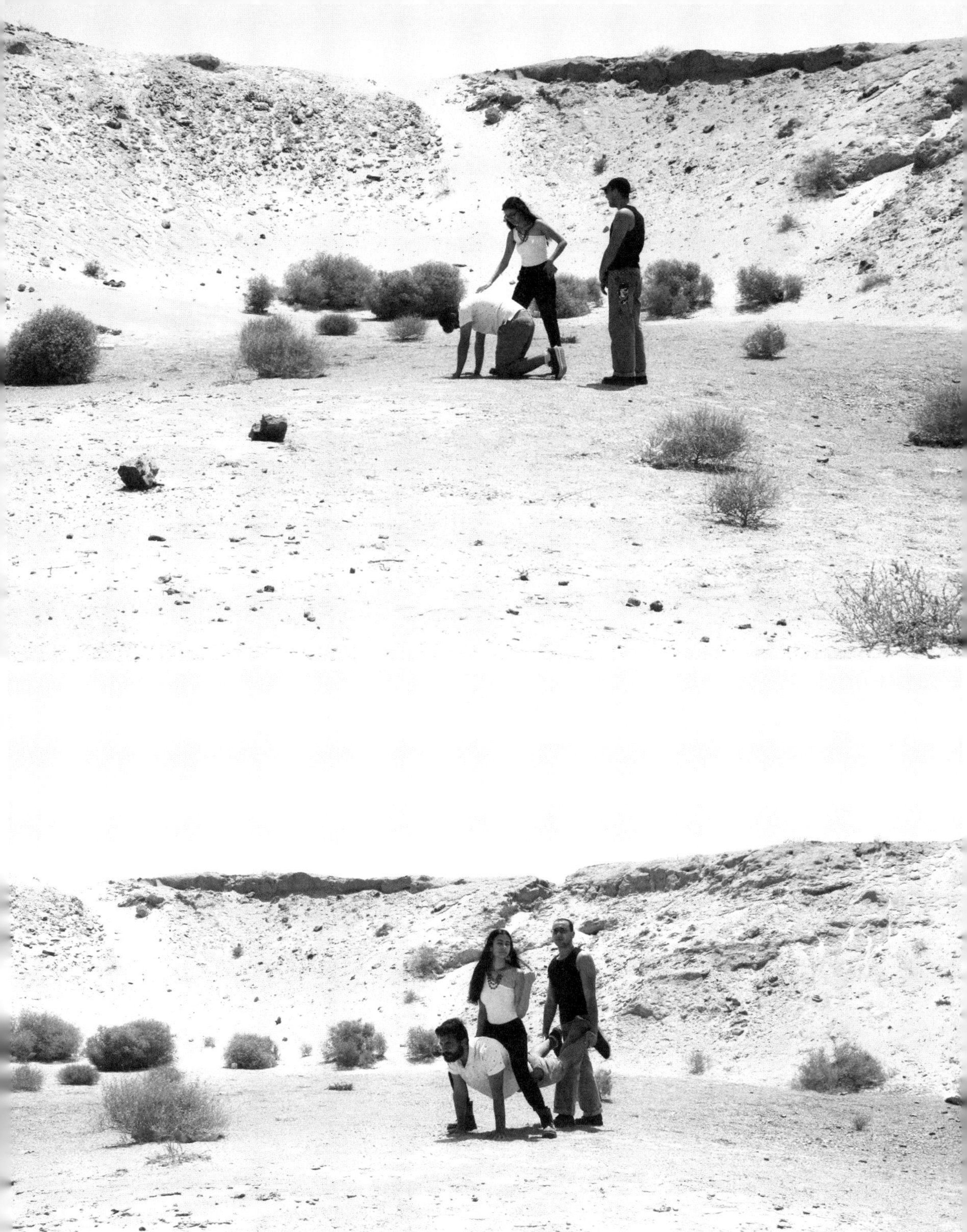

6.13 Stone-Age Communism

Form a line outside some arbitrary location, so others wonder what is on offer there and possibly even join the line, so as not to miss out.

Photography: Roman Ondak, *Good Feelings in Good Times*, 2007

Steinzeitkommunismus

Sich in der Schlange vor einen beliebigen Ort stellen, sodass Unbeteiligte sich fragen, was denn dort angeboten wird, und sich vielleicht ebenfalls einreihen, damit sie es nicht verpassen.

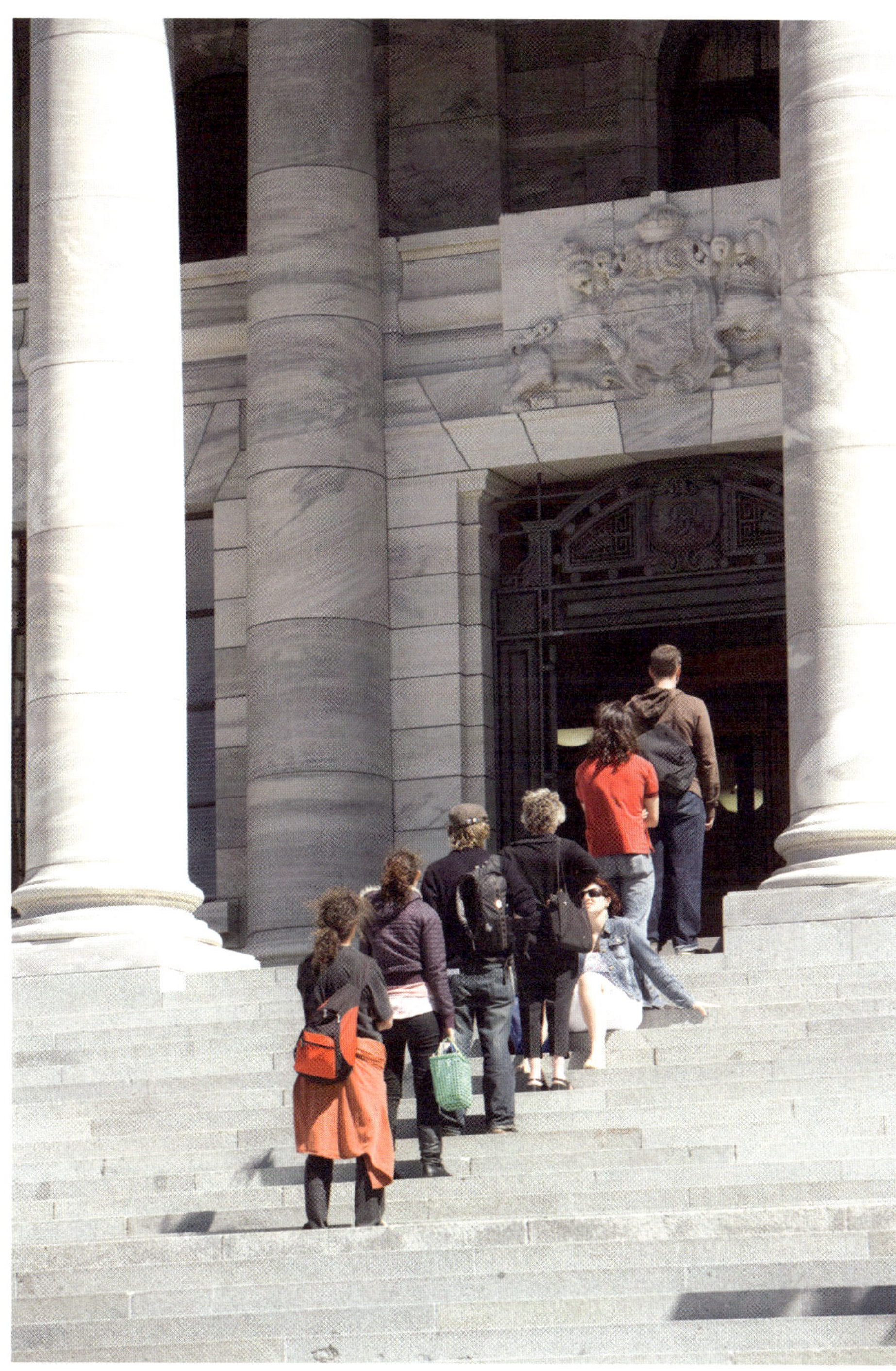

6.14 Silent Musical

In a public place the players synchronize their movements and silently execute complex maneuvers.

Photography: Gus van Sant, 2022

Stilles Musical

Die Spieler bewegen sich in der Öffentlichkeit synchron und führen dabei lautlos komplexe Manöver durch.

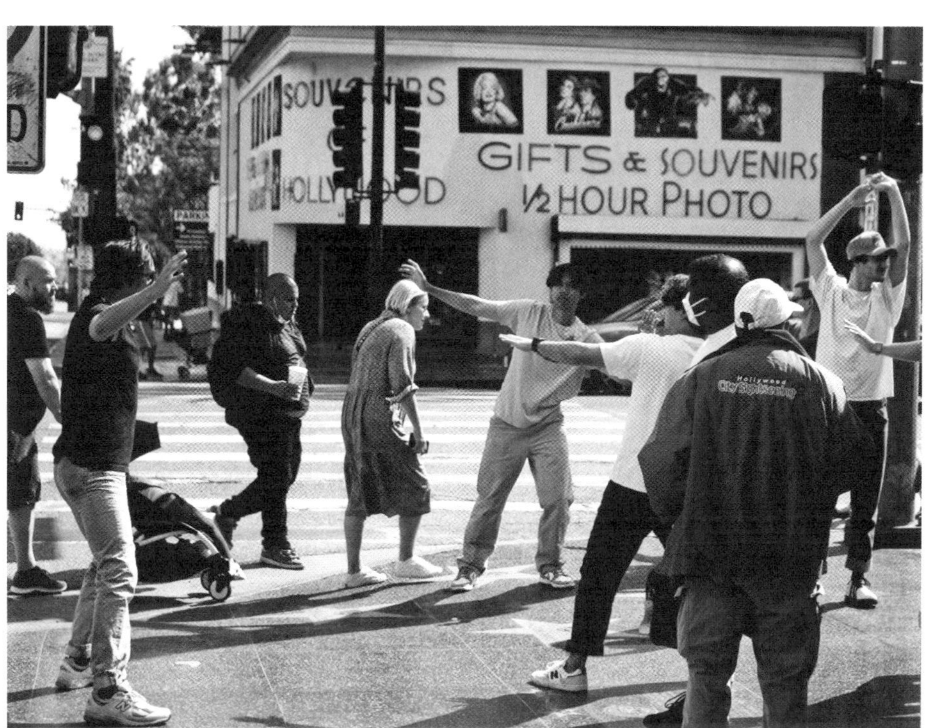
GIFTS & SOUVENIRS
1/2 HOUR PHOTO
Hollywood
City Sightseeing

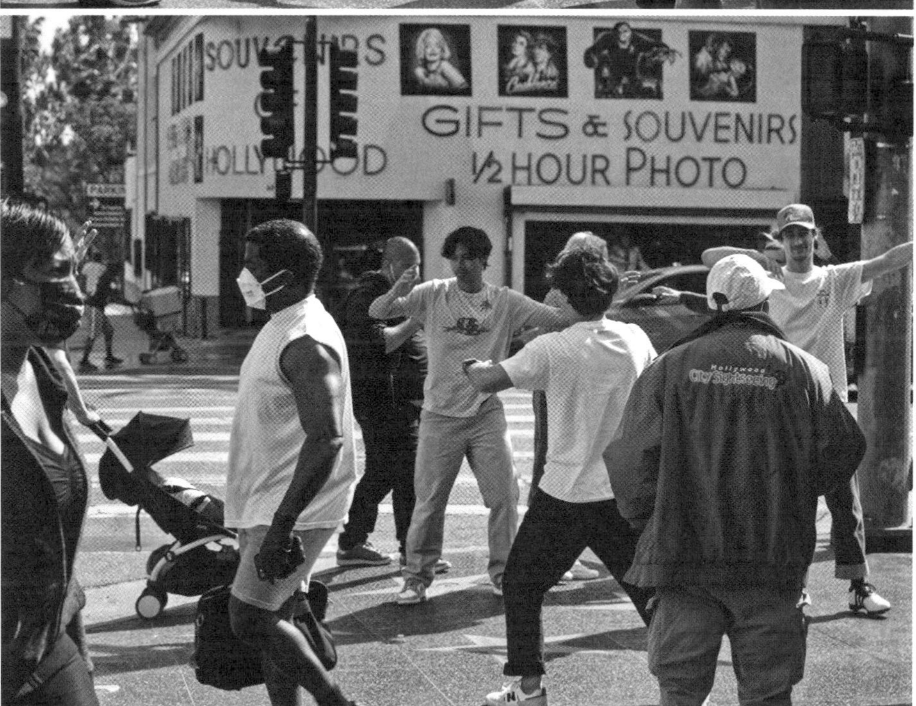
GIFTS & SOUVENIRS
1/2 HOUR PHOTO
Hollywood
City Sightseeing

6.15 Crab Fishing

The players stand in a row, holding hands. Only the players at either end of the row have their eyes open—the others all keep their eyes shut. Walk forward in this formation and capture any outsiders who happen to be nearby.

In the "X" variant of Crab Fishing, the players create an X-shaped formation that turns on its own axis, like a grinder.

Photography: Elisabeth Toll, 2022

Krabbenfischer

Die Spieler bilden eine Reihe und halten sich an den Händen. Alle Spieler halten die Augen geschlossen, mit Ausnahme der beiden am jeweiligen Ende der Reihe. So vorwärtsgehen und zufällig anwesende Nichtspieler einfangen.

In der X-Variante wird Krabbenfischer als Kreuz gespielt, welches sich um die eigene Achse dreht, wie ein Mahlwerk.

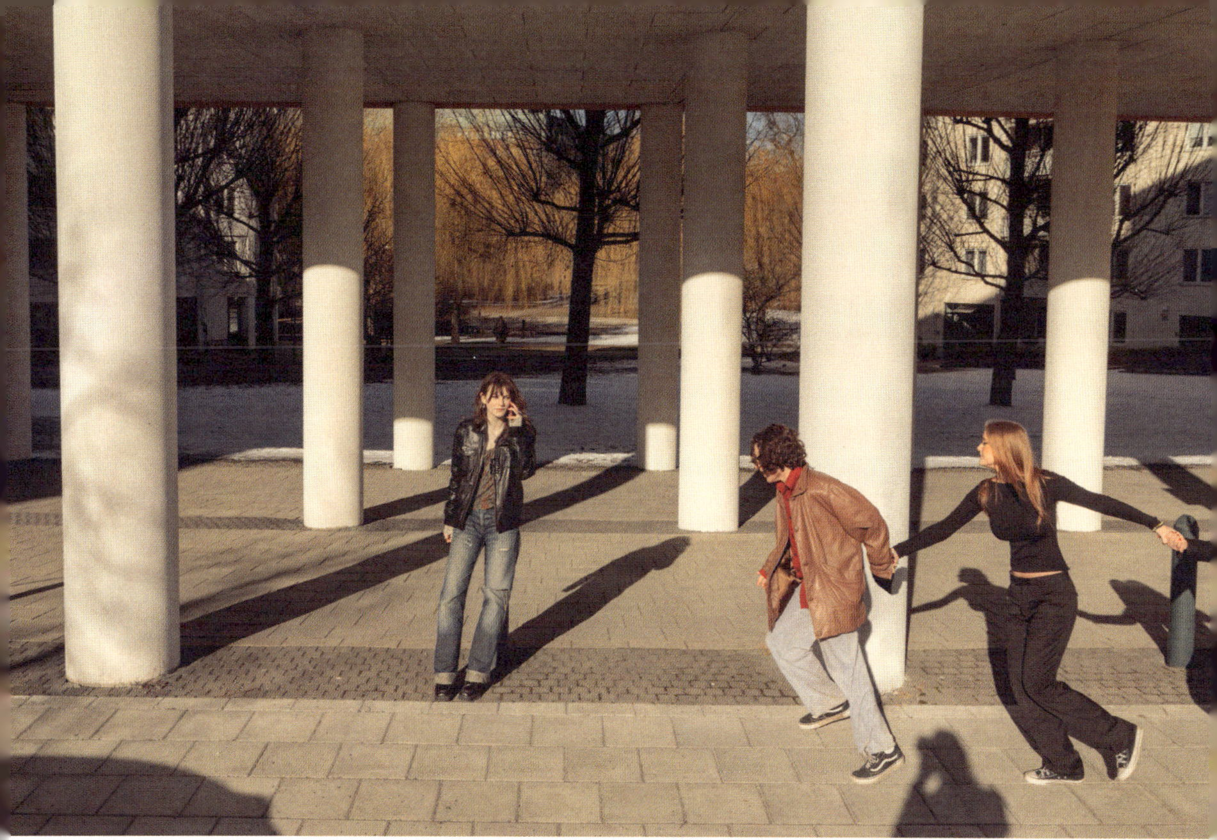

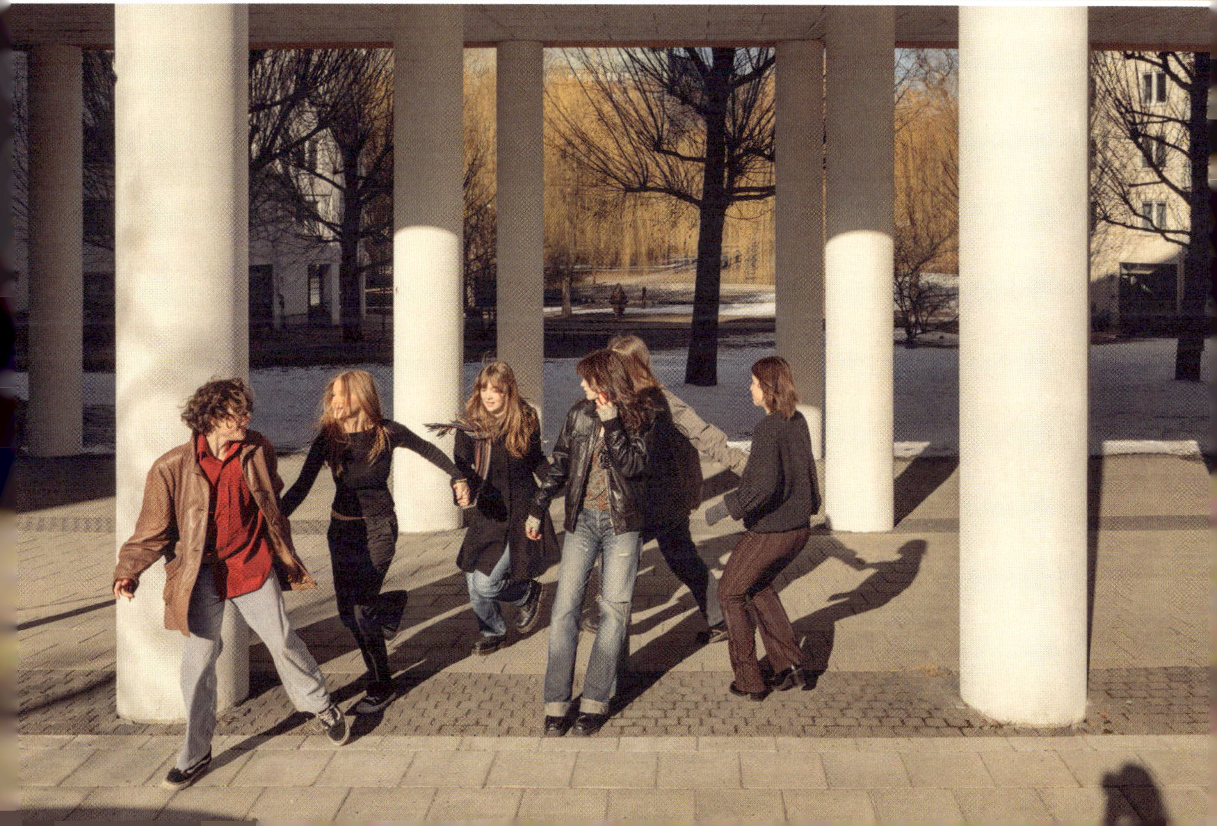

6.16 Silent March

On a sunny day, line up in the shade of a tree or a tall slender object (ideally a flagpole in the middle of a public space) and match the gradual progress of its shadow.

Francis Alÿs, in cooperation with Rafael Ortega, *Zócalo*, video stills, May 22, 1999

Schweigemarsch

Sich an einem sonnigen Tag nebeneinander im Schatten eines hohen, schlanken Objektes oder Baumes aufstellen (ideal ist ein Fahnenmast in der Mitte eines öffentlichen Platzes) und der allmählichen Positionsveränderung des Schattens folgen.

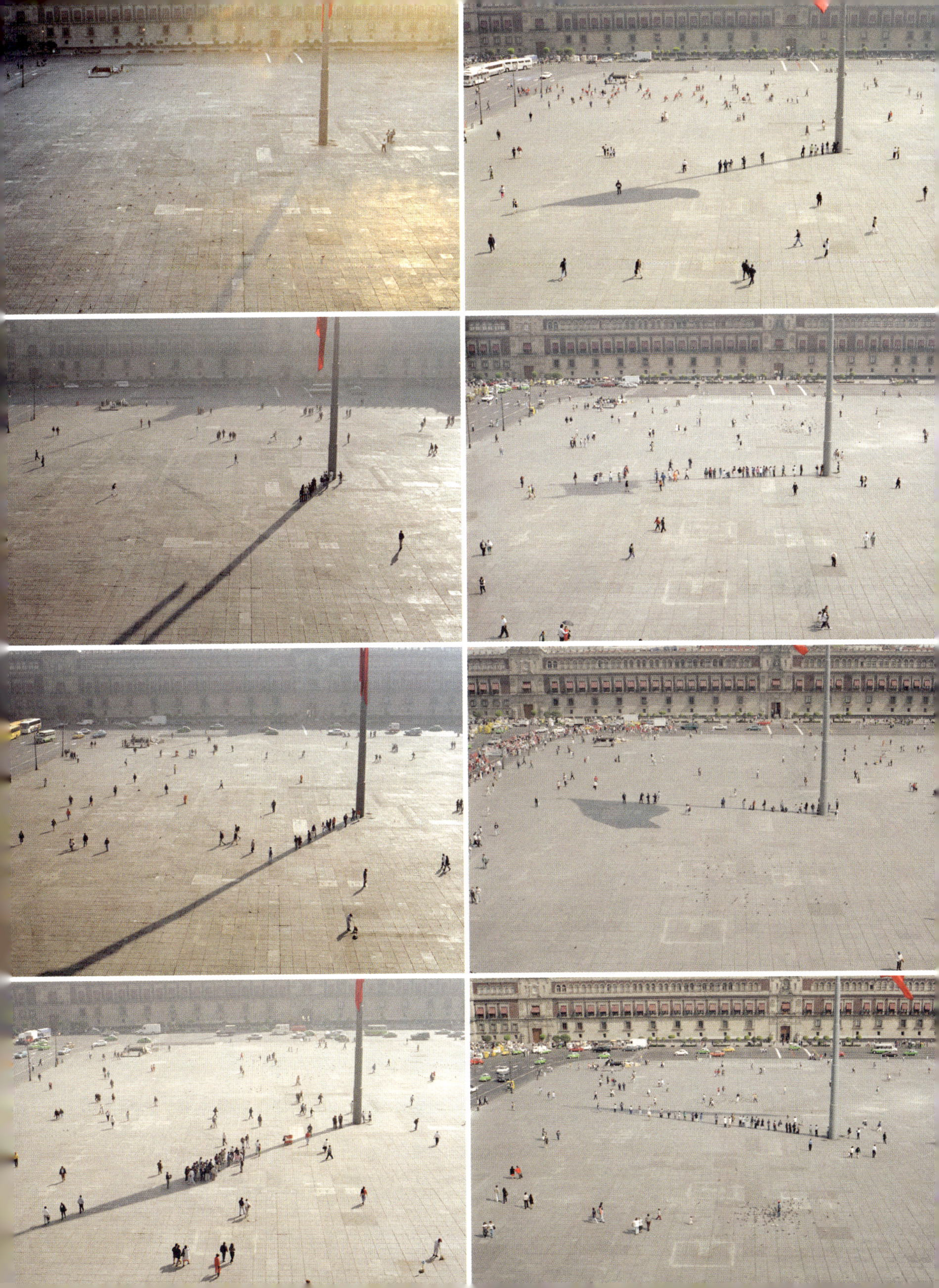

6.17 Road Block

The players lie down blocking a road or a path so that other people either have to step over them or walk around them.

Photography: Babette Mangolte, *Trisha Brown. Group Primary Accumulation in Central Park*, 1973

Straßensperre

Die Spielerinnen legen sich so über eine Straße oder einen Weg, dass ein Vorbeikommen nur durch Ausweichen oder Übersteigen der Straßensperre möglich ist.

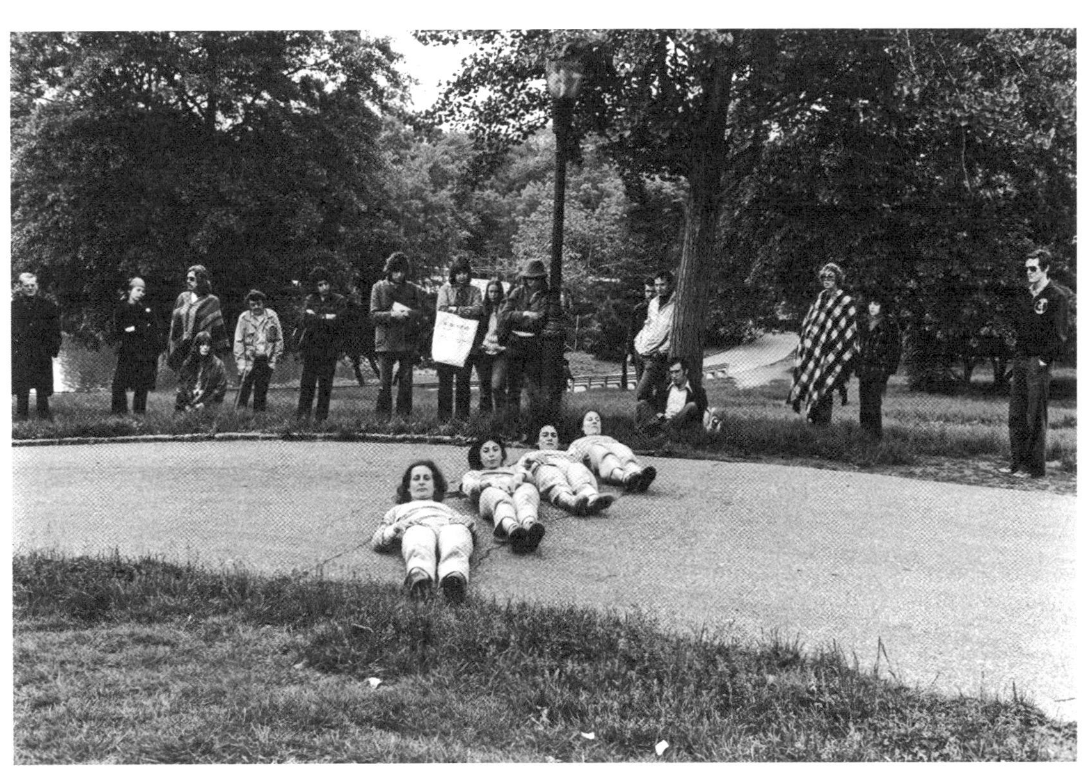

6.18 Conflict Resolution and Fara Fara

There's a conflict that needs to be resolved. If it only involves two people, then the alpine finger-pulling method is recommended: The opponents lock fingers, and each tries to pull the other over onto his side. If the conflict is between small groups, they can try endurance dancing, like Jane Fonda and Michael Sarrazin in *They Shoot Horses, Don't They?*—in the movie, the couple that dances the longest wins the prize money. In Conflict Resolution two or more couples dance to determine the winners and the losers: The last couple still dancing wins.

Conflicts between groups are best resolved in a Fara Fara—a Congolese method with groups of musicians competing against each other; the last group still playing is the winner. Fara Fara is Lingala for "face to face" and, it seems, was traditionally used to resolve conflicts in what is now the Democratic Republic of the Congo. It is still used today (albeit very rarely) when leading lights in music are vying for the top spot. Two groups play at the same time, on stages that are not too far apart. Large crowds of people support their favorites. That audience support is a major factor, if not crucial, in keeping the musicians going. Members of rival bands may take a break from time to time, even briefly leaving the stage, and return to

Sydney Pollack, *They Shoot Horses, Don't They?*, film still, 1969

Streitschlichtung und Fara Fara

Es gibt Streit, und der soll nun geschlichtet werden. Handelt es sich nur um zwei Personen, sei die alpenländische Methode des Fingerhakelns empfohlen, wobei die Kontrahentinnen bekanntlich versuchen, sich bei ineinander verschränkten Fingern auf die jeweils eigene Seite zu ziehen. Bei Kleingruppen kann auf Ausdauer getanzt werden, so wie Jane Fonda und Michael Sarrazin in *They Shoot Horses, Don't They?* – im Film gewinnen die am längsten Tanzenden das Preisgeld. Bei dem Spiel Streitschlichtung tanzen zwei oder mehrere Paare gegeneinander, um als Gewinner oder Verlierer aus dem Streit hervorzugehen. Das letzte noch tanzende Paar gewinnt.

Auseinandersetzungen zwischen größeren Gruppen werden am besten durch Fara Fara gelöst, eine kongolesische Methode, bei der Musikgruppen gegeneinander antreten und die als letzte noch spielende Gruppe gewinnt. Fara Fara bedeutet „von Angesicht zu Angesicht" in Lingala und wurde, soweit bekannt, traditionell zur Streitschlichtung in der heutigen Demokratischen Republik Kongo ausgerichtet, kommt aber auch heute noch (äußerst selten) vor, wenn die Großen der Branche um die musikalische Vorherrschaft ringen. Beide Gruppen spielen zur gleichen Zeit an räumlich nicht weit voneinander entfernten Orten, wobei gewöhnlich große Menschenmengen ihre entsprechenden Favoriten unterstützen: Die Unterstützung durch das Publikum ist ein bedeutsamer Faktor,

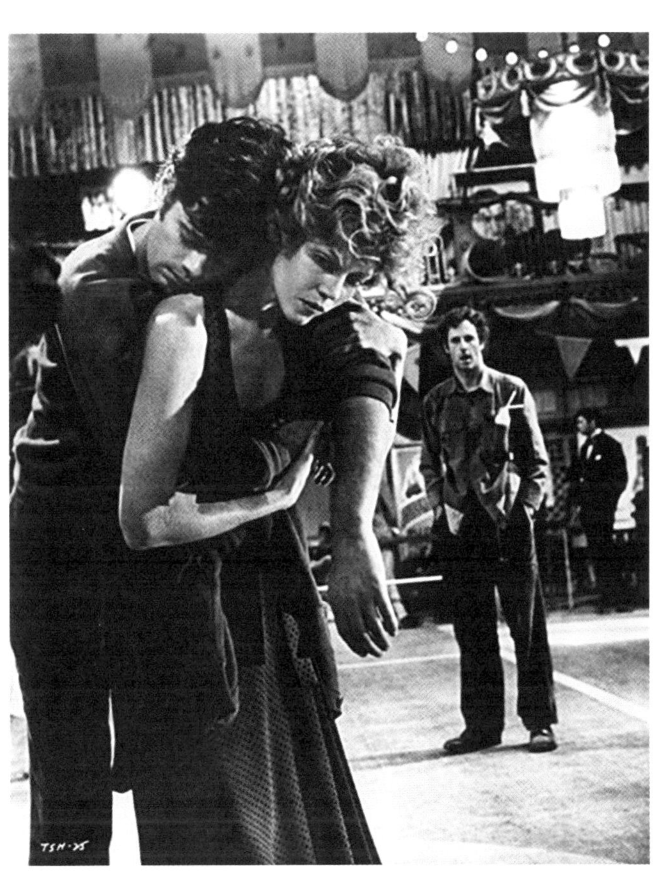

the battle refreshed. A Fara Fara can thus easily last 24 hours.

Carsten Höller and Måns Månson, *Fara Fara*, film stills, 2014
Photography: Hoyte van Hoytema

wenn nicht sogar ausschlaggebend, um die Darbietenden auf den Beinen zu halten. Teile der spielenden Gruppen können sich streckenweise ausruhen, ja sogar die Bühne kurzfristig verlassen, um danach erfrischt weiterzumachen. Ein Fara Fara dauert daher oft bis zu 24 Stunden.

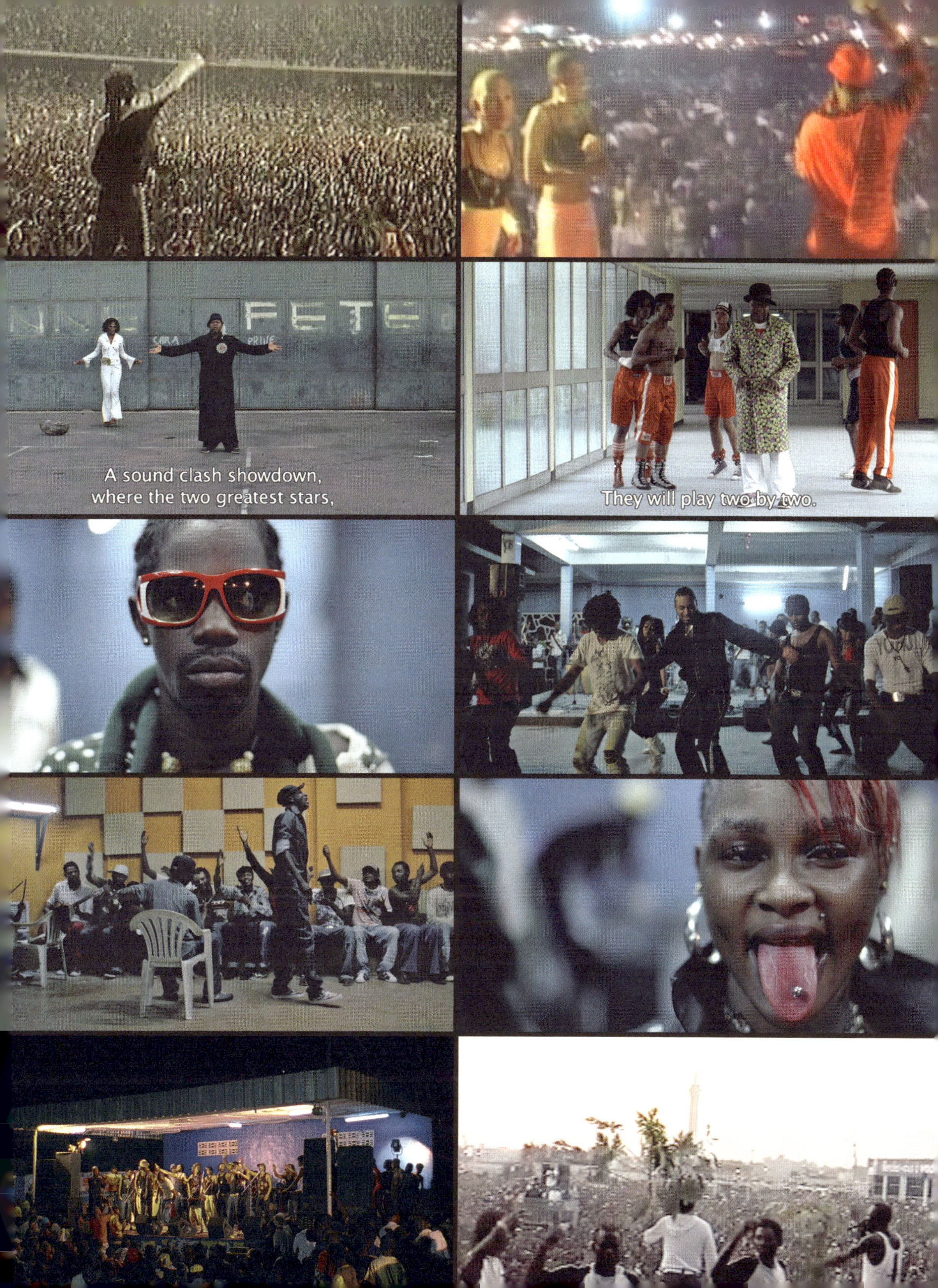
FETE
A sound clash showdown,
where the two greatest stars,
They will play two by two.

Appendix

Carsten Höller's Book of Games—Postlude

Stefanie Hessler and Hans Ulrich Obrist

In 1992, an excruciatingly boring dinner took place in Marseille following the opening of Carsten Höller's exhibition at Galerie Porte Avion. Höller and his friends, artist Philippe Parreno and gallerist Edouard Merino, determined that the only way to make it through the dull evening was to introduce a game. Unbeknownst to the other guests, for the remainder of the night the three of them spoke only in interrogative sentences, answering each question with another question. This boredom-busting pastime became the foundation for the first edition of *Carsten Höller's Spiele Buch*. Published in 1998 in portable pocket-size format, this book included games devised by Höller with photographs in black and white taken by him and other artists and collaborators. Twenty-five years later, this new, expanded edition comprises all games from the first edition, in addition to more than one hundred new games, published together for the first time. Notably, *Book of Games* is an artist's book created by Höller as an artwork in its own right and composed of games written by and selected by him. Each of the games can be played without the addition of any objects. The Marseille game, "Questions, Questions, Questions," is among them, illustrated by a text-based artwork by Tony Cokes. Players who frequently find themselves stuck at similarly dreadful functions can also entertain themselves by playing "A Several-Course Supper," prompting guests to randomly change places after each course, joining the "The No-Kill Eaters" or "The Cheap-Eaters," or pondering the intentionality and efficacy of language in "May I Have Some Salt, Please?"

The Surrealists knew well that play can be a method to break through conventional patterns of thought and established forms of behavior. Their revolutionary intent sought to counter false rationality, whose devastating effects were experienced during World War I, as much as conformist bourgeois values and norms. In the *First Surrealist Manifesto* from 1924, André Breton laments the "pretense of civilization and progress"[1] that keeps humans from accessing the strange forces contained in the depths of our minds. Through dreams, automation, chance, ironic or fantastic subversion, alteration of the senses, and other methods, the Surrealists sought to elude the structured rhythm of consciousness in order to access, in Breton's words, the "actual functioning of thought ... in the absence of any control exercised by reason."[2] Through psychic automation, Surrealism intended nothing short of "solving all the principal problems of life."[3] This revolutionary stance gave rise to photography, objects, collages, paintings, poetry, and, importantly, games.[4] Some of them are incorporated in this volume: see "Superstitions, Sayings," introducing absurdist new proverbs;

"Post in Translation," in which a short poem mutates with each rendition by the polyglot players; and "Erotic Hand Signals," which needs no explanation.

Less grandiose in claim than Breton's maxim, *Book of Games* is an artist's book following the Surrealist pursuit of using games to explore the human mind, social behavior, and societal norms, in sincere, humorous, mischievous—and sometimes perfidious—ways. The book is structured in six sections, which, like layers of an onion, add increasing numbers of players, moving from introspective, self-exploratory games played alone or by two players to larger group experiments with numerous participants. Three of the six sections also include uninitiated audiences like in "Questions, Questions, Questions."

"Games for Playing Alone," the first section of the book, prompts players to explore the self physiologically and psychologically. Some instructions encourage corporeal self-knowledge, such as determining a player's dominant eye, whereas others dive into the unconscious. "Order a Dream" advises users to fall asleep in a certain posture to conjure dreams of related activities, like swimming or being born. Some of the games in *Book of Games* explore our bodies in relation to nonhumans and their extraordinary capacities. "Ticks (One of the Pinnacles of Modern Antihumanism)" asks players to devote themselves to utter inaction, like biologist Jakob von Uexküll's infamous tick that survived without any nutrient intake for 18 years, until an unfortunate passerby shook its lethargy, while "Friends with a Fly" suggests the use of one's mental powers to communicate with an insect. Also found in this category are games that explore the effects of the absence of letters, or of any timekeepers on our perception, as experienced for 205 days by speleologist Michel Siffre in 1972 and, more recently, by Beatriz Flamini for five hundred days in 2022–23.[5]

Several contributions to the book were gifted to Höller by others—friends and collaborators—and some games are adapted from other artists. "Midnight Jump" reproduces an eponymous artwork by Hreinn Friðfinnsson (1975–76), "Boycott Women" updates Lee Lozano's score from 1971, and Bas Jan Ader's *Broken Fall (Organic)* (1971), the photographic series showing the artist suspended from a tree and falling into a river below, is reinterpreted as a game called "Hanging Around." Nan Goldin's photograph *Joey as Marilyn, St. Moritz Hotel, NYC* (2006) is paired with the non sequitur instruction to exclaim "But that's dangerous!" midconversation as often and off subject as possible, and Ken Lum's *Portrait-Logo Series* (1989) becomes the "Opposites Game": "Everyone says the opposite of what they mean." Players will recognize Marina Abramović and Ulay's performance *Imponderabilia* (1977), in which the artists stood naked in the narrow entrance of a museum, obliging visitors to squeeze past them to access the exhibition. The images accompanying each game are culled from a broad variety of sources. They include specially commissioned works by artists like Rineke Dijkstra, Pierre Björk, Elisabeth Toll, John Scarisbrick, Julien Creuzet, Daniel Boyd, Rachel Rose, and Wolfgang Tillmans; existing photographs by Nan Goldin and Jean Depara; images taken by Höller and the co-editors; illustrations from scientific experiments; images sourced online; and amateur snapshots.

In the conversations between Hans Ulrich Obrist (co-author of this text), and Höller, now spanning almost 30 years, the "Exquisite Corpse" game, included here, was as a recurring historical reference. When Marcel Duchamp hosted his friends, such as Jacques Prévert, Yves Tanguy, and Benjamin Péret—who in Breton's words "excelled in the art of living"[6]—the group would play this game together. Breton explains it as follows: "several people compose a phrase or drawing together, folding the paper so that no one can see the previous collaboration or collaborations."[7] These games allowed the Surrealists to compose a personage and push anthropomorphism to the extreme, to connect the insides and outsides of life. The anthropomorphic quality of the "Exquisite Corpse" links to the work of Giuseppe Arcimboldo, whose bizarrely composed still life portraits evoke both the monstrous and metamorphic elements of the game. Almost a century after Breton and his contemporaries, trying to find out more about the history of this game that is so important for 20th-century art history, Höller and Obrist met with one of the last surviving protagonists of the Surrealist generation, Nanos Valaoritis—Greek writer, poet, and friend of André Breton—in the apartment that he shared with his partner, the legendary artist Marie Wilson. During this meeting, Valaoritis recounted his experiences of playing the game with Breton: "We played it very often, because it was something that created a tremendous surprise: how you could make a drawing that was very strange without using any of your mind just by doing a little drawing, then unfolding the paper and continuing it."

A precursor to the Surrealists, poet Arthur Rimbaud intended for a "systematized disorganization of the senses,"[8] an aim that has been taken up by Höller throughout his work. Turning science's apparent objectivity on its head in *Soma* (2010), Höller's exhibition took the form of a double-blind experiment: visitors observed two groups, each with six reindeer, twelve birds, and a fly, for differences in behavior—perhaps the animals would ingest fly agaric mushrooms on one side but not the other, for example. His experiments—for instance, submitting viewers to lights flickering at a frequency of 7.8 Hz to stimulate brain waves and induce hallucinations, or provoking a physical loss of control by exiting a building via multistory slides—resemble games that social theorist Roger Caillois classified in the category of *ilinx*, or vertigo, as they "inflict a kind of voluptuous panic upon an otherwise lucid mind … which destroys reality with sovereign brusqueness."[9]

Caillois, who had been affiliated with the Surrealist avant-garde, eventually departed from a focus on the individual's experience, inner world, and fantasy. At the College of Sociology, which he cofounded with philosopher Georges Bataille, Caillois ran a series of lectures between 1937 and 1939 that explored the role of ritual and ceremony in communal life, as well as the similarities and differences between play and the sacred. Both occur in what historian Johan Huizinga, upon whose book *Homo Ludens* (1938) Caillois built his theory, calls a "magic circle"—a sphere separate from everyday life that is governed by different rules, just like in a tennis court, a temple, or a stage.[10] While the sacred is about divine, given content that may not be altered, play occurs through forms consciously created by humans, with rules that can be subject to change.[11] Huizinga understood play as primary to and a necessary—if insufficient—element for the generation of culture. Indeed, animals played before humans did, and without play, Huizinga believed, culture would not have emerged.

After World War II, Caillois shifted his focus to the changing character of civilizations and the corresponding possibilities of human expression. In *Man, Play, and Games* (1958), Caillois suggests that play can be defined by six core characteristics: (1) play is free, not obligatory; (2) it is separate from everyday life and circumscribed within its own space and time; (3) it is uncertain, so its outcome cannot be determined; (4) it is unproductive in that it doesn't create goods or wealth and ends in a situation akin to how it began; (5) it is governed by rules that suspend ordinary laws; and, lastly, (6) it involves make-believe or a special awareness that posits play "against real life."[12] Whereas Caillois's universalist claims to a linear evolution of play were criticized already in his day, and a satisfactory definition of games continues to be debated, his classic outline is still considered a useful guide on the sociology of play.

In Huizinga's definition of play, the historian incorporates legal frameworks and proceedings, especially archaic practices that he describes as agonistic—for him, all games are about winning or losing—and with that close to the play sphere. He ponders whether the introduction of moral content and ethical value, and the sometimes very real effects of "games," banishes them from being play. If one thinks of games as world-making governed by distinct rules, what makes the elsewhere of play so powerful is its exposure of the cultural norms and constructs governing the here. In *Book of Games*, Leif Elggren and Carl Michael von Hausswolff's proclamation of the "The Kingdom of Elgaland-Vargaland" taps into these cogent fictions. The artists' invented domain occupies all frontier areas between all countries on earth, as well as "mental and perceptive territories such as the Hypnagogue State (civil), the Escapistic Territory (civil), and the Virtual Space (digital)." The subversive potential of games was recognized, with urgency, by

Surrealist poet and Négritude cofounder Aimé Césaire, who harnessed it for his anti-imperialist politics. In his search for a new vocabulary, which included attempts to endow French—the language of the colonizers of his native Martinique—with different signification, he sought to access the subconscious since it allowed him to create what he thought of as a more genuine, presubjugated form of poetry.[13] As historian Robin D. G. Kelley pointedly states, "Surrealism may have originated in the West, but it is rooted in a conspiracy against Western civilization."[14]

Turning our attention to the study of cognitive development, researchers of children's psychology emphasize the role of play for the ability to perceive and process information, learn language, and think through abstract concepts. One of the founding figures of the field, psychologist Jean Piaget, proposed that the most advanced mode of play, in what he identified as the last of four formational stages, is the one where children are able to think abstractly, grasp concepts like future or justice, and start to enjoy games with more complex rules. These games are not limited to a current time or place but can be hypothetical or fantastical and, importantly, do not rely on concrete objects. In *Book of Games*, too, all games can be played without any specific objects or added materials, but many of them engage in, and require, cognizant world-making.

To determine a player's cognitive self-awareness, they can undertake "The Mirror Self-Recognition Test," a well-known experiment that was originally developed by psychologist Gordon Gallup in 1970. Children from the age of two usually pass the test, as do chimpanzees, bottlenose dolphins, the Eurasian magpie, and some fish—although primatologist Frans de Waal points out that self-awareness is not binary, but gradual and complex.[15] In the same vein, in their inquiry into human nature, the Surrealists adopted games gleaned from the fields of psychology, sociology, anthropology, and philosophy. Included in the section "Games for Two to Play Together" is "The Prisoner's Dilemma"—one of the most prominent experiments from the branch of behavioral research known as game theory. It was devised in the 1950s by mathematicians Merrill Meeks Flood and Melvin Dresher on commission by the RAND Corporation, which sought to explore game theory's implications for nuclear strategy. The setup presupposes two rational agents—that is, players whose decisions will always be the most optimal. In the experiment, two prisoners are detained in separate rooms and given the choice to collude or betray their friend. If one of them betrays the other, that prisoner is promised immunity, with the precondition that the friend remains silent. If both betray each other, each of them is sentenced to two years in prison. If both remain silent, they each receive a one-year term. The dilemma is commonly used to illustrate the supposed advantage for either prisoner to betray the other, even if the total sum of punishment is the lowest if they collaborate. However, if repeated over time or played with more than two participants, the outcome significantly changes, with either tit-for-tat or altruistic strategies performing better when trust, retaliation, and forgiveness are factored in.

Disagreeing with the emphasis of competition in Huizinga's delineation of play, Caillois also drew attention to cooperation and argued against a rationalization of play in working life. Some of the games in *Book of Games* explicitly explore collaboration, both socially and psychologically. "Waiting for the Bus" has players sit in a circle on each other's knees, supporting each other's weight. In "All for One," a person is raised to hip height by four to six players and gently rocked, inspired by a method to treat depression. The game "Sixteen Missing Years" relies on players' worldwide collusion to tamper with future historians by collectively resetting their watches to a future date. For those eager to examine group dynamics, *Book of Games* offers games on mass phenomena like laughter epidemics or the mimetically spreading shouts in "Valerio." In "A Demonstration in a Demonstration," conceived by Höller and Philippe Parreno, a player inserts themself in a protest but champions an entirely unrelated cause.

Differences in individual versus collective rationality, which involves more complex and nuanced forms of decision-making, have been described more recently by political economist Elinor Ostrom, who draws from evolutionary psychology and laboratory studies to emphasize the role of trust and reciprocity in a more optimistic take on the "tragedy of the commons."[16] The game "The Planet Saviors" expands the dilemma to the current issue of resource scarcity and overuse in the Global North. Players are asked to discuss Donna Haraway's kinship with the nonhuman world as ethical responsibility and Terence McKenna's psychoactive mushroom-inspired thoughts on population growth.

Games temporarily suspend the rules of everyday life, but their effects also produce what in live-action role-play communities is known as "bleed," where the character's experience affects the player or vice versa. This experience trickles from the sphere of play into "real life" and lingers with players also after they exit the game realm. Despite his search for emancipation through preconscious poetry, Césaire knew that he could not set aside the impacts of this world on the mind. On how its effects might be associated with Surrealism's atmosphere of transgression, he wrote: "And what emerges as well is the old ancestral foundation. Hereditary images that only the poetic atmosphere can bring to light again for ultimate decoding. The buried knowledge of the ages."[17]

Perhaps, after all, the Surrealists' call to change the world is not so far off the mark. Games may be separate from everyday life, but their suspension of quotidian rules can offer us glimpses of other possible lives. Kelley writes: "The surrealists not only taught me that any serious motion toward freedom must begin in the mind, but they have also given us some of the most imaginative, expansive, and playful dreams of a new world I have ever known."[18] Games need not stay in the sphere of the make-believe. Although in the case of some of Höller's games, it might be better if they did. But Césaire also knew that "humor has the power to carry forward."[19] Do(n't) try this at home.

1) André Breton, "Manifesto of Surrealism," in *Manifestoes of Surrealism* (Ann Arbor: University of Michigan Press, 1924/1969), 10.
2) Breton, "Manifesto of Surrealism," 26.
3) Breton, "Manifesto of Surrealism," 26.
4) A comprehensive selection of the Surrealists' games has been compiled by Alastair Brotchie and edited by Mel Gooding in *A Book of Surrealist Games* (Boston: Shambhala, 1995).
5) Ruth Ogden, "Did Time Tick Slower for a Woman Who Spent 500 Days Alone in a Cave?," *Scientific American*, April 24, 2023, https://www.scientificamerican.com/article/woman-spends-500-days-alone-in-a-cave-how-extreme-isolation-can-alter-your-sense-of-time/.
6) André Breton, *Le surréalisme et la peinture, nouvelle édition revue et corrigée*, 1928–65 (Paris: Gallimard, 1965), 288–90.
7) Breton, *Le surréalisme et la peinture*, 288–90.
8) Arthur Rimbaud to Paul Demeny, Charleville, May 15, 1871, in *Letters from Rimbaud*.
9) Roger Caillois, *Man, Play, and Games* (Urbana: University of Illinois Press, 2001), 23.
10) Johan Huizinga, *Homo Ludens: A Study of the Play-Element in Culture* (London: Routledge and Kegan Paul, 1980).
11) Roger Caillois, *Man and the Sacred* (Urbana: University of Illinois Press, 2001).
12) Caillois, *Man, Play, and Games*, 10.
13) Surrealism, Césaire wrote, "dynamited the French language and blew up all conventions." Quoted in Jean-Claude Michel, *The Black Surrealists* (New York: Peter Lang, 2000), 65.
14) Robin D. G. Kelley, *Freedom Dreams: The Black Radical Imagination* (Boston: Beacon, 2022), 159.
15) Frans de Waal, "Fish, Mirrors, and a Gradualist Perspective on Self-Awareness," *PLOS Biology* 17, no. 2 (2019).
16) Elinor Ostrom, *Governing the Commons: The Evolution of Institutions for Collective Action* (Cambridge: Cambridge University Press, 2015).
17) Césaire quoted in Ronnie Scharfman, "Aimé Césaire: Poetry Is/and Knowledge," in "Aimé Césaire, 1913–2008: Poet, Politician, Cultural Statesman," ed. Adlai Murdoch, special issue, *Research in African Literatures* 41, no. 1 (Spring 2010): 115.
18) Kelley, *Freedom Dreams*, 5.
19) Quoted in Michel, *The Black Surrealists*, 78.

Carsten Höllers Spielebuch – Nachspiel

Stefanie Hessler und Hans Ulrich Obrist

1992 fand in Marseille nach der Eröffnung von Carsten Höllers Ausstellung in der Galerie Porte Avion ein schrecklich langweiliges Abendessen statt. Höller und seine Freunde, der Künstler Philippe Parreno und der Galerist Edouard Merino, kamen zu dem Schluss, dass die einzige Möglichkeit, diesen drögen Abend zu überstehen, darin bestand, ihn spielend zu bestreiten. Ohne dass es den anderen Gästen auffiel, sprachen die drei für den Rest des Abends nur in Fragesätzen und beantworteten jede Frage mit einer weiteren Frage. Dieser Zeitvertreib machte der Langeweile den Garaus und legte den Grundstein für die Erstausgabe von *Carsten Höller's Spiele Buch*. Das 1998 im tragbaren Taschenformat veröffentlichte Buch präsentierte von Höller entwickelte Spiele sowie von ihm, anderen Künstlern und Mitarbeitern aufgenommene Schwarz-Weiß-Fotografien. 25 Jahre später umfasst diese neue, erweiterte Ausgabe alle Spiele der Erstausgabe sowie mehr als hundert neue, erstmals gemeinsam veröffentlichte Spiele. Das *Spielebuch* ist ein Künstlerbuch, das Carsten Höller als eigenständiges Kunstwerk konzipiert hat, und bestehend aus Spielen, die von ihm verfasst oder selektiert wurden. Alle Spiele können ohne zusätzliches Material gespielt werden, darunter das Marseille-Spiel „Fragen, fragen, fragen", illustriert durch ein textbasiertes Kunstwerk von Tony Cokes. Spielern, die öfter in ähnlich unerträglichen Veranstaltungen festsitzen, sei auch „Das mehrgängige Abendessen" als Zeitvertreib empfohlen, bei dem die Gäste nach jedem Gang willkürlich den Platz wechseln, sich darüber hinaus als „Nicht-Killer-Esser " oder „Billigesser" outen oder bei „Kann ich bitte das Salz haben?" über Absicht und Wirksamkeit von Sprache sinnieren.

Die Surrealisten wussten genau, dass das Spiel eine Methode sein kann, konventionelle Denkmuster und etablierte Verhaltensweisen zu durchbrechen. Ihre revolutionäre Absicht zielte darauf ab, der falschen Rationalität, deren verheerende Auswirkungen sich im Ersten Weltkrieg Bahn brachen, ebenso entgegenzuwirken wie konformistischen bürgerlichen Werten und Normen. Im *Ersten Surrealistischen Manifest* beklagt André Breton 1924 den „Vorwand von Zivilisation und Fortschritt",[1] der den Menschen den Zugang zu jenen seltsamen Kräften verwehrt, die in den Tiefen des Geistes schlummern.

Durch Träume, Automatisierung, Zufall, ironische oder fantastische Subversion, Veränderung der Sinne und andere Methoden versuchten die Surrealisten, sich dem strukturierten Rhythmus des Bewusstseins zu entziehen, um, in Bretons Worten, Zugang zum „tatsächlichen Funktionieren des Denkens … in Ermangelung jeglicher Kontrolle durch die Vernunft"[2] zu erhalten. Durch die psychische Automatisierung beabsichtigte der Surrealismus nichts weniger, als „die wichtigsten Lebensprobleme zu lösen".[3] Aus dieser revolutionären Haltung entsprangen Fotografien, Objekte, Collagen, Gemälde, Gedichte und vor allem Spiele.[4] Einige davon sind in diesem Band enthalten, so auch „Aberglaube, Sprüche", das absurde neue Sprichwörter hervorbringt, „Post in Translation", in dem sich ein kurzes Gedicht mit jeder weiteren Übersetzung durch die polyglotten Spieler verändert, und „Erotische Handzeichen", das keiner Erklärung bedarf.

Carsten Höllers *Spielebuch* bleibt in seinem Anspruch bescheidener als Bretons Maxime. Es ist ein Künstlerbuch ganz im Sinne des surrealistischen Bestrebens, mit Spielen den menschlichen Geist, das soziale Verhalten und die gesellschaftlichen Normen auf aufrichtige, humorvolle, schelmische – und zuweilen perfide – Weise zu erforschen. Das Buch gliedert sich in sechs Abschnitte, die wie Schichten einer Zwiebel immer mehr Spieler hinzufügen und von introspektiven, selbsterkundenden Spielen, alleine oder zu zweit gespielt, bis hin zu größeren Gruppenexperimenten mit zahlreichen Teilnehmern reichen. Drei der sechs Abschnitte beziehen auch uneingeweihte Zuschauer ein, so auch „Fragen, fragen, fragen".

„Spiele, die alleine gespielt werden", der erste Abschnitt des Buches, regt die Spieler dazu an, sich selbst physiologisch und psychologisch zu erforschen. Einige Anweisungen fördern die körperliche Selbsterkenntnis, etwa die Bestimmung des dominanten Auges, während andere ins Unbewusste eintauchen. „Traum bestellen" empfiehlt, in einer bestimmten Haltung einzuschlafen, um Träume von damit verwandten Aktivitäten wie Schwimmen oder der Geburt heraufzubeschwören. Manchmal lässt uns das *Spielebuch* unseren Körper im Verhältnis zu Nichtmenschen und deren außergewöhnlichen Fähigkeiten erforschen. „Zeckenzen (Einer der Gipfel des modernen Antihumanismus)" fordert den Spieler auf, sich völliger Untätigkeit zu widmen, ähnlich der berüchtigten Zecke des Biologen Jakob von Uexküll, die 18 Jahre lang ohne jegliche Nahrungsaufnahme überlebte, bis ein bedauernswerter Passant sie aus ihrer Lethargie riss, während „Fliegenfreundschaft" mentale Anstrengung fordert, um mit einem Insekt zu kommunizieren. In dieser Kategorie finden sich auch Spiele, die die Auswirkungen des Fehlens von Buchstaben oder Zeitmessern auf unsere Wahrnehmung untersuchen, wie es 1972 auch der Höhlenforscher Michel Siffre für 205 Tage und in jüngerer Zeit 2022 Beatriz Flamini während 500 Tagen erlebt hatten.[5]

Mehrere Beiträge zu dem Buch wurden Höller von Freunden und Mitarbeitern geschenkt, andere sind Adaptionen von Werken anderer Künstler. „Mitternachtssprung" stellt ein gleichnamiges Kunstwerk von Hreinn Friðfinnsson (1975/76) nach, „Frauenboykott" ist eine moderne Fassung von Lee Lozanos Aktion von 1971, und Bas Jan Aders Fotoserie *Broken Fall (Organic)* (1971), die den Künstler an einem Baum hängend und anschließend in den Fluss darunter fallend zeigt, wird im Spiel „Abhängen" neu interpretiert. Nan Goldins Fotografie *Joey as Marilyn, St. Moritz Hotel, NYC* (2006) illustriert die unsinnige Spieleanweisung, mitten im Gespräch oft und zusammenhanglos „Das ist aber gefährlich!" auszurufen, und Ken Lums *Portrait-Logo Series* (1989) wird zum „Gegenteilspiel": „Alle sagen genau das Gegenteil von dem, was sie meinen." Die Spieler werden Marina Abramovićs und Ulays Performance *Imponderabilia* (1977) wiedererkennen, in der die Künstler nackt im engen Eingang eines Museums standen und die Besucher zwangen, sich an ihnen vorbeizudrängen, um zur Ausstellung zu gelangen. Die Bilder zu jedem Spiel stammen aus einer Vielzahl von Quellen, darunter Auftragswerke von Künstlern wie Rineke Dijkstra, Pierre Björk, Elisabeth Toll, John Scarisbrick, Julien Creuzet, Daniel Boyd, Rachel Rose und Wolfgang Tillmans, ferner Fotografien von Nan Goldin und Jean Depara, Bilder von Höller und der Redaktion, Illustrationen aus wissenschaftlichen Experimenten sowie online verfügbare Bilder und Amateurschnappschüsse.

In Gesprächen, die Hans Ulrich Obrist (Co-Autor dieses Textes) und Carsten Höller seit mittlerweile 30 Jahren führen, tauchte das Spiel „Exquisite Corpse" als stets wiederkehrende historische Referenz auf. Marcel Duchamp pflegte mit Gästen wie seinen Freunden Jacques Prévert, Yves Tanguy und Benjamin Péret – die laut Breton „die Kunst des Lebens hervorragend beherrschten"[6] – Spiele zu spielen. Breton erklärt es wie folgt: „Mehrere Personen erarbeiten gemeinsam einen Satz oder eine Zeichnung und falten das Papier so, dass niemand die vorherige Zusammenarbeit sehen kann."[7] Diese Spiele ermöglichten es den Surrealisten, eine Persönlichkeit zu komponieren und den Anthropomorphismus auf die Spitze zu treiben, um das Innere und Äußere des Lebens miteinander zu verbinden. Der anthropomorphe Aspekt von „Exquisite Corpse" knüpft an das Werk Giuseppe Arcimboldos an, dessen bizarr komponierte Stilllebenporträts sowohl die monströsen als auch die metamorphen Elemente des Spiels hervorrufen. Fast ein Jahrhundert später, in dem Bestreben, mehr über die Geschichte dieses für die Kunstgeschichte des 20. Jahrhunderts so wichtigen Spiels herauszufinden, trafen Höller und Obrist einen der letzten noch lebenden Protagonisten der surrealistischen Generation, Nanos Valaoritis – ein griechischer Schriftsteller, Dichter und Freund André Bretons –, in der Wohnung, die er mit seiner Lebensgefährtin teilte, der legendären Künstlerin Marie Wilson. Hier erzählte Valaoritis von seinen Erlebnissen beim Spiel mit Breton: „Wir spielten es sehr oft, weil es etwas war, das in eine enorme Überraschung mündete: Wie konnte es sein, dass wir eine so eigenartige Zeichnung anfertigen konnten, ohne dabei unseren Verstand zu gebrauchen, sondern nur ein wenig zu zeichnen, dann das Papier zu entfalten und an der Zeichnung weiterzuarbeiten?"

Als Vorläufer der Surrealisten strebte der Dichter Arthur Rimbaud eine „systematisierte Entregelung der Sinne“[8] an, ein Ziel, das sich Höller für sein gesamtes Werk angeeignet hat. Höllers Ausstellung *Soma* (2010) verkehrte mit einem Doppelblindexperiment die scheinbare Objektivität der Wissenschaft: Besucher beobachteten zwei Gruppen von jeweils sechs Rentieren, zwölf Vögeln und einer Fliege auf Unterschiede im Verhalten: Beispielsweise würde ein Tier der einen Gruppe Fliegenpilze fressen, der anderen Gruppe jedoch nicht. Seine Experimente – etwa den Betrachter einem mit einer Frequenz von 7,8 Hz flackernden Licht auszusetzen, um Gehirnwellen zu stimulieren und Halluzinationen hervorzurufen, oder einen physischen Kontrollverlust hervorzurufen, indem ein Gebäude über mehrstöckige Rutschen verlassen wurde – ähneln Spielen, die der Sozialtheoretiker Roger Caillois der Kategorie *Ilinx* bzw. Rausch zuwies, da sie „einem ansonsten klaren Geist eine Art wollüstige Panik zufügen … die die Realität mit souveräner Schroffheit zerstört“.[9]

Caillois, der surrealistischen Avantgarde zugeneigt, wandte sich schließlich von den Erfahrungen der inneren Welt und der Fantasie des Einzelnen ab. An der Hochschule für Soziologie, die er zusammen mit dem Philosophen Georges Bataille gründete, hielt Caillois zwischen 1937 und 1939 eine Reihe von Vorlesungen, in denen er die Rolle von Ritualen und Zeremonien im Gemeinschaftsleben sowie die Ähnlichkeiten und Unterschiede zwischen Spiel und Sakralem untersuchte. Beides findet in einem – laut dem Historiker Johan Huizinga, auf dessen Buch *Homo Ludens* (1938) Caillois seine Theorie aufbaute – „magischen Kreis“ statt, einen vom Alltag getrennten Bereich, der eigenen Regeln unterliegt, ähnlich einem Tennisplatz, einem Tempel oder einer Bühne.[10] Während es beim Sakralen um göttliche, unveränderliche Inhalte geht, geschieht das Spiel durch bewusst von Menschen geschaffene Formen mit Regeln, die sich ändern können.[11] Huizinga betrachtete das Spiel als primäres und notwendiges – wenn auch unzureichendes – Element für die Entstehung von Kultur. Tatsächlich spielten Tiere, bevor die Menschen es taten, und ohne Spiel, so glaubte Huizinga, wäre Kultur nicht entstanden.

Nach dem Zweiten Weltkrieg verlagerte Caillois seinen Fokus auf den sich verändernden Charakter von Zivilisationen und die entsprechenden Möglichkeiten menschlichen Ausdrucks. In *Die Spiele und die Menschen* (1958) schlägt Caillois vor, das Spiel durch sechs Kernmerkmale zu definieren: (1) Spielen ist freiwillig, keine Pflicht; (2) es ist vom alltäglichen Leben getrennt sowie räumlich und zeitlich begrenzt; (3) es ist ungewiss mit offenem Ausgang; (4) es ist insofern unproduktiv, als es weder Güter noch Wohlstand schafft und in einer Situation endet, die der Situation ähnelt, in der es begann; (5) es unterliegt Regeln, die gewöhnliche Gesetze außer Kraft setzen; und schließlich (6) findet es in einer fiktiven Wirklichkeit statt oder in einem speziellen Bewusstsein, welches das Spiel dem „wirklichen Leben"[12] entgegensetzt. Auch wenn Caillois' universalistische Behauptung einer linearen Entwicklung des Spiels bereits zu seiner Zeit kritisiert wurde und eine zufriedenstellende Definition des Spiels weiterhin diskutiert wird, gilt sein klassischer Entwurf noch immer als nützlicher Leitfaden zur Soziologie des Spiels.

Der Historiker Huizinga bezieht in seine Definition des Spiels rechtliche Rahmenbedingungen und Verfahren mit ein, insbesondere archaische Praktiken, die er als agonistisch – für ihn geht es bei allen Spielen um Gewinnen oder Verlieren – und damit dem Spielcharakter nicht unähnlich bezeichnet. Er überlegt, ob die Einführung moralischer Inhalte und ethischer Werte sowie die zuweilen sehr realen Auswirkungen von „Spielen" dazu führten, dass es sich dann gar nicht mehr um Spiele handelt. Stellen wir uns das Spiel als anderen Regeln unterworfene Weltgestaltung vor, so gewinnt sein Anderswo an Durchschlagskraft, insofern es kulturelle Normen und das Hier beherrschende Konstrukte aufzeigt. Im *Spielebuch* greifen Leif Elggren und Carl Michael von Hausswolff mit ihrer Proklamation des „Königreichs Elgaland-Vargaland" diese überzeugenden Fiktionen auf. Dieses von den Künstlern erdachte Gebiet umfasst alle Grenzbereiche zwischen allen Ländern der Erde sowie „geistige und wahrnehmbare Territorien wie den Hypnagogen Zustand (zivil), das Eskapistische Territorium (zivil) und den Virtuellen Raum (digital)". Das subversive Potenzial von Spielen wurde vom surrealistischen Dichter und Négritude-Mitbegründer Aimé Césaire sofort erkannt, der es für seine anti-imperialistische Politik entlehnte. Auf seiner Suche nach einem neuen Vokabular, zu dem auch Versuche gehörten, Französisch als Sprache der Kolonisatoren seiner Heimat Martinique eine andere Bedeutung zu verleihen, versuchte er, auf das Unterbewusstsein zuzugreifen, da es ihm ermöglichte, etwas zu schaffen, das er für eine authentischere – vorkolonialistische – Form der Poesie hielt.[13] Wie der Historiker Robin D. G. Kelley treffend feststellt: „Der Surrealismus mag seinen Ursprung im Westen haben, aber er wurzelt in einer Verschwörung gegen die westliche Zivilisation."[14]

Wenden wir uns dem Studium der kognitiven Entwicklung zu, betonen Wissenschaftler aus der Kinderpsychologie, wie wichtig das Spielen für die Entwicklung von Fähigkeiten sei, darunter das Wahrnehmen und Verarbeiten von Informationen, das Erlernen einer Sprache oder das Erfassen abstrakter Konzepte. Nach Meinung des Psychologen Jean Piaget, eines der Begründer dieses Fachgebiets, ist die fortschrittlichste – von ihm als letzte von vier Bildungsstadien bezeichnete – Spielart jene, bei der Kinder in der Lage sind, abstrakt zu denken und Konzepte wie Zukunft oder Gerechtigkeit zu verstehen, sowie beginnen, sich Spielen mit komplexeren Regeln zuzuwenden. Diese Spiele beschränken sich nicht auf eine aktuelle Zeit oder einen aktuellen Ort, sondern können hypothetisch oder fantastisch sein und sind vor allem nicht auf konkrete Objekte angewiesen. Auch im *Spielebuch* können alle Spiele ohne besondere Gegenstände oder Zubehör gespielt werden und fordern größtenteils bewusste Weltgestaltung.

Um zu erfahren, wie es um seine kognitive Selbstwahrnehmung bestellt ist, kann ein Spieler den „Spiegelselbsterkennungstest" durchführen, ein bekanntes Experiment, ursprünglich 1970 vom Psychologen Gordon Gallup entwickelt. In der Regel bestehen Kinder ab zwei Jahren den Test, ebenso Schimpansen, Große Tümmler, die Eurasische Elster und einige Fischarten – auch wenn der Primatologe Frans de Waal darauf hinweist, dass Selbsterkenntnis nicht binär, sondern schrittweise und komplex erfolgt.[15] In ähnlicher Weise entlehnten die Surrealisten bei ihrer Untersuchung der menschlichen Natur Spiele aus den Bereichen Psychologie, Soziologie, Anthropologie und Philosophie. Die Rubrik „Spiele, die zu zweit gespielt werden" enthält „Das Gefangenendilemma" – eines der prominentesten Experimente aus dem Bereich der Verhaltensforschung, der sogenannten Spieltheorie. Es wurde in den 1950er-Jahren von den Mathematikern Merrill Meeks Flood und Melvin Dresher im Auftrag der RAND Corporation entwickelt, um die Auswirkungen der Spieltheorie auf die Nuklearstrategie zu untersuchen. Der Aufbau setzt zwei rationale Akteure voraus – Spieler, die stets die besten Entscheidungen treffen. Bei dem Experiment werden zwei Gefangene in getrennten Räumen festgehalten und vor die Wahl gestellt, zusammenzuhalten oder ihren Freund zu verraten. Demjenigen, der den anderen verrät, wird Immunität versprochen, allerdings nur, wenn der andere schweigt. Wenn beide sich gegenseitig verraten, wird jeder von ihnen zu zwei Jahren Gefängnis verurteilt. Schweigen beide, erhalten sie jeweils eine einjährige Haftstrafe. Das Dilemma wird häufig verwendet, um einen der Gefangenen mit einem vermeintlichen Vorteil dazu zu bringen, den anderen zu verraten, auch wenn die Gesamtstrafe bei Zusammenarbeit am niedrigsten ist. Wird es jedoch öfter oder mit mehr als zwei Spielern gespielt, verändert sich das Ergebnis im Laufe der Zeit erheblich, wobei entweder die „Wie du mir, so ich dir"- oder die altruistische Strategie dann besser abschneiden, wenn Vertrauen, Vergeltung und Vergebung berücksichtigt werden.

Zwar lehnte Caillois Huizingas Betonung des Wettbewerbscharakters ab, verwies selbst aber auf das Element der Zusammenarbeit und sprach sich gegen eine Rationalisierung des Spiels im Arbeitsleben aus. Einige der Spiele im *Spielebuch* sind explizit auf Zusammenarbeit angelegt, sowohl auf sozialer als auch auf psychologischer Ebene. Bei „Auf den Bus warten" sitzen die Spieler im Kreis auf den Knien des anderen und stützen dessen Gewicht. Bei „Alle für eine" wird eine Person von vier bis sechs Spielern auf Hüfthöhe gehoben und sanft geschaukelt, inspiriert von einer Methode zur Behandlung von Depressionen. Das Spiel „Sechzehn verschwundene Jahre" basiert auf der weltweiten Absprache der Spieler, mit zukünftigen Historikern Schabernack zu treiben, indem alle ihre Uhren auf ein Datum in der Zukunft umstellen. Jenen, die Gruppendynamiken unter die Lupe nehmen möchten, empfiehlt das *Spielebuch* Spiele zu Massenphänomenen wie Lachepidemien oder den sich ausbreitenden Rufen in „Valerio". In „Demonstration in der Demonstration", konzipiert von Höller und Philippe Parreno, reiht sich ein Spieler in einen Protest ein, vertritt aber eine völlig unabhängige Sache.

Auf Unterschiede zwischen individueller und kollektiver Rationalität, die komplexere und differenziertere Formen der Entscheidungsfindung umfasst, ging die politische Ökonomin Elinor Ostrom näher ein. Bei ihrer optimistischeren Betrachtung der „Tragödie des Allgemeinguts" stützt sie sich auf Evolutionspsychologie und Laborstudien und weist der Rolle von Vertrauen und Gegenseitigkeit höhere Bedeutung zu.[16] Das Spiel „Planetenretter" weitet das Dilemma auf das aktuelle Thema Ressourcenknappheit und Übernutzung im globalen Norden aus: Die Spieler sollen Donna Haraways Verbundenheit mit der nichtmenschlichen Welt als ethische Verantwortung und Terence McKennas von psychoaktiven Pilzen inspirierte Gedanken zum Bevölkerungswachstum diskutieren.

Spiele setzen die Regeln des Alltags vorübergehend außer Kraft, aber sie erzeugen auch das, was in Live-Action-Rollenspielgemeinschaften als „Bluten" bekannt ist. Dabei wirken sich die Erfahrungen des Rollencharakters auf den Spieler aus oder umgekehrt. Dieses Erlebnis dringt aus der Sphäre des Spiels in das „reale Leben" ein und ist für den Spieler auch nach dem Verlassen der Spielwelt spürbar. Trotz seiner Suche nach Emanzipation durch vorbewusste Poesie konnte Césaire die Auswirkungen dieser Welt auf den Geist nicht ignorieren. Zur Frage, wie diese sich zur Atmosphäre der Überschreitung des Surrealismus verhielten, schrieb er: „Und was ebenfalls zum Vorschein kommt, ist das alte Ahnenfundament. Erbliche Bilder, die nur die poetische Atmosphäre zur endgültigen Entschlüsselung wieder ans Licht bringen kann. Das vergrabene Wissen der Jahrhunderte."[17]

Vielleicht liegt der Aufruf der Surrealisten, die Welt zu verändern, gar nicht so weit daneben. Spiele mögen abseits des alltäglichen Lebens stattfinden, aber ihre Aufhebung der Alltagsregeln kann uns Einblicke in andere mögliche Leben bieten. Kelley schreibt: „Die Surrealisten lehrten mich nicht nur, dass jede ernsthafte Bewegung in Richtung Freiheit im Kopf beginnen muss, wir verdanken ihnen auch einige der fantasievollsten, umfangreichsten und verspieltesten Träume einer neuen Welt, die ich je gekannt habe."[18] Spiele müssen nicht in der Sphäre des Fiktiven verharren. Allerdings wäre es vielleicht besser, wenn einige von Höllers Spielen es täten. Aber Césaire wusste auch, dass „Humor die Kraft hat, uns voranzubringen".[19] Probieren Sie das (nicht) zu Hause aus.

1) André Breton, „Manifesto of Surrealism“, in: *Manifestoes of Surrealism* (Ann Arbor: University of Michigan Press, 1924/1969), 10.
2) Breton, „Manifesto of Surrealism“, 26.
3) Breton, „Manifesto of Surrealism“, 26.
4) Eine umfassende Sammlung der Spiele der Surrealisten wurde von Alastair Brotchie zusammengestellt und von Mel Gooding in *A Book of Surrealist Games* herausgegeben (Boston: Shambhala, 1995).
5) Ruth Ogden, „Did Time Tick Slower for a Woman Who Spent 500 Days Alone in a Cave?“, *Scientific American*, 24. April 2023, https://www.scientificamerican.com/article/woman-spends-500-days-alone-in-a-cave-how-extreme-isolation-can-alter-your-sense-of-time/.
6) André Breton, *Le surréalisme et la peinture, nouvelle édition revue et corrigée, 1928–1965* (Paris: Gallimard, 1965), 288–90.
7) Breton, *Le surréalisme et la peinture*, 288–90.
8) Arthur Rimbaud an Paul Demeny, Charleville, 15. Mai 1871, in: *Letters from Rimbaud.*
9) Roger Caillois, *Man, Play, and Games* (Urbana: University of Illinois Press, 2001), 23.
10) Johan Huizinga, *Homo Ludens: A Study of the Play-Element in Culture* (London: Routledge and Kegan Paul, 1980).
11) Roger Caillois, *Man and the Sacred* (Urbana: University of Illinois Press, 2001).
12) Caillois, *Man, Play, and Games*, 10.
13) Surrealismus, schrieb Césaire, „versetzte die französische Sprache in Aufruhr und sprengte alle Konventionen“. Zitiert in: Jean-Claude Michel, *The Black Surrealists* (New York: Peter Lang, 2000), 65.
14) Robin D. G. Kelley, *Freedom Dreams: The Black Radical Imagination* (Boston: Beacon, 2022), 159.
15) Frans de Waal, „Fish, Mirrors, and a Gradualist Perspective on Self-Awareness“, *PLOS Biology* 17, Nr. 2 (2019).
16) Elinor Ostrom, *Governing the Commons: The Evolution of Institutions for Collective Action* (Cambridge: Cambridge University Press, 2015).
17) Césaire, zitiert in Ronnie Scharfman, „Aimé Césaire: Poetry Is/and Knowledge“, in „Aimé Césaire, 1913–2008: Poet, Politician, Cultural Statesman“, Hrsg. Adlai Murdoch, Sonderausgabe, *Research in African Literatures* 41, Nr. 1 (Frühling 2010): 115.
18) Kelley, *Freedom Dreams*, 5.
19) Zitiert in: Michel, *The Black Surrealists*, 78.

By Way of Introduction

Carsten Höller

Many of the games in this compendium, *Book of Games*, are new inventions; many more have been sourced from friends and acquaintances, while yet others originated in books and movies. Just a few are modified versions of well-known, traditional games. The important common denominator in all the games published here is that no materials are needed—no dice, no paper, no scissors—nothing other than the players themselves and occasional items in their immediate vicinity. Not included are nonmaterial games or ploys that could be regarded as games—as seen in the realms of politics, religion, sex, and sports—nor are there children's games of any kind. This book is primarily intended for adults, be it wide awake or in a dream state. Any games described here that are technically unplayable should be seen as thought experiments.

I am sincerely grateful to all those who told me about games they knew and to those with whom I discussed and painstakingly developed games. It would scarcely be possible to list them all nor would it do justice to the sheer diversity of their input. And I owe a special debt of gratitude to the artists, photographers, and others who provided images and illustrations for individual games. Clearly there is considerable variety in the quality of the visual materials, which is certainly not the norm in books from this publishing house: It was in fact my wish to include the widest possible range of formal languages, as befitted the different games. So many people have contributed to the book—from experienced photographers, conceptual artists, craftspeople, architects, farmers, and filmmakers to my daughters and my own elderly parents—anyone and everyone from layabouts and high fliers to the rich and the beautiful. Instead of compiling a long list of names, I refer readers to the picture captions, which at least identify the creators of the illustrations. Nevertheless, I would like to mention Pierre Björk, John Scarisbrick, and Elisabeth Toll by name, our three Swedish "in-house" photographers who contributed images to a significant amount of games. I should also like to express my particular gratitude to all the models for consenting to being photographed in all sorts of poses. Some are named in the list of picture credits (p. 746).

Very special thanks of course go to Stefanie Hessler, who left no stone unturned in her pursuit of games and images and who, as coeditor, was instrumental in bringing this publication to fruition. Her research and writing in the highly informative postlude locate this book of games in a historical context. Hans Ulrich Obrist, who edited the first edition of this book in 1998 (a bright-red, pocket-sized publication—at hand whenever the need arises—now long out of print), also played a crucial role in the making of this new book, as both an inventor of games and an indefatigable player.

Graphic designer Christoph Steinegger and I have worked together since 2005. He is the person who transposes my ideas into print-ready formats, and he was closely involved in the realization and design of this book. Thank you, Christoph, also for your patience—it has taken many years to produce this revised book of games. My heartfelt thanks also go to you, Eleni Tsopotou, Océane H. Francioli, Linda Klaassen, and especially to you, Jana Schmitz, for the huge effort you both put into acquiring images, researching sources, and systematizing all the accumulated materials.

Fiona Elliott has done her valiant best to find an English equivalent for my rather laconic, pithy German. We often discussed linguistic points and peculiarities one to one. At TASCHEN I am very grateful to Benedikt and Marlene Taschen for their willingness to embark on this unusual endeavor and to Nora Dohrmann and Julius Wiedemann who have, over the years, worked on this second, enlarged edition of the games book with such dedication.

Finally the Jaguars cannot go unnamed: The team of thirteen artists who ran a workshop in Santander with Stefanie and me in September 2017. It was financed by Fundación Botín, for which I am sincerely grateful to Paloma Botín, Vicente Todolí, Benjamin Weil, and Begoña Guerrica-Echevarria. The Jaguars documented and substantially enriched the games contained in the first edition of this book: Thank you one and all—Yusef Audeh, Felipe Castelblanco, Roberto Fassone, Nieves de la Fuente Gutiérrez, Kevin Gallagher, Nicolas Grenier, Lisa Hoffmann, Junghun Kim, Miriam Kongstad, Björn Kühn, Paribartana Mohanty, Risa Puno, and Marijana Radovic.

And last of all I am deeply indebted to Andreas Balze and Walther König at Oktagon Verlag, who published the first edition of *Carsten Höller's Spiele Buch*. I am no less indebted to Edouard Merino and Philippe Parreno: It was during a tedious supper in Marseille in 1992 that the three of us invented the game *Questions, Questions, Questions* (6.1, p. 686) and played it throughout the rest of what might otherwise have been a very long evening. That game became the cornerstone for this book.

Zum Geleit

Carsten Höller

Carsten Höllers *Spielebuch* ist eine Sammlung erfundener und aus Büchern, Filmen und vor allem von Freunden und Bekannten gesammelten und zugetragenen Spielen; nur einige wenige beruhen auf alltbekannten Spielen, die für dieses Buch umgewandelt wurden. Das wichtigste gemeinsame Merkmal aller hier publizierten Spiele ist die Abwesenheit von jedwedem Material, welches für die Spiele gebraucht wird – kein Würfel, kein Papier, keine Schere: nichts außer Personen und beliebigen Dingen, die im näheren Umkreis der Spieler aufzutreiben sind. Nicht aufgenommen wurden Spiele oder Betätigungen, die als Spiele gedeutet werden könnten, aus den Bereichen Politik, Religion, Sex und Sport sowie Kinderspiele aller Art. Dieses Buch richtet sich vor allem an Erwachsene, und zwar sowohl an solche im Wachzustand als auch an die Träumenden. Einige Spiele sind rein technisch unspielbar und somit als Gedankenexperiment zu verstehen.

Mein ausdrücklicher Dank gilt all denen, die mir von Spielen berichtet haben, oder mit denen ich Spiele im Detail besprochen und entwickelt habe. Ihre Namen vollständig aufzuführen wäre kaum machbar und würde auch der Unterschiedlichkeit der Beiträge nicht gerecht. Ein ganz besonderer Dank geht an die mitwirkenden Künstler, Fotografen und anderen Personen, die sich der Bebilderung und Illustration der Spiele angenommen haben. Ganz offensichtlich ist die Qualität des Abgebildeten ausgesprochen heterogen, was für ein Buch dieses Verlages ungewöhnlich ist – es war mein Wunsch, eine größtmögliche, dem jeweiligen Spiel angepasste Spannbreite der Formsprache zu erfassen. Alle haben mitgewirkt, von gestandenen Fotografen über konzeptuelle Künstler, Handwerker, Architekten, Bauern, Filmemacher, Töchter bis hin zu meinen alten Eltern. Alle, von Taugenichtsen und Überbegabten bis hin zu den Reichen und Schönen also. Anstelle auf eine lange Namensliste verweise ich hier auf die Bildlegenden, die zumindest die Urheber der Abbildungen benennen. Hervorheben möchte ich aber doch Pierre Björk, John Scarisbrick und Elisabeth Toll, unsere schwedischen „Hausfotografen“, die zu vielen Spielen einen großen Teil der Bilder beigetragen haben. Danken möchte ich weiterhin ausdrücklich allen Modellen, die sich in den verschiedensten Posen haben fotografieren lassen. Einge von ihnen sind in der Liste der Bildnachweise (S. 746) namentlich genannt.

Ganz besonderer Dank gilt natürlich Stefanie Hessler, die sich bei der Bild- und Spielbeschaffung sehr ins Zeug gelegt und als Mitherausgeberin einen wesentlichen Anteil am Gelingen dieses Buches hat. Überdies stellten ihre Recherche und ihr Schreiben in dem lesenswerten Nachwort das *Spielebuch* in einen historischen Kontext. Hans Ulrich Obrist war als Herausgeber der ersten

Auflage 1998 (damals noch ein kleines Heft im knallroten Schutzumschlag, das in jede Tasche passt und bei Bedarf hervorgezogen werden kann; seit Langem vergriffen) maßgeblich am Zustandekommen des *Spielebuchs* beteiligt. Er ist sowohl Erfinder von Spielen als auch selbst ein unermüdlicher Spieler.

Mit dem Grafiker Christoph Steinegger arbeite ich schon seit 2005 zusammen. Er ist derjenige, der meine Vorstellungen in eine druckreife Vorlage übertrug und selbst wesentlich an der Durchführung und Gestaltung des Buches mitwirkte. Danke Dir, Christoph, auch für Deine Geduld – es hat viele Jahre gedauert, das neue *Spielebuch* fertigzustellen. Und auch Euch, Eleni Tsopotou, Océane H. Francioli, Linda Klaassen und besonders Jana Schmitz, herzlichen Dank für Euren großartigen Einsatz bei der Bildbeschaffung, Quellenforschung und Systematisierung der zusammengetragenen Materialien.

Fiona Elliott stellte sich erfolgreich der Herausforderung, mein meist knapp gehaltenes, in lakonischem Ton formuliertes Deutsch in ein englisches Äquivalent zu übersetzen, und wir standen im regen Austausch über sprachliche Einzel- und Eigenheiten. Bei TASCHEN danke ich ferner Benedikt und Marlene Taschen für ihre Bereitschaft, sich auf dieses außergewöhnliche Unternehmen einzulassen, sowie Nora Dohrmann und Julius Wiedemann, die die zweite, erweiterte Ausgabe des *Spielebuchs* über die Jahre hinweg mit großem Einsatz begleiteten.

Schließlich dürfen die Jaguars nicht ungenannt bleiben, eine Gruppe von 13 Personen, die mit Stefanie und mir im September 2017 einen Workshop in Santander abgehalten haben, der vom Fundación Botín finanziert worden war – Paloma Botín, Vicente Todolí, Benjamin Weil und Begoña Guerrica-Echevarria sei Dank. Die Jaguars haben die Spiele der ersten Auflage wesentlich ergänzt und dokumentiert, danke Euch, Yusef Audeh, Felipe Castelblanco, Roberto Fassone, Nieves de la Fuente Gutiérrez, Kevin Gallagher, Nicolas Grenier, Lisa Hoffmann, Junghun Kim, Miriam Kongstad, Björn Kühn, Paribartana Mohanty, Risa Puno und Marijana Radovic.

Und zu guter Letzt geht mein Dank an Andreas Balze und Walther König vom Oktagon Verlag, der die erste Ausgabe von *Carsten Höller's Spiele Buch* herausgegeben hatte, sowie an Edouard Merino und Philippe Parreno – zu dritt haben wir 1992 bei einem langweiligen Abendessen in Marseille das Spiel *Fragen, fragen, fragen* (6.1, S. 686) erfunden und den ganzen langen Abend über gespielt. Dieses Spiel ist der Grundstein dieses Buches.

No.		p.	Artist/Photographer	Model (if known)
1.1	Right-Eyed or Left-Eyed?	4	Anna Kleberg Tham	Karl Scarisbrick
1.2	Roadster and Silhouette Roadster	6	Unknown	
1.3	Order a Dream	8	Carsten Höller	Rosemarie Trockel
1.4	Finger Flight	10	Barney Schaub	
1.5	Ticks (One of the Pinnacles of Modern Antihumanism)	12	Carsten Höller	Udo Kier
1.6	See Everything	14	Pierre Björk	
1.7	The Genetics of Tongue Skills	16	Carsten Höller	Monica Sprüth, Pasquale, Paolina, and Vito Leccese
1.8	Shrinking Arms	18	Carsten Höller	
1.9	The Iron Bar Dilemma	20	Brittany Nelson and Stefanie Hessler	
1.10	Friends with a Fly	22	Carsten Höller	Ascan Crone
1.11	Boredom	24	Jana Schmitz	
1.12	Therapy	26	Carsten Höller	
1.13	Die klare Vorstellung		Tino Sehgal	
1.14	Old Oak	28	Carsten Höller	Ilaria Bona
1.15	Simultanamamera	30	Carsten Höller	
1.16	Look Inside Your Head	32	Inez and Vinoodh/Trunk Archive	Kirsten
1.17	Lying Up to Sleep	34	Carsten Höller	Marc Comes
1.18	The Omen	36	Chantal Akerman © VG Bild-Kunst, Bonn 2024	
1.19	Military Service	38	Carsten Höller	Patrick Seguin Marc Comes
1.20	High-Low	40	Jantsankhorol Erdenebayar	
1.21	The Uncrooked Smile	42	Carsten Höller	Paolo Falcone, Andreas Balze, Edouard Merino, Kirsten Ortwed, Jens Hoffmann, and Hans Ulrich Obrist
1.22	Change Everything	44	Laura Ortman	
1.23	Eye Squishing	46	Moira Ricci	
1.24	Connect the Dots	48	Daniel Boyd	
1.25	Dead Beetle	50	Carsten Höller	Klaus Baumgartner
1.26	Puttemans	52	Unknown	Emiel Puttemans
1.27	Two Noses (The Aristotle Illusion)	54	Carsten Höller	Karlheinz Höller
1.28	Floating Sausage	56	Carsten Höller	Edel Höller, Miles Dutton
1.29	The Energy Rainbow	58	Barney Schaub	

No.		p.	Artist/Photographer	Model (if known)
1.30	Shadow Jumping	60	Yang Fudong	
1.31	Internal Yoga	62	Melanie Bonajo	
1.32	Pure Thinking	64	Rudolf Sagmeister	Ed Ruscha
		66	Marcel Odenbach © VG Bild-Kunst, Bonn 2024	
1.33	Soliloquy, Intoned	68	Pierre Björk	Olivia Svenson
1.34	Sad Actor	70	Torbjørn Rødland	
1.35	The Correct World	72	Annika Elisabeth von Hausswolff	
1.36	Be Your Own Pavlov	74	Unknown © Science History Images/Alamy Stock Foto	Ivan Pavlov
1.37	Ping Pong for Lazybones	76	Fredrik Skogkvist	
1.38	Time Gymnastics	78	Jürgen, Manuel Alberto Claro, and Lol Crawley	Carsten Höller, Ilya Khrzhanovsky, and Teodor Currentzis
1.39	Body Pressure	80	Bruce Nauman © VG Bild-Kunst, Bonn 2024; bpk/Nationalgalerie im Hamburger Bahnhof, SMB, Friedrich Christian Flick Collection/ Thomas Bruns	
1.40	"Schmidtchen Schleicher"	82	Unknown	Nico Haak
1.41	Crab Walk	84	Viviane Sassen	
1.42	Salto Condizionale	86	Carsten Höller	
1.43	Self-Gratification	88	Markus Schinwald © VG Bild-Kunst, Bonn 2024	
1.44	Rain	90	Dulcie Abrahams Atlass for Marie Helene Pereira	
1.45	Sheer Despair	92	Daniel Arnold	
1.46	Reality Check	94	Sabine Feichtner	
1.47	Toes in Luck	96	Carsten Höller	
1.48	Gone with the Wind	98	Kai Althoff	
1.49	I Will Do What I Dislike	100	Tomislav Gotovac, Collection of Sarah Gotovac, Courtesy Tomislav Gotovac Institute, Zagreb	Tomislav Gotovac
1.50	The Stranger	104	Risa Puno	
1.51	Carbon Dioxide Poisoning	106	Nan Goldin	Nan Goldin
1.52	In an Alphabet-Free Zone	108	Carsten Höller; Per Kristiansen Carsten Höller; Attilio Maranzano	
1.53	In a Timepiece-Free Zone	110	Michel Siffre	

No.		p.	Artist/Photographer	Model (if known)
1.54	Be a Baby Again	112	Eadweard Muybridge and University of Pennsylvania, Wellcome Library, London © Public domain	
1.55	Metadream	114	Andy Warhol, Courtesy of Andy Warhol Museum	
1.56	Self-Experiment: Visual and Acoustic Training for One's Cerebral Hemispheres	116	Jörgen Wiklund	
1.57	The Dalmatian Effect	120	Carsten Höller	
1.58	Preconsciousness	122	Christoph Steinegger	
1.59	Like a Bird	124	William Forsythe, Courtesy of Goethe-Institut © Goethe-Institut	
1.60	Don't Weep	126	Anders Edström	
1.61	Oh, Hannah!	128	Hannah Wilke, Hannah Wilke Collection & Archive, Los Angeles ©VG Bild-Kunst Bonn, 2024	Hannah Wilke
1.62	Not Dying, Thanks to the Milton H. Erickson Method	130	Unknown, Milton Erickson Foundation	Milton H. Erickson
1.63	The Ballerina	132	Jean Pigozzi	
1.64	The Plant-Hater	134	Carsten Höller and Stefano Mancuso; Pierre Björk	
1.65	Experiment on Oneself	138	Christer Strömholm, Christer Strömholm Estate	Max Ernst
1.66	Buy Trousers or a Skirt at a Flea Market	140	Benita Marcussen and Anne Dorthe	Lise Birgens
1.67	Hanging Around	142	Bas Jan Ader, Estate of Bas Jan Ader ©VG Bild-Kunst, Bonn 2024; Mary Sue Ader-Andersen	
1.68	Midnight Jump	144	Hreinn Friðfinnsson; Pieter Laurens Mol	
1.69	Hypnagogia	146	Salvador Dalí, The Estate of David Gahr/via Getty Images	Salvador Dalí
1.70	Chair Game	148	Thomas Ruff ©VG Bild-Kunst, Bonn 2024	
1.71	The Rimbaud Method	150	Arthur Rimbaud, Rue des Archives/RDA	Arthur Rimbaud

No.		p.	Artist/Photographer	Model (if known)
2.1	Tilling the Field	154	Basim Magdy	
2.2	Universal Acid	156	Charles Reisner	Buster Keaton
2.3	Language Games	158	Owen Humphreys, picture alliance/empics	
2.4	But That's Dangerous!	162	Nan Goldin	
2.5	You're Odd	164	Anders Edström	
2.6	The Golden Gaze	166	John Scarisbrick Carsten Höller Julia Margaret Cameron Unknown	Margaret Cameron Chloë Sevigny Uwe Koch
2.7	The Electric Gaze	168	Nina Beier	
2.8	The Platinum Gaze	170	Jean Pigozzi	Mick Jagger and Jerry Hall
2.9	Mirroring	172	Rineke Dijkstra	
2.10	Anchoring	174	Baldo Hauser	Richard Julin
2.11	The Most Childish Game Ever	176	Elisabeth Toll	
2.12	Infection	178	Carsten Höller	Frank Höller
2.13	Monsieur	180	Julia Peirone	
2.14	Madame	182	Rosemarie Trockel	
2.15	Hypnosis	184	Carsten Höller	
		186	Jah Wobble	Jah Wobble
2.16	On a Level	188	Unknown	Alina Claßen
2.17	Nuisance	190	Julian P. Graham	Salvador Dalí and Gloria Vanderbilt
2.18	Ebb and Flow	192	Pontus Frankenstein	
2.19	Sheldrake's Law	194	Sophie Calle © VG Bild-Kunst, Bonn 2024	
2.20	The Little Utilitarian	196	Mike Goldwater	
2.21	Social Prestige	198	Unknown	Prof. Hubert Pschorn-Walcher and Reinhart Schuster
2.22	Hallo, Gisela!	200	Attila Saygel	
2.23	Mouthwash Won't Even Work	202	Jana Schmitz	
2.24	Englishman	204	Balthasar Burkhard, Courtesy Fotostiftung Schweiz © Vida Burkhard	Harald Szeemann
2.25	The Fighting Machine Is Coming	206	Barney Schaub	
2.26	Snot King	208	Paul Kuimet	
2.27	Protest Exhibitionism	210	Mario García Torres	
2.28	The UFO Game	212	Carsten Höller	Christian Borgemeister
2.29	Raise Your Hand	214	Jamie-James Medina	

No.		p.	Artist/Photographer	Model (if known)
2.30	Things Nobody Should Talk About	216	Maryna Paias	
2.31	The Solution to the Problem of Significant Birthdays	218	Carsten Höller	
2.32	Mnemotechnical Bridges	220	Imago/ZUMA Wire	Joshua Foer
2.33	Josefine Beuys	222	Joseph Beuys ©VG Bild-Kunst, Bonn 2024; Frank Kleinbach, Städtische Museen Heilbronn, Depositum der Ernst Franz Vogelmann-Stiftung	
2.34	Seven Detectives	224	Carsten Höller	
2.35	The Paranoiac Critical Method	226	Salvador Dalí © Salvador Dalí, Fundació Gala-Salvador Dalí ©VG Bild-Kunst, Bonn 2024	
2.36	A Riddle	228	Anri Sala ©VG Bild-Kunst, Bonn 2024	
2.37	Superstitions, Sayings	230	Unknown, The Israel Museum, Jerusalem. The Vera and Arturo Schwarz Collection of Dada and Surrealist Art in the Israel Museum	Benjamin Péret, Tristan Tzara, Paul Eluard, and André Breton
2.38	Erotic Hand Signals	232	Alastair Brotchie and Mel Gooding	
2.39	The Future You	234	Roberto Cuoghi ©VG Bild-Kunst, Bonn 2024; James Gooding	Roberto Cuoghi
2.40	What's Up?	236	Attilio Maranzano	
2.41	Ya Think?	238	Anders Edström	
2.42	Frozen Politician	240	Francesco Vezzoli ©VG Bild-Kunst, Bonn 2024	
2.43	Wasn't Meant Like That	242	Casper Sejersen	Grace Hartzel
2.44	Carrot Game I	244	Rirkrit Tiravanija	
2.45	Happy Birthday	246	Baldo Hauser	Mario Cristiani
2.46	Ow! Ow!	248	Elisabeth Toll	
2.47	Yellow Teeth	250	Carsten Höller	
2.48	Stockholm Syndrome	252	James Bettmann/Getty Images	Patty Hearst
2.49	Can I Pet It?	254	Jana Schmitz	
2.50	A Cool Lisp	256	Pierre Björk	Fally Ipupa
2.51	As If It Were Part of Me	258	Marcel Louis Jean Broodthaers ©VG Bild-Kunst, Bonn 2024	
2.52	It's Me!	260		
2.53	Shower or Grower	264	Oliviero Toscani ©VG Bild-Kunst, Bonn 2024	

No.		p.	Artist/Photographer	Model (if known)
2.54	The {Swedish} Study	266	Dragana Kusoffsky Maksimovic	
2.55	How Can I Tell What I Think till I See What I Say?	268	Unknown, ARCHIVIO GBB/ Alamy Stock Foto	Edward Morgan Forster
2.56	May I Have Some Salt, Please?	270	Juan Carlos Gomez	
		272	Ruggero Maramotti	
2.57	Jack Is More Afraid of Jill	274	Carsten Höller	
2.58	Proxemics	276	Simon Denny, Courtesy of the artist; Galerie Buchholz & Petzel Gallery	
2.59	Conductor with Even Greater Delusions of Grandeur	278	Yusef Audeh	
2.60	So Very Lonely	280	Carsten Höller; Davide Monteleone	
2.61	Good Twin—Bad Twin	282	Alighiero e Boetti ©VG Bild-Kunst, Bonn 2024	
2.62	Itchycoo	284	Cian Dayrit	
2.63	Misrecognition	286	Rirkrit Tiravanija	
2.64	The Origin of the Universe	288	Roberto Fassone	
2.65	OMG!	290	Alain Resnais	Delphine Seyrig and Giorgio Albertazzi
2.66	Conviction Con Artist	292	VALIE EXPORT and Peter Weibel ©VG Bild-Kunst, Bonn 2024; Josef Tandl, Sammlung Generali Foundation – Dauerleihgabe am Museum der Moderne Salzburg ©VBK	VALIE EXPORT and Peter Weibel
2.67	I Need a Quick Break	294	Tina Barney	
2.68	Sex or Not	296	Beat Streuli	
2.69	Blocked	298	Océane H. Francioli	
2.70	Pessoa's Puzzle	300	Hannah Cullwick; Arthur Munby	Hannah Cullwick
2.71	Let's Go Straight to the Bedroom	302	Carsten Höller	
2.72	See You Soon in Berlin	304	Constance Tenvik; Claudio Farkasch	Constance Tenvik
2.73	Red Tape Holds Up New Bridge	306	Eva and Franco Mattes	
2.74	Stop Saying "Thank You"	308	Taryn Simon	Britt Ekland
2.75	The Grotowski Method	310	Jerzy Grotowski; Dai Crisp	Jerzy Grotowski
2.76	The Cocktail Party Effect	312	Fredrik Skogkvist	
2.77	Zombie Mathematics	314	Unknown	Henry Moore
		316	Unknown	

No.		p.	Artist/Photographer	Model (if known)
2.78	Solved in Slumber	318	Unknown, photo colorized by jecinci.com	Dmitri Mendeleev
2.79	Sooo Tired	322	Brittany Nelson	Julietta Singh and Nathan Snaza
2.80	Birthday Party	324	Yukata Sone; Roman Mensing	
2.81	The Truman Show	326	Peter Weir	Jim Carrey
2.82	I'm an American	328	Hannah La Follette Ryan	
2.83	Korean Age	330	Junghun Kim	
2.84	Axolotl	332	Bruno de Monè/Roger-Viollet	Klaus Kinski
2.85	The Exercise	334	Francesco Bonami	
2.86	Guess the Smokers	338	American Society of Plastic Surgeons	
2.87	Parenting License	340	Christoph Steinegger	
2.88	The Mirror Self-Recognition Test	342	John Scarisbrick	Sina and Carsten Höller
2.89	Freemasons' Greeting	344	Jamie-James Medina	
2.90	Jan and Marie	346	Hans Ulrich Obrist	Hans Ulrich Obrist, Isabel Mora, Precious Okoyomon, and Samuel Keller
2.91	Shakespeare's Madness Test			
2.92	Subtitles	350	Senkichi Taniguchi	
2.93	Maximum Attention	352	Constance Tenvik; Victor Nicolai	Constance Tenvik
2.94	A Demonstration in a Demonstration	354	Carsten Höller and Philippe Parreno	
2.95	Boycott Women	356	Barbora Gerny, Courtesy Hauser & Wirth © The Estate of Lee Lozano	Lee Lozano and Dan Graham
		358	Lee Lozano, Courtesy Hauser & Wirth © The Estate of Lee Lozano	
3.1	Dry Dancing	362	David Gonzalez	
3.2	Bernhard, My Teenage Love	364	Carsten Höller; Pierre Björk	Carsten Höller and Hans Ulrich Obrist
3.3	A Bunny Rabbit Your Arm	366	Taus Makhacheva	
3.4	The Cuban Crisis	368	Eva King	Adam Haar Horowitz and Sooyoung Kwan
3.5	Get to Know Your Fingers	370	Barney Schaub	
3.6	Upside-down V	372	Carsten Höller	Ilaria Bona and Rosemarie Trockel
3.7	Pros and Cons	374	Photo Researchers/Alamy Stockfoto	Luis Buñuel

No.		p.	Artist/Photographer	Model (if known)
3.8	Trust I	376	Barney Schaub	
3.9	Trust II	378	Carsten Höller	Wilfried Dickhoff
3.10	Caressing Massage	380	Frida-My	
3.11	Urbi et Orbi	382	David Horvitz; Gizem Karakas and Lucia Santina Ribisi	
3.12	Blinking Queen	384	Carsten Höller	
3.13	The Walking Tripod	386	Barney Schaub	
3.14	Slaps	388	Norma Bäckström Höller	
3.15	Weather Forecast	390	Barney Schaub	
3.16	Morcilloism	392	Unknown	Gabriel Morcillo
3.17	The Prisoner's Dilemma	394	Linnéa Sjöberg	
3.18	One Square Inch of Hair	398	Carsten Höller	
3.19	New Acquaintance	400	Carsten Höller	Ingrid Leander and Igor Holtermann
3.20	Beetle Games	402	Carsten Höller	Yvonne Quirmbach and Jörn Bötnagel
3.21	Barbichette	404	Carsten Höller	Hans Ulrich Obrist and Maja Hoffmann
3.22	I Spy with My Little Eye	406	Carsten Höller	
3.23	Who's the Coolest?	408	Helmut Newton/Trunk Archive	
3.24	Paralyzed by Politesse	410	Carsten Höller	Gladys Kalichini and Stary Mwaba
3.25	Tormentor	412	Carsten Höller	
3.26	Split Personality	414	Carsten Höller	Rosemarie Trockel and Carsten Höller
3.27	Frog Wrestling	416	Kaja Grefslie Waagen	
3.28	Crop Detectives	418	Carsten Höller	
3.29	Hide-and-Seek (Panorama Version)	420	Carsten Höller	
3.30	Heat Zone	422	Carsten Höller	Pino Pipoli and Tim Power
3.31	Mind Listening	424	August Sander © Die Photographische Sammlung/SK Stiftung Kultur-August Sander Archiv, Köln ©VG Bild-Kunst, Bonn 2024	Dora and Hans Heinz Lüttgen
3.32	Toads in March	426	Carsten Höller	Philippe Parreno and Anna Vaney
3.33	Four-Thumb Wrestling	428	Julien Creuzet	
3.34	People Foreigners Officials	430	Unknown	Wang Xiaobo
3.35	Pine Cone Toss	432	Barney Schaub	

No.		p.	Artist/Photographer	Model (if known)
3.36	Lie Detector	434	Barney Schaub	
3.37	A Test of True Friendship	436	John Scarisbrick	
3.38	Arambolinic	438	Russell Lee	
3.39	Early Test	440	Carsten Höller	
3.40	The Intangible Gift	442	Jean Depara, Courtesy Estate of Depara – Revue Noire Paris	
3.41	Proof of an External World	444	Ray Strachey, Courtesy of National Portrait Gallery, London/Scala, Florence	George Edward Moore
3.42	Night Game I	446	Daniel Vincent Hansen	
3.43	Automatic	448	Christine Sun Kim and Thomas Mader	
3.44	Bach-y-Rita's Sensory Vision Device	450	Paul Bach-y-Rita	
3.45	Go Do Your Teeth— Clean a Pee!	452	The Faces/Shutterstock	
3.46	Right in, Now	454	John Scarisbrick	
3.47	Russian Riddles	456	Anton Vidokle	
3.48	High Butt Cheeks	458	David Horvitz	
3.49	Mad-Sad-Glad	460	Guillaume Duchenne (de Boulogne), Eugene L. and Marie-Louise	
3.50	Cheap Exercise Bike	462	Carlos Motta	
3.51	Bear Witness	464	Daniel Vincent Hansen	
3.52	My Mother's Shoe	466	Elsa Höller Millán	
3.53	Shadow Sex	468	Marianne Marić © VG Bild-Kunst, Bonn 2024	
3.54	~~At the Doofuses~~	470	Joseph Kosuth © VG Bild-Kunst, Bonn 2024; Attilio Maranzano	
3.55	Chez the Belgians	472	Carsten Höller	
3.56	Multiple-Couple Experiment	474	Carl Johan de Geer	
3.57	Stinging Nettle	478	Cajsa von Zeipel	
3.58	Kick-Finger-Fencing	480	Pierre Björk	
3.59	Deep-Sea Love Death	482	Miriam Simun	
3.60	Olfacto-Tinder	484	Sissel Tolaas © VG Bild-Kunst, Bonn 2024	
3.61	A Shared Promise	486	Carl Van Vechten, Van Vechten Collection at Library of Congress	Gertrude Stein
3.62	Fire!	488	Roxy Farhat	
3.63	Losing Your Head	490	Jenna Sutela	
3.64	The Rubber Hand Illusion	492	Unknown	

No.		p.	Artist/Photographer	Model (if known)
3.65	In Memoriam: Jean-Dominique Bauby	494	Jeanloup Sieff, Estate of Jeanloup Sieff	Jean-Dominique Bauby
3.66	The Ideal Relationship	496	Frida-My	Matilda Redin
3.67	The Worldly Friend	498	Collections CINEMATEK, Chantal Akerman ©VG Bild-Kunst, Bonn 2024	
3.68	Arm Wrestling Made Easy	500	Eduardo Navarro in collaboration with Sofía Jallinsky	
3.69	Comparing Heights	502	Benita Marcussen and Anne Dorthe Vester	
3.70	Turkish Greeting	504	Liz Hopkins	
3.71	Ghanaian Greeting	506	Carsten Höller	Jeff Asmah
3.72	Congolese Greeting	508	Carsten Höller	Rigobert Nimi and Bellou Luvuadio
3.73	Stockholm Greeting	510	Annika Elisabeth von Hausswolff	
3.74	Funny Greeting	512	Pierre Björk	
4.1	The American Uncle	516	Will Connally	The Connallys
4.2	Napoleon's Eye	518	Anne Duk Hee Jordan	
4.3	Glass Movers	520	Christine Sun Kim	
4.4	Mean or Magnanimous?	522	Anders Edström	
4.5	Streaker Couple	524	Carsten Höller	
4.6	The Everlasting Embrace	526	Torbjørn Rødland	
4.7	Seen Through	528	Miriam Kongstad	
4.8	Self-Defense	530	Unknown	
4.9	Jehovah's Witnesses	532	Brittany Nelson and Will Connally	
4.10	The Visit	534	Unknown	Dupont et Dupond
4.11	The Planet Saviors	536	Cynthia Palmer	Terence McKenna, Jeremy Tarcher, and Walter Houston Clark
		538	Rusten Hogness	Donna Haraway
4.12	American Bar	540	Antto Melasniemi and Andre Pozusis	
4.13	Revile / Reconcile	542	Cornel Wachter	Dieter Frowein-Lyasso and Sigmar Polke
4.14	Rat Race	544	Unknown	
4.15	Marina and Ulay	546	Ulay and Marina Abramović, Courtesy of the Marina Abramović Archives ©VG Bild-Kunst, Bonn 2024	Ulay and Marina Abramović
4.16	After the Gentlemen's Outfitter	548	Unknown	Carsten Höller and Hans Ulrich Obrist

No.		p.	Artist/Photographer	Model (if known)
4.17	Immobility Exercise	550	Senay Berthe	
4.18	Englisch nein danke	552		
4.19	The No-Kill Eaters	556	Carsten Höller; Pierre Björk	Carsten Höller
4.20	The Cheap-Eaters	560	Chloë Lum and Yannick Desranleau	
4.21	Tickle Laugh	562	Bridget Moser with Paul Tjepkema	
4.22	The Kingdom of Elgaland-Vargaland	564	Leif Elgreen and Carl Michael von Hausswolf	
5.1	Misunderstanding Freud	568	John Scarisbrick	
5.2	Dead in the Wink of an Eye	570	Jessie Kleemann	
5.3	Running the Kiss-Kick-Gauntlet	572	Jose Alejandro Medina Bickford	
5.4	The Opposites Game	574	Ken Lum	
5.5	Knot Mother, Help Us!	576	Wolfgang Tillmans	Kai Althoff
5.6	Truth or Dare	578	Ian Cheng	
5.7	Waiting for the Bus	580	Wolfgang Tillmans	Parthena Trellopoulos, Daniel Buchholz, Horatio Goni, Lothar Hempel, and Gregorio Magnani
5.8	Trance	582	Mevlana Semazen, mgstudyo/ Getty Images	
5.9	All for One	584	Carsten Höller	Martin Ewald
5.10	Letter People	586	Liz Hopkins	
5.11	The Exorcists	588	Carsten Höller	Jan Höhe and friends
5.12	What's My Line?	590	Unknown	Robert Lembke
5.13	The Meyers Check into a Hotel	592	Liam Gillick	
5.14	The Kardashians	594	PictureLux/The Hollywood Archive/ Alamy Stock Foto	Kendall Jenner, Kim Kardashian, Kris Jenner, Kylie Jenner, Khloé Kardashian, and Kourtney Kardashian
5.15	The Fülster Family	596	Hida Bicer	
5.16	Sweet Harmony	598	Eva Papamargariti	
5.17	Levitation	600	Wolfgang Tillmans Carsten Höller	Parthena Trellopoulos, Daniel Buchholz, Horatio Goni, Lothar Hempel, and Gregorio Magnani
5.18	Louse Hunting	602	Anri Sala ©VG Bild-Kunst, Bonn 2024	
5.19	Formation	604	Carsten Höller; Miles Aldrige; Hida Bicer	

No.		p.	Artist/Photographer	Model (if known)
5.20	The Perfect Salesperson	606	Hida Bicer	
5.21	Thief, Farmer, Politician	608	Carlos Casas	
5.22	Post in Translation	610	Hanna Bergström	
5.23	Audio Play	612	Saverio Tonoli; Attilio Maranzano	
5.24	One, Two, Three, Four, Five, Six, Seven	614	Superflex	
5.25	The Endless Song	616	Ragnar Kjartansson, Courtesy of the artist, Luhring Augustine, New York and i8 Gallery, Reykjavik; Lilja Birgisdóttir	
5.26	The Bremen Town Musicians	618	Tobias Rehberger	
5.27	Flood	620	Carsten Höller	Andreas Schulze
5.28	Malmberg Gymnastics	622	Carl Jacob Malmberg, Collection of the Swedish School of Sport and Health Sciences	
5.29	Night Game II	624	Anders Edström	
5.30	Are You Goofy?	626	Christoph Steinegger	
5.31	Sixteen Missing Years	628	Christoph Steinegger	
5.32	The Truth, Nothing but the Truth!	630	Jana Schmitz	
5.33	Religious Techniques	632	Philip Gröning	
5.34	One, Two, Nine Hundred Seventy-Five	634	Clara Jo and Philipp Schueller	
5.35	Artists' Wave—Multiple Gender	636	AfriPics.com/Alamy Stock Foto	
5.36	Pet Shop	638	Isak Berglund Mattsson-Mårn	
5.37	La Bamba—Silent or Drunk	640	Mariana Radovic	
5.38	Nettles Justine	642	Felipe Castelblanco	
5.39	High Low	644	Unknown	Diana Deutsch
		646	Unknown	Diana Deutsch
5.40	Flamingos	648	Isak Berglund Mattsson-Mårn	
5.41	Rat King	650	Katharina Fritsch © VG Bild-Kunst, Bonn 2024	
5.42	Come On Out, Unconscious!	652	Junghun Kim	
5.43	Ten Minutes	654	Jaguars	
5.44	Long Story Short	656	Arthur Hidden/istock	
5.45	Seriously Distracted	658	incamerastock/Alamy Stock Foto	Amelia Earhart
5.46	Feldenkrais Friend	660	Helen Miller	
5.47	Das Heap	662	Constanza Macras; Market Theater	

IMPRINT

To stay informed about TASCHEN and our upcoming titles, please subscribe to our free magazine at www.taschen.com/magazine, follow us on Instagram and Facebook, or e-mail your questions to contact@taschen.com.

EACH AND EVERY TASCHEN BOOK PLANTS A SEED!
TASCHEN is a carbon-neutral publisher. Each year, we offset our annual carbon emissions with carbon credits at the Instituto Terra, a reforestation program in Minas Gerais, Brazil, founded by Lélia and Sebastião Salgado. To find out more about this ecological partnership, please check: www.taschen.com/zerocarbon.
Inspiration: unlimited. Carbon footprint: zero.

Hohenzollernring 53, D-50672 Köln
www.taschen.com

Concept and text: Carsten Höller
Design: Christoph Steinegger / Interkool
English translation: Fiona Elliot, Edinburgh
German translation: Barbara Thoma, St. Moritz

Printed in China

ISBN 978-3-8365-8223-0

The best laid plans

Nichts gelingt wie geplant